9th Edition

의사결정 / 게임이론 / 시스템분석

현대경영과학

김세헌 지음

MANAGEMENT SCIENCE

한빛아카데미
Hanbit Academy, Inc.

[저자 소개]

김세헌

서울대학교 문리대 물리학과 졸업
미국 Stanford대 경영과학 박사
KAIST 경영과학과/산업공학과/정보보호대학원 조교수/부교수/정교수/명예교수

〈경력〉
World Bank 및 미국 Electric Power Research Institute: 에너지경제자문
미국 Systems Control, Inc. : 계량경영자문
오스트리아 International Institute for Applied Systems Analysis: 계량경영자문
미국 Arizona 주립대 경영대학 경영정보학과 교수
한국경영과학회 회장
한국정보보호학회 회장
롯데쇼핑(주) 사외이사
한국과학기술한림원 정회원
KOOC(Kaist Open Online Course)에서 'OR/경영과학개론' 강의

〈논문〉
저명 국제학술지에 100여 편을 비롯해 200여 편의 논문 발표

현대경영과학 9판

초판발행 1986년 5월 25일
9판발행 2023년 1월 31일

지은이 김세헌 / **펴낸이** 전태호
펴낸곳 한빛아카데미(주) / **주소** 서울시 서대문구 연희로2길 62 한빛아카데미(주) 2층
전화 02-336-7112 / **팩스** 02-336-7199
등록 2013년 1월 14일 제2017-000063호 / **ISBN** 979-11-5664-646-4 93320

책임편집 김현용 / **기획** 권오상 / **편집** 권오상
디자인 표지 윤혜원, **내지** 박정화 / **제작** 박성우, 김정우
영업 김태진, 김성삼, 이정훈, 임현기, 이성훈, 김주성 / **마케팅** 길진철, 김호철, 주희

이 책에 대한 의견이나 오탈자 및 잘못된 내용에 대한 수정 정보는 아래 이메일로 알려주십시오.
잘못된 책은 구입하신 서점에서 교환해 드립니다. 책값은 뒤표지에 표시되어 있습니다.
홈페이지 www.hanbit.co.kr / 이메일 question@hanbit.co.kr

머리말

안녕하십니까? "현대경영과학"의 저자 김세헌입니다. 그 동안 제 저서를 사랑해 주신 여러분께 무한한 감사의 말씀을 드립니다. 1986년에 "OR 원론"이라는 이름으로 처음 책을 출판한 이래, 1988년에 "경영과학", 1993년에 "현대경영과학"으로 개칭한 후 지난 20여 년간 국내에서 이 분야의 베스트셀러 교재로서의 위치를 차지하게 된 것은 그 동안 제 저서를 아껴주신 많은 교수님들과 학생들의 덕분이라고 생각합니다.

그 동안 본서를 사용해 주신 여러분들께 보답하기 위하여 이번에 9th Edition을 내게 되었습니다. 최근에 개정한 7th～9th Edition의 중요 수정내용은 다음과 같습니다.

1. 최근에 들어 선형계획법은 금융공학 기법이나 항공권 발매 전략 수립 기법으로 응용되는 등 경영에서 더욱 다양하게 사용되고 있습니다. 이러한 사례들을 소개하기 위하여 "제5장 선형계획 모형을 이용한 경영문제 분석"을 대폭 확충하였습니다. 기업재무, 금융공학, 마케팅, 수익관리, 인력관리, 공정관리, 생산관리 분야로 나누고 각 분야의 실감나는 사례들을 다수 수록하였습니다.
2. 7장의 정수계획법도 경영에서 다양하게 응용되고 있는데 그 중에 제품설계 기법으로 응용되는 사례를 7장에 수록하였습니다.
3. 10장과 11장에 게임이론을 상세히 도입하였습니다. IT의 발달로 기업이 거대해지며 모든 시장에서 승자 몇 기업이 치킨게임을 벌이는 현상이 심해지고 있습니다. 이에 따라 학생들에 대해 게임이론의 '전략적 사고'를 가르칠 필요성이 증대되어 제로섬 게임뿐만 아니라 비제로섬 게임까지 본장에 포함시켰습니다.
4. 본 교재의 웹사이트는 http://cafe.naver.com/shkimbooks 입니다. 들어가서

최적화 소프트웨어 K-OPT를 다운받으시기 바랍니다. 또는 한빛아카데미 홈페이지 'https://hanbit.co.kr/src/4646'에서 내려받을 수 있습니다.

본서에서는 다음의 교재를 포함한 다양한 자료들을 통하여 많은 예제들을 추가하였습니다.

"An Introduction to Management Science", Anderson, Sweeney, Williams, Camm, Cochran, Fry, Ohlmann. Cengage Technology Edition. 14th edition. 2016.

공자님 말씀에 "아는 것은 좋아하는 것만 못하고 좋아하는 것은 즐기는 것만 못하다(知之者不如好之者 好之者不如樂之者)"라 하였습니다. 이 책을 즐기면서 공부하시기 바랍니다.

끝으로 이 책이 나올 수 있게 도와주신 한빛아카데미 대표님 및 임직원 모두의 노고에 심심한 감사의 뜻을 보냅니다.

2023년 2월
KAIST 교수
김세헌

머리말(2000년판)

본서는 경영에서 발생하는 의사결정문제를 해결하기 위하여 문제의 인식, 문제의 계량화, 컴퓨터의 응용, 해의 도출, 의사결정 과정과의 연계 등의 과정을 통한 과학적 접근방법을 이용하는 것을 주된 내용으로 다루고 있다. 본서의 대상은 주로 경영학, 경제학, 산업공학, 공업경제학, 행정학 등을 전공하는 학생들로서 과학적 의사결정이론에 관한 한 학기용으로 사용하기에 적합하도록 작성되었다. 경영에서 발생하는 모든 의사결정문제에는 여러 가지 수행방법이 있지만 이 중에서 가장 좋은 방법을 찾아서 수행하려는 "최적의사결정"의 태도야말로 경영자나 정책결정자가 가져야 할 바람직한 자세임을 이 책을 통하여 배우게 된다.

본서는 독자들이 과학적 의사결정방법을 올바르게 이해하여 실제문제에 제대로 응용할 수 있도록 하기 위하여 다음과 같은 3가지 점에 유의하여 저술되었다.

<중요개념에 대한 정확하고 평이한 서술>

중요한 개념들을 정확히 이해할 때 그 이후에 전개되는 내용들은 쉽게 이해할 수 있는 반면, 이 개념이 정확히 전달되지 않을 경우 독자들은 불필요한 어려움을 안게 된다. 이 점에 유의하여 중요개념들을 평이한 문장으로 정확히 서술하려 노력하였다.

<초보적 수학분석만을 이용한 논리적 전개>

과학적 의사결정 과정을 올바르게 이해시키기 위해서는 논리적인 비약이 없는 체계적인 전개가 필요하다. 여기서는 수학적 분석능력이 약한 독자들이 쉽게 이해할 수 있게 하기 위하여 초보적 수학분석만을 이용한 논리적인 전개를 추구하려 노력하였다.

<컴퓨터 활용을 통한 모형개발능력 제고>

최근에 들어서 개인용 컴퓨터가 널리 보급됨에 따라 복잡한 계산은 컴퓨터에 손쉽게 맡길 수 있게 되었으므로 복잡한 알고리듬의 계산보다는 컴퓨터 패키지를 활용한 의사결정모형 개발 및 분석능력을 높이는 데에 중점을 두었다. 이를 위해 저자가 속해있는 KAIST에서 개발한 한글로 처리하는 선형/정수계획법 컴퓨터 패키지인 K-OPT를 크게 활용하였다.

본서의 내용은 대체로 저자가 미국 Stanford 대학에서 공부하는 동안 Dantzig의 선형계획법, Hillier의 OR을 비롯한 여러 강의를 통하여 수집한 내용과 KAIST 경영과학과에서 10여년간 경영과학 및 관련과목을 강의하면서 준비한 내용에 기초를 두고 있다. 또한 본인이 미국 아리조나 주립대 경영대학에 1년간 객원교수로 있는 동안 MBA과정과 학부과정의 의사결정론 등 여러 과목을 강의하면서 정리한 내용도 본서 구성에 크게 활용되었다.

본서는 모두 3 부로 구성되어 있다. 제 I 부는 확정적 의사결정 상황에서 최적의 의사결정을 구하는 방법들을 다루고 있다. 이 내용을 통하여 "최적의사결정"이라는 기본 개념을 습득할 수 있다. 제 II 부는 "불확실성 하의 의사결정"으로서 의사결정에 관한 정보가 불확실하고 불완전하게 주어진 상황에서 의사결정을 수행하여야 하는 문제들을 다루고 있다. 제 III 부는 "경영관리시스템분석"으로서 I, II 부에서 다룬 일반적 분석 기법들을 활용하여 좀 더 구체적인 경영관리시스템을 대상으로 시스템적 분석을 다루고 있다. 여기에서는 일정관리시스템, 재고관리시스템, 서비스 시스템 등을 다룬다.

의사결정은 궁극적으로 최적화를 지향하고 있으며 합리적 선택이 의사결정의 주된 과제임이 당연시되는 사회가 유지되는 한 최적의사결정은 항상 중요한 관심의 대상이 되기 때문에 이에 관련된 교육의 기본적인 필요성이 증대하게 될 것임을 저자는 의심치 않는 바이다.

끝으로 이 책의 원고정리에 도움을 준 이희수, 김인숙, 이기동, 임은택, 안구민, 김태석, 정석봉, 장형철, 김현우 군 등 여러분께 감사하며 무역경영사의 李根春 사장, 蔡奎鎬 상무, 金在輝 상무 및 임직원 모두의 노고에 심심한 감사의 뜻을 보낸다.

2000년 4월 15일
한국과학기술원 교수
김세현

차 례

제 1 장 서 론

1. 계량적 의사결정의 발달 과정 • 3
2. 경영과학의 특성 • 5
3. 경영과학의 분석단계 • 9
4. 경영과학 기법 • 11
5. 정보시스템과 경영과학 • 14
응용사례 :: TACO BELL사의 SMART 인력관리시스템 • 17

제 I 부 | 최적의사결정이론

제 2 장 선형최적화 모형

1. 선형최적화 모형 • 21
2. 선형계획법 • 24
3. 선형최적화 모형의 개발 • 26
4. 선형최적화 모형의 응용분야 • 37
5. 선형최적화 모형의 기본가정 및 한계 • 39
응용사례 :: 일본의 교통제어를 위한 선형최적화 모형 응용 • 41
▶ 제2장_ 연습문제 A(상세 해답 포함) • 42
▶ 제2장_ 연습문제 B • 46

제 3 장 선형최적화 모형의 분석

1. 최대화문제의 분석 • 50
2. 선형/정수최적화 패키지 K-OPT • 57
3. 최소화문제 • 60
4. 일반적 선형최적화 모형의 분석 • 63
5. 특수한 경우들 • 68

응용사례 :: 판유리 생산관리 • 75

▶ 제3장_ 연습문제 A(상세 해답 포함) • 76

▶ 제3장_ 연습문제 B • 81

제 4 장 사후적 분석과 민감도 분석

1. 쌍대변수와 사후적 분석 • 84
2. 수정비용 • 89
3. 컴퓨터 분석 • 90
4. 민감도 분석 • 91
5. 민감도 분석을 이용한 사후적 분석 • 98

응용사례 :: 델타항공기의 항공기 할당시스템 • 101

▶ 제4장_ 연습문제 A(상세 해답 포함) • 102

▶ 제4장_ 연습문제 B • 109

제 5 장 선형최적화 모형을 이용한 경영문제 분석

1. 기업재무 • 113
2. 금융공학 • 117
3. 마케팅 • 127
4. 수익관리 • 134
5. 인력관리 • 143
6. 공정관리 • 152
7. 생산관리 • 158
8. 다기간 생산스케쥴링 • 164

▶ 제5장_ 연습문제 A(상세 해답 포함) • 173
▶ 제5장_ 연습문제 B • 188

제 6 장 네트워크 모형과 수송문제

1. 설치배치문제 • 192
2. 경로선택문제 • 195
3. 흐름분석문제 • 199
4. 수송문제 • 202
5. 경유수송문제와 SCM • 208
6. 할당문제 • 212
응용사례 1 :: AT&T사의 복구기능 최적화 사례 • 216
응용사례 2 :: 미 해병대 동원계획 • 217
▶ 제6장_ 연습문제 A(상세 해답 포함) • 218
▶ 제6장_ 연습문제 B • 228

제 7 장 정수최적화 모형

1. 정수최적화 모형 • 234
2. 분단탐색법 • 237
3. K-OPT • 238
4. 고정비 문제 • 241
5. 공장신설문제 • 245
6. 제품설계 • 248
응용사례 :: KLM항공사의 유지 · 보수 인력관리시스템 • 253
▶ 제7장_ 연습문제 A(상세 해답 포함) • 254
▶ 제7장_ 연습문제 B • 259

제 8 장 다기준 의사결정

1. 스코어링 모형 • 265
2. DEA(Data Envelopment Analysis) • 269
3. 목표계획법 • 275

응용사례 1 :: 포드사의 스코어링 모형 • 290
응용사례 2 :: 은행 지점들의 효율성 평가 • 291
▶ 제8장_ 연습문제 A(상세 해답 포함) • 292
▶ 제8장_ 연습문제 B • 296

제 Ⅱ 부 | 불확실성 하의 의사결정과 게임이론

제 9 장 의사결정 분석

1. 의사결정문제의 구조 • 303
2. 의사결정환경 • 306
3. 불투명한 상황의 의사결정 • 307
4. 주관적 확률: 불투명한 상황의 의사결정 • 312
5. 확률분석을 이용한 의사결정 • 314
6. 의사결정나무 분석 • 317
7. 추가적 정보의 입수 • 321
8. 베이지안 분석 • 328
9. 위험선호 및 기피자의 의사결정 분석 • 335
응용사례 1 :: 바이엘 제약회사의 신약 의사결정 사례 • 341
응용사례 2 :: OPC 전력회사의 송전시스템 투자의사결정 사례 • 342
▶ 제9장_ 연습문제 A(상세 해답 포함) • 343
▶ 제9장_ 연습문제 B • 352

제 10 장 게임이론 – 순수전략해

1. 서론 • 357
2. 우월전략해 • 360
3. 내시균형 • 364
4. Maxmin해 • 368
5. 혼합전략 • 371
6. 비제로섬 게임–윈윈 게임 • 374

7. 죄수들의 딜레마 • 379
8. 치킨게임 • 383
9. 사회적 딜레마 • 386
10. 연합 – 다수인 게임 • 391
▶ 제10장_ 연습문제 A(상세 해답 포함) • 393
▶ 제11장_ 연습문제 B • 397

제 11 장 게임이론 – 혼합전략해

1. 제로섬 게임의 혼합전략 • 399
2. 혼합전략 Maxmin해 • 402
3. 내기 게임들 • 409
4. 비제로섬 게임의 혼합전략 내시균형 • 412
5. 치킨게임의 혼합전략 내시균형 • 420
6. 사회적 딜레마의 혼합전략 내시균형 • 424
7. 정리 • 425
▶ 제11장_ 연습문제 A(상세 해답 포함) • 427
▶ 제11장_ 연습문제 B • 433

제 Ⅲ 부 | 경영관리시스템 분석

제 12 장 시뮬레이션

1. 난수 • 438
2. 시뮬레이션의 예 • 439
3. 시뮬레이션을 통한 의사결정 • 442
4. 시뮬레이션의 단계 • 447
5. 컴퓨터를 이용한 시뮬레이션 • 451
응용사례 1 :: 공항 서비스 향상을 위한 IBM의 시뮬레이션 모형 • 452
응용사례 2 :: 콜센터 설계 • 453
▶ 제12장_ 연습문제 A(상세 해답 포함) • 454
▶ 제12장_ 연습문제 B • 458

제 13 장 예측이론

1. 요소의 분해 • 462
2. 시계열 자료의 평활화 • 464
3. 평활법에 의한 시계열예측 • 470
4. 최소자승법에 의한 추세치의 예측 • 472
5. 계절변동효과 • 475
6. 경기순환효과 • 477
7. 정성적 예측방법 • 479
응용사례 :: 아메리칸항공사의 부품 수요예측 • 480
▶ 제13장_ 연습문제 A(상세 해답 포함) • 481
▶ 제13장_ 연습문제 B • 485

제 14 장 일정관리시스템 - PERT/CPM

1. PERT 네트워크 • 489
2. PERT: 확정적 분석 • 492
3. PERT: 확률적 분석 • 496
4. 시간비용 분석: CPM • 498
응용사례 :: S&M사의 병원 설비세입채권 발행 • 503
▶ 제14장_ 연습문제 A(상세 해답 포함) • 504
▶ 제14장_ 연습문제 B • 509

제 15 장 재고관리시스템

1. 일정한 수요: EOQ 모형 • 514
2. 재고부족 허용 운용 정책 • 517
3. 불확실한 상황의 재고관리: 안전재고 • 521
4. MRP와 ERP • 524
5. 재고관리를 위한 Just-In-Time 방법 • 530
응용사례 :: 휴렛-패커드사의 세계시장을 위한 제품설계 • 532
▶ 제15장_ 연습문제 A(상세 해답 포함) • 533
▶ 제15장_ 연습문제 B • 536

제 16 장 대기행렬시스템

1. 대기행렬시스템의 요소 • 541
2. 포아송분포와 지수분포 • 545
3. 기본대기행렬 모형 • 547
4. 다중경로 모형 • 552
6. 일반적 상황의 대기행렬 모형 • 555
5. 경제성 분석 • 555

응용사례 :: 미국 New Haven시의 소방시스템 • 556

▶ 제16장_ 연습문제 A(상세 해답 포함) • 557

▶ 제16장_ 연습문제 B • 560

◇ 부록 : 분포표

1. 정규분포표 • 564
2. 난수표 • 565

◇ 사항색인

• 국문색인 • 567

• 영문색인 • 571

제1장 서 론

지금으로부터 약 100년 전에는 기업이나 조직을 운영하기 위한 분석기법들이 별로 존재하지 않았지만 기업의 조직이나 형태가 단순했기 때문에 현재보다 훨씬 쉽게 적절한 운영을 해나갈 수 있었을 것으로 생각된다. 그러나 20세기에 들어오면서부터는 기업이나 공공기관과 같은 여러 조직들이 거대한 크기로 발전하였으며 이에 따라 내부적으로 복잡한 조직구조를 갖게 되었고, 외부적으로는 시시각각 변화해나가는 조직환경에 직면하게 되었다. 이러한 상황 하에서 소위 의사결정(意思決定, Decision Making)의 문제는 점점 더 어려워지면서 동시에 조직운영의 가장 중요한 요소로 등장하게 되었다. 이에 따라 현대의 경영자는 적절한 정보와 과학적 분석에 근거한 체계적이고 합리적인 의사결정방법을 필요로 하게 되었다. 이러한 추세는 21세기에도 계속될 것이다.

이러한 체계적이고 합리적인 의사결정에 관한 연구는 지난 20세기 동안 장족의 발전을 해왔으며 하나의 학문분야를 형성하게 되었다. 이 학문분야는 관점의 차이나 역사적인 개발과정에 따라 OR(Operations Research), 경영과학(經營科學, Management Science), 의사결정과학(意思決定科學, Decision Science), 시스템분석(Systems Analysis) 등의 여러 이름으로 불리고 있으나 이들은 모두 계량적 분석을 통한 의사결정을 주된 학문 내용으로 삼고 있다. 본서에서는 이러한 학문분야를 총칭하여 경영과학이라고 부르도록 하겠다.

경영에서 일어나는 복잡한 문제에 대한 체계적인 의사결정은 일반적으로 그림 1.1과 같은 단계를 거쳐서 수립되는 것이 바람직하다.

그림 1.1 체계적 의사결정 과정

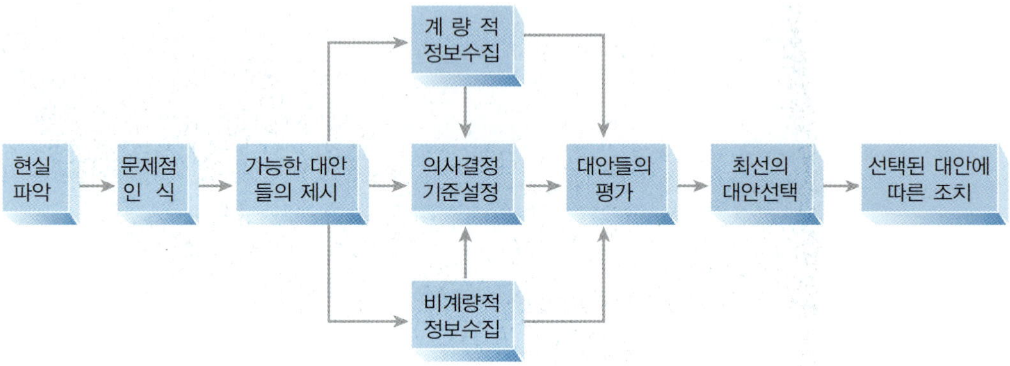

의사결정자는 현실상황을 파악하고 이에 만족하지 못하게 될 때 문제가 있음을 인식하게 된다. 이에 대한 대응방안을 여러 가지 생각해 보게 되는데 이때 각 대안들 중 어느 것을 선택할 것인가 하는 문제에 당면하게 된다. 이러한 문제의 해결을 위해서는 먼저 판매량, 가격 등과 같이 수치적으로 표시될 수 있는 계량적 정보와 기업이미지와 같이 수치화되기 어려운 비계량적 정보를 수집하고 각 대안들을 평가하는 데에 이러한 정보들을 이용한다. 이때 의사결정자는 어떠한 기준에 따라 대안의 좋고 나쁨을 결정할 것인가를 설정할 필요가 있다. 수집된 정보에 의거하여 각 대안을 이러한 기준에 따라 평가하여 보면 최선의 대안이 무엇인가를 결정할 수 있다. 그 후에 이 대안에 따라 적절한 조치를 취하면 된다.

이러한 의사결정 과정에서 과학적 분석을 어떻게 이용하여 최선의 의사결정을 할 것인가? 이러한 내용들을 본서에서 다루어 보고자 한다.

1. 계량적 의사결정의 발달 과정

사실 20세기에 들어서기 전에는 경영자의 의사결정 과정이 대부분 직감이나 과거의 관행에 근거하여 이루어지고 있었다. 이에 따라 새로운 형태의 의사결정문제에 유연하게 대처하지 못하였으며 잘못된 과거의 관행이 계속 반복될 가능성이 높았다. 물품의 주문량은 경제성 분석에 따른 최적주문량의 개념이 도입되지 못하고 지난 달의 주문량을 기준으로 이 달의 주문량을 관행적으로 결정해 왔던 것이다.

19세기 말에 미국의 공학자 테일러(Fredrick Taylor)는 "최적운영"이라는 개념의 도입을 주장하였다. 그는 어떤 일을 수행하는 데에는 여러 가지 수행방법이 있겠지만 이 중에는 최적의 수행방법이 존재하며 이를 찾아서 이에 따라 업무를 수행하여야 한다는 기본적 철학을 지니고 있었다. 또한 테일러와 같은 시기에 간트(Gantt)는 여러 기계에 작업을 적절히 할당하는 일정계획 수립방안을 고안해 내었다.

조직 전체의 성과를 향상시키기 위하여 과학적 접근방법을 이용한 것은 1914년 영국의 란체스터(Lanchester)가 교전 중인 두 군대의 인력 및 화력의 시간에 따른 변화를 알아볼 수 있는 수학적 모형을 개발한 것을 꼽을 수 있다. 1915년 해리스(Harris)는 간단한 경제적 주문량 공식을 발표하였으며 이것은 지금까지 재고관리의 기본이 되어 오고 있다. 또한 덴마크의 얼랑(Erlang)은 대기행렬(서비스를 받기 위해 기다리는 줄)이론의 기초를 개발하였다. 이와 같이 경영문제에 과학적 접근방법을 적용하려는 시도가 여러 차례 있었으나 제2차세계대전 이전에는 경영과학이 하나의 학문분야로 인식되지는 못하였다.

제2차세계대전의 발발은 조직관리상에 새로운 문제들을 제기하였다. 자원배분, 생산일정계획수립, 재고관리, 품질관리, 수송, 병참 등 여러 종류의 문제들이 대형화됨에 따라 여태까지 경험해 보지 못한 수준의 복잡성을 가진 문제들이 제기되었고 적절한 관리방법을 수립하는 것이 무엇보다 중요하여졌다. 이러한 새로운 문제해결에 과거와 같이 직관이나 관행에 따른 의사결정방법을 적용하는 경우 매우 위험한 결과를 가져오기 쉽기 때문에 이에 대한 체계적이고 과학적인 분석이 필요하게 되었다. 제2차세계대전 초기에 영국은 공학자 및 과학자들로 이루어진 전문가 팀으로부터 레이다 사용 및 작전상(operational) 문제에 관한 자문을 얻게 되었다. 작전상(operational)의 문제들을 분석하기 위하여 과학자들을 이용한 것은 새로운 시도로서 이로 말미암아 오퍼레이션즈 리서치(Operations Research: OR)라는 단어가 나타나게 되었다. 전쟁기간 중 연합군은 레이다의 전술적 이용, 대 잠수함 작전, 호위함대 배치 및 전략적 폭격작전 등의 수행에 있어서 OR이 막대한 성공을 거두는 것을 알게 되었다. 전쟁 후에는 전쟁 중에 개발된 수리적인 모형 및 운영방법들을 정식화하기 위해 OR실무자들은 많은 노력을 기울였다. 여러 개의 연구조직도 발족되어 군대관리를 지원하기 위한 과학적인 방법을 제공하였는데 미국의 랜드(RAND) 연구소가 대표적이다.

전쟁 후에 OR분석가들은 그들이 개발한 기법을 산업체에 적용하려 노력하였다. 이러한 노력이 성공을 거두게 된 데에는 무엇보다도 고속 컴퓨터의 개발이 중요한 역할을 하였다. OR기법 중 일부는 많은 복잡한 계산을 수행해야 하는데 인간보다 수억 배 빠른 전자계산기의 개발로 이러한 계산이 가능하게 되었다. 그러나 일부 OR문제들은 현대의 최신 컴퓨터로도 해를 구할 수 없는 경우가 많기 때문에 앞으로도 컴퓨터의 처리속도가 더 빨라지면 OR의 적용범위는 그만큼 넓어지게 될 것이다.

산업체에서 나타나는 문제들 중 재고관리, 기계 유지보수, 작업일정계획수립 등은 군대관리에서도 마찬가지로 발생하는 문제인 반면, 마케팅이나 금융분야의 문제들은 새로운 응용분야로서 이 분야에서 새로운 모형의 개발이 시도되었다. 또한 경영진에서도 OR에 대한 인식이 높아짐에 따라 수많은 회사들에 OR그룹이 형성되었다. OR은 생산에서 발생하는 작업상의 문제들 뿐 아니라 조직 전체의 중 · 장기적 경영전략문제에까지 그 응용범위를 넓혀가고 있다.

OR이 경영문제에 널리 응용되게 되자 이 분야에 대한 명칭으로 경영과학(Management Science)이라는 단어가 널리 쓰이기 시작하였다. 1960년대에는 각 대학에 OR/MS 학과가 개설되기 시작하였고 여기서 공부한 학생들이 사회에 진출하여 경영에 참가하게 되었다. 학문적으로는 새로운 해법들이 개발되고 새로운 응용분야가 개척되었으며 새로운 모형개발기법들이 제시되었다. 최근에는 의사결정모형들이 경영정보시스템(Management Information Systems)과 연계되어 개발되기도 한다.

그러나 의사결정문제를 OR/MS적인 계량분석방법으로 해결하고자 하는 데에는 한계가 있다. 의사결정문제에는 계량화시킬 수 없는 요소들이 있기 때문에 행태적(behavioral)인 내용도 감안할 필요가 있다. 반면에, 계량화되는 내용에 대해서는 OR/MS적 방법을 통하여 의사결정의 자동화가 가능하다. 생산관리에서 발생하는 대부분의 문제들은 행태적인 요소가 적은 반면 경영전략적 문제들은 행태적인 요소를 많이 포함하고 있기 때문에 각 분야에서의 OR/MS기법 이용방법은 달라져야 한다.

1960년대에는 OR/MS방법을 이용하여 생산관리에서 발생하는 의사결정문제들을 자동화하고자 하는 노력이 시도되어 큰 성공을 거둔 반면, 1970년 이후에는 OR/MS방법을 경영전략적 문제의 의사결정보조의 방법으로 사용하고자 하는 노력이 계속되고 있다. 이에 따라 좀 더 많은 요소들이 좀 더 정확히 정의되며 계량화되고 있다.

최근 들어서 개인용 컴퓨터의 개발 및 보급, 모바일 기기의 보급, 빅데이터 기술 및 데이터 마이닝 기술의 발전으로 기업의 경영정보시스템은 경영과학적 분석에 필요한 데이터를 손쉽게 제공할 수 있게 되었다. 또한 의사결정자는 직접 컴퓨터 단말장치를 통하여 모형을 온라인으로 사용할 수 있게 되어 OR/MS는 의사결정보조의 기능을 더욱 적절히 수행할 수 있게 되었다.

이제 거의 모든 글로벌 기업들은 OR/MS 그룹을 가지고 있다. 대개는 부서 이름에 OR/MS를 명시적으로 쓰지는 않고 다양한 이름들을 붙이고 있지만 다루는 내용은 OR/MS이다. 미국의 항공사인 American Airline은 Sabre라는 부서명 아래 전 세계에 10,000명 정도의 분석가들을 데리고 있다.

2. 경영과학의 특성

경영과학은 다음의 몇 가지 특성을 갖고 있다.

(가) 기업체 또는 공공기관의 경영에서 발생하는 문제를 취급한다.
(나) 넓고 전체적인 관점에서 의사결정문제를 시스템적으로 접근한다.
(다) 의사결정문제에 과학적 연구방법을 사용한다.
(라) 여러 학문분야의 방법과 지식을 종합적으로 이용한다.
(마) 주로 정식화된 수리적인 기법을 많이 활용한다.
(바) 컴퓨터를 많이 이용한다.

가. 경영문제에 중점

경영자는 항상 여러 가지 의사결정문제에 부딪치게 된다. 이 중의 일부는 매우 복잡하며 과거에는 경험하지 못했던 문제일 수도 있다. 또한 기업의 규모가 커짐에 따라 과거의 관습에 따른 의사결정방법의 비효율성이 점점 더 심각한 영향을 미치게 된다. 이러한 문제에 대해서는 총괄적인 분석을 시행하여 좀 더 바람직한 해결방법을 구하는 것이 필요하다. 이러한 상황에서 의사결정자는 문제를 적절히 이해하고 분석할 수 있는 사람의 도움을 필요로 하게 되며, 이때 경영과학자는 적절한 정보의 수집과 계량적인 분석을 통하여 의사결정자를 도울 수 있다.

나. 시스템적 접근방법

한 조직은 주어진 목적을 수행하기 위하여 여러 부서들을 종합적으로 운영하게 된다. 한 부서의 의사결정은 다른 부서에 영향을 미치기도 하기 때문에 한 의사결정문제를 분석함에 있어서 해당 부서만을 분석하는 것보다는 여러 관련 부서들을 종합적으로 보아야 할 필요가 있다. 이와 같이, 서로 유기적으로 관련 있는 부서들로 이루어진 한 조직을 시스템(System)이라고 하고, 여러 관련 부서들을 종합적으로 분석하여 전체적인 관점에서 문제를 접근하는 것을 시스템적 접근방법(Systems Approach)이라고 부른다.

다. 과학적 연구방법

경영과학의 또 하나의 특징은 자연과학적인 연구방법을 이용한다는 점이다. 자연과학에서는 그림 1.2와 같은 단계를 거쳐서 이론을 정립한다.

그림 1.2 과학적 연구방법

뉴턴은 사과가 떨어지는 자연현상을 관찰하는 도중에 왜 사과는 위로는 올라가지 않고 떨어지기만 하는가 하는 문제를 발견하게 된다. 이를 설명하는 이론으로 만유인력의 법칙이라는 가설을 제시하게 되고 이 가설은 그 후 많은 실험을 통하여 타당함이 확인되었다. 경영과학에서는 이러한 과학적 연구방법을 경영문제 분석에 도입한다. 최근 판매고가 격감하는 것을 관찰하게 된 경영자는 어떻게 하면 판매고를 다시 늘릴 수 있을 것인가 하는 문제에 다다르게 된다. 이에 대한 해결방안으로 여러 가지 가설이 제시될 수 있다. 예를 들어서 현재의 시장이 매우 경쟁적이므로 판매가격을 약 10% 낮추게 되면 판매고는 바람직한 상황으로 회복될 것 같다는 제안이 있었다고 하자. 이 가설의 타당성은 여러 가지 방법으로 알아볼 수 있다. 한 가지 방법은 특정 지역을 선정하여 일정 기간 동안 10%를 낮춘 가격으로 판매하여 보는 실험이다. 이 결과는 앞에서 제시된 가설의 타당성을 확인하는 데에 도움이 된다.

자연과학의 경우 물질은 의사결정의 기능이 없으므로 똑같은 상황을 만들어주면 항상 같은 결과를 나타내기 때문에 이러한 과학적 연구방법이 효과적으로 이용될 수 있다. 반면에 사회조직이나 경영문제는 사람을 대상으로 하고 있고 사람은 항상 자기의 행동을 수정해 나가는 기능이 있기 때문에 똑같은 상황에서도 다른 결과를 얼마든지 만들 수 있다. 따라서 이러한 과학적 연구방법을 경영문제에 적용하여 얻는 결과에는 어느 정도의 불확실성이 항상 내재한다. 그러나 이러한 불확실성에도 불구하고 과학적 연구방법은 직감이나 관습에 의한 의사결정보다 훨씬 바람직하고 효과적이라는 것은 두말할 필요가 없을 것이다.

라. 여러 학문분야의 팀워크

경영에서 나오는 문제는 경제적 분석, 통계적 분석, 수리적 분석, 공학적 분석, 행태적 분석 등이 종합적으로 요구될 때가 많다. 이중 간단한 문제들은 여러 분야에 대해 널리 알고 있는 경영과학자가 혼자서 분석할 수도 있겠지만 좀 더 중요하고,

크고, 또한 복잡한 문제들은 여러 분야에 능통한 사람들이 팀을 이루어 추진하는 경우가 많다. 이때에 경영과학자는 이들을 종합하여 팀워크를 이끌어나가는 역할을 맡는 것이 바람직하다.

예를 들어, 1973년 제1차 석유 파동이 일어났을 때 이에 대한 대응방안 분석에는 세계 원유수급 등의 경제적 분석, 향후 석유수요예측 등의 통계적 분석, 신에너지기술개발 등의 공학적 분석, OPEC(석유수출국기구)의 석유생산정책에 대한 행태적 분석 등과 이들을 종합하여 개발된 장기 원유수급모형의 개발 및 해법 등의 수리적 분석들이 필요하게 된다. 그러나 각 분야의 전문가들은 다른 분야의 각도에서 조명한 문제점들을 이해하기 힘들기 때문에 이들을 팀워크로 이끌어 종합하는 기능을 하게 되는 경영과학자의 역할이 중요하게 된다.

마. 수리적 방법 및 컴퓨터 이용

과학에서 언어처럼 이용되고 있는 수학은 복잡한 여러 경영문제도 효과적으로 표현할 수 있다. 수학적 표현은 정확하며 이를 분석하는 방법이 많이 개발되어 있기 때문에 경영과학에서 널리 쓰이고 있다. 수학적으로 표현된 수식을 분석하고 적절한 해를 구하기 위해서는 많은 계산을 필요로 할 때가 자주 있기 때문에 컴퓨터의 이용은 경영과학 전공자에게는 거의 필수적이라고 할 수 있다. 이는 컴퓨터가 계산뿐 아니라 다량의 정보를 효과적으로 처리할 수 있기 때문에 컴퓨터에 내장되어 있는 원시자료들을 처리하여 경영과학 분석에 필요한 고급의 데이터를 제공하는 중요한 역할도 하고 있기 때문이다. 특히 최근에는 인터넷과 모바일 단말기의 광범위한 보급으로 고객이나 제품에 관한 데이터 등 경영에 관련된 수많은 데이터들이 시시각각 대량으로 생성되는 빅 데이터(Big Data) 시대에 이르렀다. 그리고 데이터 마이닝(Data Mining) 기술의 발달로 이 수많은 데이터에서 필요한 정보를 추출해 내는 기술도 크게 발전하였다. 이에 따라 경영과학 모형에 들어가는 정보들을 용이하게 얻을 수 있게 되어 경영과학의 응용 범위는 더욱 다양해지고 경영과학의 활용성은 더욱 넓어지고 있다.

3. 경영과학의 분석단계

그림 1.1에 있는 체계적 의사결정 과정에서 "문제점 인식"이후의 과정이 경영과학 분석의 대상이 된다. 경영과학은 계량적 분석을 위주로 하기 때문에 계량적으로 분석이 가능한 내용만을 주된 대상으로 한다. 이 계량적 분석결과는 추후 비계량적 요소들과 함께 최종 의사결정에 필요한 자료로 쓰이게 된다.

그림 1.3 경영과학 분석단계

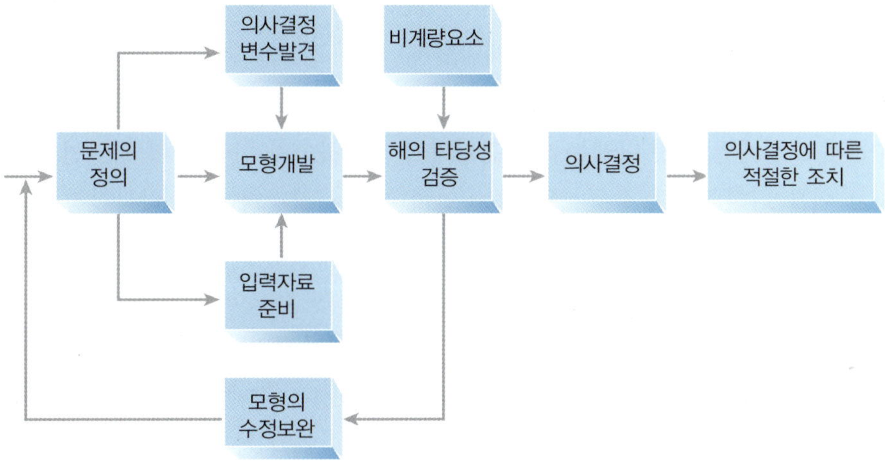

계량적 분석을 위해서는 일반적으로 계량분석 모형을 이용하게 되므로 경영과학 분석의 단계는 그림 1.3과 같이 표현할 수 있다. 실제에 나타나는 의사결정문제들은 초기에는 매우 막연히 제시되어 있는 경우가 대부분이다. 처음에 정의단계에서는 문제의 성격을 규명하고 의사결정의 기준을 제시하며 문제의 대상이 되는 시스템을 규정한다. 이 단계는 가장 중요한 단계이다. 왜냐하면 틀린 문제에 대해 아무리 정확한 답을 구한다 하더라도 옳은 답이 되는 것은 불가능하기 때문이다.

문제가 정의되면 적절한 모형을 개발한다. 모형(模型, Model)이란 실체는 아니면서 실체에 관한 필요한 정보를 제공해주는 인위적인 것을 말한다. 우리는 지구본을 놓고 지구에 대한 필요한 정보를 얻을 수 있다. 그러나 지구본은 지구표면에 관한 정보를 제공할 뿐 지구 내부의 지질학적 자료를 제공할 수 없는 것처럼 모형은 실제의 모든 정보를 줄 수는 없기 때문에 모형을 개발할 때에는 목적에 맞게 개발하여야 한다.

여기서 논하고자 하는 모형은 수리적 모형이므로 실제의 문제를 수리적 관계식으로 표시할 수 있어야 한다. 그러나 기업경영의 문제들이 자연과학처럼 언제나 수식으로 명쾌히 표현될 수는 없기 때문에 모형의 개발은 과학적이라기보다는 그림과 같은 예술품 제조와 같은 것이다. 성공적인 모형의 개발은 의사결정자의 경험과 통찰력을 바탕으로 이루어지며, 이 과정이 경영과학적 분석에 있어서 가장 어려운 부분인 동시에 가장 중요한 부분이다. 왜냐하면 일단 모형이 정립되면 이 모형의 해는 이미 개발된 컴퓨터 패키지를 이용하여 풀어낼 수 있기 때문이다. 노벨상 수상자이며 이 분야의 전문가인 사이먼(Herbert Simon)에 의하면 수리적인 모형은 모든 것을 다 설명할 수 있도록 아주 정확해야만 되는 것은 아니다. 우리가 상식이나 경험을 통해 얻는 결과보다 나은 결과를 제공할 수 있는 정도로만 모형개발이 이루어지면 의미가 있다고 할 수 있다.

수리적 모형개발의 첫 단계는 의사결정자가 결정하고자 하는 것이 무엇인지를 확인하고 이를 나타내는 변수를 정의하는 일이다. 의사결정자는 이 의사결정 변수의 값을 여러 가지로 변화시켜 보면서 가장 좋은 결과를 제공해 주는 값을 선택하면 된다. 의사결정 변수의 발견과 함께 모형에서 요구되는 입력 자료를 준비해야 한다. 입력 자료의 값은 외생적으로 주어지는 것으로서 의사결정자의 의지로 바꿀 수 없는 값들을 말한다. 한 정유회사의 생산계획 모형의 경우 국제원유가격은 일개 정유회사 경영자의 의지로 바꿀 수 없는 값이므로 모형의 입력 자료로 들어간다.

모형의 입력 자료는 그 값이 정확히 알려져 있는 경우도 있지만 반면에 정확한 값이 알려지지 않은 경우들이 있다. 정유회사의 현재의 재고수준은 그 값을 정확히 알 수 있는 반면 일 년 후의 국제원유가격은 정확한 값을 알 수 없다. 한 모형의 모든 입력 자료의 값이 정확히 알려져 있는 모형을 확정적 모형(Deterministic Model)이라고 하고, 불확실한 상황에서의 의사결정을 위한 모형을 확률적 모형(Probabilistic Model 또는 Stochastic Model)이라고 한다.

수리적 모형이 개발되면 적절한 해법(解法, Algorithm)을 이용하여 해를 구한다. 의사결정자(Decision Maker, 대개는 회사의 경영진을 말한다. 경영과학자는 경영자 자신일 수도 있고 의사결정을 하는 경영자를 도와주는 사람일 수도 있다)는 얻어진 해의 타당성을 주관적으로 검증한다. 만일 이 의사결정문제에 비계량적인 요소가 있다면 의사결정자는 이 요소도 동시에 감안하여 해의 타당성을 검토한다. 만일 이 해가 적합하지 않다면 의사결정자는 그 이유를 제시하게 된다. 이 이유가 잘못된 것이면 경영과학자는 의사결정자를 적절히 설득할 수 있어야 한다. 반면 이 이유가 의미 있는 것이면 이것은 모형의 개발이나 입력 자료의 수집에 오류 또는 미비가 있었음을 의미하며, 이때는 다시 문제가 적절히 정의되었는지부터 재검토하여 모형의 수정보완을 실시한다.

이러한 수정보완 과정이 몇 번 반복되어 의사결정자가 만족하게 되면 모형개발은 일단 완료된다. 이 결과에 따라 의사결정자는 의사결정을 하게 되고 이에 따른 적절한 조치를 취하게 된다. 이 조치는 때로는 새로운 운영방식이 되기 쉬우므로 현업요원들에게 이해시키기 위하여 효과분석보고서 작성이나 세미나 등의 발표회를 갖고 현업요원들에게 새로운 운영방식을 교육시키고 훈련시키는 과정이 필수적이다. 지금 하는 방식도 좋은 데 왜 바꾸려 하느냐는 식으로 현업요원들이 반발할 수 있기 때문이다. 이러한 반발을 줄이기 위해서는 모형 개발 과정에 현업요원들을 참여시키는 것도 좋은 방법이다. 이렇게 참여한 요원들은 그 결과가 제대로 구현되기를 원하는 경향이 많이 있기 때문이다.

4. 경영과학 기법

경영과학의 응용분야는 인력 및 기계가 복합되어 있는 거의 모든 사회 조직체들을 대상으로 하고 있다. 역사적으로 볼 때 경영과학은 군대의 관리에서 시작하여 기업체로 적용범위를 넓혀 갔는데 초기의 응용은 대부분 생산 및 작업관리에 관한 내용이었다. 그러던 것이 기업체의 재무관리, 기술개발, 마케팅 등 경영전략적 차원의 문제로 적용범위를 넓혀 가는 한편 경제정책, 보건, 교통, 에너지, 환경, 교육 등 공공부문에로의 적용범위도 넓어지고 있다. 그러므로 현대의 기업에 종사하거나 또는 공공기관에 종사하는 요원으로서 의사결정을 할 수 있거나 해야만 하는 위치에 있는 사람은 경영과학적 사고에 근거하여 항상 "최적의 의사결정"이 존재한다는 철학을 가질 필요가 있다.

미국, 유럽 및 아시아의 주요 국가에서 기업체나 공공기관의 거의 모든 분야에서 널리 이용되고 있는 경영과학 기법들은 다음과 같다.

(가) 선형최적화 모형(Linear Optimization Model)

선형최적화 모형은 여러 가지 제약조건이 있을 때 이익을 최대로 하거나 비용을 최소로 하는 방안을 찾아내는 기법으로서 제약조건과 이익이나 비용이 선형의 식으로 표현될 수 있을 때에 사용된다.

(나) 정수최적화 모형(Integer Optmization Model)

선형최적화 모형에 있는 변수들 중에서 일부가 정수값만을 가져야 하는 경우에는 정수최적화 모형이 사용된다. 생산하는 갯수를 결정한다거나 어떤 프로젝트를 추진할 것인지의 여부를 결정하는 문제들에 정수최적화 모형이 사용된다.

(다) 다기준 의사결정(Multicriteria Decision Models)

실제의 의사결정환경에서는 의사결정의 기준이 하나만 있는 것이 아니라 여러 개의 기준들을 동시에 고려하여 의사결정을 할 필요가 있는 경우들이 많이 발생한다. 이렇게 여러 개의 기준이 있는 상황에서의 의사결정을 수행하기 위해 다양한 기법들이 활용된다.

(라) 네트워크 모형(Network Models)

우리 사회에 있는 많은 시스템들이 네트워크(Network, 망) 모형으로 표현될 수 있다. 수송 네트워크, 전화 네트워크, 통신 네트워크, 하천 네트워크, 도로 네트워크, 철도 네트워크, 항공 네트워크, 등등 네트워크로 표현되는 시스템은 매우 광범위하다. 이러한 네트워크를 분석하는 기법들이 여러 가지 개발되어 있다.

(마) 의사결정 분석(Decision Analysis)

불확실한 상황에서 의사결정자는 일련의 추진전략을 세워야 한다. 즉, 현재에 어떠한 선택을 하는가에 따라 미래의 결과가 달라지며 이 결과에 따라 그 후에 취할 의사결정이 또 다시 영향을 받는다. 의사결정 분석은 이러한 일련의 추진전략을 최적으로 세울 수 있는 합리적이고 논리적인 분석방법이다.

(바) 게임이론(Game Theory)

사회에서 일어나고 있는 대부분의 현실적인 문제에 있어서는 관심의 대상이 되는 의사결정자 이외에도 여러 명의 의사결정자가 존재하여 의사결정의 결과는 이 여러 명의 의사결정자의 개별적인 의사결정들에 의하여 결정되는 경우가 많다. 이러한 상황의 문제를 다루는 의사결정학의 한 분야가 게임이론(Game Theory)이다. 게임이론은 사람들 간에 상호작용이 존재하는 상황에서 앞으로 어떤 결과가 나타날지 체계적으로 예측하기 위해 개발된 이론이며 이러한 게임이론을 통해 사회적으로 바람직한 결과가 나타날 수 있도록 사회환경을 디자인하는 데 이용될 수 있다.

(사) 시뮬레이션(Simulation)

시뮬레이션은 실제문제의 운영상황을 컴퓨터를 이용하여 그대로 흉내 내어 봄으로써 그 결과가 어떻게 되는지 알아보고 이를 통해 적절한 운영정책을 수립하는 분석기법이다.

(아) 예측이론(Forecasting)

예측이론은 미래의 상황을 예측하는 체계적인 기법이다. 이를 통해 미래의 수요나 가격들에 대한 합리적인 예측치를 구할 수 있고 이는 최적의 의사결정 수립을 위한 기초적인 자료로 활용될 수 있다.

(자) 일정관리시스템 – PERT/CPM

복잡한 대규모 사업의 수행을 최적으로 할 수 있는 일정계획을 수립하는 기법으로서 PERT(Program Evaluation and Review Technique)와 CPM(Critical Path Method)이 널리 사용되고 있다.

(차) 재고관리시스템

물품의 재고수준은 고객에 대한 물품 공급이 원활히 이루어질 수 있는 수준을 유지하면서 동시에 재고를 보유함에 따른 여러 가지 비용이 과다히 발생하지 않는 수준이 유지되어야 한다. 이러한 기준에서 최적의 재고수준을 결정하는 여러 가지 기법들이 많이 개발되어 활용되고 있다.

(카) 대기행렬시스템

대기행렬(Queue)이란 서비스를 받기 위하여 기다리고 있는 줄을 의미한다. 대기행렬에서 낭비하는 시간은 곧 고객의 시간낭비이므로 이 시간이 적절한 시간 이내가 되도록 서비스 시설의 규모를 배치하여야 한다. 반면 서비스 시설을 늘리는 것은 투자비와 운영비의 증가를 의미한다. 따라서 최적의 서비스 시설 규모를 결정할 필요가 있으며 이를 위한 분석기법들이 개발되어 활용되고 있다.

5. 정보시스템과 경영과학

한 조직의 관리에 필요한 데이터의 양은 기하급수적으로 늘어가고 있다. 이제는 이러한 다량의 데이터를 수집하고 관리하는 것이 조직관리의 한 중요한 업무가 되었다. 이에 따라 현대의 대부분의 기업들은 데이터를 수집 · 분석하고 적절한 정보를 제때에 보고할 수 있는 체계적인 정보시스템을 설계하여 도입하고 있다. 이러한 체계적인 시스템을 경영정보시스템(MIS: Management Information Systems)이라고 부른다.

경영정보시스템에서는 다량의 데이터를 체계적으로 정리해서 관리한다. 예를 들어, 고객의 이름, 주소, 전화번호 등등의 데이터를 모든 고객에 대해 모아 놓은 것을 파일(file)이라고 한다. 경영정보시스템에는 고객파일, 재고파일, 종업원파일, 거래상황파일 등 여러 파일들이 들어 있고, 이 파일들의 집합을 데이터베이스(Database)라고 한다. 이 데이터베이스는 새로운 내용이 추가될 때마다 수정 · 보완된다.

데이터베이스에 들어있는 원시자료(raw data)들은 적절히 처리되고 분석되어 의사결정에 필요한 정보(Information)로 바뀐다. 재고관리 정책 결정을 위해서는 지난 1년간의 재고수준에 대한 원시자료를 처리하여 연간 평균재고를 구해 볼 수도 있고, 인사관리 정책을 위해서는 현 과장급의 평균연령 등을 구해볼 수도 있다. 이러한 정보들은 적절한 보고서 형태로 작성되어 필요한 사람들에게 전해진다.

좀더 발전된 형태의 경영정보시스템은 간단한 질의 처리능력이 있는 시스템이다. 판매가격을 10% 늘리면 이익은 얼마가 되는가? 임금을 10% 늘리면 생산원가는 얼마가 되는가? 금리가 2% 포인트 증가하면 금융비용은 얼마가 되는가 등 상대적으로 단순한 형태의 분석을 요하는 질의들은 약간의 수식과 통계분석기법으로 대답할 수 있는 내용들이다.

경영정보시스템은 경영진에게 필요한 정보를 적시에 제공하여 경영진의 의사결정에 도움이 되는 것이 궁극적 목표이다. 이러한 점에서 볼 때 경영과학과 사뭇 유사한 목표를 갖고 있으나 그 접근방법에 있어서 상당한 차이를 갖고 있다. 다음의 예제를 통하여 의사결정에 대한 MIS적 접근방법과 경영과학적 접근방법의 차이점을 알아보자.

예제 1-1

수입원목을 이용하여 의자와 책상을 제작하는 세방가구는 다음 달의 생산계획을 수립하고자 한다. 다음 달에 이용 가능한 원목의 양은 $50m^3$인데 의자생산에는 개당 $0.1m^3$, 책상생산에는 $0.4m^3$가 소요된다. 다음 달에 동원할 수 있는 노동력은 1,200시간인데 의자생산에는 개당 4시간, 책상생산에는 개당 8시간이 소요된다.

생산된 의자와 책상은 수요가 높아서 전량 판매되는데 의자는 개당 10만 원, 책상은 개당 25만 원의 이익이 발생한다. 세방가구의 경영진은 이익이 가장 많아지도록 의자와 책상의 다음 달 생산량을 결정하고자 한다.

이 문제에 대한 MIS적 접근방법은 여러 가능한 대안에 대한 평가를 반복해보는 것이다. 예를 들어, 의자를 100개 책상을 200개 생산한다면 어떻게 될 것인가? 이때의 원목 소요량을 질의처리능력이 있는 MIS에 물어본다면 원목소요량은

$$0.1 \times 100 + 0.4 \times 200 = 90m^3$$

이라는 보고를 받게 된다. 이것은 사용 가능한 원목의 양을 넘으므로 이러한 생산계획은 불가능함을 알 수 있다. 이러한 방법으로 여러 생산계획에 대한 결과를 MIS를 통하여 질의해 봄으로써 표 1.1 과 같은 결과를 얻었다고 하자.

| 표 1.1 | [예제 1-1]에 대한 MIS적 접근방법

(의자생산량, 책상생산량)	원목소요량	소요노동력	실행가능 ?	이익(만원)
(120, 200)	92	2,080	No	–
(120, 150)	72	1,680	No	–
(120, 100)	52	1,280	No	–
(150, 100)	55	1,400	No	–
(150, 50)	35	1,000	Yes	2,750
(150, 60)	39	1,080	Yes	3,000
(150, 70)	43	1,160	Yes	3,250

이 표에 의하면 의자를 150개, 책상을 70개 생산하는 것은 주어진 원목 공급 가능양과 노동력 안에서 3,250만 원의 이익을 내는 생산계획으로서 검토해본 생산계

획 중 가장 바람직한 것임을 알 수 있다. 이에 따라 경영진은 이 생산계획을 선택하게 된다. 더 많은 생산계획에 대하여 평가해 본다면 좀 더 좋은 생산계획을 구할 수도 있다. 그러나 가장 좋은 생산계획을 발견할 수 있다는 보장은 없다.

반면 경영과학적 접근방법은 이 문제를 수식으로 표현하여 계량적 모형을 만든 후 이를 풀어서 가장 좋은 해를 도출해 내는 것이다. 이 예제의 경우

C: 의자(chair) 생산량
T: 책상(table) 생산량

라고 두고 다음과 같은 계량적 모형을 만들어 낸다.

총원목사용량은 원목 공급가능 양 이하이어야 하므로

$$0.1C + 0.4T \leq 50 \qquad \cdots [1\text{-}1]$$

이어야 하고 총노동력 사용시간은 동원 가능한 노동력 이하이어야 하므로

$$4C + 8T \leq 1{,}200 \qquad \cdots [1\text{-}2]$$

이어야 한다. 또한 의자와 책상의 생산량은 음수가 될 수 없으므로

$$C, T \geq 0 \qquad \cdots [1\text{-}3]$$

이어야 한다.

한편, 총이익은

$$10C + 25T \text{ (만원)} \qquad \cdots [1\text{-}4]$$

이 되고 경영자는 이익이 최대가 되는 생산계획을 수립하고자 하므로 식 [1-1]~[1-3]을 만족하는 (C, T) 중 식 [1-4]의 값이 최대가 되는 것을 구하면 된다.

식 [1-1]~[1-4]는 하나의 계량적 모형을 형성하며 이를 풀어서 최적생산계획을 직접 구해낼 수 있다. 다음 장에서 논의할 선형최적화 모형을 이용하여 이 모형을 풀면 최적생산계획은 의자를 100개, 책상을 100개 생산하는 것이며 최대이익은 3,500만 원이 된다.

MIS적 접근방법과 경영과학적 접근방법은 상호 보완적으로 이용될 수 있다.

응용사례 :: TACO BELL사의 SMART 인력관리시스템

(주: TACO BELL은 멕시코 음식인 타코를 파는 패스트 푸드 체인점으로서 미국 내에 수많은 점포들을 가지고 있는 대규모 사업체이다.)

타코벨사는 경영과학을 이용하여 인건비를 절감하면서도 고객의 요구를 더 적절히 수용할 수 있는 시스템을 개발하였다. 이 회사는 고객이 기다리는 최대 시간이 3분에서 5분 사이가 되도록 보장할 수 있게 하기 위하여 SMART(Scheduling Management And Restaurant Tool) 인력관리시스템을 개발하였다. SMART 인력관리시스템은 예측 모형, 시뮬레이션 모형, 정수최적화 모형 등 3개의 모형으로 구성되어 있다.

타코벨사는 패스트 푸드점이기 때문에 적절한 인력관리가 매우 중요하며 이를 위해서 다음 날의 각 시간대에서의 고객 수를 15분단위로 예측한다. 예측 모형을 통하여 이러한 예측이 이루어지면 시뮬레이션 모형은 다음 날에 필요한 종업원의 수와 종업원들의 최적 배치를 분석해 낸다. 이들의 배치 분석에서는 다양한 종류의 시설, 타코벨사의 서비스 정책, 그리고 고객들의 다양한 주문 가능성들을 모두 고려하고 있다. 이러한 배치 분석이 이루어지고 나면 정수최적화 모형을 통하여 어떤 종업원들을 어떤 쉬프트(타코벨은 24시간 운영하므로 하루에 3쉬프트(shift)를 가지고 있다)에 배치하는 것이 총인건비를 최소로 하게 되는지를 결정한다.

1996년에 이 시스템은 모든 직영점과 대부분의 대리점들에 도입되었으며 연간 4,000만 달러의 인건비 절감을 가져오고 있다. 이 시스템에 대한 종업원들의 반응도 좋았으며 타코벨사는 이 시스템을 가짐으로써 다른 패스트 푸드 체인점들과의 경쟁에서 경쟁우위를 가질 수 있게 되었다.

제 I 부

최적의사결정이론

I 부에서 다룰 내용은 최적의사결정이론(Optimal Decision Making Theory)이다. 여기서는 어떤 일을 수행할 수 있는 방법이 여러 가지가 있을 때 이 중에서 가장 좋은 최적의 수행방법을 구하는 체계적인 이론들을 다룬다. 이러한 여러 가지 분석 기법들 중에서 가장 강력하고 널리 이용되는 방법인 선형최적화 모형에 대하여 깊이 있게 다루며, 그 외에도 네트워크 모형, 정수최적화 모형, 다기준 의사결정 기법 등을 다룬다.

››› 제2장_ 선형최적화 모형

››› 제3장_ 선형최적화 모형의 분석

››› 제4장_ 사후적 분석과 민감도 분석

››› 제5장_ 선형최적화 모형을 통한 경영문제 분석

››› 제6장_ 네트워크 모형과 수송문제

››› 제7장_ 정수최적화 모형

››› 제8장_ 다기준 의사결정

제 2 장 선형최적화 모형

최적(Optimum)의 선택을 위한 분석에 있어서는 일반적으로 두 가지를 알아야 한다. 첫째는 선택 가능한 대안(Alternatives)들이 무엇인가 알아야 하며, 둘째로는 여러 가지 대안들 중에서 어느 대안이 더욱 바람직한가를 결정짓는 선호도(Preferences)를 알아야 한다. 만일 선택 가능한 대안들을 선형(Linear)의 등식 또는 부등식으로 나타낼 수 있고 선호도 역시 선형의 식으로 표현될 수 있다면 이 문제는 선형최적화 모형(Linear Optimization Model)으로 정식화 될 수 있다.

1. 선형최적화 모형

선형의 식이란 변수들의 일차식의 합이나 차로 표현된 식들을 의미한다. 예를 들어

$$2X+3Y, \qquad -2X+3Y-Z$$

등은 선형의 식이다. 어떤 한 최적화 모형이 선형의 식과 상수만으로 표현되어 있을

때 우리는 그 최적화 모형을 선형최적화 모형이라고 부른다.

이제 선형최적화 모형의 예를 하나 들어보자.

예제 2-1

식탁용 나이프와 포크를 생산하는 삼영실업은 현재의 생산설비를 가지고 이익을 최대로 할 수 있도록 각 제품의 생산량을 결정하려 하고 있다. 이 제품들은 품질이 우수하여 생산된 제품 전량이 수출되고 있는데 각각 케이스당 8,000원과 6,000원의 이익이 발생한다. 이 제품들은 프레스공정과 광택공정을 거치게 되는데 다음 1주일간 각 공정에서 사용 가능한 인력은 프레스공정의 경우 700시간이며, 광택공정의 경우 1,000시간으로 추정된다. 한편, 나이프 한 케이스 생산에는 12분(0.2시간)의 프레스공정 인력과 30분(0.5시간)의 광택공정 인력이 소요되며, 포크 한 케이스 생산에는 24분(0.4시간)의 프레스공정 인력과 15분(0.25시간)의 광택공정 인력이 소요된다. 삼영실업은 다음 1주일간의 나이프와 포크의 생산량을 총이익이 최대가 되도록 결정하고자 한다.

일반적으로 의사결정의 문제에는 두 가지 요소가 있다. 가능한 대안의 분석과 각 대안에 대한 선호도의 분석이다. 먼저 선호도를 보면 이 문제는 이익증대가 목적이므로 이익 발생이 많이 되는 대안이 더 바람직할 것이다. 따라서 이 문제에 있어서 선호도는 총이익으로 표현될 수 있다.

이 문제에서 결정해야 하는 것은 나이프 생산량과 포크 생산량이다. 따라서 다음과 같이 변수를 정하자.

X_1: 1주일간의 나이프 생산량 (단위: 케이스)

X_2: 1주일간의 포크 생산량 (단위: 케이스)

그러면 하나의 (X_1, X_2) 값은 하나의 대안을 나타낸다. 여러 대안이 가능한데 여기서는 총이익이 가장 크게 되는 대안을 찾고 싶다. 나이프와 포크 한 케이스의 이익은 각각 8,000원과 6,000원이므로 1주일간의 총이익은 다음과 같다.

$$8{,}000X_1 + 6{,}000X_2 \quad \text{(단위: 원)} \qquad \cdots [2\text{-}1]$$

이익을 최대로 하기 위해서는 식 [2-1]이 최대화되는 대안을 구해야 할 것이다.

모든 대안(X_1, X_2)가 다 가능한 것은 아니다. 예를 들어, $(X_1, X_2) = (1{,}000,$

2,000)은 "나이프 1,000케이스, 포크 2,000케이스 생산"이라는 하나의 대안을 나타낸다. 이 대안이 실제로 실행에 옮겨질 수 있기 위해서는 이 대안에서 필요로 하는 각 공정에서의 조업시간은 문제에서 주어진 조업가능시간을 초과해서는 안 된다. 따라서 하나의 대안 (X_1, X_2)가 실행 가능(Feasible)한 대안이 되기 위해서는 다음과 같은 조건들을 만족하여야 한다.

먼저, 프레스공정의 경우 나이프 X_1케이스를 생산하기 위해서는 $0.2X_1$시간의 조업이 소요되고, 포크 X_2케이스를 생산하기 위해서는 $0.4X_2$시간의 조업이 소요되므로 총 조업 소요시간은

$$0.2X_1 + 0.4X_2$$

가 된다. 반면 프레스공정의 조업가능시간은 계획기간 중 700시간뿐이므로 대안 (X_1, X_2)는 다음의 조건을 만족해야 한다.

$$0.2X_1 + 0.4X_2 \leq 700 \qquad \text{(프레스공정 제약식)} \cdots [2\text{-}2]$$

마찬가지로, 광택공정의 경우 총 조업 소요시간은 $0.5X_1 + 0.25X_2$이며 조업가능시간은 1,000 시간뿐이므로 대안 (X_1, X_2)는

$$0.5X_1 + 0.25X_2 \leq 1,000 \qquad \text{(광택공정 제약식)} \cdots [2\text{-}3]$$

을 만족시켜야 한다.

식 [2–2]와 [2–3] 이외에도 나이프와 포크의 생산량은 음수가 될 수 없으므로 대안 (X_1, X_2)는

$$X_1 \geq 0, \quad X_2 \geq 0 \qquad \cdots [2\text{-}4]$$

을 만족해야 한다. 이것은 너무도 당연하여 수식으로 표현할 필요조차 못 느낄지 모르지만 우리가 이러한 선형최적화 문제를 컴퓨터에게 풀라고 지시를 한다고 가정해 볼 때 컴퓨터는 모든 것을 정확히 입력받아야 하기 때문에 모든 것을 명시적으로 적어주는 것이 좋다. 이 마지막 제약식 [2–4]는 비음조건(Non–negativity Constraint)이라고 부른다.

이제 식 [2–1] ~ [2–4]를 정리하면 다음과 같다.

$$\begin{array}{lll} \text{Maximize} & 8,000X_1 + 6,000X_2 & \cdots [2\text{-}1] \\ \text{subject to} & 0.2X_1 + 0.4X_2 \leq 700 & \cdots [2\text{-}2] \end{array}$$

$$0.5X_1 + 0.25X_2 \leq 1{,}000 \quad \cdots [2\text{-}3]$$

$$X_1 \geq 0, \quad X_2 \geq 0. \quad \cdots [2\text{-}4]$$

이 문제는 최대화 하고자 하는 함수 [2−1]이 있고 변수들이 가질 수 있는 범위를 제한하는 제약식 [2−2]~[2−4]가 있다. 이러한 의미에서 이 문제는 최적화 모형(Optimization Model)에 속한다. 그리고 모든 식들이 X_1과 X_2의 선형함수(Linear Function)로 표현되어 있기 때문에 선형최적화 모형(Linear Optimization Model)에 속한다. 이 선형최적화 모형에서 결정하고자 하는 것은 변수 X_1과 X_2의 값이며 이 변수들을 의사결정변수(Decision Variable)라고 부른다.

이 선형최적화 모형의 구조를 살펴보면 두 부분으로 구성되어 있음을 알 수 있다. 첫째 부분은 [2−1]식으로서 이 식의 값을 최대로 하는 변수 X_1과 X_2의 값을 선택하는 것이 이 선형최적화 모형의 목적임을 말해주고 있다. 이러한 의미에서 [2−1]식을 목적함수(Objective Function)라고 부른다. 둘째 부분은 [2−2] ~ [2−4]식들로서 변수 X_1과 X_2는 아무 값이나 가질 수 있는 것이 아니고 이 식들을 만족하는 값 중에서 선택되어야 함을 말해주고 있다. 이러한 의미에서 이 식들을 제약식(Constraints)이라고 부른다. 특히 [2−4]식은 비음제약식(Non−negativity Constraints)으로서 명시적으로 적어 주어야만 완전한 모형이 된다.

이 선형최적화 모형의 최적해는 제약식 [2−2] ~ [2−4]를 만족시키는 여러 가지 (X_1, X_2) 중에서 목적식 [2−1]의 값이 가장 커지는 (X_1, X_2)이다. 이러한 최적해를 어떻게 구할 수 있을까? 일반적으로 이러한 선형최적화 모형을 수립하고 분석하고 이를 통해 최적의 선택을 하는 전체적인 방법론을 선형계획법(Linear Programming)이라고 부른다.

2. 선형계획법

선형최적화 모형을 분석할 수 있는 선형계획법은 현재까지 알려져 있는 의사결정 분석 기법들 중에서 가장 중요하며 널리 이용되고 있는 기법으로서 1947년 처음 발표된 이래 회사운용 등 기업체의 문제에서부터 국방관리, 국가경제운영 등 공공부문의 문제에까지 널리 이용되어 많은 경비절감을 이룩하는 기본적인 방법으로 이용되어 오고 있다.

선형최적화 모형은 기본적으로 유한한 자원을 여러 가지 사업에 가장 효율적으로 분배하여 투입시키는 문제에 적용된다. [예제 2-1]을 보면 프레스공정의 처리 용량과 광택공정의 처리 용량이라는 두 가지 한정된 자원을 이용하여 나이프와 포크 두 가지 제품을 생산하는 상황이며 나이프와 포크를 생산하기 위하여 투입되는 두 자원들의 양이 각기 다르고 또 두 제품의 이익률도 서로 다른 상황이다. 여기서는 프레스공정과 광택공정의 처리 능력을 나이프 생산과 포크 생산에 얼마씩 분배하는 것이 가장 바람직한지를 결정해야 하는 상황이다. 이렇게 사용할 수 있는 자원이 한정되어 있을 때 이를 어떻게 사용하는 것이 가장 효율적인지를 결정하는 종류의 문제에 선형최적화 모형이 이용되며 이를 통해 사용 가능한 자원의 범위 안에서 이익을 최대로 할 수 있는 생산계획을 수립할 수 있다.

선형계획법은 영어로는 linear programming이라고 부른다. 이 말에 들어 있는 programming이라는 단어 때문에 컴퓨터의 프로그래밍 언어를 연상할지 모르겠으나 이것과는 전혀 관계가 없고 여기서의 programming은 planning(계획수립)이라는 의미로 이해하는 것이 바람직하다. 선형계획법은 경영상의 문제를 수식에 의한 모형으로 바꾸어서 이것의 해를 수학적으로 얻는 방법 중의 하나이다. 뒤에서 보게 되는 바와 같이 선형계획법은 여러 개의 선형연립방정식을 만들어 푸는 것과 유사하다.

비록 선형계획법이 컴퓨터 프로그래밍과는 다른 것이지만 컴퓨터의 개발은 선형계획법을 실제문제에 적용시키는 데에 매우 중요한 역할을 하였다. 실제문제를 선형최적화 모형으로 개발하면 대개 수백 개 이상의 변수와 수식들이 들어가게 된다. 이러한 문제를 현대의 고속 컴퓨터 없이 해결한다는 것은 매우 어렵다.

역사적으로 볼 때 1947년 단찌(George Dantzig)가 발표한 심플렉스방법(Simplex Method)이란 해법으로 말미암아 대형의 선형최적화 모형들을 풀 수 있게 되었다. 심플렉스방법은 수 만개의 변수와 수 만개의 제약식을 갖는 선형최적화 모형들도 어려움 없이 풀어내고 있다. 그러나 현실적으로는 이보다 더 큰 모형들이 존재하는데 이러한 초대형 모형에 대해서는 심플렉스 방법도 한계를 보이고 있다. 그러던 중 1984년 미국 벨(Bell)연구소에 근무하던 카마카(Narendra Karmarkar)는 전혀 새로운 해법인 내부점 해법(Interior-point Algorithm)을 발표하였다. 내부점 해법은 초대형 문제의 경우 심플렉스 방법보다 훨씬 빨리 효율적으로 최적해를 찾아낸다.

오늘날 선형최적화 모형은 매우 널리 이용되고 있는데 미국의 500대 기업을 대상으로 설문을 돌린 결과 이 중의 95%가 선형최적화 모형을 쓰고 있다는 응답을 얻었다. 특히 37.5%는 매우 자주, 32.5%는 꽤 자주, 25%는 가끔, 그리고 5%만이 전혀 선형최적화 모형을 사용하지 않고 있었다. 물론 큰 회사일수록 선형최적화 모형을 더 많이 쓰고 있다. 미국의 GE Capital사는 장비임대 사업의 임대 구조를 최적화하는 데에, 정유회사인 Marathon Oil Company는 휘발유 생산과 송유관 시설을 설계하는 데에 선형최적화 모형을 쓰고 있다. 아침에 먹는 시리얼을 생산하는 Kellogg사는 생산, 포장, 재고관리, 수송 등을 최적화하기 위하여 KPS(Kellogg Planning System)라는 대규모 선형최적화 모형을 이용하고 있다.

선형계획법은 경제학의 발전에도 큰 영향을 미쳐서 쿠프만(Koopmans)과 칸토로비치(Kantorovich)가 선형최적화 모형을 통한 경제이론개발의 업적을 인정받아 1975년에 노벨 경제학상을 수상하였다. 이에 관련된 내용은 1958년 Dorfman, Samuelson과 Solow가 저술한 *Linear Programming & Economic Analysis*에 자세히 나와 있다.

선형계획법에 대해서는 제3장에 상세히 설명되어 있다. 여기에서 설명된 대로 컴퓨터를 이용하여 [예제 2-1]을 풀어 보면 최적해는 다음과 같다.

최적해: $(X_1, X_2) = (1{,}500, 1{,}000)$

주당 최대이익: 1,800만 원

따라서 삼영실업은 다음 1주일 동안 나이프를 1,500케이스, 포크를 1,000케이스 생산하는 것이 최적이며 이때 1,800만 원의 이익을 얻을 수 있다.

일반적인 선형최적화 모형은 변수가 매우 많을 수도 있으며 최대화뿐만 아니라 최소화문제일 수도 있다. 또, 제약식은 부등식뿐만 아니라 등식이 될 수도 있다. 다음 절에서는 다양한 선형최적화 모형을 개발해 본다.

3. 선형최적화 모형의 개발

선형최적화 모형을 성공적으로 개발하기 위해서는 다음의 과정을 밟는 것이 바람직하다.

제1단계: 문제를 이해한다. 선형최적화 모형으로 분석하고자 하는 문제점이 무엇인지를 충분히 이해한다.

제2단계: 의사결정변수들을 정한다. 무엇의 값을 구하고자 하는 것인지를 확실히 한다.

제3단계: 해의 우열을 결정하는 기준을 선택한다.

제4단계: 이 기준이 의사결정변수들의 선형의 식으로 나타나도록 수식으로 표현하여 목적함수로 사용한다.

제5단계: 모든 조건들이 의사결정변수들의 선형의 식으로 나타나도록 제약식들을 만든다. 제약식에는 자원의 제약식뿐만 아니라 수요 제약식, 또는 경영정책적인 제약식들이 있을 수 있다.

제6단계: 입력 자료를 수집하고 또는 추정한다. 위에서 수립한 모형에 필요한 자료들이 모두 수집 가능한가? 자료를 수집하는 과정이 가장 시간을 많이 소요하는 과정이 될 때가 많다. 회사 내의 자료로는 판매, 생산, 회계, 재무, 인사 관련 자료들을 경영정보시스템(Management Information Systems: MIS)을 통하여 이용할 수 있다. 외부 자료로는 해외시장 및 무역 관련 자료, 경제개발계획 자료 등과 국내시장에 대한 조사 자료(survey data) 등이 이용될 수 있다.

이러한 과정을 생각하며 여러 가지 선형최적화 모형을 개발해 보자.

예제 2-2 식단문제 (食單問題, Diet Problem)

이 문제는 매일의 식단을 구성함에 있어서 하루에 필요한 영양분 요구량을 만족시키면서 최소의 비용을 갖는 식단구성방법을 모색하는 것이다. 이 예제에서는 참치, 우유, 빵 및 시금치를 이용하여 비타민 A, C, D와 철분의 1일 필요량을 만족하는 최소비용의 식단을 구성하려고 한다. 각 음식의 영양분 함유량과 가격이 다음 표에 나와 있다.

영양분	우유 (리터)	참치 (kg)	빵 (한 줄)	시금치 (kg)	1일 필요량
비타민A (단위: IU)	1,600	500	0	70,000	5,000
비타민C (단위: mg)	10	0	0	140	30
비타민D (단위: IU)	120	0	0	0	100
철분 (단위: mg)	7	14	13	16	12
가격(원)	1,000	3,000	650	600	–

한편, 음식의 맛을 유지하기 위해서 참치는 최소한 0.1kg 이상, 빵은 반줄 이상 포함되어야 한다.

이 문제에서는 매일의 각 음식의 섭취량을 결정하는 것이 문제이므로 변수설정은

M: 우유(milk) 소비량,
T: 참치(tuna) 소비량,
B: 빵(bread) 소비량,
S: 시금치(spinach) 소비량

으로 한다. 그러면 총비용은

$$M + 3T + 0.65B + 0.6S \text{ (천원)}$$

이 되며 이 목적함수를 최소화하는 (M, T, B, S)를 구해야 한다. 반면에 이 변수들이 만족시켜야 하는 조건들을 생각해 보면 비타민 A의 경우 우유 1 리터는 1,600 IU, 참치 1kg은 500 IU, 시금치 1kg은 70,000 IU를 포함하며 빵은 비타민 A를 함유하고 있지 않으므로 비타민 A의 섭취량은 $1{,}600M + 500T + 70{,}000S$가 되고 1일 필요량을 만족시키기 위해서는

$$1{,}600M + 500T + 70{,}000S \geq 5{,}000$$

이 되어야 한다. 마찬가지로 다른 세 가지 영양분에 대한 제약식들을 만들 수 있다. 또, 음식의 맛을 유지하기 위해서 참치는 최소한 0.1kg을 포함하여야 하므로 다음의 제약식이 필요하다.

$$T \geq 0.1$$

빵 섭취량에 대한 제약식도 비슷하게 만들 수 있다.

지금까지 나온 내용들을 정리하면 다음과 같은 선형최적화 모형을 만들 수 있다.

$$\begin{aligned} \text{Minimize} \quad & M + 3T + 0.65B + 0.6S \\ \text{subject to} \quad & 1{,}600M + 500T + 70{,}000S \geq 5{,}000 \\ & 10M + 140S \geq 30 \\ & 120M \geq 100 \end{aligned}$$

$$7M + 14T + 13B + 16S \geq 12$$
$$T \geq 0.1$$
$$B \geq 0.5$$
$$M, T, B, S \geq 0$$

이 모형을 컴퓨터를 이용하여 풀면 최적해는 다음과 같다. (컴퓨터 활용에 대해서는 3장에서 상세히 설명한다.)

최적해: $(M, T, B, S) = (0.83,\ 0.1,\ 0.5,\ 0.15)$
최소비용: 1,552원

따라서 하루에 우유 0.83리터, 참치 0.1kg, 빵 반줄, 시금치 0.15kg을 섭취하는 것이 가장 저렴한 방법이며 이 경우 1,552원의 비용이 소요된다.

예제 2-3 생산 및 배분문제(Production and Distribution Problem)

A회사는 지역적으로 위치가 다른 두 개의 공장을 갖고 있으며 세 지역에 중간창고를 갖고 있다. 각 중간창고에서는 다음 달에 각각 500, 2,000 및 900개의 제품을 보내달라고 요구하고 있다. 또한 두 개의 공장에서 다음 달에 공급할 수 있는 양은 각각 2,300, 1,500개 이내에서 가능하다. 제1공장에서의 생산단가는 15만 원이며 제2공장에서는 인력이 비싸고 시설이 노후함으로 말미암아 생산단가는 20만 원이다. 또한, 각 공장에서 창고로의 수송비용(단위: 만원/개)은 다음 표에 주어져 있다. A사에서는 생산비와 수송비의 합이 최소가 되도록 생산 및 배분계획을 수립하고자 한다.

공장 \ 창고	1	2	3
1	3	9	8
2	7	2	4

이 문제는 각 창고에서의 요구량 및 각 공장의 공급능력을 만족시키면서 생산비와 운송비의 합을 최소로 하는 생산량과 배분계획을 세우는 것이다. 이러한 배분문제의 경우 변수를 다음과 같이 두 개의 첨자를 이용하여 설정하는 것이 편리하다.

X_{ij}: 공장 i에서 창고 j로 수송한 물량, $i = 1, 2,\quad j = 1, 2, 3.$

각 공장에서 수송되어 나간 양만큼은 그 공장에서 생산하여야 하므로 전체 비용

은 생산비와 수송비용을 합친

$$(15+3)X_{11}+(15+9)X_{12}+(15+8)X_{13}+(20+7)X_{21}+(20+2)X_{22}+(20+4)X_{23}$$
$$=18X_{11}+24X_{12}+23X_{13}+27X_{21}+22X_{22}+24X_{23} \text{ (만원)}$$

이 된다.

제1창고의 요구량이 만족되기 위해서는 제1창고로 수송된 물량이 500이 되어야 하므로 이를 나타내는 제약식은

$$X_{11}+X_{21}=500 \qquad \cdots \text{[2-5]}$$

이다. 다른 두 개의 제약식은 $X_{12}+X_{22}=2{,}000$과 $X_{13}+X_{23}=900$이다. 한편 제1공장의 공급능력은 2,300이므로

$$X_{11}+X_{12}+X_{13}\leq 2{,}300$$

이 만족되어야 한다. 그리고 제2공장에 대해서는 $X_{21}+X_{22}+X_{23}\leq 1{,}500$이 되어야 한다. 또한 수송량은 음수가 될 수 없으므로 모든 i, j에 대해 $X_{ij}\geq 0$이다.

지금까지 나온 내용을 정리하면 선형최적화 모형은 다음과 같다.

$$\begin{aligned}
\text{Minimize} \quad & 18X_{11}+24X_{12}+23X_{13}+27X_{21}+22X_{22}+24X_{23} \\
\text{subject to} \quad & X_{11}+X_{21}=500 \\
& X_{12}+X_{22}=2{,}000 \\
& X_{13}+X_{23}=900 \\
& X_{11}+X_{12}+X_{13}\leq 2{,}300 \\
& X_{21}+X_{22}+X_{23}\leq 1{,}500 \\
& X_{ij}\geq 0, \text{ 모든 } i\text{와 } j\text{에 대해.}
\end{aligned}$$

이 모형을 컴퓨터를 이용하여 풀면 최적해는 다음과 같다.

최적해: $(X_{11}, X_{12}, X_{13}, X_{21}, X_{22}, X_{23})=(500, 500, 900, 0, 1{,}500, 0)$

최소비용: 7억 4,700만 원.

따라서 이 회사에서는 공장 1에서 1,900개를 생산하여 창고 1, 2, 3으로 각각 500, 500, 900개씩을 보내고 공장 2에서는 1,500개를 생산하여 창고 2로 보내는 것이 최적의 계획이며 이 경우 총경비는 7억 4,700만 원이 소요된다.

이 모형에서는 식 [2-5]에서 등식을 사용하고 있다. 여기서는 식 [2-5] 대신 부등식

$$X_{11} + X_{21} \geq 500 \qquad \cdots [2\text{-}6]$$

을 사용하여도 같은 해를 얻게 된다. 이 모형은 비용을 최소화하는 문제이기 때문에 식 [2-6]을 사용하는 경우에도 최적해에서는 $X_{11} + X_{21}$의 값이 500과 같아질 것을 미리 예상할 수 있기 때문이다. $X_{11} + X_{21}$의 값이 500보다 크면 불필요한 생산비와 수송비가 발생하기 때문이다.

식 [2-5]와 [2-6] 중에 어느 것을 사용하는 것이 더 좋은지는 상황에 따라 다를 수 있다. 문제의 의미상 창고 1에서 원하는 것이 500개 이상만 보내 주면 된다는 것이라면 식 [2-6]이 바람직한 표현일 것이고 창고 1에서 저장시설이 부족하니 꼭 500개만 보내라는 뜻이라면 식 [2-5]가 바람직한 표현일 것이다. 창고 1에서 원하는 것이 무엇인지를 판단하는 것은 경영자의 몫이다. 여러분이 A사의 경영자라고 생각하고 어떤 상황일 것인지 생각해 보면 어느 식이 더 바람직한지 판단할 수 있을 것이다. 모형 개발은 수학문제가 아니고 경영의 문제이다. 경영자가 현장의 목소리를 잘 파악해야 하는 이유이다.

예제 2-4 배합문제 (Blending Problem)

B사는 금년에 두 종류의 잔디비료를 생산하여 팔려고 한다. 하나는 특수비료이며 또 하나는 일반용 비료이다. 비료는 두 가지 원료를 섞어서 만드는데 각 원료는 질소와 인산의 함유비율이 다르다. 각 원료의 가격 및 성분함유비율은 다음 표와 같다.

원　료	가격(원/kg)	질소(%)	인산(%)
1	1,000	60	10
2	1,500	10	40

이번 달에는 특수비료가 25kg짜리 부대로 5,000부대, 일반용이 7,000부대가 팔릴 것으로 보인다. 특수비료는 질소의 함유량이 40~50%이어야 하며 일반용 비료는 20% 이상의 인산을 함유하여야 한다. 최소의 비용으로 수요를 만족시키려면 어떻게 혼합하여 생산해야 할 것인가.

이 문제를 선형최적화 모형으로 정식화하기 위해 다음과 같이 변수를 설정하자.

P_1: 특수(premium)비료 생산에 투입된 원료 1의 양 (kg)

P_2: 특수비료 생산에 투입된 원료 2의 양 (kg)

R_1: 일반용(regular) 비료 생산에 투입된 원료 1의 양 (kg)

R_2: 일반용 비료 생산에 투입된 원료 2의 양 (kg)

먼저, 목적함수는 생산비용으로서

$$1{,}000P_1 + 1{,}500P_2 + 1{,}000R_1 + 1{,}500R_2$$

를 최소화하는 것이 된다. 특수비료 수요를 만족시키기 위해서는

$$P_1 + P_2 \geq 25 \cdot 5{,}000 = 125{,}000$$

이 되어야 하며, 일반용 비료에 대해서는 $R_1 + R_2 \geq 25 \cdot 7{,}000 = 175{,}000$이 된다.

또한 특수비료의 질소함유량은 40%와 50% 사이이어야 하므로 이에 해당하는 제약식은

$$\frac{0.6P_1 + 0.1P_2}{P_1 + P_2} \geq 0.4$$

$$\frac{0.6P_1 + 0.1P_2}{P_1 + P_2} \leq 0.5$$

가 된다. 먼저 첫 번째 식을 생각해 보자. 이 식의 좌변은 선형의 식이 아니다. 이대로는 선형최적화 모형에서 처리할 수 없는 식이다. 그러나 이 부등식의 분모를 이항하여 정리하면 다음의 선형 제약식을 얻는다.

$$2P_1 - 3P_2 \geq 0$$

이 식은 선형의 식이므로 선형최적화 모형에서 사용할 수 있는 식이다. 이와 같이 선형의 식이 아닌 경우에도 간단한 수학적 처리로 선형의 식으로 바꿀 수 있는 경우가 많이 있다. 이것이 선형최적화 모형의 응용범위가 그토록 넓은 이유이다. 마찬가지로 두 번째 식은 $P_1 - 4P_2 \leq 0$과 같아진다. 같은 방법으로 일반용 비료의 인산함유량이 20% 이상이어야 한다는 조건을 정리하면 $R_1 - 2R_2 \leq 0$을 얻는다.

지금까지 나온 내용을 정리하면 선형최적화 모형은 다음과 같다.

Minimize	$1{,}000P_1 + 1{,}500P_2 + 1{,}000R_1 + 1{,}500R_2$
subject to	$P_1 + P_2 \geq 125{,}000$

$$R_1 + R_2 \geq 175{,}000$$
$$2P_1 - 3P_2 \geq 0$$
$$P_1 - 4P_2 \leq 0$$
$$R_1 - 2R_2 \leq 0$$
$$P_1, P_2, R_1, R_2 \geq 0$$

이 모형을 컴퓨터를 이용하여 풀면 최적해는 다음과 같다.

최적해: $(P_1, P_2, R_1, R_2) = (100{,}000,\ 25{,}000,\ 116{,}667,\ 58{,}333)$
최소비용: 3억 4,167만 원

따라서 원료 1과 2를 각각 100,000kg과 25,000kg을 섞어서 특수비료 125,000kg을 만들고 원료 1과 2를 각각 116,667kg과 58,333kg을 섞어서 일반용 비료 175,000kg을 만드는 것이 최적이며 이 경우 총비용은 3억 4,167만 원이 소요된다.

예제 2-5 생산계획문제 (Production Scheduling Problem)

C사에서는 여러 가지의 작업을 각기 어느 기계를 통하여 수행하는 것이 전체 비용을 최소로 할 것인가를 결정하고자 한다. C사에서는 두 종류의 기계를 이용하여 3가지 제품들을 생산하고 있는데 각 제품을 어느 기계로 생산하느냐에 따라서 생산비 및 소요시간에 차이가 있다. 요사이는 평균 하루에 제품 1, 2, 3을 각각 300개, 700개, 400개씩 생산하고 있다. 이 회사에는 기계 1은 100대, 기계 2는 80대가 있는데 모두 하루에 8시간까지 가동할 수 있다. 다음 표는 생산비용과 생산소요시간을 보여주고 있다.

	i번째 기계로 j번째 제품을 생산할 때의 생산비용 (만원/개)			i번째 기계로 j번째 제품을 생산할 때의 소요시간 (시간/개)		
제품 / 기계	1	2	3	1	2	3
1	13	9	10	0.4	1.1	0.9
2	11	12	8	0.5	1.2	1.3

이 문제를 선형최적화 모형으로 정식화하기 위하여 먼저, X_{ij}를 i번째 기계로 j번째 제품을 생산한 양이라고 하자. 회사의 경영목표가 비용을 최소로 하는 것이라면 목적함수는

$$13X_{11} + 9X_{12} + 10X_{13} + 11X_{21} + 12X_{22} + 8X_{23} \text{ (만원)}$$

을 최소화하는 것이다. 기계가동시간에 관한 제약식은 기계 1, 2에 대하여 각각

$$0.4X_{11} + 1.1X_{12} + 0.9X_{13} \leq 800$$
$$0.5X_{21} + 1.2X_{22} + 1.3X_{23} \leq 640$$

이 된다. 생산요구량에 대한 제약식은

$$X_{11} + X_{21} = 300$$
$$X_{12} + X_{22} = 700$$
$$X_{13} + X_{23} = 400$$

이 된다.

지금까지의 내용을 정리하면 선형최적화 모형은 다음과 같다.

$$\begin{aligned} \text{Minimize} \quad & 13X_{11} + 9X_{12} + 10X_{13} + 11X_{21} + 12X_{22} + 8X_{23} \\ \text{subject to} \quad & 0.4X_{11} + 1.1X_{12} + 0.9X_{13} \leq 800 \\ & 0.5X_{21} + 1.2X_{22} + 1.3X_{23} \leq 640 \\ & X_{11} + X_{21} = 300 \\ & X_{12} + X_{22} = 700 \\ & X_{13} + X_{23} = 400 \\ & X_{ij} \geq 0, \text{ 모든 } i\text{와 } j\text{에 대해.} \end{aligned}$$

이 모형을 컴퓨터를 이용하여 풀면 최적해는 다음과 같다.

최적해: $(X_{11}, X_{12}, X_{13}, X_{21}, X_{22}, X_{23}) = (0,\ 700,\ 23,\ 300,\ 0,\ 377)$
최소비용: 1억 2,846만 원

따라서 기계 1로는 제품 2와 3을 각각 700개와 23개 생산하며, 기계 2로는 제품 1과 3을 각각 300개와 377개 생산하는 것이 최적이며, 이때 총비용은 1억 2,846만 원이 소요된다.

예제 2-6 포트폴리오 선택문제 (Portfolio Selection Problem)

M 에셋에서는 200억 원의 신규 자금을 확보하고 이를 다음의 4가지 주식에 투자할 생각을 가지고 있다.

주식	A	B	C	D
주당 가격 (만원)	10	5	8	4
연간 예상수익률 (%)	12	8	3	10
만원당 위험지수	0.1	0.07	0.01	0.08

위험지수는 각 주식이 예상수익을 벗어날 가능성의 측도로서 이 값이 크면 1년 후 실제로 얻는 수익이 지금의 예상수익률을 벗어날 가능성이 더 높다는 것을 의미한다. 예를 들어, 주식 A의 경우 연간 예상수익률은 가장 높지만 위험지수도 높아서 1년이 지난 후 실제로 얻는 수익은 12%보다 훨씬 높을 수도 있지만 12%보다 훨씬 낮을 수도 있고 때로는 손실이 일어날 수도 있다. 반면에 주식 C는 예상수익률은 낮지만 위험지수도 매우 낮아서 1년 후에 발생하는 실제 수익은 현재 예상하고 있는 3%와 거의 같게 될 것으로 판단할 수 있다. 이 위험지수는 투자분석실에서 제공된 값이다. 선택된 포트폴리오(Portfolio: 주식들에 대한 투자금의 분포)의 총위험지수는 각 주식에 투자된 금액의 위험지수들의 합이다.

경영진에서는 첫째, 포트폴리오의 연간 예상수익은 최소한 18억 원 이상 되어야 하며 둘째, 어느 주식에도 50% 이상을 투자해서는 안 된다는 투자지침을 제시하였다. 이러한 지침 하에서 위험을 최소로 줄일 수 있는 포트폴리오를 수립하려면 어떻게 하여야 하는가?

이 문제를 선형최적화 모형으로 정식화 하기 위해 다음과 같은 변수를 설정하자.

A: 주식 A에 투자한 금액 (만원)

B: 주식 B에 투자한 금액 (만원)

C: 주식 C에 투자한 금액 (만원)

D: 주식 D에 투자한 금액 (만원)

목적함수는 총위험지수로서

$$0.1A + 0.07B + 0.01C + 0.08D$$

를 최소화 하는 것이다.

제약식은 먼저 총투자금액이 200억 원이어야 하므로

$$A + B + C + D = 2{,}000{,}000 \text{ (만원)}$$

이라는 제약식이 있다. 또한 연간 예상 수익이 18억 원을 넘어야 하므로

$$0.12A + 0.08B + 0.03C + 0.1D \geq 180{,}000 \text{ (만원)}$$

이 되어야 한다. 그리고 한 가지 주식에 대한 투자가 전체의 50%를 넘어서는 안 되므로

$$A \leq 1{,}000{,}000$$
$$B \leq 1{,}000{,}000$$
$$C \leq 1{,}000{,}000$$
$$D \leq 1{,}000{,}000$$

의 제약식이 있다.

정리하면 선형최적화 모형은 다음과 같다.

$$\begin{aligned}
\text{Min} \quad & 0.1A + 0.07B + 0.01C + 0.08D \\
\text{S.T.} \quad & A + B + C + D = 2{,}000{,}000 \\
& 0.12A + 0.08B + 0.03C + 0.1D \geq 180{,}000 \\
& A \leq 1{,}000{,}000 \\
& B \leq 1{,}000{,}000 \\
& C \leq 1{,}000{,}000 \\
& D \leq 1{,}000{,}000 \\
& A, B, C, D \geq 0
\end{aligned}$$

이 모형을 컴퓨터를 사용하여 풀면 다음의 최적 포트폴리오를 얻는다.

최적 포트폴리오: 주식 A에 100억 원,
B에 0원,
C에 57.1억 원,
D에 42.9억 원을 투자

총 위험도지수: 140,000

이 포트폴리오의 만 원당 위험도지수는 140,000/2,000,000=0.07이다. 각 주식의 위험도지수와 비교하여 볼 때 이 정도의 값이면 안정된 수준을 유지하고 있다고 할 수 있을 것이다.

4. 선형최적화 모형의 응용분야

앞에서 본 바와 같이 선형최적화 모형의 응용분야는 매우 광범위하여 기업체의 경영문제뿐 아니라 경제개발이론을 위한 기법으로도 사용되며 사회과학문제의 시스템분석을 위해서도 이용되고 있다. 한정된 자원을 효율적으로 배분하는 문제에 있어서는 어디서나 선형최적화 모형을 이용할 수 있다.

기업경영을 볼 때 생산관리에서의 응용 예로는 원유수송선의 스케줄링문제, 사료배합문제, 농경지의 적정이용문제, 생산제품 및 재고에 대한 통제문제, 원유정제문제 등이 있다. 재무관리에서는 기업의 프로젝트에 자금조달을 함에 있어서 최적의 포트폴리오 선택문제가 대표적이다. 마케팅분야에 있어서는 적절한 광고매체의 선택문제, 제품의 수송 및 배분문제, 판매원의 적정배치문제 등이 있다. 중간 또는 고위경영진을 위한 응용으로서는 생산계획수립 및 인력계획 등을 꼽을 수 있다. 선형최적화 모형의 응용범위는 계속 확대되고 있으며, 특히 고성능컴퓨터의 대량보급으로 인해 급속도로 촉진되고 있다. 제5장에서는 선형최적화 모형을 경영문제에 이용한 실감나는 사례들을 다양하게 소개한다.

선형최적화 모형이 응용되는 예는 매우 다양하지만 가장 많이 응용된 예를 문제의 형태별로 구분하여 보면 다음과 같다.

(가) 배합문제

여러 가지의 원료들을 섞어 제품을 만드는 데 있어서 성분함량조건을 만족시키면서 비용이 최소가 되는 배합비율을 구하는 문제다. 예를 들면, 원유정제에서 중간과정에 나온 성분을 적절히 섞어 최종제품을 만드는 문제, 사료를 만들기 위하여 원료들을 섞는 문제, 식품생산을 위한 원료배합문제 등이 있다. 이 이외에도 페인트, 설탕 등 그 응용범위는 실로 무수하다.

(나) 생산제품 결정

회사의 이익을 최대로 내기 위해서는 어떤 제품을 얼마만큼씩 생산하는 것이 좋은가를 결정하여야 한다. 회사는 대개 여러 가지 제품들을 동시에 생산하며 각 제품의 이익 폭이 각기 다르며 생산에 필요한 자원의 소요량이 다르기 때문에 한정된 자원을 이용하여 이익을 최대로 하기 위해서는 어떠한 제품을 어느 정도로 생산할 것인가를 결정할 필요가 있다.

(다) 수송 및 배분문제

생산된 제품은 널리 퍼져 있는 창고에서부터 도매상 또는 소매상으로 수송되어야 한다. 각 창고의 공급능력이 알려져 있고 소 · 도매상들의 필요량이 알려져 있을 때 적절한 수송 및 배분계획을 통하여 전체 수송비를 최소로 하는 것이 중요하다. 이러한 수송 및 배분계획을 최적으로 수립하는 문제는 석탄이나 시멘트의 운송, 연쇄점의 물품수송 등 여러 분야에서 발생한다.

(라) 생산계획 및 재고관리

생산된 제품의 수요는 대개 시간에 따라 많은 변화를 가진다. 이렇게 변동하는 수요에 맞추기 위하여 생산량을 자주 변화시키게 된다면 피크시의 생산량을 맞출 수 있는 생산능력을 가지고 있어야 하므로 생산단가가 올라가며, 생산량을 전혀 변화시키지 않는다면 수요변화에 맞추기 위해 재고를 가져야 하므로 재고비용이 발생한다. 따라서 생산비와 재고비용의 합을 최소로 줄이기 위한 생산계획을 수립할 필요가 있다.

(마) 금융공학

현대와 같이 발전된 경제 체계에서는 실물경제 이외에도 금융분야에서의 최적 운용은 전체 경제시스템의 효율성을 증진시킬 수 있는 매우 중요한 요소다. 금융공학(Financial Engineering)은 다양한 과학적 방법론을 활용하여 금융분야의 효율성을 향상시키는 분야로서 최근에 그 중요성이 더욱 커지고 있다. 위험 하에서 예상수익을 최대로 하기 위한 포트폴리오 선택이나 수년간의 지출계획을 만족시킬 수 있는 최적자금운용계획 등에 선형최적화 모형이 활용된다.

(바) 기타

최근에는 선형최적화 모형이 다양한 새로운 분야에 응용되고 있다. 수익관리

(Revenue Management) 기법은 항공권 예약이나 공연티켓 예약에 선형최적화 모형을 응용함으로써 수익을 극대화하고 있다. 선형최적화 모형을 이용하여 가장 경쟁력 있는 제품을 설계하는 등 마케팅에 활용되고 있으며 고속도로의 교통량 제어 등 사회시스템운영에도 활용되고 있다.

5. 선형최적화 모형의 기본가정 및 한계

앞에서 알아본 바와 같이 선형최적화 모형은 다양한 분야에 활용되고 있다. 선형최적화 모형은 목적식을 최대화하기도 하고 최소화하기도 하며 등식 또는 부등식의 제약식을 갖고 있다. 그러면 최적의 경영방법을 구하는 문제는 모두 선형최적화 모형으로 해결할 수 있는가? 선형최적화 모형은 경영목표를 선형의 함수로 나타내며, 제약조건들을 선형의 등식이나 부등식으로 나타내며, 이에 필요한 계수들은 모두 확실한 값이 알려져 있음을 가정한다. 즉, 선형최적화 모형의 기본적인 두 가정은 계수들의 확실성과 선형의 조건이다.

계수들의 값이 확실히 알려져 있음을 가정하는 것은 모든 불확실성이 존재하는 확률적인 상황에서는 선형최적화 모형을 이용할 수 없다는 것을 의미한다. 뿐만 아니라 계수들의 값에 불확실성이 없는 경우에도 자료의 미비로 그 계수의 값을 정확히 알지 못할 때가 많이 있다. 이런 경우에는 이 계수의 값을 여러 가지로 추정하면서 해의 결과가 어떻게 변화하는가를 보고 의사결정을 하여야 한다. 이것을 민감도 분석이라고 하며 제4장에서 논의하게 된다.

목적함수 및 제약식이 선형이라는 가정은 문제의 성격이 다음에 설명하는 세 가지 조건들을 만족시켜야 한다는 것을 의미한다. 첫째는 비례의 조건(Proportionality)이다. 이는 자원의 사용량이나 수익이 결정변수의 값에 비례한다는 것이다. 예를 들어, [예제 2-1]의 경우 나이프생산에서 얻는 수익은 나이프생산량에 비례한다. 마찬가지로 나이프생산에 소요되는 각 공정의 작업소요시간은 나이프생산량에 비례한다. 비례의 가정은 많은 경우 현실적인 문제를 적절히 묘사하기도 하지만 비례의 가정을 세우기에 무리한 경우도 많이 있다. 예를 들어, 고정투자비, 가동준비시간(set-up time), 가동준비비용(set-up cost), 용광로의 예비가열 등은 생산량에 관계없이 생산을 시작하기 위한 초기비용이 되므로 비례의 조건을 만족하지 않는다.

따라서 이러한 것들은 선형최적화 모형의 범위에서 취급하기 어렵다.

둘째는 가산성(加算性)의 조건(Additivity)이다. 이는 전체 공정의 자원사용량은 각 공정의 사용량의 합과 같고, 수익은 각 제품의 수익의 합과 같다는 가정이다. [예제 2-1]의 경우 총수익은 나이프생산에서 얻은 수익과 포크생산에서 얻은 수익의 합이 된다. 또한 각 공정의 총 작업소요시간은 각 제품생산에 소요되는 시간의 합과 같다. 그러나 만일 두 개의 제품을 동시에 처리함으로써 각각 따로 생산하는 경우보다 작업소요시간을 줄일 수 있다면 이는 가산성의 조건을 만족하지 않으며 선형최적화 모형의 범위에서 취급하기 어렵다.

마지막으로는 가분성(可分性)의 조건(Divisibility)이다. 이는 의사결정변수들의 값이 분수 또는 소수가 될 수 있다는 가정이다. 나이프나 포크를 반 개 생산한다는 것은 불가능하지만 수백 케이스를 생산하는 문제라면 반 개 정도의 오차는 큰 문제가 되지 않는다. 그러나 항공기나 선박 등의 생산과 같이 생산대수가 적은 경우에는 정수해를 구하는 것이 필요하며 이때에는 선형최적화 모형으로는 취급하기가 어렵고 정수최적화 모형(Integer Optimization Model)으로 취급하여야 한다.

이와 같은 선형의 조건을 만족하지 않을 경우에는 비선형 최적화 모형(Nonlinear Optmization Model)이나 정수최적화 모형 등 다른 방법을 이용하여야 되겠으나 선형최적화 모형은 매우 효과적인 해법이 개발되어 있기 때문에 대규모의 문제를 풀 수 있는 반면, 비선형 최적화 모형이나 정수최적화 모형은 그렇지 않다. 따라서 선형의 조건을 만족하지 않을 때에도 선형최적화 모형으로 근사한 해를 구하는 것이 때로는 바람직하다.

응용사례 :: 일본의 교통제어를 위한 선형최적화 모형 응용

한신고속도로는 일본 오사카에 세워진 최초의 유료 고속도로이다. 처음 1964년에는 불과 2.3km이었으나 지금은 200km에 달하는 대규모 도심지역 고속도로가 되었다. 한신고속도로는 일본에서 두 번째로 인구가 밀집된 지역인 한신지역(오사카-고베)에 있다. 평균 하루에 82만8,000대의 차량이 이 고속도로를 이용하고 있으며 때로는 100만 대를 넘기도 한다. 1990년에 한신고속도로 관리공사에서는 이 고속도로 네트워크를 흐르는 차량의 수를 극대화하기 위하여 자동화된 교통제어시스템을 사용하기 시작하였다.

자동교통제어시스템은 두 가지의 제어방법을 사용하고 있다. 첫째는 고속도로의 각 진입로에서 고속도로에 진입하는 차량의 수를 통제하는 방법이며, 둘째는 운전자들에게 예상 소요시간이나 사고현황 등 시시각각의 교통상황을 정확하게 알리는 것 등이다.

첫 번째 방법인 진입차량 수를 통제하는 방식은 이 고속도로가 정상적인 상태에 있는지 아니면 사고나 정체 등의 비정상적인 상태에 있는지에 따라 달라진다. 정상적인 상태에서는 한신 교통제어시스템은 정체 상태를 유발하거나 주변 도로에 악영향을 주지 않는 범위에서 이 고속도로를 사용할 수 있는 최대의 차량 수를 계산하기 위하여 선형최적화 모형을 사용한다. 선형최적화 모형에 필요한 데이터들은 진입로와 출구에 설치된 감지기와 고속도로를 따라 500m마다 설치된 감지기들에서 수집된 것이다. 매 5분마다 감지기에서 실시간 데이터가 수집되어 선형최적화 모형을 통해 고속도로를 이용할 수 있는 최대의 차량 수가 계산된다.

이 자동화된 교통제어시스템은 매우 성공적이었다. 설문조사에 의하면 이 시스템은 정체구간의 길이를 30%, 정체시간을 20% 감소시켰다. 이 시스템은 비용 면에서도 매우 효과적이었고 모든 운전자들은 이 시스템은 꼭 있어야 하는 시스템이라고 평했다.

제2장_ 연습문제 A(상세 해답 포함)

1 OK농장은 500에이커의 땅에 콩과 옥수수를 재배하고 있다. 콩은 한 에이커에 100만 원의 이익을 보고 옥수수는 한 에이커에서 200만 원의 이익을 보고 있다. 정부의 정책으로 인하여 콩은 200에이커 이상은 심지 않으려 하고 있다. 작물재배에 동원할 수 있는 노동력은 총 12,000시간인데 콩 한 에이커 경작에는 20시간, 옥수수 한 에이커에는 60시간이 소요된다. 총이익을 최대로 할 수 있는 선형최적화 모형을 개발하시오.

[변수] B: 콩(bean) 재배면적 (에이커), C: 옥수수(corn) 재배면적 (에이커)

[모형] Max $100B + 200C$ (만원)

S.T. $B + C \leq 500$

$B \leq 200$

$20B + 60C \leq 12{,}000$

$B, C \geq 0$

[참고] 최적해: $(B, C) = (200, 133.3)$

최대이익: 4억 6,667만 원

2 한 투자금융회사는 100억 원의 자금을 한국석유주식회사와 한국제철주식회사 등 두 가지 주식에 분산하여 투자하려 하고 있다. 이를 위해 각 회사 주식에 대한 분석 자료에 근거하여 다음과 같은 표를 작성하였다.

주식	시가	주당 예상 연간수익	주당 위험도
한국석유주식회사	25,000원	6,000원	0.5
한국제철주식회사	50,000원	10,000원	0.25

주당 위험도는 각 주식의 위험 정도를 나타내는 지표로서 이 표에 의하면 한국석유주식회사는 좀 더 위험도가 높은 것으로 보인다. 투자금융회사는 구입주식의 총위험도지수가 70,000을 넘지 않도록 투자하고자 하며, 또한 한국석유주식회사 주식은 100,000주를 넘기지 않으려 한다. 연간 총수익을 최대로 할 수 있는 선형최적화 모형을 개발하시오.

[변수] P: 한국석유(petroleum) 주식회사 주식 수,

S: 한국제철(steel) 주식회사 주식 수

[모형] Max $6,000P + 10,000S$ (원)

S.T. $2.5P + 5S \le 1,000,000$ (만원)

$0.5P + 0.25S \le 70,000$

$P \le 100,000$

$P, S \ge 0$

[참고] 최적해: $(P, S) = (53,333,\ 173,333)$

최대의 연간 총수익: 20억 5,333만 원

3 다음 표에는 6가지의 식품 각각에 대하여 중요영양분 4가지에 대한 kg당 함유량이 나타나 있다. 이 표에는 또 각 식품의 kg당 구입단가와 4개 영양분에 대하여 성인이 하루에 섭취하여야 하는 섭취소요량이 나와 있다. 이 4가지 영양분의 하루 최소섭취량을 만족시키는 식품구매방법 중 비용이 최소가 되는 방법을 결정하는 선형최적화 모형을 개발하시오. 단, 고기와 우유는 최소한 각각 0.2kg씩을 섭취하여야 한다.

	영양분 함유량						하루섭취소요량
	빵	고기	감자	배추	우유	젤라틴	
칼로리	2,500	2,900	630	95	630	3,400	3,000
단백질	79	149	16	8	32	86	70 (gram)
칼 슘	830	84	86	279	1,060	–	800 (mg)
비타민	–	–	140	1,690	1,430	–	500 (IU)
비용 (원/kg)	1,500	5,000	400	320	920	1,900	Minimum

[변수] B: 빵(bread) 섭취량, MT: 고기(meat) 섭취량,

P: 감자(potato) 섭취량, C: 배추(cabbage) 섭취량,

MK: 우유(milk) 섭취량, G: 젤라틴(gelatin) 섭취량

[모형] Min $1,500B + 5,000MT + 400P + 320C + 920MK + 1,900G$

S.T. $2,500B + 2,900MT + 630P + 95C + 630MK + 3,400G \ge 3,000$

$79B + 149MT + 16P + 8C + 32MK + 86G \ge 70$

$830B + 84MT + 86P + 279C + 1,060MK \ge 800$

$140P + 1,690C + 1,430MK \ge 500$

$MT \ge 0.2$

$MK \ge 0.2$

$B,\ MT,\ P,\ C,\ MK,\ G \ge 0.$

[참고] 최적해: (빵, 고기, 감자, 배추, 우유, 젤라틴)
= (065, 0.2, 0.0, 0.13, 0.2, 0.2)
최소비용: 2,566원.

4 고추 도매업을 하는 A농산은 전국에 3개의 창고를 갖고 5개의 도시에 공급하고 있다. 각 창고에서 각 도시까지의 단위당 수송비 및 각 창고와 도시에서의 공급량과 수요량이 다음의 표와 같이 주어져 있다. (단위: 만원/톤)

창고 \ 도시	1	2	3	4	5	보유량 (톤)
1	7	5	12	11	9	500
2	13	12	6	3	8	300
3	7	6	5	4	14	350
수요량 (톤)	150	200	100	300	400	

수송비용을 최소로 하는 수송계획을 수립할 수 있는 선형최적화 모형을 개발하시오.

[변수] X_{ij}: 창고 i에서 도시 j로 수송하는 양.

[모형] Min $7X_{11}+5X_{12}+12X_{13}+11X_{14}+9X_{15}$
$+13X_{21}+12X_{22}+6X_{23}+3X_{24}+8X_{25}$
$+7X_{31}+6X_{32}+5X_{33}+4X_{34}+14X_{35}$

S.T. $X_{11}+X_{12}+X_{13}+X_{14}+X_{15}\le 500$
$X_{21}+X_{22}+X_{23}+X_{24}+X_{25}\le 300$
$X_{31}+X_{32}+X_{33}+X_{34}+X_{35}\le 350$
$X_{11}+X_{21}+X_{31}\ge 150$
$X_{12}+X_{22}+X_{32}\ge 200$
$X_{13}+X_{23}+X_{33}\ge 100$
$X_{14}+X_{24}+X_{34}\ge 300$
$X_{15}+X_{25}+X_{35}\ge 400$
$X_{ij}\ge 0,\quad i=1,2,3,\quad j=1,2,3,4,5.$

[참고] 최적해:
$(X_{11}, X_{12}, X_{13}, X_{14}, X_{15}, X_{21}, X_{22}, X_{23}, X_{24}, X_{25}, X_{31}, X_{32}, X_{33}, X_{34}, X_{35})$
= (0, 200, 0, 0, 300, 0, 0, 0, 200, 100, 150, 0, 100, 100, 0)
최소비용: 7,050만 원

5 M 펀드는 새로운 투자자들에게서 8억 원의 자금을 유치하여 K정유와 H철강 주식에 투자하고자 한다. 연간 예상수익은 K정유가 주당 3만 원, H철강이 주당 5만 원이다. 현재의 한 주당 주식 가격은 K정유가 25만 원이며 H철강이 50만 원이다. M펀드는 K정유의 위험지수를 주당 0.5, H철강의 위험지수를 주당 0.25로 평가하고 있으며 총위험지수는 700 이내로 유지할 계획이다. 또한 정책상 K정유에는 1,000주 이상은 투자하지 않을 계획이다. 이 문제를 선형최적화 모형으로 정식화 하시오.

[변수] K: K정유 주식 수, H: H철강 주식 수

[모형] Max $3K + 5H$ (만원)

S.T. $25K + 50H \leq 80{,}000$ (만원)

$0.5K + 0.25H \leq 700$

$K \leq 1{,}000$

$K, H \geq 0$

[참고] 최적해: $K = 800, H = 1{,}200$

제2장_ 연습문제 B

1 K스포츠기구사는 일반 야구글러브와 캐처용 야구글러브를 생산한다. 글러브는 봉제공정, 마무리공정, 포장 및 수송공정을 거쳐서 생산되는데 이 회사에서 다음 달에 동원할 수 있는 생산능력은 봉제공정이 900시간, 마무리공정이 300시간, 그리고 포장/수송공정이 100시간이다. 각 제품생산에 투입되는 각 공정의 생산시간과 개당 이익은 다음 표와 같다.

제품	봉제공정	마무리공정	포장수송	개당이익
일반글러브	1 시간	1/2시간	1/8시간	25,000원
캐처용 글러브	3/2 시간	1/3시간	1/4시간	40,000원

총이익을 최대화할 수 있는 선형최적화 모형을 개발하시오.

2 소와 염소를 기르는 농장에서는 보레토와 칼파를 섞어서 사료로 쓰고 있다. 보레토 한 부대는 10,000원이고 100단위의 칼슘과 400단위의 단백질을 갖고 있고, 칼파 한 부대는 15,000원이고 200단위의 칼슘과 200단위의 단백질을 갖고 있다. 이 농장에 있는 가축들을 하루 먹이는 데에는 6,000단위의 칼슘과 12,000단위의 단백질이 소요된다. 또한 사료공급업자와의 계약조건에 따르면 칼파 한 부대를 사기 위해서는 보레토를 최소한 2부대를 사야만 한다. 총비용을 최소화할 수 있는 선형최적화 모형을 개발하시오.

3 L전자에서는 계산기용 IC칩을 생산하고 있다. L전자는 두 개의 공장을 통하여 IC칩을 생산하며 5개의 도매상에게 판매하고 있다. 공장 1과 공장 2에서의 개당 생산비용은 각각 21,900원, 23,800원이다. 수요예측에 의하면 도매상 1, 2, 3, 4, 5에게 각각 2,000개, 3,000개, 1,000개, 5,000개, 4,000개를 공급해야 한다. 한 개의 IC칩을 한 공장에서 도매상에게 넘기는 데 드는 수송비 및 취급비용은 아래의 표와 같다. (단위: 원/개)

공장 \ 도매상	1	2	3	4	5
1	300	200	500	400	200
2	600	400	200	300	500

각공장에서의 생산능력은 각각 8,000개이다. 각 공장에서의 생산량 및 수송계획을 최적으로 구할 수 있는 선형최적화 모형을 개발하시오.

4 A 투자자문은 여러 회사와 투자자들을 위해 자금을 운용해 준다. 이 회사의 투자전략은 각 투자자별로 투자자가 원하는 바에 따라 수립된다. 오늘 한 투자자가 12억의 자금을 주식형 펀드와 인컴 펀드에 투자해 줄 것을 요청받았다. 연간 예상 수익률은 주식형 펀드는 10%, 인컴 펀드는 4%로 추정된다. 이 고객은 인컴 펀드에는 3억 이상을 투자하기 원하고 있다. 또한 연간 수익은 6천만 원 이상만 되면 되는 대신 위험을 최소한으로 줄이기를 원하고 있다. A 투자자문에서는 투자금액 만 원당 위험지수를 주식형 펀드는 8, 인컴 펀드는 3으로 평가하고 있다. 이 문제를 선형최적화 모형으로 정식화 하시오.

제 3 장 선형최적화 모형의 분석

앞에서 우리는 선형최적화 모형의 수리적인 가정들, 선형최적화 모형의 개발방법, 그리고 응용분야 등을 살펴보았다. 본 장에서는 이렇게 개발된 선형최적화 모형을 풀어서 해를 구하는 방법에 대하여 알아본다. 이를 위해 먼저 선형최적화 모형을 그래프를 이용하여 분석하여 본다. 그래프에 의한 분석은 3차원 이상에서는 불가능하기 때문에 일반적인 해법이 될 수는 없지만 선형최적화 모형에 대한 직관적인 이해를 얻는 데에 매우 효과적이다.

변수가 많은 실제적인 선형최적화 모형을 풀기 위해서는 그래프에 의한 방법이 아닌 일반적인 해법이 필요하다. 이러한 목적으로 개발된 심플렉스방법(Simplex Method)은 매우 강력한 해법으로서 컴퓨터를 이용하는 경우 수만 개의 변수와 수만 개의 제약식을 갖는 선형최적화 모형도 무리 없이 해를 구할 수 있다. 심플렉스 방법은 이미 컴퓨터 패키지로 여러 종류가 개발되어서 널리 보급되어 있다. 본 장에서는 KAIST에서 한글로 개발한 선형/정수최적화 컴퓨터 패키지인 K-OPT를 사용하여 최적해 및 최적해에서의 여러 가지 성질을 알아보고 최적의사결정에 대해서 논의한다. 심플렉스해법의 상세한 내용은 본서에서 다루지 않는다.

1. 최대화문제의 분석

그래프를 통하여 선형최적화 모형을 분석하는 방법은 단순히 제약조건을 그래프에 나타내어 제약조건을 만족하는 가능한 해의 범위를 구하고 이 범위 안에서 목적함수를 가장 좋게 하는 해를 찾아내는 방법이다. 다음의 예제를 생각해 보자.

예제 3-1

일반앰프와 고성능앰프를 생산하는 소규모 전자회사인 F전자는 현재의 생산능력 안에서 이익이 최대가 되도록 각 제품의 생산량을 결정하려 하고 있다. 앰프생산은 조립공정과 검사공정을 거치게 되는데, 각 공정에서 하루에 이용 가능한 인력은 각각 240시간 및 81시간이고, 일반앰프를 생산하는 데에는 개당 1.2시간의 조립공정과 0.5시간의 검사공정의 인력이 소요되며, 고성능앰프 생산의 경우 개당 4시간의 조립공정과 1시간의 검사공정의 인력이 소요된다. 특히 고성능앰프의 경우 특수 반도체칩이 1개씩 소요 되는데 최근 이 칩의 공급이 원활치 못하여 하루에 40개씩만을 조달할 수 있다. 이 회사에서 생산된 앰프는 품질이 좋아서 전량 판매되고 있으며 일반앰프는 개당 20만 원, 고성능앰프는 개당 50만 원의 이익을 내고 있다.

이 문제는 이익이 최대가 되도록 일반앰프와 고성능앰프의 1일생산량을 구하는 문제이므로 변수 X_1과 X_2를 다음과 같이 정의한다.

X_1: 일반앰프 1일 생산량
X_2: 고성능앰프 1일 생산량

그러면 조립공정 처리능력 제약, 검사공정 처리능력 제약, 그리고 반도체칩 공급제약을 가지며 이익을 최대로 하는 선형최적화 모형은 다음과 같이 정식화된다.

Maximize	$20X_1 + 50X_2$	(총이익, 단위: 만원)	⋯ [3-1]
subject to	$1.2X_1 + 4X_2 \le 240$	(조립공정 제약식, 단위: 시간)	⋯ [3-2]
	$0.5X_1 + X_2 \le 81$	(검사공정 제약식, 단위: 시간)	⋯ [3-3]
	$X_2 \le 40$	(반도체칩 공급제약, 단위: 갯수)	⋯ [3-4]
	$X_1, X_2 \ge 0.$	(비음제약식)	⋯ [3-5]

가. 제약식의 표현

이 선형최적화 모형은 두 개의 변수만을 갖고 있기 때문에 그래프로 나타낼 수 있다. 먼저 첫 번째 제약식

$$1.2X_1 + 4X_2 \leq 240$$

은 부등식이므로 직선이 아닌 반평면을 나타낸다. 이 반평면을 나타내기 위해서는 먼저 이 부등식을 등식이라 생각하고 직선을 그린 후 이 직선으로 갈라진 두 개의 반평면 중 어느 쪽이 이 부등식을 만족하는가 판정하면 된다. [그림 3.1]에서 직선의 좌측 하단의 반평면은 이 부등식을 만족하며 우측 상단의 반평면은 이 부등식을 만족하지 않는다. 즉, 좌측 하단 반평면 위의 점만이 조립공정의 처리능력 제약을 만족한다. 직선 위에 있는 점들은 물론 이 부등식을 만족한다.

그림 3.1 조립공정 제약조건

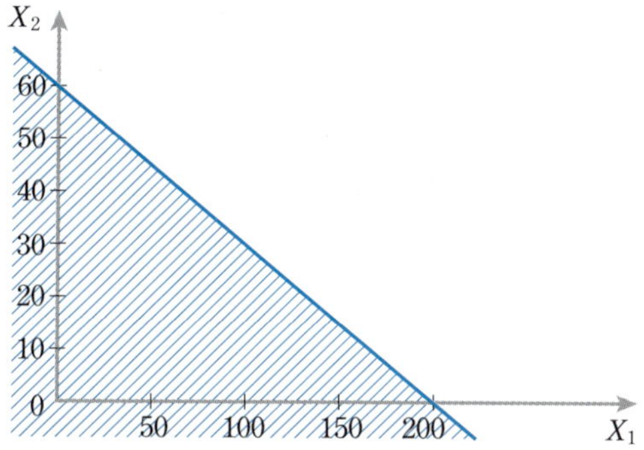

이제 제약식 [3-2] ~ [3-4]와 비음조건 [3-5]를 모두 만족하는 지역을 찾아보면 그림 3.2의 빗금 친 부분이 된다. 이 부분 안에 들어가는 대안 (X_1, X_2)는 실행 가능(feasible)한 대안이 되며 이러한 점 (X_1, X_2)를 실행가능해(feasible solution)라고 부른다. 그리고 모든 실행가능해들의 집합인 빗금 친 부분을 실행가능지역(Feasible Region)이라고 부른다. 예를 들어, 일반앰프를 100개, 고성능앰프를 20개 생산한다면 이것은 그림 3.2의 빗금 친 부분 안에 들어가서 실행가능해가 되지만 일반앰프를 100개, 고성능앰프를 50개 생산하려 한다면 조립공정에 소용되는 인력이 $1.2 \cdot 100 + 4 \cdot 50 = 320$시간이 되어 사용 가능 양 240시간을 초과하기 때문에 이것

은 실행불가능해이다.

그림 3.2 실행가능지역

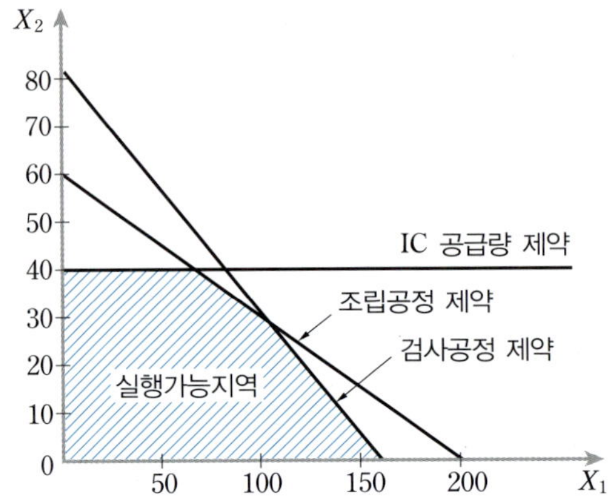

나. 목적함수의 표현

그러면 실행가능지역에 있는 점들 중에서 목적함수 Z의 값을 최대로 하는 점을 어떻게 발견할 것인가 알아보도록 하자. 목적함수는

$$20X_1 + 50X_2$$

이다. 이 식은 등식이나 부등식이 아닌 함수이므로 하나의 직선으로 표현할 수는 없다. 따라서

$$Z = 20X_1 + 50X_2$$

라고 두고 여러 가지 Z의 값을 가정하여 그림을 그려보도록 하자. 예를 들어, $Z =$ 2,500만 원이라면 이 식은 그림 3.3에 있는 $Z =$ 2,500만 원에 해당하는 직선이 된다. 그리고 이 직선 위에 있는 점의 목적함수 값은 모두 2,500만 원이 된다. 이러한 의미에서 이 직선은 한 개의 등위이익선(Iso−profit Line)이다. 이 직선 중에서 빗금 친 실행가능지역 안에 들어가는 부분(선분 EF) 위에 있는 한 점(X_1, X_2)를 선택한다면 2,500만 원의 이익을 얻을 수 있음을 알 수 있다.

그림 3.3 목적함수와 최적해

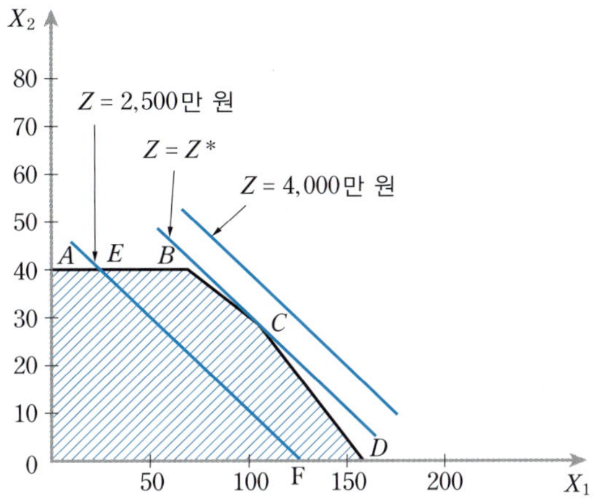

만일 $Z = 4{,}000$만 원이라면 어떤가? 그림에서 볼 때 이 직선은 $Z = 2{,}500$만 원일 때의 직선과 평행이지만 실행가능지역과 만나지는 못하고 있다. 이것은 4,000만 원의 이익을 얻는 것은 불가능함을 말하여 준다. 따라서 등위이익선이 실행가능지역과 최소한 한 점에서 만나면서 가능한 위쪽으로 옮겨간 경우가 실행 가능하면서 이익이 최대로 발생하는 경우가 될 것이다. 이것은 그림에서 볼 때 이 직선이 꼭지점 C를 지날 때이다.

점 C는 조립공정 제약식(직선 BC)과 검사공정 제약식(직선 CD)이 교차하는 점이므로 연립방정식

$$1.2X_1 + 4X_2 = 240$$
$$0.5X_1 + X_2 = 81$$

을 풀어서 구할 수 있다. 이 두 식에서부터 점 C의 값은

$$X_1 = 105, \quad X_2 = 28.5$$

가 되며, 이때의 최대이익 Z^*는

$$Z^* = 20 \cdot 105 + 50 \cdot 28.5 = 3{,}525\ (\text{만원})$$

이 된다.

따라서 최적의 1일 생산계획은 일반앰프를 105대, 고성능앰프를 28.5대 생산하는 것이다. 여기서 고성능앰프 생산량이 정수가 아니므로 이에 대하여 언급해 둘 필요가 있다. 이에 대한 해석방법으로 0.5대는 그 다음날의 생산계획과 연결된다고 해석할 수 있다. 즉, 마지막 한 대는 이 날 마지막에 생산을 시작하여 다음날 끝난다고 해석함으로써 정수가 아닌 최적해에 대한 해석을 할 수 있다.

만일 1일 생산량이 꼭 정수이어야 한다면 X_2가 28일 경우와 29일 경우 중 하나를 선택하면 된다. 이에 대해서는 7장의 정수최적화 모형에서 더 상세히 논의한다.

다. 제약식과 여유변수

다시 선형최적화 모형으로 돌아가서 제약식의 의미를 좀 더 살펴보자. 예를 들어 조립공정 제약식 [3-2]는

$$1.2X_1 + 4X_2 \leq 240$$

으로 주어져 있다. 이 식의 우변항 240시간은 조립공정의 처리능력을 나타내며 좌변항 $1.2X_1 + 4X_2$(시간)은 생산계획을 (X_1, X_2)로 하였을 때의 조립공정 사용시간을 나타낸다. 이 제약식은 조립공정 사용시간이 처리능력을 넘지 못한다는 제약조건을 나타내고 있다. 어떤 생산계획의 경우에는 처리능력을 100% 사용할 수도 있으며 어떤 생산계획에서는 처리능력의 일부만 사용할 수도 있다. 처리능력의 일부만 사용하는 경우에는 사용하지 않고 남는 처리능력이 있을 것이며 남은 처리능력은

$$S_1 = 240 - (1.2X_1 + 4X_2) \quad \cdots [3\text{-}6]$$

로 나타낼 수 있다. 즉, S_1은 총처리능력 중 사용하고 남은 처리능력을 나타낸다. 그리고 제약식 [3-2]가 만족되기 위해서는

$$S_1 \geq 0 \quad \cdots [3\text{-}7]$$

이 되어야 한다. 이렇게 식 [3-6]으로 주어진 변수 S_1을 제약식 [3-2]의 여유변수(slack variable)라고 부른다. 식 [3-2]를 만족시키기 위해서는 여유변수 S_1은 비음조건 [3-7]을 만족시켜야 한다.

앞에서 구한 최적해에서의 각 제약식의 여유변수가 얼마인가 알아보면 먼저 조립

공정 제약식 [3–2]는

$$S_1 = 240 - (1.2 \cdot 105 + 4 \cdot 28.5) = 0$$

이 되어 여유변수의 값이 0이 된다. 즉, 최적해에서 조립공정의 처리능력은 100% 활용되고 있음을 의미한다. 이와 같이 최적해에서 등식으로 성립하여 여유변수의 값이 0이 되는 제약식을 속박적 제약식(Binding Constraint)이라고 부른다.

검사공정 제약식 [3–3]의 여유변수를 S_2라고 하면

$$S_2 = 81 - (0.5 \cdot 105 + 28.5) = 0$$

이 되어 속박적인 반면 반도체 칩 공급량 제약식 [3–4]는

$$S_3 = 40 - 28.5 = 11.5$$

가 되어 여유변수의 값이 양수가 된다. 이렇게 최적해에서 여유변수의 값이 양수가 되는 경우를 비속박적 제약식(Non–binding Constraint)이라고 한다. 비속박적 제약식은 공급량이 모두 사용되지 않고 남았음을 의미한다. 그림 3.3을 통해 기하학적으로 볼 때에는 제약식의 경계선이 최적해를 지나가면 속박적이며, 최적해를 지나가지 않으면 비속박적임을 알 수 있다.

결론적으로, 이 문제의 경우 최적으로 생산계획을 수립하면 첫 번째와 두 번째 자원인 조립공정 및 검사공정의 처리능력은 완전 100% 가동되는 반면 세 번째 자원인 반도체칩 공급량은 전량 사용되지 못하고 있음을 알 수 있다. 따라서 현재의 최적 생산 계획보다 생산량을 더 늘려서 이익을 3,525만 원 이상으로 늘리지 못하는 이유는 조립공정과 검사공정의 처리능력이 부족하기 때문이다. 이러한 의미에서 이 두 제약식들은 성장을 가로 막고 있는 속박적인 제약식이라고 할 수 있다. 따라서 만일 자원 확보를 위하여 신규투자를 한다면 반도체칩 공급량의 추가확보보다는 생산공정의 처리능력 확충이 우선적으로 이루어져야 할 것이라고 판단할 수 있다.

라. 컴퓨터 분석

앞에서 제시된 그래프에 의한 해법은 변수가 3개 이상이 되면 사용할 수 없기 때문에 이를 통해서는 선형최적화 모형에 대한 이해를 높일 수 있다는 이점이 있을 뿐

일반적인 대규모 문제에 대한 해법으로 이용되기는 불가능하다. 대규모의 선형최적화 모형은 소위 심플렉스방법(Simplex Method)이라는 해법을 이용하여 풀 수 있다. 선형최적화 모형을 이용하고자 한다고 해서 심플렉스방법을 꼭 이해하여야 할 필요는 없기 때문에 본서에서는 심플렉스방법에 대한 상세한 설명은 다루지 않는다. 심플렉스방법은 이미 컴퓨터 패키지로 잘 개발되어 있으며 선형최적화 모형을 이용하려는 사람은 이러한 패키지를 잘 활용하기만 하면 된다. 다만 심플렉스방법의 기본적인 아이디어를 이해하면 선형최적화 모형을 수정 · 보완하고 모형을 개발하는 과정에서 도움이 될 수 있다.

심플렉스방법의 기본 아이디어를 설명하기 위해 그림 3.3을 다시 보자. 목적함수의 기울기를 여러 가지로 바꾸어 가며 최적해를 구해보면 언제나 꼭지점들 중의 하나가 최적해가 됨을 알 수 있다. 따라서 최적해를 구하기 위하여 실행가능지역 안의 모든 점들을 분석하여 볼 필요가 없이 꼭지점들만을 모두 찾아서 이 중에서 목적함수의 값이 가장 큰 것을 선택하면 이것이 최적해가 될 것이다. 그림 3.3의 경우 5개의 꼭지점들이 있으므로 이 5개의 꼭지점에서의 목적함수의 값을 구하여 그 값이 제일 커지는 꼭지점을 구하면 그것이 최적해가 된다.

그런데 변수가 많은 대규모의 선형최적화 모형은 이렇게 2차원의 그래프로 표시하는 것이 불가능할 뿐만 아니라 꼭지점의 갯수가 엄청나게 많게 된다. 예를 들어, 변수의 갯수가 수백 개, 제약식의 갯수가 수백 개 되는 선형최적화 모형의 경우 꼭지점의 갯수는 지구상에 존재하는 모래알들의 숫자보다 많다. 따라서 꼭지점들을 모두 찾아보는 방법으로 최적해를 구하는 것은 사실상 불가능하다. 이러한 문제를 해결하기 위해서는 하나의 꼭지점을 구한 후 인접한 꼭지점들 중에서 목적함수의 값이 더 좋아지는 꼭지점을 찾아서 옮겨가는 방법을 반복적으로 사용하는 것이 효율적일 것으로 생각할 수 있고 심플렉스방법은 이러한 반복적 방법(iterative method)을 통해 최적의 해를 구한다. 이것이 심플렉스(Simplex)방법의 기본적인 아이디어이다.

이러한 반복적 방법을 실제로 수행하는 과정은 선형연립방정식을 푸는 방법과 매우 유사하며 이러한 의미에서 보면 선형연립방정식을 풀 때에 흔히 이용되는 가우스-조르단(Guass-Jordan) 소거법을 좀 더 진보시킨 것이 심플렉스방법이라고 쉽게 생각할 수 있다.

소규모의 선형최적화 모형은 심플렉스방법을 이용하여 손 계산으로 최적해를 구할 수 있지만 중형 또는 대형의 선형최적화 모형을 손 계산으로 최적해를 구한다는 것은 매우 힘들기 때문에 이 경우에는 컴퓨터를 이용하는 것이 좋다. 심플렉스방법을 컴퓨터 프로그램화하는 것은 별로 힘들지 않으며 필요에 따라 손쉽게 프로그램을 개발할 수 있다.

특히 대규모의 모형인 경우에는 심플렉스방법으로 푼다고 하더라도 컴퓨터의 기억용량이 많이 필요하고 또 처리시간이 많이 걸리기 때문에 효율적인 소프트웨어를 개발하기 위해서는 심플렉스방법에 여러 가지 간편한 계산방법을 추가시킨다. 또, 모형에 있는 엄청난 양의 데이터들을 손쉽게 수정, 보완, 관리할 수 있는 종합적인 수리계획모형언어(Mathematical Programming Modeling Language)가 여러 가지 개발되어 있어서 시장에서 손쉽게 구할 수 있다.

최근에는 PC용 패키지들이 많이 개발되었는데, 예를 들면 LINDO, CPLEX 등이 있다. 또, 스프레드시트 환경 하에서의 경영분석을 목적으로 개발된 EXCEL 같은 제품 안에도 선형최적화 모형을 분석할 수 있는 선형계획법이 들어 있다. 한편, 국내에서는 최근에 KAIST에서 PC용 선형/정수최적화 패키지인 K-OPT를 한글로 개발하였다. 이 패키지는 본 교재와 함께 제공되고 있다.

이와 같이 매우 효과적인 컴퓨터 패키지를 손쉽게 구할 수 있으므로 이용자는 선형최적화 모형만 제대로 개발한다면 이 모형의 해를 구하는 것은 컴퓨터에 맡기면 된다. 여기서는 개인용 컴퓨터에서 쓸 수 있는 K-OPT 패키지를 이용한 분석을 중점적으로 다루어서 모형개발의 능력을 높이고 컴퓨터 출력(output)을 읽는 방법을 설명한다.

2. 선형/정수최적화 패키지 K-OPT

K-OPT는 선형최적화 모형 및 정수최적화 모형(제7장 참조)을 풀 수 있는 컴퓨터 패키지로서 최적화 알고리듬에 대한 연구보다는 최적화 모형의 개발과 응용에 활용하고자 KAIST에 있는 저자의 연구실에서 개발하였다. K-OPT를 이용하면 경영과학 입문자들은 처음부터 수학적인 심플렉스 알고리듬을 이해하느라 많은 시간을 소비할 필요가 없고 실제로 선형최적화 모형을 개발하고 그 해에 대한 적절한 해석에 대하여 좀 더 깊이 있게 공부할 수가 있다.

가. K-OPT의 기능

K-OPT는 선형최적화 모형과 이진변수(binary variable)를 갖는 정수최적화 모형을 풀 수 있다. 풀 수 있는 문제의 크기는 다음과 같다.

변수의 갯수: 총변수(연속적 변수 및 이진변수)의 수 $\leq$ 100
이진변수의 수 $\leq$ 20
제약식의 갯수 $\leq$ 100

나. 설치방법

사이트 http://cafe.naver.com/shkimbooks 에서 실행파일을 다운 받은 후 클릭한다.

다. 사용방법

K-OPT을 사용하기 위해서는 먼저 입력파일을 작성하여 저장한 후 "풀기"를 클릭하면 된다. 입력파일은 모형의 수식을 그대로 입력하는 방식이어서 매우 자연스럽다. 예를 들어서 [예제 3-1]의 입력파일은 그림 3.4와 같다. 여기서 명령어는 'MAX' (또는 'MIN'), 'ST', 'END' 등 세 가지뿐이다(정수최적화 모형을 풀을 때에는 'INTEGER' 라는 명령어가 하나 더 있다). 입력파일에서 >과 <는 각각 $\geq$과 $\leq$를 의미한다. 또한 모든 변수는 비음조건이 있음을 가정하고 있어서 비음조건은 입력파일에 쓰지 않는다. 제약식을 모두 입력시킨 후에는 'END' 를 입력하여 입력과정이 끝났음을 알려준다.

그림 3.4 [예제 3-1]의 K-OPT 입력 파일

```
MAX    20X1 + 50X2
ST     1.2X1 + 4X2 < 240
       0.5X1 + X2 < 81
       X2 < 40
END
```

입력파일을 작성하는 과정에서 주의사항은 다음과 같다.

1. 목적식은 상수항을 가질 수 없다.

| 예 | '$20X+30Y+20$' 은 잘못된 목적식이다.

2. 제약식에서 모든 변수는 좌변에 있어야 하며 상수항은 우변에 있어야 한다.

| 예 1 | '$20X-30Y-10<0$' 은 '$20X-30Y<10$' 으로 고쳐야 한다.

| 예 2 | '$20X<30Y+10$' 은 '$20X-30Y<10$' 으로 고쳐야 한다.

3. 계수에 분수는 사용할 수 없다. 분수는 소수로 바꾸어 입력하여야 한다.
4. 긴 수식은 두 줄로 나누어 써도 무방하다.
5. MAX, MIN, ST, END, INTEGER 는 변수로 사용하지 못한다.
6. 여러 자리의 숫자에서 ' , ' 로 1,000단위씩 구분하는 것은 사용하지 않는다.

| 예 | 12,300은 12300으로 입력하여야 한다.

7. 비음조건은 따로 입력하지 않는다.(모든 변수는 비음조건이 있다고 가정한다.)

이러한 입력파일을 작성하고 나면 적당한 이름을 선택하고 확장자명을 'opt' 로 하여 저장한다. 즉, '*.opt' 의 형태의 이름으로 입력파일을 저장한다. 그 후에 '풀기' 를 클릭하면 그림 3.5와 같은 출력을 얻는다. 그림 3.5를 보면 앞에서 그래프로 구한 해와 동일한 최적해를 컴퓨터를 통하여 얻을 수 있음을 확인할 수 있다.

그림 3.5 [예제 3-1]의 K-OPT 출력

*** 분석결과 ***

수행된 심플렉스 반복횟수 : 3

목적함수 값 : 3525.00000

변 수	최 적 해	수 정 비 용
X1	105.00000	0.00000
X2	28.50000	0.00000

제약식	종류	여유/잉여변수	쌍 대 변 수
1	<=	0.00000	6.25000
2	<=	0.00000	25.00000
3	<=	11.50000	0.00000

이 출력에는 다음과 같은 정보들이 들어 있다.

1. 최적해를 구할 때까지 수행한 심플렉스 과정 반복횟수
2. 최적목적함수의 값
3. 최적해
4. 각 변수들의 수정비용(제4장 참조)의 값
5. 각 제약식의 여유변수 또는 잉여변수(3절 참조)의 값
6. 각 제약식의 쌍대변수(제4장 참조)의 값

그리고 원하는 경우 민감도분석(제4장 참조)을 시켜서 그 출력을 추가로 얻을 수 있다.

3. 최소화문제

최소화문제도 유사한 방법으로 분석할 수 있다.

예제 3-2

A대학 구내식당의 영양사인 김양은 학생들이 적절한 건강을 유지하기 위해서는 매일 단백질 66g과 철분 9mg을 섭취하여야 한다는 것을 알고 있다. 이 영양분들은 고기와 야채를 통해 제공되는데 고기는 1kg에 300g의 단백질과 30mg의 철분을 함유하고 있으며, 야채는 1kg에 20g의 단백질과 10mg의 철분을 함유하고 있다. 이 식당에서는 고기는 1kg에 6,000원, 야채는 1kg에 1,000원씩에 구입하고 있다. 김양은 학생들의 건강을 적절히 유지하면서 식품 구입비를 최소로 하는 구매계획을 세우고자 한다.

이 문제를 해결하는 선형최적화 모형을 세우기 위하여 먼저 변수를 다음과 같이 정의한다.

M: 1인당 1일 고기(meat) 구매량 (kg)
V: 1인당 1일 채소(vegetable) 구매량 (kg)

그러면 선형최적화 모형은 다음과 같다.

Minimize	$Z = 6{,}000M + 1{,}000V$	(총비용, 단위: 원)	⋯ [3-8]
subject to	$300M + 20V \geq 66$	(단백질 제약식, 단위: g)	⋯ [3-9]
	$30M + 10V \geq 9$	(철분 제약식, 단위: mg)	⋯ [3-10]
	$M, V \geq 0.$	(비음 제약식)	⋯ [3-11]

이 모형을 그래프로 풀면 그림 3.6과 같다. 그림에서 등위비용선(iso-cost line)이 아래쪽으로 내려올수록 비용이 적어짐을 알 수 있다. 따라서 비용을 최소로 하는 점은 B가 된다.

그림 3.6 [예제 3-2]의 그래프 분석

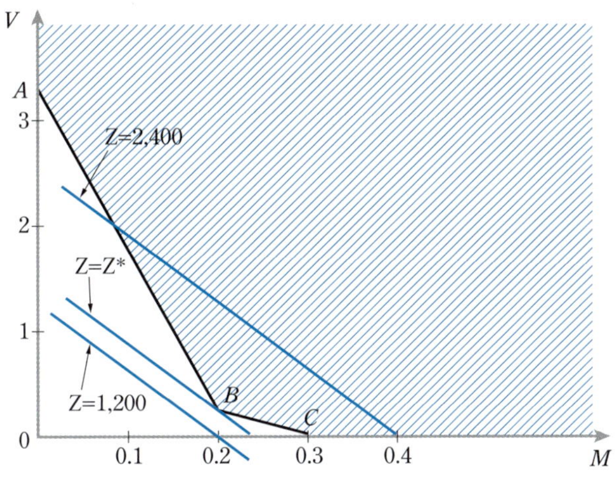

그림 3.6에서 점 B는 단백질 제약식 AB와 철분 제약식 BC가 교차하는 곳이므로 연립방정식

$$300M + 20V = 66$$
$$30M + 10V = 9$$

으로부터 최적해

$$M = 0.2,\ V = 0.3$$

을 얻는다. 그리고 최소비용은

$$Z^* = 6{,}000 \cdot 0.2 + 1{,}000 \cdot 0.3 = 1{,}500 \text{ (원)}$$

이 된다. 즉, 학생들에게 하루에 고기 200g, 채소 300g을 제공하는 것이 최적이며 이때의 비용은 1인당 1,500원이 소요된다.

다시 선형최적화 모형으로 돌아가서 제약식의 의미를 살펴보자. 첫 번째 제약식 [3–9]

$$300M + 20V \geq 66$$

은 단백질 제약식으로서 우변항 66은 단백질의 필요섭취량을 나타내며, 좌변 $300M + 20V$는 구매계획을 (M, V)로 세웠을 때의 단백질 섭취량을 나타낸다. 이 제약식은 단백질 섭취량이 필요량보다는 크거나 같아야 한다는 제약조건을 나타내고 있다. 어떤 구매계획에서는 섭취량이 필요량을 넘을 수도 있다. 섭취량이 필요량을 넘을 때는 잉여분의 섭취량이 있으며 이것은

$$S_1 = 30M + 20V - 66 \qquad \cdots [3\text{-}12]$$

이 된다. 즉, S_1은 필요량 이상의 섭취량을 나타낸다. 그리고 제약식 [3–9]가 만족되기 위해서는

$$S_1 \geq 0 \qquad \cdots [3\text{-}13]$$

이 되어야 한다. 이렇게 식 [3–12]로 주어진 변수 S_1을 제약식 [3–9]의 잉여변수(surplus variable)라고 부른다.

앞에서 구한 최적해에서의 각 제약식의 잉여변수가 얼마인가 알아보자. 먼저 단백질 제약식 [3–9]는

$$S_1 = 300 \cdot 0.2 + 20 \cdot 0.3 - 66 = 0$$

이 되어 잉여변수의 값이 0이 된다. 즉, 단백질 섭취량은 정확히 필요량을 만족시키고 있음을 의미한다. 그리고 제약식 [3–9]는 최적해에서 등식으로 성립하게 되므로 속박적 제약식이라고 할 수 있다. 철분 제약식 [3–10]도

$$S_2 = 30 \cdot 0.2 + 10 \cdot 0.3 - 9 = 0$$

이 되어 속박적이다.

앞에서 설명한 여유변수는 "≤" 형태의 제약식에 대해 정의되며 잉여변수는 "≥" 형태의 제약식에 대해 정의되는 변수다. K-OPT의 출력에서 "여유/잉여변수" 항의 값은 여유변수 또는 잉여변수의 값을 나타낸다. 여유변수인지 잉여변수인지는 제약식의 부등호의 방향을 보고 판단하면 된다. 이 선형최적화 모형 [3-8] ~ [3-11]을 K-OPT로 풀면 그림 3.7과 같은 컴퓨터출력을 얻을 수 있다.

그림 3.7 [예제 3-2]의 K-OPT 입출력

(가) 입력파일

```
MIN    6000M + 1000V
ST     300M + 20V > 66
       30M + 10V > 9
END
```

(나) 출력

수행된 심플렉스 반복횟수 : 2

목적함수 값 : 1500.00000

변수	최적해	수정비용
M	0.20000	0.00000
V	0.30000	0.00000

제약식	종류	여유/잉여변수	쌍대변수
1	>=	0.00000	12.50000
2	>=	0.00000	75.00000

4. 일반적 선형최적화 모형의 분석

앞에서 우리는 부등식 제약식을 갖는 최대화 또는 최소화문제에 대하여 분석하여 보았다. 일반적으로 선형최적화 모형은 등식의 제약식을 가질 수도 있으며 비음조건이 없는 변수도 있을 수 있다. 여기에서는 이러한 경우들에 대하여 알아보자.

가. 등식의 제약식

예제 3-3 고용계획

K전자는 새로운 사업을 확장함에 따라 기능공과 견습공을 채용할 계획에 있다. 기능공을 고용하는 경우 시간당 만원의 비용이 들고 견습공의 경우 5,000원의 비용이 든다. K전자가 신규고용계획에 사용할 수 있는 자금은 1억 5천만 원으로 노동조합과의 계약에 의해 이 자금은 전량 신규고용계획에 사용되어야 한다. K전자는 회사의 현황을 고려하여 기능공을 10,000시간 이하로 고용할 계획이다. 또한 노동조합은 견습공을 최소한 12,000시간 이상 고용할 것을 요구하고 있다. 현재의 원가분석에 의하면 기능공은 시간당 3,000원, 견습공은 시간당 1,250원의 이익을 가져다주고 있다. 경영진은 총이익을 최대로 하는 고용계획을 세우려 한다.

이 문제의 선형최적화 모형을 세우기 위하여 먼저 변수를 다음과 같이 정의한다.

S: 기능공(skilled worker) 고용시간
P: 견습공(probation worker) 고용시간

그러면 모형은 다음과 같다.

Max	$Z = 0.3S + 0.125P$	(이익, 단위: 만원)	⋯ [3-14]
subject to	$S + 0.5P = 15{,}000$	(예산, 단위: 만원)	⋯ [3-15]
	$S \le 10{,}000$	(기능공, 단위: 시간)	⋯ [3-16]
	$P \ge 12{,}000$	(견습공, 단위: 시간)	⋯ [3-17]
	$S, P \ge 0.$		

이 모형을 그래프로 풀면 그림 3.8과 같다.

그림 3.8 [예제 3-3]의 그래프 분석

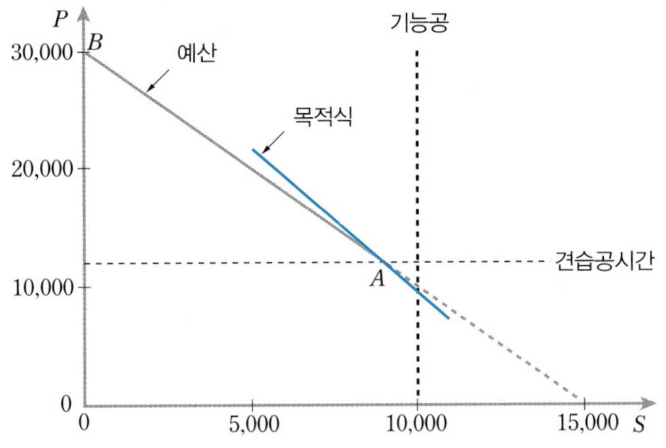

제약식 [3-16]과 [3-17]은 반평면을 나타내나 제약식 [3-15]는 하나의 직선이다. 따라서 실행가능지역은 선분 AB가 되어 면적이 아닌 선분이 된다는 점이 앞의 예제와 다른 점이라고 할 수 있다. 목적함수 [3-14]를 그려보면 그림과 같이 최적해는 A점이 됨을 알 수 있다. 점 A는 예산 제약식과 견습공 제약식이 교차하는 곳이므로 연립방정식

$$S + 0.5P = 15{,}000$$
$$P = 12{,}000$$

에서

$$S = 9{,}000, \quad P = 12{,}000$$

을 얻는다. 그리고 이때의 최대이익은

$$0.3 \cdot 9{,}000 + 0.125 \cdot 1{,}200 = 4{,}200 \text{ (만원)}$$

이 된다.

이 선형최적화 모형을 K-OPT로 풀면 그림 3.9와 같은 컴퓨터 출력을 얻을 수 있다.

그림 3.9 [예제 3-3]의 K-OPT 입출력

(가) 입력파일

```
max    0.3S + 0.125P
st     S + 0.5P = 15000
       S < 10000
       P > 12000
end
```

(나) 출력

수행된 심플렉스 반복횟수 : 2

목적함수 값 : 4200.00000

변 수	최 적 해	수 정 비 용
S	9000.00000	0.00000
P	12000.00000	0.00000

제약식	종류	여유/잉여변수	쌍 대 변 수
1	=	0.00000	0.30000
2	<=	1000.00000	0.00000
3	>=	0.00000	−0.02500

나. 비음조건이 없는 변수

선형최적화 모형에는 비음조건이 없이 모든 값을 가질 수 있는 변수가 있을 수도 있다. 예를 들어서 다음의 모형을 생각해 보자.

$$
\begin{aligned}
\text{Minimize} \quad & Z = 2X_1 + X_2 \\
\text{subject to} \quad & -X_1 + X_2 \leq 10 \\
& X_1 + X_2 \geq 0 \\
& X_2 \geq 0.
\end{aligned}
$$

이 모형에는 X_2만 비음조건이 있으며 X_1은 모든 값을 가질 수 있다. 이렇게 비음조건이 없는 변수는 다음과 같이 비음조건이 있는 두 개의 변수의 차로 치환함으로써 이 문제를 모든 변수가 비음조건이 있는 문제로 바꿀 수 있다.

$$X_1 = XP_1 - XM_1$$
$$XP_1 \geq 0, \quad XM_1 \geq 0$$

이렇게 하면 위의 모형은 다음과 같이 바꿀 수 있다.

$$\begin{aligned} \text{Minimize} \quad & Z = 2XP_1 - 2XM_1 + X_2 \\ \text{subject to} \quad & -XP_1 + XM_1 + X_2 \leq 10 \\ & XP_1 - XM_1 + X_2 \geq 0 \\ & XP_1, XM_1, X_2 \geq 0. \end{aligned}$$

이 모형을 K-OPT로 풀면 그림 3.10과 같다. 여기서 최적해는 $(XP_1, XM_1, X_2) =$ $(0, 5, 5)$이므로 원문제의 최적해는 $(X_1, X_2) = (-5, 5)$가 된다.

그림 3.10 컴퓨터 입출력

(가) 입력파일

```
MIN    2XP1 - 2XM1 + X2
ST     - XP1 + XM1 + X2 < 10
       XP1 - XM1 + X2 > 0
END
```

(나) 출력

수행된 심플렉스 반복횟수 : 3

목적함수 값 : -5.0000

변 수	최 적 해	수 정 비 용
XP1	0.00000	0.00000
XM1	5.00000	0.00000
X2	5.00000	0.00000

제약식	종류	여유/잉여변수	쌍 대 변 수
1	<=	0.00000	-0.50000
2	>=	0.00000	1.50000

5. 특수한 경우들

모든 선형최적화 모형들이 항상 유일한 최적해를 갖는 것은 아니다. 다양한 경우들이 발생할 수 있다.

가. 실행불가능문제

어떤 선형최적화 모형에서는 실행가능해가 하나도 없을 수도 있다. 즉, 실행가능지역이 없는 경우이다.

예제 3-4

건축설계가인 박씨는 보급형 태양에너지 주택의 설계를 정부로부터 의뢰 받았다. 이 주택은 주거지역과 에너지관리지역으로 구성되는데 주거지역은 최소한 105m² 이상, 에너지관리지역은 최소한 30m² 이상 되어야 한다. 건설비는 주거지역이 200만원/m², 에너지관리지역은 400만원/m²이 소요된다. 정부에서는 총 건축비 24,000만 원 이내에서 총면적이 최대가 되도록 설계하기를 요구하고 있다.

이 문제의 선형최적화 모형을 수립하기 위하여 변수를 다음과 같이 정의한다.

R: 주거지역(residential area) 면적(m²)
E: 에너지관리지역(energy control area) 면적(m²)

그러면 모형은 다음과 같다.

Maximize	$R + E$	(총 면적: m²)
subject to	$200R + 400E \le 24{,}000$	(건축비 제약식: 만원)
	$R \ge 105$	(주거지역 면적: m²)
	$E \ge 30$	(에너지관리지역 면적: m²)
	$R, E \ge 0.$	(비음 제약식)

이 문제를 그래프에 그려보면 그림 3.11과 같다. 이 그림에 의하면 모든 제약조건들을 다 만족하는 점은 존재하지 않음을 알 수 있다. 따라서 이 문제는 실행불가능문제(Infeasible Problem)이다. 실행불가능문제의 경우는 모형개발에 있어서 잘못이 있음을 의미한다. 특히 너무 의욕적으로 세운 목표를 모두 달성하는 최적해를 구하려다보면 실행불가능문제에 접하게 되기 쉽다. 이때에는 목표치를 낮게 수정할 필요가 있다. 이 예제의 경우 건축비를 상향 조정한다든가 또는 기술개발을 통해 에너지관리지역의 소요 면적을 더 줄인다면 이 문제를 실행가능한 문제(Feasible Problem)로 바꿀 수 있다.

그림 3.11 [예제 3-4]의 그래프 분석

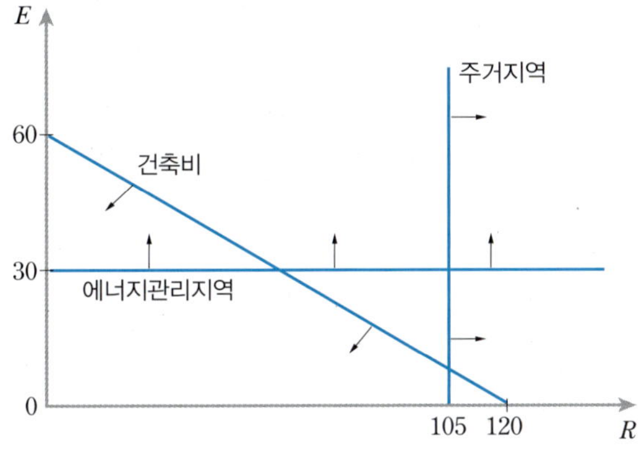

이 선형최적화 모형을 K-OPT에 입력하면 그림 3.12와 같은 출력을 얻는다. 이 출력에서는 이 문제가 실행불가능문제라고 판정하고 있다. 이 출력에 있는 다른 정보들은 별 의미가 없다.

그림 3.12 [예제 3-4]의 컴퓨터 입출력

(가) 입력파일

```
max     R + E
st      200R + 400E < 24000
        R > 105
        E > 30
end
```

(나) 출력

실행불가능(Infeasible)문제입니다.

실행불가능성의 정도(인위변수 값의 합) : 22.50000

실행불가능해(Phase I의 결과) :

변 수	최 적 해	수 정 비 용
R	105.00000	0.00000
E	7.50000	0.00000

제약식	종류	여유/잉여변수	쌍 대 변 수
1	<=	0.00000	
2	>=	0.00000	
3	>=	22.50000	

만족되지 못하는 제약식(들) :

제약식	인위변수
3	22.50000

나. 무한최적해

어떤 선형최적화 모형에서는 제약식이 변수들의 값을 적절히 제한시키지 못하여 목적함수의 값이 무한히 늘어날 수 있다. 이것은 실행가능지역이 목적함수 값이 향상되는 방향으로 무한히 뻗어 있는 경우이다.

예제 3-5

S공업에서는 A형과 B형의 두 가지 특수모터를 생산하고 있다. 다음달 공급계약을 이행하기 위해서는 최소한 각각 1,000대 이상씩을 생산하여야 하며 회사의 정책상 B형 모터를 A형 모터보다 500대 이상 많이 생산하는 것은 피할 생각이다. A형, B형 모터의 개당 이익은 각각 20만 원 및 10만 원이다. S공업에서는 이익을 최대로 하는 생산계획을 수립하고자 한다.

먼저 변수는 다음과 같다.

X_1: A형 모터 생산량
X_2: B형 모터 생산량

그리고 모형은 다음과 같다.

Maximize	$Z = 20X_1 + 10X_2$	(총이익, 단위: 만원)
subject to	$X_1 \geq 1,000$	(A형 모터 제약식)
	$X_2 \geq 1,000$	(B형 모터 제약식)
	$-X_1 + X_2 \leq 500$	(정책적 제약식)
	$X_1, X_2 \geq 0.$	(비음 제약식)

이 문제를 그래프로 분석해 보면 그림 3.13과 같다. 이 문제의 실행가능지역은 우측 상단으로 무한히 뻗어져 있으며 이 방향으로 움직일 때 목적함수의 값은 무한히 늘어남을 알 수 있다. 따라서 이 문제는 목적함수를 무한히 증가시킬 수 있는 경우로서 무한최적해(Unbounded Optimal Solution)를 갖는 경우이다. 무한히 이익을 많이 낼 수 있는 경영계획이란 존재하지도, 존재할 수도 없는 것이기 때문에 무한최적해를 갖는 선형최적화 모형도 모형개발에 있어서 잘못이 있음을 의미한다. 의미있는 현실적인 선형최적화 모형은 무한최적해를 갖지 않는다. 무한히 이익을 많이 낼 수 있는 생산계획이라며 고위경영진에게 보고하는 경우 어떠한 반응을 얻게 될지 쉽게 상상해 볼 수 있다. 따라서 무한최적해가 발견되었을 경우에는 모형의 잘못을 발견하여 수정해 주어야 한다. [예제 3-5]의 경우에는 모터 생산에 소요되는 자원 및 생산능력의 제한 등을 감안하지 않았기 때문에 이렇게 받아들일 수 없는 결과를 얻게 되었다.

그림 3.13 [예제 3-5]의 그래프 분석

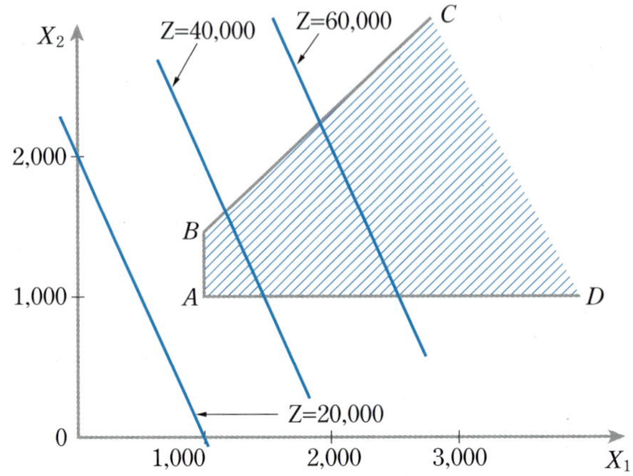

이 선형최적화 모형을 K-OPT에 입력하면 그림 3.14와 같은 결과를 얻는다. 여기에 이 문제가 무한최적해를 갖는 경우임이 출력으로 나와 있다. 또 여기에는 무한최적해가 확인되기 직전의 꼭지점의 값 $(X_1, X_2) = (1000, 1000)$이 출력되어 있으며 이 점에서부터 벡터 $(X_1, X_2) = (1, 0)$의 방향으로 움직이면 무한최적성이 발견된다고 출력하고 있다. 이것은 그림 3.13에서 볼 때 점 A에서 반직선 AD를 따라 무한최적성이 발견되었음을 말해주고 있다. 이 정보는 모형의 잘못을 찾아보는 데에 유용하게 사용될 수 있다.

그림 3.14 [예제 3-5]의 K-OPT 입출력

(가) 입력파일

```
MAX   20X1 + 10X2
ST    X1 > 1000
      X2 > 1000
      -X1 + X2 < 500
END
```

(나) 출력

무한최적해(Unbounded Optimal Solution)를 갖는 문제입니다.

수행된 심플렉스 반복횟수 : 3

무한최적성이 발견되기 직전의 해

변수		최적해	수정비용
X1		1000.00000	0.00000
X2		1000.00000	0.00000

제약식	종류	여유/잉여변수	쌍대변수
1	>=	0.00000	20.00000
2	>=	0.00000	10.00000
3	<=	500.00000	0.00000

위의 해에서부터 다음의 벡터 방향으로 움직이면 무한최적성이 발견됨

=(X1, X2)

=(1.000, 0.000)

다. 다수최적해

선형최적화 모형이 최적해를 갖는 경우에도 항상 유일한 최적해를 갖는 것은 아니다. 가상적인 예로서 [예제 3–1]에서 목적함수가

$$Z = 15X_1 + 50X_2 \quad \cdots [3\text{-}18]$$

로 주어졌다고 하면 그림 3.15에서 선분 BC 위의 모든 점이 이 문제의 최적해가 되어 다수최적해(Multiple Optimal Solutions)를 갖는 경우가 된다.

그림 3.15 다수최적해의 경우

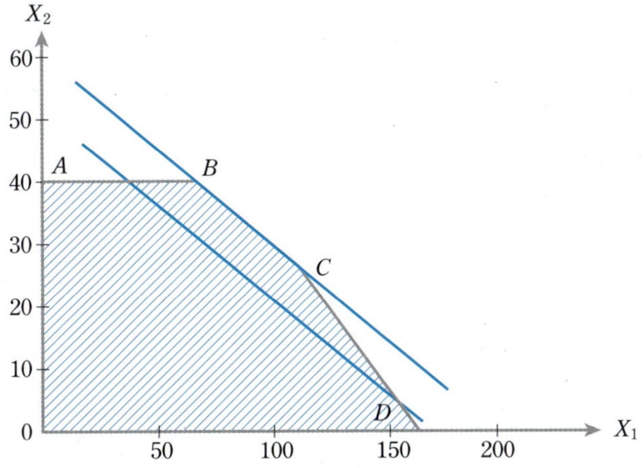

실제적인 문제에 있어서 다수최적해의 경우는 특이한 경우이지만 모형에 잘못이 있는 것은 아니다. 다만 우연히 발생한 경우이다. 선형최적화 모형에서는 한 개의 최적해를 구하는 것이 목적이므로 다수최적해는 전혀 문제가 되지 않는다. 이 선형최적화 모형을 K-OPT로 풀면 그림 3.16과 같이 하나의 최적해를 제공해준다. 여기서는 그림 3.15의 점 B가 제공되었다. 다른 컴퓨터 패키지는 점 C를 제공할 수도 있다. 심플렉스방법은 항상 꼭지점 최적해를 제공하므로 심플렉스 패키지는 점 B와 C 중 하나를 제공한다. 어느 최적해가 발견될지는 컴퓨터 패키지에 따라 다르다.

그림 3.16 목적식이 식 [3-18]로 주어진 [예제 3-1]의 컴퓨터 출력

(가) 입력파일

```
MAX   15X1 + 50X2
ST    1.2X1 + 4X2 < 240
      0.5X1 + X2 < 81
      X2 < 40
END
```

(나) 출력

수행된 심플렉스 반복횟수 : 2

목적함수 값 : 3000.00000

변 수	최 적 해	수 정 비 용
X1	66.66667	0.00000
X2	40.00000	0.00000

제약식	종류	여유/잉여변수	쌍 대 변 수
1	<=	0.00000	12.50000
2	<=	7.00000	0.00000
3	<=	0.00000	0.00000

응용사례 :: 판유리 생산관리

미국에서 판유리를 생산하는 Libbey-Owens-Ford사는 판유리의 생산, 배분, 재고관리를 통합적으로 관리하기 위하여 FLAGPOL 이라는 대규모 선형최적화 모형을 활용하고 있다. 이 회사에서 생산하는 제품들은 4가지 색상과 26가지 두께를 가지고 있으며, 3가지 품질수준, 2가지 커팅 기준, 4가지 패키지 유형 및 여러 가지 제조방식 등을 가지고 있다. 이에 따라 판유리 생산관리 부서에서는 200개 이상의 서로 다른 종류의 제품에 대한 생산 스케쥴을 관리하여야 한다.

이들에 대한 생산, 배분, 재고관리 등을 통합 운영하기 위하여 이 회사에서는 12개월 동안의 모든 제품들에 대한 운영을 최적화 할 수 있는 선형최적화 모형을 개발하였다. 이 모형은 월 단위로 적용되며 이 결과를 토대로 운영환경의 예상치 못한 변화에 적절히 대응하고 새로운 공장을 추가한다거나 생산능력을 늘리는 등의 전략적인 문제에 대한 분석에 활용되고 있다. 이 회사에서 사용하는 대표적인 모형은 약 100,000개의 변수와 26,000개의 제약식들을 가지고 있다. 이 회사에서는 FLAGPOL이 매년 200만 달러 정도의 경비절감을 가져오고 있다고 추정하고 있다.

1 영국의 시인 Horace Walpole(1717~97)의 "The Three Princes of Serendip"를 읽고 문제에 답하시오.

The three princes of Serendip
Went on a little trip.
They could not carry too much weight;
More than 300 pounds made them hesitate.
They planned to the ounce. When they returned to Ceylon
They discovered that their supplies were just about gone
When, what to their joy, Prince William found
A pile of coconuts on the ground.
"Each will bring 60 rupees," said Prince Richard with a grin
As he almost tripped over a lion skin.
"Look out!" cried Prince Robert with glee
As he spied some more lion skins under a tree.
"These are worth even more – 300 rupees each
If we can just carry them all down to the beach."
Each skin weighed fifteen pounds and each coconut, five,
But they carried them all and made it alive.
The boat back to the island was very small.
15 cubic feet baggage capacity – that was all.
Each lion skin took up one cubic foot
While eight coconuts the same space took.
With everything stowed they headed to sea
And on the way calculated what their new wealth might be.
"Eureka !" cried Prince Robert, "Our worth is so great
That there' s no other way we could return in this state.
Any other skins or nut which we might have brought
Would now have us poorer. And now I Know what –
I' ll write my friend Horace in England, for surely
Only he can appreciate our serendipity."

(가) Coconut과 Skin의 갯수를 결정하는 문제를 선형최적화 모형으로 정식화하시오.
(나) 그래프를 통하여 최적해를 구하시오.

(가) [변수] C: 코코넛(coconut)의 갯수, S: 사자 가죽(skin)의 수

[모형]

$$\begin{aligned} \text{Max} \quad & 60C + 300S \\ \text{s.t.} \quad & 5C + 15S \le 300 \\ & \frac{1}{8}C + S \le 15 \\ & C, S \ge 0 \end{aligned}$$

(나) [최적해] 코코넛 24개, 사자 가죽 12개
최대수익은 5,040루피

2 제2장의 연습문제 B의 1번 문제를 생각해 보자.
(가) 그래프를 이용하여 최적해를 구하시오.
(나) K-OPT를 이용하여 최적해를 구하시오.

(가) 생략
(나) 일반 글러브 500개, 캐처용 글러브 150개 생산. 최대이익 = 1,850만 원.

3 K군은 겨울방학 10주간을 어떻게 이용할 것인지에 대하여 생각하고 있다. 아버지 회사에 사무원으로 일하면 1주일에 16만 원을 벌 수 있으며 삼촌 공장에서 일하면 1주일에 10만 원을 벌 수 있다. 또는 일부는 아버지 회사에서 일부는 삼촌 공장에서 일할 수도 있다. 그런데 일의 성격상 K군은 공장에서 일하는 것이 더 보람 있을 것으로 생각하고 있다. K군이 각 직장에서 얻는 만족도를 10점 만점으로 평가해 보았더니 아버지 회사에서 1주일을 일하면 2점 삼촌 공장에서 1주일을 일하면 6점이며, 1주일간을 일하지 않고 놀면 만족도는 10점으로 평가하였다. 그런데 K군이 꼭 필요한 수입은 80만 원이며 5주 이상은 놀고 지낼 생각이 없다. 만족도의 합이 최대가 되도록 겨울방학 이용계획을 세우시오.
(가) 이 문제를 변수가 3개 있는 선형최적화 모형으로 정식화하시오. K-OPT로 이 문제의 최적해를 구하시오.
(나) 이 선형최적화 모형을 변수가 2개만 있는 모형으로 고치시오. 이 문제를 그래프를 이용하여 최적해를 구하시오.

(가) [변수] F: 아버지(father) 회사에서 일하는 시간 (단위: 주일)
U: 삼촌(uncle) 공장에서 일하는 시간 (단위: 주일)

R: 놀고(rest) 지내는 시간 (단위: 주일)

[모형] Max $2F + 6U + 10R$

s.t. $16F + 10U \geq 80$

$R \leq 4$

$F + U + R = 10$

$F, U, R \geq 0$

[최적해] 삼촌 공장에서 8주를 일하고 2주를 논다.

최대 만족도: 68

(나) $R = 10 - F - U$이므로 이를 대입하면 다음을 얻는다.

($R \geq 0$에도 대입하여야 한다)

Max $-8F - 4U + 100$

s.t. $16F + 10U \geq 80$

$F + U \geq 6$

$F + U \leq 10$

$F, U \geq 0$

이 문제를 그래프로 풀면 동일한 해가 나온다.

4 다음의 선형최적화 모형을 그래프를 이용하여 풀어 보시오.

(가) Maximize $X_1 + 2X_2$

subject to $X_1 - 2X_2 \leq 3$

$X_1 + X_2 \leq 3$

$X_1 \geq 0,\ X_2 \geq 0$

(나) Minimize $X_1 + X_2$

subject to $X_1 - X_2 \leq 2$

$X_1 - X_2 \geq -2$

$X_1 \geq 0,\ X_2 \geq 0$

(가) (0, 3), (나) (0, 0)

5 제2장 연습문제 A의 1 ~ 5번까지를 K-OPT를 이용하여 최적해를 구하시오.

6 한 투자금융회사에서는 200억 원의 투자방안을 결정하고자 하고 있다. 5가지 투자대상이 고려되고 있는데 각각의 연간 수익률은 다음과 같다.

투자대상	A	B	C	D	E
연간 수익률(%)	8	10	11	12	9

각 투자대상의 위험부담은 각기 다르기 때문에 이 회사에서는 다음과 같은 투자정책을 세우고 있다.

(가) E에 투자한 금액은 총투자의 30%를 넘지 못한다.

(나) D에 투자한 금액은 총투자의 10%를 넘지 못한다.

(다) B와 C에 대한 투자 금액은 A, B와 C에 투자한 금액의 50%를 넘지 못한다.

(라) C와 D에 투자한 금액은 E에 투자한 금액을 넘지 못한다.

연간 예상수익을 최대화하기 위해서는 각 투자 대상에 얼마씩 투자해야 하는가? 이 문제에 대한 최적해를 K-OPT를 이용하여 구하시오.

[변수] A, B, C, D, E: 각각 투자대상 A, B, C, D, E에 투자한 금액 (억원)

[모형] Max $0.08A + 0.1B + 0.11C + 0.12D + 0.09E$

s.t. $E \le 60$

$D \le 20$

$-A + B + C \le 0$

$C + D - E \le 0$

$A + B + C + D + E = 200$

모든 변수 ≥ 0.

[최적해] $(A, B, C, D, E) = (60, 20, 40, 20, 60)$

최대 연간수익: 19억 원

7 동국식품은 다음과 같은 여러 가지 땅콩을 각각 1 kg씩 포장하여 판매하기도 하고 이들을 혼합하여 1 kg씩 포장된 보통캔과 고급캔도 생산 판매한다.

땅 콩	아몬드	브라질	필버트	피칸	호두
사용가능량(kg)	6,000	7,500	7,500	4,000	7,500

보통캔에는 피칸 10%, 아몬드 15%, 필버트 25%, 브라질 25%, 호두 25%가 포함되며, 고급캔에는 각 종류가 20%씩 포함된다. 각 제품의 이익은 다음과 같다.

제 품	보통캔	고급캔	아몬드캔	브라질캔	필버트캔	피칸캔	호두캔
이익(원/kg)	1,000	1,250	250	500	500	250	750

이익을 최대로 하는 생산계획을 결정하기 위한 선형최적화 모형을 만들고 최적생산계획을 K-OPT를 이용하여 구하시오.

[변수] $X_1, X_2, X_3, X_4, X_5, X_6, X_7$: 각각 보통캔, 고급캔, 아몬드캔, 브라질캔, 필버트캔, 피칸캔, 호두캔의 생산량

[모형]

$$\begin{aligned} \text{Max} \quad & 1{,}000X_1 + 1{,}250X_2 + 250X_3 + 500X_4 + 500X_5 + 250X_6 + 750X_7 \\ \text{s.t.} \quad & 0.15X_1 + 0.2X_2 + X_3 \le 6{,}000 \\ & 0.25X_1 + 0.2X_2 + X_4 \le 7{,}500 \\ & 0.25X_1 + 0.2X_2 + X_5 \le 7{,}500 \\ & 0.1X_1 + 0.2X_2 + X_6 \le 4{,}000 \\ & 0.25X_1 + 0.2X_2 + X_7 \le 7{,}500 \\ & X_i \ge 0, \quad i = 1, \cdots, 7 \end{aligned}$$

[최적해] $(X_1, X_2, X_3, X_4, X_5, X_6, X_7) = (23{,}333,\ 8{,}333,\ 833,\ 0,\ 0,\ 0,\ 0)$

최대이익: 3,396만 원

제3장_ 연습문제 B

1 다음의 생산계획문제를 생각해 보자.

Maximize $Z = 7X_1 + 5X_2$ (이익, 단위: 만원)

subject to $0.2X_1 + 0.5X_2 \le 60$ (노동력, 단위: 시간)

$0.4X_1 + 0.2X_2 \le 40$ (설비, 단위: 시간)

$X_1, X_2 \ge 0.$

단, X_1: 제품 1의 생산량, X_2: 제품 2의 생산량이다.

(가) 실행가능지역을 그리시오.

(나) 점 A가 실행가능지역 내부에 있다고 하자. 그러면 A보다 이익이 많은 실행가능해를 구할 수 있음을 예를 들어 설명해 보시오.

(다) 이 문제의 최적해를 구하시오.

2 제2장 연습문제 B의 2번 문제를 생각해 보자.

(가) 그래프를 이용하여 최적해를 구하시오.

(나) PC를 이용하여 최적해를 구하시오.

3 G합판에서는 A, B 두 가지의 합판을 생산한다. 이 합판 생산에 소요되는 생산시간, 최소 생산필요량 및 단위당 이익은 다음 표와 같다.

제품	생산시간(시간/m)	1주일간의 최소 생산 필요량	이익(만원/m)
A	0.025	50,000m	3
B	0.040	40,000m	5.5

이 회사의 생산능력이 주당 4,000시간으로 제한되어 있을 때 이익을 최대로 하는 생산계획을 수립하기 위한 선형최적화 모형을 만들고 최적의 생산계획을 그래프를 이용하여 구하시오.

4 다음의 선형최적화 모형을 그래프를 이용하여 풀어 보시오.

(가) Maximize $X_1 + X_2$

subject to $X_1 - X_2 \leq 2$

$X_1 - X_2 \geq -2$

$X_1 \geq 0,\ X_2 \geq 0$

(나) Maximize $3X_1 + 4X_2$

subject to $X_1 - 2X_2 \geq 4$

$X_1 + X_2 \leq 3$

$X_1 \geq 0,\ X_2 \geq 0$

5 T타이어는 A, B, C 세 종류의 타이어를 생산하고 있는데 각각의 개당 이익은 6,000, 4,000, 8,000원이다. 각 타이어는 몰딩, 경화, 조립 등 3가지 공정을 거치게 되는데 각 공정의 1일 처리능력은 각각 120시간, 90시간, 160시간이다. 100개의 타이어를 생산하는데 소요되는 각 공정의 처리시간은 다음과 같다.

타이어	몰딩	경화	조립
A	2	3	2
B	2	2	1
C	2	1	3

생산량 전부가 판매된다고 가정할 때 이익을 최대로 하는 생산량을 K-OPT를 이용하여 구하시오.

6 T식품에서는 A, B, C 등 세 가지 원료를 혼합하여 유아식품을 생산하고 있다. A, B, C의 kg당 원가는 각각 4,000, 3,000, 2,000원인데 정부의 규제에 따르면 원료 A를 최소한 10%, 원료 B를 최소한 20% 포함해야 한다. 또한 맛을 적절히 내기 위해서는 원료 C가 40%보다 더 함유되면 안 된다. 원료 A, B, C의 혼합비율을 원가가 최소가 되도록 K-OPT를 이용하여 구하시오.

제 4 장 사후적 분석과 민감도 분석

모든 의사결정은 미래와 관련이 있다. 그러나 미래는 불투명하다. 지금 최적이라고 생각되는 의사결정이 1년 후에 뒤돌아보면 그 동안의 상황이 예측과 다르게 변했기 때문에 잘 못된 것으로 판명날 수도 있다. 그럼에도 불구하고 우리는 미래를 보며 현재의 의사결정을 하여야 한다. 현재의 의사결정을 하는 데 있어서 미래를 어떤 식으로 감안할 수 있는가?

미래를 감안하는 가장 대표적인 접근방법은 미래에 대한 가장 그럴듯한 시나리오를 하나 가정하는 것이다. 내년도의 원유 가격, 환률, 이자율, 제품에 대한 수요, 등등 현재의 의사결정을 위하여 필요한 내년도의 경제 상황 자료들에 대해 예측을 하고 그 예측치들로 이루어진 시나리오 하에서 현재의 최적의 의사결정을 찾는 접근방법이다. 미래가 이러 이러하게 진행될 것이라고 예상될 때 우리는 지금 어떻게 하는 것이 가장 바람직할 것인가? 이러한 접근방법이 최적 의사결정이다. 여기서의 최적이란 사용한 미래의 시나리오가 맞는다는 가정 하에서 최적이라는 뜻이다. 본서의 2장 ~ 8장에서 다루는 내용들은 미래에 대하여 이러한 접근방법을 사용하는 내용들이다.

만일 예측치가 바뀌고 시나리오가 바뀌면 새로운 최적 의사결정을 다시 찾아야 한다. 예를 들어, 내년도의 환율이 예상보다 10% 정도 더 오른다면 수출이 얼마나 늘어날 것인가? 또는 생산시설을 20% 정도 더 확장한다면 어떻게 될 것인가? 등과 같은 사후적 분석(Post-optimal Analysis)은 때로는 의사결정자에게 최적해 자체보다 더 많은 정보를 제공한다. 이러한 사후적 분석은 제약조건 등의 변화에 따라 현재의 최적해가 어떻게 변하는지를 분석하는 민감도 분석(Sensitivity Analysis) 기법을 통해 적절히 수행할 수 있다. 이러한 최적해에 대한 민감도분석은 쌍대변수(Dual Variable) 또는 잠재가격(Shadow Price)을 이용하여 분석된다.

1. 쌍대변수와 사후적 분석

다음의 예제를 통해 먼저 쌍대변수(Dual Variable) 또는 잠재가격(Shadow Price)에 대해 알아보도록 하자.

예제 4-1

소규모 비료회사인 갑화학회사는 A, B, C 등 세 가지 원료를 사용하여 고급 및 일반 등 두 가지 비료를 생산하고 있다. 갑화학은 다음 한달간 사용하기 위하여 A, B, C 세 원료를 각각 1,500톤, 1,200톤, 500톤을 확보하였다. 고급비료 1톤 생산에는 A, B, C 세 원료가 각각 2톤, 1톤, 1톤씩 소요되며 일반비료 1톤 생산에는 C원료는 소요되지 않고 A와 B가 각각 1톤씩 소요된다.

고급비료는 톤당 70만 원에 판매하여 원료비 등의 비용을 제외하고 17만 원의 이익을 내고 있으며, 일반비료는 톤당 30만 원에 판매하여 원료비 등의 비용을 제외하고 10만 원의 이익을 내고 있다. 갑화학은 이익을 최대로 하는 생산계획을 수립하고자 한다.

이 문제를 선형최적화 모형으로 정식화하기 위해 다음과 같은 변수를 도입한다.

X_1: 고급비료 생산량

X_2: 일반비료 생산량

그러면 원료 A, B, C 공급능력제약 하에서 이익을 최대로 하는 선형최적화 모형을 다음과 같이 수립할 수 있다.

Max	$Z = 17X_1 + 10X_2$	(이익, 만원)	··· [4-1]
S.T.	$2X_1 + X_2 \le 1{,}500$	(원료 A, 톤)	··· [4-2]
	$X_1 + X_2 \le 1{,}200$	(원료 B, 톤)	··· [4-3]
	$X_1 \le 500$	(원료 C, 톤)	··· [4-4]
	$X_1, X_2 \ge 0.$		

그림 4.1은 이 문제를 그래프로 분석한 것이다. 이 그림에서 점 B가 최적해이며 최적생산계획은

$$2X_1 + X_2 = 1{,}500$$
$$X_1 + X_2 = 1{,}200$$

을 풀어서

$$X_1 = 300, \quad X_2 = 900$$

을 얻게 되고 이때의 최대이익은

$$Z = 1\text{억 } 4{,}100\text{만 원}$$

이 된다.[1)]

그림 4.1 [예제 4-1]의 그래프 분석

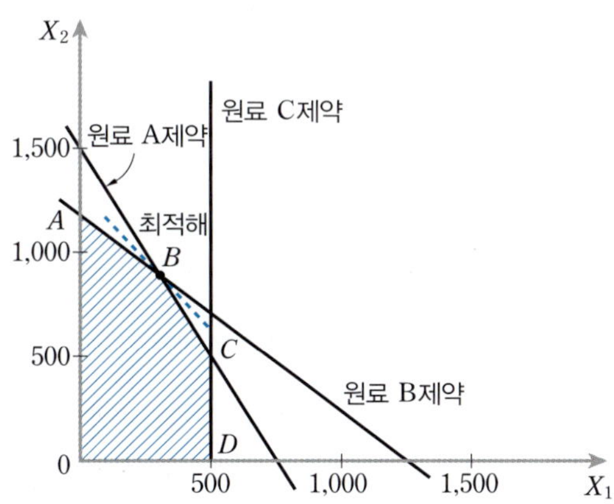

1) 여기서 우리는 이익(profit)을 최대화하도록 모형을 개발하였다. 이 외에도 비용(cost)을 최소화하거나 매출(revenue)을 최대화하는 모형도 생각해 볼 수 있다. 그런데 후생경제학(Welfare Economics) 이론에 의하면 모든 기업들이 각자의 이익을 최대화하는 방향으로 운영할 경우 전체 경제시스템의 자원은 효율적으로 배분된다. 따라서 기업은 이익이 최대화 되도록 운영하는 것이 가

갑화학의 이익은 세 원료의 공급제약으로 제한되어 있기 때문에 이 회사는 원료 공급량을 더 많이 확보함으로써 이익을 증가시킬 수 있을 것이다. 원료 공급량을 더 확보하는 것이 과연 바람직한지의 여부를 분석하기 위해서 추가로 한 톤의 원료공급이 가능하다고 할 때 발생하는 이익의 변화를 알아보자. 먼저 원료 A의 공급량이 현재의 1,500톤에서 1,501톤으로 증가하였다고 하자. 이 경우의 그래프분석은 그림 4.2와 같다.

그림 4.2 원료 A의 공급이 한 톤 늘어났을 경우의 그래프 분석

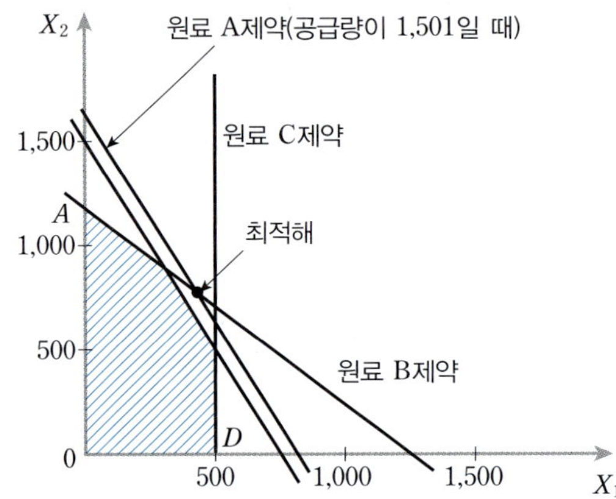

이 그림에서부터 최적해는

$$2X_1 + X_2 = 1{,}501$$
$$X_1 + X_2 = 1{,}200$$

을 풀어서 얻을 수 있으며 최적해는

장 바람직하다. 이익은 매출에서 비용을 뺀 것이므로 매출이 일정한 경우에는 비용을 최소화하는 것도 바람직한 모형이다.

그러나 이익을 최대화하지 않고 매출을 최대화하도록 개발된 모형은 상당한 비효율성을 가진 해를 제공하게 된다. 이 예제에서 매출을 최대화한다면 목적함수는 max $70X_1 + 30X_2$가 되며, 이때 최적해는 (500, 500)이 된다. 이 해는 앞에서 얻은 (300, 900)에 비해 매출은 높으나 이익은 낮은 해이다. 극단적인 경우 매출을 최대화하는 경영을 하다보면 손실을 입으면서도 매출만 늘리는 결과를 초래하기 쉽다. 이러한 몸집 불리기 전략은 시장점유율을 높이기 위하여 단기적으로 사용할 수 있을지 모르지만 장기적으로는 부실경영을 초래하게 된다. 1997년 우리가 겪은 외환위기는 금융기관들이 이익을 최대화하지 않고 점포 수를 늘리고 무리한 사업확장을 통해 매출 늘리기를 경쟁적으로 시도한 결과라고도 말할 수 있다.

$X_1 = 301, \quad X_2 = 899$

가 됨을 알 수 있다. 그리고 이때의 최대이익은

Z = 1억 4,107만 원

이 된다.

한 톤의 원료 A를 추가로 공급할 수 있게 됨으로써 이익은 14,107(만 원) − 14,100(만 원) = 7만 원이 증가하게 되었다. 일반적으로, 자원의 공급능력이 한 단위 추가됨으로써 발생하는 목적함수의 증가액을 이 자원공급능력의 잠재가격(Shadow Price)이라고 부른다. (수학적으로는 이를 쌍대변수(Dual Variable)라고 한다. 이론적으로는 쌍대변수라는 단어가 좀 더 일반적인 단어이며 이를 경제학적으로 해석할 수 있을 경우에 잠재가격이라는 용어를 사용한다. 본서에서는 이 두 단어를 적절히 혼용하여 사용하고자 한다.) 즉, 원료 A 공급능력의 잠재가격은 7만 원/톤이고 이는 원료 A 공급능력의 한계이익(Marginal Profit)을 나타낸다. 여기서 한계(marginal)라는 용어는 '공급능력이 한 단위 늘었을 때 추가적인'이라는 뜻이다.

잠재가격은 원료 A의 가치가 아닌 원료 A 공급능력의 가치를 나타낸다. 원료 A의 가치는 원료 A의 구입가격과 원료 A 공급능력의 잠재가격의 합, 즉

원료 A의 가치 = 원료 A의 구입가격 + 원료 A 공급능력의 가치

로 표현될 수 있다. 만일 원료 A를 현재의 구입가격으로 얼마든지 구입할 수 있다면 원료 A의 공급량은 더 이상 제약조건이 되지 않으며, 따라서 원료 A 공급능력의 가치는 0이 된다. 이때에는

원료 A의 가치 = 원료 A의 구입가격

이라는 관계가 성립한다.

유사한 방법으로 원료 B 공급능력의 잠재가격을 구하기 위해 제약식 [4–3]의 우변항을 1,201이라고 놓으면 최적해는,

$X_1 = 299, \quad X_2 = 902$

가 되며 이때 목적함수의 값은

$Z = 14{,}103$ (만원)

이 된다. 따라서 원료 B 공급능력의 잠재가격은 14,103(만 원) − 14,100(만 원) = 3만 원/톤이다.

원료 C 공급능력의 잠재가격을 구하기 위해 제약식 [4–4]의 우변항을 501로 놓으면 그림 4.1에서 볼 때 직선 *CD*가 우측으로 약간 이동하게 되어 최적해는 변함이 없다. 따라서 원료 C의 추가공급으로 이익을 증대시킬 수 없으므로 원료 C 공급능력의 잠재가격 π_3은 0원/톤이다. 일반적으로 속박적(Binding)이지 않은 자원제약식의 잠재가격은 0이 됨을 알 수 있다.

여기서 구한 원료 공급능력의 잠재가격을 이용하면 다음과 같이 여러 가지 사후적 분석(Post−optimal Analysis)을 할 수 있다.

(가) 각 원료 확보의 가치평가

원료 C의 추가 확보는 바람직하지 않으며 원료 A의 확보는 원료 B의 확보보다 약 2배 이상 가치가 있는 것으로 평가된다.

(나) 원료의 추가 구입 여부 판단

다른 화학회사인 을화학회사에서는 갑화학에게 원료 A를 현재의 구입가격에 톤당 4만 원의 웃돈을 붙여서 판매하겠다고 제의하였다. 갑화학은 원료 A를 한 톤 더 확보하면 7만 원의 이익을 올릴 수 있으므로 을화학에서 웃돈을 주고 구입하더라도 7만 원 − 4만 원 = 3만 원의 순이익을 얻을 수 있다. 따라서 갑화학은 을화학에서 원료 A를 구입하는 것이 바람직하다.

(다) 신제품의 생산 여부 결정

갑화학은 최근 신제품인 우량비료를 개발하였는데 이 제품 한 톤 생산에는 A, B, C원료가 각각 1.5톤, 1.5톤, 1톤씩 소요된다. 이 제품은 한 톤에 64만 원에 판매되어 원료비 등을 제외하고 13만 원의 이익을 낼 수 있다. 갑화학은 이 신제품 생산이 바람직한지의 여부를 분석하고 싶다. 우량비료 한 톤 생산에 투입되는 원료 A, B, C 공급능력의 가치는

$$1.5 \cdot 7 + 1.5 \cdot 3 + 1 \cdot 0 = 15 \text{(만원)}$$

이다. 즉, 우량비료 한 톤 생산에 소요되는 A, B, C 원료는 각각 1.5톤, 1.5톤, 1톤씩으로서 현재는 이들을 고급 및 일반비료 생산에 투입하여 15만 원의 이득을 올리고 있다. 그런데 만일 이 원료들을 우량비료 생산으로 돌리게 되면 이 15만 원을 포기

하는 대신 얻을 수 있는 이익은 13만 원뿐이므로 결과적으로 손익계산은

13만 원 − 15만 원 = −2만 원

이 되어 오히려 톤당 2만 원의 이익감소가 발생함을 알 수 있다. 따라서 신제품은 생산하지 않는 것이 바람직하다.

2. 수정비용

앞에서 우리는 각 자원공급능력의 경제성을 나타내는 잠재가격에 대하여 알아보았다. 여기서는 각 생산활동의 경제성을 분석하여 보자. 이를 위해 앞의 [예제 4-1]을 확장한 다음의 예제를 생각해 보자.

예제 4-2

[예제 4-1]의 갑화학은 고급비료와 일반비료 외에 특급비료 등 세 가지 비료를 생산하고 있다. 특급비료 1톤 생산에는 A, B, C 세 원료가 각각 3톤, 1톤, 1톤씩 소요된다. 이 제품은 톤당 70만 원에 판매되어 원료비 등을 제외하고 21만 원의 이익을 내고 있다. 이외의 모든 사항은 [예제 4-1]과 같다.

이 문제는 X_1, X_2, X_3을 각각 고급비료, 일반비료 및 특급비료의 생산량이라고 할 때 다음과 같은 선형최적화 모형이 된다.

$$\begin{aligned} \text{Max} \quad & Z = 17X_1 + 10X_2 + 21X_3 \\ \text{s.t.} \quad & 2X_1 + X_2 + 3X_3 \le 1{,}500 \\ & X_1 + X_2 + X_3 \le 1{,}200 \\ & X_1 + X_3 \le 500 \\ & X_1, X_2, X_3 \ge 0. \end{aligned}$$

이 문제를 K-OPT를 이용하여 풀면 최적해는

$$(X_1, X_2, X_3) = (300, 900, 0)$$
$$Z = 1억\ 4{,}100만\ 원$$

이 된다. 이 예제에서 추가로 고려한 특급비료의 경우에는 이를 생산하지 않는 것이 최적생산계획임을 알 수 있다. 이것은 특급비료의 경제성이 나쁘기 때문일 것이다.

이제 특급비료 생산활동의 경제성을 실제로 계산해 보자. 예를 들어, 어떤 이유로 특급비료 1톤을 꼭 생산해야만 되는 경우 이익이 어떻게 변하는지 알아보도록 하자. 이 경우 $X_3 = 1$이라 두면 다음의 선형최적화 문제가 된다.

$$\begin{aligned} \text{Max} \quad & Z = 17X_1 + 10X_2 + 21 \\ \text{s.t.} \quad & 2X_1 + X_2 \le 1{,}497 \\ & X_1 + X_2 \le 1{,}199 \\ & X_1 \le 499 \\ & X_1, X_2 \ge 0. \end{aligned}$$

이 문제의 최적해를 그래프나 K-OPT를 이용하여 구하면

$$(X_1, X_2, X_3) = (298, 901, 1)$$
$$Z = 1억\ 4{,}097만\ 원$$

이 된다. 따라서 특급비료는 생산하지 않는 것이 최적이지만 만일 어떤 이유로 한 톤을 꼭 생산해야만 한다면 이익의 변화는 14,097(만 원) − 14,100(만 원) = −3만 원이 되어 이익이 3만 원 감소함을 알 수 있다.

일반적으로 최적해에서 0의 값을 가지는 변수의 값을 1단위 증가시킬 때에 발생하는 목적함수 값의 변화를 수정비용(Reduced Cost) 또는 상대비용(Relative Cost)이라고 부른다. (이 문제는 최대화문제이므로 수정이익 또는 상대이익으로 부르는 것이 더욱 의미가 있겠지만 관용적으로 비용이라고 부르고 있다). 이 책에서는 수정비용이라고 부르기로 한다. 이 예제의 경우 X_3의 수정비용은 −3 (만원)이다.

3. 컴퓨터 분석

대부분의 컴퓨터 패키지들은 최적해 뿐만 아니라 각 제약식의 여유변수의 값, 각

제약식의 잠재가격의 값, 그리고 각 변수의 수정비용의 값을 동시에 제공한다. 예를 들어, 앞 절에서 논한 [예제 4-2]를 K-OPT로 분석하면 그림 4.3을 얻는다.

그림 4.3 [예제 4-2]의 K-OPT 출력

수행된 심플렉스 반복횟수 : 4
목적함수 값 : 14100.00000

변 수	최 적 해	수 정 비 용
X1	300.00000	0.00000
X2	900.00000	0.00000
X3	0.00000	−3.00000

제약식	종류	여유/잉여변수	쌍 대 변 수
1	<=	0.00000	7.00000
2	<=	0.00000	3.00000
3	<=	200.00000	0.00000

이 컴퓨터 출력에서 각 제약식의 잠재가격의 값은 "쌍대변수"라는 항목에 출력되어 있다. 그리고 각 변수의 수정비용이 "수정비용" 항목에 출력되어 있다. 그림 4.3에서 쌍대변수는 (7, 3, 0)이고 변수 X_3의 수정비용은 −3임을 알 수 있다. 따라서, 제약식의 우변항을 각각 한 단위씩 증가시키면 목적함수 값은 각각 7, 3, 0씩 늘어나고, 변수 X_3의 값이 현재 최적해에서 0인데 이 값을 한 단위 꼭 늘려야만 한다면 목적식의 값은 3만큼 감소하게 된다는 것을 알 수 있다.

4. 민감도 분석

만일, 선형최적화 모형에 있는 모든 계수들의 값이 정확하고 또 시간이 흐름에 따라 변하지도 않는다면 K-OPT를 적용하여 얻어낸 최적해만으로도 만족하겠지만 실제로는 이 계수들의 값은 대부분 추정에 의한 것들이기 때문에 약간의 오차가 있을 수 있다. 이때에는 이 계수들이 약간 틀렸다면 해가 어떻게 변하는가를 생각해 볼 필요가 있다. 또는 이 계수들이 정확히 측정되었다 하더라도 의사결정자의 의지에 따라 사용 가능한 자원의 양들을 약간씩 조정할 수도 있다. 이럴 때 최적해가 어떻게 변하는가를 분석하는 것은 최적해에 못지않게 의사결정자에게 도움이 된다. 이러한 분석을 민감도 분석(Sensitivity Analysis)이라고 부른다. 여기서는 목적함수의 계수의 변화와 우변항의 변화에 따라 최적해가 어떻게 변하는지 알아본다. 그 이외에도 제약식의 계수의 변화에 따른 민감도분석이 있으나 여기서는 취급하지 않는다. 앞의 3장 1절에서 다룬 [예제 3-1]을 통해 민감도 분석을 알아보자.

예제 3-1

일반앰프와 고성능앰프를 생산하는 소규모 전자회사인 F전자는 현재의 생산능력 안에서 이익이 최대가 되도록 각 제품의 생산량을 결정하려 하고 있다. 앰프생산은 조립공정과 검사공정을 거치게 되는데, 각 공정에서 하루에 이용 가능한 인력은 각각 240시간 및 81시간이고, 일반앰프를 생산하는 데에는 개당 1.2시간의 조립공정과 0.5시간의 검사공정 인력이 소요되며, 고성능앰프 생산의 경우 개당 4시간의 조립공정과 1시간의 검사공정 인력이 소요된다. 특히 고성능앰프의 경우 특수 반도체칩이 1개씩 소요되는데 최근 이 칩의 공급이 원활치 못하여 하루에 40개씩만을 조달할 수 있다. 이 회사에서 생산된 앰프는 품질이 좋아서 전량 판매되고 있으며 일반앰프는 개당 20만 원, 고성능앰프는 개당 50만 원의 이익을 내고 있다.

이 문제의 선형최적화 모형을 다시 정리하면 다음과 같다.

[변수] X_1: 일반앰프 1일생산량
X_2: 고성능앰프 1일생산량

[모형]

Maximize	$Z = 20X_1 + 50X_2$	(총이익, 단위: 만원)	··· [4-5]
subject to	$1.2X_1 + 4X_2 \le 240$	(조립공정 제약식, 단위: 시간)	··· [4-6]
	$0.5X_1 + X_2 \le 81$	(검사공정 제약식, 단위: 시간)	··· [4-7]
	$X_2 \le 40$	(반도체칩 공급제약, 단위: 갯수)	··· [4-8]
	$X_1, X_2 \ge 0.$	(비음 제약식)	··· [4-9]

이 문제는 그림 4.4에서 보는 바와 같이 점 C가 최적이 되어 최적해는

$$X_1 = 105, \quad X_2 = 28.5$$

이며 이때 최대의 이익은 $Z^* = 3{,}525$만이 된다.

그림 4.4 그래프 분석

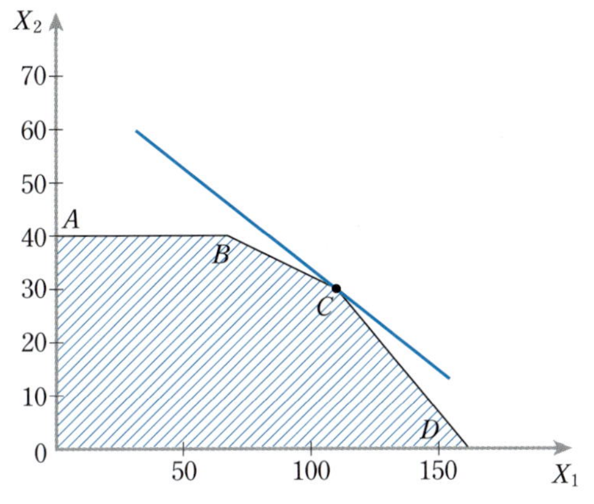

가. 목적함수의 변화

목적함수의 계수들은 시간에 따라 바뀔 수 있으며 또한 그 값의 추정에 오차가 발생할 수 있으므로 이 계수들이 변할 때 최적해가 어떻게 달라질 것인지를 알아보는 것은 의사결정자에게 중요한 정보가 된다. 이 문제에서 F전자의 경영진은 다음 달에는 고성능앰프의 판매가격이 변하여 개당 순이익이 현재의 50만 원에서 다른 값으로 바뀔 것으로 예상하고 있다. 이에 따라 다음 달에는 생산계획을 어떻게 수정하여야만 하는지에 대하여 분석하고자 한다.

이것은 선형최적화 모형의 목적함수 [4–5]에서 X_2의 계수 50을 C_2로 두고 C_2값이 변함에 따라 최적해가 어떻게 변하는가를 알아봄으로써 분석이 가능하다. C_2가 변하게 되면 목적함수를 나타내는 직선의 기울기가 변하게 된다. 여러 가지 C_2값에 따른 최적해의 변화를 그림 4.5에서 보여주고 있다.

그림 4.5 목적함수 계수의 변화에 따른 최적해의 변화

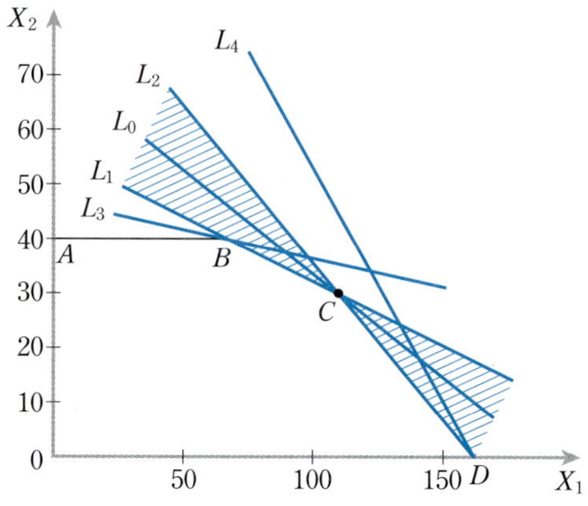

그림에서 L_0는 원래의 목적함수로서($C_2 = 50$일 때) C점이 최적해임을 보여주고 있다. 이제 C_2가 50에서부터 증가한다고 하자. 이 경우 X_2의 계수가 증가하므로 이 직선은 시계 반대방향으로 회전한다. 그러나 이 직선이 직선 L_1에 이를 때까지는 점 C가 최적해를 유지한다. 마찬가지로 C_2가 50에서부터 감소한다고 하자. 이 경우 직선 L_0이 시계 방향으로 회전하여 직선 L_2에 이를 때까지는 점 C가 최적해를 유지한다.

목적함수의 기울기는 $-\dfrac{20}{C_2}$이고 직선 BC와 CD는 각각 조립공정 제약식 및 검사공정 제약식을 나타내므로 이 직선들의 기울기는 각각 $-0.3, -0.5$이다. 따라서 점 C가 최적해임이 유지되는 C_2의 범위는

$$-0.5 \le -\frac{20}{C_2} \le -0.3$$

의 조건에서부터

$$40 \le C_2 \le 66.67$$

을 얻는다. 즉, 고성능앰프의 순이익 C_2가 40만 원과 66.67만 원 사이에서 변화하는 경우에는 현재의 최적해가 변하지 않는다. 그리고 이때의 총이익은

$$Z^* = 20 \cdot 105 + C_2 \cdot 28.5 = 28.5C_2 + 2{,}100 \text{ (만원)}$$

이 된다. 한편 C_2가 변하면 목적식 자체는 바뀌므로 우변항이 한 단위 늘어날 때 최적목적식 값의 증가량을 나타내는 잠재가격은 C_2가 변함에 따라 변화한다.

이제 C_2가 이 범위를 벗어나는 경우를 생각해 보자. 먼저 $C_2 > 66.67$이라면, 즉 고성능앰프의 순이익이 66.67만 원 이상으로 증가한다면 그림 4.5에서 직선 L_3에 해당되고 최적해는 B점으로 이동한다. 따라서 원래는 조립공정과 품질검사공정이 100% 가동되고 반도체칩 공급량에 여유가 있도록 하던 생산계획을 조립공정과 반도체칩 공급량을 100% 사용하고 품질검사공정에 여유가 있도록 하는 생산계획으로 바꾸는 것이 바람직함을 알 수 있다. 이것은 고성능앰프의 순이익이 크게 늘어나면 고성능앰프의 생산을 가능한 한 늘리는 것이 바람직하므로 식 [4–8]로 주어진 최대 생산 가능량 40개까지 생산을 늘리는 것이 바람직하기 때문이다. 이 경우 고성능앰프 생산량의 실질적인 제한이 되는 것은 반도체칩 공급량과 조립공정 처리능력이 되어 검사공정 처리능력에는 여유가 발생한다.

한편 $C_2 < 40$이라면, 즉 고성능앰프의 순이익이 40만 원 이하로 감소한다면 그림 4.5에서 직선 L_4에 해당되고 최적해는 D점으로 이동한다. 따라서 원래는 일반앰프와 고성능앰프를 모두 생산하던 계획을 고성능앰프의 생산을 중단($X_2 = 0$)하고 일반앰프만 생산하는 계획으로 바꾸는 것이 바람직함을 알 수 있다. 이것은 고성능앰프의 순이익이 크게 감소하는 경우 고성능앰프의 생산을 중단하는 것이 바람직하기 때문이다. 이 경우 일반앰프 생산량의 실질적 제한이 되는 것은 검사공정 처리능력이므로 조립공정 처리능력에 여유가 발생한다.

마찬가지로 일반앰프의 이익의 변화에 대해서도 알아보자. 일반앰프의 순이익 C_1이 20에서 증가하면 X_1의 계수가 증가하므로 그림 4.5에서 볼 때 이 직선은 시계 방향으로 회전하고 C_1이 감소하면 시계 반대방향으로 회전한다. 점 C가 최적해임이 유지되는 경우는 이 직선이 L_1과 L_2 사이에 있을 때이므로

$$-0.5 \le -\frac{C_1}{50} \le -0.3$$

의 조건에서부터

$$15 \le C_1 \le 25$$

를 얻는다. 즉, 일반앰프의 순이익이 15만 원과 25만 원 사이에 있는 경우에는 현재의 최적생산계획을 수정할 필요가 없다. C_1이 이 범위를 벗어나는 경우에는 앞에서 C_2의 경우에 대하여 논의한 경우와 비슷한 분석을 할 수 있다.

K-OPT를 이용하면 이러한 목적함수 계수의 범위를 손쉽게 구할 수 있다.

나. 우변항의 변화

우변항의 변화에 따른 목적식의 값의 변화는 앞에서 논의한 바와 같이 잠재가격으로 나타난다. 그러나 이것은 우변항의 변화량이 작을 때에만 타당하며 변화량이 클 때에는 잠재가격 자체가 변화하게 된다. 따라서, 우변항이 얼마만큼 증가할 때까지 현재의 잠재가격이 변하지 않고 유지되는가 알아볼 필요가 있다.

다시 앞의 예제를 생각해 보자. F전자의 경영진은 조립공정 처리능력을 확충 또는 감축할 것을 계획하고 있다. 이에 따라 생산계획은 어떻게 변화할 것이고 이때의 총이익은 어떻게 변하며 각 자원의 잠재가격은 어떻게 변할 것인가? 이 문제는 선형최적화 모형의 제약식 [4-6]의 우변항을 b_1이라 할 때 b_1이 현재의 값 240에서 변할 때 최적해가 어떻게 변하는가 알아봄으로써 분석이 가능하다. 그림 4.6은 여러 가지 b_1값에 따른 최적해의 변화를 보여주고 있다.

그림 4.6 우변항의 변화에 따른 최적해의 변화

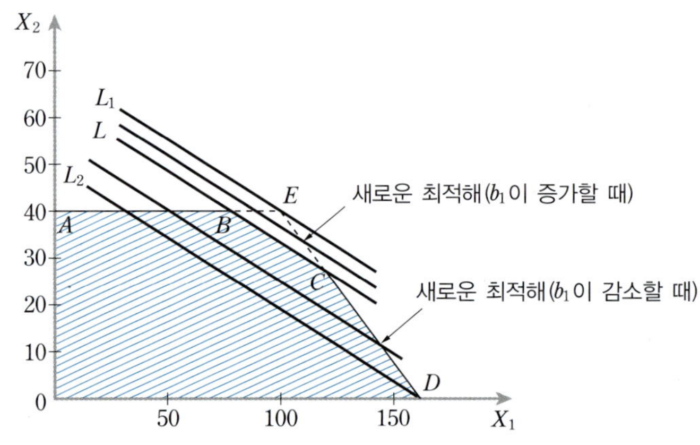

그림에서 L은 조립공정 제약식으로서 b_1이 원래의 우변항 값 240인 경우이다. 이제 b_1이 240에서부터 증가한다고 하자. 이 경우 직선 L은 우측 윗쪽으로 평행이동한다. 만일 이동폭이 작아서 점 E까지 이르지는 않았다면 이 직선과 품질검사공정 제약식을 나타내는 직선 ED가 만나는 점이 최적점이 된다. 마찬가지로 b_1이 240에서부터 감소하는 경우에도 점 D에 이르기 전까지는 이 직선과 직선 ED가 만난 점이 최적점이 된다. 따라서 b_1이 이러한 범위 안에서 변할 때에는 모형에 있는 처음의 두 제약식의 교점이 최적해가 된다는 사실은 변하지 않는다. 그리고 선형계획법 이론

에 의하면 최적해를 결정짓는 제약식의 종류가 변하지 않으면 쌍대변수의 값도 변하지 않는다는 것이 증명되어 있다. K-OPT를 이용하면 이러한 우변항의 범위를 손쉽게 구할 수 있다.

다. 컴퓨터를 이용한 민감도 분석

K-OPT는 앞에서 논의한 목적함수 계수의 변화범위와 우변항의 변화범위들도 역시 제공하고 있다. K-OPT에서는 선형최적화 모형의 최적해를 구한 다음에 민감도분석을 할 것인지의 여부를 선택적으로 요구할 수 있게 되어 있다. 앞의 문제를 K-OPT로 분석한 결과가 그림 4.7에 있다. 여기에서 제일 마지막 부분이 민감도 분석에 관한 내용이다. 여기에는 C_j와 b_i의 증감의 범위가 표시되어 있다. 예를 들어, 변수 X_1의 계수 C_1의 경우 현재의 값은 20인데 이 값이 15와 25 사이에 있는 경우에는 현재의 최적해가 그대로 유지됨을 보여주고 있다. 또한 첫 번째 제약식의 우변항 b_1의 경우 현재의 값은 240인데 이 값이 194.4와 258.4 사이에 있는 경우에는 최적해를 결정짓는 제약식의 종류가 동일하고 잠재가격(쌍대변수)의 값이 변하지 않음을 보여주고 있다.

그림 4.7 전체적인 컴퓨터 출력

수행된 심플렉스 반복횟수 : 3
목적함수 값 : 3525.00000

변 수	최 적 해	수 정 비 용
X1	105.00000	0.00000
X2	28.50000	0.00000

제약식	종류	여유/잉여변수	쌍 대 변 수
1	<=	0.00000	6.25000
2	<=	0.00000	25.00000
3	<=	11.50000	0.00000

*** 민감도 분석 ***

목적식계수의 민감도 분석

변수	현재계수	하한	상한
X1	20.00000	15.00000	25.00000
X2	50.00000	40.00000	66.66667

제약식 우변의 민감도 분석			
제약식	현재우변	하한	상한
1	240.00000	194.40000	258.40000
2	81.00000	73.33333	100.66667
3	40.00000	28.50000	무한대

5. 민감도 분석을 이용한 사후적 분석

앞에서 논의한 민감도 분석을 이용하면 다양한 사후적 분석을 수행할 수 있다. 다음의 예제를 생각해 보자.

예제 4-3

시멘트 블록을 생산하는 영진물산은 A, B, C, D 등 4가지 종류의 제품을 생산하고 있는데 이들은 각각 혼합, 주형, 검사, 건조의 4공정을 거치게 된다. 다음 달에 혼합, 주형 및 검사공정의 처리능력은 각각 800시간, 1,000시간 및 340시간이며 건조시간은 제한이 없다. 각 시멘트 블록 1톤 생산이 가져오는 이익은 각각 4만 원, 6만 원, 7만 원, 8만 원 등이다. 다음 달의 이익을 최대로 하려는 생산관리부장은 다음과 같은 선형최적화 모형을 개발하였다. 여기서 마지막 제약식은 제품 A 생산량은 제품 B 생산량 이상이어야 한다는 경영진의 정책을 반영한 제약식이다.

[변수] A, B, C, D: 각각 제품 A, B , C, D의 생산량 (단위: 톤).

[모형]

Max	$4A + 6B + 7C + 8D$	(만원)
s.t.	$A + 1.5B + 2C + 3D \le 800$	(혼합공정, 시간)
	$1.5A + 2B + 2C + 3D \le 1{,}000$	(주형공정, 시간)
	$0.5A + 0.6B + C + D \le 340$	(검사공정, 시간)
	$A - B \ge 0$	(정책적 제약식)
	모든 변수 ≥ 0	

이 문제를 K-OPT를 이용하여 분석하면 그림 4.8을 얻는다.

그림 4.8 [예제 4-3]의 전체적인 출력

수행된 심플렉스 반복횟수 : 3

목적함수 값 : 2946.15385

변 수	최 적 해	수 정 비 용
A	246.15385	0.00000
B	246.15385	0.00000
C	69.23077	0.00000
D	0.00000	-0.76923

제약식	종류	여유/잉여변수	쌍 대 변 수
1	<=	46.15385	0.00000
2	<=	0.00000	1.76923
3	<=	0.00000	3.46154
4	>=	0.00000	-0.38462

*** 민감도 분석 ***

목적식계수의 민감도 분석

변수	현재계수	하한	상한
A	4.00000	3.00000	4.62500
B	6.00000	5.00000	8.25000
C	7.00000	5.71429	9.09091
D	8.00000	-무한대	8.76923

제약식 우변의 민감도 분석

제약식	현재우변	하한	상한
1	800.00000	753.84615	무한대
2	1000.00000	680.00000	1081.81818
3	340.00000	314.28571	370.00000
4	0.00000	-400.00000	640.00000

이 결과에 의하면 다음 달 영진물산의 최적생산계획은 제품 A, B, C를 각각 246톤, 246톤, 69톤씩 생산하는 것이며 이때 최대의 이익은 2,946만 원이다. 이제, 다음과 같은 사후적 분석을 해 볼 수 있다.

(가) 현재, 제품 A의 이익은 톤당 40,000원인데 이 이익이 30,000원 이상, 46,250원 이하에서 유지되는 한 현재의 생산계획을 바꿀 필요는 없다.

(나) 현재, 제품 D는 생산하지 않는 것이 최적이다. 이것은 제품 D의 생산성이 낮기 때문이다. 제품 D의 이익은 현재 톤당 80,000원인데 이 이익이 87,690원까지 증가한다고 해도 이러한 결론은 변하지 않는다.

(다) 옆에 있는 K사에서는 주형공정 한 시간당 3만 원에 대신 처리해 주겠다고 제안해 왔다. 영진물산에서는 자체적으로 처리하는 경우에는 한 시간에 2만 원의 실제 경비가 발생한다고 평가하고 있다. 따라서 K사의 제의는 시간당 만원의 웃돈이 붙은 것이다. 그러나 영진물산은 처리시설의 부족으로 자체적으로는 더 이상 처리할 수 없는 상황이다. 따라서 K사의 제안에 대한 경제성을 분석해 볼 필요를 느꼈다. K-OPT의 출력에 의하면 주형공정 처리능력의 잠재가격은 17,690원이므로 K사에 의뢰하는 경우 한 시간당 웃돈 만원을 지불하고도 7,690원의 추가적인 이익을 얻을 수 있다. 따라서 이 제안을 받아들이는 것이 바람직하다.

그리고 민감도 분석에 의하면 현재 1,000시간인 처리능력이 680시간에서 1,082시간의 범위 안에 있는 경우에는 잠재가격이 변하지 않으므로 같은 결론을 내릴 수 있다. 따라서 K사에 82시간 정도까지는 주형공정 처리를 의뢰하는 것이 바람직하다. 82시간 이상을 의뢰하게 되면 잠재가격 자체가 바뀌므로 82시간 이상 의뢰하는 것에 대한 경제성 분석은 지금의 자료만으로는 결론을 내릴 수 없다.

응용사례 :: 델타항공기의 항공기 할당시스템

델타항공(Delta Air Lines)에서는 항공기 할당문제를 풀기 위한 Coldstar 프로젝트를 가지고 있는데 이 안에는 선형/정수최적화 모형이 들어 있다. 이 문제는 취항 노선에 항공기를 할당하고 승객에게 좌석을 배당하는 문제다. 항공사의 수익성은 각 시간대의 취항 노선에 적절한 항공기를 할당할 수 있는지의 여부에 달려있다고 해도 과언이 아니다. 항공기가 빈 좌석을 가지고 일단 이륙하고 나면 그 좌석은 영원히 쓸모없는 상품이 되므로 항공 노선의 좌석은 시간이 지나면 없어져버리는 상품이라고 할 수 있다. 항공기 할당모형의 주된 목적은 운영비와 운임비의 손실을 최소화 하는 것이다. 여기에서 제약조건들은 사용 가능한 항공기의 종류, 항공기의 이착륙 시간의 적절성, 항공기 안전점검 등이 된다.

취항 노선에 항공기를 할당하기 위한 Coldstar 모형은 현재의 컴퓨터로 풀 수 있는 크기 정도의 선형최적화 모형이다. 1일계획용 Coldstar 모형은 약 60,000개의 변수와 40,000개의 제약식을 가지고 있다. 이 항공기 할당문제를 풀기 위한 첫 번째 단계는 이 모형을 선형계획법으로 푸는 것이다. 이 회사는 이 모형을 1일 단위로 풀고 있으며 이 Coldstar 모형을 통해 연간 1억 달러 정도의 경비절감을 얻고 있다.

제4장_ 연습문제 A(상세 해답 포함)

1 K-OPT를 이용하여 다음 모형에 대한 질문에 답하시오.

$$\begin{aligned} \text{Maximize} \quad & X_1 + 3X_2 \\ \text{subject to} \quad & X_1 + X_2 \le 8 \\ & -X_1 + X_2 \le 4 \\ & X_1 \le 6 \\ & X_1, X_2 \ge 0. \end{aligned}$$

(가) 이 세 개의 제약식에 해당되는 쌍대변수들의 값은 얼마인가?

(나) 최적해를 결정짓는 제약식의 종류가 변하지 않는 범위에서 우변항이 변할 수 있는 범위는 각각 얼마인가?

(다) 최적해가 변하지 않는 범위에서 목적식의 계수가 변할 수 있는 범위는 각각 얼마인가?

(가) 첫째, 둘째, 셋째 제약식의 쌍대변수는 각각 2, 1, 0이다.

(나) 첫째 제약식: (4, 16)

둘째 제약식: (−4, 8)

셋째 제약식: 2 이상

(다) 첫째 변수의 계수: (−3, 3)

둘째 변수의 계수: 1 이상

2 동진화학은 3가지의 원료를 배합하여 연료첨가제와 용제를 생산하고 있다. 원료 A를 0.4톤, B를 0.1톤, C를 0.5톤 혼합하여 연료첨가제 한 톤을 생산하며, 원료 A를 0.5톤, 원료 B를 0.2톤, 원료 C를 0.3톤 혼합하여 용제 한 톤을 생산하고 있다. 연료첨가제는 톤당 40만 원, 용제는 톤당 30만 원의 이익이 있다. 최근에 들어 원료의 확보가 어려워져서 다음 주에 사용할 수 있는 양은 원료 A, B, C가 각각 20톤, 6톤, 21톤이다.

(가) 이익을 최대로 하는 생산계획을 수립할 수 있는 선형최적화 모형을 개발하시오.

K-OPT를 이용하여 다음에 답하시오.

(나) 최적생산계획은 무엇인가?

(다) 연료첨가제의 판매가격이 상승하여 톤당 이익 C_1이 증가하고 있다. C_1이 어느 이상 될 때 현재의 생산계획을 수정해야 하는가?

(라) C_1이 감소할 때에는 어떤가?

(마) 원료 C 공급능력의 잠재가격은 얼마인가?

(바) 원료 B 공급능력의 잠재가격은 얼마인가?

(가) [변수] A: 연료첨가제(additive) 생산량 (단위: 톤)

S: 용제(solvent) 생산량 (단위: 톤)

[모형] Max $40A + 30S$

s.t. $0.4A + 0.5S \le 20$

$0.1A + 0.2S \le 6$

$0.5A + 0.3S \le 21$

$A, S \ge 0.$

(나) 연료첨가제를 34.6톤, 용제를 12.3톤 생산하는 것이 최적이며, 이때 최대의 이익은 주당 1,754만 원이다.

(다) 50만 원

(라) 24만 원보다 작아지면 생산계획을 바꿔야 한다.

(마) 61.5만 원/톤

(바) 0원/톤

3 K공업에서는 양말 짜는 기계를 생산하여 판매하고 있다. 이 기계를 한 대 생산하는 데에는 #1, #2, #3 등 3가지 부품이 각각 한 개씩 사용된다. 지금까지는 소요되는 부품들을 모두 자체 내에서 생산하여 왔으나 다음 달의 주문량이 크게 늘어나 5,000개가 되는 바람에 부품을 모두 자체 내에서 생산하는 것은 불가능하여져서 일부는 외부에서 구입하고자 한다. 각 부품을 생산하기 위해서는 A, B, C 등 세 가지 공정을 거치게 되는데 각 공정에서의 소요시간은 다음과 같다.

공정 \ 부품	소요시간 (시간)			총가용시간
	#1	#2	#3	
A	0.03	0.02	0.05	400
B	0.04	0.02	0.04	400
C	0.02	0.03	0.01	400

또, 각 부품의 개당 생산비용과 구입비용은 다음과 같다.

비용(만원) \ 부품	#1	#2	#3
생산비	75	40	110
구입비	95	55	140

(가) 완제품 5,000개의 생산에 소요되는 각 부품들의 공급계획을 총비용이 최소가 되도록 결정하는 선형최적화 모형을 개발하시오.

(나) 최적공급계획은 무엇인가? 이때 최소 공급비용은 얼마인가?

(다) (나)의 최적공급계획에 의하면 부품 #2는 모두 자체에서 생산하는 것으로 되어 있다. 그런데 만일 K공업에서 부품 #2 공급업체와의 거래를 어느 정도 지속해 둘 필요성으로 인하여 약간의 부품 #2는 외부에서 구입하기로 한다면 외부에서 부품 #2를 구입함에 따라 총비용은 어떻게 변하는가?

(라) 세 공정의 생산시설을 늘리는 것을 고려하고 있다면 이 중 어느 공정부터 생산능력을 늘리는 것이 바람직한가? (생산시설을 늘리는 데에 소요되는 자금은 모두 동일하다고 하자.)

(마) 공정 A의 처리능력이 10시간 늘어났다고 하자. 이때 비용은 어떻게 변하는가?

(바) 공정 A의 처리능력이 80시간 늘었다고 하자. 추가된 80시간으로 얻어진 총비용의 감소는 얼마인가? (K-OPT로 다시 풀어보시오.) 시간당 비용 절감액은 얼마인가? (마)의 경우와 비교하여 보시오.

(가) [변수] X_1, X_2, X_3: 각각 부품 #1, #2, #3의 생산량

Y_1, Y_2, Y_3: 각각 부품 #1, #2, #3의 구입량

[모형]

$$\begin{aligned}
\text{Min}\quad & 75X_1 + 40X_2 + 110X_3 + 95Y_1 + 55Y_2 + 140Y_3 \\
\text{s.t.}\quad & X_1 + Y_1 = 5{,}000 \\
& X_2 + Y_2 = 5{,}000 \\
& X_3 + Y_3 = 5{,}000 \\
& 0.03X_1 + 0.02X_2 + 0.05X_3 \le 400 \\
& 0.04X_1 + 0.02X_2 + 0.04X_3 \le 400 \\
& 0.02X_1 + 0.03X_2 + 0.01X_3 \le 400 \\
& X_1, X_2, X_3, Y_1, Y_2, Y_3 \ge 0.
\end{aligned}$$

(나) [최적공급계획]

부품 #1: 자체생산량 = 3,750개, 외부구입량 = 1,250개

부품 #2: 자체생산량 = 5,000개

부품 #3: 자체생산량 = 3,750개, 외부구입량 = 1,250개

총비용 = 118억 7,500만 원

(다) 변수 Y_2의 수정비용은 2.5이다. 따라서 개당 25,000원의 비용이 추가된다. 부품 2 한 개를 생산하지 않고 구입을 하면 15만 원이 더 들지만 부품 2 한 개를 덜 생산함으로써 발생하는 각 공정의 가용시간을 자체 생산에 돌려서 추가적인 이익을 얻을 수 있기 때문에 개당 25,000원만 비용이 상승한다. 실제로 부품 2를 한 개 덜 생산하면 각 공정에 0.02, 0.02, 0.03시간의 가용시간이 발생하며 K-OPT 출력에 의하면 각 공정의 쌍대변수의 값은 −500, −125, 0이므로 이 가용시간으로 인해 비용은 $0.02 \times 500 + 0.02 \times 125 = 12.5$(만 원) 감소한다. 따라서 순수한 추가비용은 15−12.5=2.5만 원이 된다.

(라) 공정 A의 쌍대변수의 값(절대값)이 제일 크다. 따라서 공정 A를 늘려야 한다.

(마) 10시간이 증가하면 총처리능력은 410시간이 된다. 민감도 분석을 보면 410시간은 상한과 하한 사이에 있으므로 이 범위 안에서 잠재가격은 변하지 않는다. 따라서 시간당 500만 원의 비용감소를 가져온다.

(바) 민감도 분석을 보면 480시간은 상한을 넘어섰으므로 앞에서 구한 잠재가격을 그대로 사용할 수 없다. 이 경우에는 새로운 모형을 풀어야 한다. 이 경우 4번째 제약식의 우변항을 480이라고 고치고 이 문제를 다시 풀면 된다. 그러면 총비용은 117억 5,000만 원이 된다. 따라서 1억 2,500만 원이 감소하였다. 시간당 비용감소는 $\frac{125{,}000{,}000}{80} = 156$만 원이 된다. (마)의 경우의 시간당 비용절감액보다 훨씬 작다.

4 아프리카에 있는 작은 나라인 K국의 경제기획장관은 나라의 부를 늘리기 위해서는 이 나라 수출물량의 순외화가득액을 최대화시켜야 한다고 믿고 있다. 이 나라는 철강, 기계류 및 트럭을 수출하고 있는데 각각 단위당 $900, $2,500 및 $3,000에 판매하고 있다.

한 단위의 철강을 생산하기 위해서는 0.05단위의 기계류, 0.08단위의 트럭, $300의 외화, 0.5년의 노동력이 투입된다. 현재 철강산업의 생산능력은 연간 30만 단위이다. 한 단위의 기계류를 생산하기 위해서는 0.75단위의 철강, 0.12단위의 트럭, $150의 외화, 5년의 노동력이 투입된다. 기계산업의 생산능력은 5만 단위이다. 한 단위의 트럭을 생산하기 위해서는 1단위의 철강, 0.1단위의 기계류, $500의 외화, 3년의 노동력이 투입되며 현재의 생산능력은 55만 단위이다. 철강, 기계, 트럭산업에 투입할 수 있는 총노동력은 연간 1,200,000년이다.

경제기획장관은 관련 연구소에 의뢰하여 다음과 같은 선형최적화 모형을 개발하였다.

SP, MP, TP: 각각 철강(steel), 기계(machinery), 트럭(truck) 생산(production) 물량 (1,000단위)

SE, ME, TE: 각각 철강, 기계, 트럭 수출(export) 물량 (1,000단위)

Max $900SE + 2{,}500ME + 3{,}000TE - 300SP - 150MP - 500TP$

(순 외화가득액, 단위: 천달러)

s.t.

$SE + 0.75MP + TP \leq SP$ (철강 수급)

$ME + 0.05SP + 0.1TP \leq MP$ (기계 수급)

$TE + 0.08SP + 0.12MP \leq TP$ (트럭 수급)

$0.5SP + 5MP + 3TP \leq 1{,}200$ (노동력)

$SP \leq 300$ (철강 생산능력)

$MP \leq 50$ (기계 생산능력)

$TP \leq 550$ (트럭 생산능력)

모든 변수 ≥ 0

K-OPT를 이용하여 다음의 물음에 답하시오.

(가) 이 경제운영계획을 따를 때 순 외화가득액은 얼마인가? 최적해는 무엇인가?

(나) 처음 세 제약식의 의미가 무엇인가 설명하시오.

(다) 이 최적해에 의하면 5만 단위의 기계류를 생산한다. 이 기계류가 어떻게 사용되는지 설명하시오.

(라) 철강의 국제가격이 단위당 $1,225로 올랐다고 하자. 이때 최적해는 어떻게 변하는가? 만일 철강 한 단위를 꼭 수출해야만 한다고 하면 외화가득액은 어떻게 변하는가?

(마) 이 나라에서 새로운 산업을 도입하고자 할 때 노동집약적 산업이 더 바람직한 이유를 밝히시오.

(바) 이 나라에서는 산업의 생산능력 확충을 고려하고 있다. 현재 갖고 있는 자금으로는 철강생산능력 300단위 또는 기계생산능력 1,000단위 또는 트럭생산능력 500단위를 확충할 수 있다. 어느 산업을 늘리는 것이 바람직한가?

(사) 트럭생산에 소요되는 수입물품의 가격이 $900로 올랐다고 할 때 최적 생산계획은 어떻게 변하는가? 이때 외화가득액은 얼마가 되는가?

(아) 계획기간 초에 재고가 있다고 할 때 이 모형이 어떻게 수정되어야 하는가 설명하시오.

(가) K-OPT 입력파일을 작성할 때에는 제약식 우측에 있는 변수들을 좌측으로 이항하여야 한다.

순외화가득액 = 490,625,000달러

최적해: 철강 300,000단위, 기계 50,000단위, 트럭 262,500단위를 생산하고
기계 8,750단위, 트럭 232,500단위를 수출한다. 철강은 수출하지 않는다.

(나) 각각 철강, 기계, 트럭의 수요 및 공급 제약을 의미한다.

예를 들어, 첫 번째 제약식은 다음을 의미한다.

철강수출량 + 기계생산에 사용된 철강 + 트럭생산에 사용된 철강 ≤ 철강생산량.

(다) 8,750단위는 수출되고, 15,000단위는 철강생산에 사용되며, 26,250단위는 트럭생산에 사용된다.

(라) 1,225는 민감도 분석의 범위 안에 있으므로 최적해는 불변한다. 즉, 철강은 수출하지 않는 것이 좋다. 그런데 철강을 한 단위 꼭 수출하여야만 한다면 외화가득액은 1,350달러 감소한다.

(마) 현재 노동력은 공급과잉 상태인 반면 철강과 기계의 설비는 완전 풀가동되고 있다. 따라서 노동력을 많이 사용하는 산업이 더 바람직하다.

(바) 철강생산능력 300단위 확충이 가져오는 추가 외화가득액

$=1,585 \cdot 0.3 = 475,500$달러.

기계생산능력 1,000단위 확충이 가져오는 추가 외화가득액

$= 302.5 \cdot 1 = 302,500$달러.

트럭생산능력의 확충은 외화가득액을 늘리지 못한다.

따라서 철강생산능력을 늘리는 것이 바람직하다.

(사) 900달러는 민감도 분석의 범위 안에 있다. 따라서 최적계획은 변하지 않는다. 트럭생산 한 단위당 400달러씩 더 소요되므로 외화가득액은

$400 \cdot 262.5 = 105,000$(천 달러) $= 105,000,000$달러 감소한다.

(아) 1, 2, 3번째 제약식의 우변항에 초기 재고가 각각 들어간다.

5 한 지방 TV방송국에서는 저녁 11: 00~11: 35 동안의 뉴스시간 중 5분은 광고에 할당하고 나머지 30분을 지역뉴스, 전국뉴스, 기상예보, 스포츠 등에 할당하는 방안을 분석하고 있다. 방송국에서는 다음과 같은 정책을 가지고 있다.

(1) 전체 시간(30분) 중 최소한 15%는 지역뉴스에 할당한다.

(2) 전체 시간 중 지역뉴스와 전국뉴스에 할당하는 시간은 25% 이상이 되어야 한다.

(3) 일기예보에 할당하는 시간은 지역뉴스에 할당하는 시간보다 길어서는 안 된다.

(4) 스포츠에 할당한 시간은 지역뉴스와 전국뉴스에 할당한 시간보다 길어서는 안 된다.

(5) 전체 시간 중 최소한 10%는 일기예보에 할당하여야 한다.

1분당 프로그램 제작비용은 지역뉴스가 30만 원, 전국뉴스가 20만 원, 일기예보가 10만 원, 스포츠가 10만 원이다.

(가) 비용을 최소화할 수 있는 시간 배정을 구하는 선형최적화 모형을 개발하시오. 어떻

게 배정하는 것이 최적인가?

(나) 일기예보 뉴스 제작비용이 올라갈 것으로 예상되고 있다. 얼마로 상승할 때까지 현재 시간배정의 최적성은 유효한가?

(가) [변수] L: 지역뉴스시간, N: 전국뉴스시간, W: 일기예보시간, S: 스포츠 시간

[모형] Min $30L + 20N + 10W + 10S$

s.t. $L + N + W + S = 30$

$L \geq 4.5$

$L + N \geq 7.5$

$W - L \leq 0$

$S - L - N \leq 0$

$W \geq 3$

$L, N, W, S \geq 0.$

최적 배정: 지역뉴스에 4.5분, 전국뉴스에 8.25분, 일기예보에 4.5분, 스포츠에 12.75분을 배정.

(나) 15만 원으로 상승할 때까지는 현재의 배정이 최적이다.

제4장_ 연습문제 B

1 다음의 선형최적화 모형을 생각해 보자.

$$\begin{aligned} \text{Max} \quad & c_1 X_1 + c_2 X_2 + \cdots + c_n X_n \\ \text{s.t.} \quad & a_{11} X_1 + a_{12} X_2 + \cdots + a_{1n} X_n \le b_1 \\ & a_{21} X_1 + a_{22} X_2 + \cdots + a_{2n} X_n \ge b_2 \end{aligned}$$

다른 제약식들

모든 변수 ≥0.

이 모형에는 여러 제약식들이 있는데 처음의 두 제약식만 명시적으로 표현되어 있다.

(가) b_1 이 증가할 때 실행가능지역이 늘어나는가 또는 감소하는가?
이 경우 목적식의 최대값은 증가하는가 또는 감소하는가?

(나) b_2 가 증가할 때 실행가능지역이 늘어나는가 또는 감소하는가?
이 경우 목적식의 최대값은 증가하는가 또는 감소하는가?

(다) 이 선형최적화 모형이 최소화 모형이라고 하자. b_1 이 증가할 때 목적식의 최소값은 증가하는가 또는 감소하는가?

(라) 이 선형최적화 모형이 최소화 모형이라고 하자. b_2 가 증가할 때 목적식의 최소값은 증가하는가 또는 감소하는가?

2 한 가구공장에서는 A, B, C, D 등 4가지의 책상을 제작하고 있다. 책상은 목공실에서 일단 제작되어 마무리실에서 끝마무리를 받는다. 각 제품에 대하여 투입되는 각 부서에서의 인력과 각 제품의 개당 이익은 다음과 같다.

공정 \ 제품	A	B	C	D
목공실 (시간)	3	4	5	7
마무리실 (시간)	1	4	2	9
이익 (만원)	12	20	18	40

다음 달에 이용 가능한 인력은 목공실이 6,000시간, 마무리실이 4,000시간이다. 한편, 제품 B와 C는 고급품이지만 보급용으로 제작된 것으로서 회사의 정책상 각각 제품 A 생산량의 50%, 25% 이상을 제작하기로 결정하였다.

(가) 다음 달의 최적생산계획을 구할 수 있는 선형최적화 모형을 개발하시오.

K-OPT를 이용하여 다음에 답하시오.

(나) 최적의 생산계획은 무엇인가?

(다) 목공실 인력의 잠재가격은 얼마인가? 이 잠재가격이 불변하는 범위에서 목공실 인력은 얼마까지 증가시킬 수 있는가?

(라) 제품 A의 이익이 떨어질 것으로 예상하고 있다. 제품 A의 이익이 얼마로 떨어질 때까지 현재의 생산계획을 그대로 유지해도 되는가?

3 A사에서는 1인용 의자, 긴 벤치 및 테이블 등 야외용 가구를 생산하고 있는데 이 가구들은 강철 튜브를 적당히 잘라서 알맞게 구부리는 제1공정실과 이들을 적절히 용접하고 마무리 작업을 하는 제2공정실을 거쳐서 생산되고 있다. 다음 표에는 각 제품생산에 소요되는 각 공정실의 처리시간, 각 공정실의 월간 총처리능력, 각 제품의 개당 이익 등이 나타나 있다.

	의자	벤취	테이블	총처리능력 (시간/월)
제1공정실	1.2	1.7	1.2	1,000
제2공정실	0.8	0	2.3	1,200
이익 (만원)	3	3	5	

이 회사제품의 수요는 많아서 생산되는 대로 판매되고 있으나 원자재가 되는 강철튜브의 확보가 어려운 상태여서 내달에는 2,000kg의 강철튜브만이 사용 가능한 상태이다. 그런데 의자, 벤취, 테이블은 각각 개당 2kg, 3kg 및 4.5kg의 강철튜브가 소요되고 있다. 이 회사에서는 각 제품의 생산량을 최적으로 결정하기 위하여 다음과 같은 선형최적화 모형을 수립하였다.

[변수] C, B, T: 각각 의자(chair), 벤취(bench), 테이블(table) 생산량

[모형] Max $3C + 3B + 5T$ (만원)

s.t. $1.2C + 1.7B + 1.2T \le 1,000$ (제1공정)

$0.8C + 2.3T \le 1,200$ (제2공정)

$2C + 3B + 4.5T \le 2,000$ (강철튜브)

모든 변수 ≥ 0.

K-OPT를 이용하여 다음의 물음에 답하시오.

(가) 최대의 이익은 얼마인가?

(나) 제1공정실 처리능력 1시간의 가치는 얼마인가? 제2공정실 및 강철튜브 공급량에 대

해서는 어떤가?

(다) B사에서는 A사에게 강철튜브를 현재의 시장가격에 kg당 6,000원의 웃돈을 붙여서 판매하겠다고 제의하였다. 다른 구입방법이 없다고 할 때 B사에서 추가로 구입하는 것이 바람직한가? 만일 구입하는 것이 바람직하다면 500kg을 추가 구입하여 최적의 생산계획을 수립할 경우 이 회사의 이익은 얼마가 증가하는가?

(라) 현재의 최적해에서 벤취를 생산하지 않는 것은 회사의 정책상 바람직하지 못하다고 판단한 A사는 벤취의 생산을 증가시키기로 결정하였다. 현재의 최적해에서 벤취의 생산을 한 개 증가시킬 때 총이익은 어떻게 변하는가?

(마) 연구개발실에서는 벤취의 생산방법을 새로이 개발하였다. 이에 따르면 벤취 한 개 생산에는 1.1시간의 제1공정실처리, 2.0시간의 제2공정실처리 및 2kg의 강철튜브가 소요되며 개당 이익은 마찬가지로 3만 원이다. 이 생산방법을 도입하는 것이 바람직한가의 여부를 결정하시오.

(바) 판매부서에서는 새로운 제품의 생산을 제의하였다. 이 제품은 1.8시간의 제1공정실처리, 0.5시간의 제2공정실처리 및 1.3kg의 강철튜브가 소요된다. 이 제품의 개당 이익이 얼마나 되어야 이 신제품의 생산이 바람직하게 되는가?

(사) C사에서는 A사의 제1공정실 처리능력을 시간당 15,000원씩에 빌려쓰고자 제의해 왔다. 만일 이 가격에 200시간을 빌려준다면 이 회사의 총이익은 얼마나 되는가?

(아) 의자의 수익률이 떨어져서 25,000원이 되었다고 할 때 최적해는 얼마이며 이때의 총이익은 어떻게 변하는가?

제 5 장 선형최적화 모형을 이용한 경영문제 분석

앞에서 우리는 선형최적화 모형에 관한 기본적인 이론과 분석방법을 배웠다. 본 장에서는 선형최적화 모형을 여러 분야에 응용한 예를 들고 K-OPT로 분석한 결과를 제시한다. 본 장의 목적은 모형개발의 능력과, 경영문제를 계량적으로 분석하는 능력을 높이기 위한 것이다. 실제로 선형최적화 모형을 이용한 경영합리화를 통하여 원가절감 및 경비절감을 이룩한 예는 거의 헤아릴 수 없을 정도로 많이 보고되고 있다. 여기서는 경영에서 다양하게 응용된 실감나는 사례들을 알아본다.

1. 기업재무

예제 5-1

A 상사는 직원들의 연령별 구성비를 재조정하기 위하여 직원들의 조기 명예퇴직 프로그램을 도입하여 지원자를 받은 결과 약 70명이 조기 명예퇴직을 신청하였다. 이들에 대한 퇴직금 지급은 8년간에 걸쳐서 다음과 같이 이루어 질 계획이다.

연도	1	2	3	4	5	6	7	8
지급액 (억원)	43	21	22	23	24	19	23	26

여기서 퇴직금 지급은 매년 초에 이루어된다.

이 회사 재무이사는 이러한 금액을 적절히 조달하기 위해서 적당한 크기의 기금을 지금(1차년도 초) 따로 적립해 둘 계획이며 이 기금의 투자 대상으로 다음과 같은 3가지 정부 채권을 고려하고 있다.

채권	가격(만원)	연수익률	만기일
A	1,050	6.7%	5년 후
B	1,000	5.5%	6년 후
C	1,150	8.3%	7년 후

이 세 채권의 액면가는 모두 1,000만 원이며 연수익은 액면가 기준으로 계산한다. 예를 들어, 채권 A는 매년 67만 원의 수익을 제공한다. 채권의 가격은 현재 구입할 수 있는 시중 가격을 말한다. 만기가 되면 연수익과 함께 액면가를 돌려 받는다. 매년 채권을 운용하고 남는 기금은 연이율 3%로 은행에 예금할 계획이다.

이 회사에서는 이 퇴직금 지급을 위해 지금 적립하여야 하는 총금액을 최소화하기를 원하고 있다.

이 문제는 다음과 같이 선형최적화 모형으로 정식화 할 수 있다.

[변수] F: 8년간의 퇴직금 조달을 위해 지금 적립하여야 할 금액 (만원)
A: 구입한 A채권의 갯수
B: 구입한 B채권의 갯수
C: 구입한 C채권의 갯수
$S_1, S_2, \cdots, S_8$: 각 연도 초에 예금한 금액 (만원)

이 문제는 처음에 조성해야 할 기금을 최소화하는 것이므로 목적식은

$$\text{Min } F$$

가 된다. 이제 제약식을 생각해 보자. 첫 해 초에는 기금 F에서 채권구입에 대한 투자 $1{,}050A + 1{,}000B + 1{,}150C$(만원)과 퇴직금 430,000(만원)을 지급하고 난 금액을 은행에 예금하게 되므로 다음의 제약식을 얻는다.

$$F - 1{,}050A - 1{,}000B - 1{,}150C - 430{,}000 = S_1$$

1년 후 2차년도 초에는 채권에서 $67A + 55B + 83C$ (만원)의 수익이 있고 예금에는 원리금 합계 $1.03S_1$(만원)을 갖게 되며 이 중 퇴직금 21억 원을 지급하고 남는 금액은 2차년도 초의 예금이 되므로 다음의 제약식을 얻는다.

$$67A + 55B + 83C + 1.03S_1 - 210{,}000 = S_2$$

비슷한 식으로 3, 4, 5차년도 초의 식을 세울 수 있다.

6차년도 초에는 채권 A의 만기가 도래하므로 채권 A로부터 총 1,067A(만원)의 금액을 회수하게 된다. 따라서 다음의 제약식을 얻는다.

$$1{,}067A + 55B + 83C + 1.03S_5 - 190{,}000 = S_6$$

비슷한 방법으로 7, 8차년도의 제약식도 세울 수 있다. 이러한 방법으로 다음의 선형최적화 모형을 얻는다.

$$
\begin{array}{ll}
\text{Min} & F \\
\text{s.t.} & F - 1{,}050A - 1{,}000B - 1{,}150C - S_1 = 430{,}000 \\
& 67A + 55B + 83C + 1.03S_1 - S_2 = 210{,}000 \\
& 67A + 55B + 83C + 1.03S_2 - S_3 = 220{,}000 \\
& 67A + 55B + 83C + 1.03S_3 - S_4 = 230{,}000 \\
& 67A + 55B + 83C + 1.03S_4 - S_5 = 240{,}000 \\
& 1{,}067A + 55B + 83C + 1.03S_5 - S_6 = 190{,}000 \\
& 1{,}055B + 83C + 1.03S_6 - S_7 = 230{,}000 \\
& 1{,}083C + 1.03S_7 - S_8 = 260{,}000 \\
& A, B, C, S_1, S_2, \cdots, S_8 \geq 0
\end{array}
$$

이 모형을 K-OPT로 풀어 보면 그림 5.1과 같은 결과를 얻는다. 이 결과에 의하면 첫해 초에 필요한 총금액은 174.5억 원이며 이 중 1,050·149.13=15억 6,587만 원은 채권 A에, 1,000·199.12=19억 9,120만 원은 채권 B에, 1,150·240.07=27억 6,080만 원은 채권 C에 투자하며 68억 3,058만 원은 은행에 예치하는 것이 최적이다.

이 문제에서 각 연도의 자금운용계획식의 잠재가격은 현재 금액에 비해 미래 자금이 가지는 가치를 보여 주고 있다. 예를 들어, 두 번째 제약식의 잠재가격은 0.971인데 이는 1년 후에 지급할 퇴직금이 1억 원 늘어난다면 현재 필요한 기금은 9,710만 원이 늘어난다는 것을 의미한다. 즉, 1년 후의 자금은 현재의 자금에 비해 97.1%

그림 5.1 [예제 5-1]의 K-OPT 출력

수행된 심플렉스 반복횟수: 8
목적함수 값: 1744851.82489

변 수	최 적 해	수 정 비 용
F	1744851.82489	0.00000
A	149.13041	0.00000
B	199.12215	0.00000
C	240.07387	0.00000
S1	683057.79150	0.00000
S2	534419.11231	0.00000
S3	371321.27274	0.00000
S4	193330.49799	0.00000
S5	0.00000	0.11531
S6	0.00000	0.01426
S7	0.00000	0.03034
S8	0.00000	0.66467

제약식	종류	여유/잉여변수	쌍대변수
1	=	0.00000	1.00000
2	=	0.00000	0.97087
3	=	0.00000	0.94260
4	=	0.00000	0.91514
5	=	0.00000	0.88849
6	=	0.00000	0.75066
7	=	0.00000	0.71495
8	=	0.00000	0.66467

의 가치를 가졌다는 것을 의미한다. 마찬가지로 2년 후의 자금은 현재의 자금에 비해 94.3%의 가치를 가지고 있고, 7년 후의 자금은 현재의 자금에 비해 66.5%의 가치를 가지고 있다.

앞에서는 채권을 1,000만 원보다 작은 단위로도 구입이 가능하다고 가정하고 운용계획을 수립하였다. 만일 1,000만 원 단위로만 구입이 가능하다면 이 문제에서 채권의 갯수는 정수이어야 하기 때문에 실제 자금운용계획 수립에서는 앞에서 얻은 해를 반올림한 값을 사용하는 것이 적절하다. 따라서 채권 A는 149개, 채권 B는 199개, 채권 C는 240개를 구입하는 것으로 한다. 이 경우의 운용계획을 실제로 수립하기 위해서는 앞의 모형에 A=149, B=199, C=240 이라는 3개의 제약식을 추가한 후에 다시 K-OPT로 풀면 상세한 계획을 구할 수 있다. 이에 대해서는 7장의 연습문제 A의 3번을 참고하기 바란다.

2. 금융공학

주식, 채권, 부동산, 예금 등 다양한 투자 대상에 지금 투자하는 경우 미래의 상황은 불확실하기 때문에 투자에 따른 수익은 미래의 경제 상황에 따라 다양한 결과를 얻을 수 있다. 때로는 큰 수익을 얻을 수도 있고 때로는 손실을 입을 수도 있다. 금융공학(Financial Engineering)은 이러한 불확실한 상황에서 미래 수익의 불확실성을 줄이고 수익의 규모를 늘릴 수 있는 자금투자계획(Asset Allocation)에 대해 연구한다.

한 투자 대상에 일정 금액을 지금 투자하였다고 할 때 이 투자금에 대한 1년 후의 수익은 불확실성을 가지고 있는 하나의 변수다. 이 변수는 어떤 확률분포를 가지고 있을 것이다. 이 확률분포의 평균은 기대수익(Expected Return)을 나타내며 이 분포의 폭(표준편차)은 1년 후의 실제수익이 기대수익에서 얼마나 벗어날 수 있는지를 나타내는 지수가 된다. 금융공학에서는 이 분포의 폭을 위험(Risk)이라고 부른다. 여기서 위험이라는 단어는 큰 손실을 볼 가능성만 높다는 뜻이 아니고 큰 이익의 가능성도 높고 큰 손실의 가능성도 높다는 뜻이다.

일반적으로 모든 투자자는 안정적인 고소득을 원한다. 즉, 기대수익이 높고 위험이 작은 투자를 원한다. 그러나 이러한 바람직한 투자 대상은 이미 기존의 투자자들이 모두 투자를 했을 것이기 때문에 우리가 현실적으로 고려할 수 있는 투자 대상은 기대수익이 높으면서 위험도 높은 것이거나 위험이 작으면서 기대수익도 낮은 것들이다. 벤처 회사의 주식은 기대수익도 높고 위험도 높은 투자 대상이다. 반면에 은행 예금은 기대 수익은 낮지만 위험도 거의 없는 투자 대상이다. 이렇게 기대수익과 위험의 정도가 서로 다른 다양한 투자 대상이 있을 때 어느 대상에 얼마만큼을 투자할지를 결정할 때에는 기대수익과 위험의 절충관계(trade-off)를 고려하여야 한다. 이렇게 기대수익과 위험의 절충을 고려하여 최적의 투자계획을 세우는 데에는 주로 포트폴리오(Portfolio) 모형을 이용한다. 포트폴리오란 여러 투자 대상에 대한 하나의 투자금 배분계획을 말한다.

포트폴리오 모형은 기대수익의 최대화와 위험의 최소화를 동시에 추구하는 문제이기 때문에 기본적으로 본서의 8장에서 다루는 다기준 의사결정문제에 속한다. 두 개의 목적을 동시에 추구하는 문제이므로 단 한 가지의 모형으로 해결하기 어렵고 여러 가지 접근방식들이 사용된다. 위험의 허용 한도를 정해 놓고 기대수익을 최대화하는 모형, 기대수익의 최소수준을 정해 놓고 위험을 최소화하는 모형, 목표계획법(8장 참조)을 이용한 모형 등 다양한 모형들을 목적에 맞게 활용할 수 있다.

한 투자 대상의 기대수익과 위험은 과거의 통계 자료를 이용하여 추정할 수 있다. 여기서 기대수익은 일반 투자자가 쉽게 이해할 수 있는 값이지만 위험은 미래의 수익이 기대수익에서 얼마나 벗어날 수 있는지는 나타내는 값으로서 수학적으로는 통계학에 나오는 표준편차에 해당하는 값이며 이는 일반투자자가 이해하기 쉽지 않은 값이다. 이러한 이유로 많은 투자자문회사에서는 일반투자자가 이해할 수 있는 쉬운 방법으로 위험을 측정하여 포트폴리오 모형에서 사용하고 있다. 따라서 포트폴리오 모형은 위험을 처리하는 방식과 기대수익과 위험이라는 두 개의 목적을 충족시키는 방식에 따라 다양한 모형들이 개발되어 있다.

그러나 포트폴리오 모형은 분산투자를 위한 지침은 반영할 수 있지만 분산투자를 통해 위험이 얼마나 줄어드는지에 대한 분석은 포함하기 어렵다. 이는 통계학의 기법들을 통해 분석될 수 있고 이는 본서에서 다루고자 하는 내용은 아니다. 또한 선도거래, 선물거래, 옵션, 스왑 등 파생상품들은 미래의 위험을 줄일 수 있는 중요한 금융공학 기법들이지만 이 포트폴리오 모형에는 포함되어 있지 않다. 이에 대한 분석도 주로 통계학적인 것이기 때문에 본서에는 포함시키지 못했다. 이러한 파생상품들은 미래의 위험을 줄임으로써 그 자체로 새로운 가치를 창출하며 일반경영자들은 파생상품을 구입함으로써 좀 더 안정적인 장기 경영계획을 수립할 수 있다. 이에 대한 내용은 다른 관련 서적을 참고하기 바란다.

예제 5-2 위험지수 포트폴리오 모형

K에셋은 고객들이 위탁한 자금을 대신 운용하여 주는데 주로 주식형 펀드, 채권, 인컴 펀드 및 MMF 등으로 운용한다.[1] 이 회사에서는 다음 1년간 이 4가지 투자 대상에 대해 예상 연수익률과 위험도를 다음과 같이 추정하고 있다.

---

1) 주식형 펀드(Stock Fund): 주식에 대한 투자를 목적으로 만든 펀드로서 예상수익은 크나 위험도 큰 금융상품. 인컴 펀드(Income Fund): 투자신탁재산의 운용에 있어서 주식 등의 가격 상승에 따른 차익보다는 이자배당 등 인컴 게인(income gain)을 목표로 하는 투자신탁. MMF(Money Market Fund): 금리연동제 단기투자신탁. 1971년 미국의 메릴린치증권사에 의해 개발되어 금리 자유화가 본격화되었던 1980년대에 크게 인기를 끌었던 실적배당부 단기 자유금리상품을 말한다. 인출이 자유로워 위험이 적으나 이익률도 상대적으로 낮다.

투자 대상	예상 연수익률 (%)	위험지수
주식형 펀드	10	80
채권	3	20
인컴 펀드	4	30
MMF	1	0

여기서 위험지수는 0과 100 사이의 값으로서 큰 값은 더 높은 위험을 위미한다. 예를 들어, 주식형 펀드는 예상 연수익률이 높지만 위험지수도 높아서 1년 후에 실제로 얻어지는 수익률은 10%보다 훨씬 더 높을 수도 있지만 훨씬 더 낮아서 때로는 음수가 될 수도 있다. 반면에 MMF는 항상 인출이 가능한 투자로서 예상 연수익률은 낮지만 위험지수가 거의 0이기 때문에 1년 후에 실제로 얻어지는 수익률은 거의 확실히 1%라고 이야기할 수 있다.

한 포트폴리오의 위험지수는 각 투자대상에 투자한 금액을 이용한 가중평균으로 계산된다. 예를 들어, 한 포트폴리오가 주식형 펀드 40%, 채권 30%, 인컴 펀드 20%, MMF 10%로 구성되어 있다면 이 포트폴리오의 위험지수는 $80 \times 0.4 + 20 \times 0.3 + 30 \times 0.2 + 0 \times 0.1 = 44$가 된다.

각 투자자가 인내할 수 있는 위험의 수준은 사람마다 다르다. 일반적으로 위험지수 30까지 버틸 수 있는 사람은 보수적인 사람으로 분류된다. 인내할 수 있는 최대 위험지수가 30~50인 사람은 온건한 사람으로 분류된다. 그리고 최대 위험지수가 50을 넘는 사람들은 적극적인 투자자로 분류된다. 이 회사는 각 투자자가 인내할 수 있는 최대의 위험지수를 추정한 후 이 위험지수를 넘지 않는 범위 안에서 연간 예상수익률이 최대가 되도록 포트폴리오를 구성해 준다.

또한 이 회사에서는 다음과 같은 전체적인 투자 지침을 가지고 있다.

(1) 주식형 펀드에 대한 투자는 75%를 넘지 않아야 한다.
(2) 인컴 펀드에 대한 투자는 최소한 채권 투자 이상이 되어야 한다.
(3) MMF 투자는 10%~30% 이어야 한다.

예를 들어, 한 투자자의 최대 위험지수를 측정하여 본 결과 40이 나왔다고 하자. 이 투자자의 포트폴리오의 구성비를 최적으로 구성하기 위한 선형최적화 모형은 다음과 같다.

[변수] S: 주식(stock)형 펀드에 투자한 비율
B: 채권(bond)에 투자한 비율
I: 인컴(income) 펀드에 투자한 비율
M: MMF에 투자한 비율

$$
\begin{aligned}
\text{Max}\quad & 0.1S + 0.03B + 0.04I + 0.01M \\
\text{s.t.}\quad & S + B + I + M = 1 \\
& 80S + 20B + 30I \le 40 \\
& S \le 0.75 \\
& I - B \ge 0 \\
& M \ge 0.1 \\
& M \le 0.3 \\
& S, B, I, M \ge 0
\end{aligned}
$$

이 문제를 풀면 그림 5.2와 같은 출력을 얻는다. 이 결과에 의하면 이 고객의 최적 포트폴리오의 구성비는 주식형 펀드 40.9%, 채권 14.5%, 인컴 펀드 14.5%, MMF 30%로 구성하는 것이며 연간 예상수익률은 5.4%이다.

그림 5.2 [예제 5-2]의 K-OPT 출력

목적함수 값 : 0.05409

변 수	최 적 해	수 정 비 용
S	0.40909	0.00000
B	0.14545	0.00000
I	0.14545	0.00000
M	0.30000	0.00000

제약식	종류	여유/잉여변수	쌍대변수
1	=	0.00000	0.00545
2	<=	0.00000	0.00118
3	<=	0.34091	0.00000
4	>=	0.00000	-0.00091
5	>=	0.20000	0.00000
6	<=	0.00000	0.00455

*** 민감도 분석 ***

제약식 우변의 민감도 분석

제약식	현재우변	하한	상한
2	40.00000	17.50000	56.00000

두 번째 제약식의 쌍대변수 값은 0.00118이다. 이는 위험지수를 1만큼 더 안을 수 있다면 연간 기대수익을 0.00118=0.118% 높일 수 있음을 의미한다. 즉, 위험을 더 안을 수 있는 투자자는 더 높은 기대수익을 가질 수 있고 위험을 더 기피하는 투자자는 기대수익이 더 낮아진다는 것을 의미한다. 예를 들어, 다른 투자자는 매우 보수적이어서 최대 위험지수가 30으로 추정되었다고 하자. 두 번째 제약식의 민감도 분석 출력에 의하면 이 값은 민감도 분석의 범위 안에 있으므로 이 투자자의 연간 예상수익률은 $5.4 + 0.118 \times (30 - 40) = 4.2\%$가 됨을 알 수 있다.

또 다른 투자자는 매우 공격적으로서 최대 위험지수가 70으로 추정되었다고 하자. 이 값은 민감도 분석의 범위를 벗어나므로 위와 같은 방식으로 연간 예상수익률을 구할 수는 없다. 앞의 모형에서 두 번째 제약식의 우변항을 70으로 바꾼 후 다시 풀면 연간 예상수익률이 8.2%가 나오고 포트폴리오 구성비는 주식형 펀드 75%, 채권 0%, 인컴 펀드 15%, MMF 10% 를 얻는다.

위험을 30까지 안을 수 있는 보수적인 투자자의 기대수익은 4.2%인 반면 위험을 70까지 안을 수 있는 공격적인 투자자는 기대수익이 8.2%로 높다. 즉, 위험을 더 많이 안는 투자자는 기대수익을 높일 수 있다. 이 공격적인 투자자는 위험을 많이 안았기 때문에 1년 후 실제로 얻는 수익은 기대수익과 차이가 많이 날 수 있다. 실제 수익이 8.2%보다 훨씬 높을 수도 있고 이보다 훨씬 나쁠 수도 있으며 때로는 손실을 볼 수도 있다. 그러나 이 투자자가 이런 식의 투자를 오랜 기간 여러 차례 수행해 왔다면 통계학의 대수의 법칙(Law of Large Numbers)에 따라 그 평균 수익은 8.2%에 가까운 값이 될 것이다. 이 투자자가 오랜 기간 이런 식의 투자를 계속하기 위해서는 처음에 발생할 수 있는 몇 번의 손실을 버틸 수 있는 능력이 있어야 한다. 반면에 위험을 30까지 안는 보수적인 고객은 오랜 동안 투자를 하는 경우 그 평균 수익은 4.2% 정도가 될 것이다.

다음의 예제는 위험지수나 투자지침을 사용하지 않고 미래에 발생할 수 있는 여러 개의 시나리오를 작성해 놓고 미래의 수익을 분석하는 포트폴리오 모형이다. 여기에는 높은 수익을 보장해 주는 시나리오도 있지만 큰 손실을 보는 시나리오도 있다. 이 시나리오들은 과거의 통계 자료들을 이용하여 도출한 것들로서 내년에 발생 가능성이 높다고 판단되는 여러 시나리오들이다. 이 포트폴리오 모형은 1952년 H. Markowitz에 의해 개발되었으며 그는 이 모형으로 1990년에 노벨 경제학상을 수상하였다.

예제 5-3 마코위츠(Markowitz) 포트폴리오 모형

한 투자자문 회사에서는 6개의 펀드를 적절히 조합하여 고객에 맞는 포트폴리오를 구성해 주고 있다. 다음 1년 동안 각 펀드의 수익률이 어떻게 될지 알 수 없지만 지난 수 십 년 동안의 자료를 분석해 본 결과 미래에 발생할 수 있는 상황은 다음과 같이 5가지의 시나리오 중 하나일 것이라고 보고 있다.

〈연간 투자수익률 추정치(%)〉

펀드	시나리오 1	시나리오 2	시나리오 3	시나리오 4	시나리오 5
해외주식 펀드	5	7	7	23	−11
중장기채권 펀드	9	2	4	−1	4
대기업성장주 펀드	16	10	16	21	−12
대기업가치주 펀드	16	11	7	3	−3
중소기업성장주 펀드	17	10	2	30	−5
중소기업가치주 펀드	13	13	−4	3	8

처음의 두 시나리오는 내년의 경기가 좋을 것으로 보고 있다. 구체적인 수치는 조금씩 다르지만 모든 펀드들이 높은 수익을 내는 경우들이다. 시나리오 3은 중소기업가치주 펀드가 손실을 내는 경우이며, 시나리오 4는 중장기채권 펀드가 손실을 내는 경우이다. 시나리오 5는 내년의 경기가 매우 나쁠 것으로 보고 있어서 대부분의 펀드가 손실을 보이는 시나리오다. 이 시나리오들은 과거의 통계 자료들을 이용하여 도출한 것들로서 실제로 발생가능성이 높다고 판단되는 시나리오들이다. 한 포트폴리오의 수익률은 실제로 어떤 시나리오가 내년에 발생할 것인지에 따라 다르다. 이러한 상황에서 어떤 포트폴리오를 선택하여 투자자에게 제공할 것인가? 여기서는 투자자가 위험에 대해 어떠한 태도를 가지고 있는 지에 따라 다양하게 모형을 개발할 수 있다. 만일 투자자가 위험을 극도로 싫어하는 사람이라면 미래에 어떤 시나리오가 발생한다고 해도 보장될 수 있는 최소한의 수익에 관심이 많을 것이다. 그리고 이 보장되는 수익을 최대화하는 포트폴리오를 원할 것이다.

보장수익을 최대화하는 모형을 개발하기 위해서 다음과 같이 변수를 설정하자.

[변수] $X_1, X_2, X_3, X_4, X_5, X_6$: 6개의 펀드 각각에 투자한 비율

총투자금을 이 6개 펀드에 모두 투자할 계획이라고 한다면 먼저 다음의 식을 만족하여야 한다.

$$X_1 + X_2 + X_3 + X_4 + X_5 + X_6 = 1$$

만일 내년에 시나리오 1이 현실화 된다면 연간 수익률은 다음과 같다.

시나리오 1: $5X_1 + 9X_2 + 16X_3 + 16X_4 + 17X_5 + 13X_6$

마찬가지로 시나리오 2, 3, 4, 5 각각이 현실화 된다면 연간 수익은 다음과 같다.

시나리오 2: $7X_1 + 2X_2 + 10X_3 + 11X_4 + 10X_5 + 13X_6$

시나리오 3: $7X_1 + 4X_2 + 16X_3 + 7X_4 + 2X_5 - 4X_6$

시나리오 4: $23X_1 - X_2 + 21X_3 + 3X_4 + 30X_5 + 3X_6$

시나리오 5: $-11X_1 + 4X_2 - 12X_3 - 3X_4 - 5X_5 + 8X_6$

$(X_1, X_2, \cdots, X_6)$의 값이 하나 주어졌다고 할 때 보장수익은 위의 각 시나리오의 수익 중 가장 작은 값이다. 그러면 이 투자자는 이 보장수익이 최대가 되도록 $(X_1, X_2, \cdots, X_6)$의 값을 선택하고자 할 것이다. 이 포트폴리오 모형은 추가적인 변수 Y를 하나 더 도입하여 다음과 같은 선형최적화 모형으로 나타낼 수 있다.

$$
\begin{aligned}
\text{Max } & Y \\
\text{s.t. } & 5X_1 + 9X_2 + 16X_3 + 16X_4 + 17X_5 + 13X_6 \geq Y \\
& 7X_1 + 2X_2 + 10X_3 + 11X_4 + 10X_5 + 13X_6 \geq Y \\
& 7X_1 + 4X_2 + 16X_3 + 7X_4 + 2X_5 - 4X_6 \geq Y \\
& 23X_1 - X_2 + 21X_3 + 3X_4 + 30X_5 + 3X_6 \geq Y \\
& -11X_1 + 4X_2 - 12X_3 - 3X_4 - 5X_5 + 8X_6 \geq Y \\
& X_1 + X_2 + X_3 + X_4 + X_5 + X_6 = 1 \\
& X_1, X_2, X_3, X_4, X_5, X_6, Y \geq 0
\end{aligned}
$$

이 모형에서 Y는 5가지 발생 가능한 수익들 각각보다 작은 하나의 변수이다. 그리고 이 모형에서는 이 Y를 최대화 한다. 그러면 최적해에서 이 Y값은 5개의 수익들 중에서 가장 작은 값과 같아질 것이다. 따라서 보장수익이 된다. 그리고 이 보장수익이 최대화되도록 포트폴리오를 선택한다.

그림 5.3 [예제 5-3]의 K-OPT 출력

목적함수 값 : 3.16667

변 수	최 적 해	수 정 비 용
Y	3.16667	0.00000
X1	0.00000	-2.50000
X2	0.80208	0.00000
X3	0.00000	-0.33333
X4	0.00000	-1.83333
X5	0.12500	0.00000
X6	0.07292	0.00000

제약식	종류	여유/잉여변수	쌍 대 변 수
1	>=	7.12500	0.00000
2	>=	0.63542	0.00000
3	>=	0.00000	-0.33333
4	>=	0.00000	-0.16667
5	>=	0.00000	-0.50000
6	=	0.00000	3.16667

K-OPT로 분석하면 그림 5.3과 같은 출력을 얻을 수 있다 (K-OPT 입력파일은 제약식의 우측에 있는 Y를 좌변으로 옮긴 후 작성하여야 한다). 여기에서 다음과 같은 포트폴리오가 최적임을 알 수 있다.

〈보장수익 극대화 포트폴리오〉

중장기채권 펀드에 80.2%, 중소기업가치주 펀드에 12.5%, 중소기업가치주 펀드에 7.3%를 투자한다. 이 경우 연간 3.17%의 수익률을 보장할 수 있다.

여기서 얻은 3.17%의 수익은 보장되는 수익이다. 1년이 지난 후 실제로 얻게 되는 수익은 이와 같거나 이보다 큰 값이 된다. 그림 5.3의 출력을 보면 처음의 두 제약식은 잉여변수가 양이고 나머지 제약식들은 속박적이다. 따라서 만일 시나리오 3, 4, 5 중 하나가 실제로 발생한다면 연간 수익은 3.17%가 될 것이다. 그러나 만일 시나리오 1, 2 중 하나가 발생한다면 3.17%보다 높은 수익을 얻게 될 것이다. 첫 번째 제약식의 여유변수의 값이 7.125% 이므로 실제로 만일 시나리오 1이 발생한다면 수익률은 $3.17 + 7.125 = 10.3$%가 될 것이다. 마찬가지로 시나리오 2가 발생한다면 수익률은 $3.17 + 0.635 = 3.8$%가 될 것이다.

이 모형에서 사용한 5개의 시나리오는 이 투자자문회사가 발생가능성이 가장 높다고 판단한 시나리오들이다. 실제로 내년에 발생할 상황은 이 5개 중의 하나에 가까울 것이라고 이 자문회사는 판단하고 있다. 그러나 미래는 원래 불확실한 것이므로 실제로 내년에 발생하는 상황은 이 시나리오들과 좀 다를 수도 있다. 이 경우 실제로 1년이 지난 후 수익률을 구해보면 여기서 얻은 결과와 좀 다를 수도 있다.

예제 5-4 [예제 5-3]의 계속

[예제 5-3]에서는 극단적인 위험기피자의 선택을 알아보았다. 그러나 일반적인 투자자들은 보장수익뿐만 아니라 큰 수익을 얻을 가능성이 높은 포트폴리오를 선택하는 데에도 관심이 있다. 그러나 이런 포트폴리오는 손실을 볼 수 있는 가능성도 가지고 있다. 만일 투자자가 이런 포트폴리오를 선택하고자 한다면 수익의 기댓값을 극대화하는 모형을 생각하여야 한다. 이를 위해서는 각 시나리오가 현실화 될 수 있는 가능성을 나타내는 확률을 사용하여 기대수익의 식을 만들어서 최대화시키면 된다. 이 투자자문회사에서는 위에서 제시된 5가지의 시나리오의 발생가능성이 모두 동일하다고 보고 있다.

이렇게 얻는 포트폴리오는 그러나 미래의 수익에 대해 아무런 보장도 해 주지 못한다. 큰 수익을 얻을 가능성도 있지만 큰 손실을 입을 가능성도 있다. 한정된 자금을 운영하는 대부분의 투자자는 기대수익만을 극대화하는 포트폴리오를 선택하는 데에 대해서는 주저하게 된다. 기대수익을 조금 희생하는 대신 어느 정도의 수익을 보장받을 수 있는 포트폴리오를 선택하고 싶어 할 것이다. 보장을 원하는 수익의 수준은 투자자에 따라 다르다. 이 투자자문회사에서 자문해 주고 있는 한 투자자는 최소한 2%의 연간 수익을 보장받고 싶어 하고 있다.

투자자문회사에서는 위에서 제시된 5가지의 시나리오의 발생가능성이 모두 동일하다고 보고 있으므로 각 시나리오가 현실화할 가능성은 각각 20%이다. 그러면 연간 수익의 기댓값은 다음과 같다.

$$
\begin{aligned}
&0.2(5X_1 + 9X_2 + 16X_3 + 16X_4 + 17X_5 + 13X_6) \\
&+ 0.2(7X_1 + 2X_2 + 10X_3 + 11X_4 + 10X_5 + 13X_6) \\
&+ 0.2(7X_1 + 4X_2 + 16X_3 + 7X_4 + 2X_5 - 4X_6) \\
&+ 0.2(23X_1 - X_2 + 21X_3 + 3X_4 + 30X_5 + 3X_6) \\
&+ 0.2(-11X_1 + 4X_2 - 12X_3 - 3X_4 - 5X_5 + 8X_6) \\
&= 6.2X_1 + 3.6X_2 + 10.2X_3 + 6.8X_4 + 10.8X_5 + 6.6X_6
\end{aligned}
$$

그러면 2%의 이익을 보장하면서 기대수익을 최대화하는 모형은 다음과 같다.

$$\begin{aligned}
\text{Max}\quad & 6.2X_1 + 3.6X_2 + 10.2X_3 + 6.8X_4 + 10.8X_5 + 6.6X_6 \\
\text{s.t.}\quad & 5X_1 + 9X_2 + 16X_3 + 16X_4 + 17X_5 + 13X_6 \geq Y \\
& 7X_1 + 2X_2 + 10X_3 + 11X_4 + 10X_5 + 13X_6 \geq Y \\
& 7X_1 + 4X_2 + 16X_3 + 7X_4 + 2X_5 - 4X_6 \geq Y \\
& 23X_1 - X_2 + 21X_3 + 3X_4 + 30X_5 + 3X_6 \geq Y \\
& -11X_1 + 4X_2 - 12X_3 - 3X_4 - 5X_5 + 8X_6 \geq Y \\
& Y = 2 \\
& X_1 + X_2 + X_3 + X_4 + X_5 + X_6 = 1 \\
& X_1, X_2, X_3, X_4, X_5, X_6, Y \geq 0
\end{aligned}$$

이 모형을 K-OPT로 풀면 그림 5.4와 같은 결과를 얻는다. 여기서 다음과 같은 포트폴리오가 최적임을 알 수 있다.

〈2% 보장수익 하의 기대수익 극대화 포트폴리오〉

대기업성장주 펀드에 30%, 중소기업가치주 펀드에 70%를 투자한다. 이 경우 연간 기대수익은 7.68%이며 최소한 년 2%의 수익은 보장된다.

그림 5.4 [예제 5-4]의 K-OPT 출력

목적함수 값 : 7.68000

변 수	최 적 해	수 정 비 용
X1	0.00000	−11.26000
X2	0.00000	0.00000
X3	0.30000	0.00000
X4	0.00000	−1.78000
X5	0.00000	−4.65000
X6	0.70000	0.00000
Y	2.00000	0.00000

제약식	종류	여유/잉여변수	쌍 대 변 수
1	>=	11.90000	0.00000
2	>=	10.10000	0.00000
3	>=	0.00000	−0.93000
4	>=	6.40000	0.00000
5	>=	0.00000	−1.11000
6	=	0.00000	−2.04000
7	=	0.00000	11.76000

여기서 얻은 7.68%는 수익률의 기댓값이다. 실제로 얻는 수익률은 이보다 더 클 수도 있고 더 작을 수도 있다. 그러나 어느 경우에도 2%는 보장된다. 그림 5.4의 잉여변수의 값을 보면 이 포트폴리오를 선택할 때 만일 시나리오 3이나 5가 현실화되는 경우에는 2%의 수익밖에 못 얻지만 시나리오 1, 2, 4 중의 하나가 현실화 되면 대단히 높은 수익을 얻게 됨을 알 수 있다. 시나리오 1의 경우 2 + 11.9 = 13.9%, 2의 경우 2 + 10.1 = 12.1%, 그리고 4의 경우 2 + 6.4 = 8.4%를 얻는다.

[예제 5-3]에서 분석한 보장수익 극대화 포트폴리오의 경우 기대수익을 구해보면 다음과 같다.

$$0.2(10.3) + 0.2(3.8) + 0.2(3.17) + 0.2(3.17) + 0.2(3.17) = 4.72\%$$

따라서 보장수익을 3.17%에서 2%로 낮춘다면 수익의 기댓값을 4.72%에서 7.68%로 높일 수 있다는 것을 보여준다. 즉, 위험을 감수함으로써 기대수익을 높일 수 있는 것이다.

3. 마케팅

마케팅(Marketing) 분야에서도 최적화 모형이 다양하게 활용되고 있다. 여기서는 광고매체 선택문제, 판매망 선택문제, 조사연구 계획수립문제 등을 알아보고 7장의 정수최적화 모형에서는 제품설계문제를 알아본다.

예제 5-5 광고매체 선택

대전의 한 지역 백화점에서는 매출을 늘리기 위하여 그 지역의 TV, 라디오, 신문을 통해 광고하는 것을 고려하고 있는데 이 백화점은 이 문제를 한 경영자문회사에게 의뢰하였다. 이 자문회사에서는 각 매체의 광고효과를 광고노출효과와 신규고객 유입인원으로 평가하고 있으며 각 매체 한 회 광고에 대해 다음과 같이 평가하고 있다.

	광고노출효과	신규고객 유입인원 (명)	가격 (만원)
TV (10회 이하)	90	4,000	1,000
TV (11회 이상)	55	1,500	1,000
라디오 (15회 이하)	25	2,000	300
라디오 (16회 이상)	20	1,200	300
신문 (20회 이하)	10	1,000	100
신문 (21회 이상)	5	800	100

광고노출효과는 현재의 고객과 잠재고객들에게 광고가 노출되는 정도를 나타내는 지수다. TV 광고는 10회까지는 1회당 광고노출효과가 90, 1회당 신규고객 유입인원이 4,000명이지만 광고횟수가 그 이상이 되면 광고효과가 떨어져서 1회당 광고노출효과가 55, 1회당 신규고객 유입인원이 1,500명으로 평가된다. 라디오와 신문의 광고효과도 위의 표에 정리되어 있다. 이 백화점은 광고 예산으로 3억 원을 배정하고 있다.

이 백화점은 이번 광고로 신규고객 유입인원이 10만 명 이상만 되면 충분하다고 생각하고 있으며 미래의 마케팅을 위해서는 광고노출효과가 가장 크게 되는 방향으로 광고 매체들을 선택하는 것이 바람직하다고 생각하고 있다. 또한 이 백화점은 광고 매체들과의 관계와 미래의 광고전략을 생각할 때 다음과 같이 균형을 유지하고자 한다.

1. TV광고 한 회당 라디오광고 2번 이상을 한다.
2. TV광고는 14회 이상 20회 이하를 유지한다.
3. 라디오광고는 33회 이하로 유지한다.
4. 신문광고는 30회 이상으로 유지한다.

이 문제의 선형최적화 모형을 수립하기 위해서 먼저 TV광고를 생각해 보자. TV광고의 광고노출효과는 횟수가 10 이하일 때는 회당 90이며 그 이상이 되는 광고에 대해서는 회당 55의 효과를 가지게 된다. 이렇게 투입량이 늘어남에 따라 그 효과가 줄어드는 현상을 경제학에서는 일반적으로 한계효용체감의 법칙(law of diminishing marginal utility)이라고 한다. 이는 마치 맛있는 사탕이 처음 한 개를 먹을 때 그렇게 맛있었는데 다섯 번째, 열 번째 것을 먹을 때에는 맛이 없어지게 되는 현상을 말한다. 이 용어에서 효용(Utility)이란 만족감을 나타내는 경제학 용어이며 한계(marginal)란 사탕을 이미 몇 개를 먹은 상태에서 한 개를 더 먹을 때 추가되는 양을 나타내는 경제학 용어이다. 이미 많이 먹은 상태에서는 한 개를 더 먹을 때 추가되는 효용은 작다는 것을 의미한다. '추가효용체감의 법칙'이라고 하면 좀 더 이해가 용이할 것 같다. 이 문제에서는 TV광고가 가지고 있는 한계효용체감의 법칙을 계량적으로 표현하고 있다. 이 문제에서는 광고효과가 광고횟수에 비례하지 않으므로 선형최적화 모형의 기본가정 중의 하나인 '비례의 조건' 을 만족하지 않는다. 따라서 이 문제를 선형최적화 모형으로 해결할 수 없을 것 같지만 다음과 같은 간단한 수학적 트릭을 이용하면 이 문제를 선형최적화 모형으로 해결할 수 있다.

이 문제를 선형최적화 모형으로 구현하기 위하여 다음의 변수들을 도입한다.

T_1: 90의 광고효과를 가지는 TV광고횟수
T_2: 55의 광고효과를 가지는 TV광고횟수

그리고 제약식

$$T_1 \leq 10 \qquad \cdots [5\text{-}1]$$

을 도입한다. 그러면 TV광고효과는 다음과 같다.

$$\text{TV광고효과} = 90T_1 + 55T_2 \qquad \cdots [5\text{-}2]$$

앞으로 수립할 선형최적화 모형에서는 [5–1]의 제약식 하에서 [5–2]식을 최대화하게 된다. 목적함수에서의 T_1의 계수가 T_2의 계수보다 크므로 [5–1]의 식이 만족할 때까지 T_1의 값을 T_2보다 우선적으로 채우게 된다. 그리고 T_1이 10이 된 후에만 T_2의 값이 0 이상의 값을 가지게 된다. 이렇게 제약식 [5–1] 하에서 [5–2]를 최대화함으로써 T_1은 90의 광고효과를 가지는 TV광고횟수가 되고 T_2는 55의 광고효과를 가지는 TV광고횟수가 된다.

마찬가지로 라디오와 신문광고에 대해 다음의 변수들을 도입한다.

R_1: 25의 광고효과를 가지는 라디오광고횟수
R_2: 20의 광고효과를 가지는 라디오광고횟수
N_1: 10의 광고효과를 가지는 신문광고횟수
N_2: 5의 광고효과를 가지는 신문광고횟수

그러면 광고매체 최적선택 모형은 다음과 같다.

$$\begin{aligned}
\text{Max} \quad & 90T_1 + 55T_2 + 25R_1 + 20R_2 + 10N_1 + 5N_2 \\
\text{s.t.} \quad & 1{,}000T_1 + 1{,}000T_2 + 300R_1 + 300R_2 + 100N_1 + 100N_2 \leq 30{,}000 \\
& 4{,}000T_1 + 1{,}500T_2 + 2{,}000R_1 + 1{,}200R_2 + 1{,}000N_1 + 800N_2 \geq 100{,}000
\end{aligned}$$

$R_1 + R_2 \geq 2T_1 + 2T_2$

$T_1 + T_2 \geq 14$

$T_1 + T_2 \leq 20$

$R_1 + R_2 \leq 33$

$N_1 + N_2 \geq 30$

$T_1 \leq 10$

$R_1 \leq 15$

$N_1 \leq 20$

모든 변수 ≥ 0.

K-OPT로 최적해를 구해보면 최적매체선택은 다음과 같다.

TV광고: 16.5회
라디오광고: 33회
신문광고: 36회

이 해에서 TV광고는 16.5회가 나왔다. 소수점 이하의 0.5에 대해서는 적절히 해석할 수도 있고 만일 정수해를 원한다면 TV광고횟수가 16일 때와 17일 때를 따로 분석해 보면 된다. TV광고횟수가 16일 때는 $T_1 = 10$, $T_2 = 6$이라는 두 제약식을 모형에 추가하여 다시 K-OPT로 해를 구해본다. 그러면 다음을 얻는다.

TV광고: 16회
라디오광고: 33회
신문광고: 41회

그리고 TV광고횟수가 17일 때는 $T_1 = 10$, $T_2 = 7$이라는 두 제약식을 추가하여 다시 K-OPT로 풀어본다. 그러면 실행불가능문제라는 메시지를 얻는다. 따라서 TV광고를 16회 할 때 얻은 해가 최적의 정수해임을 알 수 있다.

이 예제에서 본 바와 같이 한계효용의 법칙이 적용되는 문제들은 이러한 방법으로 선형최적화 모형을 적용할 수 있다. 반면에 만일 TV광고의 광고노출효과가 횟수가 커질수록 더 커진다면 이는 규모의 경제(Economy of Scale)가 있는 문제이다. 예를 들어, TV광고의 광고노출효과가 횟수가 10 이하일 때는 회당 90이며 그 이상이 되는 광고에 대해서는 회당 150의 효과를 가지고 있는 경우이다. 광고를 조금씩 여러번 하는 것보다 할 때 많이 하는 것이 효과가 더 큰 경우다. 이 경우에는 위에서 설명한 바와 같은 방식으로는 문제가 해결되지 않는다. 이 경우에는 정수최적화 모형을 사용하여야 한다.

다음에는 판매망 선택문제를 알아보자.

예제 5-6 **판매망 선택**

PC용 스피커를 생산하는 A전자는 백화점, 전자상가, 마트점 등 다양한 유통경로를 통해서 스피커를 판매하고 있다. 각 판매망의 유통구조는 서로 다르기 때문에 개당 이익, 홍보비용, 판매소요인력 등에서 현저한 차이를 보이고 있다. A전자는 그 동안의 판매 기록에 근거하여 유통경로별로 다음과 같은 자료를 준비하였다.

판매망	단위이익 (만원)	개당 홍보비 (만원)	개당 판매소요인력 (시간)
백화점	9	2	2
전자상가	7	1	3
마트점	5	0.5	1

이 회사는 주문생산을 하고 있기 때문에 재고는 발생하지 않고 있다. A전자의 경영진은 다음 달의 판매전략을 수립하려 하고 있으며, 이 기간 동안 정책상의 이유로 최소한 10,000개를 마트점으로 공급할 생각으로 있다. 이 기간 동안 홍보비로 지출할 수 있는 총금액은 5억 원, 판매 인력은 120,000시간이 동원 가능하고 생산능력은 60,000개이다.

A전자가 최적의 판매계획을 수립하기 위한 선형최적화 모형은 다음과 같다.

[변수] D: 백화점(department store)에 납품하는 물량

E: 전자상가(electronic products store)에 납품하는 물량

M: 마트(mart)점에 납품하는 물량

Max $9D + 7E + 5M$

s.t. $2D + E + 0.5M \le 50{,}000$

$2D + 3E + M \le 120{,}000$

$D + E + M \le 60{,}000$

$M \ge 10{,}000$

모든 변수 ≥ 0.

K-OPT로 이 문제를 풀어보면 최적판매계획은 백화점에 4,000개, 전자상가에 28,000개, 마트점에 28,000개 납품하는 것이며 이때 이익은 37억 2천만 원이 된다. 백화점은 개당 이익은 높으나 홍보비와 판매소요인력이 많이 들기 때문에 전자상가와 마트점에 주로 납품하는 것이 최적이다.

다음에는 조사연구계획 수립에 선형최적화 모형을 응용해 보자. 조사연구는 각 기업에서 제품에 대한 소비자의 반응 및 선호도를 알아보기 위하여 자주 수행된다. 때로는 조사연구 전문회사가 있어서 기업의 조사연구를 대행해 주기도 한다. 이러한 전문회사의 업무는 조사연구계획을 수립하고 조사를 실시하며 데이터를 분석하고 최종보고서를 고객인 기업에 제공하는 것이다. 조사연구 설계단계에서 접촉해야 할 응답자의 유형 및 비율에 대한 연구 의뢰자의 의견을 확정짓게 되면 조사연구 전문회사에서는 고객기업의 요구를 최소의 비용으로 만족시킬 수 있는 조사계획을 세운다.

예제 5-7 조사연구계획

M연구소는 새로운 제품이나 서비스에 대한 소비자의 반응을 평가하는 전문회사로서 최근 한 가정용 제품에 대한 소비자의 반응을 조사해 달라는 용역을 의뢰 받았다. 고객회사와의 토의를 통하여 확정지은 바에 의하면 호별방문을 통한 개별 인터뷰를 수행하기로 하였으며, 특히 자녀를 둔 가구와 자녀가 없는 가구를 모두 대상으로 하기로 하였다. 또 가정주부들의 스케줄을 감안할 때 낮 시간 방문과 저녁 시간 방문을 모두 활용하기로 하였다. 고객회사에서는 1,000회의 인터뷰를 요구하였으며 그 구성비에 대하여 다음과 같은 지침을 제공하였다.

1. 자녀를 둔 가구는 최소한 400가구 이상이어야 한다.
2. 자녀가 없는 가구는 최소한 400가구 이상이어야 한다.
3. 저녁에 인터뷰한 가구 수는 낮에 인터뷰한 가구 수 이상 되어야 한다.
4. 자녀를 둔 가구 중 최소한 40%는 저녁에 인터뷰해야 한다.
5. 자녀가 없는 가구 중 최소한 60%는 저녁에 인터뷰해야 한다.

그런데 자녀의 유무에 따라 인터뷰에 소요되는 시간이 다르고 또 저녁 인터뷰 요원은 낮 시간 인터뷰 요원보다 더 많은 임금을 지급하여야 하기 때문에 인터뷰 비용은 인터뷰의 형태에 따라 다르다. M연구소는 과거의 경험에 의하여 인터뷰 1회의 비용(단위: 만원)을 다음과 같이 추정하고 있다.

자녀 유무 \ 시간대	낮 시간	저녁 시간
자녀 있음	2	2.5
자녀 없음	1.8	2

M연구소에서는 앞의 지침을 만족하면서 총 인터뷰 비용이 최소가 되는 계획을 수립하고자 한다.

M조사연구소의 문제는 다음과 같은 선형최적화 모형으로 해결할 수 있다.

[변수] CD: 자녀(child)를 둔 가구로서 낮 시간(day time)에 인터뷰하는 가구 수
CE: 자녀를 둔 가구로서 저녁(evening) 시간에 인터뷰하는 가구 수
ND: 자녀가 없는(no child) 가구로서 낮 시간에 인터뷰하는 가구 수
NE: 자녀가 없는 가구로서 저녁 시간에 인터뷰하는 가구 수

목적식: 총비용 (단위: 만원)

$$\begin{aligned} \text{Min} \quad & 2CD + 2.5CE + 1.8ND + 2NE \\ \text{s.t.} \quad & CD + CE + ND + NE = 1,000 \\ & CD + CE \geq 400 \\ & ND + NE \geq 400 \\ & CE + NE \geq CD + ND \\ & -0.4CD + 0.6CE \geq 0 \\ & -0.6ND + 0.4NE \geq 0 \\ & \text{모든 변수} \geq 0. \end{aligned}$$

그림 5.5는 이 모형을 K-OPT를 이용하여 풀은 결과이다. 이에 의하면 최소비용은 2,032만 원이며 240가구는 자녀를 둔 가구로서 낮 시간에 인터뷰하고, 160가구는 자녀를 둔 가구로서 저녁시간에 인터뷰하고, 240가구는 자녀가 없는 가구로서 낮 시간에 인터뷰하고, 360가구는 자녀가 없는 가구로서 저녁 시간에 인터뷰하는 것이 최적이다. 총 인터뷰 횟수 제약식의 쌍대변수의 값은 1.92로서 이것은 인터뷰 가구 수를 하나 더 늘리면 19,200원의 비용이 증가함을 말해주고 있다. 지침 1에 의한 제약식의 쌍대변수는 0.28로서 이것은 자녀를 둔 가구 수의 최소수준을 한 가구 늘리면 비용이 2,800원 증가함을 말해주고 있다. 한편 2번 지침과 3번 지침에 따른

제약식들은 모두 비속박적이어서 이 지침들은 계획수립에 있어서 별로 주의하지 않아도 될 것이다. 그러나 1번, 4번, 5번지침의 경우 이들의 제약식들은 모두 속박적이므로 계획수립에 있어서 항상 많은 주의를 하고 있어야 할 지침들이다.

그림 5.5 [예제 5-7]의 K-OPT 출력

목적함수 값 : 2032.00000

변 수	최 적 해	수 정 비 용
CD	240.00000	0.00000
CE	160.00000	0.00000
ND	240.00000	0.00000
NE	360.00000	0.00000

제약식	종류	여유/잉여변수	쌍 대 변 수
1	=	0.00000	1.92000
2	>=	0.00000	0.28000
3	>=	200.00000	0.00000
4	>=	40.00000	0.00000
5	>=	0.00000	0.50000
6	>=	0.00000	0.20000

4. 수익관리

최근에 선형최적화 모형은 응용범위를 더욱 넓혀 가고 있는데 한 가지 대표적인 예가 수익관리(Revenue Management)다. 여러 상품들 중에는 시간이 지나면 쓸모가 없어지는 상품들이 많이 있다. 항공권 티켓은 항공기가 떠나고 나면 쓸모없는 것이 된다. 기차표, 버스표들도 마찬가지다. 호텔의 숙박권도 그날이 지나가고 나면 쓸모가 없다. 모든 공연의 티켓들도 마찬가지다. 이러한 사업을 하는 기업에서는 미래의 불확실성에 대비하기 위하여 티켓의 예매를 받고 있다. 그런데 티켓이 정가로는 전량 팔리지 못할 가능성이 있는 경우에는 대개 할인권도 병행해서 발행한다. 예를 들어, 2주일 후 미국으로 가는 일반석 항공권을 정가로도 판매하고 할인권도 판매하고 있다고 하자. 물론 이 두 티켓에 대해서는 차별화된 서비스를 제공하겠지만 차지하는 좌석은 동일하다. 앞으로 2주일이 남은 오늘, 좌석은 아직 남아 있고 할인권 예매 요청이 들어 왔다고 하자. 항공사에서는 이 예매 요청을 받을 것인가? 할인권을 판매하는 경우에는 후에 정가 티켓 예매 요청이 들어 올 때 좌석이 없어서 못 파는 경우가 생길 수 있다. 반면에 이 할인권을 판매하지 않는 경우에는 나중에 수요가 없어서 못 팔게 되는 수도 있다. 이 예매 요청에 대해 어떻게 결정하는 것이 수익을 극대화하는 것일까? 이에 대한 최적의 판매 지침을 구축함으로써 수익을 극대화하는 경영기법이 수익관리다.

'Revenue Management'를 직역하면 '매출관리'가 되겠지만 우리나라에서는 수익관리라고 부른다. 비행기가 한번 목적지까지 가는데 소요되는 비용은 연료비, 비행기 사용비용 등의 고정비가 대부분이며, 탑승자가 몇 명인지에 따라 늘어나는 변동비는 별로 크지 않다. 수익 = (매출 − 비용)인데, 비용이 상수이면 매출을 최대화하는 것이나 수익을 최대화하는 것이나 동일한 것이 된다. 우리나라에서는 문제의 의미가 좀 더 쉽게 전달되도록 수익관리라고 부른다. 때로는 수익경영이라고 부르기도 한다.

예제 5-8

중국의 한 저가 항공사에서는 보잉737 두 대를 가지고 동아시아에서 항공 사업을 하고 있다. 이 중 한 대는 북경에 베이스를 두고 매일 오전 북경에서 대한민국 청주로 갔다가 청주에서 제주로 운항을 한다. 저녁에는 제주에서 청주를 거쳐서 북경으로 돌아간다. 다른 한 대는 상해에 베이스를 두고 매일 오전 상해에서 청주로 갔다가 일본 동경으로 운항을 한다. 저녁에는 동경에서 청주를 거쳐 상해로 돌아간다. 그림 5.6은 이 항공사의 노선을 보여주고 있다. 이 항공사에서는 북경−청주, 청주−제주, 북경−제주, 상해−청주, 청주−동

그림 5.6 비행 경로

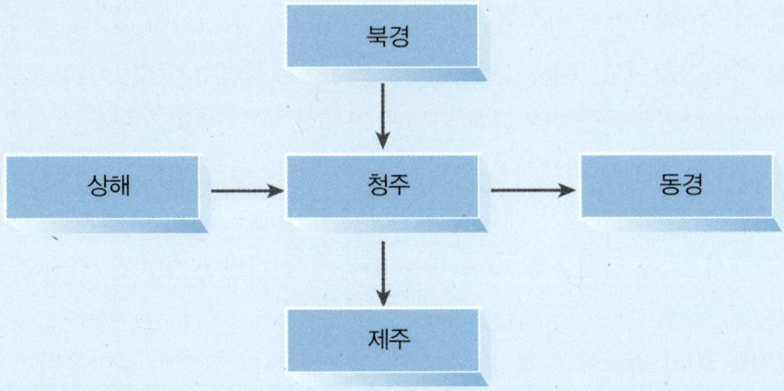

경, 상해–동경을 오가는 티켓뿐만 아니라 북경–동경, 상해–제주 티켓도 판매한다. 이 두 경우에는 청주공항에서 항공기를 갈아타게 된다. 이 두 항공기로 8가지의 여행 노선을 제공하고 있다.

이 두 항공기에는 각각 132석의 일반석만 있다. 이 회사에서는 1개월 후인 10월 5일 항공권을 판매하고자 한다. 이때는 비수기라서 정상요금을 모두 받는 경우 좌석에 빈자리가 많이 발생할 가능성이 높기 때문에 이 항공사에서는 할인요금 항공권도 발행할 예정이다. 물론 할인 항공권은 정상요금 항공권에 비해서 예약 등 서비스에서 차등을 받게 된다. 따라서 10월 5일 항공 티켓은 표 5.1과 같이 16가지이다.

| 표 5.1 | **발행하는 티켓의 종류**

티켓	출발지	목적지	운임유형	가격(만원)	변수	수요
1	북경	청주	전액	20	BCF	16
2	북경	청주	할인	13	BCD	33
3	북경	제주	전액	30	BJF	6
4	북경	제주	할인	19	BJD	44
5	북경	동경	전액	31	BTF	11
6	북경	동경	할인	21	BTD	45
7	상해	청주	전액	21	SCF	15
8	상해	청주	할인	14	SCD	26
9	상해	동경	전액	31	STF	9
10	상해	동경	할인	23	STD	39
11	상해	제주	전액	29	SJF	7
12	상해	제주	할인	19	SJD	56
13	청주	제주	전액	9	CJF	8
14	청주	제주	할인	7	CJD	64
15	청주	동경	전액	25	CTF	10
16	청주	동경	할인	18	CTD	46

이 회사에서는 10월 5일의 항공요금을 표 5.1의 5번째 열과 같이 책정하였다. 항공사에서는 이 정도 할인가격이면 충분히 만석이 될 것으로 예상하고 있다. 이 항공사에서는 10월 5일 이전에 이 항공권들을 판매하게 되는데 가능한 한 전액요금 항공권 위주로 판매하고 싶지만 빈자리를 채우기 위해서는 할인요금 항공권도 팔아야 하고 할인 항공권이라고 해서 출발 전날 다 팔 수는 없기 때문에 할인요금 항공권도 미리 예매를 받을 수밖에 없다. 이 항공사에서는 이 티켓들을 예매 받는 과정에서 다양한 어려운 의사결정문제들에 직면하고 있다.

(가) 만일 9월 20일 정도에 상해–제주 할인 항공권 예매 요청이 들어온다면 이를 팔아야 할 것인가? 9월 20일에는 이 노선에 아직 자리가 남아 있지만 나중에 전액을

받고 팔 수 있을지도 모르는 이 자리를 할인요금을 받고 지금 팔아야 할 것인가? 지금 할인요금으로 파는 경우 나중에 이 노선에 전액권의 수요가 예상외로 늘어나서 전액권으로도 팔 수 있다면 그 차이만큼 기회비용이 발생한다. 반면에 지금 할인요금으로 팔지 않는 경우 이 노선에 수요가 예상외로 작아서 빈 좌석이 생기는 경우 기회비용이 발생한다.

(나) 만일 9월 20일에 청주–동경 전액권 예매 요청이 들어오는 경우 이를 받아야 할 것인가? 제 값을 다 받기 때문에 판매를 하는 것이 좋을 수 있지만 이 구간을 판매하는 경우 나중에 이 구간에 자리가 없어서 더 비싼 상해–동경이나 북경–동경과 같은 풀구간 티켓을 못 팔게 되면 기회비용이 발생한다. 그렇다고 청주–동경 전액권을 판매하지 않는 경우 나중에 이 구간을 할인 티켓으로 판매하거나 이 구간에 빈 좌석이 발생할 수도 있다.

이러한 상황에서 이 항공사는 예매 요청이 들어 왔을 때 사용할 수 있는 판매전략으로 다음을 생각할 수 있다.

(1) 전액 항공권을 우선적으로 판매한다.
(2) 예상 수요가 적은 티켓은 앞으로 안 팔릴 수도 있으므로 예매 요청이 들어오면 우선적으로 판매한다.
(3) 상해–동경이나 북경–제주와 같은 풀노선을 우선적으로 판매한다.

티켓 판매 과정에서 이러한 전략을 사용하면 어느 정도 효과를 볼 수 있을 것으로 예상되지만 특정 티켓의 판매 여부 의사결정에는 그림 5.6에 있는 네트워크 구조도 감안하여야 하며 각 티켓이 앞으로 얼마나 더 팔릴지에 대한 정보도 감안하여야 하기 때문에 이러한 단순한 세 가지 전략으로 의사결정을 하는 데에는 한계가 있다. 좀 더 정확히 총수익을 최대화하기 위해서는 네트워크 구조도 감안하고 각 티켓들의 판매 예측치도 고려하는 계량적 모형이 필요하며 이러한 목적으로 선형최적화 모형을 개발할 수 있다.

먼저 변수를 생각해 보자. 여기서는 각 티켓의 발행 예정 매수를 변수로 도입한다. 이를 위해 북경은 B, 상해는 S, 청주는 C, 제주는 J, 동경은 T로 나타내자. 그리고 전액(full fare)항공권은 F, 할인(discount)항공권은 D로 나타내자. 예를 들어, BCF는 북경에서 청주로 가는 전액티켓의 발행 예정 매수를 나타낸다. 이렇게 정의된 변수들이 표 5.1의 6번째 열에 정리되어 있다. 그러면 예정된 매수를 모두 판매하는 경우 항공권 판매로 얻는 총수익은 다음과 같다.

$$\text{총수익(Revenue)} = 20BCF + 13BCD + 30BJF + 19BJD + 31BTF + 21BTD$$
$$+21SCF + 14SCD + 31STF + 23STD + 29SJF + 19SJD$$
$$+9CJF + 7CJD + 25CTF + 18CTD$$

그리고 이 식을 최대화하는 것이 목적이다.

다음에 그림 5.6의 네트워크 구조를 나타내는 제약식들을 생각해 보자. 두 항공기의 좌석은 각각 132석이므로 이 네트워크에 있는 4개의 구간 각각에 태울 수 있는 승객의 수는 최대 132명이다. 예를 들어, 북경–청주 구간은 북경–청주, 북경–제주, 북경–동경 노선의 승객들이 타야 하므로 다음의 제약식을 만족하여야 한다.

$$BCF + BCD + BJF + BJD + BTF + BTD \le 132 \qquad \text{(북경–청주)}$$

마찬가지로 상해–청주, 청주–제주, 청주–동경 구간에 대해서

$$SCF + SCD + STF + STD + SJF + SJD \le 132 \qquad \text{(상해–청주)}$$
$$BJF + BJD + SJF + SJD + CJF + CJD \le 132 \qquad \text{(청주–제주)}$$
$$BTF + BTD + STF + STD + CTF + CTD \le 132 \qquad \text{(청주–동경)}$$

의 제약식을 만족하여야 한다.

만일 이 16개 티켓에 대한 수요가 충분하다면 이 4개의 제약식만 가지고 총수입을 최대화하면 된다. 그러면 할인티켓은 하나도 안파는 것이 최적일 될 것이다. 그러나 지금의 상황은 전액티켓만으로는 만석을 기대할 수 없기 때문에 할인티켓을 준비한 것이다. 이러한 상황에서는 한 고객의 예매 요청이 들어와서 이 티켓을 판매할 것인지를 결정할 때에는 앞으로 남은 기간 동안 각 티켓이 얼마나 더 팔릴지에 대한 고려가 있어야 한다. 즉, 앞으로 팔릴 티켓들에 대한 수요예측이 모형 안에 들어가야 한다.

이제 10월 5일의 항공권들에 대한 발매가 9월 5일부터 시작된다고 하자. 그리고 9월 4일에 이 각각의 티켓들이 앞으로 얼마나 팔릴지에 대한 수요 예측을 수행하여 표 5.1의 7번째 열과 같은 결과를 얻었다고 하자. 만일 한 노선에서 발행 예정인 티켓의 수가 이 수요보다 적으면 예매를 못하는 고객들이 발생할 수 있고 이는 별 문제가 되지 않는다. 이 고객들은 다른 항공사를 알아 볼 것이다. 만일 발행 예정인 티켓의 수가 이 수요보다 많다면 결국은 못 파는 티켓이 발생할 수 있고 그러면 빈 좌석이 나올 수 있고 이는 총수익의 감소를 의미한다. 따라서 발행 예정인 티켓의 수는 수요예측보다 작거나 같아야 한다. 그래야 발행 예정인 티켓이 모두 팔릴 것이

다. 따라서 다음의 제약식들을 도입한다.

$$BCF \le 16,\ BCD \le 33,\ BJF \le 6,\ BJD \le 44,\ BTF \le 11,\ BTD \le 45,$$
$$SCF \le 15,\ SCD \le 26,\ STF \le 9,\ STD \le 39,\ SJF \le 7, SJD \le 56,$$
$$CJF \le 8,\ CJD \le 64,\ CTF \le 10,\ CTD \le 46$$

그러면 모형은 다음과 같다.

$$\begin{aligned}
\text{Max}\quad & 20BCF + 13BCD + 30BJF + 19BJD + 31BTF + 21BTD \\
& +21SCF + 14SCD + 31STF + 23STD + 29SJF + 19SJD \\
& +9CJF + 7CJD + 25CTF + 18CTD \\
\text{s.t.}\quad & BCF \le 16 \\
& BCD \le 33 \\
& BJF \le 6 \\
& BJD \le 44 \\
& BTF \le 11 \\
& BTD \le 45 \\
& SCF \le 15 \\
& SCD \le 26 \\
& STF \le 9 \\
& STD \le 39 \\
& SJF \le 7 \\
& SJD \le 56 \\
& CJF \le 8 \\
& CJD \le 64 \\
& CTF \le 10 \\
& CTD \le 46 \\
& BCF + BCD + BJF + BJD + BTF + BTD \le 132 \\
& SCF + SCD + STF + STD + SJF + SJD \le 132 \\
& BJF + BJD + SJF + SJD + CJF + CJD \le 132 \\
& BTF + BTD + STF + STD + CTF + CTD \le 132 \\
& \text{모든 변수} \ge 0.
\end{aligned}$$

이 모형을 K-OPT로 풀면 그림 5.7과 같은 출력을 얻는다.

그림 5.7 [예제 5-8]의 K-OPT 출력

목적함수 값 : 6622.00000

변 수	최 적 해	수 정 비 용
BCF	16.00000	0.00000
BCD	33.00000	0.00000
BJF	6.00000	0.00000
BJD	44.00000	0.00000
BTF	11.00000	0.00000
BTD	22.00000	0.00000
SCF	15.00000	0.00000
SCD	26.00000	0.00000
STF	9.00000	0.00000
STD	34.00000	0.00000
SJF	7.00000	0.00000
SJD	41.00000	0.00000
CJF	8.00000	0.00000
CJD	26.00000	0.00000
CTF	10.00000	0.00000
CTD	46.00000	0.00000

제약식	종류	여유/잉여변수	쌍 대 변 수
1	<=	0.00000	10.00000
2	<=	0.00000	3.00000
3	<=	0.00000	13.00000
4	<=	0.00000	2.00000
5	<=	0.00000	10.00000
6	<=	23.00000	0.00000
7	<=	0.00000	9.00000
8	<=	0.00000	2.00000
9	<=	0.00000	8.00000
10	<=	5.00000	0.00000
11	<=	0.00000	10.00000
12	<=	15.00000	0.00000
13	<=	0.00000	2.00000
14	<=	38.00000	0.00000
15	<=	0.00000	14.00000
16	<=	0.00000	7.00000
17	<=	0.00000	10.00000
18	<=	0.00000	12.00000
19	<=	0.00000	7.00000
20	<=	0.00000	11.00000

이 결과에 의하면 9월 4일에는 예측한 수요를 감안할 때 다음과 같이 티켓 발행 예정을 세우는 것이 최적일 것으로 판단된다.

북경–청주: 전액티켓 16장, 할인티켓 33장
북경–제주: 전액티켓 6장, 할인티켓 44장
북경–동경: 전액티켓 11장, 할인티켓 22장
상해–청주: 전액티켓 15장, 할인티켓 26장
상해–동경: 전액티켓 9장, 할인티켓 34장
상해–제주: 전액티켓 7장, 할인티켓 41장
청주–제주: 전액티켓 8장, 할인티켓 26장
청주–동경: 전액티켓 10장, 할인티켓 46장
총수입액: 6,622만 원

그리고 그림 5.7의 17~20번 제약식들의 여유변수들이 모두 0이므로 모든 구간은 만석이 될 것으로 판단된다. 또한 제약식 6, 10, 12, 14번 제약식은 여유변수들의 값이 양수인데 이 제약식들은 모두 할인티켓에 해당한다. 전액티켓의 경우에는 여유변수가 양인 것은 없다. 따라서 최적해에서는 전액티켓은 모두 예측된 수요만큼 발행계획을 세우고 일부 할인티켓은 예측된 수요보다 적게 발행할 계획을 세우게 된다.

이제 이러한 결과를 가지고 9월 5일 발매를 시작한다고 하자. 이 날 오전 처음으로 청주–동경 구간의 전액티켓 예매 요청이 들어 왔다고 하자. 과연 이 티켓을 판매하는 것이 좋을 것인가? 이 의사결정을 위해서는 그림 5.7에 있는 청주–동경 전액티켓(CTF)에 해당하는 15번 제약식의 쌍대변수 값이 유용하게 사용될 수 있다. 현재 이 티켓의 수요는 10개로 추정하고 있다. 이 수치는 9월 5일부터 10월 5일까지 예매 요청이 들어 올 것으로 예상되는 수치로서 9월 4일에 추정한 수치이다. 만일 9월 5일 오전에 들어온 예매 요청을 받아들여 이 티켓을 판매한다고 하면 그 다음부터 10월 5일까지 추가로 들어올 예매 요청은 얼마라고 볼 수 있을까? 9개라고 볼 수도 있지만 10개라고 볼 수도 있다. 이미 한 티켓의 판매는 확정된 상태에서 남은 기간인 9월 5일부터 10월 5일까지의 수요예측을 다시 해 본다면 이 기간 동안 더 팔릴 수요는 역시 같은 수치인 10장이라고 판단될 가능성이 높다. 만일 남은 기간의 수요를 10장이라고 판단한다면 전체 수요는 11장이라고 볼 수 있고 이 경우에는 15번 제약식의 쌍대변수 값 14만 원을 이용하여 총수입이 14만 원이 증가할 것이라는 것을 알 수 있다. 따라서 이 예매요청은 받아들이는 것이 바람직하다.

반면에 9월 5일 오전에 청주—제주 할인티켓 예매 요청도 들어 왔다고 하자. 그림 5.7의 14번 제약식의 쌍대변수는 0이므로 이 요청은 받아들이지 않는 것이 바람직하다. 이 티켓의 수요예측은 64장이지만 이중 26장만 발행할 예정에 있다. 이 티켓은 지금 팔지 않아도 나중에 얼마든지 팔 수 있는 티켓이다. 예측된 전액티켓들의 수요는 불확실성을 포함할 수밖에 없기 때문에 앞으로 전액티켓의 수요가 더 늘어날지도 모른다. 이들에 대한 불확실성이 좀 더 제거된 뒤에 이 할인티켓의 판매 여부를 결정하여도 늦지 않다. 이 할인티켓을 지금 판매해 버리는 경우 앞으로 상황의 변동이 발생하는 경우 전액티켓이나 이 구간을 이용하는 북경-제주나 상해-제주 같은 풀 구간 항공권을 팔지 못하게 될 가능성이 있기 때문이다.

이러한 분석에 따르면 9월 5일에는 그림 5.7에 있는 쌍대변수의 값에 따라 판매 결정을 내리는 것이 가장 좋은 방법이다. 쌍대변수의 값이 높은 북경-청주 전액권, 북경-제주 전액권, 북경-동경 전액권, 상해-청주 전액권, 상해-동경 전액권, 상해-제주 전액권, 청주—동경 전액권, 청주—동경 할인권 등을 우선적으로 판매하고 다른 티켓들은 예매 요청이 있어도 판매하지 않는다.

이러한 지침에 따라 9월 5일의 판매가 완료되었다고 하자. 그 결과 북경-청주 전액권이 3장, 북경-제주 전액권이 2장, 등등이 팔렸다고 하자. 이 결과를 보고 9월 6일 이후의 수요에 대해 다시 수요예측을 한다. 이 수요예측에는 이미 판매된 티켓들의 종류와 갯수, 예매 요청이 있었으나 판매하지 않은 티켓의 종류와 갯수 등등의 정보가 추가로 이용된다. 이 새로운 수요예측을 이용하여 9월 6일 이후에 판매할 티켓의 갯수를 정하는 새로운 선형최적화 모형을 작성한다. 그리고 비슷한 과정을 통해 9월 6일의 판매전략을 세운다.

이러한 방식으로 판매 수익을 극대화하는 접근방법을 수익관리(Revenue Management)라고 한다. 주로 판매 기간이 지나면 못 쓰는 제품들이 주된 대상이다. 비행기, 기차, 고속버스 티켓들이나 콘서트 관람권, 호텔, 차량 렌트 사업, 골프 코스, 크루즈선 등등 다양한 상품들이 이에 해당된다. 이러한 수익관리방식을 처음으로 도입한 곳은 미국의 American Airline 항공사로서 이 항공사는 이러한 방식을 도입하여 연간 10억 달러의 수입이 증가했다고 평가하고 있다. 수익관리 모형은 다시 항공권 가격 결정, 예약 오버부킹 정책 등과도 연계되어 다양하게 활용되고 있다.

5. 인력관리

기업에서는 필요한 작업에서 근무할 직원들을 적절히 확보하여 기업 업무에 차질이 없도록 하여야 한다. 이와 동시에 불필요한 직원들이 남아돌지 않도록 하여 인건비를 절감하여야 한다. 이러한 문제들에 선형최적화 모형이 활용되고 있다.

예제 5-9 인력할당계획

K은행 강남지점은 이번 금요일에 오전 9시부터 저녁 7시까지 운영할 예정이다. 과거의 자료를 분석하여 본 결과 이번 금요일에 각 시간대에 필요한 창구 직원의 수는 다음과 같다.

9시 – 10시: 5명	2시 – 3시: 6명
10시 – 11시: 4명	3시 – 4시: 4명
11시 – 정오: 9명	4시 – 5시: 7명
정오 – 1시: 10명	5시 – 6시: 4명
1시 – 2시: 9명	6시 – 7시: 4명

각 직원들의 근무 시작 시간은 이 지점에서 정하는데 풀타임 직원은 근무 시작 후 4시간을 일하고 1시간 휴식을 가지며 그 후 3시간을 근무한다. 시간제 직원은 4시간을 계속 근무한다. 직원들에 대한 임금과 4대보험 보장 등을 감안하면 풀타임 직원은 시간당 16,000원, 시간제 직원은 시간당 10,000원의 비용이 소요된다. 풀타임 직원은 하루에 8시간의 임금을 지급하며 시간제 직원은 4시간의 임금을 지급한다. 지점의 운영상 매 시간 최소한 1명의 풀타임 직원이 있어야 한다. 이 지점에서는 이 날 직원들을 고용하는 데 들어가는 총비용을 최소로 할 수 있는 최적의 인력할당계획을 구하고자 한다. 또한 만일 2시간만 일하는 시간제 직원을 시간당 15,000원에 고용할 수 있다면 최적 인력할당계획이 어떻게 바뀌는지 알아보고 싶다. 2시간만 일하는 시간제 직원을 고용하는 효과가 크다면 이러한 고용방안을 추진해 볼 생각이다.

이 문제를 선형최적화 모형으로 해결하기 위해 다음의 변수들을 도입한다.

[변수] $X_9, X_{10}, X_{11}, X_{12}, X_1, X_2, X_3, X_4, X_5, X_6$: 각 시간에 근무를 시작하는 풀타임 직원의 수.

$Y_9, Y_{10}, Y_{11}, Y_{12}, Y_1, Y_2, Y_3, Y_4, Y_5, Y_6$: 각 시간에 근무를 시작하는 4시간 시간제 직원의 수.

그러면 모형은 다음과 같다.

$$
\begin{aligned}
\text{Min}\quad & 12.8X_9 + 12.8X_{10} + 12.8X_{11} + 12.8X_{12} + 12.8X_1 \\
& +12.8X_2 + 12.8X_3 + 12.8X_4 + 12.8X_5 + 12.8X_6 \\
& +4Y_9 + 4Y_{10} + 4Y_{11} + 4Y_{12} + 4Y_1 \\
& +4Y_2 + 4Y_3 + 4Y_4 + 4Y_5 + 4Y_6 \qquad \text{(만원)} \\
\text{s.t.}\quad & X_9 + Y_9 \geq 5 \\
& X_9 + X_{10} + Y_9 + Y_{10} \geq 4 \\
& X_9 + X_{10} + X_{11} + Y_9 + Y_{10} + Y_{11} \geq 9 \\
& X_9 + X_{10} + X_{11} + X_{12} + Y_9 + Y_{10} + Y_{11} + Y_{12} \geq 10 \\
& X_{10} + X_{11} + X_{12} + X_1 + Y_{10} + Y_{11} + Y_{12} + Y_1 \geq 9 \\
& X_9 + X_{11} + X_{12} + X_1 + X_2 + Y_{11} + Y_{12} + Y_1 + Y_2 \geq 6 \\
& X_9 + X_{10} + X_{12} + X_1 + X_2 + X_3 + Y_{12} + Y_1 + Y_2 + Y_3 \geq 4 \\
& X_9 + X_{10} + X_{11} + X_1 + X_2 + X_3 + X_4 + Y_1 + Y_2 + Y_3 + Y_4 \geq 7 \\
& X_{10} + X_{11} + X_{12} + X_2 + X_3 + X_4 + X_5 + Y_2 + Y_3 + Y_4 + Y_5 \geq 4 \\
& X_{11} + X_{12} + X_1 + X_3 + X_4 + X_5 + X_6 + Y_3 + Y_4 + Y_5 + Y_6 \geq 4 \\
& X_9 \geq 1 \\
& X_9 + X_{10} \geq 1 \\
& X_9 + X_{10} + X_{11} \geq 1 \\
& X_9 + X_{10} + X_{11} + X_{12} \geq 1 \\
& X_{10} + X_{11} + X_{12} + X_1 \geq 1 \\
& X_9 + X_{11} + X_{12} + X_1 + X_2 \geq 1 \\
& X_9 + X_{10} + X_{12} + X_1 + X_2 + X_3 \geq 1 \\
& X_9 + X_{10} + X_{11} + X_1 + X_2 + X_3 + X_4 \geq 1 \\
& X_{10} + X_{11} + X_{12} + X_2 + X_3 + X_4 + X_5 \geq 1 \\
& X_{11} + X_{12} + X_1 + X_3 + X_4 + X_5 + X_6 \geq 1 \\
& \text{모든 변수} \geq 0.
\end{aligned}
$$

이 모형을 K-OPT로 풀면 최적 인력할당계획은 다음과 같다.

[최적운영] 풀타임 직원: 9시에 1명, 11시에 1명,
시간제 직원: 9시에 4명, 10시에 4명, 12시에 2명, 1시에 2명, 4시에 3명.
총인건비: 85만 6천 원
잉여인력: 10시~11시에 5명, 11시~12시에 1명,
12시~1시에 2명, 3시~4시에 1명, 7시~8시 3명

이 해에서 4시에 근무를 시작하는 시간제 직원 3명은 3시간만 근무하면 된다. (임금은 4시간 임금을 다 받는다.) 이들의 7시~8시 타임은 잉여인력이 된다. 이 직원들은 3시에 근무를 시작시켜도 된다. 이 문제는 다수 최적해를 가지는 문제다.

각 시간대에 필요한 직원의 수가 크게 다르고 각 직원은 근무 시작 후 8시간 또는 4시간을 계속 근무하여야 하기 때문에 잉여인력의 발생은 피할 수 없는 상황이다. 이 최적해에서는 10시~11시에 5명의 잉여인력이 발생하는 등 총 12시간의 잉여인력이 발생하고 있다. 만일 2시간만 일하는 시간제 직원을 고용할 수 있다면 잉여인력문제를 많이 해소할 수 있을 것이다. 2시간만 일하는 시간제 직원을 시간당 15,000원의 비용으로 고용할 수 있다고 하면 선형최적화 모형을 다음과 같이 바꾸면 된다.

[추가변수] $Z_9, Z_{10}, Z_{11}, Z_{12}, Z_1, Z_2, Z_3, Z_4, Z_5, Z_6$: 각 시간에 근무를 시작하는 2시간 시간제 직원의 수.

Min $12.8X_9 + 12.8X_{10} + 12.8X_{11} + 12.8X_{12} + 12.8X_1$
$+ 12.8X_2 + 12.8X_3 + 12.8X_4 + 12.8X_5 + 12.8X_6$
$+ 4Y_9 + 4Y_{10} + 4Y_{11} + 4Y_{12} + 4Y_1$
$+ 4Y_2 + 4Y_3 + 4Y_4 + 4Y_5 + 4Y_6$
$+ 3Z_9 + 3Z_{10} + 3Z_{11} + 3Z_{12} + 3Z_1$
$+ 3Z_2 + 3Z_3 + 3Z_4 + 3Z_5 + 3Z_6$

s.t. $X_9 + Y_9 + Z_9 \geq 5$
$X_9 + X_{10} + Y_9 + Y_{10} + Z_9 + Z_{10} \geq 4$
$X_9 + X_{10} + X_{11} + Y_9 + Y_{10} + Y_{11} + Z_{10} + Z_{11} \geq 9$
$X_9 + X_{10} + X_{11} + X_{12} + Y_9 + Y_{10} + Y_{11} + Y_{12} + Z_{11} + Z_{12} \geq 10$
$X_{10} + X_{11} + X_{12} + X_1 + Y_{10} + Y_{11} + Y_{12} + Y_1 + Z_{12} + Z_1 \geq 9$
$X_9 + X_{11} + X_{12} + X_1 + X_2 + Y_{11} + Y_{12} + Y_1 + Y_2 + Z_1 + Z_2 \geq 6$
$X_9 + X_{10} + X_{12} + X_1 + X_2 + X_3 + Y_{12} + Y_1 + Y_2 + Y_3 + Z_2 + Z_3 \geq 4$
$X_9 + X_{10} + X_{11} + X_1 + X_2 + X_3 + X_4 + Y_1 + Y_2 + Y_3 + Y_4 + Z_3 + Z_4 \geq 7$

$$X_{10}+X_{11}+X_{12}+X_2+X_3+X_4+X_5+Y_2+Y_3+Y_4+Y_5+Z_4+Z_5 \geq 4$$
$$X_{11}+X_{12}+X_1+X_3+X_4+X_5+X_6+Y_3+Y_4+Y_5+Y_6+Z_5+Z_6 \geq 4$$
$$X_9 \geq 1$$
$$X_9+X_{10} \geq 1$$
$$X_9+X_{10}+X_{11} \geq 1$$
$$X_9+X_{10}+X_{11}+X_{12} \geq 1$$
$$X_{10}+X_{11}+X_{12}+X_1 \geq 1$$
$$X_9+X_{11}+X_{12}+X_1+X_2 \geq 1$$
$$X_9+X_{10}+X_{12}+X_1+X_2+X_3 \geq 1$$
$$X_9+X_{10}+X_{11}+X_1+X_2+X_3+X_4 \geq 1$$
$$X_{10}+X_{11}+X_{12}+X_2+X_3+X_4+X_5 \geq 1$$
$$X_{11}+X_{12}+X_1+X_3+X_4+X_5+X_6 \geq 1$$
모든 변수 ≥ 0.

이 모형을 K-OPT로 풀면 다음과 같은 최적 인력할당계획을 얻는다.

[최적운영] 풀타임 직원: 9시에 1명, 11시에 1명,
4시간 시간제 직원: 9시에 2명, 10시에 3명, 11시에 2명, 1시에 2명, 3시에 1명, 4시에 2명.
2시간 시간제 직원: 9시에 1명, 12시에 1명
총인건비: 82만 6천 원
잉여인력: 10시~11시에 4명, 7시~8시에 2명.

여기서 잉여인력은 10시~11시에 4명과 4시에 근무를 시작하는 2명의 시간제 직원을 합하여 6시간이 된다. 2시간 시간제 직원을 고용할 수 있다면 잉여시간을 12시간에서 6시간으로 줄일 수 있음을 알 수 있다. 그리고 총인건비는 3만 원이 줄어든다. 2시간 시간제 직원에게는 시간당 임금을 좀 더 지급하여야 하지만 잉여인력을 줄임으로써 총인건비 지출을 줄일 수 있다. 2시간 시간제 직원의 고용을 고려해 볼 필요가 있다.

다음에는 인력재배치문제를 다루어 보자. 기업의 직원들은 대개 한 가지 업무를 하는 부서에 배치되지만 소속 부서에 일감이 줄고 다른 부서에 일감이 늘어난 경우 다른 부서에 임시로 파견 근무시킬 수 있다면 기업의 운영 상황을 향상시킬 수 있을 것이다.

예제 5-10 인력재배치

K사에서는 A, B 두 개의 제품을 생산하고 있는데 생산된 제품은 전량 판매되며 A는 개당 3만 원, B는 개당 4만 원의 이익을 내고 있다. 이 제품들을 생산하기 위해서는 4개의 공정들을 거쳐야 하는데 제품 A를 하나 생산하기 위해서는 제1공정에서 0.65시간, 제2공정에서 0.45시간, 제3공정에서 1시간, 제4공정에서 0.15시간의 작업을 거쳐야 한다. 그리고 제품 B를 하나 생산하기 위해서는 제1공정에서 0.6시간, 제2공정에서 0.85시간, 제3공정에서 0.7시간, 제4공정에서 0.3시간의 작업을 거쳐야 한다. 이 회사에서는 다음 주의 생산계획을 세우려하고 있는데 각 공정에 배치된 인력들의 상황을 파악하여 본 결과 다음 주에는 제1공정에서 6,500시간, 제2공정에서 6,000시간, 제3공정에서 7,000시간, 제4공정에서 1,400시간의 노동력을 사용할 수 있다.

먼저 총이익을 최대로 하는 생산계획을 수립하여 보자. 이를 위해 제품 A 생산량을 A, 제품 B 생산량을 B라고 하면 최적화 모형은 다음과 같다.

$$
\begin{aligned}
\text{Max} \quad & 3A + 4B \\
\text{s.t.} \quad & 0.65A + 0.6B \le 6{,}500 \\
& 0.45A + 0.85B \le 6{,}000 \\
& A + 0.7B \le 7{,}000 \\
& 0.15A + 0.3B \le 1{,}400 \\
& A, B \ge 0.
\end{aligned}
$$

K-OPT를 이용하면 그림 5.8과 같은 출력을 얻고 최적해는

$$
\begin{aligned}
A &= 5{,}744 \\
B &= 1{,}795
\end{aligned}
$$

이며 이를 판매하여 2억 4,410만 원의 이익을 낼 수가 있다.

그림 5.8 [예제 5-10]의 K-OPT 출력

수행된 심플렉스 반복횟수 : 2
목적함수 값 : 24410.25641

변수	최적해	수정비용
A	5743.58974	0.00000
B	1794.87179	0.00000

제약식	종류	여유/잉여변수	쌍 대 변 수
1	<=	1689.74359	0.00000
2	<=	1889.74359	0.00000
3	<=	0.00000	1.53846
4	<=	0.00000	9.74359

예제 5-11 [예제 5-10]의 계속

그림 5.8을 보면 제3공정과 제4공정에서는 모든 인력들이 100% 일을 하게 되지만 제1공정과 제2공정에서는 각각 1,690시간과 1,890시간의 유휴인력이 발생하는 것을 알 수 있다. 만일 제1공정과 제2공정의 유휴인력을 다음 주에 일시적으로 제3공정이나 제4공정에 배치할 수 있다면 제품의 생산량을 더 늘릴 수 있을 것이다. 이 회사에서는 과거에도 이러한 문제가 있었기 때문에 직원들 중 일부는 자신이 속한 공정 뿐 아니라 다른 공정에서도 일을 할 수 있도록 훈련시켜 왔었다. 회사에서 직원들의 경력을 분석해 본 결과 제1공정에서는 400시간의 인력이 제3공정이나 제4공정에서도 일을 할 수가 있고 제2공정에서는 800시간의 인력이 제3공정이나 제4공정에서도 일을 할 수 있음을 알게 되었다. 이 회사는 인력을 어떻게 재배치하는 것이 최적인지 알아보고자 한다.

이 문제를 해결하기 위해 다음의 변수를 추가로 도입한 확장된 모형을 개발한다.

[변수] T_{13}: 제1공정에서 제3공정으로 옮긴 인력 (시간)
T_{14}: 제1공정에서 제4공정으로 옮긴 인력 (시간)
T_{23}: 제2공정에서 제3공정으로 옮긴 인력 (시간)
T_{24}: 제2공정에서 제4공정으로 옮긴 인력 (시간)

$$
\begin{aligned}
\text{Max}\quad & 3A + 4B \\
\text{s.t.}\quad & 0.65A + 0.6B + T_{13} + T_{14} \le 6{,}500 \\
& 0.45A + 0.85B + T_{23} + T_{24} \le 6{,}000 \\
& A + 0.7B \le 7{,}000 + T_{13} + T_{23} \\
& 0.15A + 0.3B \le 1{,}400 + T_{14} + T_{24} \\
& T_{13} + T_{14} \le 400 \\
& T_{23} + T_{24} \le 800 \\
& A, B, T_{13}, T_{14}, T_{23}, T_{24} \ge 0
\end{aligned}
$$

K-OPT를 이용하여 이 모형의 최적해를 구해보면 그림 5.9와 같다.

그림 5.9 [예제 5-11]의 K-OPT 출력

목적함수 값 : 30369.86301

변 수	최 적 해	수 정 비 용
A	3547.94521	0.00000
B	4931.50685	0.00000
T13	0.00000	-1.16438
T14	400.00000	0.00000
T23	0.00000	-1.16438
T24	211.64384	0.00000

제약식	종류	여유/잉여변수	쌍 대 변 수
1	<=	834.93151	0.00000
2	<=	0.00000	2.60274
3	<=	0.00000	1.43836
4	<=	0.00000	2.60274
5	<=	0.00000	2.60274
6	<=	588.35616	0.00000

*** 민감도 분석 ***

제약식 우변의 민감도 분석

제약식	현재우변	하한	상한
5	400.00000	0.00000	688.78505

그림 5-9에 의하면 제품 A를 3,548개, B를 4,932개 생산하는 것이 최적이며 이를 판매하여 3억 370만 원의 이익을 얻을 수 있다. 직원의 재배치를 통하여 30,370 − 24,410 = 5,960만 원의 이익을 더 얻을 수 있다. 이렇게 하기 위해서는 제1공정에서 400시간을 제4공정으로, 제2공정에서 212시간을 제4공정으로 재배치하면 된다. 그러면 제2공정에서는 유휴인력이 발생하지 않고 제1공정에서만 아직 835시간의 유휴인력이 발생한다. 제2공정에서 유휴인력이 발생하지 않는 것은 제4공정으로 인력을 보냈기 때문만이 아니라 생산량 자체가 늘어났기 때문이다. 제1공정 인력의 6.1%(= 400/6,500), 제2공정의 인력의 13%(= 800/6,000) 정도만이 재배치가 가능하지만 이러한 유연한 인력관리를 통하여 얻는 효과는 매우 크다. 5번째 제약식의 쌍대변수의 값이 2.6이므로 제1공정 인력 중 재배치 가능 인력이 한 시간 더 늘어난다면 2만 6천 원의 이익을 더 얻을 수 있음을 알 수 있다. 이 효과는 제1공정 인력 중 재배치 가능 인력을 688시간으로 늘릴 때까지 유효하다. 일반적으로 직원들

도 유휴인력으로 남아 있는 것보다는 일을 하는 것을 선호하기 때문에 인력 재배치는 회사와 직원 모두에게 바람직한 윈-윈 정책이다.

다음에는 임시직 근로자의 최적 채용계획을 알아보자. 일반적으로 기업에서 새로 임시직 근로자를 채용하면 담당할 업무에 대한 재훈련을 시킨다. 재훈련 비용이 무시하기 어려운 수준이므로 기업에서는 일단 임시직 근로자를 채용하면 필요한 만큼 오래 근무하기를 바란다. 그러나 임시직 근로자들은 임금을 조금 더 주는 곳이 있으면 쉽게 다른 회사로 옮긴다. 따라서 기업에서는 좀 더 오래 일하겠다고 계약하는 임시직 근로자에게는 좀 더 많은 임금을 지급한다. 이러한 상황에서 최적의 채용계획에 대해 알아보자.

예제 5-12 임시직 근로자의 최적 채용

자동차 부품을 생산하는 성진에서는 생산계획이 매달 크게 변하고 있기 때문에 정규직 직원 이외에도 임시직 근로자들을 일부 고용하고 있다. 성진에서는 한 인력송출회사에서 임시직 근로자들을 공급받고 있는데 각 근로자는 얼마 동안 일할지 계약하여야 하고 이 기간을 지켜야 한다. 성진에서는 1개월, 2개월, 또는 3개월 근무할 임시직 근로자들을 고용하고 있는데 더 오랜 기간을 일하겠다고 약속하는 경우 더 많은 임금을 지급하고 있다. 이들을 고용하는 데 드는 총임금은 다음과 같다.

근무기간	가격
1달	200만원/1개월
2달	480만원/2개월
3달	750만원/3개월

12월 말인 현재, 내년 전반부의 생산계획에 따라 추정한 내년 1~6월 동안 필요한 임시직 근로자들의 수는 다음과 같다.

	1월	2월	3월	4월	5월	6월
임시직 근로자 수요	10	23	19	26	20	14

7월 이후에는 생산량이 매우 작을 것으로 예상되어 임시직 근로자를 전혀 사용하지 않을 예정이다. 성진에서는 임시직 근로자를 고용하게 되면 모두에게 재훈련을 시키고 있으며 87만 원의 재훈련 비용이 소요되고 있다. 이 회사에서는 최적의 채용계획을 구하고자 한다. 만일 훈련비를 1인당 70만 원으로 줄일 수 있다면 최적 채용계획이 바뀌는가? 훈련비가 100만 원으로 상승한다면 어떤가?

이 문제를 선형최적화 모형으로 해결하기 위하여 다음의 변수들을 도입하자.

$X_1, X_2, \cdots, X_6$: 각각 1월, 2월, …, 6월 초에 근무를 시작하는 1달 임시직 근로자 수
$Y_1, Y_2, \cdots, Y_5$: 각각 1월, 2월, …, 5월 초에 근무를 시작하는 2달 임시직 근로자 수
$Z_1, Z_2, \cdots, Z_4$: 각각 1월, 2월, 3월, 4월 초에 근무를 시작하는 3달 임시직 근로자 수

그러면 모형은 다음과 같다.

$$
\begin{aligned}
\text{Min} \quad & 287X_1 + 287X_2 + 287X_3 + 287X_4 + 287X_5 + 287X_6 \\
& + 567Y_1 + 567Y_2 + 567Y_3 + 567Y_4 + 567Y_5 \\
& + 837Z_1 + 837Z_2 + 837Z_3 + 837Z_4 \\
\text{s.t.} \quad & X_1 + Y_1 + Z_1 \geq 10 \\
& X_2 + Y_1 + Y_2 + Z_1 + Z_2 \geq 23 \\
& X_3 + Y_2 + Y_3 + Z_1 + Z_2 + Z_3 \geq 19 \\
& X_4 + Y_3 + Y_4 + Z_2 + Z_3 + Z_4 \geq 26 \\
& X_5 + Y_4 + Y_5 + Z_3 + Z_4 \geq 20 \\
& X_6 + Y_5 + Z_4 \geq 14 \\
& \text{모든 변수} \geq 0.
\end{aligned}
$$

이 모형을 K-OPT를 이용하여 풀면 다음의 최적 채용계획을 얻는다. .

1월: 2개월 근로자 3명, 3개월 근로자 7명.
2월: 1개월 근로자 1명, 3개월 근로자 12명
3월: 신규채용 없음
4월: 3개월 근로자 14명
5월: 1개월 근로자 6명
6월: 신규채용 없음
총비용(훈련비 포함): 3억 1,331만 원.

만일 훈련비를 1인당 70만 원으로 줄일 수 있다면 목적식은 다음과 같다.

$$
\begin{aligned}
& 270X_1 + 270X_2 + 270X_3 + 270X_4 + 270X_5 + 270X_6 \\
& + 550Y_1 + 550Y_2 + 550Y_3 + 550Y_4 + 550Y_5 \\
& + 820Z_1 + 820Z_2 + 820Z_3 + 820Z_4
\end{aligned}
$$

이 목적식을 이용하여 다시 풀어보면 최적 채용계획은 매달 1개월 근로자만을 고

용하는 것이 된다. 훈련비가 높을 때에는 훈련비를 줄이기 위하여 임금이 비싸더라도 2개월, 3개월 근로자들을 고용하는 것이 좋지만 훈련비가 싸지면 임금이 싼 1개월 근로자들만 고용하는 것이 더 좋다.

만일 훈련비가 1인당 100만 원으로 상승한다면 목적식은 다음과 같다.

$$300X_1+300X_2+300X_3+300X_4+300X_5+300X_6$$
$$+580Y_1+580Y_2+580Y_3+580Y_4+580Y_5$$
$$+850Z_1+850Z_2+850Z_3+850Z_4$$

이 목적식으로 다시 풀어 보면 최적 채용계획은 훈련비가 87만 원일 때와 동일하다.

6. 공정관리

여기서는 정유회사의 예를 통해 공정관리(Process Control)에서 선형최적화 모형으로 최적화를 이룩하는 사례를 알아보자.

예제 5-13

D정유회사는 원유를 정제하여 휘발유와 몇 가지 부산물들을 생산한다. D정유의 휘발유 정제 과정은 그림 5.10과 같다.

원유는 증류탑을 거쳐 일부 부산물과 증류액으로 나누어지고 증류액의 일부는 촉매분해 과정을 거쳐 일부 부산물과 개솔린 성분으로 나누어진다. 증류액과 개솔린 성분은 다시 적당히 배합되어 두 개의 최종제품이 생산된다.

D정유는 배럴당 \$60씩에 원유를 구입하고 있다. 증류탑은 원유 5.2배럴을 사용하여 증류액 1배럴과 부산물 A를 4.2배럴 생산한다. D정유는 이 부산물 A를 배럴당 \$59로 외부에 판매하고 있다. D정유의 증류설비는 하루 60,000배럴의 증류액 생산능력을 갖고 있으며 증류액 1배럴 생산당 \$19.5의 운영비를 소요한다.

분해 과정은 촉매를 이용하여 고온을 통해 중질유를 경질유로 분해한다. 이 과정을 통하면 고급의 개솔린 성분을 얻을 수 있다. D정유의 분해설비는 증류액 2.2배럴을 사용하여 개솔린 성분 1배럴과 부산물 B를 1.2배럴 생산해 낸다. 부산물 B는 배럴당 \$97.4로 외부에 판매되고 있다. D정유의 분해설비는 하루 20,000배럴의 개솔린 성분 생산능력을 갖추고 있으며 개솔린 성분 1배럴 생산당 \$23의 운영비를 소요한다.

휘발유의 옥탄가는 휘발유의 품질을 결정짓는다. D정유의 증류 과정에서 생산되는 증류액은 옥탄가가 84이며 촉매분해 과정을 거쳐 생산되는 개솔린 성분은 옥탄가가 94이다. 이 두 가지를 배합하여 생산하는 일반휘발유와 슈퍼휘발유는 옥탄가가 각각 최소한 86과 92를 유지하여야 한다. 각 제품의 옥탄가는 배합에 투입된 증류액과 개솔린 성분의 양에 비례하여 결정된다. 배합공정의 운영비는 무시할 수 있을 정도로 적다.

한편, D정유는 일반휘발유와 슈퍼휘발유를 배럴당 각각 \$101와 \$114.5에 판매하고 있다. 생산된 최종제품은 두 개의 송유관 시설을 통하여 소비지역으로 보내지는데 한 송유관은 일반휘발유만, 다른 송유관은 슈퍼휘발유만 수송한다. 송유관의 1일 송유능력은 각각 25,000배럴이다. 수요지에서의 수요는 높은 상태이어서 공급되는 모든 물량은 어려움 없이 판매되고 있다. D정유회사는 선형최적화 모형으로 최적의 생산계획을 수립하고자 한다.

그림 5.10 원유정제 과정

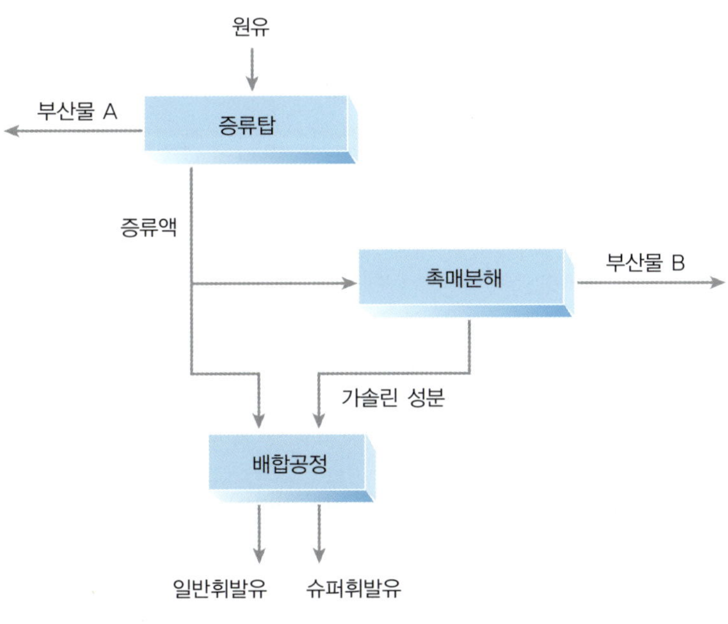

이 문제의 선형최적화 모형을 구축하여 보자. 여기서 모든 변수의 단위는 1,000 배럴/일이다. 먼저 원유구입량을 나타내는 변수

C: 원유(crude oil) 구입량

를 도입한다.

다음에 증류탑의 증류액 생산량을 나타내는 변수

D: 증류탑에서 증류액(distillate)을 생산한 양

를 도입한다. 증류탑의 생산능력이 60,000배럴이므로

$$D \le 60$$

이어야 한다. 증류탑에서 증류액을 D만큼 생산하려면 원유 5.2D 배럴이 사용되고 부산물 A가 4.2D 배럴 생산된다. 그러면 사용된 원유의 양은 구입한 원유의 양을 넘을 수 없으므로

$$5.2D \le C$$

이 되어야 한다.

증류탑에서 생산된 부산물 A는 외부에 판매될 수도 있고 재고로 남을 수도 있다. 외부에 판매된 부산물 A의 양을 A라고 하자.

A: 외부에 판매한 부산물 A.

그러면 외부에 판매한 양은 생산된 양을 넘을 수 없으므로

$$A \le 4.2D$$

가 되어야 한다. 그리고 증류탑에서 생산된 증류액은 다음 공정인 촉매 분해시설에서 사용되기도 하고 일반휘발유와 슈퍼휘발유 생산에 사용된다.

다음에 촉매 분해시설에서 생산된 개솔린 성분의 양을 나타내는 변수

G: 촉매 분해를 통해 생산된 개솔린(gasoline) 성분

를 도입한다. 생산능력이 20,000배럴이므로

$$G \le 20$$

이어야 한다. 이 시설에서 개솔린 성분을 G만큼 생산하려면 증류액 2.2G배럴이 사용되며 부산물 B가 1.2G배럴 생산된다. 생산된 부산물 B는 외부에 판매될 수도 있고 재고로 남을 수도 있다. 외부에 판매된 부산물 B의 양을 B라고 하자.

B: 외부에 판매한 부산물 B.

그러면 외부에 판매한 양은 생산된 양을 넘을 수 없으므로

$$B \leq 1.2G$$

가 되어야 한다. 그리고 촉매 분해시설에서 생산된 개솔린 성분은 일반휘발유 생산과 슈퍼휘발유 생산에 투입된다.

다음에 배합공정에서 생산된 일반휘발유와 슈퍼휘발유의 양을 나타내는 변수

R: 일반(regular) 휘발유 생산량
S: 슈퍼(super) 휘발유 생산량

를 도입한다. 그리고 일반휘발유 생산에 들어간 증류액과 가솔린 성분의 양을 각각

DR: 일반휘발유 생산에 들어간 증류액
GR: 일반휘발유 생산에 들어간 가솔린 성분

라고 하고 슈퍼휘발유 생산에 들어간 증류액과 가솔린 성분의 양을 각각

DS: 슈퍼휘발유 생산에 들어간 증류액
GS: 슈퍼휘발유 생산에 들어간 가솔린 성분

으로 나타낸다.

사용된 증류액의 양은 생산된 양을 넘을 수 없으므로

$$2.2G + DR + DS \leq D$$

가 되어야 한다. 또 사용된 개솔린 성분의 양은 생산된 양을 넘을 수 없으므로

$$GR + GS \leq G$$

가 되어야 한다.

생산된 일반휘발유의 양은 투입된 증류액과 개솔린 성분의 합이므로

$$R = DR + GR$$

이고 슈퍼휘발유의 양은

$$S = DS + GS$$

이다.

다음에는 제품의 옥탄가를 생각해 보자. 일반휘발유의 옥탄가가 86 이상이 되기 위해서는

$$DR - 4GR \le 0$$

이 되어야 하고 슈퍼휘발유의 옥탄가를 맞추기 위해서는

$$4DS - GS \le 0$$

이어야 한다.

마지막으로 수송능력 제약으로 인하여

$$R \le 25$$
$$S \le 25$$

가 되어야 한다.

이 문제는 이 생산 과정을 통해 이익을 최대화하는 것이며 이익은 다음과 같이 표현된다.

$$\text{총이익} = -60C + 59A - 19.5D + 97.4B - 23G + 101R + 114.5S$$

이 모형을 정리하면 다음과 같다.

$$\begin{aligned}
\text{Max} \quad & -60C + 59A - 19.5D + 97.4B - 23G + 101R + 114.5S \\
\text{s.t.} \quad & D \le 60 \\
& 5.2D - C \le 0 \\
& A - 4.2D \le 0 \\
& G \le 20 \\
& B - 1.2G \le 0 \\
& 2.2G + DR + DS - D \le 0 \\
& GR + GS - G \le 0 \\
& R - DR - GR = 0 \\
& S - DS - GS = 0 \\
& DR - 4GR \le 0 \\
& 4DS - GS \le 0 \\
& R \le 25
\end{aligned}$$

$S \le 25$

모든 변수 ≥ 0.

이 모형을 K-OPT를 이용하여 풀면 그림 5.11과 같은 출력을 얻는다.

그림 5.11 [예제 5-13]의 K-OPT 출력

목적함수 값 : 779.60000

변수	최적해	수정 비용
C	312.00000	0.00000
A	252.00000	0.00000
D	60.00000	0.00000
B	24.00000	0.00000
G	20.00000	0.00000
R	14.66667	0.00000
S	21.33333	0.00000
DR	11.73333	0.00000
DS	4.26667	0.00000
GR	2.93333	0.00000
GS	17.06667	0.00000

제약식	종류	여유/잉여변수	쌍대 변수
1	<=	0.00000	12.80000
2	<=	0.00000	60.00000
3	<=	0.00000	59.00000
4	<=	0.00000	0.58000
5	<=	0.00000	97.40000
6	<=	0.00000	96.50000
7	<=	0.00000	119.00000
8	=	0.00000	101.00000
9	=	0.00000	114.50000
10	<=	0.00000	4.50000
11	<=	0.00000	4.50000
12	<=	10.33333	0.00000
13	<=	3.66667	0.00000

이 결과에 의하면 최적해는 다음과 같다.

원유사용량:	312,000 배럴/일
일반휘발유 생산량:	14,667 배럴/일
슈퍼휘발유 생산량:	21,333 배럴/일
부산물 A 생산량:	252,000 배럴/일
부산물 B 생산량:	24,000 배럴/일
총이익:	779,600 $/일

증류공정 처리능력의 쌍대변수는 12.8($/배럴)로서 하루에 1배럴을 더 처리할 수 있는 경우 이익은 $12.8가 증가함을 말하고 있다. 분해공정 처리능력의 쌍대변수는 0.58($/배럴)로서 하루에 1배럴을 더 처리할 수 있으면 이익은 $0.58가 증가함을 말하고 있다. 송유관의 수송능력은 모두 충분하여 생산계획수립에 제약적인 요소가 되지는 않고 있다.

7. 생산관리

생산관리(Production Management) 분야에서 선형최적화 모형이 사용된 예는 무수하게 많이 있다. 이러한 예는 이미 앞의 2, 3, 4 장에서 다양하게 소개하였다. 여기서는 새로운 유형의 문제들을 다루어 보자. 먼저 다룰 문제는 납품할 제품들을 얼마나 자체적으로 생산하고 얼마를 외부에서 구매하여 납품할지를 최적으로 결정하는 Make-or-Buy 문제다.

예제 5-14 Make-or-Buy 문제

K전자는 휴대폰에 들어가는 부품을 생산하는데 여러 휴대폰 제조사에 납품하기 위하여 A형, B형, C형 등 3가지 유형을 생산하고 있다. 이 부품은 제조, 조립, 품질관리 등의 3가지 공정을 거쳐서 생산되는데 각 공정에서 소요되는 시간(단위: 분)은 다음과 같다.

공정 \ 제품	A	B	C
제조	2	3	4
조립	1.5	2	3
품질	2	1.5	4

이 회사에서는 다음 주에 제조공정에서 3,600시간, 조립공정에서 2,500시간, 품질공정에서 3,000시간의 인력을 사용할 수 있으며 제품 A, B, C의 생산단가는 각각 4,500원, 5,000원, 2,500원이다. 다음 주에 꼭 공급해야 할 물량은 A형이 60,000개, B형이 40,000개, C형이 35,000개이다. 생산비용이 최소가 되는 생산계획을 수립하기 위한 선형최적화 모형을 수립하고 지금의 생산능력으로는 이 물량을 납품할 수 없다는 것을 확인하시오. 이 회사에서는 납품 물량을 맞추기 위한 방안을 모색해 본 결과 배터리들을 외부에서 구입해 오는 방법이 있음을 알아냈다. 이 경우 제품 A, B, C의 구입 비용은 각각 6,000원, 7,000원, 5,000원이며 구입량에는 제한이 없다. 납품 물량을 최적의 비용으로 확보할 수 있는 생산계획을 구하기 위한 선형최적화 모형을 수립하시오. 어느 공정이 병목(bottle neck) 현상을 보이고 있는가?

먼저 자체 생산으로만 납품을 한다고 가정하자. 이 경우 선형최적화 모형은 다음과 같다.

[변수] A, B, C: 각각 제품 A, B, C 생산량

$$\begin{aligned}
\text{Min} \quad & 4{,}500A + 5{,}000B + 2{,}500C & \text{(원)} \\
\text{s.t.} \quad & 2A + 3B + 4C \le 216{,}000 & \text{(분)} \\
& 1.5A + 2B + 3C \le 150{,}000 & \text{(분)} \\
& 2A + 1.5B + 4C \le 180{,}000 & \text{(분)} \\
& A \ge 60{,}000 \\
& B \ge 40{,}000 \\
& C \ge 35{,}000 \\
& A, B, C \ge 0.
\end{aligned}$$

이 모형을 K-OPT로 풀어 보면 실행불가능문제임을 알 수 있다.

이제 외부에서 구입할 수 있다고 할 때 선형최적화 모형은 다음과 같다.

[추가변수] BA, BB, BC: 제품 A, B, C 구입량

$$\begin{aligned}
\text{Min} \quad & 4{,}500A + 5{,}000B + 2{,}500C + 6{,}000BA + 7{,}000BB + 5{,}000BC \\
\text{s.t.} \quad & 2A + 3B + 4C \le 216{,}000 \\
& 1.5A + 2B + 3C \le 150{,}000 \\
& 2A + 1.5B + 4C \le 180{,}000
\end{aligned}$$

$$A + BA \geq 60,000$$
$$B + BB \geq 40,000$$
$$C + BC \geq 35,000$$
$$A, B, C, BA, BB, BC \geq 0$$

이 모형을 K-OPT로 풀어보면 그림 5.12를 얻는다. 그리고 최적 생산/구매계획은 다음과 같다.

최적 생산/구매계획: A는 60,000개 생산.
B는 30,000개 생산하고 10,000개 구매.
C는 35,000개 구매.
총비용: 6억 6,500만 원

K-OPT 출력을 보면 조립공정의 여유변수가 0이다. 따라서 조립공정의 처리능력이 가장 병목이 되고 있다. 조립공정 제약식의 쌍대변수는 −1,000원/분이므로 이 공정에서 1시간의 인력이 더 확보되는 경우 60,000원의 비용이 절감된다. 민감도 분석에 의하면 조립공정의 시간이 4,000분 = 66.7시간 늘어날 때까지 이 쌍대변수 값은 유효하다.

그림 5.12 [예제 5-14]의 K-OPT 출력

목적함수 값 : 665000000.00000

변 수	최 적 해	수 정 비 용
A	60000.00000	0.00000
B	30000.00000	0.00000
C	0.00000	500.00000
BA	0.00000	0.00000
BB	10000.00000	0.00000
BC	35000.00000	0.00000

제약식	종류	여유/잉여변수	쌍 대 변 수
1	<=	6000.00000	0.00000
2	<=	0.00000	−1000.00000
3	<=	15000.00000	0.00000
4	>=	0.00000	6000.00000
5	>=	0.00000	7000.00000
6	>=	0.00000	5000.00000

*** 민감도 분석 ***

제약식 우변의 민감도 분석

제약식	현재우변	하한	상한
2	150000.00000	90000.00000	154000.00000

다음은 여러 기간 동안의 제품 생산계획을 수립하는 문제이다. 여기서는 재고(Inventory)의 문제를 다루어야 한다. 이 문제에서는 또한 생산을 정규시간에 할지 아니면 오버타임을 사용할지도 다룬다.

예제 5-15 재고 및 오버타임 문제

자동차 주요 부품을 생산하는 한 중소기업에서는 3월 달 현재 다음 2/4분기 동안의 생산계획을 수립하고자 한다. 3월 말 제품의 재고수준은 300개로 추정되며 4월, 5월, 6월에 납품하여야 할 양은 각각 1,500, 2,500, 3,000개이다. 이 회사에서는 주로 정규 근무시간에 생산하고 있지만 필요에 따라서는 오버타임(특근)을 통하여 생산하기도 하는데 이 경우 생산비용에 차이가 있다. 각 달의 생산용량과 생산비용이 정규생산과 특근별로 다음 표에 정리되어 있다.

생산기간 및 방법	생산용량	생산비용(만원)
4월 정규	3,000	50
4월 특근	1,000	80
5월 정규	2,000	50
5월 특근	500	80
6월 정규	1,000	60
6월 특근	500	90

이 제품을 납품 일자보다 일찍 생산하여 재고로 유지하다 납품하는 경우에는 한 달에 10만 원의 재고유지비가 발생한다. 이 회사에서는 3/4분기의 납품량이 아직 확정되지 않은 상태이기 때문에 예상외로 많은 주문을 받게 될 경우에 대비하기 위하여 6월 말의 재고수준을 최소한 500개로 유지할 계획이다. 이 회사에서는 2/4분기의 납품일정을 최소비용으로 맞출 수 있는 생산계획을 구하고자 한다. 만일 6월 말 재고확보수준을 600개로 늘린다면 비용은 얼마나 늘어나는가?

이 문제를 선형최적화 모형으로 해결하기 위하여 다음의 변수를 도입한다.

[변수] R_4, R_5, R_6: 각각 4, 5, 6 월에 정규(regular) 근무로 생산하는 양
O_4, O_5, O_6: 각각 4, 5, 6 월에 특근(over time)으로 생산하는 양
I_4, I_5, I_6: 각각 4, 5, 6 월 말의 재고(inventory)수준

먼저 생산비용은 다음과 같다.

$$\text{생산비용} = 50R_4 + 80O_4 + 50R_5 + 80O_5 + 60R_6 + 90O_6$$

그리고 재고유지비는 다음과 같이 쓸 수 있다.

$$\text{재고유지비} = 10I_4 + 10I_5 + 10I_6 \quad \cdots [5\text{-}3]$$

예를 들어, 하나의 생산계획 A가 있다고 하자. 그리고 생산계획 B는 A와 비교할 때 5월에 하나 더 생산하고 6월에 하나를 덜 생산하는 계획이라고 하자. 그러면 B는 A보다 제품 한 개를 한 달 먼저 생산하는 계획이므로 10만 원의 재고유지비가 더 들 것이다. 그리고 B의 경우 I_5만 1만큼 늘어나므로 식 [5–3]은 10만 원의 재고유지비가 늘어나는 것을 보여주고 있다. 또 다른 생산계획 C는 A와 비교할 때 4월에 하나 더 생산하고 6월에 하나를 덜 생산하는 계획이라고 하자. 그러면 C는 A보다 제품 한 개를 2개월 먼저 생산하므로 20만 원의 재고유지비가 더 들 것이다. 그리고 C의 경우 I_4와 I_5가 1만큼 늘어나므로 식 [5–3]은 20만 원의 재고유지비가 늘어나는 것을 보여주고 있다. 따라서 식 [5–3]은 재고유지비를 제대로 표현하고 있음을 알 수 있다.

다음에 제품 물량에 관한 제약식을 알아보자. 3월 말에 300개가 재고로 있었고 4월 중에 $R_4 + O_4$개의 제품을 생산하고 1,500개를 납품한다. 그러면 4월 말의 재고는 다음과 같다.

$$300 + R_4 + O_4 - 1{,}500 = I_4$$

마찬가지로 5월과 6월의 물량 제약식을 작성할 수 있다. 그러면 이 문제의 선형최적화 모형은 다음과 같다.

$$\begin{aligned}
\text{Min} \quad & 50R_4 + 80O_4 + 50R_5 + 80O_5 + 60R_6 + 90O_6 + 10I_4 + 10I_5 + 10I_6 \\
\text{s.t.} \quad & R_4 + O_4 - I_4 = 1{,}200 \\
& I_4 + R_5 + O_5 - I_5 = 2{,}500
\end{aligned}$$

$$I_5 + R_6 + O_6 - I_6 = 3,000$$
$$I_6 \geq 500$$
$$R_4 \leq 3,000$$
$$O_4 \leq 1,000$$
$$R_5 \leq 2,000$$
$$O_5 \leq 500$$
$$R_6 \leq 1,000$$
$$O_6 \leq 500$$
모든 변수 ≥ 0.

이 모형을 K-OPT로 풀어 보면 그림 5.13과 같고 최적 생산계획은 다음과 같다.

<최적 생산계획> 4월: 정규생산 3,000개, 특근생산 200개
5월: 정규생산 2,000개, 특근생산 500개
6월: 정규생산 1,000개, 특근생산 500개
재고: 4월 말 2,000개, 5월 말 2,000개, 6월 말 500개
총비용: 45억 6천만 원

이 모형의 4번째 제약식은 6월 말 재고에 대한 정책적 제약식이다. K-OPT 출력에 의하면 4번째 제약식의 쌍대변수 값은 110(만원)이며 600은 4번째 제약식 우변항의 민감도 범위 안에 있다. 따라서 6월 말 재고를 600개로 유지하려 한다면 총비용증가액은 = 1억 1천만 원이다. 이 비용에는 재고 추가분 100개의 생산비와 재고 유지비가 들어 있다.

그림 5.13 [예제 5-15]의 K-OPT 출력

목적함수 값 : 456000.00000

변 수	최 적 해	수 정 비 용
R4	3000.00000	0.00000
O4	200.00000	0.00000
R5	2000.00000	0.00000
O5	500.00000	0.00000
R6	1000.00000	0.00000
O6	500.00000	0.00000

I4	2000.00000	0.00000
I5	2000.00000	0.00000
I6	500.00000	0.00000

제약식	종류	여유/잉여변수	쌍 대 변 수
1	=	0.00000	80.00000
2	=	0.00000	90.00000
3	=	0.00000	100.00000
4	>=	0.00000	110.00000
5	<=	0.00000	−30.00000
6	<=	800.00000	0.00000
7	<=	0.00000	−40.00000
8	<=	0.00000	−10.00000
9	<=	0.00000	−40.00000
10	<=	0.00000	−10.00000

*** 민감도 분석 ***

제약식 우변의 민감도 분석

제약식	현재우변	하한	상한
4	500.00000	300.00000	1300.00000

8. 다기간 생산스케줄링

생산관리에 있어서 제품을 언제 얼마만큼 생산하는 것이 가장 바람직할 것인가 하는 문제는 경영자가 결정하여야 하는 중요한 문제이다. 계획기간은 수주일, 몇 개월 또는 몇 년이 될 수도 있으며 이 기간 동안의 생산능력 제약, 노동력 제약, 저장능력의 제약 등을 감안하여 이 문제에 대한 결정을 하여야 한다. 이윤의 추구를 목표로 하는 기업이라면 총비용을 최소화하는 의사결정을 내려야 할 것이다.

이러한 다기간 생산스케줄링(multi−period production scheduling) 문제는 매달 또는 매주 주기적으로 발생하며 그 때마다 생산비의 변화, 노동력의 변화 등으로 상황이 바뀌며 이에 따라 경영자는 변화하는 상황에 따라 이 복잡한 문제에 대한 의사결정을 반복적으로 수행하여야 한다. 따라서 이 문제가 전산화될 수 있다면 경영자의 힘든 업무를 경감시켜 줄 수 있으며, 동시에 더 좋은 의사결정을 내릴 수 있을 것이다. 이러한 목적으로는 선형최적화 모형이 가장 적합하다. 선형최적화 모형을 일단 개발하고 나면 주기적으로 입력데이터만 수정하여 넣음으로써 생산스케줄을 반복적으로 수립할 수 있다.

다기간 생산스케쥴링에서는 필연적으로 재고관리문제를 다루어야 한다. 우리는 이미 [예제 5-15]의 간단한 문제에서 재고관리를 수식화하는 방법에 대해 알아보았다. 다음 예제는 매달 생산량이 변동함에 따른 추가적인 비용도 포함한 모형으로서 규모가 좀 큰 문제이다.

예제 5-16

삼정전자는 두 가지 전자부품을 생산하여 항공기 엔진 제작회사에 납품하고 있다. 항공기 엔진 제작회사는 매분기마다 앞으로 3개월간의 부품구입계획을 삼정전자에 통보한다. 12월에 통고 받은 계획에 의하면 다음 3달 동안의 구입계획은 다음 표와 같다.

부품	1월	2월	3월
A	1,000	3,000	5,000
B	1,000	500	3,000

이 납품계획에 따르면 매달의 납품량은 상당한 진폭을 보이고 있다. 생산부서의 입장에서 보면 매달 일정한 수준의 생산량을 유지하는 것이 기계사용률이나 노동력확보를 안정되게 관리할 수 있으므로 가장 선호할 것이다. 이러한 입장에 있는 생산부서는 매달 일정하게 부품 A는 3,000개씩, 부품 B는 1,500개씩 생산하는 계획을 원할지 모른다. 그러나 이러한 계획은 재고를 유지하는 데에도 비용이 발생한다는 점을 고려하면 총비용을 최소화한다는 관점에서는 별로 바람직하지 않을 것이다.

한편 다른 극단적인 계획으로 매달 필요한 수요량만큼씩 생산하는 계획을 생각할 수 있다. 이 경우 재고유지비용은 없앨 수 있지만 매달 생산수준이 크게 변화함에 따른 생산비용의 증가가 존재한다. 첫째로 생산설비를 피크수요기인 3월의 총수요 8,000개를 생산할 수 있는 수준으로 가지고 있어야 할 것이다. 이 경우 1월과 2월에는 가동률이 매우 낮게 되어 생산설비의 비효율적 운영으로 경비증가를 초래하게 된다. 둘째로 노동력 역시 매달 큰 수준으로 변동시키는 것은 어렵기 때문에 유휴노동력이 발생하게 된다. 이 역시 비효율적인 운영으로서 경비증가를 유발하게 된다.

따라서 바람직한 생산스케줄은 이 두 가지 극단적인 경우들의 어떤 중간 정도가 될 것으로 생각되며 이 문제에서 고려해야 할 비용은 생산비, 재고유지비, 생산수준 변화에 따라 발생하는 비용 등이 있다.

이 문제를 해결할 수 있는 선형최적화 모형을 개발하기 위하여 먼저 생산에 관련된 부분을 살펴보자. 이를 위해서 다음의 변수를 도입한다.

A_1, A_2, A_3: 각각 1월, 2월, 3월에 생산하는 부품 A의 양
B_1, B_2, B_3: 각각 1월, 2월, 3월에 생산하는 부품 B의 양.

부품 A의 개당 생산비를 200만 원, 부품 B의 개당 생산비를 100만 원이라고 하면 총비용 중 생산비 부분은 다음과 같이 표시된다.

$$\text{생산비} = 200A_1 + 200A_2 + 200A_3 + 100B_1 + 100B_3 + 100B_3 \text{ (만원)}.$$

다음에 재고에 관한 부분을 위해서 다음의 변수를 도입한다.

IA_1, IA_2, IA_3: 각각 1월, 2월, 3월 말을 기준할 때 부품 A의 재고량 (inventory)
IB_1, IB_2, IB_3: 각각 1월, 2월, 3월 말을 기준할 때 부품 B의 재고량.

삼정전자에서는 제품을 한 달간 재고로 유지하는 데에 생산비의 1.5% 정도의 비용이 발생한다고 평가하고 있다. 이 비용은 제품생산에 들어간 비용의 이자와 창고 유지비나 보험금 등을 포함한다. 따라서 부품 A의 재고유지비는 0.015 · 200만원 = 30,000원/달이 되고, 부품 B는 0.015 · 100만원 = 15,000원/달이 된다. 따라서 총비용 중 재고유지비 부분은 다음과 같다.

$$\text{재고유지비} = 3IA_1 + 3IA_2 + 3IA_3 + 1.5IB_1 + 1.5IB_2 + 1.5IB_3 \text{ (만원)}$$

또한 생산수준이 변화하게 되면 종업원의 해고, 충원, 훈련 등에 따른 비용 등이 발생하게 되는데 삼정전자는 총생산량이 전달에 비해 1개 증가할 때마다 50,000원의 비용이 발생하고 총생산량이 전달보다 1개 감소할 때마다 20,000원의 비용이 발생한다고 보고 있다. 이러한 비용을 감안하기 위하여 다음의 변수를 도입한다.

I_1, I_2, I_3: 각각 1월, 2월, 3월의 총생산량이 전달의 총생산량보다 클 경우 그 증가량(increase)
D_1, D_2, D_3: 각각 1월, 2월, 3월의 총생산량이 전달의 총생산량보다 작을 경우 그 감소량(decrease).

그러면 총비용 중 생산수준변동에 따른 비용부분은 다음과 같다.

$$\text{생산수준 변동비용} = 5I_1 + 5I_2 + 5I_3 + 2D_1 + 2D_2 + 2D_3 \text{ (만원)}$$

이 세 가지 비용을 모두 종합하면 총비용은

$$\begin{aligned}\text{총비용} = & \ 200A_1 + 200A_2 + 200A_3 + 100B_1 + 100B_2 + 100B_3 \\ & + 3IA_1 + 3IA_2 + 3IA_3 + 1.5IB_1 + 1.5IB_2 + 1.5IB_3 \\ & + 5I_1 + 5I_2 + 5I_3 + 2D_1 + 2D_2 + 2D_3 \ (\text{만원})\end{aligned}$$

이 되고 우리의 선형최적화 모형은 이것을 목적식으로 하여 최소화 하는 모형이 된다.

다음에 제약식을 살펴보자. 먼저 생산스케줄이 납품계획을 만족해야 한다는 조건을 살펴보자. 1월의 경우에는 그 전해 12월의 재고와 1월의 생산량의 합에서 1월의 납품량을 빼면 1월 말의 재고량이 된다. 전해 12월의 재고를 부품 A의 경우 500개, 부품 B의 경우 200개라고 하면 1월에 대해서는 다음 제약식이 만족되어야 한다.

$$500 + A_1 - 1{,}000 = IA_1$$
$$200 + B_1 - 1{,}000 = IB_1$$

이것을 다시 정리하면 다음을 얻는다.

$$\text{1월:} \quad A_1 - IA_1 = 500$$
$$B_1 - IB_1 = 800$$

마찬가지로 2월과 3월에 대한 제약식을 정리하면 다음을 얻는다.

$$\text{2월:} \quad IA_1 + A_2 - IA_2 = 3{,}000$$
$$IB_1 + B_2 - IB_2 = 500$$

$$\text{3월:} \quad IA_2 + A_3 - IA_3 = 5{,}000$$
$$IB_2 + B_3 - IB_3 = 3{,}000$$

이번 계획기간이 끝나는 3월 말의 재고수준은 경영진에서 정책적으로 정할 필요가 있다. 만일 3월 말에 재고를 하나도 유지하지 않는다면 3월 생산수준과 4월 생산수준에 큰 차이가 발생할 가능성이 있다. 작년 12월 말에 부품을 각각 500개, 200개 재고로 유지하였던 점을 고려하고 4월 이후의 수요에 대한 예상을 고려하여 경영진에서는 3월 말의 재고수준을 각각 400개, 200개로 유지하기로 하였다. 이것은 다음의 제약식으로 표현된다.

$$IA_3 \geq 400$$
$$IB_3 \geq 200$$

삼정전자회사가 확보하고 있는 기계의 처리능력, 노동력의 최대가용시간, 저장능력 등이 다음 표에 나와 있다.

| 표 5.2 | 기계의 처리능력, 노동력의 최대가용시간, 저장능력

기 간	기계처리능력(시간)	노동력 최대가용시간(시간)	저장능력(평방미터)
1월	40,000	30,000	10,000
2월	50,000	30,000	10,000
3월	60,000	30,000	10,000

또 제품생산에 필요한 기계, 노동력 및 저장공간의 소요량이 다음 표에 있다.

| 표 5.3 | 제품생산에 필요한 기계, 노동력 및 저장공간

부 품	기계처리시간(시간/개)	노동력(시간/개)	저장공간(평방미터/개)
A	10	5	2
B	8	7	3

이러한 자원제약을 식으로 정리하면 다음과 같다.

[기계처리능력] 1월: $10A_1 + 8B_1 \leq 40,000$

2월: $10A_2 + 8B_2 \leq 50,000$

3월: $10A_3 + 8B_3 \leq 60,000$

[노동력] 1월: $5A_1 + 7B_1 \leq 30,000$

2월: $5A_2 + 7B_2 \leq 30,000$

3월: $5A_3 + 7B_3 \leq 30,000$

[저장능력] 1월: $2IA_1 + 3IB_1 \leq 10,000$

2월: $2IA_2 + 3IB_2 \leq 10,000$

3월: $2IA_3 + 3IB_3 \leq 10,000$

마지막으로, I_i와 D_i가 생산량의 변화를 나타내는 것을 보장해 주는 제약식들이 필요하다. 예를 들어, 1월의 경우를 생각해 보자. 그 전해 12월의 총생산량이 2,500개라고 하면 1월의 총생산량 $(A_1 + B_1)$이 2,500보다 크거나 같으면 $I_1 = (A_1 + B_1) - 2,500$, $D_1 = 0$가 되며 $(A_1 + B_1)$이 2,500보다 작다면, $I_1 = 0$, $D_1 = 2,500 - (A_1 + B_1)$

이 되어야 한다. 이러한 관계는 다음의 제약식을 도입함으로써 보장된다.

$$A_1 + B_1 - 2{,}500 = I_1 - D_1$$
$$I_1, D_1 \geq 0.$$

단, 여기서 I_1과 D_1 중 하나가 0이 되어야 위의 관계가 보장된다. 만일, I_1과 D_1이 모두 양수라면 위의 관계는 보장되지 못하나 이런 경우는 최적해가 될 수 없다. 예를 들어, $I_1 = 1{,}000$, $D_1 = 500$이라면 $I_1 = 500$, $D_1 = 0$으로 고쳐도 다른 변수들에 아무런 영향을 주지 않는다. 그런데 I_1과 D_1의 증가는 모두 비용의 증가를 의미하므로 최적해에서는 두 변수 I_1과 D_1 중에서 항상 한 개가 0이 되어 위에서 논의한 관계가 보장된다. 위의 제약식을 다시 정리하면 다음과 같다.

1월: $A_1 + B_1 - I_1 + D_1 = 2{,}500$

마찬가지로 2월과 3월에 대해서도 다음의 제약식을 얻는다.

2월: $A_2 + B_2 - A_1 - B_1 - I_2 + D_2 = 0$

3월: $A_3 + B_3 - A_2 - B_2 - I_3 + D_3 = 0$

결론적으로 이 선형최적화 모형은 18개의 변수와 20개의 제약식으로 이루어져 있으며 그림 5.14에 이 선형최적화 모형을 K-OPT로 풀기 위한 입력파일과 출력이 나와 있다. 보고서 형식으로 정리한 것이 표 5.4이다.

그림 5.14 [예제 5-16]의 K-OPT 입출력

(가) 입력파일

```
MIN   200A1 + 200A2 + 200A3 + 100B1 + 100B2 + 100B3
       + 3IA1 + 3IA2 + 3IA3 + 1.5IB1 + 1.5IB2 + 1.5IB3
       + 5I1 + 5I2 + 5I3 + 2D1 + 2D2 + 2D3
ST      A1 - IA1 = 500
        B1 - IB1 = 800
        A2 + IA1 - IA2 = 3000
        B2 + IB1 - IB2 = 500
        A3 + IA2 - IA3 = 5000
        B3 + IB2 - IB3 = 3000
        IA3 > 400
        IB3 > 200
        10A1 + 8B1 < 40000
        10A2 + 8B2 < 50000
```

```
    10A3 + 8B3 < 60000
    5A1 + 7B1 < 30000
    5A2 + 7B2 < 30000
    5A3 + 7B3 < 30000
    2IA1 + 3IB1 < 10000
    2IA2 + 3IB2 < 10000
    2IA3 + 3IB3 < 10000
    A1 + B1 − I1 + D1 = 2500
    −A1 + A2 − B1 + B2 − I2 + D2 = 0
    −A2 + A3 − B2 + B3 − I3 + D3 = 0
END
```

(나) 출력

수행된 심플렉스 반복횟수 : 19

목적함수 값 : 2252950.00000

변 수	최 적 해	수 정 비 용
A1	500.00000	0.00000
A2	3200.00000	0.00000
A3	5200.00000	0.00000
B1	2500.00000	0.00000
B2	2000.00000	0.00000
B3	0.00000	1.27778
IA1	0.00000	1.72222
IA2	200.00000	0.00000
IA3	400.00000	0.00000
IB1	1700.00000	0.00000
IB2	3200.00000	0.00000
IB3	200.00000	0.00000
I1	500.00000	0.00000
I2	2200.00000	0.00000
I3	0.00000	0.72222
D1	0.00000	7.00000
D2	0.00000	7.00000
D3	0.00000	6.27778

제약식	종류	여유/잉여변수	쌍 대 변 수
1	=	0.00000	200.00000
2	=	0.00000	100.00000
3	=	0.00000	201.27778
4	=	0.00000	101.50000
5	=	0.00000	204.27778
6	=	0.00000	103.00000

7	>=	0.00000	207.27778
8	>=	0.00000	104.50000
9	<=	15000.00000	0.00000
10	<=	2000.00000	0.00000
11	<=	8000.00000	0.00000
12	<=	10000.00000	0.00000
13	<=	0.00000	−0.11111
14	<=	4000.00000	0.00000
15	<=	4900.00000	0.00000
16	<=	0.00000	0.00000
17	<=	8600.00000	0.00000
18	=	0.00000	−5.00000
19	=	0.00000	−5.00000
20	=	0.00000	−4.27778

| 표 5.4 | 삼정전자의 생산스케쥴

생산관리활동	12(월)	1월	2월	3월
생산				
부품 A		500	3,200	5,200
부품 B		2,500	2,000	0
합 계	(2,500)	3,000	5,200	5,200
월말재고				
부품 A	(500)	0	200	400
부품 B	(200)	1,700	3,200	200
기계가동(시간)				
가동시간		25,000	48,000	52,000
여유시간		15,000	2,000	8,000
노동력사용(시간)				
노동력사용시간		20,000	30,000	26,000
여유노동력확보시간		10,000	0	4,000
저장시설사용(평방미터)				
저장시설사용량		5,100	10,000	1,400
여유분		4,900	0	8,600
총비용 = 225억 2,950만 원				

먼저 표 5.4에 정리되어 있는 최적생산계획을 보면 각 달의 생산수준의 변화가 납품계획에 비하여 평탄하게 이루어지고 있음을 알 수 있다. 1월에 500개의 증가와 2월에 2,200개의 증가가 있으며 3월에는 전달과 같은 수준을 유지하고 있다. 기계

가동률을 보면 계획기간 동안 지속적으로 가동능력을 밑돌고 있다. 반면 노동력과 저장시설이 2월에는 전혀 여유분이 없는 것으로 나타났다.

이 문제에서는 2개의 제품과 3개월의 계획기간을 고려하였으며 이 경우 18개의 변수와 20개의 제약식을 갖는 모형을 개발하였다. 만일 1년간의 생산스케줄을 작성한다면 변수와 제약식이 모두 약 4배로 늘어나게 된다. 또한 고려하는 제품의 종류가 늘면 변수와 제약식이 다시 몇 배로 늘어나게 된다. 여기서는 한 가지 종류의 기계, 한 가지 종류의 노동력, 한 가지 종류의 저장능력만을 고려하였으나 기계의 종류, 노동력의 종류, 저장시설의 종류가 늘어나게 되면 선형최적화 모형은 쉽사리 수백 개의 변수와 제약식이 있는 모형으로 커지게 된다.

제5장_ 연습문제 A(상세 해답 포함)

1 (기업재무) G캐피털은 두 가지 투자 대상 A와 B에 대해 투자 여부를 결정하여야 한다. 투자 대상 A는 1차년도 초에 1,000억 원, 2차년도 초에 800억 원, 3차년도 초에 200억 원이 투입되며 3차년도 말에 200억 원의 수익을 올리며, 이때 이 투자사업체의 가치는 4차년도 말 기준 3,200억 원으로 평가된다. 이 사업에 100% 투자할 수도 있지만 일부 지분만 참여할 수도 있다. 만일 50%만 참여한다면 투자금과 회수금, 그리고 사업체 지분의 가치는 50%가 될 것이다. 투자 대상 B는 1차년도 초에 800억 원, 2차년도 초에 500억 원, 3차년도 초에 300억 원이 투입되며 3차년도 말에 300억 원의 수익을 올리며, 이때 이 투자사업체의 가치는 4차년도 말 기준 2,500억 원으로 평가된다. 이 사업도 일부 지분만 참여할 수도 있다.

G캐피털이 이 사업을 위해 운용할 자금은 1차년도 초에 1,500억 원, 2차년도 초에 400억 원, 3차년도 초에 500억 원, 4차년도 초에 100억 원이다. G캐피털은 이 투자 사업을 위해 연리 9%로 융자를 얻을 수도 있는데 융자금 총액은 200억 원까지 허용된다. 또한 잠시 여유자금이 발생하는 경우 연리 5%로 예치를 할 수도 있다.

(가) 이 사업에 대한 투자가 완결되는 4차년도 말의 총가치(현금과 두 사업체의 가치의 합)를 극대화 하는 투자계획을 세울 수 있는 선형최적화 모형을 개발하시오.

(나) 최적투자계획은 무엇인가?

(다) (나)의 투자계획은 상당히 높은 수익을 얻을 수 있다. 그런데 이 계획에서는 투자 대상 A에 45%의 지분으로만 참여하고 있다. 이는 자금이 부족해서인데 이 회사가 자체적으로 조달할 수 있는 운용자금은 더 이상 증액이 불가능하기 때문에 융자를 늘려서 A에 대한 지분 참여를 늘리는 방안을 생각해 보고 있다. 어느 해의 융자 허용한도를 늘리는 것이 필요한가? 이 해의 융자 허용한도를 1억 원 늘릴 수 있다면 4차년도 말의 현금가치는 얼마가 증가하는가? 이 한계이익(융자 허용한도 1억 원당 현금가치 증가액)은 허용한도가 얼마가 될 때까지 유효한가?

(가) [변수] AS: A에 투자한 지분(share)

BS: B에 투자한 지분

L_1, L_2, L_3, L_4: 각각 1, 2, 3, 4차년도 초 기준 융자(loan) 총액

S_1, S_2, S_3, S_4: 각각 1, 2, 3, 4차년도 초 기준 예금(saving) 총액

Max $\quad 3{,}200AS + 2{,}500BS - 1.09L_4 + 1.05S_4$

s.t. $\quad 1{,}500 + L_1 - 1{,}000AS - 800BS = S_1$

$$400 - 1.09L_1 + 1.05S_1 + L_2 - 800AS - 500BS = S_2$$
$$500 - 1.09L_2 + 1.05S_2 + L_3 - 200AS - 300BS = S_3$$
$$100 - 1.09L_3 + 1.05S_3 + L_4 + 200AS + 300BS = S_4$$
$$AS \leq 1$$
$$BS \leq 1$$
$$L_1 \leq 200$$
$$L_2 \leq 200$$
$$L_3 \leq 200$$
$$L_4 \leq 200$$
모든 변수 ≥ 0.

(나) 투자사업 A에 45.14%, B에 100%의 지분으로 참여하는 것이 최적이다. 이를 위해서는 2차년도 초에 200억 원의 융자를 얻고 3차년도 초에는 전년도에 얻은 200억 원에 대한 원금과 이자를 갚고 새로이 108.27억 원의 융자를 얻는다. 이렇게 하는 경우 1차년도 초에는 248.65억 원의 현금이 남아 이를 예치하게 되고 4차년도 초에는 372.26억 원의 현금을 예치하게 된다. 그리고 4차년도 말에는 391억 원의 현금과 투자사업 A 지분의 현금가치 1,444억 원, 투자사업 B 지분의 현금가치 2,500억 원을 합쳐 총 4,335억 원의 현금가치를 보유하게 된다. 그 동안의 총투자금 2,500억 원과 비교하면 높은 수익을 얻을 수 있음을 알 수 있다.

(다) 2차년도의 융자 허용한도를 늘려야 한다.

0.472억 원.

276.6억 원.

2 (금융공학) W에셋은 다양한 고객들을 위하여 자금운용을 대행해 주는 회사다. 이 회사에서는 위탁 받은 자금을 주식형 펀드, 인컴 펀드 및 MMF 등 세 가지 금융상품에 투자하고 있다. 이 회사는 연간 예상이익률을 주식형 펀드의 경우 18%, 인컴 펀드의 경우 12.5%, MMF의 경우 7.5%로 평가하고 있다.

이 회사에서는 각 고객의 위험을 줄이기 위하여 포트폴리오가 다양성을 가지도록 이 3개의 펀드에 투자하는 비율에 대해 다음과 같은 제한을 두고 있다.

1. 주식형 펀드에 투자한 금액은 20%~40%이어야 한다.
2. 인컴 펀드에 투자한 금액은 20%~50%이어야 한다.
3. MMF에 투자한 금액은 최소한 30% 이상이어야 한다.

또한 이 회사에서는 주식형 펀드에 0.1, 인컴 펀드에 0.07, MMF에 0.01의 위험지수를 매겼는데 위험지수는 값이 클수록 위험이 크다는 것을 뜻한다. 한 포트폴리오의 위험지수는 3개의 펀드에 투자한 비중을 이용한 가중합계를 사용한다. 이 회사는 각 고객의 위험 인내력을 추정하며 그의 위험 인내력에 맞추어 포트폴리오를 재조정한다. 최근에 한 고객이 8억 원을 위탁해 왔는데 그의 위험 인내력을 테스트 해 본 결과 그는 0.05의 위험지수까지 버틸 수 있는 것으로 나타났다.

(가) 이 고객의 최적포트폴리오를 구성할 수 있는 선형최적화 모형을 제시하시오.

(나) 최적의 포트폴리오는 무엇인가? 연간 예상수익은 얼마인가? 수익률은 얼마인가?

(다) 이 고객이 0.055의 위험지수까지 버틸 수 있다면 수익은 얼마나 증가하는가?

(라) 주식형 펀드의 수익률이 어느 정도 감소할 때까지 현재의 포트폴리오가 최적으로 유지되는가?

(마) 만일 이 고객이 현재의 포트폴리오에서 주식형 펀드의 비중이 너무 높다고 생각해서 주식형 펀드의 투자액이 인컴 펀드의 투자액보다 많지 않기를 원한다고 하면 포트폴리 오는 어떻게 달라지는가?

(가) [변수] S: 주식형 펀드 투자액 (억원)

I: 인컴 펀드 투자액 (억원)

M: MMF 투자액 (억원)

포트폴리오의 위험지수는

$$0.1 \cdot \frac{S}{8} + 0.07 \cdot \frac{I}{8} + 0.01 \cdot \frac{M}{8} = 0.0125S + 0.00875I + 0.00125M$$

이 된다.

$$\begin{aligned}
\text{Max} \quad & 0.18S + 0.125I + 0.075M \\
\text{s.t.} \quad & S + I + M = 8 \\
& S \geq 1.6 \\
& S \leq 3.2 \\
& I \geq 1.6 \\
& I \leq 4 \\
& M \geq 2.4 \\
& 0.0125S + 0.00875I + 0.00125M \leq 0.05 \\
& S, I, M \geq 0
\end{aligned}$$

(나) 최적포트폴리오: 주식형 펀드에 2.49억 원, 인컴 펀드에 1.6억 원, MMF에 3.91억 원, 연간 예상수익은 9,413만 원이며 수익률은 11.8%이다.

(다) 이 모형의 마지막 제약식의 잠재가격은 9.33이다. 이는 이 고객의 위험 인내지수가 1 증가하면 연간 이익이 9.33억 원 증가한다는 것을 의미한다. 예를 들어, 만일 이 고객의 위험 인내지수가 0.055로 높아진다면 민감도 분석의 결과를 볼 때 현재의 잠재가격은 변하지 않으며, 연간 이익은 $9.33 \times 0.005 = 0.047$억 원 = 470만 원이

증가함을 알 수 있다.

(라) 주식형 펀드의 연간 수익률이 15%로 감소할 때까지는 현재의 포트폴리오가 최적이다.

(마) 모형에 제약식 $S - I \leq 0$를 추가하여 다시 풀면 된다. 이 경우 새로운 최적포트폴리오는 주식형 펀드에 2.13억 원, 인컴 펀드에 2.13억 원, MMF에 3.73억 원을 투자하는 것이다.

3 (수익관리) 제주도 서귀포에 있는 한 관광호텔은 96개의 방을 가지고 있는데 가끔 학회 등의 대규모 모임을 유치하기도 한다. 대규모 모임을 유치하면 참석자에게는 대개 숙박료를 저렴하게 받는다. 한 달 후 주말인 금, 토, 일 동안 한 학회가 이 호텔에서 열리기로 되어 있는데 이 학회 참석자들은 금요일 하루나 토요일 하루만 묵을 수도 있고 금/토를 다 묵을 수도 있다. 호텔은 학회를 유치하는 조건으로 금요일, 토요일 모두 최소한 48개의 방을 이 학회 참석자에게 빌려 주기로 하였으며 할인된 가격은 다음과 같다.

	금요일 하루	토요일 하루	금/토 이틀
학회고객	12만 원	13만 원	23만 원
일반고객	15만 원	16만 원	29만 원

예약은 한 달 전부터 받는데 내일이 예약을 받기 시작하는 날이다. 그 동안 학회에 등록된 인원이나 작년의 참석자 수 등을 감안하여 호텔에 묵을 학회고객에 대한 예측과 정규가격을 내는 일반고객에 대한 수요예측을 하여 다음의 결과를 얻었다.

	금요일 하루	토요일 하루	금/토 이틀
학회고객	20	15	40
일반고객	35	25	20

이 호텔에서 예약을 받기 시작한 후에는 학회고객이 예약한 방의 수가 금요일, 토요일 각각 48개가 될 때까지는 학회고객의 예약 주문이 오면 항상 예약을 받아야 한다.

(가) 이 호텔에서 총수익을 최대로 할 수 있는 예약 지침을 구할 수 있는 선형최적화 모형을 개발하시오.

(나) 현재의 예측으로 볼 때 빈방이 발생하는가? 예약이 시작되는 내일 어떠한 예약 지침을 가지는 것이 바람직한가?

(다) 2주가 지난 후 호텔에서 받아 놓은 예약은 다음과 같다.

	금요일 하루	토요일 하루	금/토 이틀
학회고객	20	15	28
일반고객	0	10	10

금, 토에 남아 있는 방은 각각 몇 개인가?

(라) ((다)의 계속) 앞으로 들어 올 예약에 대한 수요예측은 다음과 같다.

	금요일 하루	토요일 하루	금/토 이틀
학회고객	10	5	15
일반고객	20	16	8

이날의 예측으로 볼 때 빈방이 발생하는가? 내일의 예약 지침은 어떻게 하는 것이 가장 바람직한가?

(가) CF, CS, CFS: 각각 금(friday), 토(saturday), 금/토 학회(conference) 고객 수
RF, RS, RFS: 각각 금, 토, 금/토 일반(regular) 고객 수

Max $\quad 12CF + 13CS + 23CFS + 15RF + 16RS + 29RFS$ (만원)

s.t. $\quad CF + CFS + RF + RFS \le 96$

$CS + CFS + RS + RFS \le 96$

$CF + CFS \ge 48$

$CS + CFS \ge 48$

$CF \le 20$

$CS \le 15$

$CFS \le 40$

$RF \le 35$

$RS \le 25$

$RFS \le 20$

모든 변수 ≥ 0.

(나) (가)의 모형을 K-OPT로 풀어 보면 처음 두 제약식들의 여유변수는 0이다. 따라서 빈방은 발생하지 않을 것으로 보인다. 그리고 금요일 학회고객, 금/토 학회고객, 금요일 일반고객 수요의 쌍대변수값이 0이다. 따라서 이 고객들의 예약 요청은 당분간 안 받는 것이 바람직하지만 학회와의 계약상 당분간 학회고객의 예약 요청은 다 받아야 하므로 금요일 일반고객의 예약 요청만 받지 않고 예약 요청을 모두 받는 것이 최적의 지침이다.

(다) 금요일: 38개, 토요일: 33개

(라) 앞으로 들어 올 예약을 나타내는 변수들을 다음과 같이 정의한다.

$CF = CF2 + 20$

$CS = CS2 + 15$

$CFS = CFS2 + 28$

$RF = RF2$

$RS = RS2 + 10$

$RFS = RFS2 + 10$

이 식을 목적식에 대입하면 다음을 얻는다.

$\max\ 12CF2 + 13CS2 + 23CFS2 + 15RF2 + 16RS2 + 29RFS2 + 1{,}529$

또 위의 식들을 첫 번째 제약식에 대입하면 첫 번째 제약식은 다음과 같아진다.

$CF2 + CFS2 + RF2 + RFS2 \le 38$

다음의 3개의 제약식도 비슷한 방법으로 수정한다. 그러면 다음과 같은 새로운 선형최적화 모형을 얻는다.

$$
\begin{aligned}
\text{Max}\quad & 12CF2 + 13CS2 + 23CFS2 + 15RF2 + 16RS2 + 29RFS2 \\
\text{s.t.}\quad & CF2 + CFS2 + RF2 + RFS2 \le 38 \\
& CS2 + CFS2 + RS2 + RFS2 \le 33 \\
& CF2 + CFS2 \ge 0 \\
& CS2 + CFS2 \ge 5 \\
& CF2 \le 10 \\
& CS2 \le 5 \\
& CFS2 \le 15 \\
& RF2 \le 20 \\
& RS2 \le 16 \\
& RFS2 \le 8 \\
& \text{모든 변수} \ge 0.
\end{aligned}
$$

이 문제를 K-OPT로 풀어보면 처음 두 제약식의 여유변수는 0이다. 따라서 빈방은 발생하지 않을 것으로 보인다. 또한 금요일 학회고객, 금/토 학회고객 수요에 대한 쌍대변수가 0이다. 이미 학회고객이 예약한 방의 수가 금요일은 48개를 상회하고 있으므로 금요일 학회고객의 예매 요청은 당분간 받지 않는 것이 적절한 지침이다. 금요일 학회고객을 더 받을 수도 있지만 앞으로 일반고객의 예매 신청이 들어올 때를 대비하여 받지 않는 것이 좋다.

4 (인력관리) 패스트 푸드점인 Freddy Jack's에서는 하루에 8시간씩 일하는 전임직 종업원들을 가지고 있다. 전임직 이외에는 모두 시간제 종업원들인데 시간제 종업원들은 하루에 4시간씩 일을 한다. 가장 바쁜 날은 토요일로서 아침 11시에서 저녁 10시까지 운영한다. 이날 시간대별로 필요한 인력은 다음과 같다.

시간대	필요한 근무자 수
오전 11시 ~ 12시	9
12시 ~ 오후 1시	9
1시 ~ 2시	9
2시 ~ 3시	3
3시 ~ 4시	3
4시 ~ 5시	3
5시 ~ 6시	6
6시 ~ 7시	12
7시 ~ 8시	12
8시 ~ 9시	7
9시 ~ 10시	7

이날 한 명의 전임직 종업원은 오전 11시에 출근하여 4시간 일하고 한 시간 쉰 후에 다시 4시간을 일한다. 또 다른 전임직 종업원은 오후 1시에 출근하여 4시간 일한 후 한 시간 쉰 후에 다시 4시간을 일한다.

(가) 이날 필요한 시간제 종업원의 수를 최소로 할 수 있는 선형최적화 모형을 세우고 해를 구하시오. 몇 명의 종업원이 필요한가? 이들의 총근무시간은 얼마인가?

(나) 각 시간대에 잉여인력은 몇 명인가?

(다) 3시간씩 일하는 시간제 종업원을 섞어서 쓸 수 있다고 할 때 시간제 종업원의 총근무시간을 최소로 하는 계획을 선형최적화 모형을 이용하여 구하시오. 이들의 총근무시간은 얼마인가? 각 시간대별 잉여인력은 어떻게 변했는가?

(가) [변수] $X_{11}, X_{12}, X_1, \cdots, X_6$: 각각 11시, 12시, 1시, …, 6시에 일을 시작하는 시간제 종업원 수

[모형] Min $X_{11}+X_{12}+X_1+X_2+X_3+X_4+X_5+X_6$

s.t. $X_{11} \geq 8$

$X_{11}+X_{12} \geq 8$

$X_{11}+X_{12}+X_1 \geq 7$

$X_{11}+X_{12}+X_1+X_2 \geq 1$

$X_{12}+X_1+X_2+X_3 \geq 2$

$X_1 + X_2 + X_3 + X_4 \geq 1$

$X_2 + X_3 + X_4 + X_5 \geq 5$

$X_3 + X_4 + X_5 + X_6 \geq 10$

$X_4 + X_5 + X_6 \geq 10$

$X_5 + X_6 \geq 6$

$X_6 \geq 6$

모든 변수 ≥ 0.

[최적해] 11시에 8명, 1시에 1명, 2시에 1명, 4시에 4명, 6시에 6명

총 20명

총근무시간 = 80시간

(나) 1시~2시에 2명, 2시~3시에 9명, 4시~5시에 5명, 총잉여인력 = 16시간

(다) [변수] $X_{11}, X_{12}, X_1, \cdots, X_6$: 각각 11시, 12시, 1시, ⋯, 6시에 일을 시작하는 4시간 일하는 시간제 종업원 수

$Y_{11}, Y_{12}, Y_1, \cdots, Y_7$: 각각 11시, 12시, 1시, ⋯, 7시에 일을 시작하는 3시간 일하는 시간제 종업원 수

[모형] Min $4X_{11} + 4X_{12} + 4X_1 + 4X_2 + 4X_3 + 4X_4 + 4X_5 + 4X_6$

$+3Y_{11} + 3Y_{12} + 3Y_1 + 3Y_2 + 3Y_3 + 3Y_4 + 3Y_5 + 3Y_6 + 3Y_7$

s.t. $X_{11} + Y_{11} \geq 8$

$X_{11} + X_{12} + Y_{11} + Y_{12} \geq 8$

$X_{11} + X_{12} + X_1 + Y_{11} + Y_{12} + Y_1 \geq 7$

$X_{11} + X_{12} + X_1 + X_2 + Y_{12} + Y_1 + Y_2 \geq 1$

$X_{12} + X_1 + X_2 + X_3 + Y_1 + Y_2 + Y_3 \geq 2$

$X_1 + X_2 + X_3 + X_4 + Y_2 + Y_3 + Y_4 \geq 1$

$X_2 + X_3 + X_4 + X_5 + Y_3 + Y_4 + Y_5 \geq 5$

$X_3 + X_4 + X_5 + X_6 + Y_4 + Y_5 + Y_6 \geq 10$

$X_4 + X_5 + X_6 + Y_5 + Y_6 + Y_7 \geq 10$

$X_5 + X_6 + Y_6 + Y_7 \geq 6$

$X_6 + Y_7 \geq 6$

모든 변수 ≥ 0.

최적해: 11시에 3시간 종업원 8명

1시에 3시간 종업원 1명

3시에 3시간 종업원 1명

5시에 3시간 종업원 4명

6시에 4시간 종업원 6명

총근무시간 = 66시간

잉여인력: 1시~2시에 2명. 잉여인력이 16시간에서 2시간으로 크게 줄었다.

5 (교차생산) P사는 디지털 사진기에 들어가는 리튬 배터리 생산 기지를 중국과 베트남에 가지고 있다. 여기서는 A, B, C 등 3가지의 배터리를 생산하고 있는데 두 공장에서의 생산단가(원)는 다음과 같다.

배터리	중국	베트남
A	980	930
B	1,100	1,030
C	1,540	1,430

제품 A와 B는 생산라인이 비슷해서 교차생산이 가능하다. 중국 공장에서는 일주일에 제품 A나 B를 200,000개, 제품 C는 100,000개 생산할 수 있다. 베트남 공장에서는 일주일에 제품 A나 B를 150,000개, 제품 C는 70,000개 생산할 수 있다. 각 공장에서 생산된 제품을 국내로 들여오는 데에는 운송비와 세금 등을 감안할 때 중국 공장에서는 개당 180원, 베트남 공장에서는 개당 210원이 소요된다. 국내 시장의 수요를 감안할 때 다음 주에는 배터리 A, B, C를 각각 200,000개, 100,000개, 150,000개 생산하여 국내로 들여 올 계획이다. 총공급비용을 최소로 할 수 있는 선형최적화 모형을 수립하고 최적생산계획을 제시하시오.

(가) [변수] AC, BC, CC: 각각 중국(china)에서 생산하는 배터리 A, B, C의 양

AV, BV, CV: 각각 베트남(vietnam)에서 생산하는 배터리 A, B, C의 양

$$\begin{aligned}
\text{Min} \quad & 1{,}160AC + 1{,}280BC + 1{,}720CC + 1{,}140AV + 1{,}240BV + 1{,}640CV \\
\text{s.t.} \quad & AC + AV \geq 200{,}000 \\
& BC + BV \geq 100{,}000 \\
& CC + CV \geq 150{,}000 \\
& AC + BC \leq 200{,}000 \\
& AV + BV \leq 150{,}000 \\
& CC \leq 100{,}000 \\
& CV \leq 70{,}000 \\
& \text{모든 변수} \geq 0.
\end{aligned}$$

최적생산계획　　중국 공장: A 150,000개, C 80,000개 생산
베트남 공장: A 50,000개, B 100,000개, C 70,000개 생산
총공급비용: 6억 740만 원.

6 (임차계획) A건설사는 시에서 발주하는 한 토목사업을 수주하였다. 이 사업은 4개월이면 끝나는데 첫 번째 달에는 포크레인이 9대, 두 번째 달에는 13대, 세 번째 달에는 15대, 네 번째 달에는 10대가 필요하다. 이 회사에서는 필요한 포크레인을 임차(lease)하여 이 공사를 끝낼 예정인데 임차기간은 한 달, 두 달, 세 달, 또는 네 달이 가능하다. 임차비용은 1달 임대 시에는 200만 원, 2달 임대 시에는 360만 원, 3달 임대 시에는 480만 원, 4달 임대 시에는 600만 원이다.

(가) 총임대비용을 최소로 하는 임대계획을 구할 수 있는 선형최적화 모형은 개발하시오.

(나) 최적임차계획은 무엇인가?

(가) [변수] X_{11}: 첫 번째 달 초에 1달 임차계약한 포크레인 수
X_{12}: 첫 번째 달 초에 2달 임차계약한 포크레인 수
X_{13}: 첫 번째 달 초에 3달 임차계약한 포크레인 수
X_{14}: 첫 번째 달 초에 4달 임차계약한 포크레인 수
X_{21}: 두 번째 달 초에 1달 임차계약한 포크레인 수
X_{22}: 두 번째 달 초에 2달 임차계약한 포크레인 수
X_{23}: 두 번째 달 초에 3달 임차계약한 포크레인 수
X_{31}: 세 번째 달 초에 1달 임차계약한 포크레인 수
X_{32}: 세 번째 달 초에 2달 임차계약한 포크레인 수
X_{41}: 네 번째 달 초에 1달 임차계약한 포크레인 수

$$\begin{aligned}
\text{Min} \quad & 200X_{11}+360X_{12}+480X_{13}+600X_{14}+200X_{21}+360X_{22}+480X_{23} \\
& +200X_{31}+360X_{32}+200X_{41} \\
\text{s.t.} \quad & X_{11}+X_{12}+X_{13}+X_{14}\geq 9 \\
& X_{12}+X_{13}+X_{14}+X_{21}+X_{22}+X_{23}\geq 13 \\
& X_{13}+X_{14}+X_{22}+X_{23}+X_{31}+X_{32}\geq 15 \\
& X_{14}+X_{23}+X_{32}+X_{41}\geq 10 \\
& \text{모든 변수}\geq 0.
\end{aligned}$$

(나) 첫 번째 달: 3개월 임차 3대, 4개월 임차 6대.
두 번째 달: 3개월 임차 4대.
세 번째 달: 1개월 임차 2대.
총비용: 7,360만 원

7 (공정관리) 국제정유에서는 일반과 슈퍼 등 두 가지 종류의 휘발유를 생산하고 있다. 두 휘발유는 원유 정제 과정에서 나오는 두 가지 종류의 중간제품을 섞어서 생산하고 있는데 이 두 가지 중간제품은 가격도 다를 뿐만 아니라 휘발유에 함유되어야 하는 두 가지 중요성분을 함유하고 있는 정도가 다르다. 다음 표는 두 중간제품의 가격과 두 성분 함유비율을 보여주고 있다.

중간제품	가격($/배럴)	성분 A	성분 B
1	20	20%	60%
2	30	50%	30%

일반휘발유는 성분 A가 최소한 40%이어야 하며, 슈퍼휘발유는 성분 B가 최대한 50%이어야 한다. 일반휘발유와 슈퍼휘발유의 하루 수요량이 각각 80만 배럴과 50만 배럴이라고 할 때 이 수요를 최소의 비용으로 만족시킬 수 있는 생산계획을 구하시오.

[변수] R_1, R_2: 각각 일반(regular)휘발유 생산에 들어가는 중간제품 1, 2의 양
S_1, S_2: 각각 슈퍼(super)휘발유 생산에 들어가는 중간제품 1, 2의 양

[모형] Min $20R_1 + 20S_1 + 30R_2 + 30S_2$

s.t.
$R_1 + R_2 \geq 800,000$
$S_1 + S_2 \geq 500,000$
$2R_1 - R_2 \leq 0$
$S_1 - 2S_2 \leq 0$
모든 변수 ≥ 0.

[최적해] 일반휘발유: 중간제품 1, 2를 1:2의 비율로 혼합하여 생산한다.
슈퍼휘발유: 중간제품 1, 2를 2:1의 비율로 혼합하여 생산한다.
최소비용: 33,000,000달러.

8 (공정관리) 어느 대도시 주변을 흐르는 강변에 있는 D화학공장은 두 가지 원료 A와 B를 화학공정에 투입하여 제품생산을 하고 있다. 1kg의 원료 A와 2kg의 원료 B를 이 화학공정에 투입하면 1kg의 제품이 생산되며 부산물로 1kg의 폐수와 1kg의 고체폐기물이 나온다. 이 고체폐기물은 인근 비료공장에서 무료로 수거해 가지만 폐수는 강에 그대로 버리고 있다. 다음 그림은 이 공정의 입 · 출력 과정을 보여주고 있다.

화학공정의 입 · 출력 과정

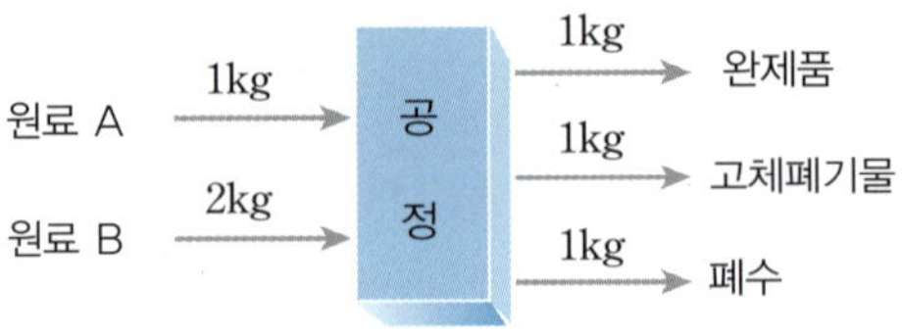

최근 환경청의 강력한 규제조치가 발동하기 시작함에 따라서 더 이상 폐수를 직접 강에 버릴 수 없게 된 이 공장의 기술진은 폐수처리방안으로 다음 3가지를 제시하였다.

1. 폐수 0.5kg에 원료 A 0.5kg을 첨가하여 부수제품 K를 1kg 생산한다.
2. 폐수 0.5kg에 원료 B 0.5kg을 첨가하여 부수제품 M을 1kg 생산한다.
3. 폐수를 강에 버릴 수 있는 기준이 되도록 특수처리한다.

부수제품 K와 M은 폐수를 사용하여 만들지만 수익률이 낮으며 폐수의 특수처리는 상당한 비용이 든다는 단점이 있다. 다음 표는 각 제품의 이익(원/kg)을 보여주고 있다.

제 품	이 익
주종제품	21,000
부수제품 K	−1,000
부수제품 M	1,500

부수제품 K는 단위당 수익은 음이지만 폐수처리방안으로 이용된다. 폐수의 특수처리에는 kg당 2,500원이 소요되며 이번 생산계획기간 동안 원료 A와 B의 공급량은 각각 50,000kg과 70,000kg이다. 환경청의 규제를 만족시키면서 수익을 극대화할 수 있는 폐수처리방안을 선형최적화 모형으로 구하시오.

[변수] X: 주종제품 생산량
K: 부수제품 K 생산량
M: 부수제품 M 생산량
Y: 특수처리된 폐수의 양

[목적식] $21{,}000X - 1{,}000K + 1{,}500M - 2{,}500Y$

[제약식] 원료 A: 주종제품을 1kg 생산하려면 1kg의 원료 A가 소요되고 부수제품 K를 1kg 생산하려면 원료 A가 0.5kg 소요된다.

$X + 0.5K \le 50{,}000$

원료 B: 주종제품을 1kg 생산하려면 2kg의 원료 B가 소요되고 부수제품 M을 1kg 생산하려면 원료 B가 0.5kg 소요된다.

$2X + 0.5M \leq 70{,}000$

폐수: 주종제품 생산에서 나오는 폐수는 X이다. 부수제품 K 생산으로 처리되는 폐수는 0.5K, 부수제품 M 생산으로 처리되는 폐수는 0.5M, 특수처리된 폐수는 Y다.

$0.5K + 0.5M + Y = X$

[최적해] 주종제품 생산량: 35,000kg

부수제품 K 생산량: 30,000kg

부수제품 M 생산량: 0kg

특수처리하는 폐수의 양: 20,000kg

총이익: 6억 5,500만 원

9 (사재기) 한 가지의 제품을 저장하고 있는 창고의 운영방안을 생각해 보자. 이 창고는 10,000단위의 제품을 저장할 수 있는데 저장비용은 한 분기(3개월)에 한 단위당 만 원이다. 1년을 4분기로 구분할 때 각 1, 2, 3, 4 분기에서의 제품의 가격은 각각 10, 12, 15, 10 (만 원)으로 예측되고 있다. 이 창고의 운영자는 이 가격으로 이 제품을 사거나 팔 수 있어 가격이 낮을 때 구입하였다가 가격이 높을 때 처분함으로써 적절한 수익을 올릴 수 있다. 또 한 분기에 구입할 수 있는 제품의 양은 10,000단위로 한정되어 있다. 1년간 각 분기에서의 구매, 판매 및 저장계획을 최적으로 세우는 모형을 세우고 최적해를 구하시오. 단, 처음에 이 창고에 1,000단위의 제품이 있었으며 미래의 불확실성에 대비하기 위하여 1년 후에도 1,000단위 이상을 재고로 보유하고 있어야 한다.

[변수]

P_1, P_2, P_3, P_4: 각각 1분기, 2분기, 3분기, 4분기의 구입량(purchase amount)

S_1, S_2, S_3, S_4: 각각 1분기, 2분기, 3분기, 4분기의 판매량(sales)

I_1, I_2, I_3, I_4: 각각 1분기, 2분기, 3분기, 4분기 말의 저장량(inventory)

Max $\quad 10S_1 - 10P_1 + 12S_2 - 12P_2 + 15S_3 - 15P_3 + 10S_4 - 10P_4$
$\quad -I_1 - I_2 - I_3 - I_4$

s.t. $\quad 1{,}000 + P_1 - S_1 = I_1$

$I_1 + P_2 - S_2 = I_2$

$I_2 + P_3 - S_3 = I_3$

$I_3 + P_4 - S_4 = I_4$

$I_1 \leq 10{,}000$

$I_2 \leq 10{,}000$

$I_3 \leq 10{,}000$
$I_4 \leq 10{,}000$
$P_1 \leq 10{,}000$
$P_2 \leq 10{,}000$
$P_3 \leq 10{,}000$
$P_4 \leq 10{,}000$
$I_4 \geq 1{,}000$
모든 변수 ≥ 0.

[최적해] $P_1 = 9{,}000$, $S_3 = 10{,}000$, $P_4 = 1{,}000$
최대이익: 2억 9천만 원
1분기에 쌀 때 9,000단위를 구입하여 창고를 가득 채우고 3분기에 비쌀 때 10,000단위를 팔고 4분기에 쌀 때 1,000단위를 사서 연말 재고를 맞추는 것이 최적이다.

10 (생산변동비) 트럭 엔진을 생산하는 F사는 3월 말 현재 4, 5, 6월의 생산계획을 세우려고 한다. 3월 중에는 10,000개를 생산하였고 납품을 하고 난 후 3월 말 현재의 재고는 1,000개이다. 4월, 5월, 6월에는 각각 12,000개, 8,000개, 15,000개를 납품하여야 한다. 월별 수요가 크게 다른데 만일 수요에 맞추어 생산량을 크게 바꾸면 인력을 관리하는 데에 어려움이 발생한다. 한두 달 일할 인력을 고용하려면 인력 조달도 어렵고 재훈련 비용도 많이 든다. 또한 고용하였던 인력을 쉬게 하면 실업수당을 지불하여야 할 뿐만 아니라 사회적인 문제도 발생한다. 그렇다고 매달 생산량을 일정하게 유지하려면 재고가 발생하게 되는데 재고유지비도 들지만 재고를 넣어둘 시설이 부족한 상황이다. 이 회사가 가지고 있는 창고에는 매달 말 기준 3,000개까지의 재고를 유지할 수 있다. 이 회사에서는 생산량을 전달보다 1개 늘릴 때마다 12만 원의 추가비용이, 생산량을 전달보다 1개 줄일 때마다 8만 원의 비용이 추가로 든다고 평가하고 있다. 엔진 1개를 한 달 동안 재고로 유지하는 데에는 5만 원의 재고유지비가 발생한다. 이 회사에서는 7월 이후에 대한 주문량이 불확실하기 때문에 이에 대비하기 위하여 6월 말 재고를 1,000개로 유지할 계획에 있다. 재고유지에 따른 비용과 생산량 증감에 따른 추가적인 비용의 합을 최소로 할 수 있는 생산계획을 구하시오.

[변수] X_4, X_5, X_6: 각각 4월, 5월, 6월의 생산량
IX_4, IX_5, IX_6: 각각 4월, 5월, 6월 말의 재고
I_4, I_5, I_6: 각각 4월, 5월, 6월에 전달보다 늘어난 생산량

D_4, D_5, D_6: 각각 4월, 5월, 6월에 줄어든 생산량

Min $\quad 5IX_4 + 5IX_5 + 5IX_6 + 12I_4 + 12I_5 + 12I_6 + 8D_4 + 8D_5 + 8D_6$

s.t. $\quad 1{,}000 + X_4 = 12{,}000 + IX_4$

$IX_4 + X_5 = 8{,}000 + IX_5$

$IX_5 + X_6 = 15{,}000 + IX_6$

$IX_4 \leq 3{,}000$

$IX_5 \leq 3{,}000$

$IX_6 \leq 3{,}000$

$IX_6 \geq 1{,}000$

$X_4 - 10{,}000 = I_4 - D_4$

$X_5 - X_4 = I_5 - D_5$

$X_6 - X_5 = I_6 - D_6$

모든 변수 ≥ 0.

[최적해] 생산량 4월: 11,000개 (1,000개 증가)

5월: 11,000개 (전달과 동일)

6월: 13,000개 (2,000개 증가)

재고 4월 말: 0

5월 말: 3,000개

6월 말: 1,000개

최소비용: 5억 6천만 원

제5장_ 연습문제 B

1 A 공장에서는 하루 동안 다음과 같은 작업인력이 필요하다.

시 간 대	시 간	작 업 원 수
1	0~4시	24
2	4~8시	36
3	8~12시	90
4	12~16시	85
5	16~20시	55
6	20~24시	30

한 작업원은 8시간 동안 연속으로 일하는데 작업시작 시간은 0, 4, 8, 12, 16, 20시 중에 하나가 되어야 한다. X_j 를 각 시간대 j에서 작업을 새로 시작하는 작업원의 수라고 할 때 총작업원의 수를 최소로 하는 운영계획을 수립할 수 있는 선형최적화 모형을 개발하고 K-OPT로 최적해를 구하시오.

2 한국제지에서는 폭이 20cm이며 길이가 200m인 종이 롤(roll)을 가져다가 폭이 각각 3cm, 5cm, 7cm 인 200m 짜리 롤들을 생산한다. 이 회사에서는 20cm짜리 롤을 자르는 방법으로 다음의 7가지 방법을 사용하고 있다.

방법	갯수			손실 (폭, cm)
	3cm	5cm	7cm	
1	6	0	0	2
2	0	4	0	0
3	2	0	2	0
4	0	1	2	1
5	1	3	0	2
6	1	2	1	0
7	4	0	1	1

이 회사에서는 폭이 3, 5, 7 cm인 롤들을 각각 1,000, 2,000, 4,000개 생산하여야 한다.

(가) 이 회사에서 필요한 20cm 롤의 갯수를 최소화한다면 몇 개의 롤이 사용되어야 하며 이때 손실분의 총량은 얼마인가?

(나) 이 회사에서 발생된 손실분의 총량을 최소화 한다면 필요한 20cm의 갯수는 몇 개인가? 이때 총손실은 얼마인가?

(다) (가)와 (나)를 비교하시오.

제 6 장 네트워크 모형과 수송문제

네트워크(Network, 망)를 이용한 분석은 전자공학에서 회로의 분석에서 처음으로 개발 이용되어 왔다. 그러나 우리가 속해 있는 사회에는 많은 시스템이 네트워크의 형태를 갖고 있기 때문에 이 네트워크 분석 기법은 곧 경제사회시스템으로 적용범위가 넓혀져 왔다. 전화 네트워크, 컴퓨터 네트워크, 도로 네트워크, 상수도 및 하수도 네트워크, 철도 네트워크, 하천 네트워크, 비행항로 네트워크, 선박항로 네트워크 등 네트워크 분석의 적용대상은 매우 넓다. 여기서는 다양한 네트워크 분석문제의 형태별로 가장 기본이 되는 다음의 몇 가지 문제들에 대해 논의한다.

(가) 설치배치문제(Facility Location Problem)

생산에 필요한 설비들을 바람직한 방법으로 배치하거나 이미 배치되어 있는 설비들을 연결해 주는 방법들에 관한 문제들이다. 공장 내 기계배치문제, 공장위치 선정문제, 컴퓨터 네트워크 설계 등이 이 부류에 속한다.

(나) 경로선택문제(Routing Problem)

네트워크상의 한 지점에서 다른 지점까지 갈 수 있는 여러 경로들 중에서 바람직한 경로를 구하는 문제들이다. 도로, 선박 및 항공 등의 수송 네트워크상에서 두 지점을 잇는 경로선택문제, 적진을 통과하는 폭격기의 경로선택문제, 여러 방문지를 들르는 외판사원의 경로선택문제 등이 이 부류에 속한다.

(다) 흐름분석문제(Flow Optimization Problem)

네트워크상의 한 지점에서 다른 지점까지 수송하는 물량에 대한 분석문제이다. 정보통신 네트워크상의 두 지점 사이에서 교신할 수 있는 최대정보흐름양을 구하거나 교신된 정보의 단위당 비용을 최소화하는 문제들이 이 부류에 속한다.

(라) 수송문제(Transportation Problem)

수송문제는 상품의 공급지가 여러 곳에 퍼져있고 수요지도 여러 곳에 퍼져있을 때 어느 공급지에서 어느 수요지로 얼마만큼씩 수송을 하는 것이 총수송비를 최소화하는 방법인가를 분석하는 문제이다. 이 문제는 네트워크로 표현할 수 있다.

(마) 경유수송문제(Transshipment Problem)

수송문제에서는 공급지에서 수요지까지 물량을 직접 수송한다고 가정하고 있다. 그러나 실제에 있어서는 생산공장에서 중간창고를 경유하여 수요지로 보내지는 경우가 많이 있다. 이렇게 공급지와 수요지 이외에도 중간경유지가 있는 문제를 경유수송문제라고 한다.

(바) 할당문제(Assignment Problem)

할당문제는 몇 명의 종업원들을 몇 개의 작업에 할당하는 데 있어서 가장 효과가 크도록 하는 할당방법을 구하는 종류의 문제이다. 이 문제는 수송문제의 특수한 경우로서 이 역시 네트워크로 표현할 수 있다.

네트워크 분석에는 그래프이론(Graph Theory)에 나오는 용어들을 많이 이용한다. 그래프(Graph)란 마디(Node)들과 이들을 연결하는 가지(Arc)들로 이루어진 그림을 의미한다.

그림 6.1 그래프의 예

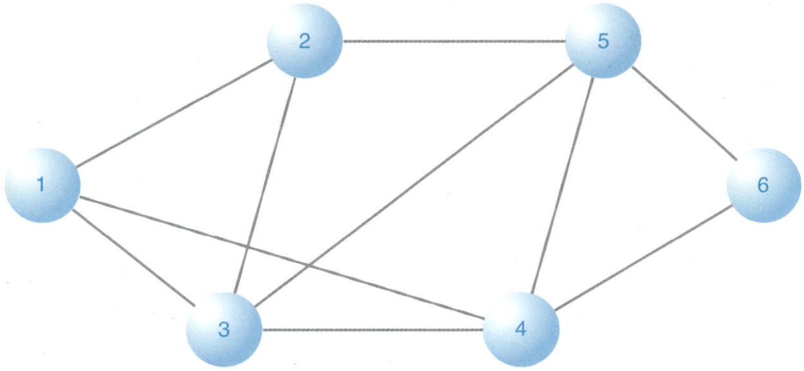

예를 들어, 그림 6.1은 6개의 마디와 10개의 가지로 이루어진 그래프이다. 각 가지 위에 하나 이상의 수치가 주어진 그래프를 네트워크라고 부른다. 이 값은 이 가지의 길이일 수도 있고 이 가지를 통과할 수 있는 흐름의 용량일 수도 있다. 그림 6.2는 네트워크의 예를 보여주고 있다.

그림 6.2 네트워크의 예

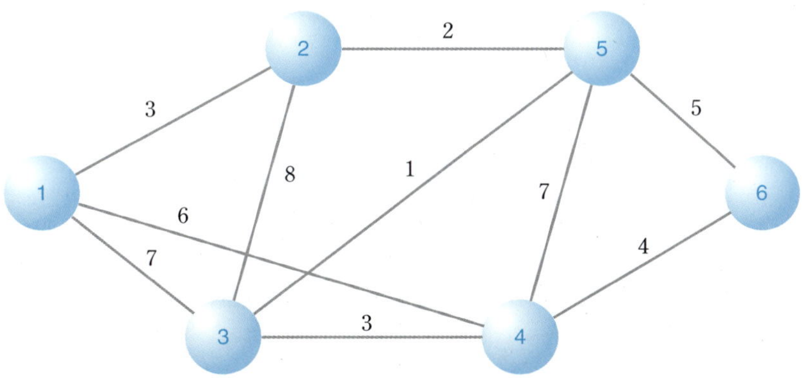

1. 설치배치문제

여러 가지 설치배치문제들 중에서 기존의 설비들을 효과적으로 연결해주는 문제를 다루어 보자.

예제 6-1

A사는 서울, 부산, 광주, 대전, 강릉, 포항에 사업소를 갖고 있다. 각 사업소 간에 다량의 데이터를 안전하고 신속하게 교환하기 위하여 이 회사에서는 이 6개의 사업소를 연결하는 데이터통신 전용망을 설치할 것은 구상하고 있다. 데이터통신은 어느 정도의 시간지연이 허용되므로 중간에 다른 컴퓨터를 거쳐서 연결시키는 방법(store-and-forward 방식)으로도 적절한 정보교환이 가능하다. 각 사업소를 직접 연결할 때 소요되는 비용을 조사하여 본 결과 그림 6.3의 각 가지 위에 표시된 수치와 같다(단위: 억 원). 이때 최소의 비용으로 6대의 사업소를 모두 연결시키는 방법을 구하고자 한다.

그림 6.3 컴퓨터의 연결가능경로

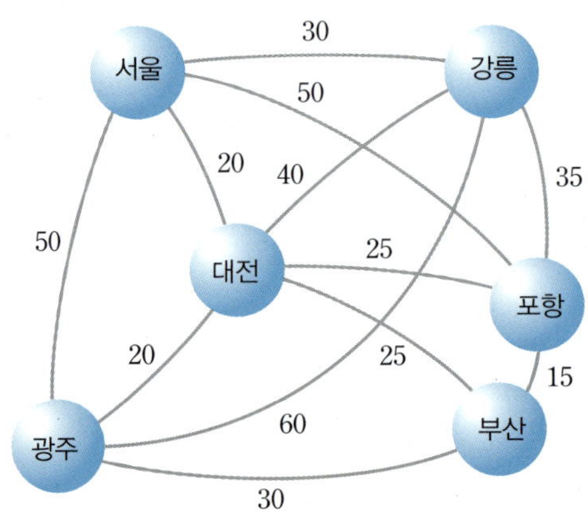

이 문제는 다음과 같은 간단한 방법으로 최적해를 구할 수 있다. 먼저 그림에서 임의로 한 개의 마디를 선택한다. 예를 들어서 서울을 선택하자. 서울에서 비용이 가장 적게 연결되는 마디인 대전을 선택하여 그림 6.4와 같이 서울과 연결시킨다. 다음에 서울이나 대전 중 아무 곳으로나 연결할 때 비용이 가장 적게 드는 마디를 선택한다. 이 문제에서는 광주가 선택되며 그림 6.5와 같이 대전과 연결된다. 다음에 서울, 대전, 광주 중 아무 곳에나 연결할 때 비용이 가장 적게 드는 마디는 포항이나 부산이다. 임의로 부산을 선택한다. 이렇게 하여 그림 6.6을 얻는다. 이와 같은 방법을 모든 마디가 굵은 선으로 연결될 때까지 계속하면 최종적으로 그림 6.7을 얻으며 이 그림에 최적의 연결방법이 나타나 있다. 이때 최소비용은

$$20 + 20 + 25 + 15 + 30 = 110(\text{억원})$$

이 된다. 이 네트워크에 의하면 강릉은 서울로만 연결되지만 서울-대전-부산을 거쳐서 포항과도 정보교환이 가능하다.

그림 6.4 첫 번째의 연결

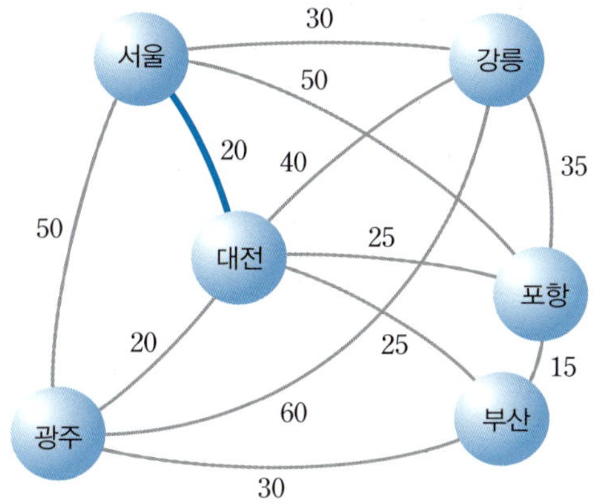

그림 6.5 두 번째의 연결

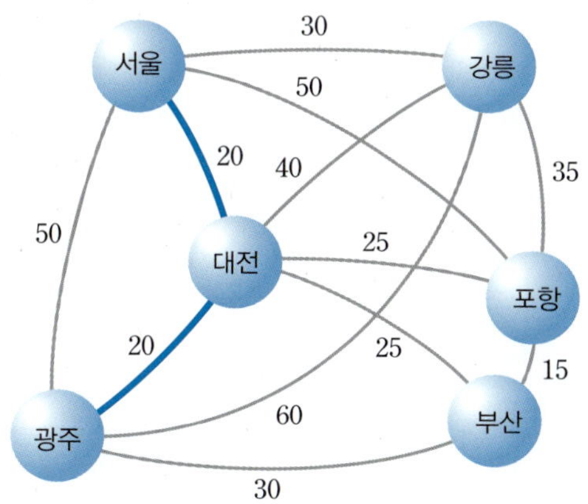

그림 6.6 세 번째의 연결

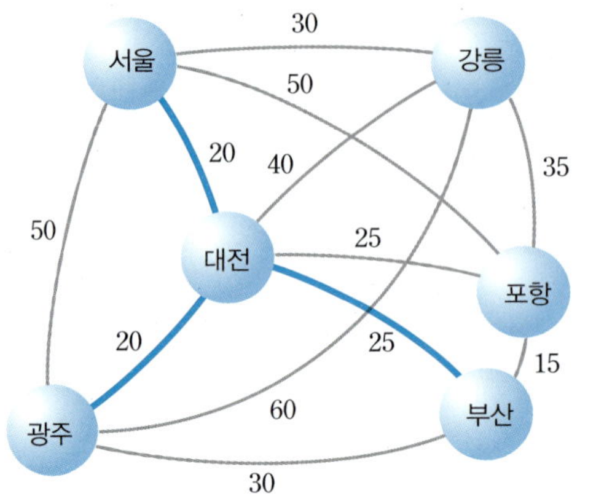

그림 6.7 최종연결

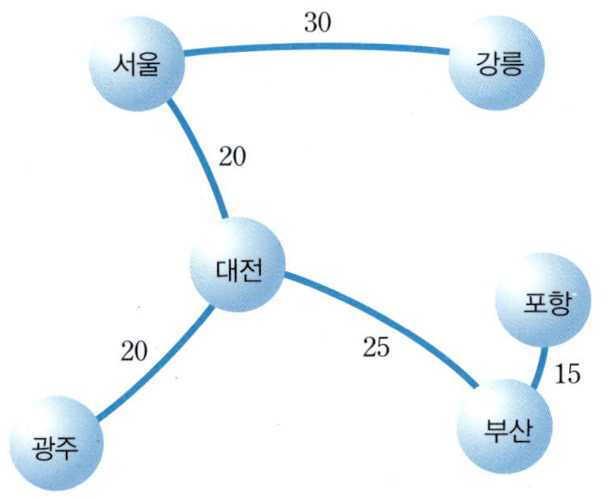

일반적으로 모든 마디를 연결하는 방법 중 비용 또는 길이가 최소가 되는 연결방식을 최소걸침나무(minimal spanning tree)라고 부른다. 그림 6.7은 [예제 6-1]의 최소걸침나무를 보여주고 있다. 최소걸침나무를 구하는 방법을 정리하면 다음과 같다.

최소걸침나무를 구하는 방법

단계 1: 임의로 한 개의 마디를 선택하고 가장 가까운 마디와 연결한다.
단계 2: 연결되지 않은 마디들 중에서 연결된 마디들과의 거리가 가장 짧은 것을 선택하여 연결한다. 모든 마디가 연결될 때까지 반복한다.

기계배치, 공장위치선정 등 좀 더 일반적인 설비배치문제는 매우 복잡하여 이렇게 간단한 해법이 적용되기 힘들다. 이 경우에는 뒤에서 다룰 정수최적화 모형(Integer Optimization model)이나 또는 동적계획법(Dynamic Programming, 이에 대해서는 다른 교재를 참조)을 이용하여 해결할 수 있다.

2. 경로선택문제

여러 가지 경로선택문제 중에서 두 마디 사이의 거리 또는 비용이 최소가 되는 경로를 구하는 문제를 다루어 보자.

예제 6-2

서울의 S지역으로 새로 이사온 김씨는 T지역에 있는 직장까지 갈 수 있는 가장 빠른 길이 무엇인지 알아보기로 했다. 평소의 경험에 의하여, 갈 수 있는 여러 가지 방법을 생각하여 본 결과 그림 6.8과 같은 네트워크를 얻었다.

그림 6.8 김 씨가 이용할 수 있는 도로

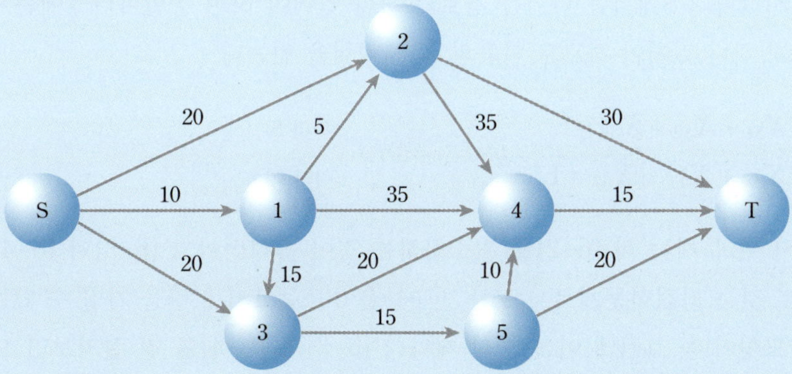

집 S에서 직장 T까지 가기 위해서는 Ⓢ→①→④→Ⓣ 또는 Ⓢ→③→⑤→Ⓣ 등 여러 가지 방법이 가능한데 이 중에서 가장 시간이 짧게 걸리는 경로를 구하려 한다. 그림에서 각 가지 위에 적혀 있는 숫자는 그 가지를 통과하는 데 걸리는 시간(단위:분)이다.

이 문제를 최적화문제로 정식화해 보자. 여기에서는 S에서 T까지 가는 경로에 각 가지를 포함시킬 것인지의 여부를 결정하여야 한다. 따라서 여기서는 선형최적화 모형의 경우와 달리 다음과 같은 이진변수를 사용하여야 한다.

$$X_{ij} = \begin{cases} 1, & \text{가지 } (i, j) \text{가 경로에 포함되는 경우} \\ 0, & \text{그 이외}. \end{cases} \quad \cdots [6\text{-}1]$$

그러면 경로의 총길이는

$$\begin{aligned} &10X_{S1} + 20X_{S2} + 20X_{S3} + 5X_{12} + 15X_{13} + 35X_{14} \\ &+ 35X_{24} + 30X_{2T} + 20X_{34} + 15X_{35} + 15X_{4T} + 10X_{54} + 20X_{5T} \end{aligned} \quad \cdots [6\text{-}2]$$

가 되며 이를 최소화 하는 문제가 된다.

마디 1, 2, 3, 4, 5는 모두 중간 마디이므로 모든 경로에서는 각 마디로 들어가는 횟수와 나오는 횟수가 언제나 같게 된다. 따라서 다음의 제약식들을 갖는다.

$$\begin{aligned} &X_{S1} = X_{12} + X_{13} + X_{14} && \text{(마디 1)} \\ &X_{S2} + X_{12} = X_{24} + X_{2T} && \text{(마디 2)} \\ &X_{S3} + X_{13} = X_{34} + X_{35} && \text{(마디 3)} \\ &X_{14} + X_{24} + X_{34} + X_{54} = X_{4T} && \text{(마디 4)} \\ &X_{35} = X_{54} + X_{5T} && \text{(마디 5)} \end{aligned} \quad \cdots [6\text{-}3]$$

그리고 시작마디 S에서는 나가는 경로가 하나 있어야 하며 종말마디 T에는 들어가는 경로가 하나 있어야 하므로 다음의 두 제약식을 얻는다.

$$\begin{aligned} &X_{S1} + X_{S2} + X_{S3} = 1 && \text{(마디 } S\text{)} \\ &X_{2T} + X_{4T} + X_{5T} = 1 && \text{(마디 } T\text{)} \end{aligned} \quad \cdots [6\text{-}4]$$

따라서 이 문제는 식 [6–2]를 최소화하는 것이 목적식이고 [6–3]과 [6–4]를 제약식으로 갖는 최적화문제로서 모든 변수들은 0 또는 1의 값만을 가질 수 있는 정수최적화 모형이다. 그런데 이 문제의 제약식 [6–3]과 [6–4]를 잘 살펴보면 모든 변수의 계수는 1, 0, 또는 −1이며 하나의 변수는 두 개의 제약식에만 나타난다. 이러한 특별한 구조로 인해 이 문제의 경우에는 모든 변수들이 0 또는 1의 값만을 가질 수 있다는 정수조건을 무시하고 대신 $X_{ij} \geq 0$이라는 비음조건을 사용한 선형최적화 모형을 풀어도 항상 정수해가 나온다는 것이 증명되어 있다. 따라서 K–OPT로 최적해를 구할 수 있다. 그림 6.9는 이 문제의 K–OPT 입력파일과 출력을 보여주고 있다. 이 출력에 의하면 그림 6.10에 있는 굵게 표시된 최적해가 구해지며 최단시간은 45분이다.

그림 6.9 [예제 6-2]의 K-OPT 입력파일과 출력

(가) 입력파일

```
MIN   10XS1 + 20XS2 + 20XS3 + 5X12 + 15X13 + 35X14
      + 35X24 + 30X2T + 20X34 + 15X35 + 15X4T + 10X54 + 20X5T
ST    XS1 - X12 - X13 - X14 = 0
      XS2 + X12 - X24 - X2T = 0
      XS3 + X13 - X34 - X35 = 0
      X14 + X24 + X34 + X54 - X4T = 0
      X35 - X54 - X5T = 0
      XS1 + XS2 + XS3 = 1
      X2T + X4T + X5T = 1
END
```

(나) 출력

수행된 심플렉스 반복횟수: 8

목적함수 값: 45.00000

변 수	최 적 해	수 정 비 용
XS1	1.00000	0.00000
XS2	0.00000	5.00000
XS3	0.00000	0.00000
X12	1.00000	0.00000
X13	0.00000	5.00000
X14	0.00000	5.00000
X24	0.00000	10.00000
X2T	1.00000	0.00000
X34	0.00000	0.00000
X35	0.00000	0.00000
X4T	0.00000	10.00000
X54	0.00000	5.00000
X5T	0.00000	10.00000

그림 6.10 [예제 6-2]의 최적해

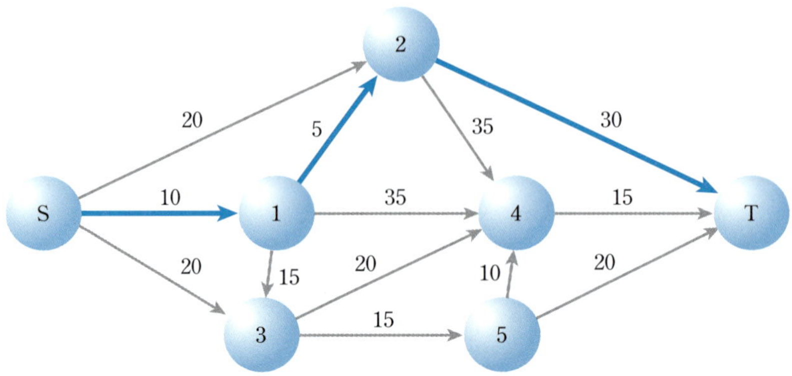

여기서는 최단경로문제를 선형계획법으로 풀었지만 이러한 방법을 실시간(real time)으로 운영되는 시스템에서 사용하기는 어렵다. 예를 들어, 인터넷의 라우터는 통신망의 각 링크의 상황을 감안하여 패킷을 목적지까지 최단시간에 보낼 수 있는 경로를 구하여 패킷을 전송한다. 이러한 상황에서는 일반적인 해법인 선형계획법을 사용하는 것보다는 이 문제를 위해 특별히 고안된 다익스트라 해법(Dijkstra Method)을 사용하는 것이 바람직하다.

이 예제에서는 각 가지의 길이가 시간을 나타내고 있으나 일반적으로는 기하학적 거리, 또는 그 가지를 통과하기 위한 비용 등 어떠한 종류도 가능하다. 가지의 길이가 비용을 나타낸다면 이 문제는 최소비용을 갖는 경로를 구하는 문제로 해석된다. 뿐만 아니라 어느 가지를 통과할 때 오히려 이익이 발생한다면 이익은 음의 비용이므로 가지의 길이가 음수가 될 수도 있다. 앞에서 언급한 다익스트라 해법은 모든 가지의 길이가 양인 경우에는 최적해를 정확히 구할 수 있지만 가지의 길이가 음수인 것이 있는 경우에는 적용할 수 없는 해법이다. 다익스트라 해법에 대해서는 다른 OR 교재를 참고하기 바란다.

여러 방문지를 순회하는 외판사원문제(Traveling Salesman Problem)나 중국인 우체부문제(Chinese Postman Problem)등 좀 더 일반적인 경로선택문제들은 선형계획법으로 풀 수 없으며 또한 간단한 해법도 개발되어 있지 않다. 이에 대해서는 많은 연구가 진행중이다.

3. 흐름분석문제

각 가지에 통과할 수 있는 흐름의 용량이 한정되어 있을 때 한 마디에서 다른 마디로 흘려보낼 수 있는 최대의 흐름을 구하는 문제를 생각해보자.

예제 6-3

미국의 남서부지역에 있는 댐에서는 서부에 있는 5개 도시에 식수를 공급하고 있다. 이 식수는 송수관을 통하여 공급되고 있는데 이 송수관의 네트워크는 그림 6.11과 같다.

그림 6.11 식수공급 네트워크

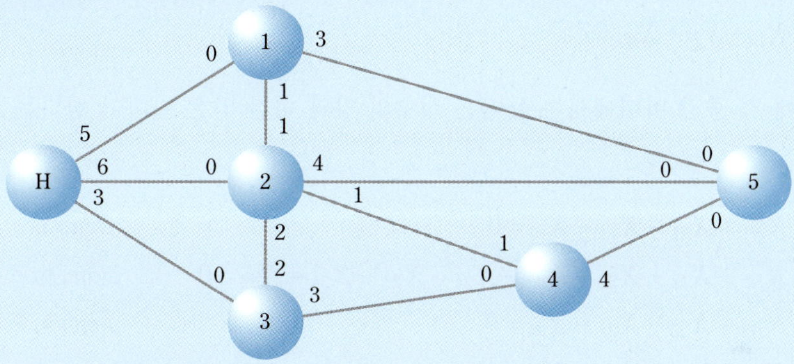

각 가지에는 두 개의 숫자가 적혀 있는데 이것은 단위시간당 식수를 공급할 수 있는 용량을 말한다. 예를 들어, 댐 Ⓗ와 도시 ① 사이에서는 댐 Ⓗ에서 도시 ①로는 5단위의 물을 보낼 수 있지만 ①에서 Ⓗ로는 보낼 수 없음을 말하고 있다. 반면 도시 ①과 도시 ②는 서로 1단위의 물을 보낼 수 있음을 말하고 있다. 어느날 도시 ⑤에 지진이 발생하여 도시 ⑤에 있는 식수저장소가 파괴되어 곤란을 겪고 있다. 이에 따라 댐 Ⓗ에서는 가능한 많은 양의 식수를 네트워크에 있는 송수관을 통하여 도시 ⑤로 보내려 하고 있다. 어떻게 보내야 할 것인가?

이 문제는 선형최적화 모형으로 정식화 할 수 있다. 이를 위해 다음의 변수를 도입하자.

X_{ij}: 가지 (i, j)를 통해 단위시간 동안 수송한 식수의 양.

Z: 수송된 식수의 양

이 문제는 수송된 식수의 양을 최대로 하는 것이 목적이므로 목적식은

$$\text{Max } Z$$

가 된다.

다음에 제약식을 생각해 보자. 먼저 최종마디 H에서 나간 식수의 양은 수송된 식수의 양과 같다.

$$X_{H1}+X_{H2}+X_{H3}=Z$$

그리고 마디 5에 들어온 식수의 양도 수송된 식수의 양과 같다.

$$X_{15}+X_{25}+X_{45}=Z$$

다음에 각 중간 마디에서는 들어온 식수의 양과 나간 양은 같아야 한다는 조건이 있다.

$$X_{H1}+X_{21}-X_{12}-X_{15}=0 \qquad \text{(마디 1)}$$

$$X_{H2}+X_{12}+X_{32}+X_{42}-X_{21}-X_{23}-X_{24}-X_{25}=0 \qquad \text{(마디 2)}$$

$$X_{H3}+X_{23}-X_{32}-X_{34}=0 \qquad \text{(마디 3)}$$

$$X_{24}+X_{34}-X_{42}-X_{45}=0 \qquad \text{(마디 4)}$$

그리고 각 가지의 용량 제약식이 있다.

$$X_{H1}\leq 5,\ X_{H2}\leq 6,\ X_{H3}\leq 3,$$

$$X_{12}\leq 1,\ X_{21}\leq 1,\ X_{23}\leq 2,\ X_{32}\leq 2,$$

$$X_{15}\leq 3,\ X_{25}\leq 4,\ X_{24}\leq 1,\ X_{42}\leq 1,\ X_{34}\leq 3,\ X_{45}\leq 4$$

마지막으로 비음조건이 있다.

$$X_{ij}\geq 0, \text{ 모든 } i\text{와 } j\text{에 대해.}$$

그림 6.12는 이 문제의 K-OPT 입력파일과 출력이다. 이 출력에 의하면 최대 공급량은 11이며 최적수송계획은 그림 6.13과 같다.

그림 6.12 [예제 6-3]의 입력파일과 출력

(가) 입력파일

```
MAX  Z
ST   XH1+XH2+XH3-Z=0
     X15+X25+X45-Z=0
     XH1+X21-X12-X15=0
     XH2+X12+X32+X42-X21-X23-X24-X25=0
     XH3+X23-X32-X34=0
     X24+X34-X42-X45=0
     XH1<5
     XH2<6
     XH3<3
     X12<1
     X21<1
     X23<2
     X32<2
     X15<3
     X25<4
     X24<1
     X42<1
     X34<3
     X45<4
END
```

(나) 출력

수행된 심플렉스 반복횟수: 9

목적함수 값: 11.00000

변 수	최 적 해	수 정 비 용
Z	11.00000	0.00000
XH1	4.00000	0.00000
XH2	6.00000	0.00000
XH3	1.00000	0.00000
X15	3.00000	0.00000
X25	4.00000	0.00000
X45	4.00000	0.00000
X21	0.00000	0.00000
X12	1.00000	0.00000
X32	0.00000	0.00000
X42	0.00000	0.00000
X23	2.00000	0.00000
X24	1.00000	0.00000
X34	3.00000	0.00000

그림 6.13 [예제 6-3]의 최적해

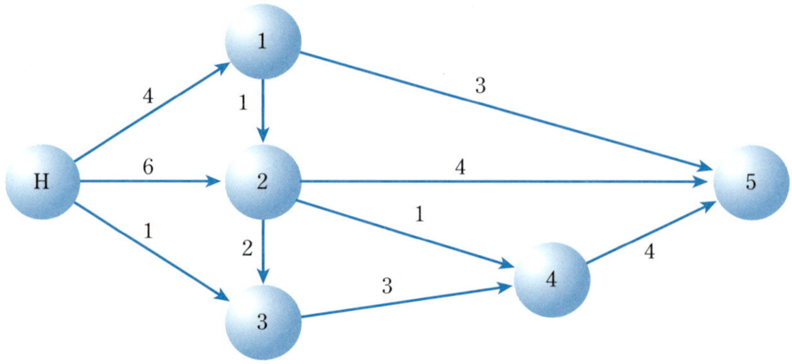

이 문제의 경우 네트워크가 커지게 되면 일반적인 선형계획법 패키지로 푸는 것은 어려워진다. 이 문제의 경우에도 이 문제를 위해 특별히 고안된 알고리듬이 있으며 짧은 시간 안에 최적해를 정확히 구할 수 있다.

최대흐름을 구하는 문제 이외에도 일정한 물량을 수송하는 방법 중 비용이 최소가 되는 수송계획을 구하는 문제인 최소비용흐름문제(Minimum Cost Flow Problem)도 있다.

4. 수송문제

현대의 경제구조에 따르면 기업의 생산공장들은 수요자들에서부터 지역적으로 떨어져 있게 되기 쉽다. 원자재의 구입이 용이한 곳, 풍부한 노동력이 있는 곳, 세제혜택이 있는 곳 및 수송시설이 발달된 곳 등에 공장이 들어서기 쉬운 반면, 제품의 소비지역은 인구밀도가 높은 곳이 되기 쉽다. 이러한 경우 제품은 생산지에서 수요지로 수송되어야 한다.

수송문제(Transportation Problem)는 상품의 공급지가 여러 곳에 퍼져있고 수요지도 여러 곳에 퍼져있을 때 어느 공급지에서 어느 수요지로 얼마만큼씩 수송을 하는 것이 총수송비를 최소화하는 방법인가를 분석하는 문제이다. 예를 들어서 여러 곳에 시멘트공장을 갖고 이를 전국의 수요지로 수송하는 시멘트회사의 경우 수송비는 막대한 부분을 차지하기 때문에 적절한 수송계획을 수립함으로써 많은 비용절감을 기할 수 있다.

예제 6-4

청량음료를 생산하는 삼성사이다는 치열한 경쟁에서 이기기 위해서는 막대한 수송비의 절감이 절실함을 느끼고 있다. 경영과학을 잘 아는 사장은 수송모형을 통한 적절한 수송계획을 수립함으로써 수송비를 절감할 수 있다는 점을 상기하고 관련 부서에 수송모형의 개발을 지시하였다.

이 회사는 군산, 대전 및 마산 등 3장소에 공장을 갖고 있으며 서울, 부산, 대구 및 광주에 창고를 갖고 있다 (그림 6.14 참조). 다음 달 각 공장에서의 생산계획은 마산공장에서 50단위, 대전공장에서 80단위, 그리고 군산공장에서 120단위를 생산하도록 되어 있다. 각 지역에서의 수요를 맞추기 위해서는 부산창고에 90단위, 대구창고에 70단위, 광주창고에 40단위, 서울창고에 50단위를 보내야 한다. 각 공장에서 각 창고까지의 단위당 수송비는 표 6.1과 같이 주어져 있다.

그림 6.14 삼성사이다 수송망

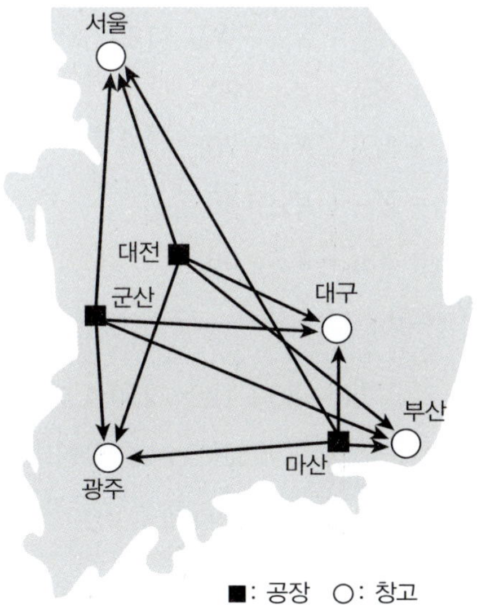

| 표 6.1 | 삼성사이다의 수송비 (백만 원/단위)

공장 \ 창고	부산	대구	광주	서울	공급량
마산	8	9	11	16	50
대전	12	7	5	8	80
군산	14	10	6	7	120
수요량	90	70	40	50	250

이 문제는 그림 6.14와 같은 네트워크에서 세 개의 공장에서 네 개의 수요지로 각각 얼마큼씩 수송할 것인지를 결정하는 문제이다. 이 문제를 선형최적화 모형으로 분석해 보자. 이를 위해 결정변수 X_{ij}가 i번째 공장에서 j번째 창고로 수송되는 물량을 나타낸다고 하자. 예를 들어, X_{23}은 2번째 공장인 대전공장에서 3번째 창고인 광주창고로 보내는 물량이며 표 6.1에 의하면 대전공장에서 광주창고로 보내는 물량의 총수송비는 $5X_{23}$(백만원)이 된다. 이 문제는 다음과 같은 최적화 모형으로 표현된다.

$$
\begin{aligned}
\text{minimize}\quad & 8X_{11}+9X_{12}+11X_{13}+16X_{14}+12X_{21}+7X_{22}+5X_{23} \\
& +8X_{24}+14X_{31}+10X_{32}+6X_{33}+7X_{34} \\
\text{subject to}\quad & X_{11}+X_{12}+X_{13}+X_{14}=50 \\
& X_{21}+X_{22}+X_{23}+X_{24}=80 \\
& X_{31}+X_{32}+X_{33}+X_{34}=120 \\
& X_{11}+X_{21}+X_{31}=90 \\
& X_{12}+X_{22}+X_{32}=70 \\
& X_{13}+X_{23}+X_{33}=40 \\
& X_{14}+X_{24}+X_{34}=50 \\
& X_{ij}\ge 0,\quad i=1,2,3,\quad j=1,2,3,4.
\end{aligned}
$$

이 문제의 경우 총공급량은 $50+80+120=250$으로서 총수요량 $90+70+40+50=250$과 같다. 이러한 수송 모형을 균형수송 모형(balanced transportation model)이라고 부른다. 균형수송 모형에서는 총공급량과 총수요량이 같기 때문에 제약식들을 등식으로 사용할 수 있다. 그러나 총공급량과 총수요량이 다른 경우에 모든 제약식을 등식으로 놓으면 이 모형은 실행불가능문제가 된다.

그림 6.15는 [예제 6-4]를 K-OPT를 이용하여 풀은 결과이다. 최적해는 표 6.2와 같고 최적수송비는 20억 2,000만 원이 된다. 이 최적수송계획을 그림으로 표현

한 것이 그림 6.16에 있다. 여러분들이 직관적으로 생각할 수 있는 수송계획과 비슷한가 생각해 보자.

그림 6.15 [예제 6-4]의 K-OPT 입출력

(가) 입력파일

```
MIN   8X11 + 9X12 + 11X13 + 16X14 + 12X21 + 7X22 + 5X23 + 8X24
    + 14X31 + 10X32 + 6X33 + 7X34
ST    X11 + X12 + X13 + X14 = 50
      X21 + X22 + X23 + X24 = 80
      X31 + X32 + X33 + X34 = 120
      X11 + X21 + X31 = 90
      X12 + X22 + X32 = 70
      X13 + X23 + X33 = 40
      X14 + X24 + X34 = 50
END
```

(나) 출력

수행된 심플렉스 반복횟수 : 13

목적함수 값 : 2020.0000

변 수	최 적 해	수 정 비 용
X11	50.00000	0.00000
X12	0.00000	6.00000
X13	0.00000	11.00000
X14	0.00000	15.00000
X21	10.00000	0.00000
X22	70.00000	0.00000
X23	0.00000	1.00000
X24	0.00000	3.00000
X31	30.00000	0.00000
X32	0.00000	1.00000
X33	40.00000	0.00000
X34	50.00000	0.00000

| 표 6.2 | 최적수송표

공급지 \ 수요지	부산	대구	광주	서울	공급량
마산	50				50
대전	10	70			80
군산	30		40	50	120
수요량	90	70	40	50	250

그림 6.16 최적수송계획

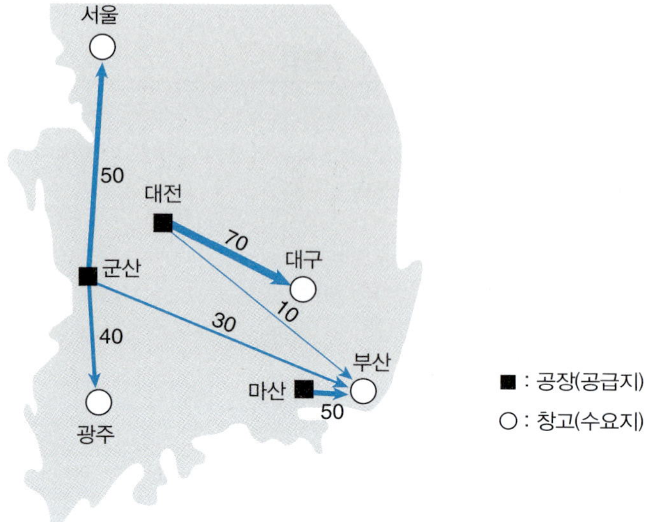

이 문제는 K-OPT를 이용하여 최적해를 구했지만 공급지와 수요지가 많은 문제에서는 변수의 갯수가 크게 늘어나서 일반 선형계획법 패키지로는 해결하기 어려워진다. 그러나 수송문제의 경우에도 수송문제 전용의 해법이 따로 개발되어 있다. 이 해법은 수송문제의 특수한 구조를 이용하여 심플렉스방법을 단순화시킨 것으로서 수정배분법(MODI: MOdified DIstribution Method)이라고 부른다. 이 방법은 일반 심플렉스방법보다 훨씬 효과적임이 알려져 있다. 예를 들어, 1,000개의 공장과 1,000개의 창고가 있는 수송문제는 변수의 수가 백만 개가 되므로 일반적인 심플렉스방법으로는 도저히 해를 구할 수 없으나 이 수정배분법을 사용하면 보통의 컴퓨터로 적절한 시간 내에 최적해를 구할 수 있다.

앞에서 우리는 균형수송모형에 대하여 공부하였다. 그러나 실제문제에서 총공급량과 총수요량이 항상 일치하는 것은 아니다. 예를 들어서 앞의 예제에서 마산에서의 공급가능량을 20이 추가된 70이라고 하자. 이때에 총공급가능량은 270이며 총수요량은 250으로서 불균형상태이며, 이때의 선형최적화 모형은 다음과 같이 바꾸어 주어야 한다.

$$
\begin{aligned}
\text{Minimize} \quad & 8X_{11} + 9X_{12} + 11X_{13} + 16X_{14} + 12X_{21} + 7X_{22} + 5X_{23} \\
& + 8X_{24} + 14X_{31} + 10X_{32} + 6X_{33} + 7X_{34} \\
\text{subject to} \quad & X_{11} + X_{12} + X_{13} + X_{14} \leq 70
\end{aligned}
$$

$$X_{21} + X_{22} + X_{23} + X_{24} \leq 80$$
$$X_{31} + X_{32} + X_{33} + X_{34} \leq 120$$
$$X_{11} + X_{21} + X_{31} = 90$$
$$X_{12} + X_{22} + X_{32} = 70$$
$$X_{13} + X_{23} + X_{33} = 40$$
$$X_{14} + X_{24} + X_{34} = 50$$
$$X_{ij} \geq 0, \quad i = 1, 2, 3, \quad j = 1, 2, 3, 4.$$

이 모형에서 처음의 세 개의 제약식은 등식이 아닌 부등식을 써야만 한다. 등식을 사용하는 경우에는 이 문제는 실행불가능문제가 된다.

이 모형은 작기 때문에 일반적 선형계획용 컴퓨터 패키지를 이용해도 곧바로 최적해를 구할 수 있다. 이때 최적해는 표 6.3과 같으며 이때의 최소수송비용은 19억원이다. 이 수송계획을 그림으로 나타내면 그림 6.17과 같다. 그림 6.16과 그림 6.17로 나타나는 두 개의 최적해를 비교하여 보면 마산에서의 공급가능량이 20단위가 증가하게 되면, 군산에서 부산으로의 수송량 중 20단위를 마산에서 부산으로 수송하는 것으로 바꾸는 것이 바람직하다는 것을 알 수 있다. 이때 군산에는 20단위의 공급능력이 남게 된다.

그림 6.17 불균형 모형의 최적수송계획

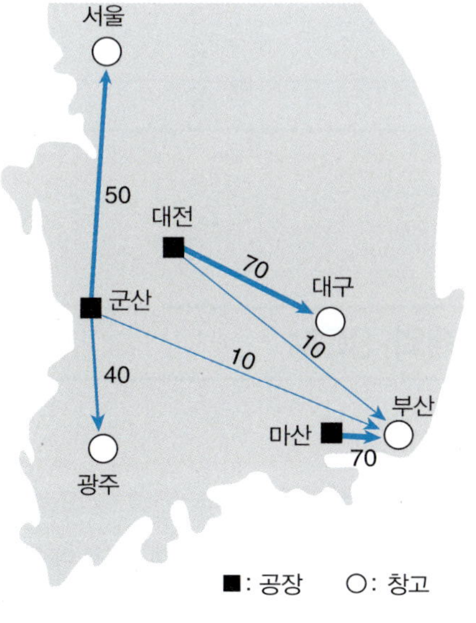

| 표 6.3 | 최적수송표

공급지 \ 수요지	부산	대구	광주	서울	공급량	공급여분
마산	70				70	0
대전	10	70			80	0
군산	10		40	50	100	20
수요량	90	70	40	50	250	

이러한 불균형수송모형의 경우에도 규모가 매우 커지게 되면 일반적 선형계획용 컴퓨터 패키지로 해를 구하는 것은 거의 불가능하기 때문에 이 불균형수송모형을 균형수송모형으로 고쳐서 수정배분법을 이용하는 것이 바람직하다. 예를 들어, 이 문제를 균형모형으로 만들기 위해서는 가상적인 수요지를 하나 추가하고 초과공급능력 20을 이 가상수요지에 보내면 된다. 이 가상수요지로는 실제로는 수송하지 않으며, 따라서 수송비는 0이라고 하면 된다. 이때의 수송표는 표 6.4와 같다. 이 균형수송모형을 수정배분법으로 푼다면 앞에서 구한 해와 동일한 해를 얻게 된다.

| 표 6.4 | 가상적 균형수송모형의 수송비 (백만원/단위)

공급지 \ 수요지	부산	대구	광주	서울	가상수요지	공급량
마산	8	9	11	16	0	70
대전	12	7	5	8	0	80
군산	14	10	6	7	0	120
수요량	90	70	40	50	20	270

5. 경유수송문제와 SCM

경유수송문제(Transshipment Problem)는 앞에서 다룬 수송문제를 좀 더 일반화한 것이다. 수송문제에서는 공급지에서 수요지까지 물량을 직접 수송한다고 가정하고 있다. 그러나 실제에 있어서는 생산공장에서 물류창고를 경유하여 수요지로 보내지는 경우가 많이 있다. 이렇게 공급지와 수요지 이외에도 중간경유지가 있는 문제를 경유수송문제라고 한다.

예제 6-5

미국의 R전자회사는 덴버와 애틀랜타에 생산공장을 갖고 있다(그림 6.18 참조). 이 공장에서 생산된 제품들은 일단 캔사스시티와 루이스빌에 있는 물류창고로 수송되고 이곳에서부터 최종 수요지인 디트로이트, 마이애미, 달라스 및 뉴올리안즈로 공급된다. 각 공급지에서 물류창고 및 각 물류창고에서 각 수요지로의 수송비에 관한 자료가 표 6.5에 있다. R전자에서는 수요공급을 만족시키면서 수송비용이 가장 작아지는 최적수송계획을 수립하고자 한다.

그림 6.18 미국 주요 도시의 위치

| 표 6.5 | 수송비에 관한 자료(단위 : $/단위)

공장 \ 물류창고	캔사스시티	루이스빌	공급량
덴버	200	300	6,000
애틀랜타	300	100	4,000

물류창고 \ 수요지	디트로이트	마이애미	달라스	뉴올리안즈
캔사스시티	200	600	300	600
루 이 스 빌	400	400	600	500
수요량	2,000	1,500	3,500	3,000

이 문제는 그림 6.19과 같은 네트워크로 표현할 수 있다. 여기서 각 화살표 위의 수치는 단위수송비용이다. 이 문제는 일반수송문제와 유사하나 중간에 경유지가 있는 것이 다르다.

그림 6.19 R전자의 수송망

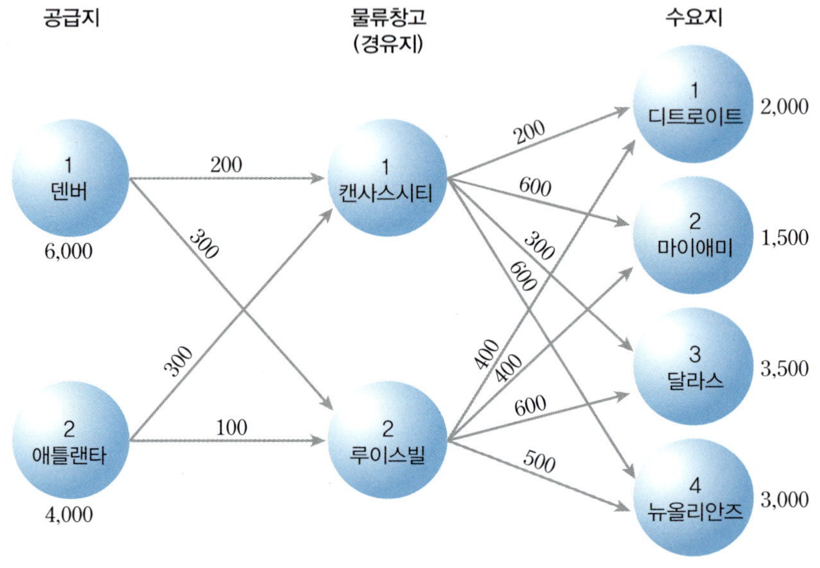

이 문제를 선형최적화 모형으로 정식화하여 보자. 먼저 변수를 정하기 위해 각 공급지, 물류창고, 수요지에 번호를 그림 6.19와 같이 매기고 변수를 다음과 같이 정의하자.

X_{ij}: 공급지 i에서 물류창고 j로의 수송량, $i = 1, 2, \quad j = 1, 2.$

Y_{ij}: 물류창고 i에서 수요지 j로의 수송량. $i = 1, 2, \quad j = 1, 2, 3, 4.$

먼저, 공급지에서의 총공급량은 주어져 있으므로 공급 제약식은

공급지 1: $X_{11} + X_{12} = 6,000$

공급지 2: $X_{21} + X_{22} = 4,000$

이 된다. 물류창고에서는 들어온 양과 나간 양이 같아져야 하므로

물류창고 1: $X_{11} + X_{21} = Y_{11} + Y_{12} + Y_{13} + Y_{14}$

물류창고 2: $X_{12} + X_{22} = Y_{21} + Y_{22} + Y_{23} + Y_{24}$

가 되어야 한다. 그리고 수요지에서의 수요량은 주어져 있으므로

수요지 1 : $Y_{11} + Y_{21} = 2{,}000$
수요지 2 : $Y_{12} + Y_{22} = 1{,}500$
수요지 3 : $Y_{13} + Y_{23} = 3{,}500$
수요지 4 : $Y_{14} + Y_{24} = 3{,}000$

이 된다.

따라서 선형최적화 모형은 다음과 같다.

$$\begin{aligned}
\text{minimize} \quad & 200X_{11} + 300X_{12} + 300X_{21} + 100X_{22} \\
& + 200Y_{11} + 600Y_{12} + 300Y_{13} + 600Y_{14} \\
& + 400Y_{21} + 400Y_{22} + 600Y_{23} + 500Y_{24} \\
\text{subject to} \quad & X_{11} + X_{12} = 6{,}000 \\
& X_{21} + X_{22} = 4{,}000 \\
& -X_{11} - X_{21} + Y_{11} + Y_{12} + Y_{13} + Y_{14} = 0 \\
& -X_{12} - X_{22} + Y_{21} + Y_{22} + Y_{23} + Y_{24} = 0 \\
& Y_{11} + Y_{21} = 2{,}000 \\
& Y_{12} + Y_{22} = 1{,}500 \\
& Y_{13} + Y_{23} = 3{,}500 \\
& Y_{14} + Y_{24} = 3{,}000 \\
& \text{모든 변수} \geq 0.
\end{aligned}$$

이 문제는 선형최적화 모형이며 크기가 작으므로 K-OPT를 이용하여 직접 해를 구할 수 있다. 이 문제를 풀면 최적계획은 그림 6.20과 같고 최소수송비는 $ 5,200,000가 된다.

이러한 경유수송모형의 개념은 한 기업 내부의 문제에서 그 기업에 부품을 공급하는 모든 원재료공급업체와 제조업체, 그리고 그 기업의 완제품을 공급받는 유통업체와 소비자를 포함하는 문제로 확대되어 부품이나 완제품에 대한 공급 경로와 재고수준을 최적으로 관리하는 SCM(Supply Chain Management, 공급망관리)으로 발전하였다.

SCM은 부품 공급업체와 생산업체 그리고 고객에 이르기까지 거래관계에 있는 기업들 사이에 IT 기술을 이용한 실시간 정보공유를 통해 시장이나 수요자들의 요

그림 6.20 경유수송모형의 최적해

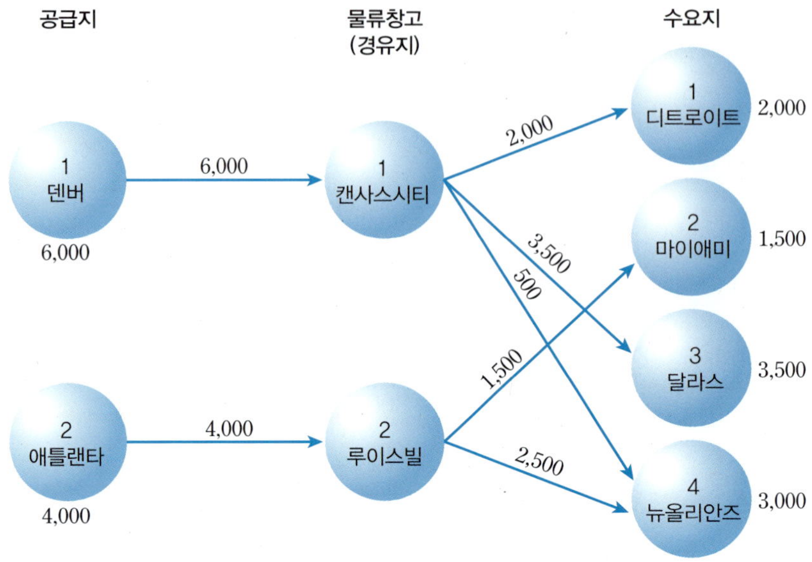

구에 기민하게 대응하고 최적의 수송 및 재고관리를 지원하고 회사 내부와 회사들 사이 모두에서 이러한 흐름들에 대한 조정과 통합 과정을 수행한다. 효율적인 SCM 시스템의 최종 목표는 재고를 줄이는 것이라고도 말할 수 있다. 세계적으로 선도적 위치에 있는 제조업체, 물류업체, 유통업체들은 SCM을 통해 거래선들과 긴밀하게 협력함으로써 그 이익을 훨씬 더 극대화하고 있다.

6. 할당문제

할당문제(Assignment Problem)는 몇 명의 종업원들을 몇 개의 작업에 할당하는데 있어서 가장 효과가 크도록 하는 할당방법을 구하는 종류의 문제이다. 이것은 특수한 형태의 선형최적화 모형일 뿐만 아니라 특수한 형태의 수송문제에 해당한다. 할당문제의 응용 예로서는 여러 개의 작업을 어느 기계로 각각 처리할 것인가, 여러 가지 작업에 누구를 배정할 것인가, 어느 지역에 어느 판매원을 배치할 것인가 등등 여러 가지를 생각할 수 있다.

예제 6-6

세원공업사에서는 세 개의 작업 1, 2, 3을 세 개의 기계 1, 2, 3으로 처리하여야 하는데 각 작업은 어느 기계로도 처리가 가능하나 한 작업을 몇 대의 기계가 나누어서 처리할 수는 없다. 각 작업을 각 기계로 처리할 때의 처리비용이 표 6.6에 있다. 어느 기계로 어느 작업을 처리하는 것이 처리비용이 최소가 되겠는가?

표 6.6 | 비용표 (단위: 만원)

작업 \ 기계	1	2	3
1	27	31	60
2	49	38	37
3	34	27	35

이 문제는 그림 6. 21과 같은 네트워크에서 일대일 매칭을 시키는 방법 중 비용이 최소인 경우를 찾는 문제이다.

그림 6.21 할당 네트워크

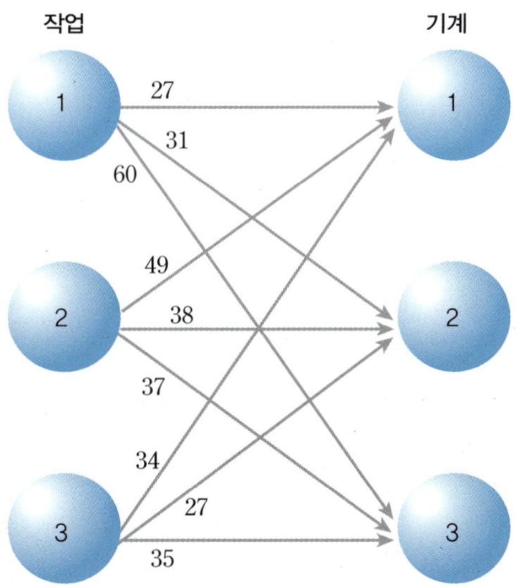

이 문제를 최적화문제로 정식화하기 위해서 다음과 같은 변수를 도입하자.

$$X_{ij} = \begin{cases} 1, & \text{작업 } i\text{를 기계 } j\text{로 처리할 때} \\ 0, & \text{그 이외의 경우}. \end{cases}$$

이 변수 X_{ij}는 0 또는 1의 값만을 가질 수 있는 이진변수(binary variable)이다. 그러면 $X_{11}+X_{12}+X_{13}$은 작업 1번이 기계에 할당된 횟수를 나타내며, 따라서 작업 1번이 한 개의 기계에만 할당되기 위해서는 이 값이 1이 되어야 한다. 작업 2번과 3번에 대해서도 유사한 식이 필요하다. 반면에 $X_{11}+X_{21}+X_{31}$는 기계 1번에 할당된 작업의 갯수를 나타내며 기계 1번이 한 개의 작업만 할당받기 위해서는 이 값이 1이 되어야 한다. 기계 2번과 3번에 대해서도 유사한 식이 필요하다. 그러면 이 할당문제는 다음과 같은 정수최적화 모형(Integer Optimization model)으로 정식화된다.

$$\begin{aligned}
\text{Minimize} \quad & 27X_{11}+31X_{12}+60X_{13}+49X_{21}+38X_{22}+37X_{23} \\
& +34X_{31}+27X_{32}+35X_{33} \\
\text{subject to} \quad & X_{11}+X_{12}+X_{13}=1 \\
& X_{21}+X_{22}+X_{23}=1 \\
& X_{31}+X_{32}+X_{33}=1 \\
& X_{11}+X_{21}+X_{31}=1 \\
& X_{12}+X_{22}+X_{32}=1 \\
& X_{13}+X_{23}+X_{33}=1 \\
& X_{ij}=0 \text{ 또는 } 1, \quad i=1,2,3, \quad j=1,2,3.
\end{aligned}$$

이 문제는 정수최적화 모형이지만 제약식을 볼 때 모든 변수의 계수는 1 또는 0이며 각 변수는 여러 제약식에 단 두 번만 나타난다. 이러한 특성으로 인하여 이 문제도 정수조건을 무시하고 선형최적화 모형으로 생각하고 풀어도 최적해에서 정수조건이 자동적으로 만족된다. 따라서 K-OPT로 최적해를 구할 수 있다.

그림 6.22는 [예제 6-6]을 K-OPT로 풀은 것이다. 이 결과에 의하면 최적해는 $X_{11}=1, X_{23}=1, X_{32}=1$, 나머지 변수는 0이 되어 작업 1은 기계 1에, 작업 2는 기계 3에 그리고 작업 3은 기계 2에 할당하는 것이 최적이며, 이때 최소비용은 91만 원이 된다. 그림 6.23이 최적해를 보여주고 있다.

여기에서는 할당문제를 선형계획법으로 풀었지만 통신망에서 실시간으로 풀어야 하는 경우에는 이러한 방법이 적절하지 못하다. 이러한 경우에는 할당문제를 위해 특별히 고안된 헝가리인방법(Hungarian Method)을 사용하면 정확한 해를 짧은 시간 안에 구할 수 있다. 헝가리인방법에 대해서는 다른 OR 교재를 참고하기 바란다.

그림 6.22 [예제 6-6]의 K-OPT 입출력

(가) 입력파일

```
MIN    27X11 + 31X12 + 60X13 + 49X21 + 38X22 + 37X23 + 34X31 + 27X32
       + 35X33
ST     X11 + X12 + X13 = 1
       X21 + X22 + X23 = 1
       X31 + X32 + X33 = 1
       X11 + X21 + X31 = 1
       X12 + X22 + X32 = 1
       X13 + X23 + X33 = 1
END
```

(나) 출력

수행된 심플렉스 반복횟수 : 11

목적함수 값 : 91.00000

변 수	최 적 해	수 정 비 용
X11	1.00000	0.00000
X12	0.00000	0.00000
X13	0.00000	21.00000
X21	0.00000	24.00000
X22	0.00000	9.00000
X23	1.00000	0.00000
X31	0.00000	11.00000
X32	1.00000	0.00000
X33	0.00000	0.00000

그림 6.23 [예제 6-6]의 최적해

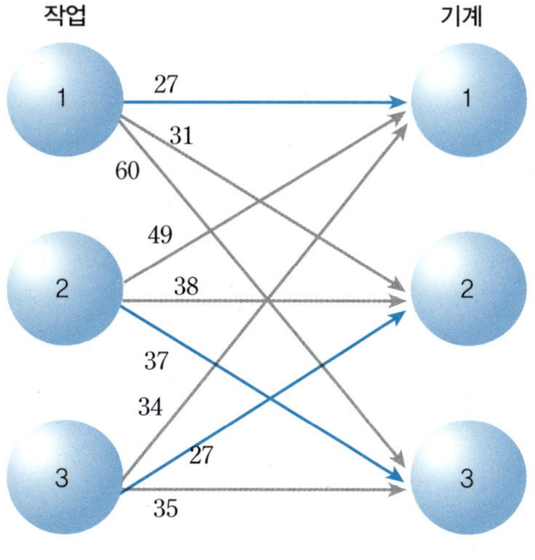

응용사례 1:: AT&T사의 복구기능 최적화 사례

AT&T는 유선통신, 이동통신, 위성통신, 인터넷 등을 통하여 음성, 데이터, 동영상 등의 다양한 서비스를 제공하는 국제적인 통신회사이다. 이 회사는 8천만 명 이상의 고객을 확보하고 있으며 최신의 전송기술을 보유하고 있다. 미국 내에서 AT&T 통신망은 64,000km 이상의 광케이블을 가지고 있으며 하루에 2억9천만 개의 통신서비스를 처리하고 있다.

정전이나, 자연재해, 케이블 손상 및 여러 사고로 인해 일부 전송링크의 기능이 손상되는 일이 때때로 발생한다. 이러한 일이 발생하는 경우에는 여유 통신 용량을 가지고 있는 복구용 네트워크를 즉각 가동하여 서비스의 중단이 일어나는 일이 없도록 하여야 한다. 이러한 목적으로 확보해 두는 복구용 네트워크에 대해서 몇 가지 중요한 의사결정을 하여야 하는데 그것은 어느 정도의 용량을 복구용으로 확보할 것인가와 그 네트워크를 어디에 둘 것인가를 결정하는 것이다. AT&T는 1997년에 이 문제를 다루기 위하여 RestNet 이라는 추진팀을 구성하였다.

복구용 네트워크의 용량을 최적화하기 위하여 RestNet 팀은 대규모의 선형최적화 모형을 개발하였다. 이 대규모 모형의 한 모듈은 한 링크가 손상되는 경우 발신지에서 목적지까지 연결하는 가장 짧은 경로를 다시 구하는 최단경로선택 모듈이고, 또 다른 한 모듈은 각 라우터에서부터 재난복구 라우터까지 최대의 통신량을 전송할 수 있는 전송계획을 구하는 최대흐름 모듈이다.

RestNet 팀의 작업은 성공적이었고 그 당시 CEO인 암스트롱 씨는 RestNet 팀이 수천만 달러의 경비절감을 가져왔다고 언급했다.

응용사례 2:: 미 해병대 동원계획

미 해병대에서는 세계적인 위기상황에 대비한 장교 동원계획 수립을 위한 네트워크 모형을 개발하였다. 이 문제는 장교들에게 적절한 업무를 가능한 한 빨리 할당하는 것이다. 이 문제를 풀기 위하여 개발된 모형은 수송 모형으로서 각 장교가 하나의 공급지가 되며 각 수요지는 각 업무에 해당된다. 이 모형에는 40,000명의 장교와 25,000개의 업무가 있기 때문에 모든 가능한 경우를 다 포함시킨다면 이 모형에는 10억 개의 변수가 있게 된다. 문제의 크기를 줄이기 위하여 비슷한 자격을 가진 장교들을 하나의 공급지로 묶었으며 비슷한 업무들도 하나의 수요지로 묶었다. 그 결과 27,000명의 장교와 10,000개의 업무가 있는 문제를 PC에서 10초 만에 풀 수 있었다.

이 모형을 통해 적절한 계급과 능력을 가진 장교를 적절한 업무에 배치시킬 수 있었다. 위기상황이 발생하면 이 시스템의 존재 여부는 위기에 적절히 대응할 수 있느냐 아니면 혼돈상황에 직면하느냐를 가르게 될 것이다. 과거에 가지고 있던 시스템은 전체적인 동원계획을 세우는 데에만 2~4일이 소요되었으며 그 해도 별로 좋은 해가 되지 못했었다. 해병대는 평화유지를 위한 능력을 제고하기 위하여 이 동원계획 모형을 사용하고 있다.

제6장_ 연습문제 A(상세 해답 포함)

1 다음 네트워크에서 마디와 가지가 무엇을 나타내는지 설명하시오.

(가) 도로 네트워크

(나) 전화 네트워크

(다) 송유관 네트워크

(라) 하천 네트워크

(마) TV 방송망 네트워크

(가) 마디: 도로의 시작점, 종착점, 분기점 등
가지: 마디를 잇는 도로

(나) 마디: 각 전화기, 전화국, 교환국 등
가지: 각 마디를 잇는 통신선

(다) 마디: 주유소, 저유시설, 분기점 등
가지: 각 마디를 잇는 송유관

(라) 마디: 하천의 시작점, 끝나는 점, 갈라지는 점, 두 하천이 합쳐지는 점 등
가지: 각 마디를 잇는 하천

(마) 마디: 시청자, 방송국, 중계국 등
가지: 각 마디를 잇는 통신망

2 새로운 대단위 공원을 설계하고 있는 D산업은 해당 지역에 중요한 8군데의 시설물들의 위치를 결정하고 이들을 잇는 도로를 확정지으려고 하고 있다. 시설물의 위치와 고려대상이 되는 도로망이 그림과 같이 주어져 있다.

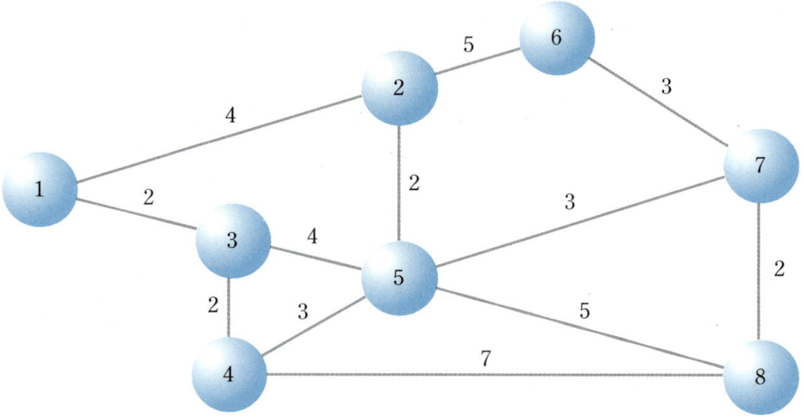

각 가지 위의 숫자는 도로의 길이(km)를 나타낸다. D산업은 조용한 전원적인 공원을 만들기 위해서는 공원 안에 가능한 한 짧은 도로망을 건설하는 것이 바람직하다고 생각하고 있다. 중요시설물을 모두 연결하는 가장 짧은 도로망을 구하시오.

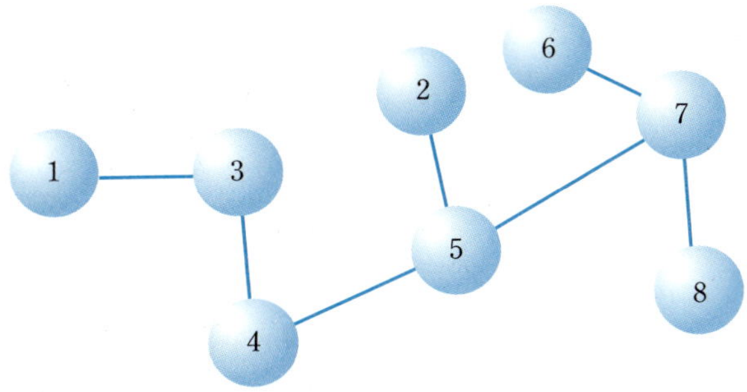

총길이 = 17 km

3 다음의 네트워크를 생각해 보자.

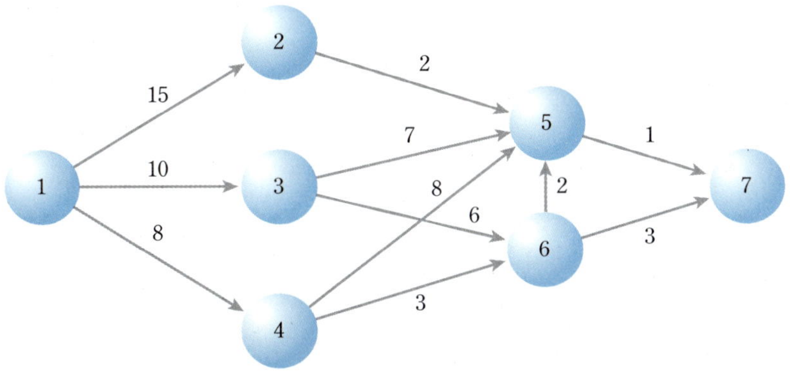

(가) 마디 ①에서 ⑦로의 최단경로를 구하시오.
(나) 마디 ①에서 ⑤로의 최단경로를 구하시오.

(가) 최단경로: ①–④–⑥–⑦,　최단거리: 14
(나) 최단경로: ①–④–⑥–⑤,　최단거리: 13

4 A사는 3년 후에 자동식 기계설비가 도입되기 전까지는 수동식 기계를 빌려서 사용하려

하고 있다. 이 기계는 사용연한에 따라서 많은 유지보수비가 필요하게 되어서 때에 따라서는 매년 기계를 임대해서 사용하는 것이 더 바람직할 수도 있는 것으로 알려졌다. $t = 0$을 현재라고 할 때 i번째 해에 임대해서 j번째 해에 돌려주는 경우 이 기계의 임대료 및 유지비 등 총비용(단위: 억원)은 다음과 같다.

i \ j	1	2	3
0	12	27	47
1		15	32
2			18

이 자료를 이용하여 A사는 비용이 최소가 되도록 기계임대계획을 세우고자 한다.

(가) 이 문제는 다음과 같은 네트워크의 최단경로를 구하는 문제임을 설명하시오.

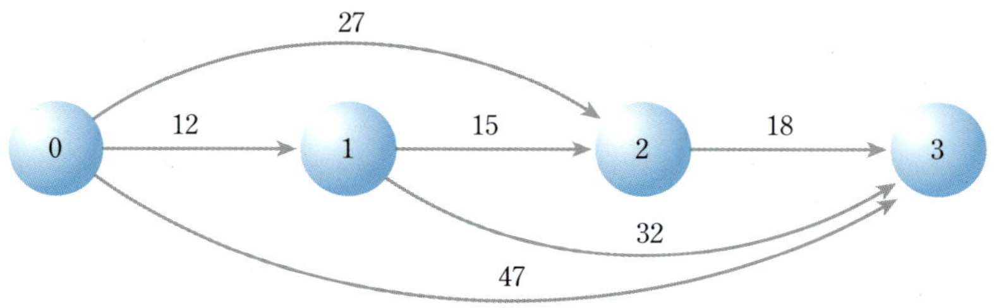

(나) 이 문제를 풀어서 최적의 정책을 구하시오.

(가) 그림에서 각 마디는 각 연도를 나타낸다. 그리고 가지는 각 연도에서 기계를 몇 년 동안 임대해 쓰는지를 나타낸다. 그리고 각 가지의 숫자는 그렇게 임대할 경우의 비용을 나타낸다. 따라서 마디 ⓪에서 마디 ③까지의 하나의 경로는 하나의 임대계획을 나타내며, 이 경로 위의 숫자의 합은 그 계획에 소요되는 총비용을 나타낸다. 따라서 총비용이 최소가 되는 계획을 구하기 위해서는 마디 ⓪에서 마디 ③까지의 최단경로를 구하면 된다.

(나) 최단경로: ⓪–①–③, 최단비용: 44억 원

최적의 정책은 "첫 해에 기계를 임대하여 1년 동안만 사용하고 돌려 준 후 다시 새 기계를 임대하여 2년간 사용하는 것"이다.

5 다음 그림에 있는 네트워크를 생각하자. 각 가지에는 각 방향으로의 흐름의 용량이 적혀져 있다. 이 네트워크에서 마디 [1]에서 마디 [8]까지의 최대흐름을 구하시오.

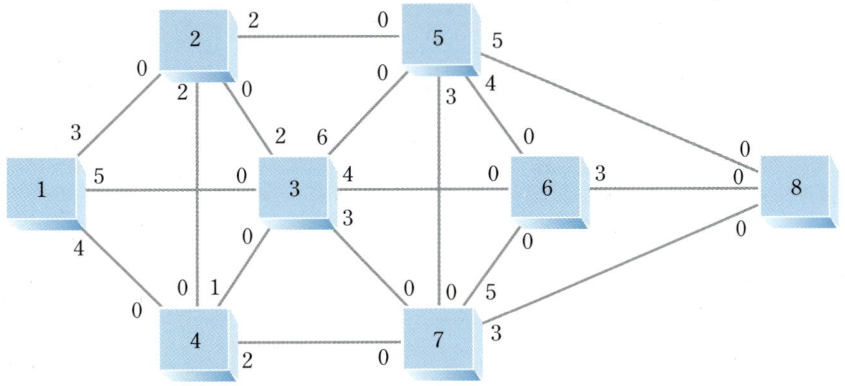

최대흐름: 10

6 다음 네트워크는 여러 도시를 연결하는 정보통신망이다. 각 가지 위에 있는 숫자는 단위 시간에 보낼 수 있는 정보의 양을 나타낸다. Ⓐ도시에서 Ⓕ도시로 최대로 흘려보낼 수 있는 정보의 양은 시간당 얼마인가?

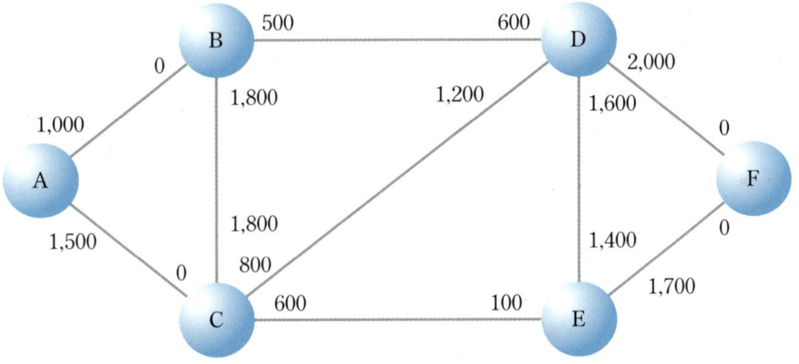

최대흐름: 1,900

7 A정유는 정유공장에서 생산되는 제품을 전국에 펴져있는 저장시설에 보내기 위해 그림과 같은 송유관 시설을 갖고 있다. 여기서 마디 ①은 정유공장이며 나머지 마디는 저장시설들이고 각 가지 위에 있는 숫자는 시간당 송유할 수 있는 용량 (단위: 1,000갤론/시간)을 나타내고 있다.

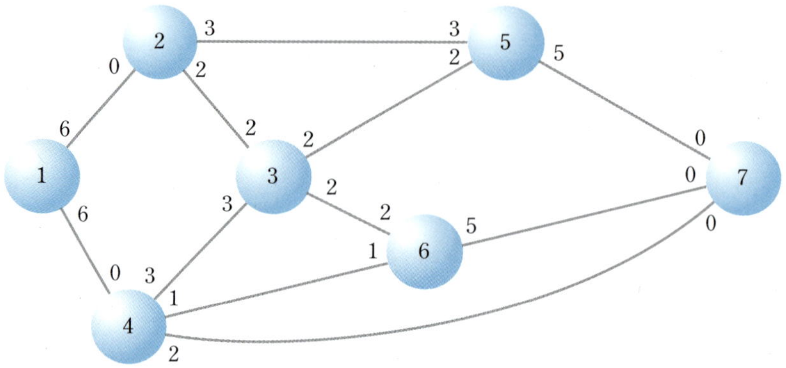

(가) 마디 ⑦지역의 수요가 급증함에 따라 가능한 최대의 양을 마디 ⑦로 보내고자 한다. 시간당 보낼 수 있는 최대량은 얼마인가? 마디 ⑦에서의 수요 100,000갤론을 만족시키려면 얼마나 오랜 시간이 소요되는가?

(나) 마디 ②와 마디 ③을 잇는 송유관시설이 파괴되었다. 이때 마디 ⑦까지의 최대흐름은 시간당 얼마인가? 마디 ⑦에서의 수요 100,000갤론을 만족시키려면 얼마나 오랜 시간이 소요되는가?

(가) 10,000 갤론/시간. 10시간 소요
(나) 9,000 갤론/시간. 11시간 7분 소요

8 다음의 수송표로 표시된 수송문제를 생각해 보자. 단, 표 안의 숫자는 단위수송비(만원)이다.

공급지 \ 수요지	1	2	3	공급가능량
1	16	10	14	600
2	12	12	20	200
수요	300	200	300	

(가) 이 문제를 선형최적화 모형으로 정식화하고 최적해를 구하시오.

(나) 공급지 2에서의 공급가능량이 300으로 수정되었다. 이 문제를 선형최적화 모형으로 정식화하고 최적해를 구하시오.

(다) 수요지 3에서의 수요요구량이 200으로 수정되었다. 이 문제를 선형최적화 모형으로 정식화하고 최적해를 구하시오.

(가) [변수] X_{ij}: 공급지 i에서 수요지 j로의 수송량.

[모형] Min $16X_{11} + 10X_{12} + 14X_{13} + 12X_{21} + 12X_{22} + 20X_{23}$

s.t. $X_{11} + X_{12} + X_{13} = 600$

$X_{21} + X_{22} + X_{23} = 200$

$X_{11} + X_{21} = 300$

$X_{12} + X_{22} = 200$

$X_{13} + X_{23} = 300$

모든 변수 ≥ 0

[최적해] $X_{11} = 100,\ X_{12} = 200,\ X_{13} = 300,\ X_{21} = 200$

최소비용: 1억 200만 원.

(나) 총공급이 수요보다 많으므로 공급제약식을 다음과 같은 부등식으로 바꾸어주어야 한다.

$X_{11} + X_{12} + X_{13} \leq 600$

$X_{21} + X_{22} + X_{23} \leq 300$

[최적해] $X_{12} = 200,\ X_{13} = 300,\ X_{21} = 300$

최소비용: 9,800만 원

(다) 총공급이 수요보다 많으므로 공급제약식을 다음과 같은 부등식으로 바꾸어주어야 한다.

$X_{11} + X_{12} + X_{13} \leq 600$

$X_{21} + X_{22} + X_{23} \leq 200$

[최적해] $X_{12} = 200,\ X_{13} = 300,\ X_{21} = 200$

최소비용: 8,600만 원

9 다음의 수송표를 생각해 보자. 여기서 각 칸에 있는 숫자는 단위당 수송비이다.

공급지 \ 수요지	1	2	3	4	공급량
1	9	8	12	13	18
2	10	10	12	14	24
3	8	9	11	12	6
4	10	10	11	12	12
수요량	6	14	35	5	60

(가) 이 수송모형을 선형최적화 모형 형태로 써 보시오.

(나) K-OPT를 이용하여 최적해를 구하시오.

(다) 모든 수송비용 C_{ij} 에 10을 더했다고 하자. 현재의 해가 최적해인가?

(라) 모든 수송비용 C_{ij} 에 10을 곱했다고 하자. 현재의 해가 최적해인가?

(가) Min $9X_{11} + 8X_{12} + 12X_{13} + 13X_{14} + 10X_{21} + 10X_{22} + 12X_{23} + 14X_{24}$
$+ 8X_{31} + 9X_{32} + 11X_{33} + 12X_{34} + 10X_{41} + 10X_{42} + 11X_{43} + 12X_{44}$

s.t. $X_{11} + X_{12} + X_{13} + X_{14} = 18$

$X_{21} + X_{22} + X_{23} + X_{24} = 24$

$X_{31} + X_{32} + X_{33} + X_{34} = 6$

$X_{41} + X_{42} + X_{43} + X_{44} = 12$

$X_{11} + X_{21} + X_{31} + X_{41} = 6$

$X_{12} + X_{22} + X_{32} + X_{42} = 14$

$X_{13} + X_{23} + X_{33} + X_{43} = 35$

$X_{14} + X_{24} + X_{34} + X_{44} = 5$

모든 변수 ≥ 0.

(나) [최적해] $X_{12} = 14$, $X_{14} = 4$, $X_{23} = 24$, $X_{31} = 6$, $X_{43} = 11$, $X_{44} = 1$

최소비용: 633

(다) 최적해는 변하지 않는다.

(라) 최적해는 변하지 않는다.

10 다음의 경유수송문제를 생각해 보자.

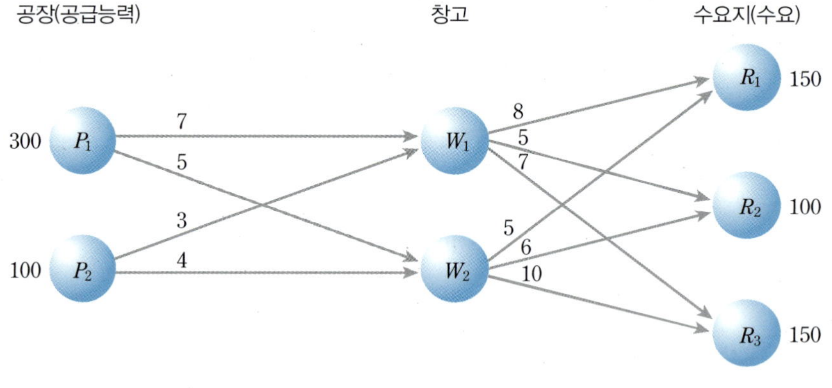

여기서 화살표 위의 숫자는 단위수송비(만원)이다. 이 경유수송문제를 선형최적화 모형

으로 정식화하고 최적해를 구하시오.

[변수] X_{ij}: 공장 i에서 창고 j로 수송하는 물량, $i = 1, 2,\quad j = 1, 2.$

Y_{ij}: 창고 i에서 수요지 j로 수송하는 물량, $i = 1, 2,\quad j = 1, 2, 3.$

[모형] Min $7X_{11} + 5X_{12} + 3X_{21} + 4X_{22} + 8Y_{11} + 5Y_{12} + 7Y_{13} + 5Y_{21} + 6Y_{22} + 10Y_{23}$

s.t. $X_{11} + X_{12} = 300$

$X_{21} + X_{22} = 100$

$-X_{11} - X_{21} + Y_{11} + Y_{12} + Y_{13} = 0$

$-X_{12} - X_{22} + Y_{21} + Y_{22} + Y_{23} = 0$

$Y_{11} + Y_{21} = 150$

$Y_{12} + Y_{22} = 100$

$Y_{13} + Y_{23} = 150$

모든 변수 ≥ 0.

[최적해] $X_{11} = 50,\ X_{12} = 250,\ X_{21} = 100,\ Y_{13} = 150,\ Y_{21} = 150,\ Y_{22} = 100$

최소비용: 4,300만 원

11 다음과 같은 비용표를 갖는 할당문제를 생각해 보자.

	1	2	3	4
A	9	6	5	6
B	6	8	9	5
C	8	7	6	8
D	7	7	8	5

(가) K-OPT를 이용하여 최적할당방법을 구하시오.

(나) 위에 있는 표가 이익을 나타낸다고 하고 총이익을 최대화하는 문제를 생각해 보자. K-OPT를 사용하여 최적할당방법을 구하시오.

(가) [최적해] $A \to 2,\quad B \to 1,\quad C \to 3,\quad D \to 4$

또는 $A \to 3,\quad B \to 1,\quad C \to 2,\quad D \to 4$

최소비용: 23

(나) [최적해] $A \to 1,\quad B \to 2,\quad C \to 4,\quad D \to 3$

또는 $A \to 1,\quad B \to 3,\quad C \to 4,\quad D \to 2$

최대이익: 33

12 P직업소개소에서는 5개의 직장에 알선하기 위해 7명의 응모자를 검토하여 보았다. 각 응모자의 각 직장에 대한 적합성을 여러 자료를 종합하여 추정한 결과 다음 표와 같은 결과를 얻었다.

응모자 \ 직장	1	2	3	4	5
1	95	100	103	115	98
2	89	95	100	87	92
3	120	132	118	128	121
4	107	119	112	108	96
5	75	83	99	100	85
6	113	115	98	111	120
7	102	73	95	70	94

적합성의 합계가 최대가 되도록 하는 배정방법을 결정하기 위한 할당문제를 정식화하고 최적해를 구하시오.

max $95X_{11}+100X_{12}+103X_{13}+115X_{14}+98X_{15}$
$+89X_{21}+95X_{22}+100X_{23}+87X_{24}+92X_{25}$
$+120X_{31}+132X_{32}+118X_{33}+128X_{34}+121X_{35}$
$+107X_{41}+119X_{42}+112X_{43}+108X_{44}+96X_{45}$
$+75X_{51}+83X_{52}+99X_{53}+100X_{54}+85X_{55}$
$+113X_{61}+115X_{62}+98X_{63}+111X_{64}+120X_{65}$
$+102X_{71}+73X_{72}+95X_{73}+70X_{74}+94X_{75}$

s.t. $X_{11}+X_{12}+X_{13}+X_{14}+X_{15}\le 1$
$X_{21}+X_{22}+X_{23}+X_{24}+X_{25}\le 1$
$X_{31}+X_{32}+X_{33}+X_{34}+X_{35}\le 1$
$X_{41}+X_{42}+X_{43}+X_{44}+X_{45}\le 1$
$X_{51}+X_{52}+X_{53}+X_{54}+X_{55}\le 1$
$X_{61}+X_{62}+X_{63}+X_{64}+X_{65}\le 1$
$X_{71}+X_{72}+X_{73}+X_{74}+X_{75}\le 1$
$X_{11}+X_{21}+X_{31}+X_{41}+X_{51}+X_{61}+X_{71}\le 1$
$X_{12}+X_{22}+X_{32}+X_{42}+X_{52}+X_{62}+X_{72}\le 1$
$X_{13}+X_{23}+X_{33}+X_{43}+X_{53}+X_{63}+X_{73}\le 1$
$X_{14}+X_{24}+X_{34}+X_{44}+X_{54}+X_{64}+X_{74}\le 1$
$X_{15}+X_{25}+X_{35}+X_{45}+X_{55}+X_{65}+X_{75}\le 1$
모든 변수 ≥ 0.

최적해:　응모자 1에게는 직장 4를,
응모자 2는 탈락,
응모자 3에게는 직장 2를,
응모자 4에게는 직장 3을,
응모자 5는 탈락,
응모자 6에게는 직장 5를,
응모자 7에게는 직장 1을 배정한다.

총적합성 점수: 581점

제6장_ 연습문제 B

1 대표적인 농업지역인 어느 도에서는 8군데의 저수시설을 설치한 후 이를 연결하는 송수관 배치를 결정하고자 한다. 다음 그림은 가능한 연결방법을 보여주고 있다.

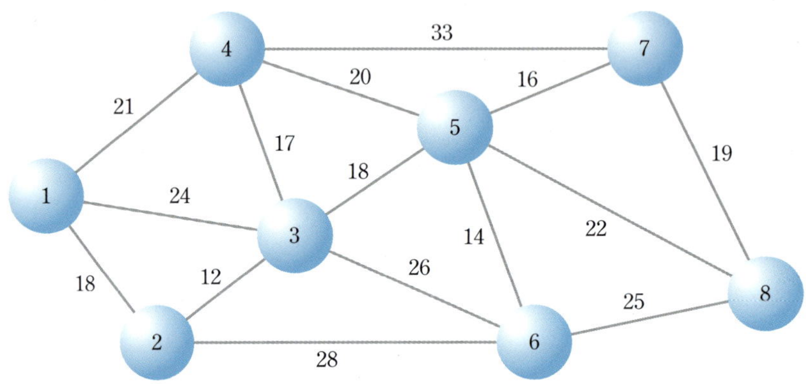

이 그림에서 가지 위의 숫자는 송수관의 길이 (km)를 나타내고 있다. 도청에서는 각 저수시설을 모두 연결하는 방법 중 총송수관의 길이가 최소가 되는 연결방법을 구하고자 한다. 이 문제를 해결하여 보시오.

2 A 개발은 밀림 속의 8개지역의 목재를 벌목하려 하고 있다. 이를 위해 이 8개 지역을 잇는 도로망을 건설하려 하는데 각 지역과 지역 사이를 잇는 도로 건설에는 다음과 같은 비용(단위: 억 원)이 소요된다. 모든 지역을 연결하며 건설비가 최소가 되는 도로망을 구하시오.

투자대상	1	2	3	4	5	6	7	8
1	_	16	14	5	12	15	18	23
2	16	_	9	18	12	26	23	11
3	14	9	_	26	17	25	19	10
4	5	18	26	_	7	16	15	9
5	12	12	17	7	_	9	11	8
6	15	26	25	16	9	_	6	10
7	18	23	19	15	11	6	_	5
8	23	11	10	9	8	10	5	_

3 다음 네트워크는 Ⓐ지역에서 Ⓗ지역으로 전력을 보낼 수 있는 여러 경로를 보여주고 있다. 각 가지 위의 숫자는 일정량의 전력을 송전할 때 발생하는 비용을 나타낸다. Ⓐ에서 Ⓗ로 최소비용으로 송전할 수 있는 경로를 구하시오.

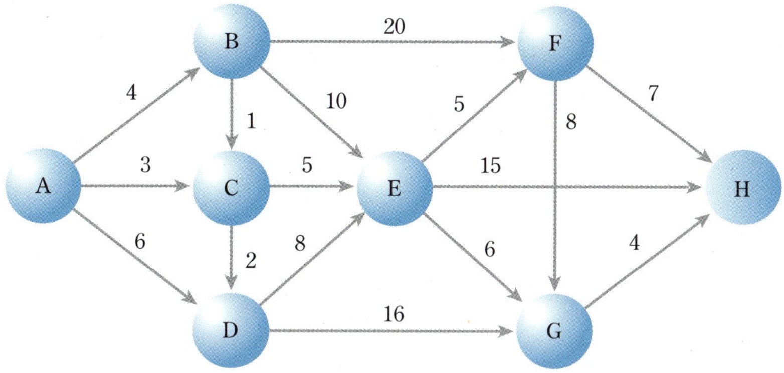

4 미국에서 4년간 근무하기 위해 건너간 김 씨는 이 기간 동안 사용할 자동차의 구매방법에 대하여 생각하고 있다. 별로 넉넉하지 못한 김 씨는 "고물차"와 "중고차" 중에서 어느 것을 구입할 것인가 결정하려 한다. 이 두 가지 종류의 차의 구입비, 유지비 그리고 처분할 때 받을 수 있는 금액이 다음 표와 같이 주어져 있다.

	구입비($)	유지비($/년)				판매가격($)			
		1년	2년	3년	4년	1년	2년	3년	4년
고물차	1,000	1,900	2,200	2,500	2,800	600	400	200	0
중고차	3,800	1,000	1,300	1,700	2,300	2,200	1,600	1,200	1,000

(가) 이 문제는 다음과 같은 네트워크의 최단경로를 구하는 문제임을 설명하시오.

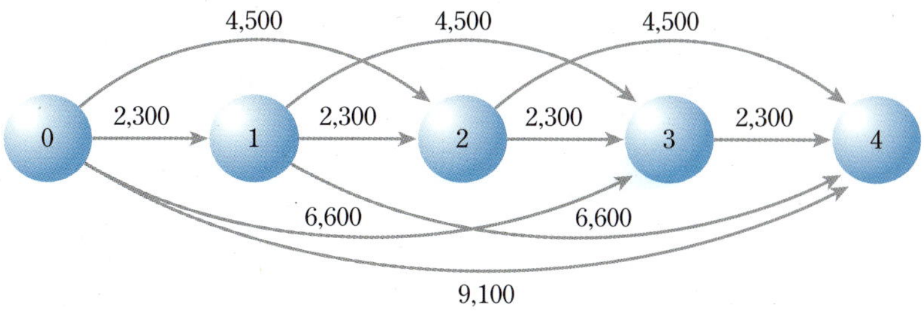

(나) 최적해를 구하고 최적의 정책을 설명하시오.

5 다음의 네트워크에서 마디 ①에서 마디 ⑦까지의 최대흐름을 구하시오.

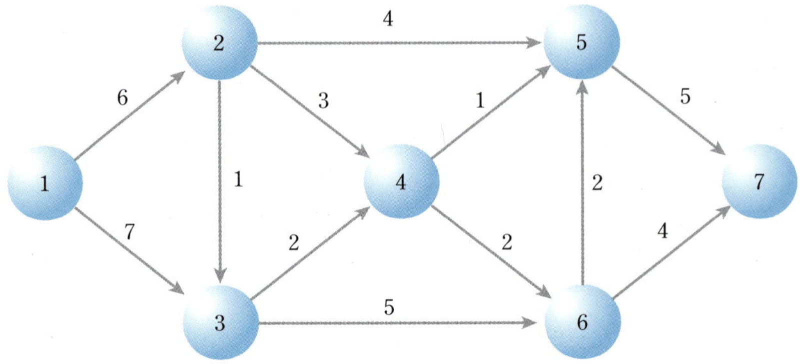

6 동부전선을 담당하고 있는 X부대는 관할지역에 아래 그림과 같은 도로망을 가지고 있다. 각 가지 위의 숫자는 24시간 동안 이동 가능한 병력의 수(단위: 천명)를 나타낸다. 현재 군대를 Ⓐ지역에 주둔시키고 있는 X부대는 위급 사항이 발생하는 경우 긴급히 Ⓖ지역으로 이동하여야 한다. 이에 따라 Ⓐ지역에서 Ⓖ지역으로 최대의 병력을 이동시킬 수 있는 이동계획을 수립하고자 한다. 하루에 이동시킬 수 있는 최대의 이동병력은 얼마인가?

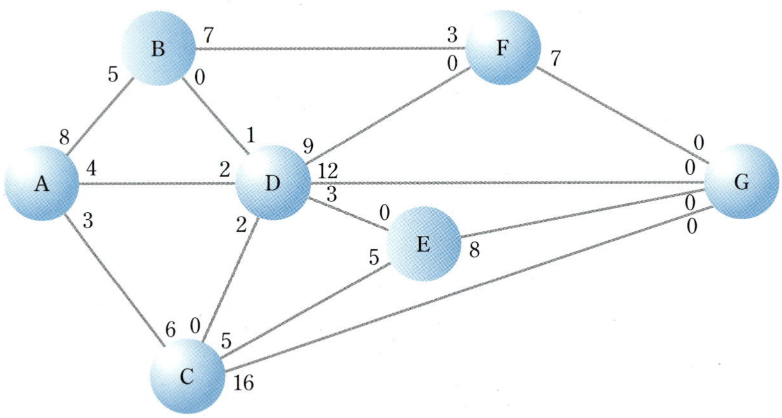

7 S전자는 A, B, C 세 곳에 공장을 갖고 TV를 생산하여 X, Y, Z 세 곳의 총판매점으로 배급하고 있다. 각 공장에서 총판매점까지의 개당 수송비(단위: 원), 공장의 공급능력 및 총판매점의 주문량이 다음 표와 같이 주어져 있다.

공 장 \ 총판매점	X	Y	Z	공급능력
A	14,000	10,000	7,000	400
B	20,000	15,000	9,000	600
C	19,000	17,000	13,000	300
주 문 량	400	400	400	

한편 각 공장에서의 생산비는 약간씩 차이가 나서 공장 A, B, C에서의 생산단가는 각각 200,000원, 230,000원 및 250,000원이다.

(가) 총생산비와 수송비의 합을 최소화하는 생산 및 수송계획을 수립할 수 있는 선형최적화 모형을 개발하고 최적해를 구하시오.

(나) 공장 B에서의 공급능력이 500으로 수정되었다. 이에 따라 이 문제를 균형수송모형으로 정식화하고 최적해를 구하시오.

8 다음의 표로 주어진 수송문제를 생각해 보자. 각 칸에 있는 값은 수송비(만원/단위)이다.

공급지 \ 수요지	1	2	3	공급량
1	5	1	7	100
2	6	4	6	800
3	3	2	5	150
수 요 량	750	200	500	−

현재로서는 총수요량이 총공급량보다 크므로 모든 수요를 다 만족시키지 못한다. 만일 수요지 1의 수요를 한 단위 공급 못하면 5만 원의 벌금이 부과되고 수요지 2의 공급부족에 대해서는 단위당 3만 원, 수요지 3의 공급부족에 대해서는 단위당 2만 원의 벌금이 부과된다. 이 문제를 수송문제로 정식화하고 최적해를 구하시오.

9 아래에 제시되어 있는 경유수송문제를 생각해 보자. 여기서 화살표 위의 숫자는 단위수송비 (만원/단위)이다. 이 문제를 선형최적화 모형으로 정식화하고 최적해를 구하시오.

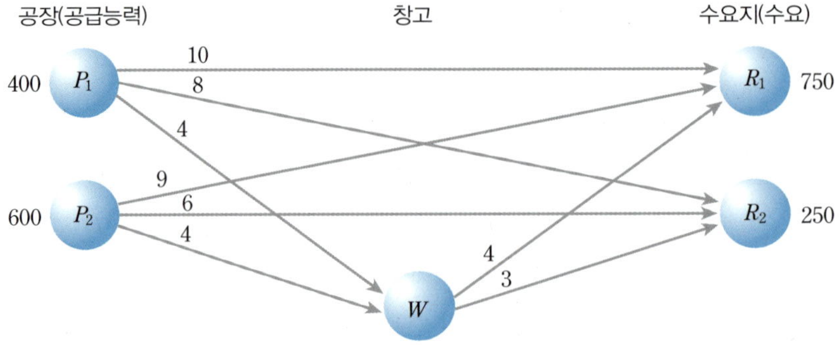

10 C건설에서는 5개의 프로젝트에 대해 5명의 하청업자로부터 입찰을 받았다. 각 하청업자가 각 프로젝트에 대해 제시한 입찰금액 (단위: 억원)은 다음과 같다.

업자 \ 프로젝트	1	2	3	4	5
1	41	72	39	52	25
2	22	29	49	65	81
3	27	39	60	51	40
4	45	50	48	52	37
5	29	40	45	26	30

C건설은 정책적인 이유로 말미암아 각 업자에게 한 개씩의 프로젝트를 할당한다고 할 때 총비용을 최소로 하는 최적할당계획을 수립하시오.

제 7 장 정수최적화 모형

선형최적화 모형의 여러 가지 가정들 중에서 가분성(可分性, Divisibility)의 가정은 변수가 분수 또는 소수의 값을 가질 수 있음을 가정하고 있다. 그러나 실제 문제의 경우 이러한 가정을 세우기가 무리인 때가 있으며, 이 경우에는 변수가 분수 또는 소수의 값을 가질 수 없고 정수 값만을 가져야 한다는 추가적인 조건이 있는 정수최적화 모형(Integer Optimization Model)을 이용하여야 한다.

실제 문제에 있어서 정수최적화 모형은 대체로 두 가지 경우에 발생한다. 첫째는 변수가 실제로 생산된 제품의 숫자를 나타내는 경우로서, 생산된 비행기의 대수, 생산된 선박의 대수 등은 최적해가 정수이어야 한다는 조건이 필요할 수 있다. 둘째로 미좀간의 결정(either–or type decision)을 해야 하는 경우이다. 설계된 공장의 건설 여부, 규모가 확정된 사업계획의 추진 여부 등이 이러한 종류의 문제들이며, 이 밖에도 판매원의 배치, 작업순서결정문제(Scheduling Problem) 및 고정비용(Fixed Cost)을 갖는 문제 등도 이러한 부류에 속한다. 이러한 문제들은 대개 0 또는 1의 값만을 가질 수 있는 이진변수(Binary Variable)를 이용하여 정형화될 수 있다.

1. 정수최적화 모형

정수최적화 모형의 대표적 예로는 갯수를 결정하는 문제가 있다. 다음의 예제를 생각해 보자.

예제 7-1

한국슈퍼연쇄점은 최근 사세확장을 위하여 신규점포와 중간저장설비를 신설할 계획으로 155억 원의 자금을 확보하였다. 신규점포는 신설비용이 개당 10억 원이 소요되며 이를 통해 한 달에 3,000만 원의 수익을 올릴 수 있고, 저장설비는 개당 30억 원의 자금이 소요되며 이를 통해 한 달에 7,200만 원의 수익을 올릴 수 있다. 경영진에서는 최소한 한 개의 신규저장설비를 설치할 예정이며 신규점포는 5개를 넘지 않는 범위에서 설치하려 한다. 한국슈퍼는 확보된 자금으로 최대의 수익을 얻을 수 있는 신설계획을 수립하고자 한다.

이 문제는 다음과 같은 정수최적화 모형으로 정식화될 수 있다.

[변수] X_1: 신설점포의 수

X_2: 신설저장시설의 수

Maximize	$Z = 3{,}000X_1 + 7{,}200X_2$	(월간 총이익, 단위: 만원)
subject to	$10X_1 + 30X_2 \le 155$	(자금 제약식, 단위: 억원)
	$X_1 \le 5$	(신규점포 제약)
	$X_2 \ge 1$	(신규창고 제약)
	$X_1, X_2 \ge 0,\quad X_1, X_2$는 정수.	

이제 이 문제에 대한 최적해를 구해 보자. 이 문제는 단 두 개의 변수만을 가지고 있으므로 그래프를 이용하여 최적해를 구할 수 있다. 그림 7.1은 이 모형의 실행가능해들을 보여주고 있다. 제약식들을 만족하는 지역 $ABCD$ 안에 진하게 표시되어 있는 정수점들은 모두 정수최적화 모형의 실행가능해가 된다. 이 점들 중 목적식의 값이 제일 커지는 점을 그래프를 이용하여 구하면 그림 7.1에서 보여주는 바와 같이 (3, 4)가 됨을 알 수 있고 이때의 최대이익은 3억 7,800만 원이 된다.

그림 7.1 정수최적화 모형의 해

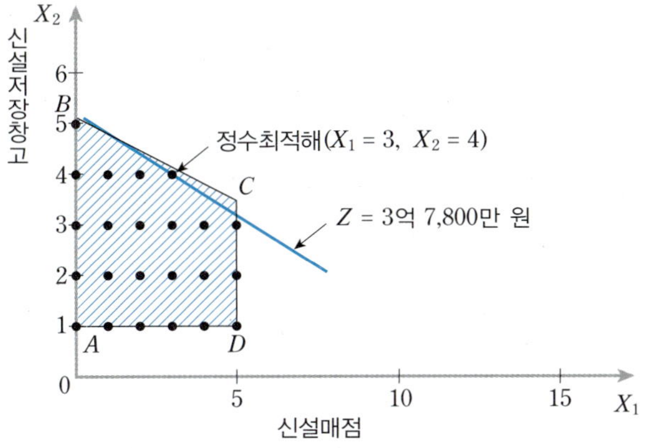

이와 같은 그래프를 이용한 분석은 그러나 변수가 두 개인 모형에 대해서만 가능하고 변수의 갯수가 수십 개 또는 수백 개가 되는 경우에는 그래프를 이용하지 않는 일반적인 해법을 개발하여야 한다. 그러나 정수최적화 모형은 선형최적화 모형과 달리 최적해가 꼭지점에서 발생한다는 성질이 없기 때문에 최적해를 구하기 위해서는 제약조건을 만족하는 모든 정수해들을 거의 모두 조사해 보아야 한다. 그런데 변수의 수가 많은 경우에는 제약조건을 만족하는 정수해들의 갯수가 기하급수적으로 늘어나기 때문에 이들을 모두 조사하는 것은 엄청나게 많은 노력을 필요로 한다. 이들을 효율적으로 조사하는 방법이 여러 가지 제안되었지만 선형최적화 모형의 심플렉스방법처럼 효율적인 방법은 아직 개발되어 있지 않다. 따라서 모형이 조금 커지게 되면 선형최적화 모형에 비하여 정수최적화 모형은 풀기가 무척 어렵게 된다. 정수최적화 모형의 최적해를 구하는 해법으로는 분단탐색법(Branch-and-Bound Method)이 가장 잘 알려져 있는 방법이다. 그러나 문제의 크기가 커지게 되면 탐색해 보아야 하는 경우의 수가 엄청나게 늘어나기 때문에 큰 문제에 대해서는 분단탐색법도 어려움을 가지고 있다. 따라서 최근에는 대규모의 정수최적화 모형의 경우에는 최적해를 구하는 것보다는 최적해에 가까운 근사해를 구하는 방법이 많이 연구되고 있다. 인공지능(AI: Artificial Intelligence)이나 신경망(Neural Network)기법을 이용하기도 하며 유전알고리듬(Genetic Algorithm) 등의 방법으로 근사해를 구한다.

근사해를 구할 수 있는 방법으로 가장 쉽게 생각할 수 있는 한 가지 방법은 정수최적화 모형에서 정수조건을 무시한 선형최적화 모형인 선형이완모형(LP

Relaxation)의 최적해를 먼저 구한 후 이 최적해에서 정수가 되지 않는 변수의 값은 정수가 되도록 적당히 조작하는 방법을 생각해 볼 수 있다. 이러한 방법은 때로는 좋은 근사해를 제공해 주기도 한다. 그러나 항상 좋은 근사해를 제공해준다는 보장은 없다.

그림 7.2는 X_1과 X_2에 대한 정수조건을 무시한 선형이완 모형의 실행가능지역과 최적해를 보여주고 있다.

그림 7.2 선형이완 모형의 해

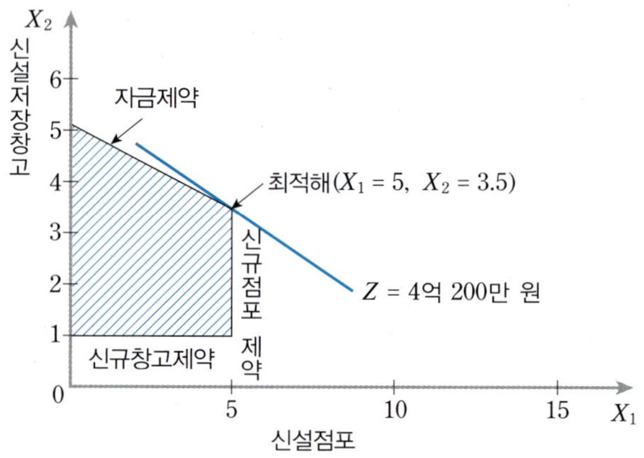

이 그림에서부터 선형이완 모형의 최적해는

$$X_1 = 5,\quad X_2 = 3.5,\quad Z = 4\text{억 } 200\text{만 원}$$

이 되는데 여기서 정수가 되지 못하는 X_2의 값 3.5는 3 또는 4로 반올림 또는 내림을 해 볼 수 있을 것이다. 먼저 $X_2 = 3$이라고 하고 (5, 3)을 원래 정수최적화 모형에 대입하여 보면 모든 제약식을 만족하므로 하나의 실행가능해가 되며, 이때의 이익은 $Z = 3$억 6,600만 원이 된다. 한편, $X_2 = 4$라고 하고 (5, 4)를 대입해 보면 이 해는 첫 번째 제약식을 만족하지 않으므로 실행불가능이다. 따라서 $(X_1, X_2) = (5, 3)$을 하나의 근사해로 이용할 수 있을 것이다. 그러나 이 해가 최적해가 된다는 보장은 없다.

2. 분단탐색법

정수최적화 모형을 풀 수 있는 해법으로서 현재까지 알려져 있는 가장 효율적인 해법은 분단탐색법(Branch-and-Bound Method)이다. 이 방법은 변수의 값이 정수이어야 한다는 성질을 이용하여 실행가능해를 여러 소그룹으로 나누고 각 그룹을 따로 분석하는 방법이다.

[예제 7-1]을 분단탐색법으로 해를 구해보자. 먼저 선형이완 모형을 풀면 X_2의 값이 3.5가 나오는데 X_2는 정수가 되어야 하므로 $X_2 \leq 3$인 경우와 $X_2 \geq 4$인 경우로 나누어 볼 수 있다.

i) $X_2 \leq 3$인 경우

위의 선형이완 모형에 $X_2 \leq 3$을 추가하여 풀어보면 최적해로 $(X_1, X_2) = (5, 3)$를 얻고 목적식의 값은 36,600이다. 정수해를 얻었다. 이 해는 최적해에 가까운 해일 것으로 보인다.

ii) $X_2 \geq 4$인 경우

원래의 선형이완 모형에 $X_2 \geq 4$를 추가하여 풀어보면 최적해로 $(X_1, X_2) = (3.5, 4)$를 얻는다. 여기서 X_1값이 정수가 아니므로 다시 $X_1 \leq 3$인 경우와 $X_1 \geq 4$로 나누어 본다.

i -1) $X_1 \leq 3$인 경우

원래의 선형이완 모형에 $X_2 \geq 4$과 $X_1 \leq 3$를 추가하여 풀어보면 최적해로 $(X_1, X_2) = (3, 4)$를 얻고 목적식의 값은 37,800이다. 이 해는 앞에서 구한 정수해보다 좋은 정수해이다.

ii -2) $X_1 \geq 4$인 경우

원래의 선형이완 모형에 $X_2 \geq 4$과 $X_1 \geq 4$를 추가하여 풀어보면 실행불가능문제임을 알 수 있다.

이제 모든 경우를 다 탐색하였으므로 지금까지 나온 해 중 가장 좋은 해인 $(X_1, X_2) = (3, 4)$이 최적해임을 알 수 있다.

분단탐색법 및 이의 변형된 형태의 해법들은 현재까지 알려진 가장 효율적인 해법이지만 선형계획법의 심플렉스방법과 달리 대규모의 정수최적화 모형들을 쉽게 풀지는 못한다. 이것은 문제가 커짐에 따라 분단하여 생각해야 할 경우의 수가 기하학적으로 증가하기 때문이다. 일반적인 정수최적화 모형을 풀 수 있는 컴퓨터 패키지가 여러 가지 개발되어 있기는 하지만 정수변수의 갯수가 수백 개 이상이 되는 경우에는 많은 계산량을 요하며 더 커지는 경우 풀지 못하는 경우도 있다.

3. K-OPT

시중에 나와 있는 대형 선형계획법 패키지는 대부분 정수변수들도 일부 처리할 수 있다. 본서와 함께 제공되는 소프트웨어 패키지 K-OPT도 분단탐색법을 이용하여 연속적인 값을 가지는 변수와 0 또는 1 만이 될 수 있는 이진변수가 혼합되어 있는 혼합정수최적화모형(Mixed Integer Optimization model)을 풀 수 있다. 이 패키지가 풀 수 있는 문제의 최대 크기는 다음과 같다.

제약식들의 갯수: 100개 이하
변수들(연속변수 및 이진변수)의 총 갯수: 100개 이하
이진변수들의 갯수: 20개 이하.

K-OPT에서 정수최적화 모형을 입력하는 과정은 선형최적화 모형의 입력 과정과 동일하며, 다만 이진변수들이 무엇인지를 알려주는 부분이 필요하다. 다음의 예제를 생각해 보자.

예제 7-2 자금운용계획(Capital budgeting)

H그룹은 다음 3년간의 투자계획으로 3가지의 사업을 고려하고 있다. 각 사업에 소요되는 자금의 연도별 예상액과 이 사업이 가져올 사업이익의 현재가치[1]가 표 7.1과 같이 주어져 있다.

| 표 7.1 | H그룹 투자계획 관련 자료 (단위: 억원)

사업	사업이익의 현재가치	자금소요계획		
		첫 해	둘째 해	셋째 해
공 장 확 장	450	100	100	100
창 고 신 설	200	150	50	50
첨단기계설치	350	50	200	100
가용자금		250	400	200

H그룹은 가용자금 한도 안에서 총사업이익의 현재가치가 최대가 되도록 사업을 선택하고자 한다.

이문제를 정수최적화 모형으로 정식화하기 위하여 다음과 같이 변수를 정의하자.

$$F = \begin{cases} 1, & \text{공장(factory)확장을 추진하는 경우} \\ 0, & \text{공장확장을 취소하는 경우} \end{cases}$$

$$W = \begin{cases} 1, & \text{창고(warehouse)신설을 추진하는 경우} \\ 0, & \text{창고신설을 취소하는 경우} \end{cases}$$

$$M = \begin{cases} 1, & \text{첨단기계(machine)설치를 추진하는 경우} \\ 0, & \text{첨단기계설치를 취소하는 경우} \end{cases}$$

이러한 변수를 이용하면 총이익의 현재가치는

$$Z = 450F + 200W + 350M \qquad \text{(억원)}$$

으로 나타나고 3년간 각 해의 자금소요액은 각각

$$100F + 150M + 50W,$$
$$100F + 50M + 200W,$$
$$100F + 50M + 100W$$

이 된다. 따라서 다음과 같이 정수최적화 모형이 수립된다.

---

1) 현재가치: 투자사업을 하게 되면 오랜 기간에 걸쳐 자금이 투입되기도 하고 수익이 발생하기도 한다. 이 투자사업의 수익성을 평가하는 한 가지 방법으로 현재가치(present value)를 사용한다. 한 투자사업의 현재가치는 미래에 발생하는 모든 투자금과 수익을 적절한 이자율로 할인하여 현재의 가치로 환산한 후 이를 합산한 값을 말한다. 예를 들어, 연간 10%의 이자율을 적용한다고 할 때 어떤 사업이 현재 10억, 1년 후 10억이 투입되고 2년 후부터 매년 3억의 수익이 발생한다고 할 때 이 사업의 현재가치는

$$-10 - \frac{10}{1.1} + \frac{3}{1.1^2} + \frac{3}{1.1^3} + \cdots = -10 - \frac{10}{1.1} + \frac{3}{1.1^2}\left(\frac{1}{1 - \frac{1}{1.1}}\right) = 8.2 \text{ (억원)}$$

이 된다.

$$
\begin{aligned}
\text{Maximize} \quad & 450F + 200W + 350M \\
\text{subject to} \quad & 100F + 150W + 50M \le 250 \\
& 100F + 50W + 200M \le 400 \\
& 100F + 50W + 100M \le 200 \\
& F, W, M \text{은 } 0 \text{ 또는 } 1.
\end{aligned}
$$

이 모형을 K-OPT를 이용하여 푼다면 입력파일은 그림 7.3과 같다.

그림 7.3 [예제 7-2]의 입력파일

```
MAX        450F + 200W + 350M
ST         100F + 150W + 50M < 250
           100F + 50W + 200M < 400
           100F + 50W + 100M < 200
INTEGER F W M
END
```

여기에서 'INTEGER'는 그 다음에 나열된 변수들이 이진변수임을 알려주는 명령어이다. 이 문제를 K-OPT를 이용하여 풀면 그림 7.4를 얻는다.

그림 7.4 [예제 7-2]의 출력

```
수행된 분단탐색 총횟수:      0
수행된 심플렉스 총횟수:     18
목적함수 값:     800.00000

     변 수                              최 적 해
    ----------------------------------------------------------------
      F                                   1
      W                                   0
      M                                   1

    제약식          종류           여유/잉여변수
    ----------------------------------------------------------------
      1              <=             100.00000
      2              <=             100.00000
      3              <=               0.00000
```

따라서 H그룹은 공장확장과 첨단기계설치에 투자하고 창고신설을 보류하는 것이 최적이며, 이 경우 장기적으로 800억 원의 이익(현재가치)을 얻을 수 있다.

정수최적화 모형의 경우에는 변수의 값이 연속적으로 변하는 것이 아니기 때문에 우변항이나 목적식의 계수가 조금 변할 때 최적해가 어떻게 변하는지 등의 분석은 별 의미가 없다. 따라서 쌍대변수나 민감도 분석은 별 의미가 없고 최적해만이 의미가 있다.

4. 고정비 문제

선형최적화 모형은 비례의 조건(proportionality)을 가정함으로써 비용은 생산수준에 비례하는 변동비(variable cost)만 있는 것으로 가정하고 있다. 그러나 실제문제에 있어서는 변동비뿐 아니라 고정비(fixed cost)도 발생한다. 고정비란 생산활동을 전혀 하지 않을 때에는 발생하지 않지만 생산활동을 일단 개시하는 경우에 발생하는 일정한 비용을 말하며, 이는 생산활동의 수준에는 관계없이 발생한다.

고정비의 문제는 선형최적화 모형에서는 취급할 수 없으나 정수최적화 모형에서는 취급이 가능하다. 어떤 생산활동의 변동비를 a, 고정비를 f라고 하면 생산수준이 X일 때의 총비용 $C(X)$는 다음과 같다.

$$C(X)=\begin{cases} f+aX, & X>0\text{일 때} \\ 0, & X=0\text{일 때}. \end{cases} \qquad \cdots [7\text{-}1]$$

이 식을 그림으로 나타내면 그림 7.5와 같다.

그림 7.5 고정비가 있는 경우의 총비용

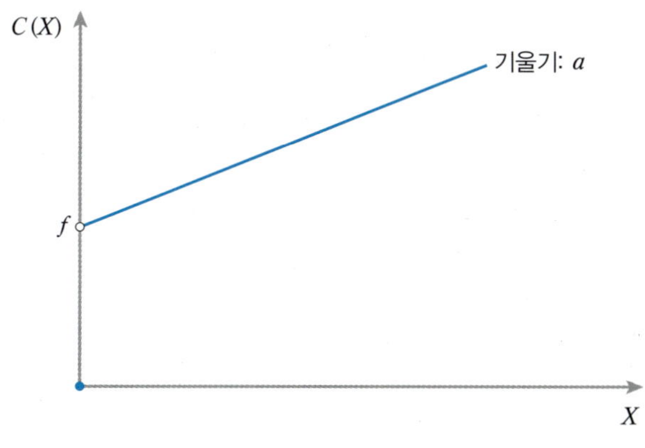

고정비가 있는 문제는 규모의 경제(economy of scale)가 있는 대표적인 문제이다. 규모의 경제란 생산규모를 확대함에 따라 생산단가가 줄어드는 현상을 표현하는 경제학 용어이다. 총비용이 그림 7.5와 같이 주어졌을 때 개당 생산비용

$$\frac{C(X)}{X}$$

을 생산규모에 따라 그림으로 표현하면 그림 7.6과 같다. 생산규모에 따라 생산단가가 현저하게 줄어드는 것을 볼 수 있다. 즉, 많이 생산할수록 고정비가 생산단가에 적게 반영되는 것이다.

그림 7.6 고정비가 있는 경우의 생산 단가

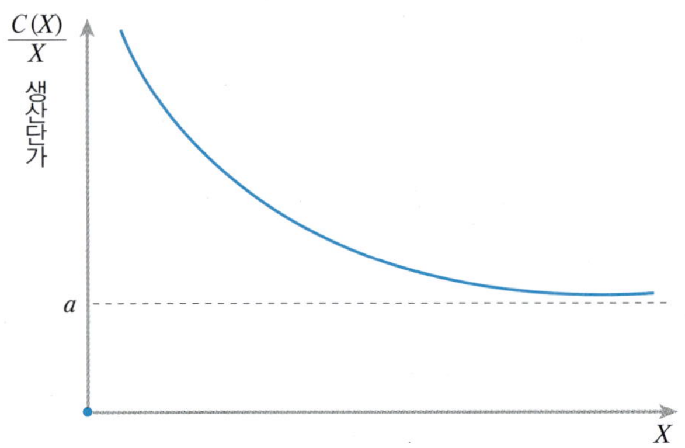

이렇게 규모의 경제가 있는 문제들은 선형최적화 모형으로 해결할 수 없다. 이 경우에는 정수최적화 모형을 사용하여야 한다. 이제 총비용 $C(X)$를 결정하는 식 [7–1]을 수식으로 나타내기 위하여 정수변수 Y를 다음과 같이 도입하자.

$$Y = \begin{cases} 1, & X > 0 \text{ 일 때(즉, 생산할 때)} \\ 0, & X = 0 \text{ 일 때(즉, 생산하지 않을 때)} \end{cases} \quad \cdots [7\text{-}2]$$

그러면 총비용은 수식 $fY + aX$로 표현되며 X와 Y의 관계 [7–2]를 보장하기 위하여

$$X \le CY \quad \cdots [7\text{-}3]$$

라는 제약식을 도입한다. 단, 여기서 C는 X의 생산용량이다.

식 [7–3]에서 만일 $X > 0$이면 $Y > 0$이어야 하므로 이진변수 Y는 1이 되어야 한다. 또한 만일 $X = 0$이면 Y는 0 또는 1이 될 수 있는데 $Y = 1$은 불필요한 고정비 f를

발생시키는 경우이므로 최적해에서는 항상 $Y=0$이 되어 [7–2]의 조건을 만족한다. 다음 예제를 생각해 보자.

예제 7-3

K공업은 20,000단위의 제품을 3개의 기계를 통하여 생산하고 있는데 각 기계를 가동시키기 위해서는 일정한 고정비가 소요된다. 각 기계의 고정비, 변동비 및 생산능력 등이 다음 표에 정리되어 있다.

기 계	고정비(만원)	변동비(만원/단위)	생산능력
1	300	2	8,000
2	100	10	13,000
3	200	5	14,000

K공업은 20,000단위의 제품을 어느 기계로 생산하는 것이 총생산비를 최소화하는지 알아보고 싶다.

이 문제를 정수최적화 모형으로 정립하기 위해 다음의 변수를 도입하자.

$$Y_j = \begin{cases} 1, & \text{기계 } j\text{를 가동시키는 경우} \\ 0, & \text{기계 } j\text{를 사용치 않는 경우,} \end{cases} \qquad j = 1, 2, 3.$$

X_j = 기계 j의 생산수준, $j = 1, 2, 3$

먼저 기계 1에 대해서는 X_1과 Y_1의 관계를 보장하기 위하여 다음과 같은 식을 도입한다.

$$X_1 \leq 8{,}000Y_1$$

Y_1이 1일 때 이 식은 기계 1의 생산능력 제약식의 역할도 한다. 따라서 모형은 다음과 같다.

$$\begin{aligned} \text{minimize} \quad & 300Y_1 + 100Y_2 + 200Y_3 + 2X_1 + 10X_2 + 5X_3 \\ \text{subject to} \quad & X_1 + X_2 + X_3 \geq 20{,}000 \\ & X_1 \leq 8{,}000Y_1 \\ & X_2 \leq 13{,}000Y_2 \\ & X_3 \leq 14{,}000Y_3 \end{aligned}$$

$$X_1,\ X_2,\ X_3 \geq 0,$$
$$Y_1, Y_2, Y_3 = 0 \text{ 또는 } 1.$$

이 모형을 K-OPT로 풀어 본다면 입력파일과 출력은 그림 7.7과 같다.

그림 7.7 [예제 7-3]의 K-OPT 입출력

(가) 입력파일

```
MIN     300Y1 + 100Y2 + 200Y3 + 2X1 + 10X2 + 5X3
ST      X1 + X2 + X3 > 20000
        X1 - 8000Y1 < 0
        X2 - 13000Y2 < 0
        X3 - 14000Y3 < 0
INTEGER Y1 Y2 Y3
END
```

(나) 출력

수행된 분단탐색 총횟수 : 3
수행된 심플렉스 총횟수 : 33
목적함수 값 : 76500.00000

변 수	최 적 해
Y1	1
Y2	0
Y3	1
X1	8000.00000
X2	0.00000
X3	12000.00000

제약식	종류	여유/잉여변수
1	>=	0.00000
2	<=	0.00000
3	<=	0.00000
4	<=	2000.00000

이 결과에 의하면 K공업은 기계 1과 3을 통하여 각각 8,000단위와 12,000단위를 생산하는 것이 최적이며, 이 경우 최소비용은 7억 6,500만 원임을 알 수 있다.

5. 공장신설문제

기업에서 새로운 공장신설을 위한 후보지를 결정하고자 하는 공장신설문제(Facility Location Problem)는 현실적으로 많이 발생하는 문제다. 이 경우에는 공장건설에 소요되는 경비와 공장의 경제성을 종합하여 후보지를 결정하여야 한다.

예제 7-4

현재 A지역에 공장을 갖고서 L, M, N 세 지역의 수요를 공급하고 있는 제일산업은 내년에 수요의 급증이 예상됨에 따라 B, C, D, E 등 4군데에 공장의 신설을 고려 중에 있다. 공장신설 고려대상이 되는 지역에서 수요지까지의 단위당 수송비(단위: 천원)는 다음에 주어진 표와 같다.

공장 \ 수요지	L	M	N	연간 생산능력
B	5	2	3	10,000
C	4	3	4	20,000
D	9	7	5	30,000
E	10	4	2	40,000
A	8	4	3	30,000
연간 수요	30,000	20,000	20,000	

한편 B, C, D, E 지역에 신설되는 공장의 총건설비는 각각 35억 원, 60억 원, 75억 원, 100억 원으로서 공장건설비의 연간 금융비용[2]은 5%의 이율을 적용할 때 각각 1억 7,500만 원, 3억 원, 3억 7,500만 원, 5억 원씩이다. 이 회사에서는 연간 총수송비와 금융비용의 합을 최소화하는 건설 및 수송계획을 수립하고자 한다.

2) 금융비용(cost of capital): 일반적으로 공장의 건설비와 같은 투자금은 단기간에 한 번 투입되는 일시금(lump sum capital)인데 반하여 공장의 운영비는 매년 발생하는 캐쉬플로(cash flow)이다. 따라서 건설비와 운영비를 이대로 비교할 수는 없다. 이 둘을 비교하는 한 가지 방법으로 일시금을 적절한 이자율을 이용하여 이와 동등한 캐쉬플로로 변환하는 방법을 사용한다. 예를 들어, 연 5% 이자율을 적용한다고 할 때 한 번에 100억 원을 내는 것과 매년 5억 원을 내는 것과는 동등하다고 평가하는 것이다. 이 5억 원을 일시금 100억 원의 금융비용이라고 한다.

이 문제를 정수최적화 모형으로 만들기 위해 다음과 같이 변수를 정의하자.

Y_B, Y_C, Y_D, Y_E: 각각 지역 B, C, D, E에 공장을 신설할지를 결정하는 이진 변수.

X_{ij}: 공장 i에서 수요지 j로의 공급량.

그러면 모형은 다음과 같다. 여기서 목적식의 단위는 만원이다.

$$
\begin{aligned}
\text{Min}\quad & 17{,}500Y_B + 30{,}000Y_C + 37{,}500Y_D + 50{,}000Y_E \\
& +0.5X_{BL} + 0.2X_{BM} + 0.3X_{BN} + 0.4X_{CL} + 0.3X_{CM} + 0.4X_{CN} \\
& + 0.9X_{DL} + 0.7X_{DM} + 0.5X_{DN} + X_{EL} + 0.4X_{EM} + 0.2X_{EN} \\
& + 0.8X_{AL} + 0.4X_{AM} + 0.3X_{AN} \\
\text{s.t.}\quad & X_{BL} + X_{BM} + X_{BN} - 10{,}000Y_B \le 0 \\
& X_{CL} + X_{CM} + X_{CN} - 20{,}000Y_C \le 0 \\
& X_{DL} + X_{DM} + X_{DN} - 30{,}000Y_D \le 0 \\
& X_{EL} + X_{EM} + X_{EN} - 40{,}000Y_E \le 0 \\
& X_{AL} + X_{AM} + X_{AN} \le 30{,}000 \\
& X_{BL} + X_{CL} + X_{DL} + X_{EL} + X_{AL} \ge 30{,}000 \\
& X_{BM} + X_{CM} + X_{DM} + X_{EM} + X_{AM} \ge 20{,}000 \\
& X_{BN} + X_{CN} + X_{DN} + X_{EN} + X_{AN} \ge 20{,}000 \\
& X_{ij} \ge 0,\ \text{모든 } i, j, \\
& Y_B, Y_C, Y_D, Y_E = 0 \text{ 또는 } 1.
\end{aligned}
$$

이 문제를 K-OPT로 풀어본다면 입 · 출력은 그림 7.8과 같다.

그림 7.8 [예제 7-4]의 입 · 출력

(가) 입력파일

```
MIN    17500YB + 30000YC + 37500YD + 50000YE
       + 0.5XBL + 0.2XBM + 0.3XBN + 0.4XCL + 0.3XCM + 0.4XCN
       + 0.9XDL + 0.7XDM + 0.5XDN + XEL + 0.4XEM + 0.2XEN
       + 0.8XAL + 0.4XAM + 0.3XAN
ST     XBL + XBM + XBN – 10000YB < 0
       XCL + XCM + XCN – 20000YC < 0
       XDL + XDM + XDN – 30000YD < 0
       XEL + XEM + XEN – 40000YE < 0
       XAL + XAM + XAN < 30000
```

```
            XBL + XCL + XDL + XEL + XAL > 30000
            XBM + XCM + XDM + XEM + XAM > 20000
            XBN + XCN + XDN + XEN + XAN > 20000
INTEGER     YB YC YD YE
END
```

(나) 출력

수행된 분단탐색 총횟수 : 7

수행된 심플렉스 총횟수 : 595

목적함수 값 : 86000.00000

변 수	최 적 해
YB	0
YC	0
YD	0
YE	1
XBL	0.00000
XBM	0.00000
XBN	0.00000
XCL	0.00000
XCM	0.00000
XCN	0.00000
XDL	0.00000
XDM	0.00000
XDN	0.00000
XEL	0.00000
XEM	20000.00000
XEN	20000.00000
XAL	30000.00000
XAM	0.00000
XAN	0.00000

제약식	종류	여유/잉여변수
1	<=	0.00000
2	<=	0.00000
3	<=	0.00000
4	<=	0.00000
5	<=	0.00000
6	>=	0.00000
7	>=	0.00000
8	>=	0.00000

따라서 최적해는

$$Y_E = 1, \quad X_{EM} = 20{,}000, \quad X_{EN} = 20{,}000, \quad X_{AL} = 30{,}000$$

다른 모든 변수는 0

으로서 지역 E에 공장을 신설하고 공장 E에서는 M과 N지역에 공급하고 기존의 공장 A에서는 L지역에 공급하는 것이 최적임을 알 수 있다. 이때에 연간 총비용은 8억 6,000만 원이다. 이 비용에는 지역 E에 신설하는 공장 건설비의 금융비용도 포함되어 있다.

6. 제품설계

컨조인트 분석(Conjoint Analysis)은 특정한 제품의 한 구입자가 그 제품이 가지고 있는 속성들에 대해 얼마만한 가치를 부여하고 있는지를 파악하는 데에 사용되는 마케팅 연구 기법이다. 이러한 컨조인트 분석의 결과를 이용하면 제품을 최적으로 설계하고 시장점유율을 극대화 할 수 있다. 이러한 제품설계(Product Design)에 정수최적화 모형이 사용된다.

예제 7-5

S사에서는 새로이 냉동소시지피자 시장에 진출하는 방안에 대해 검토하고 있다. 현재는 A사와 B사의 제품들이 시장을 독점하고 있는데 S사는 어떤 신제품을 개발하면 이 시장에서 시장점유율을 확보할 수 있을지 알아보고자 한다. S사에서는 빵의 종류, 치즈의 종류, 소스의 종류, 소시지 맛 등 4가지를 냉동소시지피자의 중요한 속성으로 보고 있다. 빵의 종류는 얇은 빵과 두꺼운 빵, 치즈의 종류는 모짜렐라 치즈와 혼합 치즈, 소스의 종류는 부드러운 소스와 덩어리진 소스, 소시지 맛으로는 순한 맛, 중간 맛, 매운 맛 등의 레벨로 나누고 있다. 컨조인트 분석에서는 여러 고객들의 표본을 구성한 후 이들에게 각 속성의 레벨이 다른 다양한 피자들을 시식하게 한 후 그 결과에 대해 회귀분석을 실시하여 각 속성의 레벨에 대한 부분가치(part-worth)를 구한다. 예를 들어, 6명의 고객을 무작위로 추출하였고 이들에 대해 컨조인트 분석을 실시하여 다음 표와 같은 부분가치를 얻었다고 하자.

| 표 7.2 | **피자 맛에 관한 부분가치**

고객	빵		치즈		소스		소시지			현재 선택 제품(점수)
	얇음	두꺼움	모짜렐라	혼합	부드러움	덩어리	순함	중간	매움	
1	11	5	6	7	3	17	26	27	8	A(55)
2	11	7	15	17	16	26	14	4	10	B(58)
3	7	5	8	14	16	7	29	16	19	B(66)
4	13	20	20	17	17	14	25	29	10	A(72)
5	2	8	6	11	30	20	15	7	10	B(58)
6	13	17	11	9	3	30	22	12	20	A(70)

고객 1번은 두꺼운 빵보다 얇은 빵을 선호하며 가치를 각각 5와 11로 평가하였다. 치즈의 종류에 대해서는 모짜렐라와 혼합치즈에 대한 선호도를 비슷한 값인 6점과 7점을 부여하였다. 나머지 두 속성들에 대해서도 속성의 레벨에 따라 달리 부분가치를 부여하고 있다. 이제 예를 들어, A사 피자는 두꺼운 빵, 모짜렐라 치즈, 덩어리 소스, 중간 맛 소시지를 사용하는 제품이라고 하자. 그러면 고객 1번은 A사 피자에 대해 $5 + 6 + 17 + 27 = 55$점을 부여하고 있다. 만일 B사 피자는 얇은 빵, 혼합치즈, 부드러운 소스, 순한 맛 소시지를 사용하고 있다면 고객 1번은 B식품 피자에 대해 $11 + 7 + 3 + 26 = 47$점을 부여하고 있다. 이 고객은 A사 피자를 선호하고 있음을 알 수 있다. 표 7.2의 우측에는 각 고객이 선호하는 피자가 적혀 있으며 괄호 안에는 선호하는 피자의 점수가 적혀져 있다. 6명 중에서 3명은 A사 피자, 3명은 B사 피자를 선호하고 있다.

표 7.2에 있는 1번 고객의 부분가치를 살펴볼 때 S사가 내놓을 신제품이 얇은 빵, 혼합치즈, 덩어리 소스, 중간 맛 소시지를 사용한다면 고객 1번이 가장 원하는 제품이 될 것이며 이 고객은 A사의 제품에서 S사의 신제품으로 바꿀 가능성이 높다. 그러나 이 신제품은 다른 5명에게는 환영 받지 못하는 제품일 수 있다. 한 제품으로 모든 고객들의 입맛을 다 맞출 수는 없다. 그러면 제품을 어떻게 설계하면 이 6명의 고객들 중 더 많은 고객들이 좋아하는 제품이 될까? 좀 더 구체적으로는, 제품을 어떻게 설계해야 더 많은 고객들이 기존에 선택하고 있는 제품을 버리고 S사의 신제품을 선호하게 될까?

이 문제를 정수최적화 모형으로 해결해 보자. 먼저 S사가 신제품을 설계하는 데 있어서 각 속성별로 어떤 레벨을 사용할지를 결정짓는 변수들을 다음과 같이 정의하자.

B_1: 얇은 빵(bread)을 사용하면 1, 아니면 0.

B_2: 두꺼운 빵을 사용하면 1, 아니면 0.

C_1: 모짜렐라 치즈(cheese)를 사용하면 1, 아니면 0.

C_2: 혼합치즈를 사용하면 1, 아니면 0.
SC_1: 부드러운 소스(sauce)를 사용하면 1, 아니면 0.
SC_2: 덩어리 소스를 사용하면 1, 아니면 0.
SS_1: 순한 소시지(sausage)를 사용하면 1, 아니면 0.
SS_2: 중간 맛 소시지를 사용하면 1, 아니면 0.
SS_3: 매운 소시지를 사용하면 1, 아니면 0.

그러면 빵의 레벨은 둘 중의 하나를 선택하여야 하므로 다음을 만족하여야 한다.

$$B_1 + B_2 = 1$$

마찬가지로 치즈, 소스, 소시지의 레벨도 하나를 선택하여야 하므로 다음을 만족하여야 한다.

$$C_1 + C_2 = 1$$
$$SC_1 + SC_2 = 1$$
$$SS_1 + SS_2 + SS_3 = 1$$

S사의 신제품에 대해 1번 고객이 가지는 효용(부분가치의 합)은 다음과 같다.

$$\text{1번 고객의 효용} = 11B_1 + 5B_2 + 6C_1 + 7C_2 + 3SC_1 + 17SC_2 + 26SS_1 + 27SS_2 + 8SS_3$$

현재 1번 고객은 A사 피자를 구입하고 있으며 이 제품으로부터 1번 고객이 느끼는 효용은 55점이었다. 1번 고객이 A사 피자를 버리고 S사의 신제품으로 바꾸게 하기 위해서는 신제품의 효용이 A사 피자의 효용 55보다 높아지도록 신제품을 설계하여야 한다. 그러나 한 제품으로 모든 고객들의 입맛을 다 만족시킬 수는 없기 때문에 특별한 1번 고객이 A사 피자를 버리고 S사 신제품으로 바꾸도록 S사의 신제품을 꼭 설계하여야 하는 것은 아니다. 6명의 고객들 중 더 많은 고객들이 기존에 선택하던 제품을 버리고 S사 신제품을 선택하도록 S사의 신제품을 설계하는 것이 가장 바람직한 것이다.

여기서 S사의 신제품이 1번 고객이 A사 피자를 버리고 S사의 신제품으로 바꾸도록 설계되었는지의 여부를 나타내는 변수를 다음과 같이 도입한다.

$$Y_1 = \begin{cases} 1, & \text{1번 고객이 현재 구입하고 있는 제품보다 S사 제품을 더 선호하는 경우} \\ 0, & \text{그 이외의 경우.} \end{cases}$$

그리고 다음의 제약식을 도입한다.

$$11B_1+5B_2+6C_1+7C_2+3SC_1+17SC_2+26SS_1+27SS_2+8SS_3\geq 55Y_1+1$$

이 제약식에 의하면 좌변의 값이 55보다 클 때에는, 즉 1번 고객이 현재 구입하고 있는 제품보다 S사의 제품을 더 선호하는 경우에는 Y_1은 0 또는 1이 될 수 있다. 앞으로 우리의 모형에서는 Y_1의 값을 최대화할 예정이다. 따라서 최적해에서 Y_1은 1과 같아진다. 이 식의 좌변의 값이 55 이하라면, 즉 1번 고객이 A사의 피자보다 S사의 신제품을 더 선호하지 않는 경우에는 Y_1은 0이 될 수밖에 없다.

마찬가지로 다른 고객들 각각에 대해서 변수 Y_2, Y_3, Y_4, Y_5, Y_6를 도입하고 다음의 제약식들을 도입한다.

$$11B_1+7B_2+15C_1+17C_2+16SC_1+26SC_2+14SS_1+4SS_2+10SS_3\geq 58Y_2+1$$
$$7B_1+5B_2+8C_1+14C_2+16SC_1+7SC_2+29SS_1+16SS_2+19SS_3\geq 66Y_3+1$$
$$13B_1+20B_2+20C_1+17C_2+17SC_1+14SC_2+25SS_1+29SS_2+10SS_3\geq 72Y_4+1$$
$$2B_1+8B_2+6C_1+11C_2+30SC_1+20SC_2+15SS_1+7SS_2+10SS_3\geq 58Y_5+1$$
$$12B_1+17B_2+11C_1+9C_2+3SC_1+30SC_2+22SS_1+12SS_2+20SS_3\geq 70Y_6+1$$

여기서 고려한 6명의 고객들 중 기존에 선택하던 제품보다 S사 신제품을 더 선호하는 고객들의 수는

$$Y_1+Y_2+Y_3+Y_4+Y_5+Y_6$$

가 되고 이 식을 최대화하는 것이 목적식이 된다.

이 정수최적화 모형을 K-OPT로 풀어 보면 그림 7.9와 같은 결과를 얻는다.

그림 7.9 [예제 7-5]의 K-OPT 입 · 출력

(가) 입력파일

```
MAX     Y1+Y2+Y3+Y4+Y5+Y6
ST      B1+B2 =1
        C1+C2 = 1
        SC1+SC2 = 1
        SS1+SS2+SS3 =1
        11B1+5B2+6C1+7C2+3SC1+17SC2+26SS1+27SS2+8SS3-55Y1 > 1
        11B1+7B2+15C1+17C2+16SC1+26SC2+14SS1+4SS2+10SS3-58Y2 > 1
        7B1+5B2+8C1+14C2+16SC1+7SC2+29SS1+16SS2+19SS3-66Y3 > 1
        13B1+20B2+20C1+17C2+17SC1+14SC2+25SS1+29SS2+10SS3-72Y4 > 1
```

```
            2B1+8B2+6C1+11C2+30SC1+20SC2+15SS1+7SS2+10SS3-58Y5 > 1
            12B1+17B2+11C1+9C2+3SC1+30SC2+22SS1+12SS2+20SS3-70Y6 > 1
INTEGER     B1 B2 C1 C2 SC1 SC2 SS1 SS2 SS3 Y1 Y2 Y3 Y4 Y5 Y6
END
```

(나) 출력

목적함수 값 : 3.00000

변 수	최 적 해
Y1	0
Y2	1
Y3	0
Y4	1
Y5	0
Y6	1
B	10
B2	1
C1	1
C2	0
SC1	0
SC2	1
SS1	1
SS2	0
SS3	0

그림 7.7에 의하면 신제품의 최적설계는 다음과 같다.

〔최적설계〕 두꺼운 빵, 모짜렐라 치즈, 덩어리 소스, 순한 맛 소시지 사용.
최적설계 효과: 2번, 4번, 6번 고객들이 신제품으로 바꿀 것이다.

이 정수최적화 모형을 통하여 6명의 고객들 중에서 3명이 S사의 신제품을 더 선호하는 제품을 설계할 수 있었다. 대략 50%의 시장을 확보할 수 있는 제품을 설계한 것이다.

만일 최적설계를 통해 신제품을 선호하는 고객들의 수가 5~6명으로 많았다면 이 피자 시장에서는 기존의 제품들이 소비자들을 충분히 만족시키지 못하고 있고 신제품이 진출할 수 있는 여지가 크다는 것을 의미한다. 따라서 S사는 좋은 시장을 찾아낸 것이라고 볼 수 있다. 반면에 최적설계를 했으나 제품을 선호하는 고객의 수가 0~1명으로 작다면 이 피자 시장에서는 기존의 제품들이 소비자들을 충분히 만족시키고 있어서 새로운 제품이 진입할 여지가 없다는 것을 의미한다. S사는 다른 제품으로 진출하는 것을 알아보는 것이 좋을 것이다. 새로운 시장으로 사업을 다각화하고자 하는 S사는 다양한 제품들에 대해 이러한 제품설계 분석을 시행함으로써 신제품이 성공할 여지가 높은 시장을 찾아낼 수 있을 것이다. 여기서는 6명의 고객만을 고려하였으나 좀 더 많은 고객들을 무작위로 선정하여 이 모형에 포함시킨다면 좀 더 정확한 분석이 될 것이다.

응용사례 :: KLM항공사의 유지 · 보수 인력관리시스템

(주: KLM항공사는 네덜란드의 대표적인 항공사이다.)

KLM사는 8가지 기종의 항공기 90대를 소유하고 79개 국가의 150개 도시로 운항하고 있다. 고도의 안전성을 유지하기 위하여 KLM에서는 250명의 엔지니어와 150명의 사무직원으로 구성된 유지 · 보수 인력을 가지고 있다. 항공기에 대한 정비는 중정비와 경정비로 나뉜다. 중정비는 몇 시간에서부터 몇 달이 걸리는 작업이며 경정비는 공항에서 이착륙 사이의 짧은 시간 동안 이루어진다. KLM의 엔지니어들은 몇 개의 팀으로 나뉘어서 유지 · 보수 작업을 수행한다.

엔지니어들은 고도의 기술을 가지고 있으며 높은 수준의 훈련을 받은 사람들이다. 정부의 규정에 의하면 엔지니어들은 각 기종에 대한 면허가 있어야만 그 기종을 정비할 수 있다. 더욱이 KLM의 내부규정은 각 엔지니어들이 많아야 2개 기종에 대한 면허를 취득할 수 있도록 제한하고 있다. 특정 기종에 대한 면허를 취득할 때에는 기계부분, 전자부분, 무선부분으로 전문분야가 구분되게 된다.

KLM의 경영진에서는 필요한 보수작업들에 적절한 인력을 할당하는 문제로 고심하여 왔다. 필요한 보수작업들이 주어졌을 때 각 작업에 필요한 면허나 전문분야 등이 적절히 배치되면서도 필요한 인력을 최소로 할 수 있는 계획을 수립하고자 경영진에서는 노력해 왔다. 이 업무를 위하여 정수최적화 모형이 개발되었다. 이 모형에서 목적함수는 보수팀당 필요한 엔지니어의 수이다. 특정한 면허와 특정 분야를 가지고 있는 엔지니어의 수는 정수이어야 하며 각 보수작업이 정확히 한 번 수행되어야 한다는 조건 때문에 이진변수가 필요하게 된다. 이 모형 이외에도 주어진 인력으로 구성할 수 있는 보수팀의 수를 최대화하는 모형도 개발하였다. KLM에서는 이러한 정수최적화 모형이 유지 · 보수 인력관리에 매우 유용한 기법으로 활용되고 있다.

제7장_ 연습문제 A(상세 해답 포함)

1 다음의 정수최적화 모형이 있다.

$$\begin{aligned} &\text{Maximize} && Z = 20X_1 + 50X_2 \\ &\text{subject to} && X_1 + 3X_2 \le 12 \\ &&& X_1 + X_2 \le 7 \\ &&& X_1,\ X_2 \ge 0,\ X_1,\ X_2 \text{는 정수.} \end{aligned}$$

(가) 정수조건을 무시한 선형이완 모형의 최적해를 그래프를 이용하여 구하시오.

(나) 그래프를 이용하여 정수최적화 모형의 최적해를 구하시오.

(가) 최적해 : $(X_1,\ X_2) = (4.5,\ 2.5)$, $Z = 215$

(나) 최적해 : $(X_1,\ X_2) = (3,\ 3)$, $Z = 210$

2 D조선소에서의 생산계획문제가 다음과 같이 주어져 있다.

$$\begin{aligned} &\text{Maximize} && Z = 30X_1 + 60X_2 && \text{(이익, 단위: 백만 달러)} \\ &\text{subject to} && 12X_1 + 20X_2 \le 120 && \text{(예산, 단위: 백만 달러)} \\ &&& X_1 + X_2 \le 7 && \text{(생산량)} \\ &&& X_1 \le X_2 && \text{(제품별 비율)} \\ &&& X_1 \ge 1 && \text{(최소생산요구량)} \\ &&& X_1, X_2 \ge 0,\ X_1, X_2 \text{는 정수,} \end{aligned}$$

단, X_1 = A 형 배의 대수, X_2 = B 형 배의 대수.

(가) 정수조건을 무시한 선형이완 모형의 최적해를 그래프를 이용하여 구하시오. 이 해가 정수인가? 정수가 아닌 경우 하나의 근사해를 만드시오.

(나) 그래프를 이용하여 정수최적화 모형의 최적해를 구하시오.

(다) (가)에서 구한 근사해와 (나)에서 구한 최적해를 비교 · 평가하시오.

(가) 선형이완 모형의 최적해 : $(X_1, X_2) = (1, 5.4)$, Z = 3억 5,400만 달러.

이 해는 정수해가 아니다.

여기에서 만들 수 있는 근사해는 (1, 5)이며 이때 Z = 3억 3,000만 달러이다.

(1, 6)은 실행불가능문제이다.

(나) 최적해는 (1, 5) 이다.

(다) (가)에서 구한 근사해는 실제로 최적해이다.

3 K캐피털은 최근 진행된 투자계획에 따라 향후 6년간 다음의 자금을 지불하여야 한다.

연도	1	2	3	4	5	6
금액 (억원)	190	220	230	280	310	460

이 금액은 각 연도의 초에 지불한다. 이를 위해 K캐피털은 일정한 자금을 지금 펀드로 조성하여 이를 운영하여 위의 지불조건을 수행하려고 계획하고 있으며 조성된 자금은 A와 B 두 가지 채권에 투자할 수 있다. 채권 A는 액면가가 1,000만 원이며 매년 6.7%의 수익금을 받을 수 있고 4년 후에 만기가 되는데 이 채권의 현재 시세는 1,055만 원이다. 채권 B는 액면가가 1,000만 원이며 매년 5.2%의 수익금을 받을 수 있고 5년 후에 만기가 되는데 이 채권의 현재 시세는 1,000만 원이다. 이 두 채권에 투자하지 않은 자금은 연리 4%로 1년 정기예금에 예치할 수 있다.

(가) 위의 자금 지불계획을 수행하기 위해 조성하여야 하는 최소한의 펀드를 구하기 위한 정수최적화 모형을 제시하시오.

(나) (가)의 정수최적화 모형에서 정수조건을 없앤 선형이완 모형의 최적해를 K-OPT로 구하시오.

(다) (나)에서 얻은 A와 B값의 소수점 이하를 반올림한 정수값을 구하시오. A와 B가 이 정수값들과 같다는 조건을 (나)의 선형이완 모형에 추가한 한 후 K-OPT를 이용하여 최적해를 다시 구하시오.

(라) (나)에서 얻은 A와 B값의 소수점 이하를 버린 정수값을 구하시오. A와 B가 이 정수값들과 같다는 조건을 (나)의 선형이완 모형에 추가한 한 후 K-OPT를 이용하여 최적해를 다시 구하시오.

(마) (다)와 (라)에서 얻은 해 중 어느 해가 더 좋은가? 이 해가 (가)의 정수최적화 모형의 최적해라고 할 수 있는가?

[변수] F: 조성하여야 할 펀드의 규모(만원)

A: 구입한 채권 A의 갯수

B: 구입한 채권 B의 갯수

$S_1, S_2, S_3, S_4, S_5, S_6$: 각 연도 초에 예금한 자금(만원)

Min F

s.t.

$$F - 1{,}055A - 1{,}000B - 1{,}900{,}000 = S_1$$

$$67A + 52B + 1.04S_1 - 2{,}200{,}000 = S_2$$

$$67A + 52B + 1.04S_2 - 2{,}300{,}000 = S_3$$

$$67A + 52B + 1.04S_3 - 2{,}800{,}000 = S_4$$

$1,067A + 52B + 1.04S_4 - 3,100,000 = S_5$

$1,052B + 1.04S_5 - 4,600,000 = S_6$

모든 변수≥ 0

A, B는 정수

(나) 선형이완 모형의 최적해:

$F = 14,712,431.9,$

$A = 2,692.24,\ \ B = 4,372.62,$

$S_1 = 5,599,491.7,\ \ S_2 = 4,031,228.1,\ \ S_3 = 2,300,233.9,$

$S_4 = 0.0,\ \ S_5 = 0.0,\ \ S_6 = 0.0$

(다) 다음의 두 제약식을 선형이완 모형에 추가한다.

$A = 2,692$

$B = 4,373$

새로운 최적해:

$F = 1,471$억 2,748만 원

$A = 2,692$개, $B = 4,373$ 개

$S_1 = 559$억 9,492만 원, $S_2 = 403$억 1,228만 원, $S_3 = 230$억 234만 원,

$S_4 = 231$만 원, $S_5 = 0.0$, $S_6 = 396$만 원

(라) 다음의 두 제약식을 선형이완 모형에 추가한다.

$A = 2,692$

$B = 4,372$

새로운 최적해:

$F = 1,471$억 2,476만 원

$A = 2,692$개, $B = 4,372$개

$S_1 = 560$억 415만 원, $S_2 = 403$억 2,140만 원, $S_3 = 230$억 1,133만 원,

$S_4 = 887$만 원, $S_5 = 630$만 원, $S_6 = 0$원.

(마) (라)에서 얻은 해가 약간 더 좋다. (라)의 해가 최적일 것으로 보인다. 하지만 최적해임을 보이려면 $A \leq 2,692$이고 $B \leq 4,372$인 경우, $A \leq 2,692$이고 $B \geq 4,373$인 경우, $A \geq 2,693$이고 $B \leq 4,372$인 경우, $A \geq 2,693$이고 $B \geq 4,373$인 경우들을 다 분석해 보아야 한다.

4 A 회사에서는 6개의 투자계획을 고려 중에 있다. $X_1, X_2, \cdots, X_6$을 각 투자계획의 추진 여부를 나타내는 이진변수라고 하자.

(가) 투자계획 1과 3을 수행하지 않고는 투자계획 4를 추진할 수 없다. 이를 표현하는 제약식을 적으시오.

(나) 투자계획 1과 3을 수행하는 경우에는 투자계획 4를 필수적으로 수행해야 한다. 이를 제약식으로 표현하시오.

(다) 투자계획 1, 3, 5, 6 중 최소한 두 개는 추진해야 함을 나타내는 제약식을 적으시오.

(라) 투자계획 3과 5는 동시에 추진해야 함을 나타내는 식을 쓰시오.

(마) 투자계획 1과 4 중 단 한 개를 추진해야 함을 나타내는 제약식을 쓰시오.

(가) $X_4 \leq X_1$과 $X_4 \leq X_3$

(나) $X_4 \geq X_1 + X_3 - 1$

(다) $X_1 + X_3 + X_5 + X_6 \geq 2$

(라) $X_3 = X_5$

(마) $X_1 + X_4 = 1$

5 H사에서는 3가지 제품 A, B, C를 생산하고 있는데 이 제품들은 3가지 공정을 거쳐서 생산되고 있다. 다음의 표는 각 제품을 생산하기 위하여 각 공정에서 소요되는 시간(단위: 시간)을 보여주고 있다.

공정 \ 제품	A	B	C
1	1.5	3.0	2.0
2	2.0	1.0	2.5
3	0.25	0.25	0.25

다음 주에 공정 1, 2, 3에서 사용할 수 있는 인력은 각각 450시간, 350시간, 50시간이다. 여기서 생산되는 제품들은 수요가 많아서 전량 판매되고 있는데 제품 A, B, C의 개당 이익은 각각 25만 원, 28만 원, 30만 원이다.

(가) 이익을 최대로 할 수 있는 선형최적화 모형을 개발하시오. 최적생산계획을 구하시오.

(나) 사장은 (가)의 해를 보고 나서 셋업 비용(set-up cost)이 반영되지 않았음을 지적하였다. 현재의 상태에서 제품 A를 생산하기 위해서는 400만 원, B를 생산하기 위해서는 550만 원, C를 생산하기 위해서는 600만 원의 셋업 비용이 필요하다. (가)에서 구한 해를 그대로 쓰는 경우 이익은 얼마인가?

(다) 제품 A, B, C의 생산용량을 각각 200개라고 할 때 셋업 비용을 감안한 최적생산계획을 구할 수 있는 혼합정수최적화 모형을 개발하시오. 최적생산계획을 구하시오. (나)의 해와 비교하시오.

(가) [변수] A, B, C: 제품 A, B, C 생산량

Max $25A + 28B + 30C$

s.t. $1.5A + 3B + 2C \le 450$

$2A + B + 2.5C \le 350$

$0.25A + 0.25B + 0.25C \le 50$

모든 변수 ≥ 0.

[최적해] $A = 60,\ B = 80,\ C = 60$

최대 이익: 5,540만 원

(나) 5,540 − 400 − 550 − 600 = 3,990만 원

(다) [추가 변수] YA, YB, YC: 각각 제품 A, B, C를 생산할지의 여부를 나타내는 이진변수.

제1공정의 제약식을 보면 모든 제품은 450개 이상 생산할 수는 없음을 알 수 있다.

Max $25A + 28B + 30C - 400YA - 550YB - 600YC$

s.t. $1.5A + 3B + 2C \le 450$

$2A + B + 2.5C \le 350$

$0.25A + 0.25B + 0.25C \le 50$

$A - 200YA \le 0$

$B - 200YB \le 0$

$C - 200YC \le 0$

모든 변수 ≥ 0

YA, YB, YC 는 0 또는 1.

[최적해] 제품 A와 B를 각각 100개씩 생산하며 제품 C는 생산하지 않는다.

최대이익: 4,350만 원이다.

셋업 비용을 감안하면 모든 제품을 생산하는 것보다는 A와 B 두 가지만 생산하는 것이 낫다. 이렇게 함으로써 이익을 360만 원 더 증가시킬 수 있다.

제7장_ 연습문제 B

1 다음 정수최적화 모형의 최적해를 그래프를 이용하여 구하시오.

(가) Max $30X_1 + 25X_2$

s.t. $3X_1 + 1.5X_2 \leq 400$

$1.5X_1 + 2X_2 \leq 250$

$X_1 + X_2 \leq 150$

$X_1,\ X_2 \geq 0,\ X_2$는 정수.

(나) Max $3X_1 + 4X_2$

s.t. $-X_1 + 2X_2 \leq 8$

$X_1 + 2X_2 \leq 12$

$2X_1 + X_2 \leq 16$

$X_1,\ X_2 \geq 0,\ X_1,\ X_2$는 정수.

(다) Min $30X_1 + 4X_2$

s.t. $3X_1 + 2X_2 \geq 50$

$0.1X_1 + 0.2X_2 \geq 2$

$X_1,\ X_2 \geq 0,\ X_1$은 정수.

2 S그룹에서는 현재 6가지의 투자계획을 고려하고 있다. 각 계획에 대한 분석결과가 다음 표와 같이 제시되었다.

투자대상	이익(현재가치, 억원)	현금소요액(억원)		
		제1년	제2년	제3년
1) 창고시설의 부분적 확장	40	30	10	40
2) 창고시설의 전면적 확충	60	25	35	35
3) 신제품의 판매 개시	105	60	40	50
4) 제품광고	40	20	15	18
5) 기본적 연구개발	80	50	10	40
6) 신기계 도입	30	10	5	9
현금조달능력(억원)		105	70	87.5

(가) 이익을 최대로 하는 투자계획을 수립하기 위한 정수최적화 모형을 제시하시오. K-OPT를 이용하여 최적해를 구하시오.

(나) 정책적인 이유로 인하여 두 가지 창고시설의 확장계획을 모두 추진하는 것은 바람

직하지 못하다는 판단을 하게 되었다. 이때 이익을 최대로 할 수 있는 모형을 제시하고 최적해를 구하시오.

(다) 경영진에서는 두 가지 창고시설 확장계획 중 최소한 한 가지는 추진되어야 한다고 판단하고 있다. 이 사실을 감안할 수 있는 모형을 제시하고 최적해를 구하시오.

3 앞으로 P, Q, R 세 지역의 수요를 공급하고자 하는 한국산업은 내년의 수요에 대비하여 A, B, C, D, E 등 5군데에 공장의 신설을 고려 중에 있다. 공장신설 고려대상이 되는 지역에서 수요지까지의 단위당 수송비(단위: 천 원)는 다음에 주어진 표와 같다.

한편 A, B, C, D, E 지역에 신설되는 공장의 총건설비는 각각 100억 원, 130억 원, 200억 원, 230억 원, 250억 원으로서 공장건설비의 연간 금융비용은 10%의 이율을 적용할 때 각각 10억 원, 13억 원, 20억 원, 23억 원, 25억 원씩이다. 이 회사의 연간 총수송비와 금융비용의 합을 최소화하는 건설 및 수송계획을 수립하시오.

공장 \ 수요	P	Q	R	연간 생산능력
후보지 A	40	25	37	20,000
후보지 B	59	36	44	20,000
후보지 C	30	72	56	40,000
후보지 D	40	45	22	40,000
후보지 E	57	46	35	50,000
연간 수요	40,000	20,000	20,000	

4 A사의 재무담당 부사장은 미래를 위한 6개의 투자계획을 검토하고 있다. 다음의 표는 각 계획에 필요한 향후 3년간의 투자금액을 보여 주고 있다.

투자계획	순현재가치 (억원)	현금 소요액(억원)		
		제1년	제2년	제3년
소규모 창고확장	4	3	1	4
대규모 창고확장	6	2.5	3.5	3.5
신제품 시장조사	10.5	6	4	5
광고 캠페인	4	2	1.5	1.8
기초 연구사업	8	5	1	4
신규 설비도입	3	1	0.5	0.9
자금확보액		10.5	7	8.7

이 표에는 각 계획의 투자금과 미래의 수익을 적절한 이자율을 이용하여 현재가치로 변

환하여 합산한 금액인 순현재가치(net present value)도 제공되어 있다. 기업은 순현재가치가 최대가 되도록 투자계획을 수립하는 것이 바람직하다. 또한 이 표에는 향후 3년간 동원할 수 있는 자금확보액이 나와 있다. A사는 6개의 투자계획 중 일부를 선택하여 추진할 예정이다. 확보된 자금으로 추진할 수 있는 투자계획을 순현재가치가 최대가 되도록 수립하기 위한 정수최적화 모형을 개발하시오. 최적투자계획은 무엇인가?

제 8 장 다기준 의사결정

선형계획법에서는 대상이 되는 조직의 목표가 한 개의 선형의 식으로 표현될 수 있음을 가정하고 있으나 실제에 있어서 한 개의 척도로 조직의 성과를 측정하기 어려울 때가 많이 있다. 대부분의 경영자들은 전략적 차원에서 조직의 경영목적으로서 이익의 추구뿐 아니라 시장점유율의 유지, 제품의 다양화를 통한 위험분산, 조직의 성장, 판매가격유지 등 여러 가지의 목적을 생각하고 있다. 이렇게 여러 개의 목적을 동시에 가능한 한 높게 성취하고자 하는 문제를 다기준 의사결정(Multi-criteria Decision Making)이라고 한다.

다기준 의사결정문제에서는 최적해라는 개념을 정의하기 어렵다. 여러 개의 기준들이 다 최대가 되는 해라는 것은 대부분의 문제에서 존재하지 않기 때문이다. 예를 들어, 두 가지 목적 X와 Y를 최대화하는 의사결정문제를 생각해 보자. 그림 8.1의 빗금 친 부분은 이 의사결정문제의 실행 가능한 대안들의 집합이다. 이 경우 빗금 친 부분에 있는 여러 해들 중에서 어느 점을 선택하여야 할 것인가?

그림 8.1 두 개의 목적을 가진 의사결정문제의 실행가능영역

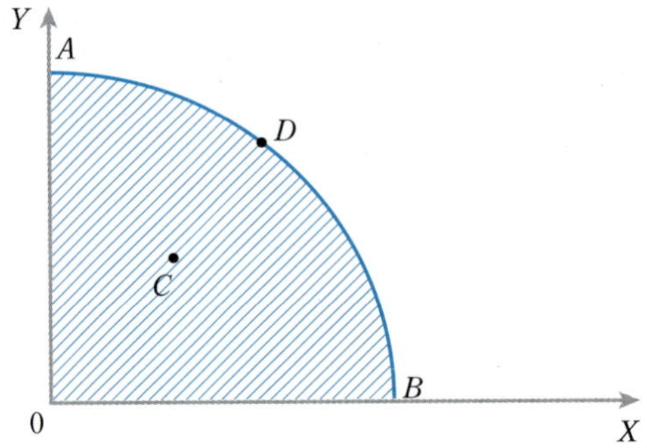

이 문제에서는 의사결정자가 두 개의 목적 X와 Y 중에서 어느 것을 더 중요시한다는 의사표시를 하지 않는 한 이 중의 어느 점이 최적의 의사결정이라고 말할 수는 없다. 그러나 이 경우에도 빗금 친 영역의 내부에 있는 점 C를 선택하는 것은 비효율적인 의사결정이라고 할 수 있다. 왜냐하면 점 C는 점 D에 비해 두 개의 목적 X와 Y가 모두 다 나쁘기 때문이다. 따라서 점 D를 선택하지 않고 점 C를 선택하는 것은 비합리적인 의사결정이라고 할 수 있다. 이러한 점에서 볼 때 합리적인 의사결정이 될 수 있는 점들은 곡선 AB 위에 있는 점들이라고 할 수 있다. 이러한 점들을 파레토 최적해(Pareto Optimal Solution)라고 한다.

이 그림에서 보듯이 대부분의 문제에서 파레토 최적해는 유일하지 않고 무수히 많기 때문에 파레토 최적해의 개념만으로는 의사결정문제가 더 이상 해결되지 않는다. 여러 파레토 최적해들 중에서 어느 해를 선택할 지에 대해서는 더 이상 객관적인 기준을 제시할 수 없다. 그러나 현실 문제에서 의사결정은 해야만 하는 것이기 때문에 실무적인 의사결정에서는 의사결정자의 견해를 다양한 방법으로 추출하여 의사결정을 수행하는 여러 가지 방법들이 개발되어 있다. 그러나 이러한 방법들은 모두 하나의 접근방법일 뿐이며 이 중의 어느 방법만이 옳다고 단언할 수는 없다. 각 의사결정 상황에 맞추어 적절하다고 생각되는 방법을 선택하여 의사결정을 하면 된다. 여기서는 실무적으로 이용할 수 있는 스코어링 모형(Scoring Model), DEA(Data Envelopment Analysis), 목표계획법(Goal Programming) 등에 대해 논의한다.

1. 스코어링 모형

다기준 의사결정문제에서 손쉽게 사용할 수 있는 의사결정방법 중 하나로 스코어링 모형(Scoring Model)이 있다.

예제 8-1

경영대에서 MBA를 마친 김 군은 직장 인터뷰를 마친 결과 다음과 같은 세 자리에 대한 채용 제안을 받았다.

(1) 서울에 있는 한 투자회사의 재무분석실

(2) 대전에 있는 제조업회사의 회계부서

(3) 부산에 있는 회계법인의 감사부서

이 세 자리에 대해 김 군은 직종으로는 재무분석실이 좋으나 생활하기에는 대전이 더 좋을 것 같고 회사 분위기는 회계법인이 좋을 것 같다는 생각을 하고 있다. 김 군은 이 의사결정문제에 대해 다양한 기준들을 가지고 있고 이러한 점에서 이 문제는 다기준 의사결정문제이다.

이러한 다기준 의사결정문제에서 의사결정을 수행하기 위한 하나의 실무적인 방법으로 스코어링 모형이 사용된다. 여기서는 의사결정자가 각 기준들을 어느 정도로 중요하게 생각하는지를 점수로 표현하고 또 각 기준을 각 대안이 어느 정도로 만족시키는지를 점수로 표현한 후에 이들을 합산하는 단순한 방법이지만 실무적으로 많이 사용되고 있다. 이 모형을 단계적으로 설명하면 다음과 같다.

〈스코어링 모형〉

단계 1 의사결정에서 중요하다고 생각되는 의사결정기준들을 열거한다.

단계 2 의사결정기준들의 중요도를 평가한다. 이렇게 하여 의사결정기준 i의 중요도지수 w_i를 얻는다.

단계 3 각 의사결정기준 하에서의 대안들의 만족도를 평가한다. 의사결정기준 i의 관점에서 보았을 경우 대안 j의 만족도를 r_{ij}라고 하자.

단계 4 전체적인 의사결정문제에 대한 각 대안의 만족도를 계산한다. 대안 j의 만족도를 S_j라고 하면 S_j는 다음과 같이 얻어진다.

$$S_j = \sum_i w_i r_{ij} \qquad \cdots \text{[8-1]}$$

단계 5 만족도의 크기 순서대로 대안들을 열거한다. 만족도가 가장 큰 대안이 가장 선호하는 대안이다.

이제 [예제 8-1]에 있는 김 군의 문제를 위의 단계별로 생각해 보자.

|단계 1| 김 군은 직장을 선택하는 데 있어서 중요한 기준들로서 다음의 7가지 기준들을 선정하였다.

(1) 미래경력 개발기회

(2) 직장의 위치

(3) 회사의 경영방침

(4) 연봉

(5) 회사의 명성

(6) 직장의 안정성

(7) 업무의 만족도

|단계 2| 위에서 열거한 각 기준들의 중요도를 평가하기 위하여 김 군은 표 8.1과 같은 5점척도를 사용하기로 하였고 각 의사결정기준에 대해 자신 스스로에게 문의해 본 결과 표 8.2와 같은 중요도지수를 얻었다.

| 표 8.1 | 의사결정기준들의 중요도 평가를 위한 5점척도

매우 중요	5점
상당히 중요	4점
보통	3점
별로 중요하지 않음	2점
전혀 중요하지 않음	1점

| 표 8.2 | 의사결정기준들의 중요도지수

의사결정기준	중요한 정도	중요도지수
미래 경력개발 기회	매우 중요	5
직장의 위치	보통	3
회사의 경영방침	상당히 중요	4
연봉	보통	3
회사의 명성	별로 중요하지 않음	2
직장의 안정성	상당히 중요	4
업무의 만족도	매우 중요	5

표 8.2에 있는 중요도지수들은 김 군의 주관적인 생각을 반영한 것이다. 의사결정자가 다른 사람이라면 이 지수는 달라진다. 스코어링 모형은 각 의사결정자의 주관적인 생각을 다룰 수 있다는 장점을 가지고 있다.

| 단계 3 | 이 단계에서는 각 의사결정기준을 대안들이 어느 정도 만족하고 있는지를 평가한다. 이를 위해 김 군은 표 8.3과 같은 9점척도를 사용하기로 하였다. 각 의사결정기준 하에서 각 대안에 대해 김 군은 스스로에게 문의하는 방식으로 만족도를 평가한다. 이 문제의 경우 의사결정기준이 7개 그리고 대안이 3개 있으므로 $7 \times 3 = 21$번 평가를 한다. 이렇게 얻은 자료가 표 8.4에 있다.

| 표 8.3 | 대안들의 충족도 평가를 위한 9점척도

만족의 정도	만족도지수
거의 완벽히 만족	9
매우 만족	8
만족	7
약간 만족	6
보통	5
약간 불만족	4
불만족	3
매우 불만족	2
전혀 불만족	1

| 표 8.4 | 각 의사결정기준 하에서 대안들의 충족도 평가결과

의사결정기준	대안		
	서울의 재무분석실	대전의 회계부서	부산의 감사부서
미래 경력개발 기회	8	6	4
직장의 위치	3	8	7
회사의 경영방침	5	6	9
연봉	6	7	5
회사의 명성	7	5	4
직장의 안정성	4	7	6
업무의 만족도	8	6	5

| 단계 4 | 이 단계에서는 표 8.2와 표 8.4의 결과를 이용하여 각 대안의 전체적인 만족도를 식 [8–1]을 이용하여 계산한다. 표 8.5는 그 결과를 보여 주고 있다.

| 표 8.5 | 3개 대안들의 충족도지수

의사결정기준	중요도 (w_i)	대안					
		서울의 재무분석실		대전의 회계부서		부산의 감사부서	
		만족도 (r_{ij})	점수 ($w_i r_{ij}$)	만족도 (r_{ij})	점수 ($w_i r_{ij}$)	만족도 (r_{ij})	점수 ($w_i r_{ij}$)
미래 경력개발 기회	5	8	40	6	30	4	20
직장의 위치	3	3	9	8	24	7	21
회사의 경영방침	4	5	20	6	24	9	36
연봉	3	6	18	7	21	5	15
회사의 명성	2	7	14	5	10	4	8
직장의 안정성	4	4	16	7	28	6	24
업무의 만족도	5	8	40	6	30	5	25
총점		157		167		149	

| 단계 5 | 앞의 결과에 의하면 가장 높은 점수를 받은 대안은 대전에 있는 제조업 회사의 회계부서이다. 따라서 김 군에게는 이것이 가장 바람직한 선택이라고 할 수 있다.

표 8.5의 분석결과를 볼 때 이 대안이 선택된 이유는 모든 의사결정기준에서 고르게 높은 점수를 받았기 때문이라고 보인다. 김 군은 모든 면에서 대체로 만족스러운 대안을 찾았다고 할 수 있다.

2. DEA(Data Envelopment Analysis)

현대에는 기업들의 규모가 커지면서 한 기업 안에 여러 개의 하부 운영조직을 가지게 되었다. 예를 들면, 한 은행은 여러 개의 지점들을 가지고 있으며, 한 패스트푸드 체인점은 전국에 수많은 점포들을 가지고 있다. 이러한 기업에서는 각 점포가 효율적으로 운영되고 있는지를 항시 체크하여 운영상에 문제가 있는 곳을 즉각적으로 찾아내서 적절한 경영방식으로 바꾸도록 유도할 필요가 있다. 그러나 각 지점이 처한 환경이나 여건이 각기 다르기 때문에 단순히 당기순이익만으로 지점들을 평가하는 것은 바람직하지 못하다. 각 지점이 처한 환경이나 여건을 감안하기 위해서는 다양한 평가기준들을 고려할 필요가 있다. 그러나 다양한 평가기준들을 고려하여 수많은 점포들을 평가하는 일은 만만한 일이 아니다.

DEA(Data Envelopment Analysis)는 동일한 목적을 가지고 운영되는 여러 운영조직들의 상대적인 효율성을 여러 가지 다양한 기준들을 고려하여 체계적으로 평가할 수 있도록 개발된 선형최적화 모형이다. 여기에서는 점포운영에 들어가는 여러 가지 투입자원들과 점포운영의 성과로 나타나는 여러 가지 산출물들을 동시에 평가기준으로 사용할 수 있다.

예제 8-2

수도권지역에서 네 개 종합병원들을 운영 중인 한 의료재단에서는 이들의 실적을 분석하여 상대적으로 비효율적으로 운영 중인 병원이 어느 것인지를 DEA방법을 이용해 분석해 보기로 하였다. 이를 위해 병원 운영에 중요한 투입자원 세 가지, 그리고 병원 운영의 중요한 산출물로 네 가지를 다음과 같이 선정하였다.

〈투입자원〉

1. 비의료 인력 (전일제기준, 단위: 명)
2. 소모품비 (단위: 만원/일)
3. 사용 가능한 병상 수 (단위: 1,000 일)

〈산출물〉

1. 보험환자 수 (단위: 1,000일)
2. 비보험환자 수 (단위: 1,000일)

3. 훈련시킨 간호원의 수
4. 훈련시킨 인턴의 수

다음 표는 이 투입자원과 산출물들에 대한 각 병원의 1년 동안의 실적이다.

병원	A	B	C	D
비의료인력	285	162	286	210
소모품비	124	129	369	154
병상 수	107	64	114	104
보험환자 수	48	35	36	33
비보험환자 수	43	27	45	56
훈련시킨 간호원 수	253	148	165	160
훈련시킨 인턴 수	41	27	22	84

여기에서는 병원 C의 효율성 여부를 분석해 보고자 한다.

이 문제에서 투입자원들은 적게 쓸수록 바람직하고 산출물들은 많이 만들수록 바람직하다. 이 표를 볼 때 병원 C는 다른 병원들에 비해 투입자원들을 비교적 적게 쓰며 산출물들을 많이 내고 있는가? 이 표에 있는 28개의 수치를 눈으로 보고 이 판단을 하기는 매우 어렵다. DEA는 이러한 판단을 체계적으로 할 수 있는 하나의 방법이다.

DEA를 통해 병원 C의 효율성 여부를 분석하기 위해서는 먼저 가상적 복합(hypothetical composite) 병원을 하나 구성한다. 이 병원은 A, B, C, D 네 개의 병원들에 일정한 가중치를 주어서 합해서 작성되는데 이 가중치를 잘 선정하면 가상복합병원이 투입자원이나 산출물 모든 점에서 병원 C보다 더 효율일 수 있는지 알아본다. 만일 이것이 가능하다면 병원 C보다 더 효율적인 병원을 구축할 수 있으므로 반대로 병원 C가 비효율적이라고 판단할 수 있을 것이다.

이를 위해 다음과 같이 가중치를 변수로 도입한다.

W_A, W_B, W_C, W_D: 각각 병원 A, B, C, D의 가중치.

그런데 가중치의 합은 1이 되어야 하므로 다음의 제약식이 있다.

$$W_A + W_B + W_C + W_D = 1$$

여기서 설명하는 DEA는 산출물들은 모두 병원 C보다 더 많거나 같고 투입자원들은 모두 가능한 한 적게 되는 가상복합병원을 구축하는 방법을 사용한다. 먼저 산출물들을 보면 네 개가 있는데 이 각각에 대하여 가상병원은 병원 C 이상의 산출물들을 얻도록 하여야 하므로 다음의 네 개의 제약식을 작성한다.

$$48W_A + 35W_B + 36W_C + 33W_D \geq 36 \quad \text{(보험환자 수)}$$
$$43W_A + 27W_B + 45W_C + 56W_D \geq 45 \quad \text{(비보험환자 수)}$$
$$253W_A + 148W_B + 165W_C + 160W_D \geq 165 \quad \text{(간호원 수)}$$
$$41W_A + 27W_B + 22W_C + 84W_D \geq 22 \quad \text{(인턴 수)}$$

그리고 투입자원들은 모두 병원 C보다 가능한 한 적게 소비하는 가상복합병원을 구축하여 보자. 가상복합병원에서 사용하는 비의료인력은

$$285W_A + 162W_B + 286W_C + 210W_D$$

이고 병원 C에서는 275.7을 사용하고 있다. 따라서

$$\frac{285W_A + 162W_B + 286W_C + 210W_D}{286} \quad \cdots \text{[8-2]}$$

는 가상병원이 사용하고 있는 비의료인력과 병원 C가 사용하는 비의료인력의 비율이다. 이 값이 작아지도록 가중치를 잡아야 비의료인력에 관한한 더 효율적이 된다.

소모품비와 병상 수에 대해서도 병원 C에 비해 가상병원이 사용하고 있는 양의 비율은 다음과 같다.

$$\frac{124W_A + 129W_B + 369W_C + 154W_D}{369} \quad \cdots \text{[8-3]}$$

$$\frac{107W_A + 64W_B + 114W_C + 104W_D}{114} \quad \cdots \text{[8-4]}$$

식 [8–2]~[8–4]로 주어진 3개의 비율이 가능한 한 작아지도록 가중치를 잡기 위하여 이 3가지 비율들 중 가장 큰 값을 최소화하여 보자. 이는 다음과 같은 선형최적화 모형으로 정식화 할 수 있다.

$$\begin{aligned} \text{Min} \quad & E \\ \text{s.t.} \quad & W_A + W_B + W_C + W_D = 1 \\ & 48W_A + 35W_B + 36W_C + 33W_D \geq 36 \\ & 43W_A + 27W_B + 45W_C + 56W_D \geq 45 \end{aligned}$$

$$253W_A + 148W_B + 165W_C + 160W_D \ge 165$$
$$41W_A + 27W_B + 22W_C + 84W_D \ge 22$$
$$\frac{285W_A + 162W_B + 286W_C + 210W_D}{286} \le E$$
$$\frac{124W_A + 129W_B + 369W_C + 154W_D}{369} \le E$$
$$\frac{107W_A + 64W_B + 114W_C + 104W_D}{114} \le E$$
$$W_A, W_B, W_C, W_D, E \ge 0$$

여기서 E는 식 [8–2]~[8–4]로 주어진 3개의 비율보다 큰 하나의 변수이다. 그런데 목적식에서 E를 최소화하므로 최적해에서 E의 값은 이 3개의 비율 중 가장 큰 것과 같아진다. 그리고 이 가장 큰 값을 최소화 한다.

이 변수 E는 가상복합병원이 사용하는 투입자원과 병원 C의 투입자원의 비율이다. 이 비율이 작으면 가상복합병원이 병원 C보다 적은 양의 투입자원을 사용하는 것이다. 가상복합병원으로서는 이 값이 작을수록 병원 C보다 더 효율적이라고 할 수 있다. 이 변수 E를 효율성지수(efficiency index)라고 한다.

이 모형을 다시 정리하면 다음을 얻는다.

$$
\begin{aligned}
\text{Min} \quad & E \\
\text{s.t.} \quad & W_A + W_B + W_C + W_D = 1 \\
& 48W_A + 35W_B + 36W_C + 33W_D \ge 36 \\
& 43W_A + 27W_B + 45W_C + 56W_D \ge 45 \\
& 253W_A + 148W_B + 165W_C + 160W_D \ge 165 \\
& 41W_A + 27W_B + 22W_C + 84W_D \ge 22 \\
& 285W_A + 162W_B + 286W_C + 210W_D - 286E \le 0 \\
& 124W_A + 129W_B + 369W_C + 154W_D - 369E \le 0 \\
& 107W_A + 64W_B + 114W_C + 104W_D - 114E \le 0 \\
& W_A, W_B, W_C, W_D, E \ge 0
\end{aligned}
$$

이것이 이 문제의 DEA 모형이다. 이 모형에서는 산출물들은 모두 병원 C보다 많거나 같고 투입자원들은 병원 C와의 상대적인 사용비율이 가장 작게 되는 가상복합병원을 작성한다. 이 모형을 통해 만일 병원 C보다 투입자원들을 적게 사용하는 가상복합병원을 찾을 수 있으면 이는 반대로 병원 C가 현재 비효율적으로 운영되고 있다는 것을 말해 주고 있는 것이다.

이 모형에서 $(W_A, W_B, W_C, W_D, E) = (0, 0, 1, 0, 1)$은 모든 제약식들을 만족한다. 즉, 병원 C 자신에 100%의 가중치를 주고 $E = 1$이라 둔 해는 이 모형의 하나의 실행가능해이다. 따라서 E의 최소값은 1보다 커질 수가 없다. 만일 이 모형을 풀었는데 E의 최소값이 1보다 작은 값이 나왔다고 하자. 그러면 산출물들은 병원 C 이상으로 만들어낼 수 있으면서 병원 C보다 적은 투입자원들을 사용하는 가상복합병원을 구축할 수 있음을 의미한다. 이는 반대로 병원 C가 비효율적임을 말 해 주고 있다. 만일 E의 최소값이 1이 나왔다면 병원 C보다 더 효율적인 가상병원을 찾을 수 없음을 말해 주고 있다. 따라서 병원 C가 비효율적이라는 결론은 내릴 수 없다. (그러나 상대적으로 효율적이라는 결론을 내릴 수는 없다. 이에 대해서는 후에 설명한다.)

이 선형최적화 모형을 K-OPT로 풀어보면 그림 8.2와 같은 출력을 얻는다. 이 결과에 의하면 병원 C의 효율성 점수는 0.81이다. 즉, 다른 병원들의 운영방법을 적절히 도입하면 현재 투입되는 자원의 81%만을 이용하고도 현재와 동일한 수준의 산출물들을 얻을 수 있음을 말해주고 있다. 이러한 의미에서 병원 C는 비효율적이라고 할 수 있다.

가장 효율적인 가상병원은 병원 A, B, D를 각각 16%, 31%, 53%씩 가중 합계한 것이다. 제약식의 여유/잉여변수값도 의미가 있다. 병원 C와 비교하여 볼 때, 이 효율적인 가상병원은 보험환자 수와 비보험환자 수에서는 동일한 성과를 가지며 (제약식 2, 3) 훈련시킨 간호원의 수에서 6명 정도 (제약식 4), 그리고 훈련시킨 인턴의 수에서 38명 정도 더 높은 성과를 가진다 (제약식 5). 투입자원에 있어서는 먼저 병상수의 경우 여유변수가 0이므로 병원 C에 비해 정확히 81%를 사용함을 알 수 있다 (제약식 8). 그리고 비의료인력과 소모품비는 병원 C의 81%보다도 훨씬 적게 사용하고 있음을 알 수 있다 (제약식 6, 7).

그림 8.2 [예제 8-3]의 K-OPT 출력

목적함수 값 : 0.80837

변 수	최 적 해	수 정 비 용
E	0.80837	0.00000
WA	0.15892	0.00000
WB	0.30807	0.00000
WC	0.00000	0.19163
WD	0.53301	0.00000

제약식	종류	여유/잉여변수	쌍 대 변 수
1	=	0.00000	−0.24516
2	>=	0.00000	0.01302
3	>=	0.00000	0.01300
4	>=	6.08313	0.00000
5	>=	37.60636	0.00000
6	<=	24.06142	0.00000
7	<=	156.75750	0.00000
8	<=	0.00000	−0.00877

임의의 한 산출물에서 가장 높은 값을 가지는 점포에 대해 DEA를 하게 되면 언제나 $E=1$을 얻게 된다. 예를 들어, 앞의 예제에서 병원 A는 보험환자 수에서 가장 큰 값을 가지고 있다. 이 경우 병원 A의 보험환자 수 이상이 되는 산출물을 내는 가상병원은 가중치를 병원 A에 100% 준 경우밖에 없다. 따라서 병원 A에 대한 DEA 모형에서는 $(W_A, W_B, W_C, W_D) = (1, 0, 0, 0)$이 유일한 실행가능해이고 따라서 최적해이며 목적식의 최소값은 $E=1$이 나온다. 한 가지 산출물에서 가장 높은 값을 가진다고 해서 효율적인 것은 아니기 때문에 이 경우 DEA는 별 의미가 없다. 따라서 DEA의 목표는 상대적으로 비효율적인 점포를 알아내는 것이며 DEA를 통해 효율적인 점포를 알아내지는 못한다. DEA 결과 효율성지수 E가 1이 나왔다 하더라도 그 점포가 상대적으로 효율적이라고 결론지을 수는 없고 다만 비효율적이라는 결론을 내릴 수 없을 뿐이다.

많은 점포들을 대상으로 DEA를 수행하여 본 한 사례분석이 본장 후반에 실려 있다. 특히 E값이 작게 나온 점포들은 가상적 복합 점포를 구성하는 점포들과 자신의 점포를 비교하여 봄으로써 자신의 비효율적 운영이 무엇이며 어떻게 개선하여야 할지를 찾아낼 수 있다.

3. 목표계획법

앞에서 다기준 의사결정문제에 대한 접근방법으로 스코어링 모형 및 DEA를 논의하였다. 다기준 의사결정문제에 대한 또 다른 한 가지 접근방법으로 목표계획법(Goal Programming)이 있다. 이 방법은 각 의사결정기준들에 대해 의사결정자가 자신의 목표치를 제공하는 것은 의사결정자에게 그리 어려운 일이 아니라는 가정에 근거하고 있다. 여기서의 목표치는 그 의사결정기준의 값이 의사결정자가 설정한 목표치를 상회하면 이 기준에 관한 한 의사결정자는 100% 만족한다는 의미이다. 각 기준에 대해 의사결정자는 자신의 목표치를 설정하고 여기에 근접한 해를 구하는 것이 목표계획법이다.

그림 8.3 다기준 의사결정을 위한 목표계획법

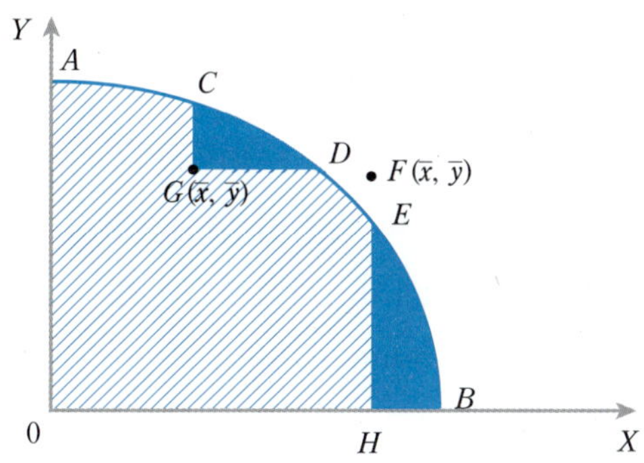

그림 8.3에서 부채꼴 OAB는 두 개의 의사결정기준 X와 Y를 가지고 있는 문제에서 실행가능지역을 보여 주고 있다. 앞에서 설명한 대로 곡선 AB에 있는 해들이 파레토 최적해이며 합리적인 의사결정은 이 위의 한 점을 선택한다. 이제 의사결정자가 두 기준 X와 Y의 목표치로서 각각 $\bar{x}$와 $\bar{y}$를 제시하였다고 하자. 만일 $(\bar{x}, \bar{y})$가 점 G와 같이 실행가능지역 내부의 점이라면 점 G를 선택함으로써 의사결정자는 모든 기준에 대해 100% 만족하게 된다. 따라서 G를 해로 선택하면 된다. 이 경우 부채꼴 GCD 안에 있는 임의의 점을 선택해도 의사결정자는 모든 기준에 대해 100% 만족한다. 목표계획법에서는 이 경우 부채꼴 GCD 안의 임의의 한 점을 선택한다.

만일 $(\bar{x}, \bar{y})$가 점 F라면 모든 기준을 100% 만족시키는 해는 존재하지 않는다. 그러면 어느 점을 선택하여야 할 것인가? 이 경우 목표계획법에서는 두 개의 기준 X와 Y 중에서 어느 것이 더 중요한지를 의사결정자에게 문의한다. 그리고 목표계획법에서는 더 중요한 기준을 우선적으로 만족시키고 그 다음에 두 번째 기준을 최대한 만족시킨다. 이 예에서 만일 의사결정기준 X가 Y보다 더 중요하다고 의사결정자가 의견을 표시하였다고 하자. 그런데 부채꼴 HEB가 기준 X를 100% 만족시키는 해이므로 이 중에서 한 점을 찾으면 된다. 이렇게 해서 가장 중요한 기준에 대한 의사결정이 끝나고 나면 다음에는 두 번째 기준에 대해 생각한다. 부채꼴 HEB 안에는 많은 점들이 있는데 이 중에서 어느 점을 선택할 것인가? 여기서는 두 번째 기준 Y가 최대한 만족되는 점을 찾는 것이 바람직하므로 점 E가 선택된다. 따라서 목표계획법의 선택은 점 E가 된다.

목표계획법은 의사결정자로부터 각 기준의 목표치를 제공받고 여러 기준들의 중요도 순서를 제공받는 하나의 의사결정 접근방법이다. 그리고 목표계획법은 선형계획법으로 개발된 모형에 다기준 의사결정을 도입할 수 있게 해 준다. 앞에서 본 바와 같이 선형계획법에 있어서는 대상되는 조직의 목표가 한 개의 선형의 식으로 표현될 수 있음을 가정하고 있으나 실제에 있어서 한 개의 척도로 조직의 성과를 측정하기 어려울 때가 많이 있다. 대부분의 경영자들은 전략적 차원에서 조직운영의 목적으로서 이익의 추구뿐 아니라 시장점유율의 유지, 제품의 다양화를 통한 위험분산, 조직의 성장, 판매가격유지 등 여러 가지의 의사결정기준들을 생각하고 있다. 이러한 여러 개의 의사결정기준들을 선형계획법에 도입할 수 있는 다기준 의사결정 접근방법이 목표계획법(Goal Programming)이다.

수학적으로 볼 때 목표계획법은 선형계획법과 크게 다를 바 없으나 의사결정 모형을 개발함에 있어서 종래의 선형최적화 모형은 하나의 의사결정기준만이 있었는데 반하여, 목표계획법에서는 여러 개의 의사결정기준들의 목표치와 여러 기준들 간의 우선순위를 미리 설정하고 우선순위가 높은 의사결정기준의 목표 미달치를 우선적으로 최소화하고 그 후 다음 순위의 의사결정기준의 목표 미달치를 최소화한다.

예제 8-3

국토교통부는 최근의 건설인력의 실업사태를 일부 해결하기 위하여 최소한 1,000,000일의 기능노동력 취업효과를 목표로 수도권 도로정비사업을 추진하고 있다. 고급기능인력은 일당 12만 원으로 이 사업에 즉각 투입이 가능하나 일반인력은 재훈련을 실시하여야 투입이 가능하며, 이 경우 훈련비용을 포함하면 하루에 20만 원씩의 비용이 소요된다. 국토교통부가 이 사업에 책정한 예산은 2,400억 원으로서 예산의 증액은 어떠한 경우에도 불가능한 상태이다.

국토교통부의 가장 주된 목적은 건설 기능인력의 실업문제 해결이지만 노동조합과 다른 관련 정부 부처의 압력에 따라 다음의 두 가지 목표도 감안하고 있다.

(1) 일반인력을 최소한 고급기능인력 이상 고용할 것.

(2) 일반인력은 재훈련을 통하여야 하기 때문에 400,000일 이하로 유지할 것.

이 두 가지 목표 중에서 첫 번째 목표가 두 번째 목표보다 훨씬 중요한 것으로 간주되고 있다.

가. 선형계획적 분석

이 예제의 경우 국토교통부 고용정책의 주된 목적은 건설인력의 취업이며, 두 번째 목적은 일반인력과 고급기능인력의 고용비율 유지이며, 세 번째 목적은 일반인력의 고용수준 억제이다. 먼저 모든 목표를 100% 달성할 수 있는지를 알아보기 위하여 선형계획적으로 생각해 보자. 이를 위해 변수를

X_1: 고급기능인력 고용수준(단위: 1,000일)

X_2: 일반인력 고용수준(단위: 1,000일)

이라고 하자. 첫째로, 건설인력의 총고용수준이 목표치인 1,000,000일을 100% 달성하기 위해서는

$$X_1 + X_2 \geq 1,000 \quad \cdots [8\text{-}5]$$

이 되어야 한다. 둘째, 일반인력과 고급기능인력의 고용비율을 100% 유지하기 위해서는

$$X_2 \geq X_1 \quad \cdots [8\text{-}6]$$

이 되어야 한다. 그리고 일반인력의 고용수준을 400,000일로 100% 억제하기 위해서는

$$X_2 \leq 400 \quad \cdots [8\text{-}7]$$

이 되어야 한다. 이 세 가지 제약식 이외에도 총소요경비는 예산을 초과할 수 없으므로

$$12X_1 + 20X_2 \le 24,000 \qquad \text{(단위: 천만 원)} \quad \cdots [8\text{-}8]$$

이라는 제약식이 있다.

이 네 가지 제약식들을 그림으로 나타내어 보면 그림 8.4와 같이 되어 세 가지 목표들과 예산 제약식을 모두 만족시키는 해는 존재하지 않음을 알 수 있다.

그림 8.4 모든 목표를 100% 달성하고자 하는 경우에 대한 분석

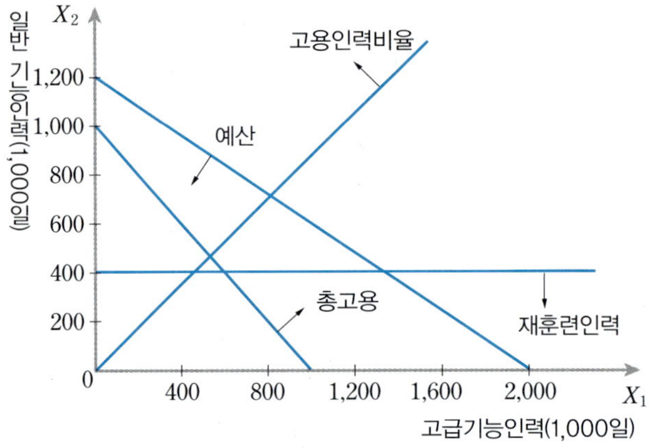

이렇게 모든 목표를 100% 달성하는 것이 불가능할 때 어떠한 고용계획을 세우는 것이 바람직할 것인가? 세 가지 목적의 목표를 모두 달성하는 것은 불가능하므로 이 중에는 목표치에 미달하는 것이 발생할 수밖에 없다. 목표계획 모형은 각 목표의 미달치 및 초과 달성치를 각각 하나의 변수로 표현하여 이 중 미달치를 체계적으로 감소시켜 나간다.

나. 목표계획 모형

국토교통부의 첫 번째 목표는 최소한 1,000,000일의 건설인력을 흡수하는 것이지만 선형계획적 분석에서 보듯이 이러한 목표치의 달성을 항상 보장할 수는 없으므로 [8–5]식과 같은 단정적인 제약식은 바람직하지 못하다. 이보다는 $X_1 + X_2$가

목표치 1,000(천일)을 초과할 수도 있고 미달할 수도 있도록 표현할 필요가 있다. 이 목표치를 초과하는 양(Excess)을 나타내는 변수로 E_1을 사용한다면 X_1+X_2가 1,000을 초과할 때는

$$E_1 = X_1 + X_2 - 1{,}000$$

이 되고 X_1+X_2가 1,000에 미달일 때는 E_1은 0이 되어야 한다. 또한 이 목표치를 미달하는 양(Deficiency)을 나타내는 변수로 D_1을 사용한다면 X_1+X_2가 1,000을 미달할 때는

$$D_1 = 1{,}000 - (X_1 + X_2)$$

이 되고 X_1+X_2가 1,000을 초과할 때는 D_1은 0이고 되어야 한다. 그리고 초과와 미달이 동시에 발생할 수는 없으므로 E_1과 D_1 중 하나는 0이 되어야 한다.

이렇게 정의된 E_1과 D_1은 다음과 같은 수식으로 간략히 표현할 수 있다.

$$X_1 + X_2 - 1{,}000 = E_1 - D_1 \qquad \cdots [8\text{-}9]$$

$$E_1, D_1 \geq 0$$

E_1과 D_1 중 하나는 0.

여기서 만일 X_1+X_2가 1,000을 초과하면 [8–9]식에서 좌변이 양수이므로 $D_1 = 0$이 되어야 하고

$$E_1 = X_1 + X_2 - 1{,}000$$

이 되어 E_1이 목표 초과달성 일수를 나타낸다. 반면에 만일 X_1+X_2가 1,000보다 적으면 [8–9]식의 좌변이 음수가 되므로 $E_1 = 0$이 되어야 하고

$$D_1 = 1{,}000 - (X_1 + X_2)$$

가 되어 D_1이 목표 미달치를 나타낸다.

다음에 국토교통부의 두 번째 목표는 일반인력 X_2를 고급기능인력 X_1 이상으로 유지하는 것이다. 이 역시 이러한 목표치의 달성을 항상 보장할 수는 없는 것이므로 목표치를 초과하는 양을 나타내는 변수로 E_2, 목표치를 미달하는 양을 나타내는 변수로 D_2를 사용한다면 앞에서와 유사하게 E_2와 D_2는 다음과 같은 수식으로 간략히 표현할 수 있다.

$$X_2 - X_1 = E_2 - D_2 \quad \cdots [8\text{-}10]$$

$E_2, D_2 \geq 0$

E_2과 D_2 중 하나는 0.

마지막으로 국토교통부의 세 번째 목표는 일반인력을 400(천일) 이하로 유지하는 것이다. 여기서도 목표치를 초과하는 양을 나타내는 변수로 E_3, 목표치를 미달하는 양을 나타내는 변수로 D_3을 사용한다면 E_3과 D_3은 다음과 같은 수식으로 간략히 표현할 수 있다.

$$X_2 - 400 = E_3 - D_3 \quad \cdots [8\text{-}11]$$

$E_3, D_3 \geq 0$

E_3과 D_3 중 하나는 0.

국토교통부 고용정책의 가장 중요한 목표는 건설인력 고용수준 $X_1 + X_2$를 목표치 1,000(천일) 이상으로 유지하는 것이므로 이 목표에 미달하는 양을 나타내는 변수 D_1을 최소화하는 것이 우선순위가 가장 높은 목표이다.

〈제1순위〉 D_1의 최소화.

그리고 이 문제는 다음과 같이 표현할 수 있다.

(모형 A–1) Min D_1

s.t. $X_1 + X_2 - 1{,}000 = E_1 - D_1$

$X_2 - X_1 = E_2 - D_2$

$X_2 - 400 = E_3 - D_3$

$12X_1 + 20X_2 \leq 24{,}000$

$E_1, D_1, E_2, D_2, E_3, D_3 \geq 0$

E_1과 D_1 중 하나는 0, E_2과 D_2 중 하나는 0, E_3과 D_3 중 하나는 0.

이 문제에 있는 마지막 제약조건 때문에 이 최적화 모형을 푸는 것은 쉬운 일이 아니다. 그러나 이 마지막 제약조건을 빼버린 다음의 최적화 모형을 생각해 보자.

(모형 B–1) Min D_1

s.t. $X_1 + X_2 - 1{,}000 = E_1 - D_1$

$X_2 - X_1 = E_2 - D_2$

$$X_2 - 400 = E_3 - D_3$$
$$12X_1 + 20X_2 \leq 24{,}000$$
$$E_1,\ D_1,\ E_2,\ D_2,\ E_3,\ D_3 \geq 0$$

(모형 B–1)은 수학적으로 선형최적화 모형의 모습을 하고 있기 때문에 이 최적화 모형은 쉽게 풀 수 있다. 그러나 (모형 B–1)에는 E_1과 D_1 중 하나는 0이 되어야 한다는 조건이 없기 때문에 (모형 B–1)의 실행가능해 중에는 E_1과 D_1이 모두 양이 되는 해가 있을 수 있다. 그러나 이러한 해는 (모형 B–1)의 최적해는 될 수 없다. 예를 들어서 $E_1 = 200$, $D_1 = 100$인 실행가능해가 있다면 $E_1 = 100$, $D_1 = 0$인 해도 실행가능해가 되며 $E_1 = 100$, $D_1 = 0$인 해의 D_1 값이 더 작기 때문에 $E_1 = 200$, $D_1 = 100$인 해는 최적해가 될 수 없다. 즉 (모형 B–1)의 최적해에서는 E_1과 D_1 중 하나는 0이 되어야 한다는 조건이 자동적으로 만족되게 된다. 따라서 (모형 A–1)을 푸는 대신 (모형 B–1)을 풀어서 (모형 A–1)의 최적해를 구할 수 있다. (E_2과 D_2 중 하나는 0, E_3과 D_3 중 하나는 0이라는 조건은 다음 단계에서 해결된다.)

K–OPT로 (모형 B–1)의 최적해를 구해보면 그림 8.5와 같다. 이 결과에 의하면 D_1의 최소값은 0이므로 첫 번째 목표는 100% 달성할 수 있음을 알 수 있다.

그림 8.5 (모형 B–1)의 K–OPT 입출력

(가) 입력파일

```
MIN     D1
ST      X1+X2-E1+D1=1000
        X2-X1-E2+D2=0
        X2-E3+D3=400
        12X1+20X2<24000
END
```

(나) 출력

수행된 심플렉스 반복횟수: 8

목적함수 값 : 0.00000

변 수	최 적 해	수 정 비 용
D1	0.00000	1.00000
X1	500.00000	0.00000
X2	500.00000	0.00000
E1	0.00000	0.00000
E2	0.00000	0.00000
D2	0.00000	0.00000
E3	100.00000	0.00000
D3	0.00000	0.00000

제약식	종류	여유/잉여변수	쌍 대 변 수
1	=	0.00000	0.00000
2	=	0.00000	0.00000
3	=	0.00000	0.00000
4	<=	8000.00000	0.00000

이제 두 번째 목표를 생각해 보자. 두 번째 목표는 일반인력 X_2를 고급기능인력 X_1 이상으로 유지하는 것이므로 이 목표에 미달하는 양을 나타내는 변수 D_2를 최소화하는 것이 두 번째 우선순위의 목표이다.

〈제 2 순위〉 D_2의 최소화.

그러나 이 두 번 째 목표의 추진은 앞에서 이미 수행한 결과에 따라 첫 번째 목표가 100% 달성된 상황 하에서 추진하기를 원하는 것이다. 따라서 $D_1 = 0$이라는 조건 하에서 이 두 번째 목표를 추진하게 된다. 이 문제는 (모형 A–1)의 제약식에 $D_1 = 0$을 추가하여 다음과 같이 표현할 수 있다.

(모형 A–2) Min D_2

s.t. $X_1 + X_2 - 1{,}000 = E_1 - D_1$

$X_2 - X_1 = E_2 - D_2$

$X_2 - 400 = E_3 - D_3$

$12X_1 + 20X_2 \le 24{,}000$

$D_1 = 0$

$E_1,\ D_1,\ E_2,\ D_2,\ E_3,\ D_3 \ge 0$

E_1과 D_1 중 하나는 0, E_2과 D_2 중 하나는 0, E_3과 D_3 중 하나는 0.

그리고 이 모형의 최적해는 (모형 A–1)에 대해 설명한 바와 유사한 이유로 다음의 선형최적화 모형을 풀어서 구할 수 있다.

(모형 B–2) Min D_2

s.t. $X_1 + X_2 - 1{,}000 = E_1 - D_1$

$X_2 - X_1 = E_2 - D_2$

$X_2 - 400 = E_3 - D_3$

$12X_1 + 20X_2 \le 24{,}000$

$D_1 = 0$

$$E_1,\ D_1,\ E_2,\ D_2,\ E_3,\ D_3 \geq 0$$

K-OPT로 (모형 B-2)의 최적해를 구해보면 그림 8.6과 같다. 이 결과에 의하면 D_2의 최소값이 0이므로 두 번째 목표도 100% 달성할 수 있음을 알 수 있다.

그림 8.6 (모형 B-2)의 K-OPT 입출력

(가) 입력파일

```
MIN     D2
ST      X1+X2-E1+D1=1000
        X2-X1-E2+D2=0
        X2-E3+D3=400
        12X1+20X2<24000
        D1=0
END
```

(나) 출력

수행된 심플렉스 반복횟수: 4

목적함수 값: 0.00000

변수	최적해	수정비용
D2	0.00000	1.00000
X1	500.00000	0.00000
X2	500.00000	0.00000
E1	0.00000	0.00000
D1	0.00000	0.00000
E2	0.00000	0.00000
E3	100.00000	0.00000
D3	0.00000	0.00000

제약식	종류	여유/잉여변수	쌍대변수
1	=	0.00000	0.00000
2	=	0.00000	0.00000
3	=	0.00000	0.00000
4	<=	8000.00000	0.00000
5	=	0.00000	0.00000

이제 세 번째 목표를 생각해 보자. 세 번째 목표는 일반인력 X_2를 400(천일) 이하로 억제하는 것이다. 따라서 이 경우에는 이 목표를 초과하는 양을 나타내는 변수 E_3을 최소화하는 것이 세 번째 우선순위의 목표이다.

〈제 3 순위〉 E_3의 최소화.

그리고 이 세 번째 목표의 추진은 앞에서 이미 수행한 결과에 따라 첫 번째 목표

와 두 번째 목표가 100% 달성된 상황 하에서 추진하기를 원하는 것이다. 따라서 $D_1 = 0$이라는 조건과 $D_2 = 0$이라는 조건 하에서 이 세 번째 목표를 추진하게 된다. 이 문제는 (모형 A–2)의 제약식에 $D_2 = 0$을 추가하여 다음과 같이 표현할 수 있다.

(모형 A–3) Min E_3

s.t. $X_1 + X_2 - 1000 = E_1 - D_1$

$X_2 - X_1 = E_2 - D_2$

$X_2 - 400 = E_3 - D_3$

$12X_1 + 20X_2 \leq 24{,}000$

$D_1 = 0$

$D_2 = 0$

$E_1,\ D_1,\ E_2,\ D_2,\ E_3,\ D_3 \geq 0$

E_1과 D_1 중 하나는 0, E_2과 D_2 중 하나는 0, E_3과 D_3 중 하나는 0.

그리고 이 모형의 최적해는 다음의 선형최적화 모형을 풀어서 구할 수 있다.

(모형 B–3) Min E_3

s.t. $X_1 + X_2 - 1000 = E_1 - D_1$

$X_2 - X_1 = E_2 - D_2$

$X_2 - 400 = E_3 - D_3$

$12X_1 + 20X_2 \leq 24{,}000$

$D_1 = 0$

$D_2 = 0$

$E_1,\ D_1,\ E_2,\ D_2,\ E_3,\ D_3 \geq 0$

K–OPT로 (모형 B–3)의 최적해를 구해보면 그림 8.7과 같다. 이 결과에 의하면 최적해는 다음과 같다.

$X_1 = 500,\ X_2 = 500,\ E_3 = 100$, 나머지 변수들은 모두 0.

따라서 세 번째 목표는 100% 달성하지 못하고 100(천일)을 초과하는 것으로 만족하여야 함을 알 수 있다. 결론적으로 [예제 8–3]의 가장 바람직한 의사결정은 고급기능 인력을 50만 일, 일반인력을 50만 일을 고용하는 것이며, 이 경우 첫 번째와 두 번째 목표는 100% 달성되나 세 번째 목표인 일반인력 억제수준은 10만 일 초과하게 된다.

그림 8.7 (모형 B-3)의 K-OPT 입출력

(가) 입력파일

```
MIN     E3
ST      X1+X2-E1+D1=1000
        X2-X1-E2+D2=0
        X2-E3+D3=400
        12X1+20X2<24000
        D1=0
        D2=0
END
```

(나) 출력

수행된 심플렉스 반복횟수 : 5

목적함수 값 : 100.00000

변수	최적해	수정비용
E3	100.00000	0.00000
X1	500.00000	0.00000
X2	500.00000	0.00000
E1	0.00000	0.50000
D1	0.00000	0.00000
E2	0.00000	0.50000
D2	0.00000	0.00000
D3	0.00000	1.00000

제약식	종류	여유/잉여변수	쌍대변수
1	=	0.00000	0.50000
2	=	0.00000	0.50000
3	=	0.00000	−1.00000
4	<=	8000.00000	0.00000
5	=	0.00000	−0.50000
6	=	0.00000	−0.50000

목표계획법에서는 이렇게 순차적으로 목표치에 가까운 의사결정을 내리는 과정을 다음과 같이 요약해서 표현하기도 한다.

$$
\begin{aligned}
\text{(목표계획 모형)}\quad \text{Min}\quad & P_1(D_1)+P_2(D_2)+P_3(E_3) \\
\text{s.t.}\quad & X_1+X_2-1000=E_1-D_1 \\
& X_2-X_1=E_2-D_2 \\
& X_2-400=E_3-D_3 \\
& 12X_1+20X_2\le 24{,}000 \\
& E_1,\ D_1,\ E_2,\ D_2,\ E_3,\ D_3\ge 0
\end{aligned}
$$

이 모형의 목적식은 수식이 아니고 D_1, D_2, E_3를 순차적으로 최소화하라는 뜻을 의미한다.

여기에서는 선형계획용 패키지인 K-OPT를 순차적으로 적용하여 목표계획모형을 풀었다. 일반적으로는 목표계획모형을 한 번에 풀 수 있는 해법이 따로 개발되어 있어서 순차적으로 문제를 풀어야 하는 번거러움을 피할 수 있다. 이에 대해서는 다른 책을 참고하기 바란다.

다. 가중합계 모형

앞에서는 각 의사결정기준에 대해 목표치를 설정한 다음 여러 의사결정기준들의 중요도 순서를 정한 후 이 순서에 따라 순차적으로 목표치에 미달하는 부분을 줄여나가는 우선순위 목표계획 모형(preemptive goal programming model)을 설명하였다. 이 모형에서는 우선순위가 절대적이기 때문에 상위의 기준이 목표치에 미달한 경우에는 하위의 기준들을 얼마든지 희생하여서라도 상위의 기준을 목표치에 더욱 근접시키고자 하는 모형이다. 이러한 점에서 우선순위 목표계획 모형은 기준들의 중요도 순서가 너무 강하게 설정되어 있다는 단점이 있지만 의사결정자가 제공하여야 하는 정보가 단순하기 때문에 다기준 의사결정에 사용하기 용이하다는 장점을 가지고 있다.

우선순위 목표계획 모형이 가진 이러한 단점을 보완하기 위하여 여러 기준들의 중요도 순서를 설정하지 않고 대신 목표치에 대한 미달 값들의 가중합계를 최소화하는 가중합계 목표계획 모형(nonpreemptive goal programming model)도 사용된다. 이 모형에서 사용되는 가중치들은 대개의 경우 의사결정자의 주관적인 판단에 의하여 결정되게 된다. 그러나 이러한 가중치를 의사결정자가 제공하는 것이 쉽지 않기 때문에 이러한 모형이 적절한 의사결정 보조시스템으로 이용되기 위해서는 컴퓨터에서 출력된 해를 의사결정자가 분석한 후 이에 근거하여 다시 가중치를 조절하는 과정을 반복하는 것이 바람직하다. 이러한 형태의 목표계획 모형의 최종적인 형태는 수학적으로 볼 때 선형최적화 모형이 되기 때문에 심플렉스해법으로 해를 구할 수 있다.

예를 들어, [예제 8-3]의 경우 D_1, D_2, E_3를 순차적으로 최소화하는 대신 적당한 가중치 W_1, W_2, W_3을 적용하여

$$Z = W_1 D_1 + W_2 D_2 + W_3 E_3$$

를 최소화하는 선형최적화 모형으로 바꾸어 풀게 된다. 결과로 나오는 모형은 수학적으로 볼 때 선형최적화 모형의 범주에 포함되지만 모형개발 과정에서 제약식 [8-5]~[8-7]과 같은 단정적인 제약식보다는 [8-9]~[8-11]과 같은 융통성 있는 제약식을 쓴다는 의미에서 목표계획 모형이다.

예제 8-4

3개의 신제품을 새로 개발한 D화학은 기존 제품의 생산을 중단하고 신제품 생산을 개시하려 하고 있다. 각 제품의 수익률, 소요노동력 및 자본소요액 등이 각기 다르기 때문에 이 회사에서는 각 신제품의 생산수준을 결정함에 있어서 장기총수익의 적정선 유지, 현 고용인력의 유지 및 적정 활용 그리고 자본투자액의 적정선 유지 등을 감안하려 하고 있다. 각 신제품의 수익률, 인력소요 및 자본소요액에 대한 자료는 표 8.6과 같다.

표 8.6 D화학 신제품의 투입/산출 계수

	제 품 1 (단위: 천톤/년)	제 품 2 (단위: 천톤/년)	제 품 3 (단위: 천톤/년)
장기총수익 (억원/단위)	12	9	15
고용인력 (100명/단위)	5	3	4
자본소요액 (억원/단위)	5	7	8

장기총수익은 현재가치로 125억 원 선의 유지, 소요인력은 현재의 고용수준인 4,000명 선의 유지, 그리고 자본투자액은 55억 원 수준으로 억제하는 것을 목표로 삼은 D화학은 목표에서의 미달치에 대하여 다음과 같은 가중치를 선정하였다.

(1) 장기총수익의 목표 미달액에 대한 가중치 = 5/(억원)

(2) 고용수준의 초과인원에 대한 가중치 = 2/(100명)

(3) 고용수준 미달인원에 대한 가중치 = 4/(100명)

(4) 자본투자계획 초과액에 대한 가중치 = 3/(억원)

이 문제를 목표계획 모형으로 정식화하면 다음과 같다.

[변수] X_1, X_2, X_3: 각각 제품 1, 2, 3의 생산량 (천톤/년)

(1) 장기총수익 목표계획식

$$12X_1 + 9X_2 + 15X_3 - E_1 + D_1 = 125 \text{ (억 원)}, \quad E_1, D_1 \geq 0$$

(2) 고용인력 목표계획식

$$5X_1 + 3X_2 + 4X_3 - E_2 + D_2 = 40\ (100\text{명}),\quad E_2,\ D_2 \geq 0$$

(3) 자본투자 목표계획식

$$5X_1 + 7X_2 + 8X_3 - E_3 + D_3 = 55\ (\text{억원}),\quad E_3,\ D_3 \geq 0.$$

이 문제의 경우 장기총수익 목표 미달치 D_1, 고용수준 목표 초과 인원 E_2, 고용수준 목표 미달 인원 D_2 및 자본투자계획 목표 초과액 E_3를 줄이는 것이 목적이며, 이 네 가지 목적에 각각 5, 2, 4, 3의 가중치를 부여하였으므로 목표계획 모형은 다음과 같다.

$$\begin{aligned}
\text{Minimize}\quad & Z = 5D_1 + 2E_2 + 4D_2 + 3E_3 \\
\text{subject to}\quad & 12X_1 + 9X_2 + 15X_3 - E_1 + D_1 = 125 \\
& 5X_1 + 3X_2 + 4X_3 - E_2 + D_2 = 40 \\
& 5X_1 + 7X_2 + 8X_3 - E_3 + D_3 = 55 \\
& X_1,\ X_2,\ X_3,\ E_1,\ D_1,\ E_2,\ D_2,\ E_3,\ D_3 \geq 0
\end{aligned}$$

이 모형은 수학적으로 볼 때 일반 선형최적화 모형의 범주에 들어가므로 K-OPT를 이용하여 분석하면 그림 8.7과 같고 여기서 최적해를 구하면

$$X_1 = 8.33,\quad X_2 = 0,\quad X_3 = 1.67$$
$$E_1 = D_1 = 0,\quad E_2 = 8.33,\quad D_2 = 0,\quad E_3 = D_3 = 0$$

을 얻는다. 따라서 이 주어진 가중치에 따르면 장기총수익과 자본투자액은 목표를 100% 달성하는 반면 고용인력은 목표치에서 $8.33 \times 100 = 833$명 정도 초과하는 것으로 나타난다.

그러나 여기서 사용된 가중치는 매우 임의적으로 선택된 것이 되기 쉽기 때문에 바람직하지 못한 해가 최적해로 나오게 될 가능성도 얼마든지 있다. 따라서 의사결정자가 만족할 수 없는 해가 출력되었을 경우 가중치를 다시 적절히 조정하여 여러 가지 안을 만든 후 최종결정을 내리는 의사결정 보조 과정을 갖는 것이 바람직하다.

그림 8.6 가중합계 모형의 K-OPT 입출력

(가) 입력파일

```
MIN    5D1+2E2+4D2+3E3
ST     12X1+9X2+15X3-E1+D1=125
       5X1+3X2+4X3-E2+D2=40
       5X1+7X2+8X3-E3+D3=55
END
```

(나) 출력

목적함수 값 : 16.66667

변 수	최 적 해	수 정 비 용
D1	0.00000	3.09524
E2	8.33333	0.00000
D2	0.00000	6.00000
E3	0.00000	0.42857
X1	8.33333	0.00000
X2	0.00000	6.85714
X3	1.66667	0.00000
E1	0.00000	1.90476
D3	0.00000	2.57143

제약식	종류	여유/잉여변수	쌍 대 변 수
1	=	0.00000	1.90476
2	=	0.00000	−2.00000
3	=	0.00000	−2.57143

응용사례 1 :: 포드사의 스코어링 모형

포드자동차는 미래 자동차 모형 개발을 위해 5개 협력업체로부터 제안서를 받아 본 결과 이 중 3개 회사가 이 과제 수행능력이 있는 것으로 판단했다. 그러나 이 회사들은 해체나 검사분석 등에서의 능력에 차이가 나기 때문에 다음의 세 가지 방안이 가능할 것으로 판단하게 되었다.

대안 1: 업체 C가 모든 과제를 다 수행한다.
대안 2: 업체 A는 전체 과제 중 검사 부분만 수행하고 나머지는 업체 B가 수행한다.
대안 3: 업체 A가 검사 부분을 수행하고 나머지는 업체 A와 C가 공동으로 수행한다.

일상적인 과제라면 비용이 최소로 드는 대안을 선택하는 것이 적절하겠지만 이 과제는 처음 수행하는 비일상적인 업무들을 많이 포함하고 있기 때문에 포드사에서는 다음과 같이 4개의 의사결정기준들을 선정하였다.

(1) 숙련도 (효율적인 과제 수행능력과 숙련된 기술)
(2) 비용제한 (적절한 예산 이내로 유지하는 능력)
(3) 시간제한 (과제의 완료 요구 시한을 맞추는 능력)
(4) 하드웨어 사항 (해체분석 센터의 위치와 기능 및 사용자 친밀도)

포드사에서는 이 의사결정을 위한 추진팀을 구성하고 팀원들의 의견을 수렴한 결과 이 네 개 기준의 중요도에 대해 동일한 비중인 25%를 할당하기로 하였다.

포드에서는 이 네 개의 기준 각각을 세부기준들로 더욱 세분하였는데 예를 들면 '숙련도' 기준은 '과제 수행 리더십', '수행팀 조직구성', '팀원 간의 의사소통능력' 및 '과거 과제 수행에 대한 평판' 등 4개의 세부기준으로 세분하였다. 포드의 의사결정 추진팀은 이 4개의 세부기준들 간의 중요도 비중을 각각 40%, 20%, 20%, 20%로 할당하였다. '숙련도' 이외의 다른 3개의 기준들도 세부기준들로 세분되었는데 그 결과 총 17개의 세부기준들이 마련되었다.

포드의 의사결정 추진팀은 3개의 업체들을 모두 방문한 후에 팀원 각각이 17개의 세부기준들 각각에 대해 10점측도로 평가를 하였다. 그 후 팀 미팅을 통해 팀의 합의된 평가결과를 도출하였다. 그 결과 대안 1에 대해서는 세부기준 '과제 수행 리더십'에서는 8점, '수행팀 조직구성'에서는 8점, '팀원 간의 의사소통능력'에서는 7점, '과거 과제 수행에 대한 평판'에서는 8점으로 평가하였다. 그 결과 대안 1은 '숙련도' 기준에서는 $0.4 \cdot 8 + 0.2 \cdot 8 + 0.2 \cdot 7 + 0.2 \cdot 8 = 7.8$점으로 평가되었다. 마찬가지 방법으로 하여 대안 1은 '비용제한' 항목에서는 6.8점, '시간제한' 항목에서는 6.65점, 그리고 '하드웨어 사항'에서는 8점으로 평가되었다. 그 결과 대안 1의 총점은 $0.25 \cdot 7.8 + 0.25 \cdot 6.8 + 0.25 \cdot 6.65 + 0.25 \cdot 8 = 7.3$점이었다. 비슷한 방법으로 대안 2는 7.4점, 대안 3은 7.5점으로 평가되었다. 그 결과 대안 3이 채택되었다.

이러한 의사결정 과정을 통해 대안 3이 가장 낫다는 점에 대해 추진팀 모두가 확신을 가질 수 있었다.

응용사례 2 :: 은행 지점들의 효율성 평가

미국의 한 대규모 은행은 지점들의 운영 실태를 평가할 계획을 세우고 주요 4개 도시에 있는 182개의 지점들을 평가 대상으로 선정하였다. 이 중 어느 지점들이 비효율적인지를 알아내기 위하여 DEA를 수행하였다.

이 DEA 모형은 각 지점의 실제 운영 실태를 다른 지점들의 운영 실태와 비교한다. 이 평가를 위해 투입자원으로 사용된 것은 창구직원(teller) 수, 비창구직원(non-teller) 수, 주차장 공간, 자동인출기 수, 그리고 고객당 광고비이었다. 산출물로는 대여금 총액, 예금 총액, 고객당 계좌 수, 그리고 매 분기마다 실시하는 설문조사로 얻어지는 고객만족도이었다. DEA를 위하여 6개 분기 동안의 데이터가 수집되어 사용되었다.

DEA 분석결과 182개 지점들 중 92개가 100% 효율성 지표를 얻었다. 약 5개 지점들이 70% 이하의 효율성 지표를 보였고, 약 25% 정도가 80%~89%의 효율성 지표를 보였다. DEA 결과는 효율성 지표가 낮은 지점들이 구체적으로 어떻게 생산성을 높일 수 있는지를 제시해 주었다. 경영진에서는 비효율적인 지점들에 초점을 맞춤으로써 사업의 규모를 줄이지 않으면서 투입되는 자원을 어떻게 줄일 수 있을지 찾아 낼 수 있었다. 더욱이 경영진에서는 지점들의 효율성에 가장 크게 기여하는 요소가 무엇인지 알 수 있었다.

제8장_ 연습문제 A(상세 해답 포함)

1 대학입시를 마친 김 군은 A, B, C, D 등 4개의 대학에 합격하였다. 이 중에서 하나를 선택하여야 하는 김 군은 판단기준으로서 8가지의 의사결정기준을 설정하고 이들의 중요도를 평가하였다. 또한 각 기준을 이 4개의 대학이 만족하는 정도를 평가하여 다음의 표와 같은 결과를 얻었다. 김 군의 가장 바람직한 선택은 무엇인가?

의사결정기준	중요도	각 기준에 대한 만족도			
		A	B	C	D
대학의 명성	3	8	6	7	5
학교의 규모	4	3	5	8	7
강의당 학생 수	5	4	5	8	7
학비	5	5	8	3	6
대학의 위치	2	7	8	7	6
동아리 활동	4	9	5	4	6
기숙사 시설	4	6	5	7	6
캠퍼스	3	5	3	8	5

A의 점수 = 170, B의 점수 = 168, C의 점수 = 190, D의 점수 = 183
대학 C 선택.

2 다음의 목표계획 모형을 생각해 보자.

Minimize $Z = P_1(D_3) + P_2(E_1)$

subject to $X_1 + X_2 + D_1 - E_1 = 1,800$

$X_1 + D_2 = 1,000$

$2,000X_1 + 1,500X_2 + D_3 - E_3 = 3,000,000$

$X_1, X_2, E_1, D_1, D_2, E_3, D_3 \geq 0$

K-OPT로 이 모형의 해를 구하시오.

〈제1단계〉

Minimize D_3

subject to $X_1 + X_2 + D_1 - E_1 = 1,800$

$X_1 + D_2 = 1,000$

$$2{,}000X_1 + 1{,}500X_2 + D_3 - E_3 = 3{,}000{,}000$$
$$X_1,\ X_2,\ E_1,\ D_1,\ D_2,\ E_3,\ D_3 \geq 0$$

최적목적함수 값 = 0.

〈제2단계〉

Minimize E_1

subject to $X_1 + X_2 + D_1 - E_1 = 1{,}800$

$X_1 + D_2 = 1{,}000$

$2{,}000X_1 + 1{,}500X_2 + D_3 - E_3 = 3{,}000{,}000$

$D_3 = 0$

$X_1, X_2, E_1, D_1, D_2, E_3, D_3 \geq 0$

최적해: $X_1 = 1{,}000$, $X_2 = 666.7$, $D_1 = 133.3$, 다른 모든 변수는 0.

두 개의 목표를 모두 100% 만족시킨다.

3 A화학에서는 몇 개의 제품생산을 중단하고 대신 네 가지의 새로운 제품의 생산을 고려하고 있다. 이에 따라 회사의 여러 경영목표를 가능한 한 만족시킬 수 있도록 각 신제품의 생산량을 결정하고자 한다. 이 회사의 경영분석부에서는 다음과 같은 목표계획 모형을 제시하였다.

Minimize $Z = P_1(D_1) + P_2(E_2 + D_2) + P_3(E_3) + P_4(D_4)$

subject to $0.2X_1 + 0.5X_2 + 0.4X_3 + X_4 + D_1 - E_1 = 8$ (이익목표, 단위: 억원)

$0.4X_1 + X_2 + 0.2X_3 + 0.7X_4 + D_2 - E_2 = 10$ (고용목표, 단위: 천시간)

$X_1 + X_2 - X_3 - X_4 + D_3 - E_3 = 0$ (제품생산비율 목표)

$0.3X_1 + 0.2X_2 + 0.6X_3 + 0.4X_4 + D_4 - E_4 = 20$ (투자액목표, 단위: 억원)

$2X_1 + 10X_2 + 5X_3 + 4X_4 \leq 70$ (생산능력, 단위: 천시간)

$X_1, X_2, X_3, X_4, E_1, D_1, E_2, D_2, E_3, D_3, E_4, D_4 \geq 0.$

단, X_1: 비누 생산량(단위: 백만 개), X_2: 탈취제 생산량(단위: 백만 개),

X_3: 치약 생산량(단위: 백만 개), X_4: 세척제 생산량(단위: 백만 개).

(가) 위에 있는 목표계획 모형에 있는 E_i와 D_i가 무엇을 뜻하는지 설명하시오.

(나) 경영분석부에서는 이 회사의 목표를 어떻게 설정하였는가?

(다) K-OPT를 이용하여 이 모형의 해를 구하시오.

(라) 각 목적의 목표는 어느 정도 성취되었는가?

(가) E_1, D_1 : 각각, 이익목표액에 초과 또는 미달된 금액.

E_2, D_2 : 각각, 고용목표에 초과 또는 미달된 시간.

E_3, D_3: 각각, 제품 1, 2의 생산량이 제품 3, 4의 생산량을 초과 또는 미달한 양.

E_4, D_4: 각각, 투자액이 목표치에 초과 또는 미달된 금액.

(나) 첫째 목표: 이익을 8억 원 이상으로 유지할 것.

둘째 목표: 고용수준을 정확히 10,000시간으로 유지할 것.

셋째 목표: 비누와 탈취제의 생산량을 치약과 세척제 생산량 이하로 유지한다.

넷째 목표: 투자액을 20억 원 이상으로 유지한다.

(다) $X_1 = 10.98$, $X_2 = 0$, $X_3 = 4.15$, $X_4 = 6.83$, $E_1 = 2.68$, $D_4 = 11.49$

(라) 이익, 고용, 제품생산비율은 목표 달성,

투자액은 목표수준보다 11.5억 원 미달.

4 A제약은 다음 달의 광고계획을 수립하고자 한다. 잡지광고와 TV광고를 계획하고 있는데, 잡지광고는 한 페이지에 1,500만 원이 드는데 약 50만 명에 대한 광고효과가 있고, TV광고는 한 번에 2,500만 원이 드는데 약 100만 명에 대한 광고효과가 있다. A제약은 광고비로 6억 원의 예산을 수립하고 있는데 경영진에서는 다음과 같은 목표우선순위를 설정하고 있다.

1. 예산을 초과하지 말 것.
2. 최소한 9번의 TV광고를 할 것.
3. 최소한 5번의 잡지광고를 할 것.
4. 최소한 3,000만 명에 대한 광고효과를 낼 것.

(가) 잡지광고횟수와 TV광고횟수를 결정할 수 있는 목표계획 모형을 개발하시오. 단, 광고횟수가 분수가 되는 경우에는 다음 달의 광고계획과 연관시켜서 생각하면 되므로 분수가 나와도 무방하다.

(나) 해를 구하여 최적광고계획을 제시하시오.

(가) [변수] X_1, X_2 : 각각, 잡지광고 및 TV광고횟수.

모형: Min $P_1(E_1) + P_2(D_2) + P_3(D_3) + P_4(D_4)$

s.t. $1{,}500X_1 + 2{,}500X_2 - E_1 + D_1 = 60{,}000$

$X_2 - E_2 + D_2 = 9$

$X_1 - E_3 + D_3 = 5$

$50X_1 + 100X_2 - E_4 + D_4 = 3{,}000$

모든 변수 ≥ 0.

(나) $X_1=5$, $X_2=21$, $E_2=12$, $D_4=650$

1, 2, 3번 목표는 모두 100% 달성. 4번 목표는 650만 명 미달.

5 A공장에서는 새로 기계를 도입하였는데 이 기계와 관계가 깊은 3대의 기계가 이미 설치되어 있으므로 이 기계들까지의 거리가 최소가 되는 장소에 새 기계를 설치하고자 한다. 기존 기계들의 위치를 나타내는 좌표가 각각 (1, 7), (5, 9) 및 (6, 2)라고 할 때 새 기계의 위치 (X_1, X_2)를 목표계획 모형으로 구하고자 한다. 좌표의 차이의 합을 거리로 할 때 이 문제를 목표계획 모형으로 정식화하고 최적 위치를 구하시오.

Min $Z=E_1+D_1+E_2+D_2+E_3+D_3+E_4+D_4+E_5+D_5+E_6+D_6$

S.T.

$$X_1+D_1-E_1=1$$
$$X_2+D_2-E_2=7$$
$$X_1+D_3-E_3=5$$
$$X_2+D_4-E_4=9$$
$$X_1+D_5-E_5=6$$
$$X_1+D_6-E_6=2$$
$$X_1, X_2, E_1, D_1, E_2, D_2, E_3, D_3, E_4, D_4, E_5, D_5, E_6, D_6 \geq 0$$

최적해: $X_1=5$, $X_2=7$, $E_1=4$, $D_4=2$, $D_5=1$, $E_6=5$

최소거리: 12.

제8장_ 연습문제 B

1 김 군과 이 군은 새로운 차량을 각기 구입하려고 생각 중에 있다. 이들은 둘 다 A, B, C 등 3가지 차량에 관심이 있고 동일한 의사결정기준을 가지고 있지만 각 의사결정기준의 중요도나 각 기준에 대한 각 차량의 만족도가 서로 다르다. 다음 두 개의 표는 이들이 평가한 결과이다.

(가) 김 군의 바람직한 선택은 무엇인가?

(나) 이 군의 바람직한 선택은 무엇인가?

〈김 군〉

의사결정기준	중요도	각 기준에 대한 만족도		
		A	B	C
가격	5	8	5	3
캠핑카 기능	3	2	6	9
내장	2	1	4	7
외양	5	7	7	6
엔진	5	6	8	4
추가적 안전장치	4	8	5	2
관리용이성	4	7	5	3
중고차 가격	3	7	5	6

〈이 군〉

의사결정기준	중요도	각 기준에 대한 만족도		
		A	B	C
가격	3	7	6	5
캠핑카 기능	5	1	6	8
내장	5	1	3	7
외양	4	5	7	7
엔진	2	4	5	3
추가적 안전장치	2	8	6	2
관리용이성	1	6	5	4
중고차 가격	2	5	6	6

2 한 연구에서는 7개의 병원을 대상으로 DEA를 실시하였다. 이를 위해 다음 표와 같이 3개의 투입자원과 4개의 산출물을 사용하였다. 이들에 대한 각 병원에서의 측정치는 다음과 같다.

병원	투입자원		
	비의료인력 (명)	소모품비 (1,000$)	병상 수 (1,000일)
A	310	134.6	116
B	278.5	114.3	106.8
C	165.6	131.3	65.52
D	250	316	94.4
E	206.4	151.2	102.1
F	384	217	153.7
G	530.1	770.8	215

병원	산출물			
	65세 이상 환자 수 (1,000일)	65세 이하 환자 수 (1,000일)	훈련시킨 간호원 수 (명)	훈련시킨 인턴 수 (명)
A	55.31	49.52	291	47
B	37.64	55.63	156	3
C	32.91	25.77	141	26
D	33.53	41.99	160	21
E	32.48	55.3	157	82
F	48.78	81.92	285	92
G	58.41	119.7	111	89

(가) 병원 D에 대한 DEA를 하기 위한 선형최적화 모형을 개발하고 해를 구하시오.

(나) 병원 D는 상대적으로 비효율적인가? 목적함수값을 해석하시오.

(다) 병원 D는 효율성을 높이기 위하여 주로 어느 병원들의 운영방법을 배워와야 하는가?

(라) 두 종류의 환자 수에 있어서 가상병원은 얼마만한 산출물들을 내고 있는가?

3 한 소규모 페인트공장에서는 라텍스 페인트와 에나멜 페인트 두 종류를 생산하고 있다. 라텍스 페인트 100리터를 생산하기 위해서는 10시간의 노동력이 소요되며, 에나멜 페인트 100리터를 생산하기 위해서는 15시간의 노동력이 소요된다. 동원 가능한 노동력은 1주일에 40시간인데 공장주인은 가능한 한 특근(overtime)을 이용하지 않으려 한다. 라텍스와 에나멜 페인트는 모두 100리터당 10만 원의 이익을 내고 있는데 공장주인은 1주일에 최소한 100만 원의 이익을 보고 싶어 하고 있다. 또한 공장주인은 친구에게 약속

한 주당 700리터의 에나멜 페인트 공급계약을 지키고 싶어 한다.

(가) 공장 주인이 원하는 바를 100% 성취하는 생산계획이 만족해야 하는 제약식을 열거하시오. 그래프를 통하여 이 제약식을 모두 만족하는 생산계획은 존재하지 않음을 확인하시오.

(나) 이 공장 주인이 다음과 같은 우선순위를 설정하였다고 하자.

첫째: 노동력 초과소요량 감소

둘째: 이익금의 미달액 감소

셋째: 에나멜 페인트 공급미달량 감소

이 문제를 우선순위 목표계획 모형으로 표현하시오.

(다) 컴퓨터로 최적해를 구하시오.

4 한 유통업체는 새로운 점포의 위치를 결정하고자 하고 있다. 이에 따라 경영분석부에서는 다음과 같은 모형을 작성하였다.

MIN $Z = E_1 + D_1 + E_2 + D_2 + E_3 + D_3 + E_4 + D_4 + E_5 + D_5 + E_6 + D_6$

S.T. $X_1 + D_1 - E_1 = 5$ (인구밀집지역 A, 단위: km)

$X_2 + D_2 - E_2 = 3$ (인구밀집지역 A, 단위: km)

$X_1 + D_3 - E_3 = 7$ (인구밀집지역 B, 단위: km)

$X_2 + D_4 - E_4 = 8$ (인구밀집지역 B, 단위: km)

$X_1 + D_5 - E_5 = 2$ (인구밀집지역 C, 단위: km)

$X_2 + D_6 - E_6 = 10$ (인구밀집지역 C, 단위: km)

모든 변수 ≥ 0

단, (X_1, X_2)는 점포의 동서 및 남북의 좌표이며, E_i와 D_i는 인구밀집지역의 중심에서 벗어난 동서 및 남북 방향으로의 거리를 나타낸다. 예를 들어, 인구밀집지역 A의 중심은 좌표 (5, 3)에 있으며 E_1, D_1은 이 점포가 A의 중심에서 동서 방향으로 벗어난 거리이며 E_2, D_2는 남북 방향으로 벗어난 거리이다. 마찬가지로 다른 변수들은 인구밀집지역 B와 C의 중심에서 벗어난 정도를 나타낸다.

(가) 이 문제의 최적해를 구하시오.

(나) 경영진에서는 지역 A, B, C의 인구 수가 다르기 때문에 거리의 단순합을 최소화시키는 것보다는 인구 수에 기초한 가중합계를 최소화하여야 한다는 지적이 있었다. 인구 수를 알아 본 결과 지역 B가 지역 A의 두 배이며, 지역 A는 지역 C의 두 배이었다. 따라서 지역 A, B, C까지의 거리에 각각 2:4:1의 가중치를 적용하기로 하였다. 새로운 목적함수를 제시하고 새로운 최적해를 구하시오.

제 Ⅱ 부

불확실성 하의 의사결정과 게임이론

현재의 의사결정을 위해서는 미래를 다룰 수밖에 없다. 미래는 여러 가지 방향으로 진행될 수 있다. 이러한 미래의 여러 가지 가능한 방향 중에서 한 방향을 미래에 대한 예측으로 선택한 후 이러한 예측 하에서 현재 우리는 어떻게 하는 것이 가장 최선인가에 대해 논의 한 것이 Ⅰ부에서 다룬 내용이었다. Ⅱ부의 9장에서는 미래가 여러 가지 방향으로 진행될 수 있을 가능성을 그대로 둔 채로 지금 어떻게 의사결정을 하여야 할 것인지에 대해 논의한다. 이를 위해서는 미래가 여러 가지 방향으로 진행될 가능성에 대해 논의하게 되며, 따라서 확률에 대해 논의하게 된다. Ⅱ부의 10장과 11장에서는 여러 명의 의사결정자가 있을 때 그 결과가 어떻게 될 것인지를 분석하는 게임이론에 대해 논의한다. 2인제로섬 게임, 2인비제로섬 게임들이 논의된다. 10장에서는 간단히 이해할 수 있는 순수전략해를 다루고 11장에서는 확률분석이 필요한 혼합전략해에 대해 다룬다.

››› 제 9장_ 의사결정 분석

››› 제10장_ 게임이론 – 순수전략해

››› 제11장_ 게임이론 – 혼합전략해

제 9 장 의사결정 분석

모든 의사결정은 미래와 관련이 있다. 그러나 미래는 불투명하다. 그럼에도 불구하고 우리는 미래를 보며 현재의 의사결정을 하여야 한다. 현재의 의사결정을 하는데 있어서 미래를 어떤 식으로 감안하여야 할 것인가?

2~8장에서 우리가 공부한 내용들은 미래에 대한 가장 그럴듯한 시나리오를 하나 가정하는 것이었다. 내년도의 원유가격, 환률, 이자율, 제품에 대한 수요, 등등 현재의 의사결정을 위하여 필요한 내년도의 경제상황 자료들에 대해 예측을 하고 그 예측치들로 이루어진 시나리오 하에서 현재의 최적의 의사결정을 찾는 접근방법이었다.

미래를 감안하는 또 하나의 접근방법은 미래에 발생할 수 있는 여러 시나리오를 모두 한꺼번에 감안하고 각 시나리오가 발생할 가능성을 고려하여 현재의 의사결정을 하는 방법이다. 내년도 원유가격이 70달러 이상이 되는 시나리오, 50달러와 70달러 사이가 되는 시나리오, 30달러와 50달러 사이인 시나리오, 30달러 이하인 시나리오를 모두 동시에 감안하는 것이다. 그리고 이 4개의 시나리오 각각이 내년도에 현실화 될 가능성을 평가하고 이를 근거로 현재의 최적의 의사결정을 구하는 접근방법이다. 이러한 접근방법에서는 필연적으로 확률의 개념을 사용하게 된다. 이러한 의사결정을 불확실성 하의 의사결정(Decision making Under Uncertainty)이라고 하며 본장에서 다룰 내용이다..

근래에 들어서 기업의 중요 정책결정자들은 불확실한 상황에서 일련의 의사결정을 내려야 하는 문제에 여러 가지 의사결정방법을 이용해 왔다. 그 중에 특히 확률론에 입각한 의사결정 분석(Decision Analysis)은 일반기업 및 공공부문에서 적용범위를 크게 넓혀오고 있다. 의사결정 분석이 많이 이용되는 예들을 살펴보면 다음과 같다.

(가) 기업의 기술개발투자 결정

S전자에서는 무선 인터넷 서비스를 제공하기 위한 새로운 기술을 개발하는 5개년 연구개발투자계획의 투자 여부를 결정해야 한다. 현재까지 알려진 이동통신기술은 데이터 전송속도가 낮기 때문에 새로운 기술이 개발되지 않으면 미래의 대용량 무선 인터넷 서비스를 제공할 수가 없을 것으로 예측된다. 지금까지 제안된 신기술은 여러 가지가 있는데 S전자에서는 어느 기술에 대한 투자를 해야 할 것인지 결정하여야 한다. 뿐만 아니라 개발 착수 및 속도에 있어서도 무선 인터넷 서비스 시장이 어느 정도 성장할 것인지를 감안하여 결정하여야 한다. 또, 한 가지 기술에 집중투자할 것인지 아니면 다수의 기술에 분산투자하여 위험을 줄일 것인지도 결정하여야 한다.

(나) 신약품 판매

앨러지 치료약을 신규로 제조한 한 제약회사의 CEO(Chief Executive Officer)는 이 제품을 시장에 내놓을 것인가의 여부를 결정할 필요가 있다. 이 약의 효과, 부작용, 수요 등에 있어서 많은 불확실성이 존재하므로 CEO는 기술진의 연구보고서, 판매부서의 예측, 약효 및 부작용에 대한 실험결과 등을 참고하여 결정을 내릴 것이다. 또는 좀 더 많은 비용을 투입하여 약효 및 부작용에 대한 실험을 좀 더 많이 행함으로써 더 많은 정보를 수집할 수도 있다. 따라서, 사장은 실험을 더 할 것인가? 그렇다면 얼마나 더 할 것인가? 언제 제품을 시장에 내놓을 것인가 등을 결정해야 한다. 물론 이러한 분석은 보건복지부의 의약품 규제에 대한 사항을 감안하여 수행되어야 한다.

(다) 원유탐사문제

원유탐사업자들은 탐사권을 갖고 있는 지역에 대한 시추 여부에 관한 의사결정문제에 종종 봉착하게 된다. 이러한 종류의 문제에 있어서는 탐사비용, 매장량, 경제성에 있어서 불확실한 점이 매우 많은 것이 일반적이다. 자료수집을 위해서는 이 지역과 비슷한 다른 지역에서의 시추경험이나 지질학자의 의견을 활용할 수 있다. 또는 다른 과학적 테스트를 통하여 불확실성을 부분적으로라도 제거할 수 있는 정보를 얻을 수도 있다. 그러나 이러한 정보를 얻는 데에는 많은 비용이 들게 되므로 이러한 정보수집을 위하여 경비를 지출하는 것이 바람직한가를 결정하여야 하며 또 시추를 할 것인가의 여부도 결정하여야 한다.

이러한 불확실한 상황 하에서 의사결정자는 일련의 추진전략을 세워야 한다. 즉, 현재에 어떠한 선택을 하는가에 따라 미래의 결과가 다르게 나타나며, 이 결과에 따라 그 후에 취할 의사결정이 영향을 받는다. 이러한 일련의 추진전략을 어떻게 신중하고 합리적이고 논리적인 방법을 통하여 수립할 수 있는가를 본 장에서 다루게 된다.

1. 의사결정문제의 구조

일반적으로 의사결정문제가 어떠한 구조를 갖고 있는지 다음의 예제를 통하여 알아보도록 하자.

예제 9-1

획기적인 장난감인 "걷는 인형"을 개발한 조선그룹은 이 제품을 대량생산할 새로운 공장을 건설하려 한다. 공장의 규모는 소형, 중형, 대형 및 초대형의 네 가지를 생각하고 있는데 적정규모는 물론 수요가 얼마인가에 달려있지만 수요가 얼마나 될지는 매우 불확실한 상황이다.

수요는 대체로 상, 중, 하로 구분된다. 소형공장을 짓는 경우 수요가 '상'이면 이익은 50억 원이고 수요가 '중'이면 30억 원의 이익, 수요가 '하'이면 10억 원의 이익이 발생할 것으로 예상된다. 중형공장을 짓는 경우 수요가 '상'이면 100억 원의 이익, 수요가 '중'이면 60억 원의 이익, 수요가 '하'이면 30억 원의 손실이 발생할 것으로 예상된다. 대형공장을 짓는 경우 수요가 '상'이면 400억 원의 이익, 수요가 '중'이면 이익은 0원이고 수요가 '하'이면 200억 원의 손실이 발생할 것으로 예상된다. 초대형 공장을 짓는 경우 수요가 '상'이면 400억 원의 이익, 수요가 '중'이면 30억 원의 손실, 수요가 '하'이면 240억 원의 손실이 발생할 것으로 예상한다.

경영진에서는 어느 규모의 공장을 설립할 것인가 결정하고자 한다.

의사결정을 하기 위해서는 첫째로는 선택 가능한 대안(Decision Alternatives)들이 무엇인가 알아야 하고, 둘째로는 각 대안을 평가할 수 있는 선호도(Preference) 또는 의사결정의 목적을 알아야 한다. 이 예제에는 공장의 규모를 나타내는 소형, 중형, 대형 및 초대형의 네 가지 대안들이 있고 의사결정의 목적은 이익극대화이다. 하나의 대안을 선택하였을 때 이익이 얼마가 될 것인가는 실제상황(State of Nature)이 무엇인가에 달려 있다. 실제상황은 의사결정자가 통제할 수 있는 내용이 아니다. 이 예제에서 수요는 경영진이 결정할 수 있는 변수가 아니며 외부에서 결정된다. 편의상 수요를 상, 중, 하의 세 가지로 구분하였으므로 세 가지의 실제상황이 있게 된다.

이 문제에는 여러 개의 대안들이 있고, 실제상황에 대한 불확실성이 있고, 하나의 대안 선택과 실제상황이 무엇인가에 따른 결과가 있다. 이들 간의 인과관계는 그림 9.1과 같은 영향분석도(Influence Diagram)를 그려 봄으로써 쉽게 이해할 수 있다. 여기서 직사각형은 여러 대안들 중의 하나를 선택하는 것을 나타내는 의사결정마디(Decision Node)이며 원은 불확실성이 발생하는 것을 나타내는 기회마디(Chance Node)이다. 그리고 마름모꼴은 하나의 대안 선택과 실제상황이 무엇인가에 따른 결과를 나타낸다. 이 그림에 의하면 의사결정마디에서의 선택과 기회마디에서의 불확실성의 결과가 이익에 영향을 미치고 있음을 보여 주고 있다.

그림 9.1 [예제 9-1]의 영향분석도

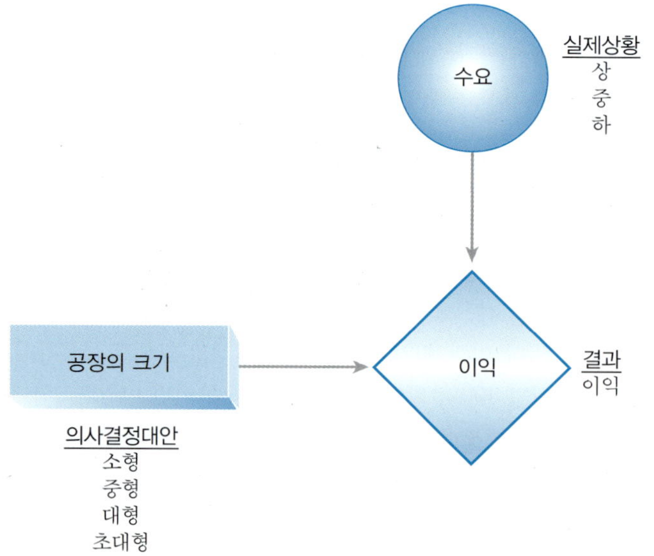

영향분석도에서 보듯이 하나의 대안을 선택하였을 때 실제상황이 무엇인가에 따라 이익이 결정된다. 이 이익을 성과(Payoffs)라고 부른다. 예를 들어, 중형공장을 짓기로 결정하였는데 수요가 낮았다면 30억 원의 손실이 발생하므로 성과는 −30억 원이다. 그러나 수요가 보통이었다면 성과는 60억 원이다. 여러 경우의 성과들은 표 9.1과 같은 성과표(Payoff Table)를 이용하여 좀 더 간단하게 표현할 수 있다. 여기서 성과표의 각 행은 대안을 나타내고 각 열은 실제상황을 나타낸다. 표에 있는 숫자는 각각의 경우의 성과를 나타낸다. 여기서는 조선그룹의 각 대안(Alternative)을

A_1: 소형공장 건설
A_2: 중형공장 건설
A_3: 대형공장 건설
A_3: 초대형공장 건설

이라고 하고 실제상황(state of nature)을

S_1: 높은 수요
S_2: 중간 수요
S_3: 낮은 수요

라고 하였다.

| 표 9.1 | 조선그룹의 성과표 (단위: 억원)

실제상황 / 대안	S_1 (상)	S_2 (중)	S_3 (하)
A_1 (소형)	50	30	10
A_2 (중형)	100	60	−30
A_3 (대형)	400	0	−200
A_4 (초대형)	400	−30	−240

2. 의사결정환경

이제 조선그룹은 표 9.1에 근거하여 의사결정을 하여야 한다. 그러나 수요가 어떻

게 될지는 아직 모른다. 미래에 이 제품을 팔아 보아야 알 수가 있다. 이러한 상황 하에서 우리는 세 가지 의사결정환경을 생각해 볼 수 있다.

(가) 시나리오 하의 최적의사결정

이 의사결정환경은 우리가 앞의 2장~8장에서 다룬 의사결정환경이다. 이 문제의 경우에 만일 수요가 '상'이라는 시나리오 하에서 의사결정을 한다면 '대형'이나 '초대형'을 선택하는 것이 최적의 해이다. 또는 수요가 '하'라는 시나리오라면 최적의 해는 '소형'을 선택하는 것이다. 나중에 뒤돌아보니 선택한 시나리오가 맞았다면 이 의사결정이 최적이겠지만 선택된 시나리오가 실제상황과 달랐다면 좋지 못한 결과를 얻게 될 것이다.

(나) 위험 하의 의사결정

이 의사결정환경은 수요가 얼마인지 확실히 알지는 못하지만 과거의 자료들을 분석하고 시장조사를 통하여 수요가 상, 중, 하가 될 확률을 구할 수 있는 경우의 의사결정환경이다. 예를 들어, 수요가 '상'이 될 확률이 20%, '중'이 될 확률이 40%, '하'가 될 확률이 40%일 때 어떤 의사결정이 가장 바람직할 것인가?

(다) 매우 불투명한 상황의 의사결정

이 환경은 수요가 얼마인지 알지 못할 뿐만 아니라 각 상황에 도달할 확률조차도 추정하기 어려운 의사결정환경이다. 이 문제에서 공장 크기에 대한 결정을 며칠 이내에 하여야 하는 급박한 상황이라면 과거 자료 분석이나 시장조사를 할 만한 시간적 여유가 전혀 없을 수 있다. 이러한 의사결정환경은 바람직하지 못하지만 피할 수 없는 경우가 많다. 또한 시간적 여유가 있더라도 과거에 전혀 경험하지 못했던 경우라면 미래가 어떻게 될지에 대해 객관적인 확률을 과학적으로 분석한다는 것은 사실상 불가능하다. 1973년 1차 에너지파동이 일어났을 때에 미래의 경제동향은 과거에 축적된 자료가 전혀 없었기 때문에 과학적 분석이 거의 불가능했던 것이 그 한 예이다.

3. 불투명한 상황의 의사결정

[예제 9–1]을 다시 생각해 보자. 2~3일 이내에 결정을 내려야만 하는 급박한 상황에있는 조선그룹은 시장조사를 통한 확률값의 추정은 현실적으로 불가능하다고 판단하고 확률 분석을 통하지 않은 직접적인 의사결정을 하기로 하였다. 이러한 상황에서 어떠한 의사결정이 가능한가? 의사결정에 대한 가능한 몇 가지 접근방법을 알아보도록 하자.

가장 먼저 생각할 수 있는 것은 열등한 대안을 제거하는 것이다. 만일 어떠한 실제상황에서도 한 대안의 성과가 다른 대안의 성과보다도 작다면 이 대안은 고려대상에서 제외해도 될 것이다. 예를 들어서 표 9.1에서 볼 때 대안 A_4(초대형)의 성과는 어떠한 상황에서도 대안 A_3(대형)의 성과보다 작거나 같다. 즉, A_4는 A_3에 비해 열등하고 A_3은 A_4에 대해 우월하다. 열등한 대안을 선택할 이유는 없으므로 A_4는 고려의 대상에서 제거해도 된다. 대안 A_4를 제거하고 나면 표 9.2를 얻게 된다.

| 표 9.2 | 조선그룹의 수정된 성과표 (단위: 억원)

대안 \ 실제상황	S_1 (상)	S_2 (중)	S_3 (하)
A_1 (소형)	50	30	10
A_2 (중형)	100	60	−30
A_3 (대형)	400	0	−200

표 9.2에는 열등한 대안이 남아 있지 않으므로 이러한 분석은 더 이상 진행할 수 없게 된다. 이 경우 어떠한 의사결정 과정이 가장 합리적인가? 이에 대한 명백한 대답은 아직 하기 어렵다. 여러 학자들이 이러한 문제에 대한 체계적인 의사결정 과정들을 다양하게 제시하고 있다. 다음은 과거에 제안된 대표적인 몇 가지 방법들을 설명하고 있다.

(가) 낙관적인 의사결정

이 방법은 의사결정자가 낙관적인 사람(optimist)이라고 가정하였을 때 적용할 수 있는 의사결정방법이다. 낙관적인 사람이란 한 대안을 선택하였을 때 그 후 전개되는 상황은 언제나 가장 좋게 될 것이라고 생각하는 사람을 말한다. 예를 들어, 표 9.2에서 의사결정자가 낙관적이라고 하자. 그러면 이 의사결정자는 자신이 대안 A_1을 선택하게 되면 이때의 가장 좋은 상황인 S_1이 전개될 것으로 생각할 것이고, 자신에게 50억 원의 이익이 발생할 것으로 추정한다는 것이다. 마찬가지로 이 의사결정자는 자신이 대안 A_2를 선택하게 되면 가장 좋은 상황인 S_1이 전개되어 자신에게 100억 원의 이익이 발생할 것으로 추정하며, 또 자신이 대안 A_3을 선택하게 되면 가장 좋은 상황인 S_1이 전개되어 자신에게 400억 원의 이익이 발생할 것으로 추정한다. 이 경우 대안 A_3의 예상되는 성과가 가장 크므로 이 의사결정자는 대안 A_3을 선택할 것이다.

이러한 의사결정 과정이 과연 합리적인가? 이러한 방법은 물론 누구에게나 적용할 수 있는 객관적인 최적의사결정 과정은 아니다. 만일 의사결정자가 극단적인 낙관주의자라면 이러한 의사결정이 주관적으로는 합리적이라고 할 수도 있을 것이다. 그러나 대부분의 사람들은 이러한 극단적인 낙관주의자가 아니기 때문에 이러한 의사결정 과정은 대부분의 사람들에게는 적용하기 어려운 방법이라고 할 수 있다.

(나) 비관적인 의사결정

이 방법은 의사결정자가 비관적인 사람(pessimist)이라고 가정하였을 때 적용할 수 있는 의사결정방법이다. 비관적인 사람이란 한 대안을 선택하였을 때 그 후 전개되는 상황은 언제나 가장 나쁜 결과가 나오게 될 것이라고 생각하는 사람을 말한다. 즉, "내가 주식을 사기만 하면 주식값이 떨어진단 말이야" 하는 식의 생각을 하는 사람들을 말한다.

예를 들어, 표 9.2에서 의사결정자가 비관적이라고 하자. 그러면 이 의사결정자는 자신이 대안 A_1을 선택하게 되면 이때의 가장 나쁜 상황인 S_3이 전개될 것으로 생각할 것이고 자신에게 10억 원의 이익이 발생할 것으로 추정할 것이다. 마찬가지로 이 의사결정자는 자신이 대안 A_2를 선택하게 되면 가장 나쁜 상황인 S_3이 전개되어 자신에게 30억 원의 손실이 발생할 것으로 추정하며, 또 자신이 대안 A_3을 선택하게 되면 가장 나쁜 상황인 S_3이 전개되어 자신에게 200억 원의 손실이 발생할 것으로 추정한다. 이 경우 대안 A_1의 예상되는 성과가 가장 크므로 이 의사결정자는 대안 A_1을 선택할 것이다.

이러한 의사결정 과정도 누구에게나 적용할 수 있는 객관적인 최적의사결정 과정은 아니다. 만일 의사결정자가 극단적인 비관주의자라면 이러한 의사결정이 주관적으로는 합리적이라고 할 수 있다. 긴박한 상황에 몰려있는 의사결정자나 수십억 원의 손실을 감당하기 어려운 형편의 소규모자본을 가진 회사의 경우 안전위주의 의사결정을 하게 되기 쉽고 이 경우 이러한 의사결정 과정을 실제로 관측할 수 있다. 또한 국가 군사 안보에 관련된 의사결정은 원칙적으로 이러한 의사결정을 따르는 경우가 많다.

그러나 대부분의 사람들은 이러한 극단적인 비관주의자가 아니기 때문에 이러한 의사결정 과정은 대부분의 사람들에게는 적용하기 어려운 방법이라고 할 수 있다. 이러한 의사결정은 최대의 손실을 줄이는 것만 생각하고 큰 이익을 얻을 수 있는 가능성은 고려하지 않고 있다. 따라서 웬만한 손실을 수용할 수 있는 회사인 경우 이러한 비관적 의사결정기준은 회사의 성장을 저해하는 방향이 되기 쉽기 때문에 이를 바람직하다고 할 수는 없다.

(다) 후르비쯔기준

대부분의 의사결정자는 극단적인 낙관주의자나, 극단적인 비관주의자라기보다는 이 두 가지의 중간에 속해 있다. 후르비쯔기준(Hurwicz criterion)은 낙관적으로 예상되는 성과와 비관적으로 예상되는 성과를 적당한 가중치 α를 적용하여 가중평균을 구하고 이것을 의사결정의 기준으로 삼는다. 즉, α를 0과 1 사이의 값이라고 할 때

$$\alpha \cdot (\text{낙관적인 예상성과}) + (1-\alpha) \cdot (\text{비관적인 예상성과})$$

를 판단의 기준으로 삼는다. 여기서 $\alpha = 1$은 극단적인 낙관주의자이고 $\alpha = 0$은 극단적인 비관주의자를 나타낸다. 이 α값을 낙관주의계수(Coefficient of Optimism)라고 부른다.

예를 들어, 표 9.2에서 의사결정자가 $\alpha = 0.6$인 사람이라고 할 때 후르비쯔기준으로 의사결정을 해보자. 예를 들어, 대안 A_1을 생각해 보자. 이 경우 낙관적인 예상성과는 50억 원, 비관적인 예상성과는 10억 원이므로 후르비쯔의 판단기준 값은

$$0.6 \cdot 50 + 0.4 \cdot 10 = 34$$

가 된다. 마찬가지로 대안 A_2와 A_3 대하여 구해보면 각각

$$0.6 \cdot 100 + 0.4 \cdot (-30) = 48$$
$$0.6 \cdot 400 + 0.4 \cdot (-200) = 160$$

이 된다. 따라서 60% 정도의 낙관주의적 성향이 있는 사람은 대안 A_3을 선택하게 된다.

이러한 의사결정기준은 낙관적인 결정이나 비관적인 결정처럼 극단에 치우치지 않는다는 장점이 있지만 낙관주의계수 α를 측정하는 것이 용이하지 않는다는 단점이 있다. 계수 α는 의사결정자의 성향을 나타내는 계수이므로 의사결정자의 주관적인 평가에 의해 결정되어야 하지만 이러한 평가가 일관성 있게 이루어지는 것이 용이하지 못하다.

또한 후르비쯔기준은 각 대안의 최대성과와 최소성과만을 의사결정에 반영할 뿐 그 중간에 있는 성과는 전혀 무시하고 있다. 따라서 객관적으로 합리적인 의사결정이라고 보기 어렵다.

(라) 기회손실비용기준

이 기준에서는 각각의 경우에 있어서의 기회손실비용을 구하고 이것을 의사결정기준으로 사용한다. 예를 들어, 표 9.2에서 대안 A_1(소형)을 생각해보자. 실제상황은 S_1(높은 수요)이 발생하여서 이익은 50억 원이 되었다고 하자. 만일 조선그룹이 실제수요가 높다는 것을 미리 알았다면 소형공장 대신 대형공장을 선택하였을 것이며, 이때 400억 원의 이익을 볼 수 있었을 것이다. 즉, 실제상황을 몰랐으므로 인해 400억 원을 벌 수 있는 것을 50억 원만 벌게 되었으므로

400억 원 − 50억 원 = 350억 원

의 기회손실비용(Opportunity Loss 또는 Regret)이 발생하였다. 유사한 방법으로 각 대안과 각 상황에서의 기회손실비용을 구하면 표 9.3과 같다.

표 9.3에 근거하여 기회손실이 적어지는 방향으로 의사결정을 하는데 실제로 몇 가지의 접근방법을 생각할 수 있다. 이 중의 한 가지로서 최대 기회손실비용이 가장 적어지는 대안을 선택하는 방법이 있는데, 이것을 쌔비지기준(Savage' s criterion)이라고 한다. 이에 따르면

| 표 9.3 | **조선그룹의 기회손실비용표** (단위: 억원)

대안 \ 실제상황	S_1 (상)	S_2 (중)	S_3 (하)
A_1 (소형)	350	30	0
A_2 (중형)	300	0	40
A_3 (대형)	0	60	210

[최대기회손실비용] 대안 A_1: 350억 원
대안 A_2: 300억 원
대안 A_3: 210억 원

이 되어 대안 A_3을 선택하는 것이 바람직한 것으로 판명된다.

쌔비지기준에 따르면 후회를 많이 하게 될 대안의 선택은 가급적 피하게 된다. 이러한 의사결정 과정은 곡물 또는 원유 등의 국제현물시장이나 국제외환시장의 거래에서 사용되기도 한다.

그러나 이 기준에도 모순이 존재한다. 기회손실비용이 모든 가능한 대안들의 성과와 비교하여 얻어지기 때문에 몇 가지 대안을 추가하면 기회손실비용이 현저히 바뀌게 된다. 따라서 최적선택이 될 수 없는 의미 없는 대안들이 첨가되어 최적선택에 결정적인 영향을 미칠 수 있게 된다.

(마) 평균값의 이용

여기서는 각 대안선택에 따른 모든 가능한 성과들의 평균값을 의사결정의 기준으로 삼는다. 이러한 기준을 라플라스기준(Laplace criterion)이라고 부른다. 이에 따르면

[평균값] 대안 A_1: $\frac{50+30+10}{3}=30$

대안 A_2: $\frac{100+60-30}{3}=43.3$

대안 A_3: $\frac{400+0-200}{3}=66.7$

이 되어 대안 A_3을 선택한다.

이러한 평가기준은 기본적으로 상황 S_1, S_2, S_3이 발생할 확률이 동일하다는 가정에 근거를 두고 있다. 이러한 가정은 불충분이유의 기준(Criterion of Insufficient Reason)에 따라 타당성이 인정될 수도 있다. 즉, 한 상황(예를 들어, S_1)이 다른 상황(예를 들어, S_2)보다 일어날 가능성이 좀더 높다고 믿을 아무런 근거가 없다면 이 세 가지 상황이 벌어질 가능성은 동일하다고밖에 할 수 없을 것이다. 이 경우에는 상당한 타당성을 가질 수 있다.

그러나 현실적인 문제에서 전혀 근거가 없는 경우는 별로 없다. 예를 들어, 현재 불황에 있는 경제의 경우 내년에 호황을 맞을 가능성과 불황을 맞을 가능성이 같다고 할 수는 없을 것이다. 어떠한 경우에도 과거의 경험 등에 따른 부분적인 정보는 존재하며 이것을 완전히 무시한 라플라스기준은 받아들이기 어려울 때가 많다.

또 한 가지 문제는 가능한 상황을 구분하는 방법에 따라 기준이 달라진다는 점이다. 예를 들어서 상황 S_1(上)을 높은 수요 S_1'와 매우 높은 수요 S_1''으로 구분한다면 이때에 상황 S_2나 S_3의 성과에 적용되는 가중치는 $\frac{1}{3}$에서 $\frac{1}{4}$로 바뀌게 된다. 이것은 이론적인 모순으로 지적될 수 있다.

4. 주관적 확률: 불투명한 상황의 의사결정

제3절에서 제시된 불투명한 상황의 여러 가지 의사결정방법은 나름대로의 유용성은 있으나 모두 이론적인 내부적 모순을 가지고 있다. 이러한 이론적 모순을 벗어날 수 있는 한 가지 접근방법이 주관적 확률(Subjective Probability)의 이용이다.

의사결정에는 일반적으로 객관적 확률(Objective Probability)과 주관적 확률 등 두 가지의 확률이 사용된다. 객관적 확률은 우리가 과거에 많이 배워온 확률로서 정당한 객관적 자료를 통하여 측정된 확률값을 말한다. 예를 들어서, 한 묶음의 카드에서 무작위로 한 장을 뽑을 때 클로버가 뽑힐 확률 0.25는 객관적 확률이다. 마찬가지로 동전을 던져서 앞면이 나올 확률 0.5도 객관적 확률이다. 이러한 객관적 확률값의 타당성은 수학적으로 확률의 공리에 기초하여 쉽게 증명될 수 있다.

어떠한 사건이 발생할 객관적 확률을 구할 수 있다면 이 확률값에 근거하여 의사결정을 하는 것이 바람직하지만 불투명한 상황의 의사결정에서는 이러한 객관적 확률값의 측정이 불가능한 경우가 많다. 이러한 경우 확률론에 근거한 분석을 포기하는 것보다 의사결정자의 개인적 경험에 기초를 두어 그 사건이 발생하리라고 믿는 정도를 나타내는 주관적 확률을 이용하는 것이 좀 더 합리적일 수 있다. 이 경우 객관적인 최적성은 보장받지 못한다 하더라도 의사결정에 있어서의 주관적인 일관성은 보장받을 수 있다. 예를 들어서, 사업에 관한 상담을 함에 있어서 상대방이 의사결정자의 안을 받아들일 확률에는 상대방의 성격, 상대방 회사의 상황, 국내외 경제여건 등 복잡한 문제들이 영향을 미치기 때문에 이것을 정확히 구한다는 것은 거의 불가능하다. 그러나 의사결정자가 이러한 상담에 많은 경험이 있다면 이번 상담에 있어서 그의 안이 받아들여질 가능성에 대한 감(感)을 갖고 있을 때가 많고 이 감은 의사결정에 있어서 매우 중요한 정보이다. 이 감을 계량화시킨 것이 곧 주관적 확률이다.

주관적 확률은 기본적으로 의사결정자의 경험에 바탕을 두고 있으며, 어떤 사람들은 주관적 확률이 공식적인 의사결정분석에 감안되어서는 안 된다고 주장한다. 이러한 객관주의자(Objectivist 또는 Non-Bayesian)들은 적절한 객관적 정보만을 가지고 공식적인 분석을 할 수 있는 데까지 하고난 후에만 주관적 내용이 고려되어야 한다고 주장한다. 그러나 주관주의자(Subjectivist 또는 Bayesian)들은 의사결정 문제를 분석하는 데 주관적인 추측이나 주관적인 확률이 사용되는 것이 바람직하다고 주장한다. 실제로 기업체를 운영한다든가 국가정책을 결정하는 사람들은 그들의 경험이나 직관, 영감에 의해 의사결정을 내리고 있으므로 이러한 직관과 영감을 주관적 확률로 계량화하여 체계적인 분석에 이용한다면 더 바람직한 결과를 가져올 수 있다는 것이 주관주의자들의 주장이다.

일단 주관적 확률값이 추정되었다면 그 후의 분석방법은 확률을 이용한 의사결정과정이 된다. [예제 9-1]을 다시 생각해 보자. 이 회사의 사장은 과거 20년간 회사를 운영해 온 경험과 이 제품의 품질에 대한 직관에 바탕을 두어 이 제품의 수요가 상, 중, 하가 될 가능성을 각각 40%, 30%, 30%로 판단하고 있다고 하자. 즉, 이것이 사장이 생각하고 있는 주관적인 확률이다.

사장의 이 주관적 확률이 객관적으로도 타당하다면 이 확률을 이용하여 도출된 의사결정은 객관적으로 가장 바람직한 선택이라고 할 수 있을 것이다. 그러나 사장의 주관적 확률선택이 객관적으로 옳다는 보장은 없으므로 이 의사결정이 객관적인 최적해라고 말할 수는 없다. 다만 이 의사결정은 사장의 생각과 일관성 있는 의사결정이라고는 할 수 있다.

5. 확률분석을 이용한 의사결정

불투명한 상황의 의사결정을 위하여 의사결정자의 주관적인 확률을 이용한다고 하자. 여기에서는 이렇게 확률값이 주어져 있는 상황에서의 의사결정에 대하여 알아본다. 여기에서 다루는 내용은 객관적인 확률값이 주어져 있는 의사결정 환경에서도 동일하게 적용할 수 있다. 확률값이 주어져 있는 상황에서의 의사결정 과정을 알아보기 위해 [예제 9-1]을 다시 생각해 보자. 이 회사 사장은 수요가 상, 중, 하가 될 주관적 확률이 각각 40%, 30%, 30%인 것으로 생각하고 있다고 하자. 이때 어떠한 크기의 공장을 선택하는 것이 바람직한가? 이 질문에 대답하기 위해서는 아직 한 가지를 더 알아야 한다. 그것은 의사결정을 내리는 조선그룹의 사장이 위험(Risk)에 대하여 어떠한 종류의 사람인지를 알아야 한다는 것이다.

[예제 9-1]을 분석하기 전에 사장이 위험에 대하여 어떻게 생각하고 있는지 알아보기 위해 다음과 같은 간단한 문제를 생각해 보자. 동전을 던져서 앞이 나오면 100억 원을 받고 뒤가 나오면 한 푼도 못 받는 게임이 있다. 먼저, 이 게임의 기대화폐가치(Expected Monetary Value: EMV)는 각 경우의 수익에 확률값을 곱하여 더한 값을 의미한다. 이 문제의 경우 기대화폐가치는

$$100 \cdot 0.5 + 0 \cdot 0.5 = 50\text{억 원}$$

이다.

이제, 이 게임을 한 번 하기 위해서는 C원을 내어야 한다고 하자. 만일 C가 0이라면 사장은 이 게임을 할 것이며, 만일 C가 100억 원이라면 이 게임을 안 할 것이다. 따라서 사장이 생각하기에 이 게임에 낼 수 있는 최대의 요금 C^*가 있을 것이다. 이 최대의 요금 C^*는 사람마다 다른 것이 당연하다. 위험을 회피하고자 하는 사람은 요금이 작아도 잃을 때를 염려하여 이 게임을 하려 들지 않을 것이므로 C^*가 작을 것이고, 위험을 좋아하는 사람은 요금이 많아도 100억 원을 벌 때를 기대하고 이 게임을 하려 할 것이므로 C^*가 클 것이다. 의사결정이론에서는 만일 어떤 사람의 C^*가 이 게임의 기대화폐가치(50억 원)보다 작을 때 이 사람을 위험기피자(Risk Averter)라고 부르고, 기대화폐가치보다 클 때 위험선호자(Risk Taker)라고 부르며, 기대화폐가치와 같을 때 위험중립자(Risk Neutral Person)라고 부른다.

위험기피자는 불확실한 상황의 기대화폐가치 50억 원보다는 예를 들어, 확실한

현금 40억 원을 더 선호한다. 위험선호자는 예를 들어, 확실한 현금 60억 원보다 불확실한 상황의 기대화폐가치 50억 원을 더 선호한다. 혹시 100억 원이 될지도 모르기 때문이다. 위험중립자는 기대화폐가치를 같은 크기의 현금과 동일시 한다. 따라서 위험중립자는 기대화폐가치가 최대화되는 방향으로 의사결정을 한다.

예를 들어서 많은 사람들은 대부분 위험기피자이기 때문에 각종 보험에 가입한다. 보험에 가입하는 것이 기댓값으로 볼 때 불리함에도 불구하고 위험을 피하기 위해 보험에 가입한다. 또한 많은 사람들이 위험선호자이기 때문에 각종 복권을 구입한다. 복권을 사는 것이 기댓값으로 볼 때 불리함에도 불구하고 큰 돈을 얻을 수 있는 작은 기회를 노리기 위해 복권을 구입한다. 그런데 흥미 있는 점은 많은 사람들이 보험에 가입하면서 동시에 복권을 사고 있다. 즉, 한편으로는 위험기피자이면서 다른 한편으로는 위험선호자인 것이다. 그러나 위험기피 및 위험선호의 여부는 그 사람의 재력의 수준과 그 게임에 관련된 금액의 다소에 따라 변할 수 있기 때문에 이 사람의 행동이 불합리한 행동이라고 말할 수는 없다. 따라서 의사결정자가 일반적인 위험기피자인가 위험선호자인가를 논의하는 것보다는 주어진 문제에 관하여 위험기피 및 선호의 정도를 분석하여야 한다.

위험 하에서의 의사결정문제는 의사결정자가 이 문제에 관하여 이 세 가지의 부류 중 어떤 부류에 속하는 사람인가에 따라 의사결정이 달라진다. [예제 9-1]을 볼 때 '소형'을 선택하면 최소한 10억 원의 이익이 보장되므로 당신이 극단적인 위험기피자라면 '소형'을 선택할 것이다. 반면에 당신이 극단적이 위험선호자라면 혹시 400억 원을 벌 수 있지 않을 까하고 '대형'을 선택할 것이다. 또한 당신이 위험에 대해 중립이라면 각 경우의 기대화폐가치를 계산한 후에 그 값이 제일 큰 경우를 선택할 것이다.

만일 의사결정자가 [예제 9-1]과 유사한 의사결정을 여러 차례 수행할 수 있는 위치에 있다면 위험중립자적인 의사결정이 가장 바람직한 결정이다. 통계학의 대수의 법칙(Law of Large Numbers)에 따르면 이 여러 차례에 걸친 의사결정의 결과들의 평균은 기대화폐가치와 가까워질 것이며 위험중립자는 기대화폐가치가 최대가 되는 방향의 의사결정을 하기 때문이다. 대기업의 회장이라면 평생에 이와 유사한 의사결정을 여러 차례 하게 될 것이다. 따라서 대기업 회장은 수백억 원이 관련된 의사결정에서 위험에 대해 중립자적인 의사결정이 장기적으로는 가장 바람직한 결정이라고 할 수 있다. 대기업의 회장이 수백억 원이 관련된 의사결정에서 위험에 대해 극도로 기피하거나 위험을 극도로 선호하는 의사결정을 한다면 장기적으로 볼 때 그 기업의 성과는 좋지 못할 것이다. 그러나 중소기업의 사장들은 수백억 원이

오가는 의사결정을 여러 차례 수행할 수 있는 위치에 있지 않다. 수백억 원의 손실은 한 번 망하면 평생 일어서기 힘든 금액이다. 따라서 대부분의 중소기업 사장들은 위험에 대해 기피하는 경향이 매우 높다. 만일 의사결정에 관련된 금액이 수백억 원이 아니라 수백만 원이라면 중기업 사장들도 이러한 의사결정을 여러 차례 수행할 수 있는 위치에 있으므로 위험에 대해 중립적인 의사결정을 하는 것이 바람직하다.

우리가 평소에 많이 듣는 말 중에 '위험을 안아야 높은 수익을 얻을 수 있다'는 말이 있다. 이는 우리가 평소에 너무 위험기피자적인 의사결정을 하기 때문에 좀 더 위험중립자적인 의사결정을 하라는 뜻이지 위험중립자를 넘어서 위험선호자가 되라는 뜻은 아니다. 우리는 위험을 감수하려 많은 노력을 해야 겨우 위험중립자적인 의사결정자가 될 수 있다. 우리나라 경제 발전의 선도적인 역할을 한 중요 기업인들은 위험중립자적인 의사결정을 앞서서 해온 사람들이라고 할 수 있다.

위험중립자의 의사결정은 기대화폐가치를 기준으로 판단하면 된다. 그러나 위험기피자나 위험선호자에 대한 의사결정 분석은 기피 및 선호의 정도를 알아야 하기 때문에 좀 더 복잡하다. 여기서는 먼저 의사결정자가 위험중립자인 경우의 의사결정 분석을 알아본다. 위험기피자나 위험선호자에 대한 의사결정 분석은 9절에서 논의한다.

조선그룹의 규모가 매우 커서 수백억 원 정도가 관련된 의사결정문제에 대해 사장은 위험중립적인 의사결정을 하고 있다고 가정하자. 그러면 이 사장은 각 경우의 기대화폐가치를 계산한 후 그 값이 가장 커지는 선택을 하는 것이 최적의 선택이다. [예제 9-1]을 분석해 보면 다음과 같다.

[기대화폐가치] A_1(소형): $50 \cdot 0.4 + 30 \cdot 0.3 + 10 \cdot 0.3 = 32$억 원

A_2(중형): $100 \cdot 0.4 + 60 \cdot 0.3 - 30 \cdot 0.3 = 49$억 원

A_3(대형): $400 \cdot 0.4 + 0 \cdot 0.3 - 200 \cdot 0.3 = 100$억 원

이 분석에 의하면 대형을 선택하는 경우 기대화폐가치는 100억 원으로 가장 크므로 대형을 선택하는 것이 최적의 선택이다.

여기서 100억 원은 어디까지나 기대화폐가치로서, 대형을 선택하는 경우 이익이 100억 원이 발생한다는 의미는 아니다. 대형을 선택하면 그 결과는 400억 원의 이익, 0원, 30억 원의 손실 중의 하나이다. 기대화폐가치는 위험에 대해 중립의 성향을 갖는 이 의사결정자가 각 실제상황이 발생할 확률이 40%, 30%, 30%인 이 경우를 100억 원의 이익을 확실히 볼 수 있는 경우와 가치 면에서 동등하게 평가한다는 것을 의미한다.

6. 의사결정나무 분석

앞에서 다룬 [예제 9-1]은 한 번의 의사결정으로 끝나는 매우 간단한 경우이다. 이 경우에는 표 9.1과 같은 성과표를 통하여 이 문제를 요약할 수 있다. 그러나 좀 더 현실적인 의사결정문제들은 몇 개의 연속된 의사결정 과정을 요하게 된다. 첫 단계의 의사결정을 하여 실제상황에 대한 정보를 입수한 후 이 정보를 감안하여 다음 단계의 의사결정을 한다. 이러한 다단계 의사결정(Multi-stage Decision)은 성과표로 표현하기 곤란하고 이때에는 소위 의사결정나무(Decision Tree)를 통하여 용이하게 표현할 수 있다.

다음의 예제를 생각하여 보자.

예제 9-2

한국의 전력회사는 소규모 수력발전을 위한 댐 공사를 마무리 짓는 과정에서 어떤 종류의 발전기를 장착할 것인지에 대한 의사결정을 하여야 한다. 모델 T는 구식모델로서 이 모델에 대해서는 많은 경험이 있기 때문에 이 모델을 장치하면 이 댐에서 현재가치로 50억 원 상당의 전력을 앞으로 생산할 수 있는 것을 알고 있다. 모델 X는 최근 국내의 모기업에서 개발한 신형으로서 그 효율이 높다고 되어 있으나 이 댐에 적합한지 여부는 현재로서 알 수가 없다. 전문가들은 모델 X를 설치할 경우 문제가 발생할 가능성이 약 30%이며 성공적으로 운전될 가능성은 약 70%로 보고 있다. 성공적으로 운전되는 경우에는 현재가치로 약 80억 원 상당의 전력을 앞으로 생산할 수 있으나 문제가 발생할 경우에는 현재가치로 약 30억 원 상당의 전력만을 앞으로 생산할 수 있다. 모델 T나 모델 X의 설치비용은 동일한 것으로 알려져 있다.

이 공사의 책임자는 이 결정을 합리적으로 내리기 위하여 여러 가지를 조사해 본 결과 모델 X를 설치하기 전에 미리 테스트 해보는 방법이 있음을 발견하였다. 그런데 이 테스트를 하기 위해서는 2억 원의 비용이 소요된다. 이 테스트는 완전한 테스트이기 때문에 이를 통하면 모델 X가 문제가 있는지 없는지 정확히 알아낼 수 있다. (만일 정확히 알아낼 수 없다면 이 문제는 다음 장에서 논하는 종류의 문제가 된다.) 따라서 이 문제에서는 테스트를 할 것이냐의 여부와 어느 모델을 장치할 것인가를 결정해야 한다. 이 전력회사는 수조 원의 자산을 가진 회사로서 이 정도 규모의 투자에 대해서는 위험에 대하여 중립으로 행동할 수 있다.

[예제 9-2]는 [예제 9-1]과 달리 두 개의 서로 관련된 의사결정을 하여야 하는 문제이다. 전력회사는 먼저 모델 X를 테스트할 것인가의 여부를 결정하고 그 후 어느 모델을 장치할 것인가를 결정하는 두 단계 의사결정을 해야 한다.

이 경우에도 그림 9.2와 같은 영향분석도를 통하여 이 문제를 좀 더 잘 이해할 수 있다. 이 그림을 볼 때 여기에는 모델 X를 테스트 할지의 여부와 어느 모델을 선택할 것인지의 두 개의 의사결정마디들이 있다. 또한 모델 X에 대한 사전 테스트 결과가 어떻게 나올 것인지와 모델 X를 실제 운전할 때 문제점이 발생할지의 여부에 관한 두 개의 기회마디들이 있다. 모든 의사결정과 불확실성의 결과는 마름모로 나타낸 이익이다.

모델 X가 실제로 문제점을 가지고 있는지의 여부는 모델 X를 실제로 장착하였을 경우 이익에 영향을 미친다. 따라서 기회마디 '모델 X 문제점 보유 여부' 는 이익에 영향을 미친다. 또한 모델 X가 실제로 문제점을 가지고 있다면 X에 대한 사전 테스트에서도 부적합하다는 판정이 나올 것이기 때문에 기회마디 '모델 X 문제점 보유 여부' 는 기회마디 '모델 X 테스트 결과' 에 영향을 미친다. 그리고 모델 X에 대한 사전 테스트 결과에 따라 의사결정자가 적절한 모델을 선택하게 되므로 기회마디 '모델 X 테스트 결과' 는 의사결정마디 '모델의 선택' 에 영향을 미친다.

그림 9.2 [예제 9-2]의 영향분석도

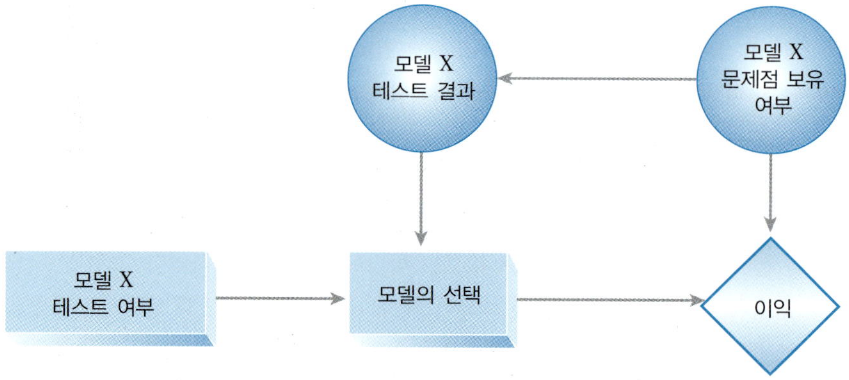

그림 9.2를 통하여 이 문제를 잘 이해하고 나면 그림 9.3과 같은 의사결정나무라는 그래프를 용이하게 그릴 수 있다. 이 그림에서 왼쪽이 오른쪽보다 시간적으로 선행한다. 먼저 테스트 여부를 결정하여야 하는데 그림의 제일 왼쪽의 ■가 이러한 의사결정을 내려야 하는 시점을 의미한다. 이러한 점을 의사결정마디(Decision

Node)라고 부른다. 이 마디에서 두 개의 가지가 뻗어져 나오는데 각각은 선택할 수 있는 하나의 대안을 표현하고 있다. 만일에 테스트하기로 결정했다면 그 후의 상황은 테스트 결과가 무엇인가에 따라 좌우된다. 따라서 '테스트함'으로 표시된 가지 끝에 있는 ●은 확률적 상황이 벌어지는 시점을 의미한다. 이러한 점을 기회마디(Chance Node)라고 부른다.

이 기회마디에는 '테스트 OK'와 '문제점 발생'의 두 개의 결과가 있을 수 있으며 이를 나타내기 위해 두 개의 가지가 뻗어 나온다. 각 가지에는 각 결과가 나타날 확률이 적혀져 있다. 만일 테스트 결과가 '테스트 OK'로 나왔다면 두 번째 의사결정의 시점에 도달하게 된다. 여기서는 이러한 테스트 결과를 감안할 때 어떠한 모델을 장치할 것인가를 결정한다. 따라서 '테스트 OK'의 가지 끝에 있는 의사결정마디 ■는 두 번째 의사결정의 시점을 나타낸다. 여기서 모델 T를 장치하기로 결정한다면 한 가지의 완전한 상황전개가 끝났으며 이때 얻을 수 있는 이익이 가지 끝에 있는 성과 항에 적혀 있다.

의사결정마디 [4]에서 모델 X를 장치하기로 결정한다면 그 결과는 '성공적 운전'이 될 수도 있고 '문제점 발생'이 될 수도 있다. 그러나 앞에서 한 테스트결과 OK라는 결과가 나왔으므로 100%의 확률로 '성공적 운전'이 될 것으로 판단된다. 기회마디 ⑥ 이후의 두 가지는 이러한 상황을 설명하고 있다. 각 가지에 적힌 숫자는 확

그림 9.3 [예제 9-2]의 의사결정나무

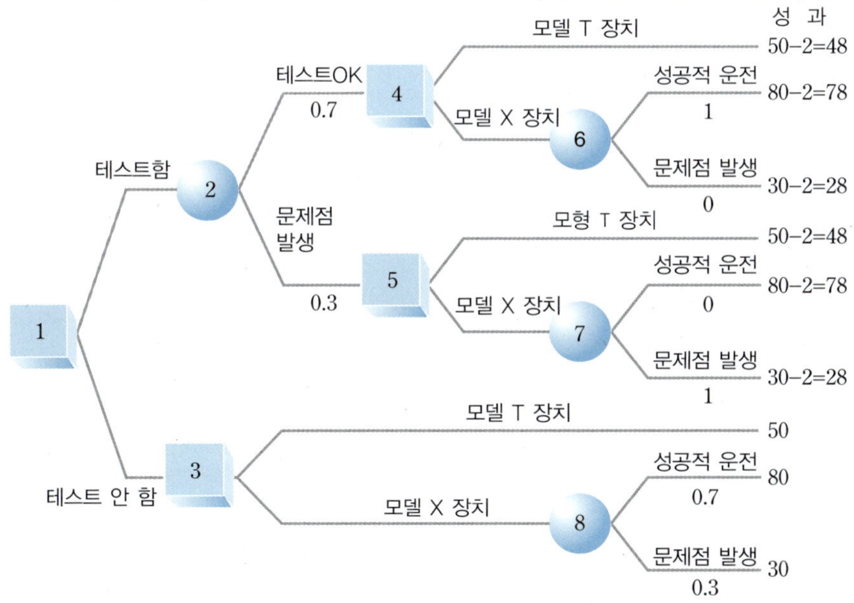

률을 나타낸다. 이와 유사한 방법으로 그림 9.3의 의사결정나무의 나머지 부분을 완성할 수 있다.

전력회사의 의사결정 행태가 위험에 대해 중립이라고 가정하였으므로 전력회사의 최적의사결정은 기대화폐가치를 최대로 하는 것이 된다. 최적해는 그림 9.3의 의사결정나무의 오른쪽 끝에 있는 부분들부터 시작하여 최종의 의사결정마다 [1]로 거꾸로 올라가는 접어올리기(folding back) 과정을 사용하여 용이하게 구할 수 있다.

먼저 오른쪽의 윗부분부터 시작하자. 의사결정마디 [4]에서 모델 T를 장치하기로 결정하면 성과는 48억 원이고 모델 X를 장치하기로 결정한다면 기대화폐가치는

$$78 \cdot 1 + 28 \cdot 0 = 78\ (\text{억원})$$

이 되어 [4]에서의 최적의사결정은 모델 X를 선택하는 것이다. 그림 9.4는 이 결과를 나타낸다. 의사결정마디 [4]에서 선택되지 않은 가지는 두 줄로 잘라버렸으며 이 마디 위에는 기대화폐가치를 적어 두었다. 마찬가지로 의사결정마디 [5]에서의 최적결정은 모델 T를 장치하는 것이며 이 경우 기대화폐가치는 48억 원이 된다.

그림 9.4 [예제 9-2]의 해

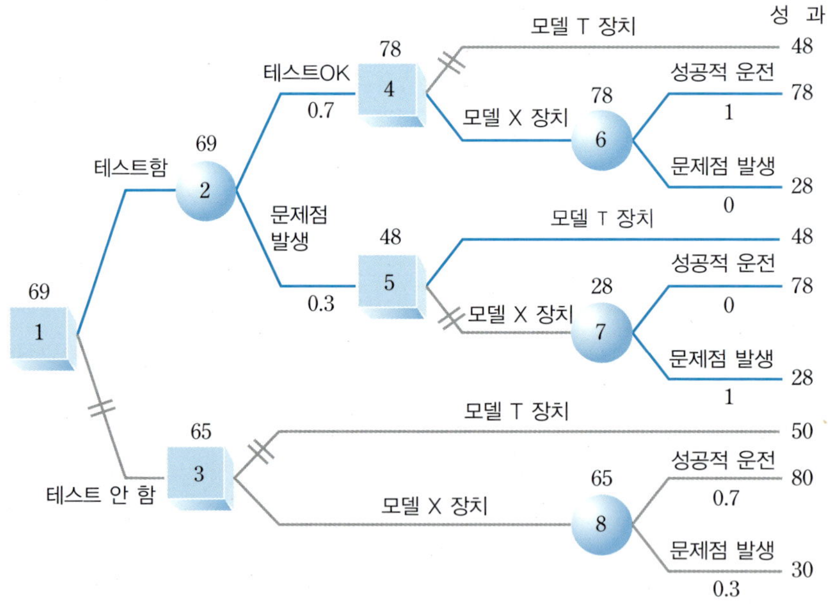

기회마디 ②에서 나가는 모든 가능한 경우의 최적결정을 구했으므로 기회마디 ②

에서의 기대화폐가치를 구하여 보면

$$78 \cdot 0.7 + 48 \cdot 0.3 = 69\ (\text{억원})$$

이 된다. 이 값이 기회마디 ② 위에 적혀 있다.

의사결정마디 [3]에서의 최적의사결정을 찾기 위해 두 대안의 기대화폐가치를 구해보면 모델 X를 장치하는 경우가

$$80 \cdot 0.7 + 30 \cdot 0.3 = 65\ \text{억 원}$$

이 되어 모델 T를 장치하는 경우보다 바람직하다. 따라서 '모델 T장치'는 두 줄로 잘라버리고 의사결정마디 [3] 위에 기대화폐가치 65를 적어놓았다.

이제 의사결정마디 [1]로 가서 의사결정을 하기 위해 각 대안의 기대화폐가치를 알아보면 테스트하는 경우가 69억 원, 테스트 안하는 경우가 65억 원이므로 테스트 안하는 대안은 두 줄로 잘라버렸다.

결론적으로, 최적의사결정은 '모델 X를 테스트하여 보아서 OK이면 모델 X를 장치하고 문제점이 발생하면 모델 T를 장치한다'가 된다. 이때 기대화폐가치는 69억 원이다.

7. 추가적 정보의 입수

의사결정 분석에 있어서 가장 중요한 모수는 역시 여러 가지 실제상황이 발생할 확률값이다. 이 값에 근거하여 기대화폐가치가 계산되고 최적해가 찾아진다. 이 확률값의 추정이 부정확한 경우에는 잘못된 의사결정으로 큰 피해를 입게 될 수도 있다. 따라서 의사결정자는 때로는 추가적인 경비를 투입하여서라도 좀 더 정확한 확률값을 추정하는 데에 필요한 정보수집을 하고자 한다.

정보수집은 대체로 실험, 설문조사, 샘플링, 전문가의 자문, 각종 연구보고서 등을 통하여 이루어지며, 이러한 정보에 근거하여 각 상황이 벌어질 확률값을 수정 · 보완하게 된다. 수집된 정보가 실제상황이 무엇인지 100%의 확률로 말해줄 수 있는 완전한 정보인 경우에는 이 문제는 6절에서 알아본 다단계 의사결정 과정으로 쉽게 해결된다. 실제로 [예제 9-2]는 테스트라는 방법을 통하여 모델 X의 성능에 관련된

불확실성을 완벽히 제거하는 경우이었다. 이러한 정보를 완전정보(Perfect Information)라고 부른다.

수집된 정보가 완전정보는 되지 못하지만 확률값의 추정을 좀 더 정확히 할 수 있는 자료를 준다면 수집된 정보에 근거하여 확률값을 수정 · 보완할 수 있다. 이를 위해서는 소위 베이지안 분석(Bayesian Analysis)방법을 사용하여야 하며, 이러한 종류의 정보를 표본정보(Sample Information)라고 부른다.

다음의 간단한 예제를 통하여 추가적 정보에 관한 분석을 해보도록 하자.

예제 9-3

금성유지는 현재 판매하고 있는 비누의 이익률이 너무 낮다는 판단 아래 이 비누를 대신할 신제품을 개발하였다. 또한 한편에서는 신제품의 시판은 위험부담이 크므로 기존의 비누를 고급화하여 판매하는 방안도 고려해 보기로 하였다. 이 두 가지 전략의 경우 이익은 수요가 얼마인가에 따라 결정되는 데 수요는 대체로 상과 하 두 가지로 구분하고 있다. 표 9.4는 이 문제의 성과표를 보여주고 있다.

| 표 9.4 | 금성유지의 성과표 (단위: 억원)

전략 \ 수요	S_1 (상)	S_2 (하)
A_1 (신제품)	100	−50
A_2 (고급화)	40	10

과거 유사한 제품에 관한 자료와 경험에 비추어 볼 때 경영진은 높은 수요가 있을 확률을 55%로 주관적 판단을 하고 있다. 위험에 대해 중립인 행태를 갖고 있는 경영진은 최적 정책을 구하고자 한다.

이 문제에서 경영진은 실제상황이 S_1, S_2가 될 확률을 각각

$$P(S_1) = 0.55$$
$$P(S_2) = 0.45$$

로 판단하고 있다. 이것은 새로운 정보를 입수하기 전에 처음으로 선택한 확률값으로서 이를 사전적 확률(事前的 確率, Prior Probability)이라고 부른다.

이 사전적 확률에 따르면 기대화폐가치는

전략 A_1: $100 \cdot 0.55 - 50 \cdot 0.45 = 32.5$(억원)

전략 A_2: $40 \cdot 0.55 + 10 \cdot 0.45 = 26.5$(억원)

이 되어 신제품 시판(전략 A_1)을 하는 것이 최적의사결정이고 이때 기대화폐가치는 32억 5,000만 원이다. 이 결정은 새로운 정보를 입수하기 전의 사전적 확률에 근거를 두었으므로 사전적 의사결정(事前的 意思決定, Prior Decision)이라고 부른다.

가. 민감도 분석

경영진의 일각에서는 신제품을 시판하는 것이 바람직하다는 결론에 대하여 몇 가지 반론이 제기되었다. 첫째, 신제품을 시판하는 경우 수요가 낮다면 50억 원이란 막대한 손실을 입게 된다는 점, 둘째 경영진에서 추측한 55%의 확률은 매우 주관적이며 이에 대해 확신을 하기가 어렵다는 점이 지적되었다. 이에 따라 확률값의 보다 정확한 추정이 문제 분석에 가장 중요한 요소임을 깨달은 경영진은 확률값이 55%와 달라지는 경우 최적정책이 어느 정도 민감하게 변하는지 분석해 볼 필요가 있다고 판단하였다. 약간의 확률값의 변화에 따라 최적전략이 바뀐다면 이 결론은 다시 검토해 보아야 할 필요가 있는 것으로 판단되었다.

이를 위해서 수요가 높은 상태 S_1이 될 확률을 p라 두고 이에 따라 각 전략의 기대화폐가치를 구해보면

A_1: $100 \cdot p - 50 \cdot (1-p) = -50 + 150p$

A_2: $40 \cdot p + 10 \cdot (1-p) = 10 + 30p$

가 된다. 이렇게 구한 두 전략의 기대화폐가치를 p값에 따라 그래프로 그리면 그림 9.5와 같다.

이 그림에서부터 만일 $p > 0.5$이면 전략 A_1이 최적이고, $p < 0.5$이면 전략 A_2가 최적임을 알 수 있다. 반면 $p = 0.5$인 경우에는 두 전략 간에 기대화폐가치의 차이가 없으므로 이 확률값을 무차별 확률(Indifference Probability)이라고 부른다.

그림에서 볼 때 현재의 확률값 추정치 0.55는 최적의사결정이 바뀌는 확률값 0.5와 상당히 근접해 있음을 알 수 있다. 이 경우 주관적 확률추정치 0.55에 약간의 오차가 있는 경우 의사결정은 잘못될 수 있다. 따라서 이 경우에는 확률추정치를 좀 더 정확히 구하기 위하여 정보수집노력을 더욱 경주하여야 할 필요가 있다.

그림 9.5 각 전략의 기대화폐가치의 변화

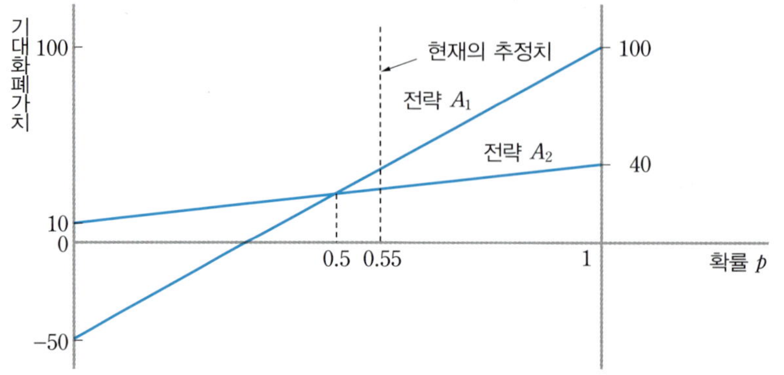

확률추정치를 좀 더 정확히 할 수 있는 대표적인 방법으로는 시장조사가 있다. 시장조사방법으로는 설문조사를 하는 수도 있고 일부 매장에 시판해 보는 방법도 있다. 이러한 방법으로 수요가 높을지 낮을지에 대해 좀 더 많은 정보를 수집하여 확률추정치의 신뢰도를 높일 수 있다. 이렇게 시장조사를 하는 경우에 이 의사결정문제에 대해서 그림 9.6과 같은 영향분석도를 그려 볼 수 있다.

그림 9.6 시장조사를 고려하는 경우의 영향분석도

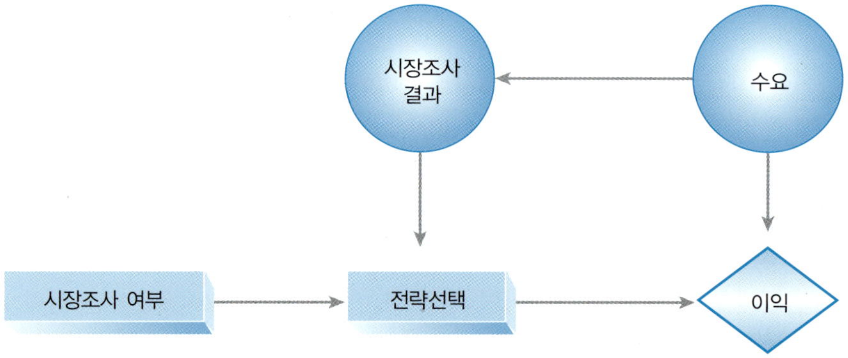

이 그림에서 볼 때 이 문제에는 시장조사를 할지의 여부와 어느 전략을 선택할지의 여부 등 두 개의 의사결정마디들이 있다. 또한 시장조사의 결과가 어떻게 나올 것인지와 수요가 어떨지에 대한 두 개의 기회마디들이 있다. 모든 의사결정과 불확실성의 결과는 마름모로 나타낸 이익이다.

실제수요가 높은 경우에는 더 많은 이익이 예상되므로 기회마디 '수요'는 '이익'에 영향을 미친다. 또한 실제수요가 높은 경우에 실시한 시장조사는 실제수요가 높을 것이라는 예측을 내 놓을 가능성이 더 높기 때문에 기회마디 '수요'는 기회마디 '시장조사 결과'에 영향을 미친다. 그리고 의사결정자는 시장조사의 결과를 참고하므로 기회마디 '시장조사 결과'는 의사결정마다 '전략선택'에 영향을 미친다.

시장조사의 결과는 '수요'의 실제상황에 대해 좋은 정보를 주지만 항상 '수요'의 실제상황을 정확히 예측할 수 있는 것은 아니다. 시장조사의 결과가 긍정적으로 나왔지만 실제 시판해 본 결과 수요가 낮은 경우도 있을 수 있고 또는 그 반대일 수도 있다.

나. 완전정보

특수한 경우의 정보로서 완전정보를 생각해보자. 시장조사를 전문으로 대행하는 "완벽시장조사연구소"는 완벽한 시장조사로 제품의 수요수준을 정확히 알 수 있는 능력을 갖고 있다고 가정하자. 즉, 조사결과가 '높은 수요'로 나왔다면 실제수요수준은 확실히 '높은 수요'이며 조사결과가 '낮은 수요'로 나왔다면 실제수요는 확실히 '낮은 수요'라고 하자. 이러한 시장조사 기관은 존재하지 않겠지만 가상적으로 존재한다고 해 보자. 이러한 완전정보수집이 가능한 경우 [예제 9-3]의 의사결정은 그림 9.7과 같이 표현된다.

그림 9.7 완전정보가 있을 때의 의사결정나무

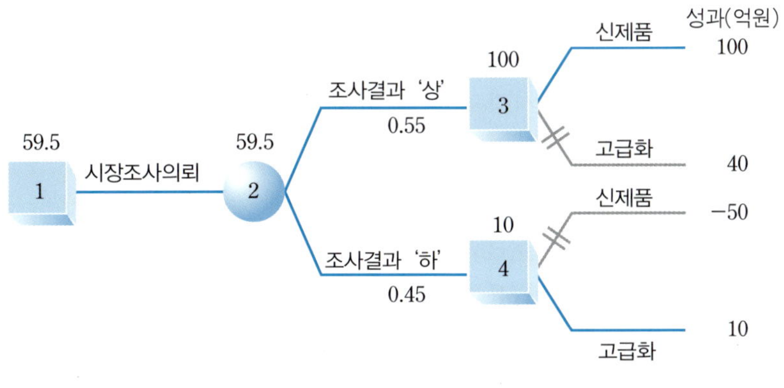

먼저 의사결정마디 [1]에서 시장조사를 의뢰하였다면 이때 조사결과는 '상' 또는 '하'로 나올 것이다. 완전정보이므로 이 조사결과는 실제시장의 상황과 일치한다. 반면 의사결정을 하기 위해서는 조사를 의뢰하기 전에 그들의 조사결과가 상 또는 하가 될 확률에 대한 주관적 추정을 하여야 하는데 이것은 시장상황에 대해 앞에서 추정한 결과와 동일한 0.55와 0.45가 될 것이다.

조사결과가 '상'으로 나왔다면 이 정보에 따라 의사결정을 한다. 의사결정마디 [3]에서는 신제품 또는 고급화 등의 대안이 있는데, 이때의 성과는 시장의 수요가 '상'이라는 사실이 이미 알려져 있으므로 각각 100억 원과 40억 원으로 주어진다. 이에 따라 신제품을 시판하는 것이 마디 [3]에서의 최적선택이다. 마찬가지로 마디 [4]에서는 기존제품의 고급화를 하는 것이 바람직하다.

이제 기회마디 ②에서의 기대화폐가치를 구하면

$$100 \cdot 0.55 + 10 \cdot 0.45 = 59.5 \text{ (억원)}$$

이 된다. 이 값은 완전정보를 얻을 수 있는 상황에서의 기대화폐가치이다. 시장분석을 하지 않았을 때의 기대화폐가치는 32억 5,000만 원이고 시장분석으로 완전정보를 얻을 수 있을 때의 기대화폐가치는 59억 5,000만 원이므로 이러한 정보를 얻음으로써 발생하는 추가적 이익은

$$59.5 - 32.5 = 27 \text{ (억원)}$$

이 된다. 이것은 이 완전정보가 제공한 추가적 이익이므로 이것을 완전정보의 기대가치(Expected Value of Perfect Information : EVPI)라고 부른다. 즉, 이 문제의

$$EVPI = 27 \text{ (억원)}$$

이 된다.

완벽시장조사연구소에서 시장조사용역비용으로 일정한 금액을 금성유지에 요구한다고 할 때 이 금액이 너무 많다면 시장조사의뢰는 바람직하지 못하며, 이 금액이 매우 적다면 시장조사의뢰는 바람직할 것이다. 이때 금성유지가 지불할 수 있는 최대의 금액은 이 정보를 얻음으로써 발생한 추가적 이익인 *EVPI*가 된다. 즉, 완벽시장조사연구소에서 *EVPI* 이하의 금액을 요구하는 경우에는 의뢰하는 것이 바람직하겠지만 *EVPI*보다 많은 금액을 요구하는 경우에는 의뢰하지 않는 것이 바람직하다.

다. 표본정보

실제문제에 있어서는 수집된 정보가 현 상황에서의 불확실성을 완벽히 제거하기보다는 확률값의 측정을 좀 더 향상시킬 수 있는 자료를 제공하는 정도인 경우가 많다. 이러한 불완전한 정보를 표본정보(Sample Information)라고 부른다. [예제 9-3]을 다시 생각해 보자.

금성유지는 시장의 상황을 좀 더 정확히 알기 위해 동아연구소에 시장조사를 의뢰하였다. 동아연구소는 앞에서 알아 본 '완벽시장조사연구소' 와는 달리 시장조사 결과를 '좋은 상황' 및 '나쁜 상황' 등의 두 가지로 보고하는데, 이 연구소에서 행한 과거의 실적을 보면 이 연구소의 연구결과의 신뢰도에 대하여 다음과 같은 자료를 얻을 수 있었다.

(1) 실제상황이 '높은 수요' 인 시장에서 시장조사를 하는 경우 이 연구소에서는 94%의 경우 '좋은 시장상황' 을 보고하고 6%의 경우 '나쁜 시장상황' 을 보고한다. 즉, '높은 수요' 의 실제상황에서는 94%의 신뢰도를 보여주고 있다.
(2) 실제상황이 '낮은 수요' 인 시장에서 시장조사를 하는 경우 이 연구소에서는 86%인 경우 '나쁜 시장상황' 을 보고하고 14%의 경우 '좋은 시장상황' 을 보고한다. 즉, '낮은 수요' 의 실제상황에서는 86%의 신뢰도를 보여주고 있다.

이 문제는 그림 9.8과 같은 의사결정나무로 표현된다. 여기서 동아연구소의 연구

그림 9.8 동아연구소에 의뢰하는 경우의 의사결정나무

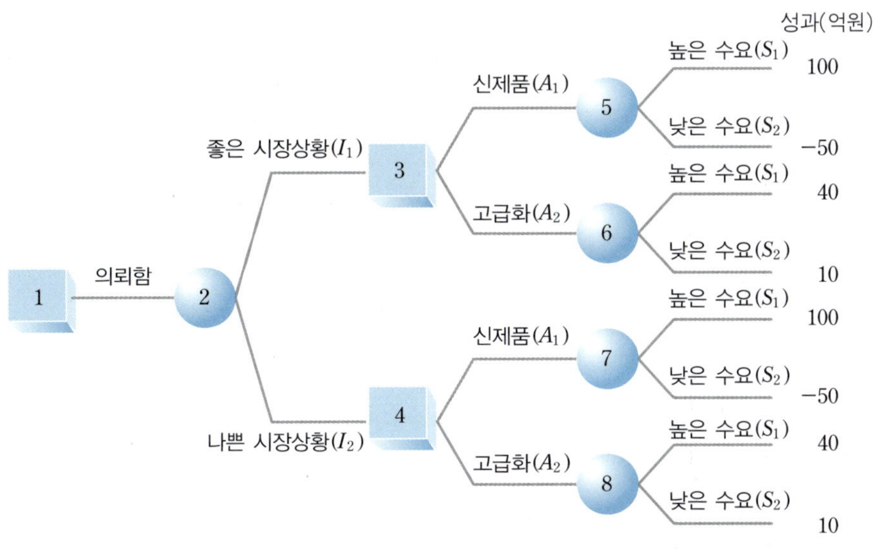

결과는 각각

I_1: 좋은 시장상황
I_2: 나쁜 시장상황

으로 표시되어 있다.

완벽시장조사연구소와는 달리 동아연구소의 경우에는 조사결과가 좋은 상황이 나와도 실제로는 낮은 수요상황이 벌어지는 것이 가능하다. 즉, 이 조사결과는 불완전한 정보이다. 그러나 이러한 불완전한 조사결과를 통해서도 우리는 부분적인 정보를 얻어낼 수 있다. 이 정보의 획득은 다음 항에서 논할 베이지안 분석을 이용하여 용이하게 수행된다.

8. 베이지안 분석

가. 조건부 확률

그림 9.8에서 접어 올리기 과정을 통해 최적의사결정을 하기 위해서는 각 기회마디에서의 확률값을 알아야 한다. 예를 들어, 기회마디 ⑤에서는 이미 시장상황이 좋은 상황이라는 보고서를 받은 상태이다. 이러한 상태에서 실제로 비누를 팔아 본다면 수요가 높게 나오는 경우가 많겠지만 동아연구소의 보고서가 언제나 옳은 것은 아니기 때문에 수요가 낮게 나오는 경우도 발생할 수 있다. 따라서 여기서는 다음의 확률이 필요하다.

$P(S_1|I_1)$: 조사결과 '좋은 시장상황'이 나왔을 때 실제로도 '높은 수요'가 발생할 확률
$P(S_2|I_1)$: 조사결과 '좋은 시장상황'이 나왔을 때 실제로는 '낮은 수요'가 발생할 확률

이러한 확률들을 조건부 확률(Conditional Probability)이라고 부른다.

조건부 확률이란 어떤 한 사건이 발생한 상황에서 특정한 사건이 발생할 확률을 말한다. 예를 들어, 주사위를 하나 던진다고 하자. 이때 1이 나올 확률은 $\frac{1}{6}$이다. 만

일 주사위를 던지고 나서 나는 그 결과를 보지 못했는데 신뢰할 수 있는 친구가 그 결과를 보고 2는 아니라고 알려 주었다고 하자. 그러면 그 결과가 1이 될 확률은 $\frac{1}{5}$이 된다. 이 확률은 '2가 아닌 경우' 라는 조건 하에서 1이 나올 확률을 나타내므로 하나의 조건부 확률이다. 좀 더 정형화하기 위해

$$A = \{1\text{인 경우}\}$$
$$B = \{2\text{가 아닌 경우}\} = \{1, 3, 4, 5, 6\}$$

라 두자. 그리고 B가 발생한 조건 하에서 A가 발생할 확률을

$$P(A \mid B)$$

라고 나타내자. 우리는 직관적으로 이 확률값이 $\frac{1}{5}$이라는 사실을 알고 있다.

일반적으로 조건부 확률은 다음과 같이 정의 된다.

$$P(A \mid B) = \frac{P(A \text{ and } B)}{P(B)} \qquad \cdots [9\text{-}1]$$

여기서 $P(A \text{ and } B)$는 A와 B가 동시에 발생할 확률이다. 위의 주사위 문제에서 A와 B가 동시에 발생하는 경우는 1일 때뿐이므로

$$A \text{ and } B = \{1\}$$

이다. 따라서

$$P(A \mid B) = \frac{1/6}{5/6} = \frac{1}{5}$$

으로 우리가 직관적으로 구한 값과 동일한 값을 얻었다.

식 [9–1]은 다음과 같이 쓸 수도 있다.

$$P(A \mid B)\,P(B) = P(A \text{ and } B) \qquad \cdots [9\text{-}2]$$

즉, B가 발생한 상황에서 A가 발생할 확률에 B가 발생할 확률을 곱하면 A와 B가 동시에 발생할 확률이 된다. 위의 주사위 문제에서 $P(A \mid B)$는 $\frac{1}{5}$이고 $P(B)$는 $\frac{5}{6}$이며 이 둘을 곱하면 $\frac{1}{6}$이 되어 $P(A \text{ and } B)$와 같음을 알 수 있다. 식 [9–2]가 성립하면 다음의 식도 성립한다.

$$P(B \mid A)\,P(A) = P(B \text{ and } A) = P(A \text{ and } B)$$

따라서

$$P(A|B)P(B) = P(A \text{ and } B) = P(B|A)P(A)$$

가 된다. 이 관계를 이용하면 $P(B|A)$가 주어졌을 때 $P(A|B)$를 구할 수 있다. 이것이 베이지안 분석의 기본 아이디어이다.

나. 베이지안 분석

이제 그림 9.8에서 우리가 필요한 확률들을 구해보자. 기회마디 ⑤와 ⑥에서는

$P(S_1|I_1)$: 조사결과 '좋은 시장상황'이 나왔을 때 실제로도 '높은 수요'가 발생할 확률

$P(S_2|I_1)$: 조사결과 '좋은 시장상황'이 나왔을 때 실제로는 '낮은 수요'가 발생할 확률

이 필요하고 기회마디 ⑦과 ⑧에서는

$P(S_1|I_2)$: 조사결과 '나쁜 시장상황'이 나왔을 때 실제로는 '높은 수요'가 발생할 확률

$P(S_2|I_2)$: 조사결과 '나쁜 시장상황'이 나왔을 때 실제로도 '낮은 수요'가 발생할 확률

이 필요하다. 이 확률값들은 새로운 정보인 동아연구소의 연구결과를 보고 나서 각 시장상황이 발생할 확률에 대하여 추정하게 되는 값들이다. 이러한 의미에서 이 확률값들을 사후적 확률(事後的 確率, Posterior Probability)이라고 부른다.

또한 기회마디 ②에서는

$P(I_1)$: 조사결과 '좋은 시장상황'이 나올 확률

$P(I_2)$: 조사결과 '나쁜 시장상황'이 나올 확률

이 필요하다. 이 확률값들의 전개 과정을 요약하면 그림 9.9와 같다. 이 그림의 우측 끝에서는 식 [9–2]를 사용하였다.

그림 9.9 사후적 확률

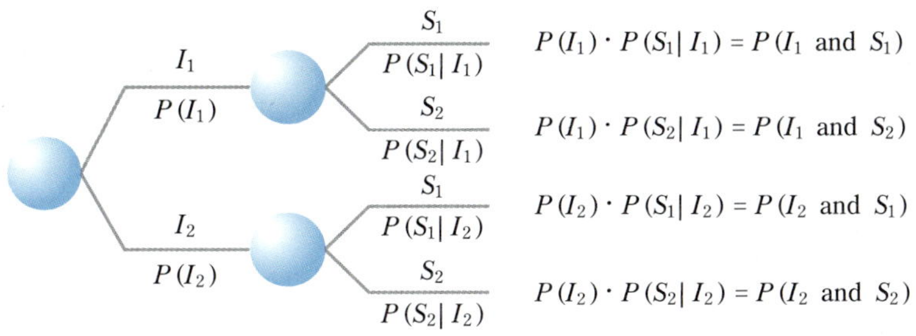

그러나 우리가 알고 있는 확률은 사전적(事前的)으로 추정한 확률

$P(S_1)$: '높은 수요' 가 발생할 확률 = 0.55
$P(S_2)$: '낮은 수요' 가 발생할 확률 = 0.45

와 동아연구소의 신뢰도에 관한 자료

$P(I_1|S_1)$: 실제상황이 높은 수요(S_1)일 때 좋은 시장상황(I_1)이라는 결과를 낼 확률 = 0.94
$P(I_2|S_1)$: 실제상황이 높은 수요(S_1)일 때 나쁜 시장상황(I_2)이라는 결과를 낼 확률 = 0.06
$P(I_1|S_2)$: 실제상황이 낮은 수요(S_2)일 때 좋은 시장상황(I_1)이라는 결과를 낼 확률 = 0.14
$P(I_2|S_2)$: 실제상황이 낮은 수요(S_2)일 때 나쁜 시장상황(I_2)이라는 결과를 낼 확률 = 0.86

그림 9.10 사전적 확률정보

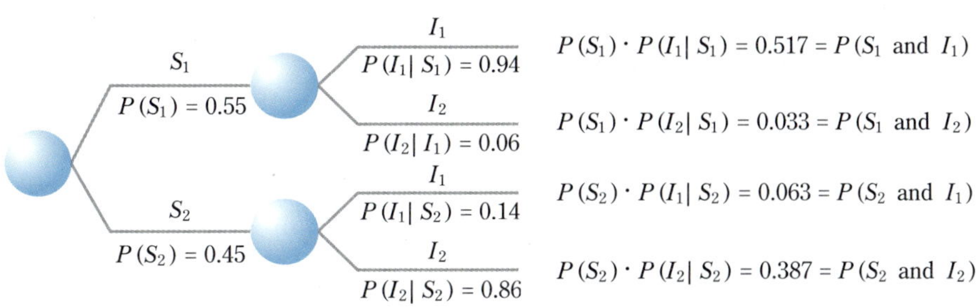

들이다. 이 확률값의 전개 과정을 요약한 것이 그림 9.10이다. 이 그림 우측 끝에서도 식 [9-2]를 사용하였다.

이제 우리가 알고 있는 확률값을 정리한 그림 9.10에서부터 그림 9.9에 있는 우리가 원하는 확률값을 구해보자. 먼저 두 그림의 우측 끝에 있는 확률은 두 개의 사건 S_i와 I_j가 동시에 발생할 확률이므로 그림 9.10의 결과에서 그림 9.9에 옮겨 적으면

$$P(I_1 \text{ and } S_1) = 0.517$$
$$P(I_1 \text{ and } S_2) = 0.063$$
$$P(I_2 \text{ and } S_1) = 0.033$$
$$P(I_2 \text{ and } S_2) = 0.387$$

이 된다. 여기에서부터 먼저 $P(I_1)$과 $P(I_2)$를 구하면

$$P(I_1) = P(I_1 \text{ and } S_1) + P(I_1 \text{ and } S_2) = 0.517 + 0.063 = 0.58$$
$$P(I_2) = P(I_2 \text{ and } S_1) + P(I_2 \text{ and } S_2) = 0.033 + 0.387 = 0.42$$

를 얻는다. 그리고 조건부 확률의 공식 [9-1]과 $P(A \text{ and } B) = P(B \text{ and } A)$라는 사실을 이용하면 사후적 확률들은 다음과 같이 얻어진다.

$$P(S_1 | I_1) = \frac{P(S_1 \text{ and } I_1)}{P(I_1)} = \frac{0.517}{0.58} = 0.89$$

$$P(S_2 | I_1) = \frac{P(S_2 \text{ and } I_1)}{P(I_1)} = \frac{0.063}{0.58} = 0.11$$

$$P(S_1 | I_2) = \frac{P(S_1 \text{ and } I_2)}{P(I_2)} = \frac{0.033}{0.42} = 0.08$$

$$P(S_2 | I_2) = \frac{P(S_2 \text{ and } I_2)}{P(I_2)} = \frac{0.387}{0.42} = 0.92$$

이와 같은 계산방법을 베이지안 분석(Bayesian Analysis)이라고 부른다.

다. 의사결정나무 분석

새로 계산한 조건부 확률 $P(S_i | I_j)$는 사후적 확률이다. 예를 들어, $P(S_1 | I_1) = 0.89$는 동아연구소의 조사결과 시장상황이 '좋은 시장상황' 이라는 연구결과를 받았을 때 실제로도 '높은 수요' 가 발생하리라고 의사결정자가 믿는 정도이다. 조사

하기 이전에는 55%로 믿었던 것이 조사결과를 보고 나서 89%로 수정된 것이다. 이러한 의미에서 사후적 확률이라고 부른다.

이제 새로 얻은 사후적 확률값들을 이용해 그림 9.8의 의사결정나무를 분석하면 그림 9.11과 같이 된다. 먼저 기회마디 ⑤, ⑥, ⑦, ⑧에서의 기대화폐가치를 구한 후 의사결정마디 ③, ④에서의 의사결정을 하여 선택되지 않은 대안은 두 줄로 잘라 버린다. 그 후 다시 기회마디 ②에서의 기대화폐가치를 구하면 53억 6,380만 원이 된다.

그림 9.11 의사결정 분석 과정

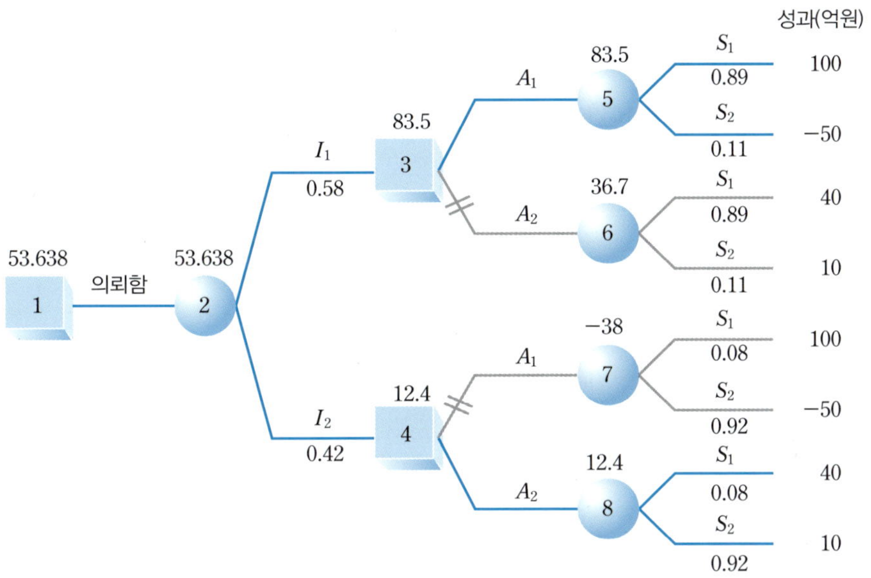

따라서 동아연구소에 시장조사를 의뢰한 경우 최선의 정책은 그 결과가 좋은 시장상황(I_1)으로 나오면 신제품을 시판(A_1)하고, 나쁜 시장상황(I_2)으로 나오면 기존 제품의 고급화(A_2)를 하는 것이다. 이러한 정책을 쓰는 경우의 기대화폐가치는 53억 6,380만원이다. 이 값은 동아연구소에서부터 불완전한 표본정보를 얻을 수 있는 경우의 기대화폐가치이다.

시장 분석을 전혀 하지 않았을 때의 기대화폐가치는 32억 5,000만 원이고 동아연구소의 조사결과를 이용할 경우 기대화폐가치는 53억 6,390만 원이므로 이 정보를 얻음으로써 발생하는 추가적 이익은

$$53억\ 6{,}380만\ 원 - 32억\ 5{,}000만\ 원 = 21억\ 1{,}380만\ 원$$

이 된다. 이것은 동아연구소의 표본정보가 제공한 추가적 이익이므로 이를 이 표본정보의 기대가치(Expected Value of Sample Information: EVSI)라고 부른다. 즉, 동아연구소에서 제공하는 정보의 경우

$$EVSI = 21억\ 1{,}380만\ 원$$

이 된다.

동아연구소에서는 시장조사용역비로 일정한 금액을 금성유지에 요구하고 있다고 할 때 금성유지가 지불할 수 있는 최대의 금액은 이 정보를 얻음으로써 발생한 추가적 이익인 $EVSI$가 될 것이다. 만일 동아연구소에서 $EVSI$보다 적은 금액을 요구한다면 조사 의뢰를 하는 것이 바람직하지만 $EVSI$보다 많은 금액을 요구하면 조사 의뢰를 하지 않는 것이 바람직하다.

표본정보는 불확실성을 일부만 제거하므로 표본정보의 가치 $EVSI$가 완전정보의 가치 $EVPI$보다 커질 수는 없다. 즉, 항상

$$EVSI \le EVPI$$

이다. 이때

$$E = \frac{EVSI}{EVPI} \cdot 100$$

은 표본정보의 효율을 측정하는 값이 되어 이 값을 정보의 효율(efficiency rating)이라고 부른다. [예제 9-3]의 경우 $EVPI = 27$억 원이고 동아연구소의 연구결과는 $EVSI = 21$억 1,380만 원이므로 동아연구소의 연구결과는

$$E = \frac{21.138}{27} \cdot 100 = 78.3\%$$

이 된다. 즉, 완전정보에 비교할 때 약 78.3%의 효율을 갖고 있다고 할 수 있다.

9. 위험선호 및 기피자의 의사결정 분석

제5절에서 논의한 바와 같이 의사결정자는 위험선호자, 위험기피자 및 위험중립자 등 3부류로 나눌 수 있다. 지금까지 행한 의사결정 분석은 모두 의사결정자가 위험에 대해 중립적 성향을 갖고 있다고 가정하였으므로 기대화폐가치의 최대화가 의사결정의 기준이 되어 왔다.

의사결정자가 위험선호자나 위험기피자인 경우에는 기대화폐가치의 최대화는 적절한 의사결정의 기준이 되지 못한다. 위험선호자는 기대화폐가치가 적더라도 큰 수익을 올릴 수 있는 기회가 있으면 이를 선택하려 할 것이고, 위험기피자는 기대화폐가치가 적어도 큰 손해를 입을 가능성이 적은 것을 선택하려 할 것이기 때문이다. 이때에는 기대화폐가치보다는 화폐가치가 의사결정자에게 주는 효용(Utility)에 따라 의사결정을 하는 것이 바람직하다.

효용 또는 효용함수(Utility Function)는 이미 1800년대부터 경제학에서 논의되어 온 개념으로서 최근에는 의사결정 분석에 있어서 의사결정자의 만족도를 측정하는 도구로 이용되어 오고 있다. 다음의 예제를 생각하여보자.

예제 9-4

30년간 근무해오던 직장을 퇴직한 김 씨는 퇴직금의 투자대상을 물색하여 본 결과 부동산투자가 바람직하다는 결론을 내리고 아파트와 개인주택에 대한 투자를 고려하고 있다. 투자이익은 부동산경기가 일어날 것인가의 여부에 따라 달라지는데 장기적인 극심한 부동산침체는 없을 것으로 확신하는 김 씨는 미래의 상황을

S_1: 부동산경기 강세, S_2: 부동산경기 보합세, S_3: 부동산경기 약세

등 세 가지로 분류하고 있다. 표 9.5는 김 씨 문제의 성과표를 나타내고 있다.

| 표 9.5 | 김 씨 문제의 성과표 (단위: 만원)

대안 \ 실제상황	S_1 (강세)	S_2 (보합세)	S_3 (약세)
A_1 (아파트 투자)	20,000	10,000	−3,000
A_2 (개인주택 투자)	45,000	2,000	−5,000
A_3 (투자 안함)	0	0	0

김 씨는 미래에 각 상황이 벌어질 가능성에 대해 다음과 같은 주관적 확률을 갖고 있다.

$$P(S_1) = 0.1, \quad P(S_2) = 0.3, \quad P(S_3) = 0.6$$

퇴직금을 투자하여 수익을 얻는 것이 좋지만 만일 부동산경기가 약세가 되어 3천만 원이나 5천만 원의 손실을 입는 것은 퇴직한 김 씨에게 상당한 타격이 아닐 수 없는 상황이다.

이 문제에 있어서 김 씨의 문제를 기대화폐가치만으로 해결하는 것은 무리이다. 평범한 봉급생활을 한 김 씨에게 있어서 5천만 원을 얻을 가능성을 추구하기 위해 5천만 원을 잃을 각오를 할 수 있을 것인가? 이러한 상황의 문제를 분석하기 위해서는 각 금액이 김 씨에게 제공하는 효용가치를 생각할 필요가 있다.

이미 19세기부터 많은 경제학자들이 효용의 절대적인 단위를 구하기 위하여 많은 노력을 하여 왔으나 효용의 절대적인 단위는 존재하지 않는다는 방향으로 의견 통합이 이루어지고 있다. 따라서 김 씨의 효용은 임의로 선택한 단위에 따라 측정하면 된다.

성과표에 의하면 최대 가능한 이익이 4억 5천만 원이므로 이 금액의 효용가치를 임의로 100으로 잡는다.

$$U(\text{4억 5,000만 원}) = 100.$$

또 가장 나쁜 결과는 −5,000만 원이므로 이때의 효용가치를 0으로 잡는다.

$$U(-\text{5,000만 원}) = 0.$$

성과표에 있는 다른 모든 값들은 −5,000만 원과 4억 5,000만 원 사이에 있으므로 이에 해당하는 효용은 모두 0과 100 사이에 있게 된다. 이로써 효용가치의 척도가 설정되었다.

이제 성과표에 있는 다른 금액들의 효용을 측정해 보자. 이 효용은 김 씨가 느끼는 효용으로서 매우 주관적이지만 이 효용을 좀 더 체계적으로 측정하기 위하여 그림 9.12와 같은 단순게임(simple game)을 생각해 보자. 이것은 p의 확률로 성과표의 최대값 4억 5,000만 원을 벌고 $(1 - p)$의 확률로 성과표의 최소값인 −5,000만 원을 얻는 게임을 의미한다.

만일 $p = 1$이면 이 게임을 통하여 4억 5,000만 원을 벌 수 있는 것이 확실하므로 이 게임을 한 번 할 수 있는 권리는 현금 4억 5,000만 원과 동일하다. 만일 $p = 0$이면 이 게임을 통하여 −5,000만 원을 얻는 것이 확실하므로 이 게임을 한 번 하는 것

그림 9.12 단순게임

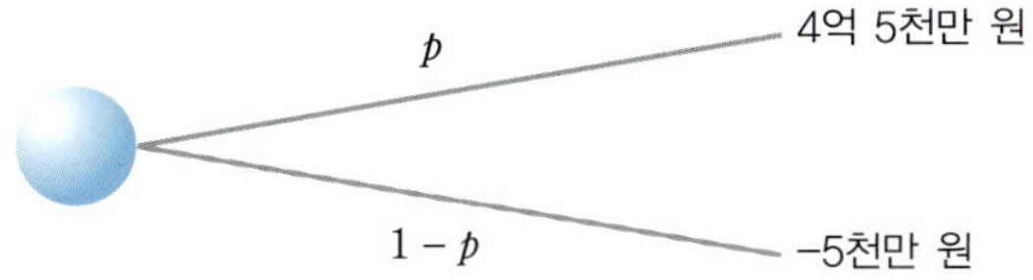

은 현금 −5,000만 원과 동일하다.

이제 p가 예를 들어, 0.8로 주어졌다고 하자. 그리고 김 씨에게 이 게임을 한 번 할 수 있는 권리와 현금 X원 중에서 어느 것을 선택하겠느냐고 김 씨에게 물어본다. 대답은 당연히 X원의 값이 얼마인가에 달려있을 것이다. X가 매우 클 때에는 현금을 선택할 것이며, X가 매우 작을 때에는 이 게임을 선택할 것이다. 여러 가지 X값에 대해 이러한 질문을 반복해보면 이 게임과 동등한 가치로 보는 현금값 X^*원을 찾을 수 있다. 즉, 만일 $X > X^*$이면 현금을 선택할 것이고, $X < X^*$이면 게임을 선택할 것이며, $X = X^*$이면 두 가지를 같은 가치로 느끼게 된다. 이 금액 X^*를 이 게임의 현금가치(Certainty Equivalent)라고 부른다.

예를 들어, 김 씨는 $X^* = 1$억 원으로 평가했다고 하자. 김 씨는 확률값이 0.8로 주어진 이 게임과 현금 1억 원의 가치를 동등하게 보고 있으므로 이 게임의 효용과 현금의 효용은 같아져야 한다. 이 게임은 0.8의 확률로 4억 5,000만 원에서 나오는 효용 U(4억 5,000만 원) = 100을 얻고 0.2의 확률로 −5,000만 원에서 나오는 효용 U(−5,000만 원) = 0을 얻게 되므로 이때의 효용의 기댓값은

$$0.8 \cdot 100 + 0.2 \cdot 0 = 80$$

이 되고 이 값은 현금 1억 원의 효용과 같아져야 되므로

$$U(1\text{억 원}) = 80$$

이 된다. 이로서 김 씨가 느끼는 현금 1억 원의 효용을 측정하였다.

이러한 방법을 여러 가지 p값에 대하여 적용하면 여러 금액에 대한 효용을 측정할 수 있다. 일반적으로 확률이 p로 주어진 단순게임의 현금가치를 X^*원으로 평가하였다면

$$p \cdot 100 + (1-p) \cdot 0 = U(X^*)$$

가 되어

$$U(X^*) = 100p$$

라는 관계식을 얻는다. 즉, X^*원의 효용은 이와 동등한 가치로 평가되는 단순게임의 확률값 p에 100을 곱해준 것이 된다.

이제 여러 가지 p값에 대한 김 씨의 현금가치 X^*원을 반복적인 질문을 통해 표 9.6과 같이 얻었다고 하자.

표 9.6 김 씨의 효용함수

확률(p)	현금가치(X^*)	효 용
1	4억 5천만 원	100
0.9	2억 원	90
0.8	1억 원	80
0.7	6천만 원	70
0.5	0	50
0.3	−2천만 원	30
0	−5천만 원	0

표 9.6에 있는 현금가치와 효용을 2차원 평면에 점을 찍고 평활한 곡선을 그리면 그림 9.13과 같아지며 이 곡선을 효용곡선(Utility Curve)이라고 부른다. 이 효용곡선은 아래로 오목한 함수로서 금액이 커짐에 따라 효용의 증가율은 현저히 감소함을 보여주고 있다. 이러한 형태는 위험기피자의 전형적인 효용곡선이다.

그림 9.13 김 씨의 효용곡선

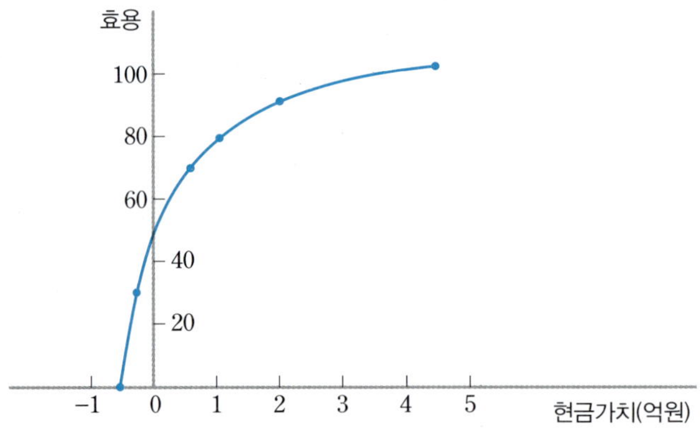

이제 김 씨의 의사결정문제를 분석하여 보자. 성과표에 있는 금액에 해당하는 효용을 그림 9.13에서부터 구하여 보면

U(2억 원)=90, U(1억 원)=80, U(−3천만 원)=20, U(4억 5천만 원)=100,
U(2천만 원)=60, U(−5천만 원)=0, U(0)=50

을 얻는다. 그리고 이 효용들을 이용하여 김 씨의 효용성과표를 작성하면 표 9.7과 같다. 김 씨의 최적의사결정은 효용의 기댓값이 최대가 되는 대안이 되므로 이 효용성과표를 이용하여 효용의 기댓값이 최대가 되는 대안을 선택하면 된다.

| 표 9.7 | 김 씨의 효용성과표

실제상황 / 대안	S_1(강세)	S_2(보합세)	S_3(약세)
A_1 (아파트 투자)	90	80	20
A_2 (개인주택 투자)	100	60	0
A_3 (투자 안함)	50	50	50

이 표를 이용하여 각 대안의 효용기대치를 구해보면

대안 A_1: $90 \cdot 0.1 + 80 \cdot 0.3 + 20 \cdot 0.6 = 45$
대안 A_2: $100 \cdot 0.1 + 60 \cdot 0.3 + 0 \cdot 0.6 = 28$
대안 A_3: $50 \cdot 0.1 + 50 \cdot 0.3 + 50 \cdot 0.6 = 50$

이 되어 투자하지 않는 대안(A_3)이 김 씨에게는 최선의 결정인 것으로 나타난다. 김 씨는 극심한 위험기피자로서 가장 안전한 대안을 선택할 것으로 나타났다.

위험선호자의 문제도 유사한 방법으로 효용을 측정함으로써 분석할 수 있다. 위험기피자, 위험선호자 및 위험중립자의 대표적인 효용함수를 그려보면 그림 9.14와 같다. 위험기피자의 효용곡선은 아래 방향으로 오목(Concave)하고, 위험선호자의 효용곡선은 아래 방향으로 볼록(Convex)하다. 위험에 대해 중립인 사람의 효용곡선은 직선이다.

그림 9.14 효용곡선

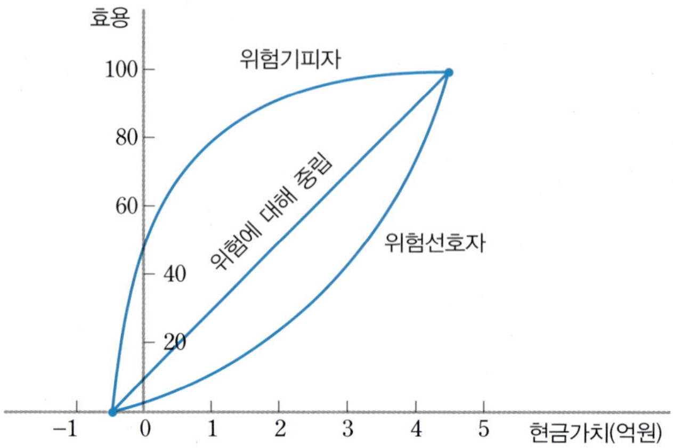

응용사례 1 :: 바이엘 제약회사의 신약 의사결정 사례

신약의 개발은 상당한 투자를 요하며 또한 실패 가능성도 높다. 일반적으로 새로운 약을 연구하고 개발하는 데에는 거의 15년 정도가 걸린다. 미국의 BP(Bayer Biological Product) 그룹은 새로운 응혈용해제에 대한 개발가능성을 분석하는 데에 의사결정 분석을 적용하였다. 의사결정 과정의 복잡한 구조를 나타내기 위하여 영향분석도가 사용되었고 다음과 같은 6개의 중요한 〈네/아니오〉의 의사결정마디가 식별되었다.

(1) 임상 전단계의 개발을 할 것인가?
(2) 인체에 대한 테스트를 할 것인가?
(3) 제3단계의 개발을 진행할 것인가?
(4) 제4단계의 개발을 진행할 것인가?
(5) 식품의약품안전청에 인가신청을 할 것인가?
(6) 신약을 시장에 공급할 것인가?

또한 영향도분석을 통해 50개의 기회마디들이 식별되었다. 이 기회마디들은 인건비, 개발비, 시장점유율, 세금, 판매가격 등에 관련된 불확실성이 어떠한 영향을 미치는지를 보여 준다. 의사결정기준으로는 이 전체 과제의 현재가치의 기댓값이 사용되었다.

개발의 각 과정에서 발생하는 기술적인 위험과 시장에서의 위험에 관련되어 확률값들이 추정되었다. 그 결과 나온 의사결정나무는 1,955개의 가능한 경로를 보여 주고 있다. 경비, 성과치, 확률값에 대한 추정을 통해 이 전체 과제의 가능한 기여도가 평가되었다. 신약개발 과정에서 개발팀이나 경영진에서 특히 신경을 써야 하는 주요 변수들에 대해서는 민감도 분석이 수행되었다. 이러한 의사결정 분석을 통해 BP사는 신약을 개발할지 및 판매할지에 대한 좋은 의사결정을 할 수 있었다.

응용사례 2 :: OPC 전력회사의 송전시스템 투자의사결정 사례

미국의 OPC(Oglethorpe Power Corporation)사는 조지아주에서 여러 기업들에게 대용량의 전력을 판매하는 회사다. 플로리다에 있는 FPC(Florida Power Corporation)사는 OPC에게 조지아에서 플로리다로 보내는 대규모 송전선 구축사업에 참여할 것을 제안하였다. 이 사업에 참여하는 경우 OPC로서는 상당한 규모의 투자를 해야 하기 때문에 이 결정은 OPC에게 매우 중요한 결정이었다. OPC는 의사결정 자문회사인 ADAI(Applied Decision Analysis, Inc.)사에 이 의사결정을 의뢰하기로 하였다.

문제 정립 단계에서 다음과 같은 3개의 중요 의사결정이 식별되었다.

(1) 조지아에서 플로리다로 새로운 송전선을 건설할 것인가?
(2) 기존의 송전선을 업그레이드 할 것인가?
(3) 새로운 설비를 누가 관리할 것인가?

그리고 OPC는 건설비, 경쟁, 플로리다의 전력 수요, OPC의 소유지분, 가격 등의 다섯 가지의 기회마디에 직면하게 된다는 것이 식별되었다. 이 문제의 의사결정나무는 시작 마디에서 최종 마디까지 이르는 경로가 총 8,000개에 달하였다.

의사결정나무에 대한 기댓값 분석을 통해 OPC의 최적의사결정 전략을 구할 수 있었다. 그러나 최적의사결정에 대한 위험분석결과는 추천된 전략이 매우 높은 위험도를 가지고 있으며, OPC에게 높은 비용부담을 제공할 가능성이 있다는 것을 보여주고 있다. 이러한 위험 분석은 OPC의 위험부담을 줄이기 위한 추가적인 정보수집이 필요하다는 결론을 제공하고 있다. 여러 가지 확률이나 성과치에 관한 민감도 분석은 최적의사결정 전략의 기대치가 어느 정도의 범위 안에서 안정적이라는 것으로 보여주었다. 의사결정 분석의 최종 제안은 OPC가 새로운 전송선의 건설에 관해 FPC와 협의를 시작하라는 것이었다.

제9장_ 연습문제 A(상세 해답 포함)

1 다음에 있는 의사결정자가 위험에 대해 어떤 태도를 갖고 있는지 설명하시오.

(가) K씨는 100만 원짜리 복권이 있는데 당선될 확률은 20%이다. K씨는 이 복권을 현금 10만 원을 받고 팔았다.

(나) Y씨는 당선될 확률이 1%인 100만 원짜리 복권을 2만 원을 주고 구입하였다.

(다) Z씨는 당선될 확률이 1%인 100만 원짜리 복권을 구입하라는 권유를 받고 그 값이 1만 원 미만이면 구입하고 1만 원 이상이면 안사겠다고 대답하였다.

(가) 현금 10만 원을 기댓값이 20만 원인 불확실한 복권보다 선호. 따라서 위험기피자이다.

(나) 기댓값이 1만 원인 복권을 현금 2만 원보다 선호. 따라서 위험선호자이다.

(다) 기댓값이 1만 원인 복권을 현금 1만 원과 동일하게 평가. 위험중립자이다.

2 K기업은 보유하고 있는 현금을 금융시장에 투자하려 생각하고 자료를 수집해 본 결과 이익을 나타내는 성과표를 다음과 같이 작성하였다. (단위: 억원)

대안 \ 실제상황	S_1(경제침체)	S_2(경제보합)	S_3(경제호조)
A_1(예금)	10	10	10
A_2(채권)	5	20	25
A_3(증권)	−10	15	50

K기업 사장이 다음과 같은 의사결정자라고 할 때의 적절한 의사결정을 각각 구하시오.

(가) 낙관적인 의사결정자.

(나) 비관적인 의사결정자.

(다) $\alpha = 0.5$ 인 후르비쯔기준.

(라) 쌔비지기준

(마) 라플라스기준

(가) 예금의 경우 10억, 채권의 경우 25억, 증권의 경우 50억. 따라서 증권 선택.

(나) 예금의 경우 10억, 채권의 경우 5억, 증권의 경우 −10억. 따라서 예금 선택.

(다) 예금: $0.5 \cdot 10 + 0.5 \cdot 10 = 10$ (억원)

채권: $0.5 \cdot 25 + 0.5 \cdot 5 = 15$ (억원)

증권: $0.5 \cdot 50 + 0.5 \cdot (-10) = 20$ (억원)

따라서 증권 선택.

(라) 기회손실비용표

대안 \ 실제상황	S_1 (경제침체)	S_2 (경제보합)	S_3 (경제호조)
A_1 (예금)	0	10	40
A_2 (채권)	5	0	25
A_3 (증권)	20	5	0

[최대 기회손실비용] 예금: 40 (억원)

채권: 25 (억원)

증권: 20 (억원)

의사결정: 증권 선택.

(마) [평균값] 예금: $\dfrac{10 + 10 + 10}{3} = 10$ (억원)

채권: $\dfrac{5 + 20 + 25}{3} = 16.7$ (억원)

증권: $\dfrac{-10 + 15 + 50}{3} = 18.3$ (억원)

의사결정: 증권 선택.

3 한 석유회사는 근해의 시추권리를 획득하기 위한 입찰에 대해 의사결정을 하려고 한다. 비슷한 성격의 다른 지역에서의 경험에 따르면, 석유회사의 경영자는 다음 표와 같은 3가지 가능성이 있다고 생각하고 있다.

상 황	확률
1. 시추와 생산비용을 회수할 수 없을 정도로 석유가 불충분한 경우 (총손해액 \$250,000,000)	0.40
2. 총석유생산량이 5천만 배럴이 되는 경우	0.50
3. 총석유생산량이 1억 배럴이 되는 경우	0.10

상황 2, 3의 경우에는 그 지역의 총 시추 및 생산비용은 10억 달러가 될 것으로 추정된다. 현재의 석유가격은 배럴당 \$110이다. 경영자는 석유 시추권을 획득하기 위하여 입찰을 할 것인지 아닌지 또한 입찰가격은 얼마로 할 것인지를 분석해야 한다. 경쟁회사

가 얼마에 입찰할 것인가에 대한 가정을 토대로 하여 배럴당 $20, $30 및 $40의 입찰가격 중 결정하려 하고 있다. 각 입찰가에 대하여 경쟁사를 이길 확률에 대한 경영자의 주관적 확률이 다음에 요약되어 있다.

입찰가($)	경쟁회사를 이길 확률
20	0.10
30	0.30
40	0.60

(가) 의사결정나무를 그리고 적절히 이름을 붙이시오.

(나) 의사결정나무를 평가하시오.

(다) 최적전략은 무엇이며 석유회사 시추권문제의 기대화폐가치는 얼마인가?

(가)와 (나)

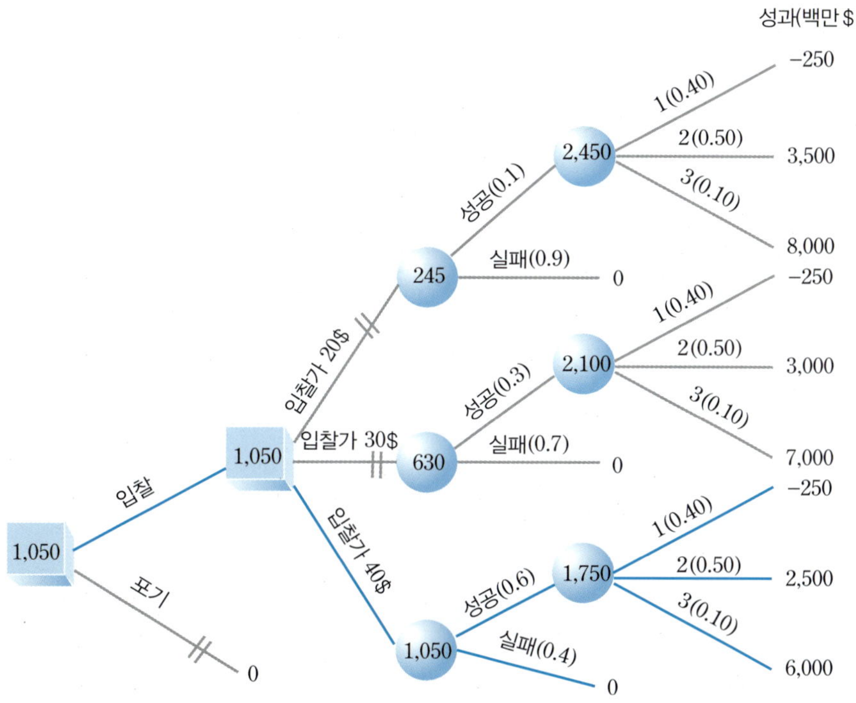

(다) 40달러에 응찰. 기대화폐가치 = 10억 5,000만 달러

4 에이스건설회사는 한 국립대학에 조명시설을 갖춘 40개의 테니스코트 건설에 대한 비공개입찰을 하도록 요청받았다. 건설비는 코트당 1,000만 원의 비용이 들며 입찰에 소

요되는 총경비는 500만 원이다. 이 회사는 5개의 입찰액을 고려 중에 있으며 과거의 경험에 따르면 각각 이 입찰에서 이길 수 있는 주관적인 확률을 다음 표와 같이 추정하고 있다.

입찰 대안	입찰 총액	입찰에서 이길 확률
1	비용 + 5%	0.9
2	비용 + 10%	0.75
3	비용 + 15%	0.6
4	비용 + 20%	0.4
5	비용 + 25%	0.1

(가) 이 문제에 대한 의사결정나무를 그리시오.

(나) 에이스건설회사가 기대화폐가치를 최대로 하기를 원한다고 가정하면 어떤 금액을 입찰하겠는가?

(가)

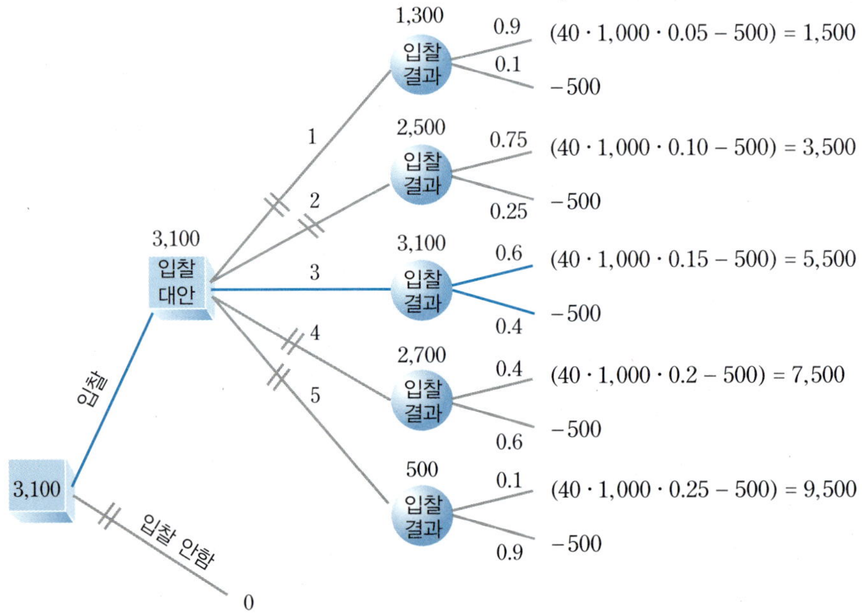

(나) 입찰하되 대안 3번으로 한다.

5 S항공은 서울에서 제주도까지 정기적으로 화물을 수송하고 있다. 왕복 비행시간은 날씨에 따라 크게 좌우되는데, 지난 몇 년간의 통계에 의하면 평균 3시간 20분이 소요된

다. 만일 S항공에서 그 날의 날씨를 정확히 예측할 수 있다면 적절한 기종선택과 운항 계획의 변경으로 왕복 비행시간을 2시간 30분으로 단축할 수 있는 것으로 추정된다. 불필요한 비행시간은 한 시간당 약 100만 원의 비용으로 평가하고 있다. 정확한 일기예보를 위해서 S항공이 얼마까지 지불할 수 있겠는가?

정확한 일기예보를 얻을 수 있다면 평균 50분을 단축할 수 있다. 따라서 $100 \cdot \frac{50}{60} = 83.3$만 원을 절감할 수 있다. 한 번 운행당 약 83.3만 원까지 지불 가능하다.

6 3가지의 실제상황 S_1, S_2, S_3이 가능하며 표본정보의 결과는 I_1, I_2 등 두 가지가 가능한 의사결정문제에서 사전적 확률과 조건부 확률이 다음과 같이 주어져 있다.

$P(S_1) = 0.3,\quad P(S_2) = 0.4,\quad P(S_3) = 0.3,$

$P(I_1|S_1) = 0.4,\quad P(I_1|S_2) = 0.2,\quad P(I_1|S_3) = 0.2,$

$P(I_2|S_1) = 0.6,\quad P(I_2|S_2) = 0.8,\quad P(I_2|S_3) = 0.8.$

사후적 확률 $P(S_i|I_j),\quad i = 1, 2, 3,\quad j = 1, 2$ 를 구하시오.

$P(I_1 \text{ and } S_1) = P(I_1|S_1)P(S_1) = 0.4 \cdot 0.3 = 0.12$

$P(I_1 \text{ and } S_2) = P(I_1|S_2)P(S_2) = 0.2 \cdot 0.4 = 0.08$

$P(I_1 \text{ and } S_3) = P(I_1|S_3)P(S_3) = 0.2 \cdot 0.3 = 0.06$

$P(I_2 \text{ and } S_1) = P(I_2|S_1)P(S_1) = 0.6 \cdot 0.3 = 0.18$

$P(I_2 \text{ and } S_2) = P(I_2|S_2)P(S_2) = 0.8 \cdot 0.4 = 0.32$

$P(I_2 \text{ and } S_3) = P(I_2|S_3)P(S_3) = 0.8 \cdot 0.3 = 0.24$

$P(I_1) = P(I_1 \text{ and } S_1) + P(I_1 \text{ and } S_2) + P(I_1 \text{ and } S_3) = 0.12 + 0.08 + 0.06 = 0.26$

$P(I_2) = P(I_2 \text{ and } S_1) + P(I_2 \text{ and } S_2) + P(I_2 \text{ and } S_3) = 0.18 + 0.32 + 0.24 = 0.74$

$$P(S_1|I_1) = \frac{P(S_1 \text{ and } I_1)}{P(I_1)} = \frac{0.12}{0.26} = 0.462$$

$$P(S_2|I_1) = \frac{P(S_2 \text{ and } I_1)}{P(I_1)} = \frac{0.08}{0.26} = 0.308$$

$$P(S_3|I_1) = \frac{P(S_3 \text{ and } I_1)}{P(I_1)} = \frac{0.06}{0.26} = 0.230$$

$$P(S_1|I_2) = \frac{P(S_1 \text{ and } I_2)}{P(I_2)} = \frac{0.18}{0.74} = 0.243$$

$$P(S_2|I_2) = \frac{P(S_2 \text{ and } I_2)}{P(I_2)} = \frac{0.32}{0.74} = 0.433$$

$$P(S_3|I_2) = \frac{P(S_3 \text{ and } I_2)}{P(I_2)} = \frac{0.24}{0.74} = 0.324$$

7 대학에 다니는 K양은 10주간이 되는 겨울방학 동안 아르바이트를 할 예정이다. 백화점에서 아르바이트 여대생을 모집하는데 이에 대한 합격 여부는 방학이 시작되고 난 2주 후에 발표되며, 합격이 되면 나머지 8주 동안 1주일에 20만 원씩 받는다. 반면에 모음 식점에는 언제든지 나가서 일할 수 있으나 일단 나가면 방학이 끝날 때까지 일해야 한다. 이 음식점에서의 수입은 음식점의 매출액과 관계가 있어서 확실치 않다. 그러나 지배인과 이야기하고 난 후에 45%의 확률로 주당 16만 원, 40%의 확률로 주당 12만 원, 그리고 15%의 확률로 주당 24만 원을 벌 수 있는 것으로 판단되었다. 백화점 합격에 대해서는 70%의 주관적 확률을 갖고 있다.

(가) K양의 문제를 의사결정분석기법으로 분석하시오.

(나) K양의 친구 L군은 이 백화점의 경영부서에서 일하고 있는데 K양의 합격 여부를 2주일 전에 미리 알려줄 수 있다고 하였다. 그 대신 적당한 금액을 요구하였다. K양이 L군에게 지불할 수 있는 금액은 얼마인가?

(다) K양은 그러나 L군이 정확히 합격 여부를 미리 알 수 있다는 것에 대하여 회의적이며 뿐만 아니라 L군의 정직성에 대해서도 충분한 신뢰를 할 수가 없었다. 그래서 K양은 L군의 정보가 단지 90%의 확률로 맞으며 10%의 확률로 틀린다고 판단하고 있다. 즉, 합격일 때 합격이라고 알려줄 확률 및 불합격일 때 불합격이라 알려줄 확률이 90%이다. 이때 K양이 L군에게 지불할 수 있는 최대의 금액은 얼마인가?

(가)

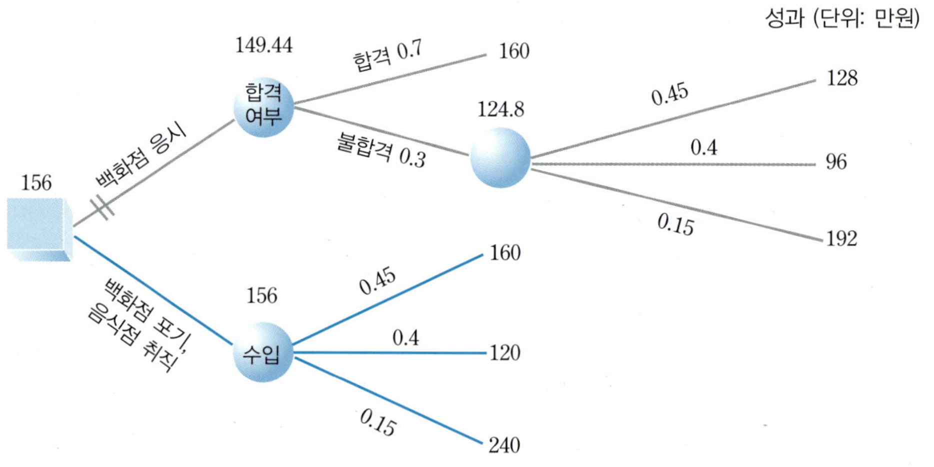

음식점에 취직하는 것이 최적이다.

(나) 정보 구입 시:

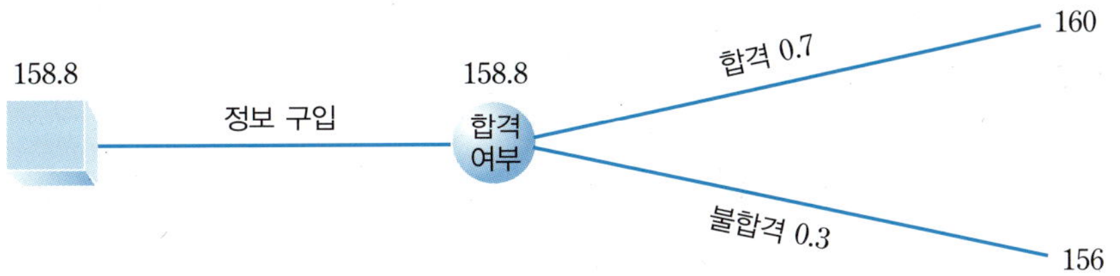

$EVPI = 158.8 - 156$ (만원) = 28,000원

따라서 28,000원까지는 지불할 수 있다.

(다) S_1: 합격, S_2: 불합격

I_1: 합격이라고 통보, I_2: 불합격이라고 통보.

사전적 확률 :

$P(S_1) = 0.7, \quad P(S_2) = 0.3$

$P(I_1 | S_1) = 0.9, \quad P(I_2 | S_1) = 0.1$

$P(I_1 | S_2) = 0.1, \quad P(I_2 | S_2) = 0.9$

사후적 확률 계산 :

$P(I_1 \text{ and } S_1) = 0.9 \cdot 0.7 = 0.63$

$P(I_1 \text{ and } S_2) = 0.1 \cdot 0.3 = 0.03$

$P(I_2 \text{ and } S_1) = 0.1 \cdot 0.7 = 0.07$

$P(I_2 \text{ and } S_2) = 0.9 \cdot 0.3 = 0.27$

$P(I_1) = 0.63 + 0.03 = 0.66$

$P(I_2) = 0.07 + 0.27 = 0.34$

$P(S_1 | I_1) = \dfrac{0.63}{0.66} = 0.9545$

$P(S_2 | I_1) = \dfrac{0.03}{0.66} = 0.0455$

$P(S_1 | I_2) = \dfrac{0.07}{0.34} = 0.2059$

$P(S_2 | I_2) = \dfrac{0.27}{0.34} = 0.7941$

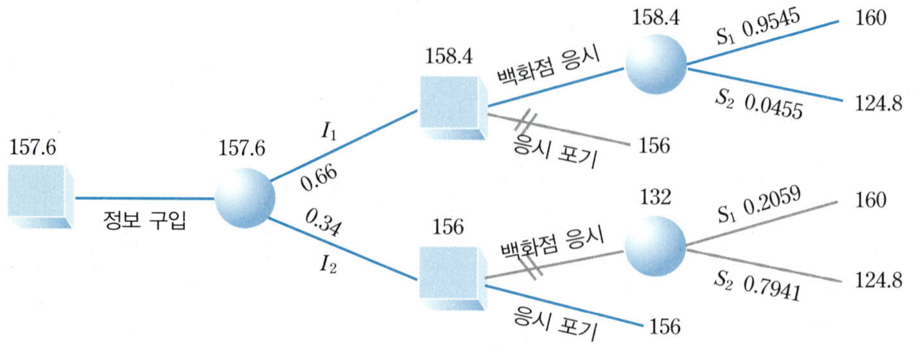

$EVSI = 157.6 - 156$(만원) = 16,000원이다.

따라서 16,000원까지는 지불할 수 있다.

8 한 경영자는 다음과 같은 의사결정문제를 갖고 있다.

(이익: 억원)

대안 \ 실제상황	S_1	S_2	S_3	S_4
A_1	2	−1	−2	−4
A_2	6	2	0	−1
A_3	10	6	2	−5

(가) $P(S_1) = P(S_2) = P(S_3) = P(S_4) = 0.25$일 때 이 경영자가 위험에 대해 중립이라고 가정한 최적의 의사결정을 구하시오.

(나) 10억 원의 효용가치를 100, −5억 원의 효용가치를 0이라고 할 때 이 경영자의 효용성과표를 구하시오.

그러나 실제로 이 경영자가 갖고 있는 위험에 대한 태도를 분석해 보기 위해 p의 확률로 10억 원을 벌고 $(1-p)$의 확률로 5억 원을 잃는 단순게임에 대하여 이 경영자의 현금가치를 분석해 본 결과 다음을 얻었다.

현금가치(억원)	10	6	2	0	−1	−2	−4	−5
확률	1	0.5	0.22	0.15	0.12	0.09	0.03	0

(다) $P(S_1) = P(S_2) = P(S_3) = P(S_4) = 0.25$일 때 이 경영자의 최적의사결정을 구하시오.

(가) A_1: $0.25 \cdot 2 + 0.25 \cdot (-1) + 0.25 \cdot (-2) + 0.25 \cdot (-4) = -1.25$ (억원)

A_2: 1.75 (억원)

A_3: 3.25 (억원)

최적선택: A_3

(나)

대안 \ 실제상황	S_1	S_2	S_3	S_4
A_1	22	12	9	3
A_2	50	22	15	12
A_3	100	50	22	0

(다) A_1: $0.25 \cdot 22 + 0.25 \cdot 12 + 0.25 \cdot 9 + 0.25 = 11.5$

A_2: 24.75

A_3: 43

최적선택: A_3

제9장_ 연습문제 B

1 K씨는 집에서 직장까지 자가용으로 출퇴근하고 있는데 고속도로로 가는 경우 시간이 단축되지만 고속도로의 교통량이 많을 때에는 오히려 일반도로로 가는 것이 더 빠르다. 오랜 경험에 의해 K씨는 출근시간에 관해 다음과 같은 데이터를 얻었다.

대안 \ 실제상황	S_1 (고속도로에 교통량이 적음)	S_2 (고속도로에 교통량이 많음)
A_1(고속도로 선택)	10분	40분
A_2(일반도로 선택)	20분	20분

(가) 만일 K씨가 낙관적인 사람이라면 어느 도로를 선택하겠는가?

(나) K씨가 비관적인 사람이라면 어떤가?

2 K기업의 사장은 신제품의 가격을 결정하려 하고 있다. 각 가격에 따른 이익은 시장의 수요구조가 어떠한가에 따라 다른데 순이익을 나타내는 이 문제의 성과표가 다음과 같이 주어져 있다. (단위: 억원)

대안 \ 실제상황	S_1(저수요)	S_2(중수요)	S_3(고수요)
A_1(높은 가격)	0	2	10
A_2(낮은 가격)	1	3	5

K기업 마케팅연구부에서는 각 실제상황이 벌어질 확률을 각각 $P(S_1) = 0.1$, $P(S_2) = 0.7$, $P(S_3) = 0.2$로 평가했다. 이 회사의 사장은 일어날 가능성이 가장 높은 상황이 실제로 일어난다고 생각하여 이익이 최대가 되는 대안을 선택하는 의사결정 과정을 가진 사람이다. 이 회사는 어느 대안을 선택하게 되는가?

3 다음 의사결정나무에서 다음 각각의 기준에 따른 의사결정을 구하시오.

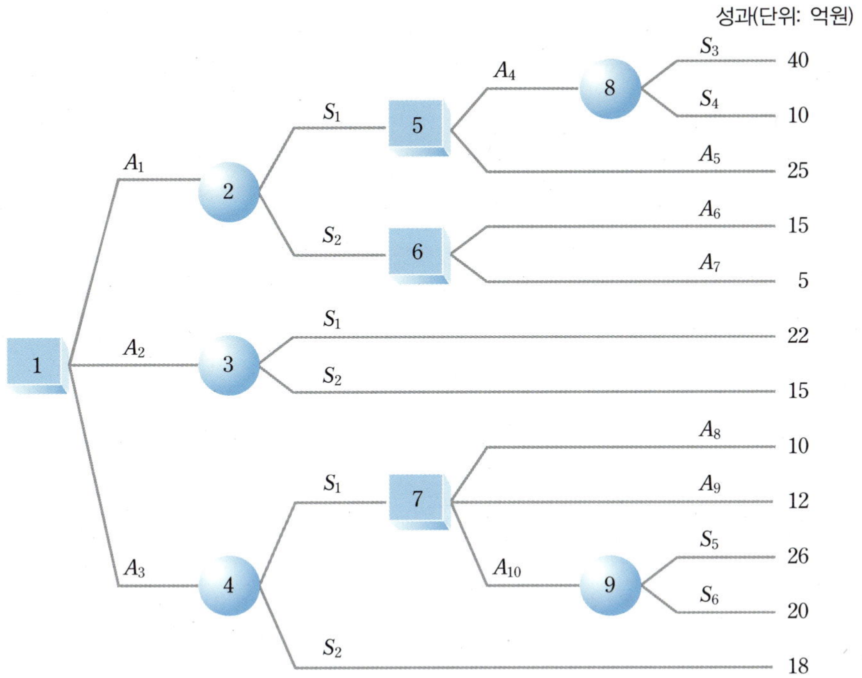

(가) 낙관적 의사결정.

(나) 비관적 의사결정.

(다) $\alpha = 0.5$ 인 후르비쯔기준

4 어떤 지방의 운동구점 주인은 만약 축구시즌이 시작되는 4월 31일 이전에 축구공을 산다면 싼 가격에 살 수 있어서 이때에는 한 개당 100,000원에 살 수 있으나, 축구시즌 동안에 산다면 120,000원을 내야 한다. 만약 재고과잉이 되어 축구시즌이 끝난 후에 팔아야 한다면 한 개당 80,000원에 팔아야 할 것이다. 현재 축구공의 소매가격은 180,000원이며 수요는 다음 표와 같이 주어져 있다.

수요(다스)	확 률
2	0.25
3	0.30
4	0.30
5	0.15

(가) 의사결정나무를 그리고 적절히 이름을 붙이시오.

(나) 4월 31일 이전에 축구공을 얼마나 주문하겠는가?

5 다음과 같은 의사결정상황이 있다. 이 표에 있는 수치는 이익(단위: 억원)을 나타낸다.

대안 \ 실제상황	S_1	S_2
A_1	2	−1
A_2	−3	6

각 실제상황이 일어날 주관적 확률은 $P(S_1) = 0.6$, $P(S_2) = 0.4$로 평가되었다.

(가) 이 확률을 이용하여 최적선택을 구하시오.

(나) 실제상황에 대한 완전정보가 있을 때의 기대이익은 얼마인가?

(다) EVPI를 구하시오.

6 S정유의 연구개발팀은 새로운 엔진윤활유를 개발하고 이의 시판을 고려 중에 있다. 이를 시장에 내 놓았을 때 호평을 받는다면 연간 200억 원의 이익, 무난하다는 평을 받는다면 연간 10억 원의 이익, 악평을 받는다면 연간 150억 원의 손실을 볼 것으로 평가된다. 연구팀과 경영진의 주관적 평가에 의하면 이 제품이 호평을 받을 확률은 약 20%, 악평을 받을 확률은 약 10%로 간주된다. 이 문제의 중요성을 심각히 깨달은 경영진은 관련 연구소에 의뢰하여 시장조사를 통해 좀 더 정확한 정보를 수집하기로 하였다. 이 연구소의 연구결과는 시장성 양호와 시장성 불량 등 두 가지 중 하나인데 이 연구소의 실적에 관한 과거의 통계에 의할 때 신제품이 실제로 호평을 받는 경우 시장성 양호라는 평가를 내렸던 경우가 90%, 신제품이 무난한 평을 받는 경우 시장성양호라는 평가를 내렸던 경우가 40%, 그리고 신제품이 악평을 받는 경우 시장성 불량이라는 평가를 내렸던 경우가 80%이었다.

(가) 정보를 구입하지 않을 경우의 최적의사결정과 기대성과를 구하시오.

(나) 정보를 구입할 때의 최적의사결정과 기대성과를 구하시오.

(다) 이 연구소가 제공하는 정보의 EVSI는 얼마인가?

7 확률 p로 100만 원을 벌고 확률 $(1-p)$로 0원을 버는 단순게임에 대하여 박 씨는 다음과 같이 확률값에 대한 현금가치를 표현하였다.

(단위: 억원)

확률	0.95	0.80	0.50	0.25
현금가치	80만	60만	40만	20만

100만 원의 효용가치를 100, 0원의 효용가치를 0으로 잡을 때 현금 80만, 60만, 40만, 20만 원의 효용가치를 구하시오.

8 확률 p로 100만 원을 벌고 확률 $(1-p)$로 0원을 버는 단순게임에 대하여 김, 이, 박 세 사람은 다음과 같이 각 확률값에 대한 현금가치를 표현하였다.

확률	0.9	0.6	0.3	0.1
김 군 현금가치	92	72	44	17
이 군 현금가치	88	51	20	5
박 군 현금가치	90	60	30	10

(가) 100만 원의 효용가치를 100, 0원의 효용가치를 0이라고 할 때 각 사람의 효용가치를 그래프로 표현하시오.

(나) 각 사람의 위험에 대한 태도가 어떠한가?

제 10 장 게임이론 - 순수전략해

1. 서론

지금까지 우리는 한 명의 의사결정자가 있는 다양한 의사결정문제들을 다루어 왔다. 선형최적화 방법에서 의사결정자는 한 명이었으며, 다기준 의사결정에서는 한 명의 의사결정자가 가지고 있는 여러 개의 의사결정기준을 다루었으며, 불확실한 의사결정에서도 의사결정자는 한 명이었다. 그러나 이 사회에서 일어나고 있는 대부분의 현실적인 문제들에 있어서는 관심의 대상이 되는 의사결정자 이외에도 여러 명의 의사결정자가 존재하여 한 의사결정자의 의사결정의 결과는 이 여러 명의 의사결정자의 개별적인 의사결정들의 종합적인 결과에 의하여 결정되게 되는 경우가 많이 있다. 이러한 상태에서의 의사결정을 적절히 하기 위해서는 의사결정자는 자신의 결정뿐 아니라 상대방의 결정이 무엇이 될 것인가에 관심을 갖지 않을 수 없게 된다. 이러한 상황의 문제를 다루는 의사결정학의 한 분야가 게임이론(Game Theory)이다.

최근 우리의 경제환경은 게임이론적인 환경으로 급속히 바뀌어 가고 있다. 우리는 그 동안 모든 경제학 교과서를 통하여 신고전파 경제학을 공부하고 신봉해 왔다. 신고전파 경제학에서는 한 재화나 서비스를 소비하는 소비자가 많고 또 이를 생산하는 소규모의 공급자가 많아서 각 소비자나 공급자의 행동 하나 하나는 서로에게 직접적인 영향을 미치지 않는다는 '완전시장'을 중심으로 이론이 형성되어 있다. 이러한 완전시장 이론에서는 개별 소비자나 공급자는 타인과의 직접적인 상호작용을 고려할 필요 없이 이들 전체가 형성하는 시장의 조건 하에서 또는 시장가격 하에서 자신의 의사결정만 고려하면 된다. 그리고 각 소비자와 각 생산자의 이러한 의사결정들의 총합은 시장 전체에서 모든 자원들이 가장 효율적으로 활용되게 되는 긍정적인 결과를 얻게 된다는 것이 신고전파 경제학의 주된 내용이다.

그러나 최근 들어 인공지능과 로봇 기술이 발전함에 따라 한 기업의 제품 생산 규모는 거대한 규모로 커지고 있다. 또한 인터넷, 모바일 등의 IT혁명이 진행됨에 따라 기업들은 더욱더 글로벌화 되고 있으며, 전 세계는 단일시장으로 변하고 있다. 그리고 이 시장은 승자에 속하는 몇 개 기업이 전 세계의 시장을 나누어 가지는 상황으로 변해 가고 있다. 이러한 상황에서는 완전시장을 가정하는 신고전파 경제학이 적용되기 어렵고, 소수의 기업이나 소수의 구매자집단이 시장을 통하지 않고 직접적으로 서로 상호작용하며 서로 전략적 사고를 펼치며 행동을 결정하게 된다. 이러한 상황은 기존의 신고전파 경제학으로 분석하기 어렵다. 게임이론은 이러한 상황에서 기업들의 경제적이고 전략적인 행동에 관한 이론을 제공할 수 있다. 게임이론은 사람들 간에 상호작용이 존재하는 상황에서 앞으로 어떤 결과가 나타날지 체계적으로 예측하기 위해 개발된 이론이며 이러한 게임이론을 통해 사회적으로 바람직한 결과가 나타날 수 있도록 사회환경을 디자인하는 데 이용될 수 있다.

만일 당신이 경쟁적인 상황에 놓여 있다면 당신은 게임상황에 있는 것이다. 독과점 업체들의 시장점유경쟁, 경쟁회사 간의 판매촉진전략, 한국과 미국 간의 무역마찰문제, 남한과 북한 간의 전투력경쟁, 적대국 간의 첩보전, 첨단제품개발경쟁, 강대국들의 핵무기 축소문제, 운동경기에서의 전략선택문제 등은 모두 게임문제의 범위에 포함된다. 게임이론은 이렇게 매우 현실적인 문제들을 대상으로 하고 있으며 게임이론의 적용범위는 정치, 경제, 경영, 사회, 스포츠 등 실로 광범위하다.

그러나 사람이란 물질과 달리 언제든지 자신의 생각을 바꿀 수 있기 때문에 이러한 다양한 사회적 문제들을 수식이나 컴퓨터로 풀어서 해를 구할 수 있는 일반적인 게임이론은 개발되어 있지 않으며 또한 앞으로도 개발되기는 어려울 것으로 보인다. 예를 들어, 남녀 간의 삼각관계도 게임문제로 볼 수 있을 것이지만 이러한 문제들을 수식이나 컴퓨터로 풀어서 앞으로 어떻게 전개될 것인지 미리 알 수 있기는 어려울 것이다. 첨예하게 대립되어 있는 정치적 이슈에 대해 게임이론을 적용하여 앞으로 어떻게 전개될지 미리 알 수 있다는 것이 과연 가능할까? 그러나 지난 수십 년 동안 게임이론에는 많은 발전이 있었고 이 이론은 다양한 정치, 사회, 경제문제들을 적절히 해석하는 데 큰 기여를 하고 있다.

여러 가지 게임문제들 중에 게임 참여자의 수가 단 2명인 2인게임(Two-person Game)의 경우에는 게임이론이 잘 개발되어 있으며 이를 이용하여 많은 실제적인 문제들을 적절히 해석할 수 있다. 반면에 게임에 참여하는 의사결정자의 수가 3인 이상이면 이 중에 일부가 서로 연합을 시도할 수 있기 때문에 문제는 매우 복잡해진다. 정치인들이 정당을 결성하고, 지구상의 국가들이 군사적 동맹관계를 구축하거나 경제적 연합체를 구축하는 것이 이러한 연합에 속한다.

본서에서는 2인게임에 대해서만 주로 논의한다. 2인 게임이론으로도 많은 사회적, 경영적 이슈들을 적절히 해석할 수 있다. 10장에서는 먼저 게임에 참여하는 두 사람이 새로운 부가가치를 창출하지는 않고 서로 상대방의 것을 빼앗아 온 만큼 자신의 이익을 늘릴 수 있는 2인제로섬 게임(Two-person Zero-sum Game)을 알아본다. 자본주의경제가 발전하기 전 중세시대에 사람들은 부의 총량은 한정되어 있으며 앞으로 늘어날 것이라는 생각을 하지 못했다. 경제적 성장이 없는 이 당시 모든 사업은 제로섬 게임처럼 보였다. 한 포목점의 이익이 늘어날 수는 있지만 그것은 옆에 있는 포목점의 매출감소를 통해서 가능했다. 한 도시국가가 번영할 수는 있었지만 이는 옆의 다른 도시국가의 몰락을 통해서 가능했다. 파이를 자르는 방법은 다양하지만 파이를 더 크게 만드는 방법을 생각하지는 못했다. 당시 대부분의 지역사회에서는 돈을 버는 것이 다른 사람의 돈을 뺏어 오는 것이라고 보았기 때문에 돈을 버는 것을 죄악시 했다. 이렇게 성장이 거의 없는 사회가 천 년간 지속되었으며 이 당시 돈을 버는 것은 주로 제로섬 게임을 통해서 이루어졌다. 우리는 이러한 제로섬 게임에 대해 10장 초반에 다룰 것이다.

르네상스 시대가 도래 하면서 과학기술과 진보라는 개념이 도입되었다. 이는 우리가 노력하면 부의 총량을 늘릴 수 있다는 인식으로 발전하였다. 신상품을 개발하여 기존의 다른 가게와 함께 총매출을 늘리는 것이 가능하다는 것을 깨달은 것이다. 상대방을 가난하게 만들지 않고서도 나는 부자가 될 수 있었다. 기술발전과 진보를 통해 지구상의 파이 전체를 늘릴 수 있다는 개념이 자리 잡게 되었다. 1776년 애덤 스미스는 〈국부론〉에서 경제를 '윈-윈' 상황으로 생각하여야 한다고 주장하였다. 나의 이익이 곧 너의 이익이기도 하다는 것이다. 스미스는 제로섬 게임식 경제 개념을 벗어나야 하며 사람들은 남의 것을 빼앗아서 부자가 되는 것이 아니라 전체 파이를 늘림으로써 부자가 될 수 있다고 주장했다. 마침내 현대의 사회는 비제로섬(non-zero-sum) 시대가 된 것이다. 10장 후반에는 이러한 비제로섬 게임에 대해 다룬다.

게임이론은 폰 노이만(John von Neuman)과 오스카 모르겐슈테른(O. Morgenstern)이 1940년대에 〈게임과 경제행동의 이론〉이라는 제목의 책을 공저하면서 시작되었는데 여기서는 2인제로섬 게임을 주로 다루었다. 후에 존 내시(John F. Nash)는 2인비제로섬 게임에 균형의 개념을 적용하였고 내시는 이 공로로 1994년 노벨경제학상을 수상하였다.

2. 우월전략해

다음의 예제를 생각해 보자.

예제 10-1

다음 달 회사 측과 임금인상문제를 타결하려 하고 있는 A자동차 노동조합은 강경노선, 온건노선 및 굴복적 노선 등 세 가지 입장 중에서 한 가지를 선택하여야 할 상황에 놓여 있다. 반면 경영진에서는 노동조합의 임금인상추진에 대하여 초강경대응, 강경대응, 유연대응 및 수용적 대응 등 네 가지 대응자세 중에서 어떻게 대응할 것인가를 결정하여야 할 상황에 있다. 노조 및 경영진의 노선 및 대응자세 선택에 따른 임금인상결과는 과거의 경험에 따르면 다음과 같이 주어지는 것으로 판단된다.

첫째, 노조가 강경노선을 취하는 경우 경영진이 초강경대응, 강경대응, 유연대응 및 수용적 대응의 자세를 각각 선택하면 임금인상액은 각각 6%, 5%, 4% 및 7%가 된다. 둘째, 노조가 온건노선을 취하는 경우 경영진이 초강경대응, 강경대응, 유연대응 및 수용적 대응의 자세를 각각 선택하면 임금인상액은 각각 7%, 6%, 5% 및 10%가 된다. 셋째, 노조가 굴복적 노선을 취하는 경우 경영진이 초강경자세로 나오면 임금은 오히려 2% 정도 깎일 것이며, 강경자세로 나오면 임금은 현 상태로 유지될 것이다. 반면 경영진이 유연대응 및 수용적 자세로 나오면 임금은 각각 2% 및 3%가 인상될 것이다.

노동조합은 임금인상을 최대로 할 수 있는 노선선택을 원하고 있고, 경영진은 임금을 최대한 줄이는 대응자세를 원하고 있다.

이 문제 있어서 노동조합과 경영진은 서로 임금을 올리고 내리려는 상호경쟁적인 위치에 있다. 노동조합에게는 강경노선, 온건노선, 굴복적 노선 등 세 가지 노선이 있다. 반면 경영진에게는 초강경자세, 강경자세, 유연자세, 수용적 자세 등 네 가지 대응자세가 가능하다. 그리고 모든 가능한 각 경우의 임금인상 타결액을 정리하면 표 10.1과 같다. 각 행은 노동조합의 전략(Strategy)을 나타내고 각 열은 경영진의 전략을 나타낸다. 노동조합의 세 전략과 경영진의 네 전략으로 구분되어지는 12개의 칸에는 임금인상률이 적혀져 있다.

| 표 10.1 | [예제 10-1]의 임금인상액 (단위 : %)

노동조합 \ 경영진	초강경자세	강경자세	유연자세	수용적 자세
강경노선	6	5	4	7
온건노선	7	6	5	10
굴복적 노선	−2	0	2	3

먼저 이 문제에는 노동조합과 경영진이라는 두 이익집단이 있다. 이러한 의미에서 이 문제는 2인게임(Two-person Game)이다. 표 10.1의 각 칸에 있는 값은 임금인상액이다. 이 임금인상액은 노동조합의 소득이며 경영진의 지출이다. 따라서 이 문제는 제로섬 게임(Zero-sum Game)이다. 예를 들어서 노동조합이 '강경노선' 전략을 선택하고 경영진이 '초강경자세' 전략을 선택한다고 하자. 그러면 노동조합의 추가소득은 임금총액의 6%이며 경영진의 추가지출은 임금총액의 6%이다. 노동조합과 경영진 둘 다 소득을 기준으로 표시하면 노동조합의 추가소득은 임금총액의 6%이며, 경영진의 추가소득은 임금총액의 −6%이다. 따라서 노동조합의 추가소득과 경영진의 추가소득의 합은 0이 되어 두 이익집단의 소득의 합계는 0이 된다. 다른 경우에도 두 이익집단의 소득의 합계는 항상 0이 된다. 따라서 이 문제는 2인제로섬 게임(Two-person Zero-sum Game)으로서 상대방의 것을 빼앗아 와야만 자신의 이익을 늘릴 수 있는 상황의 게임문제이다. 제로섬 게임은 때로는 일정합 게임(Constant-sum Game)이라고도 부른다. 뒤에 나오는 [예제 11-1]에서 설명하듯이 두 플레이어의 이득의 합이 항상 일정한 일정합 게임은 쉽게 제로섬 게임으로 바꿀 수 있다. 반면에 두 이익집단의 이득의 합이 전략 선택에 따라 다양하게 달라질 수 있는 게임을 비제로섬 게임(Non-zero-sum Game)이라고 한다. 2인비제로섬 게임(Two-person Non-zero-sum Game)에 대해서는 본장 6절에서 다룬다.

이 문제에서 노동조합과 경영진은 각각 스스로 의사결정을 하는 주체다. 게임이론에서는 이 각각의 의사결정자를 플레이어(Player)라고 부른다. 게임이론은 주어진 게임상황에서 이 게임이 결국 어떻게 전개될지를 보여주고자 하는 것이며, 결국 앞으로 전개될 것으로 예상되는 상황이 이 게임의 해라고 할 수 있다.

다양한 게임문제에서 각 플레이어는 자신의 보수(報酬, Payoff)가 가장 커지는 결과를 원한다. 여기서 보수란 각 플레이어가 더 많아지기를 원하는 다양한 값들을 나타내는 일반적인 용어다. 보수는 이득, 소득, 매출, 성공확률 등 다양한 값이 될 수 있다. 일반적인 게임이론에서는 다음의 표 10.2와 같이 노동조합과 경영진의 보수를 같이 적은 표를 보수표(Payoff Table)라고 부른다. 이 표의 각 칸에 있는 괄호 안의 첫 번째 숫자는 노동조합의 보수이고 두 번째 숫자는 경영진의 보수이다. 노동조합과 경영진은 각자 자신의 보수가 커지는 결과를 원하고 있다.

| 표 10.2 | [예제 10-1]의 보수표 (단위 : %)

노동조합 \ 경영진	초강경자세	강경자세	유연자세	수용적 자세
강경노선	(6, −6)	(5, −5)	(4, −4)	(7, −7)
온건노선	(7, −7)	(6, −6)	(5, −5)	(10, −10)
굴복적 노선	(−2, 2)	(0, 0)	(2, −2)	(3, −3)

우리는 이 문제를 두 플레이어 양측의 입장에서 보아야 한다. 그리고 두 플레이어가 어떤 스타일의 사람들인지에 대해 알아야 이 게임이 어떻게 진행될지 분석할 수 있을 것이다. 먼저, 게임이론에서는 두 플레이어가 각각 합리적이고 이지적으로 행동한다고 가정한다. 여기서 합리적이란 자신의 보수가 가장 커지도록 자신의 전략을 선택한다는 의미이다. 그리고 플레이어가 이지적이라는 것은 자신이 가지고 있는 모든 정보를 활용하고 심사숙고하여 의사결정을 한다는 의미이다. 상대방은 어떻게 나올지, 상대방은 나에 대해 어떻게 예상할지에 대해 많은 생각을 한 후에 의사결정을 한다는 것이다. 이렇게 합리적이고 이지적인 행동은 불합리적이거나 비이지적인 행동보다 쉽게 예측할 수 있다. 변덕스러운 플레이어를 대상으로 한다면 게임의 결과는 경기자들의 그 당시의 기분에 따라 달라질 것이기 때문에 플레이어들이 불합리적이거나 비이지적이라면 게임에서 어떤 결과가 나올지 예측하기 어렵다.

두 플레이어들이 합리적이고 이지적이라 하더라도 두 플레이어가 서로 협조할 수도 있고 협조하지 않을 수도 있다. 그러나 이 문제와 같은 제로섬 게임에서는 두 플레이어들이 자신의 보수가 가장 커지도록 전략을 선택하는 합리적인 행동을 한다고 하면 이들은 서로 적대적이 될 수밖에 없다. 따라서 두 플레이어가 서로 협조하여 공동의 전략을 선택해서 얻게 되는 경우는 발생할 수 없다. 반면 본장 6절에서 다루는 비제로섬 게임에서는 두 플레이어들이 서로 협조할 수 있다.

두 플레이어가 합리적이고 이지적이라고 할 때에 주어진 게임상황은 결국 어떻게 진행될 것인가? 이에 대한 대답으로 게임이론에서는 내시균형(Nash equilibirum)을 제시하고 있다. 내시균형은 모든 게임문제에 적용할 수 있는 매우 일반적인 특성이며, 대부분의 게임문제에서 내시균형이 게임의 해로 인정된다. 내시균형 중에 특수한 경우로 우월전략해(Dominant Strategy Solution)가 있다. 우월전략해는 매우 단순한 개념이어서 이해하기 쉽지만 모든 문제에 존재하는 것은 아니며 특별한 문제에만 존재하기 때문에 일반성은 떨어지는 특성이다. 내시균형 이외에 게임의 해로 제시된 또 다른 해가 Maxmin해이다. Maxmin해는 2인제로섬 게임에만 가장 잘 적용될 수 있는 해이고 비제로섬 게임에서는 그 적절성이 인정되기 어려운 해이다. 내시균형과 Maxmin해는 서로 다른 특성이지만 2인제로섬 게임에서는 그 결과가 항상 동일하게 된다는 것이 증명되어 있다. 결과적으로 거의 모든 게임문제에서 내시균형이 가장 일반적이며 보편타당성을 가지는 해의 개념이라고 할 수 있다.

먼저, [예제 10-1]을 통해 간단한 우월전략해에 대해 알아보자. [예제 10-1]은 우월전략해를 가지도록 설계된 예제이다. 표 10.2의 보수표에서 노동조합의 '강경노선'과 '온건노선'을 비교해 보면 경영진이 어떠한 전략으로 나온다 하더라도 노동조합은 '온건노선'을 선택하는 것이 '강경노선'을 선택하는 것보다 항상 유리하다. 즉, '강경노선' 전략은 '온건노선' 전략에 비해 열등하다. 또는 '온건노선' 전략은 '강경노선' 전략에 비해 우월하다. 이렇게 상대방이 무슨 전략을 선택하든지에 상관없이 항상 최적인 전략을 우월전략이라고 한다. 이렇게 우월전략인 '온건노선'이 있는 경우 합리적이고 이지적인 플레이어인 노동조합은 열등전략 '강경노선'을 선택하지 않을 것이다. 마찬가지로 노동조합의 '굴복적 노선'도 '온건노선'에 비하여 열등전략이므로 제외시킬 수 있다.

이제 노동조합은 '온건노선'을 선택할 것이며 이것은 누구나 알 수 있는 사실이다. 그러므로 역시 합리적이고 이지적인 플레이어인 경영진은 노동조합이 '온건노선'을 선택할 것이라는 사실을 알 것이고 이 경우 자신에게 가장 보수가 높은 '유연자세' 전략을 선택함으로써 임금인상률을 5%로 억제하려 할 것이다. 이렇게 얻은 해를 우월전략해(Dominant Strategy Solution)라고 한다. 이 문제는 우월전략이 있는 특수한 문제이므로 열등한 전략을 제거하는 단순한 방법으로 이 게임문제의 해를 구할 수 있었다.

〈[예제 10-1]의 우월전략해〉
• 노동조합은 '온건노선' 선택
• 경영진은 '유연자세' 선택
• 임금인상률은 5%로 타결.

노동조합과 경영진이 합리적이고 이지적으로 이 게임상황에 임한다고 할 때 이들은 우월한 전략을 찾아서 의사결정을 할 것이기 때문에 이 게임상황이 이 우월전략해로 귀결될 것이라고 판단하는 데에는 큰 무리가 없다.

이 문제는 우월전략해가 존재하는 특별한 경우의 문제이기 때문에 이런 단순한 분석방법을 적용할 수 있었다. 하지만 이런 우월전략이 존재하지 않는 경우들이 더 일반적이다.

3. 내시균형

일반적으로는 앞에서 본 간단한 우월전략 분석이 통하지 않는다.

예제 10-2

한국 제1야당인 M정당의 대통령 후보 지명을 받기 위해 경선에 나선 김 씨와 이 씨는 투표일 전날 밤의 선거운동이 투표결과에 지대한 영향을 미친다고 판단, 이 날의 캠페인 전략을 어떻게 세울 것인가에 대하여 고심하고 있다. 김 씨는 이 날 밤의 캠페인으로 다음의 세 가지 전략을 생각하고 있다.

단합대회: 자파 대의원의 결속을 다지기 위한 단합대회 개최
상대방공략: 상대방 대의원들을 각개 격파하기 위한 개인별 방문활동
중도층공략: 부동표 흡수를 위한 중도세력 대의원들과의 막후 협상 추진.

반면 이 씨는 이 날 밤의 활동전략으로 다음의 세 가지 전략을 생각하고 있다.

단합대회: 자파 대의원과의 단합대회

상대방공략: 상대방 대의원 방문

원로방문: 당내 원로 인사들에 대한 방문 및 지지협조 요청

투표일 전야, 김 씨와 이 씨는 상대방이 어떠한 전략으로 나올지 서로 예측이 불가능하지만 각각의 경우 득표의 변화는 표 10.3와 같을 것으로 예상하고 있다. 각 행은 김 씨의 선거 전략을 나타내며 각 열은 이 씨의 선거 전략을 나타낸다.

| 표 10.3 | **보수표**

김씨 \ 이씨	단합대회	상대방공략	원로방문
단합대회	(0, 0)	(50, −50)	(−10, 10)
상대방공략	(10, −10)	(0, 0)	(90, −90)
중도층공략	(30, −30)	(40, −40)	(70, −70)

이 표에 있는 괄호안의 두 숫자는 각각 김 씨와 이 씨의 추가 득표치를 보여주고 있다. 예를 들어, 김 씨가 '상대방공략' 전략을 시도하는 동안 이 씨가 '원로방문' 전략을 전개한다면 김 씨는 이 씨에게서 90표를 뺏어 올 수 있으며 이 경우 김 씨는 90표가 늘어나고 이 씨는 90표가 줄어든다. 김 씨가 '단합대회' 전략을 시도하고 이 씨가 '원로방문' 전략을 전개하는 경우 김 씨는 10표를 이 씨에게 빼앗길 것으로 보인다.

이 보수표를 잘 살펴보면 김 씨와 이 씨의 전략 중 열등한 전략은 하나도 없음을 알 수 있다. 따라서 앞에서 본 단순한 우월전략분석을 적용할 수 없다. 그렇다면 김 씨와 이 씨가 합리적이고 이지적으로 이 상황에 임한다고 할 때 무엇이 이 게임의 해가 된다고 할 수 있을까? 이 게임이 결국 어떻게 귀결될 것이라고 예상할 수 있을까?

이 질문에 대한 대답으로 게임이론에서는 내시균형(Nash Equilibrium)을 제시하고 이 내시균형을 이 게임의 해라고 보는 것이 가장 타당하다 보고 있다. 내시균형은 두 플레이어가 일단 그 균형에 들어가면 상대방이 현재의 전략을 고수하는 한 자신의 전략 선택이 최적인 상태를 말한다. 즉, 상대방 전략에 대해서 최적인 반응을 보이고 있는 상태이기 때문에 다른 전략으로 바꿀 필요가 없는 상태이다. 이는 이 균형이 안정적이라는 것을 뜻한다. 이러한 균형의 개념은 미국의 수학자 존 포브스 내시가 제시한 개념으로 내시는 이 공로로 1994년도에 노벨경제학상을 수상하였으며 그 이후 그의 일생이 'Beautiful Mind' 라는 영화로 그려져 많은 호응을 얻었다.

앞에서 알아본 [예제 10-1]의 우월전략해도 내시균형임을 보일 수 있다. 이를 설명하기 위하여 [예제 10-1]의 보수표를 다시 한 번 써 보면 다음과 같다.

(단위 : %)

노동조합 \ 경영진	초강경자세	강경자세	유연자세	수용적 자세
강경노선	(6, −6)	(5, −5)	(4, −4)	(7, −7)
온건노선	(7, −7)	(6, −6)	(5, −5)	(10, −10)
굴복적 노선	(−2, 2)	(0, 0)	(2, −2)	(3, −3)

앞에서 구한 우월전략해는 노동조합이 '온건노선'을, 경영진이 '유연자세'를 선택하는 것이며 위의 표에 파란 색으로 표시되어 있다. 이제 두 플레이어가 이 해에 들어와 있다고 하자. 그러면 노동조합은 경영진이 '유연자세'를 선택할 것이라는 점을 알고 있다. 이를 알게 된 노동조합은 이 사실을 이용할 때 혹시 자신이 선택하려고 한 '온건노선' 대신 다른 전략으로 바꾸는 것이 더 좋지 않을까 하는 생각을 한 번 해 보게 될 것이다. 그러나 노동조합이 다른 전략으로 바꾸면 임금인상액은 4%나 2%가 되어 자신에게 더 불리해 지게 된다. 따라서 노동조합은 경영진이 '유연자세'를 선택할 것이라는 점을 알게 되어도 자신의 현재의 전략 선택을 바꾸지 못한다. 마찬가지로 경영진은 노동조합이 '온건노선'을 선택할 것이라는 것을 알게 되어도 자신의 현재의 전략 선택 '유연자세'에서 다른 전략으로 바꾸면 임금지불액이 7%, 6%, 10%로 늘어나므로 다른 전략으로 바꾸지 못한다. 따라서 이 상태는 서로 상대방의 전략 선택에 대해 최적으로 반응한 상태이다. 따라서 이 해는 내시균형이다.

[예제 10-2]로 돌아가자. 여기에는 우월전략해가 없으므로 내시균형을 직접 구해보자. 내시균형이 가지고 있는 '최적반응전략'이라는 특성을 이용하면 표 10.4와 같이 간단한 방법으로 내시균형을 구할 수 있다. 먼저 김 씨의 전략을 분석하자. 만일 이 씨가 '단합대회'를 선택한다면 김 씨에게 가장 좋은 선택은 '중도층공략'이다. 이것이 김 씨의 최적반응전략이다. 이 경우에 해당하는 셀의 괄호 안의 첫 번째 숫자 30이 김 씨의 추가득표이므로 이 30을 진한 색으로 표시하여 최적반응전략을 표시해 둔다. 이 씨가 '상대방공략'을 선택한다면 김 씨의 최적반응전략은 '단합대회'다. 이에 해당하는 셀의 괄호 안의 숫자 중 첫 번째 숫자인 50을 진하게 표시한다. 마지막으로 이 씨가 '원로방문'을 선택한다면 김 씨의 최적반응전략은 '상대방공략'이다. 이에 해당하는 셀의 괄호 안의 숫자 중 첫 번째 숫자인 90을 진하게 표시한다.

| 표 10.4 | [예제 10-2]의 내시균형 분석

김씨 \ 이씨	단합대회	상대방공략	원로방문
단합대회	(0, 0)	(**50**, −50)	(−10, **10**)
상대방공략	(10, −10)	(0, **0**)	(**90**, −90)
중도층공략	(**30**, **−30**)	(40, −40)	(70, −70)

다음에 이 씨의 전략을 분석하자. 만일 김 씨가 '단합대회'를 선택한다면 이 씨의 최적반응전략은 '원로방문'을 하는 것이며 이에 해당하는 셀의 괄호 안의 숫자 중 두 번째 숫자인 10을 진하게 표시하여 이 결과를 기록해둔다. 김 씨가 '상대방공략'을 한다면 이 씨의 최적반응전략은 '상대방공략'을 하는 것이며 이에 해당하는 셀의 괄호 안의 숫자 중 두 번째 숫자인 0을 진하게 표시한다. 마지막으로 김 씨가 '중도층공략'을 한다면 이 씨의 최적반응전략은 '단합대회'이며 이에 해당하는 셀의 괄호 안의 숫자 중 두 번째 숫자인 −30을 진하게 표시한다.

이러한 분석결과, 김 씨와 이 씨 모두의 최적반응전략이 되는 셀이 있으면 그것이 내시균형이다. 표 10.4를 보면 김 씨의 '중도층공략' 전략과 이 씨의 '단합대회' 전략이 내시균형이다.

〈[예제 10-2]의 내시균형〉

- 김 씨는 '중도층공략' 선택
- 이 씨는 '단합대회' 선택
- 김 씨는 이 씨에게서 30표를 가져온다.

김 씨와 이 씨가 합리적이고 이지적으로 이 게임 상황에 임한다고 할 때 이 상황이 이 내시균형으로 귀결될 것인가? 내시균형은 안정적인 균형 상태임을 말해주고 있으나 어떤 동기로 두 플레이어가 그 균형에 들어가게 되는지 대해서는 설명해 주지 않는다. 따라서 모든 게임문제에서 내시균형이 항상 실현되어야 할 이유는 없다. 뒤에서 설명하는 비제로섬 게임문제에서 보듯이 때로는 한 게임문제에 여러 개의 내시균형들이 존재할 수도 있으며 이럴 때에 어떤 내시균형으로 들어가게 될지에 대한 논의는 추가적인 상황 설명과 분석이 필요하다.

그러나 [예제 10-2]와 같은 2인제로섬게임 문제의 경우에는 이 내시균형이 다음 절에서 설명하는 Maxmin해와 항상 같아진다는 것이 증명되어 있다. 2인제로섬게임 문제에서는 두 플레이어가 Maxmin해로 들어갈 동기를 갖고 있기 때문에 이 내시균형이 실제로 실현될 것이라고 말할 수 있다.

4. Maxmin해

[예제 10-2]와 같이 우월전략해가 없는 게임의 경우 우리는 내시균형을 게임의 해로 제시하였다. 내시균형 이외에 게임의 해로 또 하나 제시할 수 있는 것으로 Maxmin해가 있다. 게임문제에서 한 플레이어가 전략을 한 개 선택한다고 할 때 그 결과는 상대방이 어떤 전략을 선택하는가에 따라 여러 가지가 될 수 있다. Maxmin해는 각 플레이어가 어떤 한 전략을 선택할 경우 나올 수 있는 여러 결과 중 가장 최악의 결과에만 관심을 가지고 이를 기준으로 전략을 선택한다는 가정에 기초한 해이다. 이 최악의 결과가 min에 해당하며 이 최악의 결과가 가장 좋아지도록, 즉 max하는 전략을 선택하는 것이 Maxmin해이다.

여기서도 우리는 플레이어들이 합리적이고 이지적이라고 가정한다. 제로섬 게임에서는 상대방의 이득은 나의 손실이며 상대방의 손실은 나의 이득이기 때문에 플레이어들이 합리적으로 임한다는 것은 곧 이들이 적대적인 관계에 있다는 것을 의미한다. 이러한 상황에서는 내가 한 전략을 선택했을 때 상대방이 이지적이어서 나의 전략 선택을 알게 되었고 또 상대방이 합리적이어서 자신에게 가장 좋은 전략을 선택한다는 것은 나에게 가장 최악의 상황이 벌어진다는 것을 의미한다. 이러한 상황을 예상하는 나는 이 최악의 상황이 가장 좋아지는 전략을 선택하는 것이 가장 합리적인 선택이다. 따라서 Maxmin해는 매우 설득력 있는 해라고 할 수 있다.

그러나 일반적인 비제로섬 게임은 이렇게 적대적인 게임이 아니다. 상대방이 상대방의 입장만 생각하고 그에게 가장 좋은 전략을 선택했지만 그 결과가 나에게도 그리 나쁘지 않은 결과를 주는 경우들이 대부분이다. 따라서 Maxmin해는 제로섬 게임에서는 적절한 해를 제공하지만 비제로섬 게임에서는 큰 의미를 두기 어렵다. 한편, 앞에서 이미 알아본 내시균형은 제로섬 게임이나 비제로섬 게임 모두에서 의미 있는 해를 제시한다. 비제로섬 게임에 대해서는 본장 6절에서 다룬다.

그러면 [예제 10-2]의 Maxmin해를 구해 보자. 표 10.5에 [예제 10-2]의 Maxmin분석결과가 나와 있다. 만일 김 씨가 '단합대회' 전략을 쓴다고 하면 나올

| 표 10.5 | [예제 10-2]의 Maxmin 분석

김씨 \ 이씨	단합대회	상대방공략	원로방문
단합대회	(0, 0)	(50, **−50**)	(**−10**, 10)
상대방공략	(10, −10)	(**0**, 0)	(90, **−90**)
중도층공략	**(30, −30)**	(40, −40)	(70, −70)

수 있는 최악의 결과는 상대방이 '원로방문'을 선택할 때이며 이때 게임의 결과는 −10이다. 이 숫자가 진하게 표시되어 있다. 만일 '상대방공략' 전략을 쓴다고 하면 최악의 결과는 상대방도 '상대방공략' 전략을 선택할 때이며 이때 게임의 결과는 0이다. 그리고 '중도층공략' 전략을 쓴다고 하면 최악의 결과는 30이다. 김 씨는 이 최악의 결과에만 관심을 두고 자신의 전략을 선택한다. 그 결과 김 씨는 최악의 결과가 제일 좋아지는 '중도층공략'을 선택한다. 그리고 상대방은 '단합대회'를 선택할 것으로 예상하며 30표의 추가 득표를 예상한다. 표 10.5에는 이 30을 파란색으로 적어 이것이 김 씨의 의사결정이라는 것을 표시해 두었다.

이제 이 씨에 대해 알아보자. 이때는 표 10.5의 괄호안의 숫자 중 두 번째 숫자를 기준으로 생각하여야 한다. 만일 이 씨가 '단합대회' 전략을 쓴다고 하면 최악의 결과는 −30이다. 만일 '상대방공략' 전략을 쓴다고 하면 최악의 결과는 −50이다. 그리고 만일 '원로방문' 전략을 쓴다면 최악의 결과는 −90이다. 따라서 이 씨는 최악의 결과가 제일 좋아지는 '단합대회' 전략을 선택한다. 그리고 상대방은 '중도층공략'을 선택할 것으로 예상하며 −30표의 추가 득표, 또는 30표의 손실을 예상한다. 표 10.5에는 이 −30을 파란색으로 적어 이것이 이 씨의 의사결정이라는 것을 표시해 두었다.

표 10.5의 결과를 보면 김 씨와 이 씨의 의사결정이 같은 셀 안에 있으므로 이것이 이 문제의 Maxmin해이다.

〈[예제 10-2]의 Maxmin해〉
- 김 씨는 '중도층공략' 선택,
- 이 씨는 '단합대회' 선택.
- 김 씨는 이 씨에게서 30표를 가져온다.

Maxmin해는 각 플레이어가 자신이 한 가지 전략을 선택했을 때 나올 수 있는 여러 결과들 중에서 가장 나쁜 결과를 기준으로 전략을 선택한다는 가정 하에서 얻는 해이다. 이러한 상황은 두 사람이 모두 자신의 전략 선택이 상대방에게 노출될 것이라고 우려하는 경우에 발생한다. 이 문제는 제로섬 게임이기 때문에 자신의 전략 선택이 상대방에게 노출되면 상대방은 상대방에게 가장 유리한 전략을 선택할 것이고 이는 자신에게 가장 불리한 전략이 되므로 그 결과는 가장 최악의 결과일 것이다. 그리고 이 예상을 기준으로 자신의 전략을 선택한다.

이러한 상황은 두 플레이어들이 이지적이라는 가정에 기초한 것이다. 이지적이란 자신이 상대방에 대해 수집한 모든 정보를 활용하여 추론하고 숙고한다는 의미이다. 이 예제에서 김 씨와 이 씨가 M정당에서 수십 년간 같이 일해 온 사람들이고 이 문제와 비슷한 여러 차례의 경선 경험을 서로 공유한 사람들이라면 상대방이 어떤 사람인지 그리고 과거의 유사한 상황에서 어떤 선택을 해 왔는지에 대한 정보와 경험을 서로 가지고 있을 것이다. 이러한 상황에서 상대방이 자신의 전략 선택을 눈치 챌 것으로 걱정하는 것은 충분히 타당성이 있다. 뿐만 아니라 김 씨의 선거 캠프 안에는 이 씨와 가까운 인사들이 있을 수 있기 때문에 김 씨가 자신의 캠프에서 논의된 사항이 이 씨에게 비밀로 유지될 것이라고 생각하는 것은 순진한 생각일 것이다. 아예 자신의 캠프에서 논의 된 사항이 이 씨에게 어차피 알려 질 것이라고 생각하며 전략 선택을 하는 것이 더 합리적일 것이다. 이러한 상황에서 Maxmin해는 의미가 있다. 그리고 제로섬 게임에서 Maxmin해는 각자가 자신에게 가장 바람직한 의사결정을 한 결과이므로 두 플레이어는 Maxmin해로 진입할 충분한 동기가 있다.

이렇게 Maxmin 분석으로 얻은 해를 앞에서 구한 내시균형과 비교해 보면 동일한 해임을 알 수 있다. 표 10.4와 표 10.5를 보면 내시균형 분석과 Maxmin분석은 그 분석 과정이 전혀 다르다는 것을 알 수 있다. 그러나 그 분석결과는 동일한 해를 제공하고 있다. 이것은 이 문제가 제로섬 게임이기 때문이다. 제로섬 게임에서는 내시균형은 항상 Maxmin해라는 것이 증명되어 있다. 이 해는 Maxmin해이기 때문에 두 플레이어는 이 해로 진입할 충분한 동기가 있으며 또한 내시균형이기 때문에 이 해를 벗어나지 않는다. 따라서 이 해를 이 문제의 진정한 해로 인정할 수 있을 것이다. 따라서 제로섬 게임에서는 내시균형, 또는 Maxmin해를 게임의 해라고 인정할 수 있다.

일반적인 비제로섬 게임에서는 내시균형과 Maxmin해는 서로 다른 결과를 준다. 비제로섬 게임에서는 합리적인 플레이어들이 항상 적대적이 되는 것은 아니다. 따라서 내가 하나의 전략을 선택했을 때 상대방의 전략 선택이 나에게 항상 최악의 결과가 될 것이라고 우려할 이유는 없다. 따라서 비제로섬 게임에서는 Maxmin해는 별로 설득력이 없다고 할 수 있다.

5. 혼합전략

앞에서 다룬 [예제 10-2]에서는 내시균형, 또는 Maxmin해를 쉽게 구할 수 있었다. 그러나 일반적으로는 이러한 쉬운 방법이 통하지 않는다. 다음의 예제를 보자.

예제 10-3

[예제 10-2]에서 보수표가 다음과 같다고 할 때 김 씨와 이 씨는 각각 어떠한 전략을 선택하여야 하는가?

| 표 10.6 | 보수표

김 씨 \ 이 씨	단합대회	상대방공략	원로방문
단합대회	(0, 0)	(10, −10)	(−10, 10)
상대방공략	(30, −30)	(10, −10)	(90, −90)
중도층공략	(20, −20)	(40, −40)	(70, −70)

이 예제에서 김 씨의 '단합대회' 전략은 '중도층공략' 전략에 비해 열등하다. 이 전략을 제거하면 다음의 보수표를 얻는다.

김씨 \ 이씨	단합대회	상대방공략	원로방문
상대방공략	(30, −30)	(10, −10)	(90, −90)
중도층공략	(20, −20)	(40, −40)	(70, −70)

이 보수표에서 볼 때 이 씨의 '원로방문' 전략은 '상대방공략' 전략에 비해 열등하므로 이 전략을 다시 제거하면 다음의 보수표를 얻는다.

| 표 10.7 | [예제 10-3]의 단순화된 보수표

김씨 \ 이씨	단합대회	상대방공략
상대방공략	(30, −30)	(10, −10)
중도층공략	(20, −20)	(40, −40)

이 보수표에서 먼저 내시균형을 구해보기 위해 최적반응전략을 구하면 다음의 보수표에 진하게 적은 숫자들과 같다.

김씨 \ 이씨	단합대회	상대방공략
상대방공략	(**30**, −30)	(10, **−10**)
중도층공략	(20, **−20**)	(**40**, −40)

이 결과에 의하면 김 씨와 이 씨 모두에게 최적반응전략이 되는 셀이 없다. 따라서 내시균형이 없음을 알 수 있다.

이 문제는 제로섬 게임이고 내시균형이 없으므로 Maxmin해도 없을 것이다. 실제로 Maxmin분석을 적용해 보면 다음을 얻는다.

| 표 10.8 | [예제 10-3]의 Maxmin분석

김씨 \ 이씨	단합대회	상대방공략
상대방공략	(30, **−30**)	(**10**, −10)
중도층공략	(**20**, −20)	(40, **−40**)

여기서 파란색으로 적힌 숫자들이 김 씨와 이 씨의 Maxmin 전략선택이다. 이 결과에 의하면 김 씨는 '중도층공략'을 선택하고 이 씨가 '단합대회'를 선택할 것으로 예상하며 20표의 추가득표를 예상한다. 반면에 이 씨는 '단합대회'를 선택하고 김 씨가 '상대방공략'을 선택할 것으로 예상하며 30표의 추가 손실을 예상한다. 이 결과는 제로섬 게임이라는 기본 조건에 맞지 않는다. 이는 제로섬 게임의 해가 될 수 없다.

그렇다면 이 게임은 어떤 상황일까? [예제 10-3]의 단순화된 보수표인 표 10.7을 보자. 예를 들어, 이 씨가 '단합대회' 전략을 시도하려 한다고 하자. 김 씨가 이 정보를 눈치 챌 경우 김 씨는 '상대방공략' 전략을 전개하려 할 것이다. 김 씨가 '상대방공략' 전략을 시도하려 한다는 것을 이 씨가 눈치 채게 되면 이 씨는 자신도 '상대방공략' 전략으로 바꾸려 할 것이다. 그리고 김 씨가 다시 이를 눈치 채게 되면 김 씨는 전략을 '중도층공략' 전략으로 바꾸려 할 것이다. 그리고 이 씨가 다시 이를 눈치 채게 되면 이 씨는 전략을 '단합대회'로 다시 바꾸려 하게 되어 이 게임은 내시균형 같은 안정된 해가 존재하지 않고 상대방의 전략선택에 관한 추정에 따라 자신의 전략선택을 지속적으로 바꾸어 나가는 형태의 상황이 된다.

이러한 상황에서는 자신의 전략선택에 관한 일정한 패턴이 상대방에게 알려지는 경우 가장 나쁜 상황이 발생한다. 예를 들어, 포커 게임의 경우 상대방이 큰 금액을 올려치면 당신은 항상 포기해 버린다는 패턴을 상대방이 알게 되면 상대방은 허세(bluffing)를 부려서 큰 금액을 올려놓아 당신을 포기시켜서 판돈을 따가려 할 것이다. 이 경우 이에 대한 대응방법은 상대방이 큰 금액을 올려치는 경우에도 당신은 가끔씩 이를 받아 줌으로써 일정한 전략선택 패턴을 보여주지 않는 것이 바람직하다. 즉, 몇 가지 전략들 중에서 하나를 무작위 추출하는(Randomize) 것이 바람직하다. 야구에서 투수는 직구, 체인지업, 커브, 슬라이더 등을 적절한 배합 비율에 따라 랜덤하게 선택한다. 투수가 미리 마음먹은 전략이 타자에게 노출되면 투수는 얻어맞기 쉽다.

이렇게 여러 전략에 일정한 확률분포를 주고 이 확률에 따라 랜덤하게 하나의 전략을 선택하는 방식을 혼합전략(Mixed Strategy)이라고 한다. A전략을 사용하는 척하면서 B전략을 사용하거나 B전략을 사용하는 척하면서 A전략을 사용하는 이러한 혼합전략을 우리는 거의 모든 운동경기나 도박과 같은 많은 문제들에서 이미 오랫동안 사용하고 있다. 그리고 인류의 모든 전쟁의 전략들은 이러한 혼합전략들이다. 그리고 우리는 어릴 때부터 가위/바위/보 게임을 통하여 혼합전략을 이미 많이 사용해 왔다. 우리는 직관적으로 가위, 바위, 보를 각각 $\frac{1}{3}$의 확률로 무작위로 선택하는 것이 가장 바람직하며 만일 이렇게 하지 않고 어떤 한 가지를 많이 내는 경향을 가지고 있고 상대방이 이를 파악하고 있다면 가위/바위/보에서 지기 쉽다는 것을 경험적으로 알고 있다.

앞에서 다룬 [예제 10.1]이나 [예제 10.2]에서는 여러 전략들 중 하나를 랜덤하게 선택하는 것이 아니라 두 사람이 각각 하나의 전략을 확실하게 선택하는 순수전략(Pure Strategy)만을 고려하여 내시균형 또는 Maxmin해를 구했다. 이러한 의미에서 앞에서 구한 해들을 순수전략 내시균형 또는 순수전략 Maxmin해라고 한다. 이러한 순수전략해를 가지는 게임문제는 두 사람이 어떤 전략을 선택할지 누가 보아도 뻔한 상황이라고 할 수 있다. 그러나 [예제 10.3]은 순수전략만을 고려해서는 해를 정의할 수가 없다. 이러한 상황에서는 전략 선택의 개념을 순수전략만으로 한정하지 않고 혼합전략까지 고려하는 혼합전략 내시균형 또는 혼합전략 Maxmin해를 생각할 필요가 있다. 혼합전략을 고려해야 하는 게임문제에서 두 사람이 어떤 전략을 실제로 선택할지는 뚜껑을 열어 보아야 알 수 있는 예측불허의 상황이다. 혼합전략 Maxmin해와 혼합전략 내시균형에 대해서는 11장에서 상세히 논의한다.

본장에서 언급하는 Maxmin해나 내시균형은 순수전략 Maxmin해와 순수전략 내시균형을 의미한다.

6. 비제로섬 게임-윈윈 게임

앞에서 우리는 제로섬 게임 문제들을 다루어 보았다. 제로섬 게임에서는 한 쪽이 이득을 보면 다른 쪽은 그 이득만큼 손해를 본다. 과거에 성장이 거의 없는 중세시대에는 부의 축적 과정은 주로 제로섬 게임이었다. 부자가 되기 위해서는 다른 사람들의 것을 빼앗아야 했다. 그러나 과학기술과 합리적 자본주의가 발전하기 시작하면서 경제는 성장을 하기 시작하였고 상대방을 가난하게 만들지 않고서도 부자가 될 수 있다는 사실을 깨닫기 시작하였다. 전체 파이를 늘림으로써 나도 좋아지고 너도 좋아질 수 있음을 알게 된 것이다. 마침내 비제로섬(Non-zero-sum) 시대가 온 것이다. 이제 제로섬 게임은 시장점유율 경쟁이나 내기 게임과 같은 제한적인 분야에만 적용될 수 있지만 비제로섬 게임은 거의 모든 경제문제들과 사회, 경영, 정치, 법학 등에서 발생하는 수많은 문제들을 설명할 수 있는 일반적인 이론이 되었다. 비제로섬 게임에서는 Maxmin해가 의미가 없기 때문에 내시균형이 특히 더 중요해진다.

예제 10-4 고객확보경쟁

서해안 조용한 해변도시에 두 개의 레스토랑 A, B가 인접해 있다. 이들은 그 지역의 고객들을 주 대상으로 하고 있는데 현재 각각 연간 2억 원과 1억 원의 영업이익을 올리고 있다. 두 레스토랑은 각각 고객을 늘리기 위해 대대적인 전단지 홍보를 생각하고 있는데 이 홍보에는 비용이 들기 때문에 두 점포는 모두 망설이고 있다. 한 레스토랑만 홍보를 하는 경우 다른 레스토장의 손님을 빼앗아 오는 효과도 있지만 이 지역을 외부지역에 널리 알려서 이 도시를 찾는 전체 고객의 수가 늘어나는 효과도 있다. 두 레스토랑이 각각 홍보를 하느냐에 따라 연간 수익은 다음과 같을 것으로 추정된다. (단위: 천만 원)

A \ B	홍보안함	홍보함
홍보안함	(20, 10)	(18, 20)
홍보함	(30, 8)	(28, 18)

A와 B가 홍보를 안 하는 경우 연간 이익은 현재와 같이 각각 2억, 1억 원이다. 만일 레스토랑 A만 홍보활동을 하는 경우 A는 수익이 3억 원으로 늘고 B는 8천만 원으로 줄어든다. 두 레스토랑의 수익의 합은 3억 8천만 원으로서 아무도 홍보를 안 할 때에 비해 8천만 원이 늘었다. 이것은 레스토랑 A의 홍보활동이 B의 손님을 가져간 효과도 있지만 전체 고객의 수를 늘린 효과도 있기 때문이다. 다른 경우도 비슷하게 해석할 수 있다. 이러한 상황에서 A와 B는 각기 어떠한 선택을 하게 될 것인가?

이 문제에서 A와 B의 이득의 합은 일정하지 않고 둘이 어떤 전략을 선택하는가에 따라 달라진다. 따라서 이 문제는 비제로섬(또는 비일정합) 게임이다. 앞에서 다룬 제로섬 게임의 경우에는 두 플레이어가 각자 자신의 이득을 높이려 하는 경우 서로 적대적이 될 수밖에 없다. 그러나 비제로섬 게임의 경우에는 두 플레이어들이 합리적이고 이지적이라 하더라도 두 플레이어가 서로 협조할 수도 있고 또는 협조하지 않을 수도 있다. 두 플레이어가 서로 협조하여 공동의 전략을 선택해서 얻게 되는 해를 협조해(Cooperative Solution)라고 한다. 반면 두 플레이어들이 서로 협조하지 않고 각자 이기적으로 행동할 때 얻게 되는 해를 비협조해(Non-cooperative Solution)라고 한다. 여기서 비협조란 상대방과 협의를 하지 않고 합리적이고 이지적으로 행동한다는 뜻이다. 비협조는 이기적이라는 뜻이다. 그러나 적대적이란 뜻은 아니다.

이 예제에서 A와 B가 협조한다면 어떤 결과를 얻을 수 있을까? 아마도 둘 다 '홍보함' 을 선택하는 것이 협조해가 될 가능성이 높을 것으로 보인다. 둘 다 혼자만 홍보하는 것이 더 좋지만 둘이 협조하고 합의해서 둘 다 홍보하기로 결정할 가능성이 높다. 이러한 협조의 문제는 두 플레이어들이 합의의 과정에 도달하기 위한 방법이나 과정 그리고 두 플레이어 간의 상호 신뢰, 협동심 등이 주된 관심의 대상이 된다.

때로는 두 플레이어 간의 애정, 증오, 동정과 같은 감정적인 요소들이 중요한 역할을 하게 된다.

그러나 우리가 논의하는 게임이론에서는 이러한 감정적인 요소는 고려하지 않는다. 게임이론은 두 플레이어가 모두 결국은 자신의 보수에만 관심이 있고 상대방의 보수에는 아무 관심이 없는 이기적인 의사결정자들인 경우에 이 게임문제가 어떻게 전개 될지에 관심을 갖는다. 따라서 게임이론에서는 플레이어들이 비협조적(non-cooperative), 또는 이기적인 플레이어들이라고 가정한다. 두 플레이어가 합리적이고 이지적이며 이기적이라고 할 때에 이 게임상황은 결국 어떻게 진행될 것인가? 이에 대한 대답으로 게임이론에서는 내시균형을 제시한다.

[예제 10-4]는 내시균형의 한 특수한 경우인 우월전략해를 가지고 있다. A는 홍보를 하는 경우가 안하는 경우보다 항상 좋다. 따라서 A는 홍보할 것을 선택한다. 또한 B도 홍보하는 것이 안하는 것보다 항상 좋다. 따라서 B도 홍보할 것을 선택한다. 따라서 A와 B 모두 홍보하는 것이 우월전략해이다. 이때 레스토랑 A는 2억 8천만 원, 레스토랑 B는 1억 8천만 원의 수익이 예상된다. 이 문제에서는 A와 B 모두 홍보를 하여 전체고객의 수를 늘리는 효과로 인하여 둘 다 수익을 늘릴 수 있다. 그러나 이 결과는 두 레스토랑이 협조해서 얻은 결과가 아니다. 각자 자신의 이익만을 생각하며 의사결정을 한 결과이지만 두 레스토랑에 다 좋은 결과를 얻게 된 것이다. 그러나 다음절의 예제를 보면 항상 이렇게 되는 것은 아니다.

이 문제에서 최적반응전략을 통하여 내시균형도 한번 구해보자. 먼저 A의 최적반응전략을 보자. B가 홍보를 안 하는 경우에 A는 홍보를 하는 것이 좋다. 이를 기록하기 위해 다음에 나오는 표 10.9에 이때의 A의 수익 30을 진하게 적었다. B가 홍보를 하는 경우에도 A는 홍보를 하는 것이 좋다. 이때의 A의 수익 28을 진하게 적었다. 이제 B의 최적반응전략을 구해 보자. A가 홍보를 안 하는 경우에 B는 홍보를 하는 것이 좋다. 이때의 B의 수익 20을 진하게 적었다. A가 홍보를 하는 경우에도 B는 홍보를 하는 것이 좋다. 이때의 B의 수익 18을 진하게 적었다.

| 표 10.9 | [예제 10-4]의 최적반응전략

A \ B	홍보안함	홍보함
홍보안함	(20, 10)	(18, **20**)
홍보함	(**30**, 8)	(**28**, **18**)

이 결과를 보면 A와 B가 모두 홍보를 하는 셀이 A와 B 모두의 최적반응전략이 되는 셀이다. 따라서 A와 B 모두 홍보를 하는 것이 내시균형이다. 이 내시균형은 앞에서 구한 우월전략해와 동일하다. 비제로섬 게임에서도 우월전략해는 내시균형의 일종이다.

예제 10-5

[예제 10-4]에서 보수표가 다음과 같다고 하자.

A \ B	홍보안함	홍보함
홍보안함	(20, 10)	(22, 8)
홍보함	(30, 8)	(38, 7)

A와 B가 홍보를 안 하는 경우 연간 이익은 현재와 같이 각각 2억, 1억 원이다. 만일 규모가 큰 레스토랑 A만 홍보활동을 하는 경우 A는 수익이 3억 원으로 늘고 B는 8천만 원으로 줄어든다. 레스토랑 A는 홍보를 통해 이 지역을 외부에 널리 알려서 이 도시를 찾는 전체 고객의 수가 늘어나는 효과를 톡톡히 보게 되고 레스토랑 B는 일부 손님을 A에 빼앗긴 것이다. 반면에 규모가 작은 B만 홍보를 하는 경우 오히려 레스토랑 A가 그 홍보의 효과로 외부 손님들이 늘어난 반면 B는 홍보비 지출로 인해 이익이 감소하게 된다. 만일 두 레스토랑이 같이 홍보를 한다면 그 효과는 주로 레스토랑 A가 보게 되고 B는 오히려 손님을 빼앗기고 홍보비만 부담하여 이익이 크게 줄어들 것이다. 이러한 상황에서 A와 B는 각기 어떠한 선택을 하게 될 것인가?

이 문제에서 레스토랑 A의 '홍보안함' 전략은 '홍보함' 전략에 비해 열등하므로 A는 홍보전략을 선택할 것이다. 또 B는 '홍보함' 전략이 '홍보안함' 전략에 비해 열등하므로 B는 홍보안함을 선택할 것이다. 따라서 A만 홍보하고 B는 홍보하지 않는 것이 이 문제의 우월전략해이다. 이것은 또한 내시균형이다. 실제로, 최적반응전략을 구해보면 다음과 같다.

A \ B	홍보안함	홍보함
홍보안함	(20, **10**)	(22, 8)
홍보함	(**30**, **8**)	(**38**, 7)

B의 입장에서는 서로 홍보를 하지 않고 있는 것이 가장 좋지만 상대방이 단독적으로 홍보를 한다면 자신은 손해를 볼 것으로 예상된다. 그렇다고 자신도 홍보를 한다면 그 효과를 상대방이 더 많이 볼 것 같고 자신은 홍보비로 인하여 손실이 더 커질 것으로 생각하고 있다.

이 내시균형은 두 사람의 협조해와 다를 수 있다. 두 레스토랑이 모두 홍보를 하는 경우 보수의 총합이 가장 크기 때문에 만일 두 레스토랑이 협조한다면 둘 다 홍보하는 경우를 선택할 수도 있다. 그러나 두 사람이 각자 이기적으로 선택한다면 이 경우가 선택되기는 어렵다. 이 두 레스토랑이 같은 사람이 운영한다거나 동업관계에 있다거나 하는 특수관계에 있다면 협조해가 선택될 수 있다. 또는 과거에 두 레스토랑 간에 마찰이 있었을 때 A가 양보한 적이 있었다면 이번에 B가 협조할 가능성이 있을 수도 있다.

협조해를 선택하는 것은 비협조해를 선택하는 것보다 훨씬 복잡하고 미묘한 문제이다. 두 플레이어들의 특수관계, 암묵적 양해, 상호 신뢰, 협동심, 애정, 증오, 동정과 같은 감정적인 요소들을 고려해야 한다. 본서에서는 플레이어들이 비협조적, 또는 이기적이라고 가정함으로써 이러한 복잡한 문제들에서 벗어날 것이다.

두 레스토랑이 모두 이기적이라고 하더라도 A가 B에게 보상을 해 주는 방법을 도입하면 협조해로 이끌어 갈 수 있다. 예를 들어, 같이 홍보하는 경우 B의 홍보비 4천만 원을 전액 A가 부담할 수 있다. 이 경우 보수표는 다음과 같이 바뀌게 된다.

A \ B	홍보안함	홍보함
홍보안함	(20, 10)	(22, 8)
홍보함	(30, 8)	**(34, 11)**

이 보수표에서 A는 홍보하는 것이 우월전략이다. 따라서 A는 홍보하는 전략을 선택할 것이다. 이러한 사실을 아는 B는 홍보하는 전략을 선택할 것이다. 따라서 둘 다 홍보하는 것이 우월전략해이고 또 내시균형이다. 그리고 이것은 이 문제의 협조해이다. 두 플레이어는 이기적인 의사결정자이지만 A의 적절한 보상정책을 통해 게임을 바꿈으로써 협조해에 이르게 된 것이다.

7. 죄수들의 딜레마

앞의 [예제 10-4]의 경우 두 플레이어는 각자 자신에게 유리한 우월전략을 사용하였고 그 결과 나오는 우월전략해는 두 플레이어에게 다 좋은 결과를 보여주고 있다. [예제 10-5]에서는 우월전략해가 한 플레이어에게는 좋은 결과, 다른 플레이어에게는 나쁜 결과를 주고 있다. 그렇다면 두 플레이어가 모두 자신에게 유리한 우월전략을 사용하였는데 그 결과로 나오는 우월전략해가 둘 모두에게 나쁜 결과를 주게 될 수도 있을까? 실제로 이런 경우는 얼마든지 많고 이런 종류의 게임문제를 죄수들의 딜레마(Prisoners' Dilemma)라고 한다. 이 용어는 한 수학자가 게임이론을 심리학자들에게 설명하기 위하여 공범자들인 두 죄수들이 각자 자백할 것인지 아니면 묵비권을 행사할 것인지 결정하는 문제를 예로 들었던 데에서 유래한다. 죄수들의 딜레마는 각자 이기적으로 행동하면 다 같이 안 좋아진다는 것을 말해주고 있다. 이러한 게임상황은 죄수들의 문제에서만 발생하는 것이 아니고 정치, 사회, 경제, 경영 문제들에서 다양하게 발생한다. 다음 예제는 경쟁 상태에 있는 두 기업의 가격경쟁 문제를 다루고 있다.

예제 10-6 가격경쟁

TV를 판매하는 S전자와 L전자는 TV 가격을 '정상가격'에 판매하면 각각 1,000(억원)의 높은 수익을 올릴 수 있다. 그런데 만일 한 회사가 정상가격에 판매하는데 상대방이 '할인가격'에 판매하면 상대방은 매출이 늘어나고 수익도 늘어서 총수익이 2,000(억원)으로 늘어난다. 반면에 정상가격을 받고 있던 회사는 시장을 빼기게 되어 500(억원)의 적자를 보게 된다. 반면 두 기업이 모두 '할인가격'을 책정하는 경우에는 출혈경쟁으로 인하여 두 기업은 모두 수익을 얻지 못한다. 이 상황이 다음의 보수표(단위: 천억 원)에 정리되어 있다.

S전자 \ L전자	정상가격	할인가격
정상가격	(1, 1)	(−0.5, 2)
할인가격	(2, −0.5)	(0, 0)

먼저 S전자를 보자. L전자가 정상가격을 받는 경우 S전자는 혼자 할인가격을 받는 것이 더 좋다. 또 L전자가 할인가격을 받는 경우 S전자는 자신도 할인가격을 받는 것이 더 좋다. 따라서 L전자가 어떤 가격을 책정하든지 '할인가격'을 선택하는 것이 더 좋다. S전자에게는 '할인가격'이 우월전략이다. 마찬가지로 L전자에게도 '할인가격'이 우월전략이다. 따라서 둘 다 '할인가격'을 책정하고 출혈경쟁을 하는 것이 우월전략해이며 이것이 내시균형이다.

그러나 두 회사가 협조하여 모두 정상가격을 받는 경우 두 회사 모두에게 더 좋은 결과를 가져다준다. 따라서 우월전략해는 두 회사가 협조하여 모두 정상가격을 받는 협조해보다 두 회사 모두에게 안 좋은 결과를 주고 있다. 두 회사의 이기적이지만 합리적인 것처럼 보이는 의사결정이 각자 자기 이익을 추구한다는 관점에서 보면 열등한 결과를 초래한 것이다. 개인의 이익과 전체의 이익에 관한 이러한 딜레마는 우월전략이 존재하고 그것이 협조해에 반대되기 때문이다. 이러한 상황은 두 회사 모두에게 바람직하지 않지만 상대방이 정상가격을 책정하는 경우나 할인가격을 책정하는 경우나 자신은 할인가격을 책정하는 것이 더 낫기 때문에 이러한 결과를 얻게 된다.

이러한 경쟁적인 상황은 한 번으로 끝나는 것이 아니다. 두 회사는 지속적으로 이러한 경쟁을 계속하게 된다. 이러한 상황을 그대로 두면 극단적인 상황까지 갈 것이고 결국 원가와 판매가가 같아져서 더 이상 가격인하가 불가능한 가격파괴의 수준까지 갈 것이다. 그리고 먼저 손드는 기업이 패자가 된다.

이러한 상황을 어떻게 벗어날 수 있을까? 물론 두 회사가 협조하면 된다. 그러나 결국은 자신의 이익만을 고려하는 이기적인 두 회사가 서로 협조하는 것이 그렇게 쉬운 일일까? 여기서는 두 회사가 약속을 함으로써 상황을 개선할 수 있다. 이 약속은 공개적일 필요는 없다. 예를 들면, 두 회사가 서로 '우리 함께 정상가격을 받자'고 약속하는 것이다. 그러나 이 약속이 단순한 약속이라면 두 회사는 각각 이 약속을 깨버린다는 또 하나의 전략을 가지게 된다. 약속을 한 후에 일방적으로 약속을 깨고 할인가격을 책정해서 수익을 올리고 싶은 유인이 강하게 있기 때문이다. 다시 둘 다 '할인가격'을 받는 우월전략해로 돌아가게 될 것이다.

이 약속이 의미가 있기 위해서는 약속을 깨는 경우 큰 페널티가 발생하여야 한다. 페널티가 발생하는 경우 약속을 깨지 않으려는 동기도 발생하지만 또한 상대방이 이러한 페널티를 감수하고는 약속을 깨지 않을 것이라는 확신을 발생시킬 수 있다. 이 문제의 경우에는 약속을 깨버림으로써 두 회사가 그 동안 쌓아온 상호간의 신뢰를 잃어버림에 따른 손실이 페널티가 될 수 있다. 약속을 깨는 경우 두 회사가 공동으로 추진해 오던 다른 사업들에 발생하는 문제, 두 기업 간의 미래 협업 사업의 난항, 소문이 나는 경우 고객들의 이탈, 주가하락 등의 페널티가 약속을 깨고 TV 판매에서 올리는 추가 이익보다 더 크다면 합리적이고 이지적이며 이기적인 두 회사는 각자 약속을 지키게 될 것이다.

예를 들어, 한 회사가 약속을 깬다고 하자. 그리고 이에 따른 모든 불이익을 3,000(억원)이라고 하자. 또한 이 경우 상대방은 1,000(억 원)의 추가적인 반사이익을 얻을 수 있다고 하자. 그러면 약속 후의 보수표는 다음과 같이 바뀌게 된다.

S전자 \ L전자	정상가격	할인가격
정상가격	(1, 1)	(0.5, −1)
할인가격	(−1, 0.5)	(0, 0)

이제는 S전자나 L전자 모두에게 '정상가격'이 우월전략이 되었다. 따라서 모두 '정상가격'을 받는 것이 우월전략해가 되며 이것이 내시균형이다. 이제 두 회사는 약속을 통해 출혈경쟁을 멈추고 정상적인 경영의 상황으로 경영환경을 바꾸게 된다.

그러나 이러한 방식이 두 회사가 담합하여 가격을 비정상적으로 높여서 TV 시장을 독과점 상태로 운영하는 방법으로 사용되어서는 안 된다. 이러한 독과점 상태가 되면 기업은 기술개발이나 경영개선은 뒤로하고 가격을 올리는 방법으로 수익을 창출하려는 유혹에 빠져서 TV 산업 자체가 부실하게 되고 국제경쟁력이 약화될 것이다. 이러한 방식은 기업 간의 출혈경쟁을 막고 TV 시장을 정상화하는 데에 목적이 있어야 한다. 이러한 이유로 자유 경쟁사회에서는 협조한다는 행위 자체가 카르텔이나 담합과 결부되어 법적으로 제재를 받을 수 있다. 협조하고 싶어도 못하는 경우가 있는 것이다. 이런 환경에서는 새로운 전략으로 상대방을 따라하는 '따라하기 전략'을 생각해 볼 수 있다. '정상가격'을 기본으로 하고 상대가 '할인가격'을 받으면 우리도 '할인가격'을 받고 상대가 '정상가격'을 받으면 우리도 '정상가격'으로 돌아가는 전략이다.

경쟁사회에서 살아남기 위하여 경쟁은 불가피하지만 경쟁이 지나치면 사회 전체가 비효율적으로 돌아 갈 수 있다. 그렇다고 담합이나 카르텔을 인정할 수도 없다. 이 딜레마의 답은 아직 잘 모른다.

이 예제와 같은 종류의 게임상황을 죄수들의 딜레마라고 한다. 이 용어는 1995년 한 수학자가 다음의 [예제 10-7]과 같은 우화적인 게임상황을 예로 들면서 널리 사용되게 되었다. 그러나 이러한 게임상황은 이미 1842년 추리작가 에드가 앨런 포(Edgar Allan Poe)가 쓴 한 추리소설에 등장한다. 포는 여기서 어떤 살인 사건이 한 집단에 의해 이루어진 것이라면 반드시 밀고자가 나오게 되어 있다고 말한다. 이는 죄수들의 딜레마를 의미하는 것이라고 보인다. 그리고 그는 아직 밀고자가 나오지 않았기 때문에 이 살인사건이 집단이 아니고 한 두 사람에 의해 이루어진 것이라고 추리한다.

예제 10-7 죄수들의 딜레마 (Prisoners' Dilemma)

범죄를 저지른 두 공범자 김 씨와 이 씨는 체포되어 각기 독방에 수용되어 있다. 재판을 기다리는 이들은 각기 자백을 하든가 묵비권을 행사할 수 있는 권리가 있다. 김 씨와 이 씨가 각기 어떠한 선택을 하는가에 따라 다음 표와 같은 형량(년)이 예상된다.

김 씨 \ 이 씨	자백	묵비
자백	(4, 4)	(1, 8)
묵비	(8, 1)	(2, 2)

김 씨와 이 씨가 다 같이 자백을 한다면 각각 4년의 형을 받을 것으로 예상된다. 만일 이 둘이 묵비권을 같이 사용한다면 형량을 2년으로 줄일 수 있다. 그러나 만일 한 사람은 묵비권을 사용하고 있는데 다른 사람은 자백을 한다면 자백한 사람은 1년의 약한 처벌을 받지만 묵비권을 사용한 사람은 8년의 중한 처벌을 받을 것이다.

이 표에서 숫자는 형량을 나타내므로 두 사람은 작은 값을 원한다. 이 씨가 자백을 하는 경우에 김 씨는 자백을 하는 것이 좋다. 이 씨가 묵비권을 행사하는 경우에도 김 씨는 자백을 하는 것이 더 좋다. 따라서 김 씨에게는 '자백'이 우월전략이다. 마찬가지로 이 씨에게도 '자백'이 우월전략이다. 따라서 둘 다 자백을 하고 4년형을 각각 받는 것이 이 문제의 우월전략해이다. 그리고 이것은 또한 내시균형이다. 그러나 만일 김 씨와 이 씨가 미리 짜고 서로 묵비권을 행사하기로 약속한다면 형량을 4년에서 2년씩으로 줄이는 것이 가능하다. 이 우화 같은 사례에서는 두 사람 모두 자백하는 것이 우월전략해이지만 그 결과는 함께 묵비권을 행사하는 것보다 안 좋아진다.

죄수들의 딜레마는 '상대방이 협력할 때 나는 협력하지 않는 것이 좋다. 상대방이 협력하지 않을 때도 나는 협력하지 않는 것이 좋다. 그러나 두 사람이 같이 협력하면 더 좋은 결과를 얻는다.' 고 말하고 있다. 여기서 보듯이 내시균형은 각자 자신의 이익을 위해 행동하는 경우의 하나의 균형상태일 뿐이며 전체적인 최적의 상태를 나타낸다는 보장은 없다.

이 예제는 하나의 우화에 해당하지만 이러한 게임상황은 환경문제, 군비확장 문제, 가격 경쟁, 자원보호 등 다양한 경제, 사회, 정치 문제에서 나타나는 대단히 일반적인 상황이다. 그리고 이러한 딜레마가 존재한다는 사실은 현대의 사회과학에 많은 영향을 미쳤다. 개인적 관점에서 합리적인 행동이라고 보이는 것이 모두에게 열등한 결과를 초래하는 결과를 보여주고 있는 것이다. 우리 사회를 방치하면 서로 경쟁하고 서로 망하는 일이 벌어지게 되는 딜레마가 사회 곳곳에 존재하고 있는 것이다.

이 문제에서 김 씨와 이 씨도 약속을 통하여 같이 묵비권을 사용하여 형량을 줄일 수 있을 것이다. 그러나 이러한 약속도 의미가 있기 위해서는 약속을 깨는데 따른 페널티가 있어야 한다. 단순히 서로 믿고 한 약속이라면 합리적이고 이지적이며 이기적인 이 두 사람이 지키지 않을 것은 너무도 뻔한 일이다. 이 경우에는 배신에 대한 사적인 보복이 페널티 역할을 할 것으로 보인다.

이러한 게임이론은 사회시스템을 적절히 설계하는 데에 이용되기도 한다. 예를 들면, 담합행위를 한 기업들에게 자진신고를 유도하게 하는 자진신고자 감면제(leniency)가 있다. 다른 기업과 담합행위를 한 사업자가 담합행위에 대해 공정거래위원회에 신고하면 과징금이 감면되는 제도다. 먼저 빨리 신고한 기업이 유리하고 늦으면 과징금을 크게 내는 구조다. 담합에 참여하고 있는 모든 기업이 침묵으로 일관하면 상황을 유지할 수 있다. 그러나 자신 이외의 다른 기업이 배신하여 먼저 밀고할지도 모른다. 이 제도는 상호 간의 불신을 자극하여 담합을 방지하는 효과를 얻을 수 있다. 이는 죄수들의 딜레마를 인위적으로 만들어낸 제도다.

8. 치킨게임

앞에서는 하나의 내시균형이 존재하는 경우들을 알아보았다. 여기서는 두 개의 내시균형이 존재하는 경우를 알아본다.

예제 10-8

전 세계의 한 최첨단 전자부품을 A와 B 두 회사가 공급하고 있다. 현재 A사와 B사는 각각 50%의 시장을 확보하고 있으며 이 제품 판매를 통해 연간 8천억 원의 수익을 내고 있다. 이 상황에서 두 회사는 모두 공장 생산라인을 하나 더 늘리는 투자를 계획 중이다. A사만 투자하는 경우 A사의 수익은 늘어나고 B사의 수익은 줄어든다. 또, B사만 투자하는 경우 B사의 수익은 늘어나고 A사의 수익은 줄어든다. 만일 A사와 B사 모두 투자한다면 심각한 과잉설비를 갖게 되는 문제가 발생할 것으로 보인다. 이에 따라 공장의 가동률이 하락하고 수익성도 심각하게 하락할 것으로 보인다. 두 회사가 각각 투자를 할 것인지의 여부에 따른 미래의 연간 수익은 다음과 같을 것으로 추정된다.

| 표 10.10 | 보수표 (단위: 천억 원)

A \ B	현상유지	확장
현상유지	(8, 8)	(4, 16)
확장	(16, 4)	(2, 2)

먼저, 이 문제에는 우월전략이 없다. 내시균형을 알아보기 위한 최적반응전략 분석이 다음에 있다.

A \ B	현상유지	확장
현상유지	(8, 8)	(**4**, **16**)
확장	(**16**, **4**)	(2, 2)

이 표에서 파랗게 적은 숫자가 최적반응전략이다. 이 결과에 의하면 이 게임에는 두 개의 내시균형이 존재한다. 하나는 'A사 확장, B사 현상유지' 이고 또 하나는 'A사 현장유지, B사 확장' 이다. 상대방이 현상유지 하는 상황에서는 확장을 하는 것이 좋고 상대방이 확장을 하기로 한 상황에서는 자신은 현상유지가 좋은 것이다.

이 게임에서는 상대방이 현상유지하고 자신만 확장을 하게 된 회사가 승자라고 볼 수 있다. 그러나 두 회사가 모두 승자가 되기 위하여 확장을 하면 두 회사 모두에게 큰 손실이 발생한다. 이러한 상황의 게임을 '치킨게임' 이라고 한다. 이는 마치 혈기왕성한 두 젊은이가 더 담력 있는 사람을 정하기 위하여 각자 차를 몰고 절벽을 향해 고속으로 차를 몰다가 먼저 멈춘 쪽이 겁쟁이(chicken)가 된다는 승부에서 유래한 용어이다. 이 예제에서는 현상유지하기로 한 회사가 겁쟁이에 해당된다.

이 두 개의 내시균형 중에서 어느 것이 최종적인 결과가 될지는 알 수 없다. 내시균형은 일단 그 균형에 들어가면 그 균형을 벗어나지 못한다는 것만 알려 줄 뿐 어떻게 해서 그 균형에 들어가게 되는지에 대해서는 설명하지 못한다. 앞에서 다룬 비제로섬 게임문제들 중 우월전략해가 있는 경우에는 두 게임 참여자가 이 우월전략해를 찾아갈 것이라고 말할 수 있다. 또 앞에서 다룬 제로섬 게임들은 모두 내시균형이 Maxmin해가 되기 때문에 게임 참여자들이 내시균형을 찾아 갈 것이라고 말할 수 있다. 그러나 일반적인 비제로섬 문제에서는 이러한 설명이 불가능하다. 이 예제에서 두 개의 내시균형 중 어느 내시균형이 최종적인 결과가 될 지는 두 회사의 구체적인 상황, 제품의 생산과 판매에 관련된 국제적인 관습이나 규범 등의 영향으로 다양한 결과가 될 가능성이 있다. 또한 이러한 게임상황의 초기 단계에서 두 회사가 어떤 행동을 해 왔는지에 의해 좌우된다.

이러한 상황에서 이 두 회사가 이러한 치킨 게임 상황에 들어가지 않고 승자가 되는 한 가지 방법은 상대방보다 먼저 확장계획을 공약으로 발표하는 것이다. 그리고 이러한 공약은 나중에 말을 뒤집는 경우 페널티가 발생해야 공약으로서의 유효성을 가진다. 말을 뒤집는 경우에 발생하는 기업 이미지 하락, 기업 신인도 추락, 고객 이탈, 주가 하락, 매출 하락 등이 페널티가 될 수 있다. 예를 들어, A사가 먼저 확장계획을 발표했다고 하자. 그리고 나중에 이 공약을 뒤집고 현상유지로 돌아가는 경우 발생하는 모든 불이익이 3천억 원으로 평가된다고 하자. 그러면 이 경우 새로운 게임 보수표는 다음과 같다.

A \ B	현상유지	확장
현상유지(말을 바꿈)	(5, 8)	(1, 16)
확장	(**16**, **4**)	(2, 2)

이 새로운 보수표를 보면 A사는 확장을 하는 것이 우월전략이다. A사는 말을 바꿈에 따른 페널티를 생각하면 반드시 확장할 수밖에 없는 것이다. 그리고 A사가 확장을 선택할 것이라는 것은 B사도 뻔히 알 수 있는 사실이다. 이러한 사실을 아는 B사는 현상유지를 하는 것이 유리하므로 B사는 어쩔 수 없이 현상유지 할 수밖에 없게 된다.

이렇게 A사는 나중에 말을 바꾸면 큰 손실이 발생할 것을 알면서도 확장계획을 먼저 발표함으로써 '현상유지' 라는 선택을 스스로 차단하는 방법으로 승자의 자리에 오르게 된 것이다. 일종의 '배수의 진' 을 치고 게임을 승리로 이끈 것이다. A사는 '확장' 이 자신의 우월전략임을 B사에 알림으로써 B사의 포기를 이끌어 낸 것이다. 여기서 A사가 확장계획을 공약으로 발표했다는 점이 매우 중요하다. A사가 노력은 많이 하면서도 계획을 발표하지 않아서 B사는 그 사실을 모른다면 게임이 달라지지 않고 B사의 포기를 이끌어 낼 수가 없다. '배수의 진' 은 상대방에게 알려야 의미가 있다. 마찬가지로 B사도 비슷한 공약을 통해서 자신이 승자가 되고자 할 것이다. 이러한 상황에서는 누가 먼저 선수를 치는가가 중요하다.

이처럼 공약이란 이를 지키지 않는 경우 발생하는 많은 불이익으로 자신을 구속하고 이로써 상대방에게 자신의 선택은 이것뿐이라고 알리는 행위를 말한다. 세계적인 반도체 기업들은 생산라인의 대대적인 확장계획을 일찍 발표한다. 이는 단순한 장기경영계획 발표가 아니다. 경쟁회사들의 기를 죽이려는 의도가 상당히 들어있다고 볼 수 있다. 대부분의 상거래에서 계약을 하면서 계약금을 내는 것도 자신이 계약을 쉽게 해지하지 않는다는 공약이라고 할 수 있다. 어떤 이권을 놓고 개인적으로 경쟁하는 두 사람의 경우 이러한 공약은 때로는 위협이라고 부르기도 한다.

그러나 모든 게임에서 먼저 공약을 하는 사람이 승자가 되는 것은 아니다. 가위/바위/보 게임에서 자신이 무엇을 낼지 공개해 버린다면 그는 패자가 된다. 공약을 먼저 해서 선수를 칠 것인지 아닌지는 게임의 상황을 잘 보고 판단하여야 한다.

제11장에서 논의하는 혼합전략을 고려하면 이 치킨 게임에는 내시균형이 하나 더 존재한다. 이에 대해서는 11장에서 논의한다.

9. 사회적 딜레마

게임이론은 정치, 사회, 경제분야에서 다양한 문제들을 적절히 해석하는데 크게 활용되고 있다. 다음은 공공시스템이 부실한 경우 발생할 수 있는 도덕적 해이를 설명하고 있다.

예제 10-9 도덕적 해이

토목사업을 하고 있는 김 씨와 이 씨는 정부가 발주하는 새로운 사업에 참여할 계획에 있다. 두 사람 모두 정상적인 과정에 따라 참여하는 경우 이들 각각이 수주할 확률은 30%이다. 그러나 만일 이중 한 사람이 정부 관리에게 청탁을 한다면 그 사람의 수주 확률은 60%가 되고 상대방의 수주 확률은 10%가 된다. 만일 두 사람이 모두 정부 관리에게 청탁을 한다면 이들의 수주 확률은 각각 40%이다. 이 상황을 보수표로 정리해 보면 다음과 같다.

김 씨 \ 이 씨	정상	청탁
정상	(30, 30)	(10, 60)
청탁	(60, 10)	(40, 40)

이 게임에서는 김 씨와 이 씨 모두 '청탁'을 하는 것이 우월전략해이다. 각 사업자들이 결국은 자신의 이익을 위해서 행동한다고 할 때 모두 다 청탁에 매달릴 것이고 그대로 놓아 두면 이 공공시스템은 결국은 와해될 것이다. 이것은 일종의 사회적 딜레마이다.

특히 후진국에서는 이러한 사회적 딜레마가 곳곳에서 관찰된다. 버스 승강장에서 사람들이 줄을 서서 기다릴 때 새치기를 해서 끼어드는 사람은 시간을 줄일 수 있고 정상적으로 줄을 서 있는 사람은 기다리는 시간이 늘어난다. 두 사람이 새로 승강장에 도착했다고 할 때 이 두 사람은 모두 새치기를 하는 것이 유리하다. 만일 버스 타는 손님들이 모두 새치기를 한다면 이 공공서비스는 난장판이 될 것이다. 도로 위를 달리는 자동차에 대해서도 마찬가지다. 도로교통법을 지키지 않는 사람은 빨리 가고 지키는 사람은 늦어진다. 만일 모두 도로교통법을 지키지 않는다면 이 도로는 마비될 것이다. 우리나라의 교육시스템에서도 이러한 문제가 존재한다. 공교육에 충실한 사람보다 사교육을 받는 사람들의 성적이 좋아진다. 그러나 모두 사교육에 매달린다면 우리나라 교육시스템은 붕괴될 것이다. 이러한 사회적 딜레마를 어떻게 해소할 것인가?

다음은 또 다른 사회적 딜레마이다.

예제 10-10 무임승차 딜레마

친구 사이인 김 군과 이 군은 같이 저녁을 먹으려 만났다. 저녁 식사 전부터 저녁값을 놓고 머리싸움이 시작되었다. 두 사람은 각자 돈을 내려는 협조적인 전략과 돈을 안 내려는 배신의 전략 중 하나를 쓸 것이다. 전체 저녁값을 4만 원이라고 할 때 비용(단위: 만원)을 나타내는 보수표는 다음과 같다.

김 군 \ 이 군	협조	배신
협조	(2, 2)	(4, 0)
배신	(0, 4)	(10, 10)

두 사람이 모두 협조적이라면 각자 자신이 먹은 저녁값 2만 원을 내고 저녁을 먹는다. 이때의 비용은 각자 2만 원이다. 한 사람이 돈이 없다고 해서 다른 사람이 돈을 다 내면 돈을 낸 사람은 4만 원의 비용이 든다. 반면 얻어먹은 사람은 공짜로 저녁을 먹는다. 만일 두 사람이 모두 돈이 없다고 버티면 저녁 모임은 깨지고 서로에게 크게 실망하면서 헤어지게 된다. 이때 서로에게 실망한 정도는 금액으로 표현하면 꽤 클 것이다. 이를 한 10만 원이라고 하자.

이 문제에서 각자는 보수표의 숫자가 작은 것을 원한다. 이 문제에는 (협조, 배신), (배신, 협조)가 두 개의 내시균형이다. 각자 나는 돈을 안내고 저녁을 얻어먹는 것이 유리한 것이다. 이처럼 혜택은 받으면서도 그 부담은 지지 않으려는 사람을 무임승차자(free rider)라고 부른다.

이 두 개의 내시균형 중 어떤 것이 현실화될지는 알 수 없다. 두 사람의 성격, 주머니 사정, 그 날의 대화 분위기, 지난번 모임에서의 결과 등이 방향을 결정할 것이다. 이 문제도 치킨 게임에 속한다. 따라서 공약과 선점이 효과적일 수 있다. '나 오늘 지갑 두고 나왔어'라고 미리 말하는 것이다. 배수의 진을 치는 것이다. 예를 들어, 김 군이 '나 오늘 지갑 두고 나왔어'라고 했다고 하자. 그러면 이 군은 자신이 돈을 내고 저녁을 먹으면 비용이 4만 원이지만 이 군이 '나도 그래. 그럼 오늘 먹지 말자'라고 하면 두 사람 사이는 멀어지게 되고 이 군이 느끼는 섭섭함은 비용으로 치면 10만 원이다. 이런 상황을 원하지 않는 이 군은 자신이 저녁을 사게 될 것이다.

우리 주변에는 이런 프리라이더들이 자주 눈에 띈다. 이런 프리라이더가 있는 모임은 참여하는 사람의 숫자가 점점 줄어들 것이다. 결국은 그 모임 자체가 없어지게 될 가능성이 높다. 이처럼 나만 배신해도 괜찮다는 생각이 확대되어 전체의 이익이 손상되는 것을 무임승차 딜레마라고 한다. 제11장에서 논의하는 혼합전략을 고려하면 이 치킨 게임에는 내시균형이 하나 더 존재한다. 이에 대해서는 11장에서 논의한다.

예제 10-11 동업의 딜레마

김 군과 이 군은 작은 식당을 공동으로 창업하였다. 그런데 김 군과 이 군에게는 이 식당 이외에 다른 일을 아르바이트할 수 있는 기회를 가지고 있다. 이들이 이 식당에 전념할지 아니면 아르바이트를 뛸 것인지에 따른 보수표(단위: 천만 원/년)는 다음과 같다.

김 군 \ 이 군	협조(식당전념)	배신(아르바이트)
협조(식당전념)	(5, 5)	(2, 4)
배신(아르바이트)	(4, 2)	(3, 3)

김 군과 이 군이 모두 식당운영에 전념할 때 성공할지의 여부는 매우 불투명하지만 지금 예상으로는 일인당 연간 5천만 원의 소득이 생길 것으로 예상된다. 그러나 불투명한 미래에 불안을 느끼고 만일 이 중 한 명이 다른 아르바이트를 뛴다면 식당운영이 어려워져서 그는 연간 소득이 4천만 원이 예상되지만 식당에 전념한 상대방은 2천만 원이 예상된다. 만일 모두 아르바이트를 뛴다면 식당운영은 더 어려워지고 아르바이트 소득을 합쳐서 각각 3천만 원의 소득이 예상된다.

이 문제는 (협조, 협조)와 (배신, 배신)의 두 개의 내시균형을 가지고 있다. 이 두 개의 내시균형 중 어떤 것이 현실화될지는 알 수 없다. 이 상황도 두 사람의 성격, 경제적 상황, 상대방에 대한 믿음 등 다양한 요소들이 방향을 결정할 것이다. 여기서도 공약 또는 선언이 큰 의미가 있다. 한 사람이 식당에 전념할 것을 선언하면 상대방도 식당에 전념하는 것이 최적의 선택이다. 반면에 한 사람이 대놓고 아르바이트를 해야 하겠다고 선언하면 상대방도 아르바이트를 하는 것이 최적의 선택이다. 이러한 선언은 믿을 수 있어야 의미가 있다. 따라서 이 문제에서는 상대방에 대한 믿음이 무엇보다도 중요하다.

이 문제는 사슴사냥 게임(stag hunt game)이라고 불린다. 사슴은 크기 때문에 사슴사냥은 팀으로 이루어진다. 사슴사냥 팀이 사슴을 쫓고 있는 도중에 토끼가 나타났다고 할 때 팀 중의 한 명이 토끼를 쫓아간다면 사슴사냥은 성공하기 힘들다. 이러한 상황을 설명하며 붙여진 이름이다. 제11장에서 논의하는 혼합전략을 고려하면 이 치킨 게임에는 내시균형이 하나 더 존재한다. 이에 대해서는 11장에서 논의한다.

예제 10-12 부조리에 대한 항의

대기업 신입사원인 김 군과 이 군은 기업 안에 많은 부조리가 있음을 알게 되었다. 이 부조리에 대하여 이들은 각각 순응할 수도 있고 항의할 수도 있다. 이 각각의 경우에 이들의 보수는 다음과 같다.

김 군 \ 이 군	순응	항의
순응	(3, 3)	(3, 2)
항의	(4, 2)	(5, 5)

이들이 회사의 부조리에 눈을 감고 순응하면 각기 만족도 3을 가진다. 만일 이들 중 한 명이 회사의 부조리에 항의하면 그는 회사 안에서 어려움을 겪게 되어 그의 만족도는 2가 된다. 만일 이들 모두 회사 부조리에 항의한다면 그 부조리는 해소되어 둘 다 5의 만족도를 가지게 된다.

이 문제는 (순응, 순응)과 (항의, 항의)의 두 개의 내시균형을 가지고 있다. 이 두 개의 내시균형 중 어떤 것이 현실화될지는 알 수 없다. 이 상황에서는 두 사람의 성격, 처한 처지, 상대방에 대한 믿음, 회사의 분위기, 사회적 분위기 등 다양한 요소들이 방향을 결정할 것이다. 여기서도 공약이나 선언이 큰 의미가 있다. 한 사람이 순응할 것이라고 선언한다면 다른 사람도 순응하는 것이 최선이다. 반면에 한 사람이 항의할 것이라고 선언하면 다른 사람도 쫓아서 항의하는 것이 최선이다. 물론 이러한 선언은 믿음이 있어야 하기 때문에 선언한 사람이 평소에 믿음성 있게 행동하는 사람인지가 중요한 요소가 된다. 이 문제는 지원자의 딜레마라고 부른다. 부조리를 보고 이에 맞서기 위해 나서는 지원자의 딜레마라고 할 수 있다. 제 11장에서 논의하는 혼합전략을 고려하면 이 치킨 게임에는 내시균형이 하나 더 존재한다. 이에 대해서는 11장에서 논의한다.

10. 연합 – 다수인 게임

게임에 참여하는 플레이어들의 수가 3명 이상이 되면 이 중에 일부가 서로 연합(Coalition)을 시도할 수 있기 때문에 게임문제는 매우 복잡해진다. 연합은 불안정한 게임상황을 안정화 시키는 중요한 역할을 할 수 있다. 2명이 서로 경쟁하며 싸우는 게임상황에서 한 명이 더 있어서 3인 게임이 되었다고 하자. 만일 이 중에 2명이 연합을 한다면 나머지 한 명은 연합한 두 명의 의견에 승복하게 되기 쉽고 이렇게 해서 불안정한 상황을 벗어날 수 있다. 이로써 두 명으로 이루어진 하나의 작은 조직이 생기게 된다. 이러한 조직은 서서히 규모를 늘려가게 된다. 연합은 동물의 세계에서도 흔히 목격된다. 침팬지 무리에서 지도자의 위치를 차지하는 것은 육체적으로 강하기 때문이 아니고 더 크고 안정된 동맹을 이끌기 때문이다. 이를 위해 동맹 구성원들 간의 결속을 위한 스킨십은 필수적이다. 대장 침팬지는 다른 침팬지들을 계속 핥아주며 선거에 출마한 정치인들은 주민들에게 끝없이 악수를 청한다.

이러한 조직은 조금씩 더 크게 발전하여 무리를 이룬다. 이 무리는 어느 정도의 크기가 되면 스킨십만으로 유지하기는 어려워진다. 인류 사회에서 이 규모를 넘어서 동맹을 유지하는 것은 구호나 공약, 또는 신화 같은 것들이다. 이런 것들은 동물의 사회에서 찾을 수 없다. 여기에서 동물의 사회와 인류 사회가 차이가 나기 시작한다. 사실 여부를 확인할 수 없는 어떤 주장이 먹혀들면 이를 따르는 큰 조직이 만들어질 수 있다. 이렇게 해서 작은 부족국가가 나타나고 이는 후에 국가로 발전하게 된다. 이러한 국가들은 또 다시 연합체를 형성하게 된다. 중국 춘추전국시대의 합종연횡, 현대 국가들 간의 각종 군사동맹, 다양한 경제블록 등은 이러한 연합의 예라고 할 수 있다.

연합은 이렇게 분쟁으로 발전하는 것을 막고 안정된 조직을 발전시켜 나가는 순기능이 있는 반면 연합한 2명이 나머지 한 명을 고립시킬 수도 있다. 2명의 아이들이 사이좋게 놀고 있는 도중에 1명이 더 끼게 되면 몇 시간 후에 따돌림을 당한 한 아이가 울고 나오는 경우를 자주 본다. 구성원의 수가 많아지면 이 문제는 조직적인 충돌로 발전하기도 하고 폭력을 낳기도 한다. 이러한 폭력은 집단 살해와 전쟁으로 발전하기도 한다. 그러나 부족국가 수준의 연합체만 있었던 고대에 비해 거대한 연합체인 국가로 발전한 현대 사회가 훨씬 안전한 사회라는 점은 많은 역사적 자료들을 통하여 확인할 수 있다.

또 언제든지 현재의 연합을 깨버리고 새로운 편을 형성할 수도 있기 때문에 이러한 게임은 변화무쌍한 동태를 보이게 된다. 정치인들의 이합집산을 보면 그 변화무쌍한 행태를 볼 수 있다. 이러한 역동적인 행태는 그 사회가 새로운 변화를 수용할 수 있는 새로운 기본적 틀을 제공한다는 점에서 긍정적인 기능이라고 볼 수 있다. 그러나 목표도 소신도 없는 정치인들의 이합집산을 우리는 많이 목격하고 있다. 비록 이러한 종류의 문제를 분석할 수 있는 이론의 정립이 아직 미흡하지만 게임이론적으로 문제를 분석하려는 시도는 정치, 경제, 사회, 경영, 공공정책분석 등 거의 모든 분야에서 활발히 이루어지고 있다.

제10장_ 연습문제 A(상세 해답 포함)

1 다음의 의사결정문제가 '최적화' 문제인지 '게임문제' 인지 구분하시오.

(가) 제품의 품질향상방안

(나) 물품의 수송비절감방안

(다) 전쟁수행방법

(라) 프로야구 승리전략

(가) 최적화문제. (나) 최적화문제. (다) 게임문제. (라) 게임문제

2 다음의 제로섬 게임 문제를 생각해 보자.

김 씨 \ 이 씨	전략 1	전략 2	전략 3
전략 1	(2, −2)	(5, −5)	(3, −3)
전략 2	(1, −1)	(−5, 5)	(4, −4)

(가) 열등한 전략을 제거하는 방법으로 해를 구하시오.

(나) 내시균형 분석을 통해 내시균형을 구하시오.

(다) Maxmin분석으로 Maxmin해를 구하시오.

(가) 이 씨의 전략 3은 전략 1에 비해 열등하므로 제거한다. 그리고 나면 김 씨의 전략 2는 전략 1에 비해 열등하므로 지운다. 그러면 이 씨는 전략 1을 선택한다. 이 게임의 해는 김 씨는 전략 1, 이 씨도 전략 1을 선택하는 것이다. 김 씨는 이 씨에게서 2만큼을 가져온다.

(나)

김 씨 \ 이 씨	전략 1	전략 2	전략 3
전략 1	(**2**, **−2**)	(**5**, −5)	(3, −3)
전략 2	(1, −1)	(−5, **5**)	(**4**, −4)

(가)에서 구한 해와 같다.

(다)

김 씨 \ 이 씨	전략 1	전략 2	전략 3
전략 1	(**2**, **−2**)	(5, **−5**)	(3, −3)
전략 2	(1, −1)	(**−5**, 5)	(4, **−4**)

(가)의 해와 같다.

3 (예산확보문제)

노트북 PC를 제조 판매하는 L전자는 두 개의 영업부서를 가지고 있는데 개인영업부는 개인을 대상으로 영업활동을 하며 법인영업부는 법인을 대상으로 하고 있다. L전자에서는 내년도 총영업활동비로 100억 원을 책정하였으며, 개인영업부와 법인영업부는 각기 내년도 판촉안을 제출하여 그 결과에 따라 이 영업활동비를 나누어 배정받게 된다. 개인영업부에서는 두 개의 판매전략을 세웠으며, 이 각각에 따라 A_1과 A_2 두 개의 판촉안을 준비하였다. 마찬가지로 법인영업부에서도 두 개의 판매전략을 세웠으며, 이 각각에 따라 B_1과 B_2 두 개의 판촉안을 준비하였다. 두 영업부가 어떤 판촉안을 들고 나오는가에 따라 예산배정은 달라질 것으로 예상되는데 그 결과를 정리하면 다음과 같다.

개인영업부 \ 법인영업부	B_1	B_2
A_1	(70, 30)	(50, 50)
A_2	(40, 60)	(30, 70)

두 영업부가 더 많은 예산을 가져가려고 서로 눈치 싸움을 벌이고 있는 이 상황은 결국 어떻게 결론날 것인가?

이 문제에서 내시균형을 구해보기 위하여 최적반응전략을 구하면 다음과 같다.

개인영업부 \ 법인영업부	B_1	B_2
A_1	(**70**, 30)	(**50**, **50**)
A_2	(40, 60)	(30, **70**)

이 결과에 의하면 개인영업부의 전략 A_1과 법인영업부의 전략 B_2에 해당하는 괄호안의 두 숫자 모두 진하게 적혀져 있다. 따라서 이 셀이 이 문제의 내시균형이다. 제로섬 게임이므로 이 균형은 또한 Maxmin해이다. 따라서 개인영업부는 판촉안 A_1을 제출하는

것이 가장 바람직하고 법인영업부는 판촉안 B_2를 제출하는 것이 가장 바람직하다. 그리고 예산을 각각 50억 원씩 배정받게 될 것이다.

4 다음의 비제로섬 게임을 생각해 보자.

김 군 \ 이 군	전략 1	전략 2
전략 1	(2, 2.5)	(1.5, 3)
전략 2	(4, 2)	(2.5, 4)

(가) 우월전략해를 구하시오.

(나) 최적반응전략 분석으로 내시균형을 구하시오.

(가) (나) 김 군은 전략 2, 이 군도 전략 2를 선택

5 다음의 비제로섬 게임을 생각해 보자.

김 군 \ 이 군	협조	배신
협조	(3, 3)	(1, 5)
배신	(5, 1)	(2, 2)

(가) 내시균형을 구하시오.

(나) 이 게임은 어떤 게임인가?

(가) 김 군과 이 군 모두 배신하는 것이 우월전략해이다.

(나) 죄수들의 딜레마이다.

6 다음의 비제로섬 게임을 생각해 보자.

김 군 \ 이 군	협조	배신
협조	(3, 3)	(2, 5)
배신	(5, 2)	(4, 4)

(가) 이 상황이 죄수들의 딜레마인가?

(나) 실제로 어떤 상황에서 이런 게임상황이 발생할 수 있는가?

(다) 내시균형을 구하시오.

(라) 내시균형을 해석하시오.

(가) 이 상황은 죄수들의 딜레마는 아니다.

(나) 공공기관에서 제공하는 서비스가 부실하고 민간 서비스가 더 효과가 있는 경우 이러한 상황이 발생할 수 있다. 협조는 공공기관을 사용하는 것이고 배신은 민간기관을 사용하는 것이다. 교육, 의료 서비스에 이러한 상황이 있을 수 있다.

(다) 1개의 내시균형이 있다.

김 군: 배신, 이 군: 배신

(라) 모두 민간 서비스를 찾아 갈 것이다.

제10장_ 연습문제 B

1 다음의 각 제로섬 게임문제에서 내시균형, Maxmin해를 구하시오.

(가)

김 군 \ 이 군	전략 1	전략 2
전략 1	(2, −2)	(3, −3)
전략 2	(−4, 4)	(1, −1)

(나)

김 군 \ 이 군	전략 1	전략 2
전략 1	(2, −2)	(3, −3)
전략 2	(−4, 4)	(−5, 5)

(다)

김 군 \ 이 군	전략 1	전략 2
전략 1	(4, −4)	(7, −7)
전략 2	(3, −3)	(8, −8)

2 다음의 비제로섬게임 문제에서 내시균형이 있는지 알아보고 있는 경우 이들을 구하시오.

(가)

김 군 \ 이 군	전략 1	전략 2
전략 1	(5, 2)	(2, 4)
전략 2	(6, −1)	(3, 1)

(나)

김 군 \ 이 군	전략 1	전략 2
전략 1	(10, 8)	(2, 16)
전략 2	(15, 0)	(1, 4)

(다)

김 군 \ 이 군	전략 1	전략 2
전략 1	(9, 8)	(5, 4)
전략 2	(0, −2)	(2, 2)

제 11 장 게임이론 – 혼합전략해

본 장에서는 여러 전략에 일정한 확률을 주고 이 확률에 따라 랜덤하게 하나의 전략을 선택하는 방식인 혼합전략(Mixed Strategy)에 대해 알아본다. 10장에서는 순수전략만을 고려한 Maxmin해와 내시균형에 대해 알아보았으며 이 경우 해가 존재하지 않는 경우들이 많이 있었다. 이러한 경우에는 전략선택을 혼합전략으로 넓힐 필요가 있다.

그러나 10장의 내용만으로도 게임이론에 대해 많은 것을 이해할 수 있고 다양한 사회현상과 경영문제들에 대한 이해를 높일 수 있다. 11장의 내용은 약간의 수학적 분석을 필요로 한다. 필요에 따라 11장은 생략할 수 있을 것이다.

1. 제로섬 게임의 혼합전략

제로섬 게임의 혼합전략해의 의미를 좀 더 알기 쉽게 이해하기 위해 다음과 같은 간단한 스포츠 게임문제를 이용해 보자.

예제 11-1 축구 승부차기

축구시합에서 승부차기를 한번 하게 되었다. 공격수는 우측, 좌측 중 한 곳으로 공격할 것을 생각하고 있고 골키퍼는 우측, 좌측 중 한 곳을 막을 것을 생각하고 있다. 선발된 공격수와 골키퍼는 과거에 여러 번 맞붙은 적이 있어서 각각의 경우의 성공률을 예상할 수 있다. 공격수가 우측을 공격했을 때, 골키퍼가 우측을 막는다면 골 성공확률은 40%, 좌측을 막는다면 80%이다. 공격수가 좌측으로 찼을 때, 골키퍼가 우측을 막는다면 골 성공확률은 90%, 좌측을 막는다면 30%이다. 이를 표로 정리하면 다음과 같다.

| 표 11.1 | 승부차기 성공확률과 방어확률

(단위 : %)

공격수 \ 골키퍼	우측	좌측
우측	(40, 60)	(80, 20)
좌측	(90, 10)	(30, 70)

이 표의 괄호안의 첫 번째 숫자는 골 성공확률, 두 번째 숫자는 골키퍼의 방어확률이다. 이 두 값의 합은 항상 100%이다. 이 공격수는 골키퍼가 반대 방향을 막는다면 좌측을 공격하는 것이 우측을 공격하는 것보다 성공확률이 높다. 그러나 골키퍼가 막고 있다면 우측을 공격하는 것이 성공확률이 더 높다. 두 사람 모두 상대방을 잘 알고 경험도 많으며 똑똑한 사람이라고 할 때 공격수는 어떻게 하고 골키퍼는 어떻게 하여야 할까? 그 결과 이 승부차기의 성공확률은 얼마가 될까?

이 게임은 두 사람에 대한 보수의 합이 항상 100%인 일정합 게임(Constant-sum Game)이다. 일정합 게임문제는 언제나 제로섬게임 문제로 바꿀 수 있다. 이 문제에서 공격수의 성공확률 50%, 골키퍼의 방어확률 50%를 기준으로 생각하면 이 문제는 다음과 같은 제로섬게임 문제가 됨을 알 수 있다.

(단위 : %)

공격수 \ 골키퍼	우측	좌측
우측	(−10, 10)	(30, −30)
좌측	(40, −40)	(−20, 20)

그러나 이 문제를 설명하는 데에는 제로섬 보수표보다는 표 11.1의 일정합 보수표가 더 이해하기 쉽기 때문에 표 11.1을 가지고 설명하도록 하자. 먼저 순수전략 내시균형을 구해보자. 이를 위해 최적반응전략을 구해보면 다음을 얻는다.

(단위 : %)

공격수 \ 골키퍼	우측	좌측
우측	(40, **60**)	(**80**, 20)
좌측	(**90**, 10)	(30, **70**)

이 결과에 의하면 순수전략 내시균형이 없음을 알 수 있다.

이 문제는 제로섬 게임이고 내시균형이 없으므로 Maxmin해도 없을 것이다. 실제로 표 11.1에 Maxmin분석을 수행해 보면 다음을 얻는다.

| 표 11.2 | [예제 11-1]의 Maxmin 분석

(단위 : %)

공격수 \ 골키퍼	우측	좌측
우측	(**40**, 60)	(80, **20**)
좌측	(90, **10**)	(**30**, 70)

이 결과에 의하면 공격수는 우측으로 공격하며 골키퍼가 우측을 막을 것이라고 우려하며 이때 성공확률을 40%라 생각한다. 반면 골키퍼는 좌측을 막으며 공격수가 우측으로 공격할 것이라고 우려하며 이때 방어확률을 20%라고 생각한다. 성공확률과 방어확률의 합은 100%가 되어야 하므로 이 분석결과는 해가 되지 못한다. 두 사람 모두 다 나쁜 결과만 너무 걱정하고 있다.

이제 현재의 상황을 다시 분석해 보자. 표 11.1에서 볼 때, 예를 들어 공격수가 우측을 공격하려 한다고 해 보자. 만일 골키퍼가 이를 눈치 챈다면 골키퍼는 우측을 막을 것이고 골 성공확률은 40%가 된다. 이러한 사실을 공격수가 예상하게 되면 공격수는 우측을 공격하는 척하면서 좌측을 공격함으로써 성공확률을 90%로 높일 수 있다. 그러나 공격수는 이러한 전략을 항상 쓸 수는 없다. 골키퍼도 이지적인 사람이기 때문에 공격수의 이러한 전략을 눈치 채게 되면 골키퍼는 다시 좌측을 막을 것이며 이 경우 골 성공확률은 30%가 된다. 이러한 골키퍼의 생각을 공격수가 다시 눈치 챈다면 공격수는 다시 오른쪽을 공격하여 성공확률을 80%로 높이려 할 것이다. 그러나 이러한 전략도 항상 쓸 수는 없다. 결국 공격수는 우측을 공격하는 전략과 좌측을 공격하는 전략을 적당히 섞어서 사용하여야 한다. 바로 혼합전략을 사용하여야 한다. 비슷한 이유로 골키퍼도 우측을 막는 전략과 좌측을 막는 전략을 섞어서 사용하여야 한다. 즉, 혼합전략을 고려하여야 한다.

앞의 10장에서 논의한 내시균형은 순수전략만을 고려한 내시균형이다. 이러한 내시균형의 의미는 혼합전략을 사용하는 경우로 그대로 확장할 수 있다. 두 플레이어가 각각 하나의 혼합전략을 선택했을 때 상대방이 상대방의 혼합전략을 고수하는 한 자신이 선택한 혼합전략이 가장 최적이라면 이 상태가 내시균형이다. 혼합전략에서는 확률을 사용하여야 하므로 최적이라는 것은 기댓값을 기준으로 가장 큰 값이라는 뜻이다. 내시균형에서는 상대방이 선택한 혼합전략에 대해서 서로 최적인 반응을 보이고 있는 상태에 있기 때문에 다른 전략으로 바꿀 필요가 없다. 이는 이 균형이 안정적이라는 것을 뜻한다.

또, 10장에서 논의한 제로섬게임의 Maxmin해는 순수전략만을 고려한 Maxmin해이다. Maxmin해의 의미도 혼합전략을 사용하는 경우로 그대로 확장할 수 있다. 여기서는 각 플레이어가 자신이 어떤 한 혼합전략을 선택할 때 나올 수 있는 여러 결과 중 가장 최악의 결과에만 관심을 가지고 이를 기준으로 의사결정을 한다. 여기서 최악이란 기댓값을 기준으로 가장 작은 값이라는 뜻이다.

제로섬 게임에서 순수전략만을 고려하는 경우 내시균형은 Maxmin해와 항상 같아진다는 사실을 우리는 알고 있다. 이 사실은 혼합전략을 고려하는 경우에도 성립한다는 것이 증명되어 있다. 이에 대해서는 뒤에서 설명한다. 즉, 제로섬 게임에서 혼합전략을 고려하는 경우에도 내시균형은 Maxmin해와 항상 같아진다. 따라서 제로섬 게임에서는 Maxmin해를 통하여 내시균형을 구할 수 있다.

2. 혼합전략 Maxmin해

[예제 11-1]은 제로섬 게임이므로 혼합전략 Maxmin해를 구하여 혼합전략 내시균형을 구해 보자. 먼저 공격수의 혼합전략을 생각해 보자. 이를 위해 공격수가 우측을 선택할 확률을 p, 좌측을 선택할 확률을 $(1-p)$라고 두자. 이 경우 골키퍼가 우측을 막는다면 p의 확률로 40%의 성공확률, $(1-p)$의 확률로 90%의 성공확률을 가지게 된다. 따라서 성공확률은 $40p + 90(1-p) = 90 - 50p\,(\%)$가 된다.

$90 - 50p$ (골키퍼가 우측을 막는 경우)

반면에 골키퍼가 좌측을 막는 경우에는 p의 확률로 80%의 성공확률, $(1-p)$의 확률로 30%의 성공확률을 가지게 된다. 따라서 성공확률은 $80p+30(1-p)=30+50p$(%)가 된다.

$30+50p$ (골키퍼가 좌측을 막는 경우)

그림 11.1에 이 성공확률들이 그래프로 표현되어 있다.

그림 11.1 공격수의 의사결정

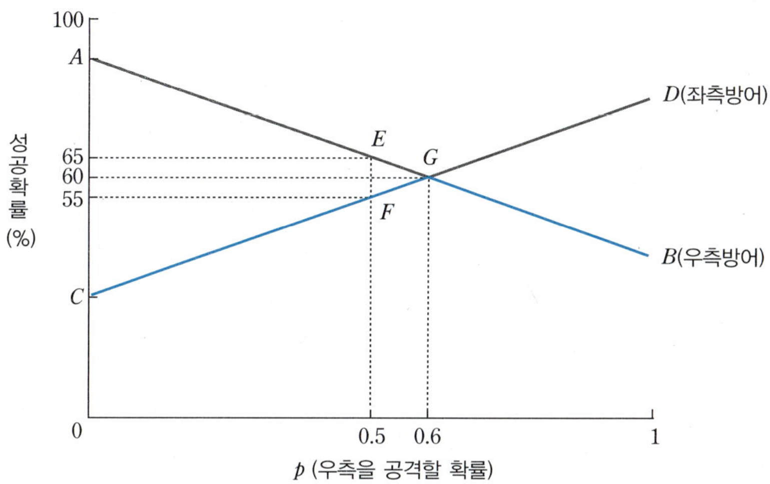

이 그래프에서 직선 AB는 골키퍼가 우측을 방어할 때의 골 성공확률 $(90-50p)$를 나타낸 것이고, 직선 CD는 골키퍼가 좌측을 방어할 때의 골 성공확률 $(30+50p)$를 나타낸 것이다. 이제 예를 들어 공격수가 우측과 좌측을 반반의 확률로 무작위로 선택하는 혼합전략을 쓴다면 $p=0.5$이다. 이때, 직선 AB 위의 점 E는 65%로서 골키퍼가 우측을 방어할 때의 성공확률이다. 그리고 직선 CD 위의 점 F는 55%로서 골키퍼가 좌측을 방어할 때의 성공확률이다. 공격수는 골키퍼가 이지적이고 합리적인 사람이라고 생각하고 있다. 자신이 우측과 좌측을 반반의 확률로 무작위로 선택하는 혼합전략을 쓸 것이라는 사실을 골키퍼가 눈치 챘을 것으로 생각하고 있다. 그리고 이러한 골키퍼는 좌측을 방어하는 것이 골키퍼에게 가장 유리하다는 것을 알 것이고, 따라서 E와 F중 적은 값인 F가 실현될 것이라고 공격수는 예상한다. 따라서 공격수는 자신이 우측과 좌측을 반반의 확률로 무작위로 선택한다면 골키퍼가 좌측을 방어할 것이라고 생각하여 골 성공확률이 55%일 것으로 예상한다.

마찬가지로 다른 p값에 대해서도 직선 AB의 값과 직선 CD의 값을 비교하여 작은 값이 성공확률이 될 것으로 생각한다. 이는 수비수의 전략선택에 따른 두 가지 결과 중에서 나쁜 쪽이 실현될 것이라고 생각하기 때문이다. 그래프를 보면 직선 AB와 직선 CD 중에 작은 쪽은 꺾은 선 CGB가 됨을 알 수 있다. 공격수는 자신의 다양한 확률선택에 따라 그 결과는 CGB가 될 것으로 생각하며, 이 결과가 가장 좋아지게 p를 선택하기를 원한다. 따라서 공격수의 선택은 점 G에 해당하는 p값이며 이 값은

$$90 - 50p = 30 + 50p$$

를 풀어서 구할 수 있고 $p = 0.6$을 얻는다. 즉, 공격수의 Maxmin결과는 우측을 0.6의 확률로, 좌측을 0.4의 확률로 선택할 것이라는 것을 알 수 있다. 그리고 이때 성공확률은 $90 - 50 \cdot 0.6 = 60\%$이다.

골키퍼의 혼합전략도 비슷한 방법으로 구할 수 있다. 골키퍼가 우측을 막을 확률을 q라고 두자. 이 경우에는 보수표의 괄호 안에 있는 두 숫자 중 두 번째 숫자를 기준으로 생각하여야 한다. 만일 공격수가 우측을 공격한다면 q의 확률로 60%의 방어확률, $(1-q)$의 확률로 20%의 방어확률을 가지게 된다. 따라서 방어확률은 $60q + 20(1-q) = 20 + 40q(\%)$이다.

$$20 + 40q \qquad \text{(공격수가 우측을 공격하는 경우)}$$

반면에 공격수가 좌측을 공격한다면 q의 확률로 10%의 방어확률, $(1-q)$의 확률로 70%의 방어확률을 가지게 되므로 방어확률은 $10q + 70(1-q) = 70 - 60q(\%)$가 된다.

$$70 - 60q \qquad \text{(공격수가 좌측을 공격하는 경우)}$$

그림 11.2에 이 방어확률들이 그래프로 표현되어 있다.

이 그래프에서 직선 AB는 우측공격 시의 기댓값 $(20 + 40q)$를 나타낸 것이고, 직선 CD는 좌측공격 시의 기댓값 $(70 - 60q)$를 나타낸 것이다. 이 중에 작은 값은 꺾은 선 AGD가 됨을 알 수 있다. 골키퍼도 자신의 다양한 확률선택에 따라 그 결과는 AGD가 될 것으로 생각하며 이 결과가 가장 좋아지게 q를 선택하기를 원한다. 따라서 골키퍼의 선택은 점 G에 해당하는 q값이며 이 값은

$$20 + 40q = 70 - 60q$$

그림 11.2 골키퍼의 의사결정

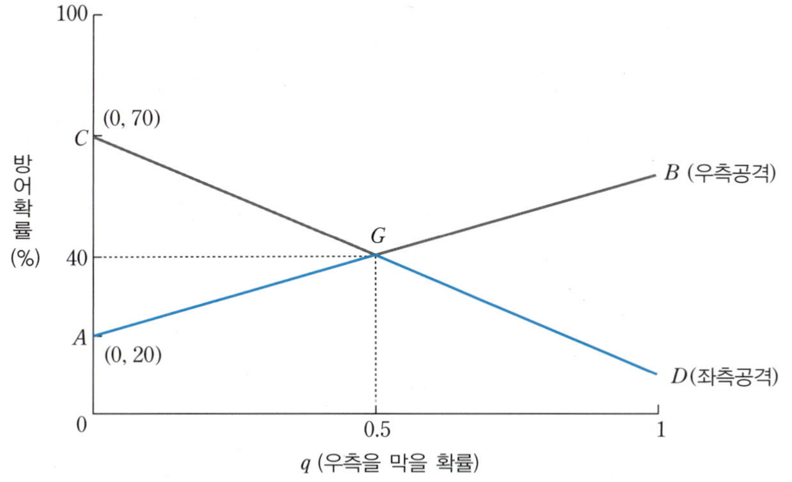

를 풀어서 구할 수 있고 $q = 0.5$를 얻는다. 즉, 골키퍼의 Maxmin 결과는 우측을 0.5의 확률, 좌측을 0.5의 확률로 선택하는 것이다. 이때 방어확률은 $20 + 40 \cdot 0.5 = 40(\%)$가 된다.

지금까지 나온 결과를 정리하면 다음과 같다.

〈[예제 11-1]의 혼합전략 Maxmin해〉

- 공격수는 우측과 좌측을 각각 0.6, 0.4의 확률로 선택
- 골키퍼는 우측과 좌측을 각각 0.5, 0.5의 확률로 선택
- 공격수의 성공확률 = 60%
- 골키퍼의 방어확률 = 40%

이 해는 성공확률과 방어확률의 합이 100%라는 조건을 만족하는 혼합전략 Maxmin해이다. 그리고 제로섬 게임이기 때문에 이 해는 혼합전략 내시균형이다.

과연 혼합전략을 사용하는 것이 순수전략을 사용하는 것보다 유리한가? 유리하지 않다면 의사결정자들은 혼합전략을 선택하지 않을 것이다. 표 11.2에 있는 순수전략 Maxmin분석과 여기서 얻은 혼합전략 Maxmin해를 비교해 보면 공격수의 경우 순수전략을 통해 40%의 성공확률을 예상하는 반면 혼합전략 Maxmin해를 사용하면 60%의 성공확률을 예상할 수 있다. 따라서 공격수는 혼합전략을 원할 것이다. 또한 골키퍼도 순수전략을 사용하면 20%의 방어확률을 예상하는 반면 혼합전략을

사용하면 40%의 방어확률을 가질 수 있다. 결국 공격수와 골키퍼는 모두 혼합전략해가 본인에게 유리하다고 생각하게 된다. 따라서 둘 다 순수전략보다 혼합전략을 사용할 것이다.

표 11.1을 보면 공격수는 (골키퍼가 없는 경우) 좌측 슛이 특기다. 그렇지만 게임의 해를 보면 공격수는 우측으로 찰 확률을 더 높게 잡는다. 왜 그런가? 골키퍼를 생각하지 않으면 공격수는 좌측으로 찰 것이다. 그러나 이 사실을 골키퍼가 알고 있기 때문에 골키퍼는 좌측으로 뛸 확률을 높일 것이다. 이 사실을 공격수가 읽게 되면 공격수는 우측으로 찰 확률을 높이는 것이 더 바람직하다. 자신의 주특기를 무기로 삼으면서 그것을 사용하지 않고 반대로 공격한다. 이것은 테니스나 복싱에도 적용되는 게임이론의 핵심인 전략적 사고의 진수다. 우리에게는 성동격서(聲東擊西)로 알려진 전략이다. 골키퍼도 마찬가지로 비슷한 전략적 사고를 하게 된다. 이러한 공격수와 골키퍼의 전략적 사고가 첨예하게 진행되어 마침내 균형에 도달한 것이 내시균형이다.

만일 공격수가 우측을 공격할 확률 $p=0.4$를 선택해서 자신의 특기인 좌측 슛을 60%의 좀 더 높은 확률로 공격하려 한다고 하면 오히려 더 불리한 상황을 걱정해야 한다. 공격수는 자신이 $p=0.4$로 좌측을 좀 더 많이 공격하려 마음먹은 후에는 최악의 상황을 걱정하게 된다. 이 최악의 상황은 자신이 $p=0.4$로 좌측을 좀 더 많이 공격하려 한다는 사실을 골키퍼가 눈치 챈 상황이다. 이 최악의 상황에서 골키퍼는 우측을 막으면 방어율이 $60 \cdot 0.4 + 10 \cdot 0.6 = 30\%$, 좌측을 막으면 방어율이 $20 \cdot 0.4 + 70 \cdot 0.6 = 50\%$라고 생각할 것이므로 골키퍼는 좌측을 막을 것이고 그 결과 방어율은 50%, 골 성공확률도 50%가 될 것이다. 따라서 공격수는 성공확률이 50%로 떨어질 것을 우려하게 된다. 이 결과는 Maxmin해의 성공확률 60%보다 더 나쁜 결과다. 따라서 공격수는 $p=0.4$를 사용하지 않고 Maxmin해를 사용하는 것이 더 낫다고 생각할 것이다. 다른 p값에 대해서도 마찬가지다. 비슷한 분석을 골키퍼에게도 적용할 수 있다.

만일 이 예제와 같은 상황이 한 번만 발생하는 것이 아니고 이 두 사람이 선수로서 활동하는 기간 동안 서로 만나는 승부차기마다 발생하는 상황일 수 있다. 이 경우 이 게임은 여러 번 반복이 될 것이다. 통계학의 대수의 법칙(law of large numbers)에 따르면 이렇게 여러 번 반복되는 게임에서 장기적인 평균 성공률이나 방어율은 확률에 의한 기댓값과 같아진다. 따라서 이러한 혼합전략해는 여러 번 반복되는 제로섬 게임에서 특히 중요한 의미를 가진다. 도박과 같은 대부분의 내기 게임들이 이러한 부류의 문제들에 속한다. 이에 대해서는 3절에서 더 상세히 다룬다.

이 예제에서 만일 두 사람이 앞으로 다시는 만날 것 같지 않아서 장기적인 성공률이나 방어율에는 관심이 없고 오로지 이 한 번의 승부차기의 결과에만 관심이 있다면 이 승부차기의 결과는 승부차기가 끝나야 알 수 있는 예측불허의 상황이다. 이 경우 내시균형은 두 사람에게 하나의 참고로 사용될 수 있을 것이다.

2인제로섬 게임의 혼합전략 Maxmin 해를 구하는 방법을 정리하면 다음과 같다.

〈2인제로섬(일정합) 게임의 혼합전략 Maxmin 해〉

A와 B 두 플레이어가 각각 두 개의 전략을 가지고 있는 2인제로섬(일정합) 게임에서 다음과 같은 일반적인 보수표를 생각해 보자.

A \ B	전략 1	전략 2
전략 1	$(a_{11},\ b_{11})$	$(a_{12},\ b_{12})$
전략 2	$(a_{21},\ b_{21})$	$(a_{22},\ b_{22})$

여기서 $a_{11}+b_{11}=c$, $a_{12}+b_{12}=c$, $a_{21}+b_{21}=c$, $a_{22}+b_{22}=c$이고 c는 하나의 상수이다.

A가 전략 1과 전략 2를 선택할 확률을 각각 p, $(1-p)$라고 하고 B가 전략 1과 전략 2를 선택할 확률을 각각 q, $(1-q)$라고 하자. 그러면 다음의 두 식의 해가 혼합전략해이다.

$$a_{11}p + a_{21}(1-p) = a_{12}p + a_{22}(1-p), \qquad 0 \le p \le 1$$
$$b_{11}q + b_{12}(1-q) = b_{21}q + b_{22}(1-q), \qquad 0 \le q \le 1$$

이 식들의 해가 없는 경우에는 순수전략해가 항상 존재한다.

이제 10장에서 다룬 [예제 10-3]으로 돌아가 보자. 10장에서는 순수전략만 고려했기 때문에 이 문제의 해를 구하지 못했다. 이제 혼합전략 Maxmin해를 구해보자. 이 예제의 단순화된 보수표는 다음과 같다.

김 씨 \ 이 씨	단합대회	상대방공략
상대방공략	(30, −30)	(10, −10)
중도층공략	(20, −20)	(40, −40)

김 씨가 '상대방공략' 전략을 사용할 확률을 p라고 하고 이 씨가 '단합대회' 전략을 사용할 확률을 q라고 하자. 그러면 다음의 해가 혼합전략 Maxmin해가 된다.

$$30p + 20(1-p) = 10p + 40(1-p)$$
$$-30q - 10(1-q) = -20q - 40(1-q)$$

이 식에서 $p = 0.5$, $q = 0.75$를 얻는다. 이때의 기댓값은 김 씨가 25, 이 씨가 −25이다.

〈[예제 10-3]의 혼합전략 Maxmin해 〉

- 김 씨는 '상대방공략' 을 50%, '중도층공략' 을 50%의 확률로 선택
- 이 씨는 '단합대회' 를 75%, '상대방공략' 을 25%의 확률로 선택
- 김 씨의 예상 추가득표 = 25표
- 이 씨의 예상 추가득표 = −25표

10장의 표 10.8에 있는 순수전략 Maxmin분석과 여기서 얻은 혼합전략 Maxmin해를 비교해 보면 김 씨의 경우 순수전략을 통해 20표의 득표를 예상하는 반면, 혼합전략을 통해 25표의 득표를 예상할 수 있으므로 혼합전략이 유리하다고 생각하게 된다. 또한 이 씨의 경우에도 순수전략을 취하는 경우 30표의 손실을 예상하는 반면, 혼합전략을 쓰는 경우 25표의 기대 손실로 줄일 수 있으므로 혼합전략이 유리하다고 생각할 수 있다. 결국 김 씨와 이 씨는 모두 혼합전략의 선택이 본인에게 유리하다고 생각하게 된다.

이 씨가 이 혼합전략 Maxmin해와 다른 확률로 전략을 선택하고자 한다고 하면 김 씨가 이를 알아차릴 것이고, 김 씨가 이 정보를 이용하여 자신에게 더 유리한 확률을 선택하게 되면 이 씨의 기대 손실은 25표보다 더 커질 수 있다. 예를 들어, 이 씨가 어떤 이유로 '단합대회' 와 '상대방공략' 을 50%씩의 확률로 사용한다고 하자. 이 경우 김 씨가 '상대방공략' 전략을 선택하면 김 씨의 기대득표는 $30 \cdot 0.5 + 10 \cdot 0.5 = 20$, '중도층공략' 전략을 사용하면 기대득표는 $20 \cdot 0.5 + 40 \cdot 0.5 = 30$이 되므로 김 씨가 '중도층공략' 전략을 선택하면 이 씨의 기대손실은 30표로 늘어난다. 그러나 이 씨가 혼합전략 Maxmin해를 선택하면 김 씨가 이를 알고 이 정보를 이용하여 자신에게 더 유리한 전략을 선택하려 한다고 해도 이 씨의 기대 손실은 절대로 25표를 넘지 않는다.

김 씨에 대해서도 비슷하게 해석할 수 있다. 김 씨가 혼합전략 Maxmin해와 다른 확률을 선택하고자 한다면 이 씨가 이를 알고 이 정보를 이용하여 자신에게 더 유리한 확률을 선택하게 되면 김 씨의 기대 이익은 25표보다 작아질 수 있다. 그러나 김 씨가 혼합전략 Maxmin해와 같은 확률을 선택하면 이 씨가 이를 알고 이 정보를 이용하여 자신에게 더 유리하게 전략을 선택하려 한다고 해도 김 씨의 기대이익은 25표보다 작아지지 않는다.

3. 내기 게임들

두 명이 하는 대부분의 내기 게임들은 2인제로섬 게임에 속한다. 우리가 어렸을 때 친구들과 같이 하던 내기 게임부터 한번 살펴보자.

예제 11-2 홀짝 게임

김 군은 구슬을 몇 개 몰래 잡는다. 이 군은 김 군이 잡은 구슬의 수가 홀수인지 짝수인지 맞춘다. 맞추는 경우 김 군은 이 군에게 만 원을 주고 맞추지 못하는 경우 만 원을 받는다.

이 게임의 보수표는 다음과 같다.

김 군 \ 이 군	홀	짝
홀	(−1, **1**)	(**1**, −1)
짝	(**1**, −1)	(−1, **1**)

순수전략 내시균형을 구해보기 위해 최적반응전략을 구해 보면 위의 표에 진하게 적혀 있는 숫자들과 같다. 따라서 여기에는 순수전략 내시균형이 없다. 혼합전략 내시균형을 구하기 위해 김 군이 홀수를 잡을 확률을 p라고 하고 이 군이 홀수를 부를 확률을 q라고 하자. 그러면 다음의 식을 만족하여야 한다.

$$-p+(1-p)=p-(1-p)$$
$$q-(1-q)=-q+(1-q)$$

이 식에서 $p=0.5$, $q=0.5$를 얻는다. 그리고 모두 기댓값은 0이다. 이 게임은 두 사람에게 공평한 게임이다.

예제 11-3 불공평 가위/바위/보 게임 A

김 군과 이 군은 가위/바위/보 게임을 해서 지는 사람이 이기는 사람에게 만 원을 주기로 하였다. 단, 김 군은 바위나 보만 내고 이 군은 가위나 바위만 내기로 하였다.

이 문제의 보수표는 다음과 같다.

김 군 \ 이 군	가위	바위
바위	(1, −1)	(0, 0)
보	(−1, 1)	(1, −1)

이 게임에서 김 군은 바위만 내면 절대로 돈을 잃지 않는다. 그러나 이군은 그런 전략이 없다. 따라서 이 게임은 김 군에게 유리한 게임이다. 이 군은 아마도 이 게임을 하기를 거부할 것이다. 만일 김 군이 이 군에게 이 게임을 하기 전에 2천 원을 미리 주겠다고 한다면 이 군은 이 게임에 응하는 것이 유리할까? 여러분은 아마 쉽게 답하기 어려울 것이다. 여러분이 이 질문에 답할 수 있다면 혼합전략의 의미를 다 파악했다고 볼 수 있다.

먼저 순수전략 내시균형을 구해보기 위하여 최적반응전략을 구해 보면 다음의 표와 같다.

김 군 \ 이 군	가위	바위
바위	(**1**, −1)	(0, **0**)
보	(−1, **1**)	(**1**, −1)

따라서 순수전략 내시균형은 없다.

이제 혼합전략 내시균형을 Maxmin해를 통해 구해 보자. 이를 위해 김 군이 바위를 낼 확률을 p, 이 군이 가위를 낼 확률을 q라고 하자. 그러면 다음의 식을 만족하여야 한다.

$$p-(1-p)=1-p$$
$$-q=q-(1-q)$$

이 식에서 $p=\frac{2}{3}$, $q=\frac{1}{3}$를 얻는다. 따라서 김 군은 바위를 $\frac{2}{3}$의 확률, 보를 $\frac{1}{3}$의 확률로 내고 이 군은 가위를 $\frac{1}{3}$의 확률, 바위를 $\frac{2}{3}$의 확률로 내는 것이 내시균형이다. 그리고 김 군의 기댓값은 $\frac{1}{3}$(만원), 이 군의 기댓값은 $-\frac{1}{3}$(만원)이 된다.

이 게임은 김 군에게 유리하고 이 군에게 불리한 게임이다. 이 게임을 해야만 한다면 이 군은 기댓값 기준으로 $\frac{1}{3}$(만원)을 김 군에게 잃게 되는 것을 피할 방법이 없다. 가능하다면 이 군은 이 게임을 거부할 것이다. 이 군이 이 게임을 하도록 유도하기 위해서는 이 군에 대한 인센티브가 필요할 것이다. 만일 김 군이 이 게임을 하기 전에 미리 2천 원을 이 군에게 주기로 한다면 어떨까? 아직도 김 군에게 유리하다. 만일 4천 원을 주기로 한다면 이 군에게 유리해진다.

만일 두 사람이 매우 이지적이고 합리적이라면 김 군이 이 군에게 인센티브를 준다고 하더라도 이 게임은 성립되기 어렵다. 손해를 보려고 하는 사람이 없을 것이기 때문이다. 그러나 만일 두 사람 중 한 사람이 이지적이지 못한 사람이거나 위험을 선호하는 사람이라면 이러한 게임이 성립될 수 있다. 또는 이러한 게임을 즐기는 사람이라면 자신에게 조금 불리한 경우에도 이 게임에 참여할 수 있기 때문에 이러한 게임이 성립될 수 있을 것이다.

예제 11-4 불공평 가위/바위/보 게임 B

김 군과 이 군은 가위/바위/보 게임을 해서 지는 사람이 이기는 사람에게 만 원을 주기로 하였다. 단, 이군은 가위나 바위만 내기로 하였다.

이 문제는 [예제 11-3]과 조금 다르다. 그러나 이 두 문제는 같은 문제다. 이를 알아보기 위해 이 문제의 보수표를 구해 보면 다음과 같다.

김 군 \ 이 군	가위	바위
가위	(0, 0)	(−1, 1)
바위	(1, −1)	(0, 0)
보	(−1, 1)	(1, −1)

이 보수표를 보면 김 군의 전략 가위는 바위에 비해 열등한 전략임을 알 수 있다. 김 군은 바위를 내지 않고 가위를 낼 이유가 없다. 따라서 김 군의 전략 가위를 제거하면 다음의 보수표를 얻는다.

김 군 \ 이 군	가위	바위
바위	(1, −1)	(0, 0)
보	(−1, 1)	(1, −1)

이 보수표는 [예제 11-3]의 보수표와 동일한 보수표이다.

4. 비제로섬 게임의 혼합전략 내시균형

10장에서 다룬 비제로섬 게임문제들은 순수전략 내시균형을 하나 또는 두 개씩 가지고 있었다. 우리가 제로섬 게임문제에서 이미 보았듯이 비제로섬 게임문제에서도 순수전략 내시균형이 항상 존재하는 것은 아니다. 그리고 제로섬 게임에서 순수전략 내시균형이 존재하지 않는 경우 혼합전략을 고려하였듯이 비제로섬 게임에서도 순수전략 내시균형이 존재하지 않는 경우에는 전략선택을 혼합전략까지 확장한 내시균형을 생각해 보아야 한다.

예제 11-5 약자의 전략

어떤 한 나라에 A, B 두 개사가 이동통신 서비스 제공하고 있다. A사는 이 나라에서 일찍 이동통신 서비스를 시작한 회사로서 높은 시장점유율을 가지고 있다. 반면에 B사는 뒤

늦게 이 시장에 참여한 회사로서 아직은 시장점유율이 낮다. 이 두 회사는 많은 홍보비를 사용해서 강력한 마케팅을 하는 '공격적 경영' 전략을 사용하기도 하고 때로는 비용을 절감하고 내실을 기하는 '수비적 경영' 전략을 사용하기도 하는데 매달 자신의 경영환경을 분석해서 다음 달의 경영전략 수립에 반영하고 있다. 다음은 다음 달에 두 회사의 전략 선택에 따른 보수를 보여주고 있다.

B 사 / A 사	공격적	수비적
공격적	(5, 1)	(1, 2)
수비적	(1, 3)	(2, 1)

강자인 A사가 공격적 마케팅을 할 때 약자인 B사가 같이 공격적으로 나가는 것은 소요되는 큰 비용을 생각하면 약자인 B사에게는 별 이득이 없어서 보수는 1이다. 반면에 강자인 A사에게는 B사를 정면 공격할 수 있는 기회이며 이를 통해 B사와의 차별적 가격과 서비스를 더욱 부각시켜서 시장을 더욱 독점할 수 있는 기회가 된다. 이 경우 A사의 보수는 5이다.

A사가 공격적 마케팅을 할 때 B사가 수비적 경영을 하는 경우 B사는 불필요한 비용을 줄이고 내실을 기할 수 있고 또 A사의 강력한 홍보효과로 이동통신시장에 신규 유입되는 고객 중 일부를 흡수함으로써 오히려 이득을 취할 수 있다. 이 경우 B사의 보수는 2이다. 반면에 A사는 B사가 적극적인 대응을 안 하기 때문에 공격적 마케팅의 효과를 그리 크게 보지 못하면서 많은 마케팅 비용을 지불하게 된다. 이 경우 A사의 보수는 1이다.

A사가 수비적 경영을 할 때 B사는 공격적 경영을 함으로써 고객들을 빼올 수 있고 상당한 효과를 볼 수 있다. 이 경우 B사의 보수는 3이다. 그리고 A사는 고객 유출로 손실을 보게 되어 이 경우 A사의 보수는 1이다. A사가 수비적 경영을 할 때 B사가 수비적인 경영을 하면 B사는 성장기회를 포착하지 못한다. 이 경우 B사의 보수는 1이다. 반면 A사는 B사의 공격을 받지 않고 착실한 성장을 계속한다. 이 경우 A사의 보수는 2이다.

종합적으로, 강자인 A사는 정면승부를 원하고 있으나 약자인 B사는 정면승부를 피하고 있다.

이 문제에는 우월전략이 없다. 순수전략 내시균형을 구하기 위한 최적반응전략 분석이 다음에 있다.

B 사 / A 사	공격적	수비적
공격적	(**5**, 1)	(1, **2**)
수비적	(1, **3**)	(**2**, 1)

이 결과에 의하면 순수전략 내시균형도 없다. 이 상황을 정리하면 다음과 같다. A사가 공격적으로 나가면 B사는 가만히 엎드려 있는 것이 좋다. 그리고 B사가 조용히 있으면 A사도 조용히 있는 것이 낫다. 그러나 A사가 조용히 있는 것 같으면 B사는 공격적으로 치고 나가는 것이 좋다. 그리고 B사가 치고 나갈 것 같으면 A사는 전면전을 위해 공격적으로 나가는 것이 좋다. 이러한 상황을 B사가 알면 다시 조용히 엎드릴 것이다.

이 게임은 안정된 해가 존재하지 않고 상대방의 전략선택에 관한 추정에 따라 자신의 전략선택을 바꾸어 나가는 상황이다. 이러한 상황에서는 자신이 다음 달에 어떤 전략을 선택할 것인지가 상대방에게 알려지는 경우 자신에게 불리한 결과가 발생한다. 이 경우에 각 회사는 자신의 두 전략을 적당히 섞어서 랜덤하게 선택할 필요가 있다. 즉, 혼합전략을 생각해야 한다. 이는 우리가 이미 앞의 제로섬 게임에서 살펴 본 바와 같다.

이 문제의 혼합전략 내시균형을 구해 보자. 내시균형은 상호 최적반응전략이어야 한다. 즉, 내시균형에서 B사가 선택한 전략은 A사의 전략에 대한 최적반응전략이며 A사가 선택한 전략은 B사의 전략에 대한 최적반응전략이어야 한다.

먼저 A가 혼합전략을 하나 선택했다고 하자. 이 혼합전략은 A사가 '공격적 경영'을 선택할 확률이 p, '수비적 경영'을 선택할 확률이 $(1-p)$인 혼합전략이다. 이 경우 만일 B사가 '공격적 경영'을 선택한다면 B사의 기댓값은 다음과 같다.

$$p + 3(1-p) = 3 - 2p \qquad \text{(B사가 '공격적 경영' 선택)}$$

이 식은 그림 11.3에서 직선 AB에 해당한다. 그리고 B사가 '수비적 경영'을 선택한다면 B사의 기댓값은 다음과 같다.

$$2p + (1-p) = 1 + p \qquad \text{(B사가 '수비적 경영' 선택)}$$

이다. 이 식은 그림 11.3에서 직선 CD에 해당한다. 이 그림에서 점 E는 두 기댓값이 같아지는 경우이며 이때의 p는

$$3 - 2p = 1 + p$$

에서부터 $p = 2/3$를 얻는다.

그림 11.3 B사의 기댓값

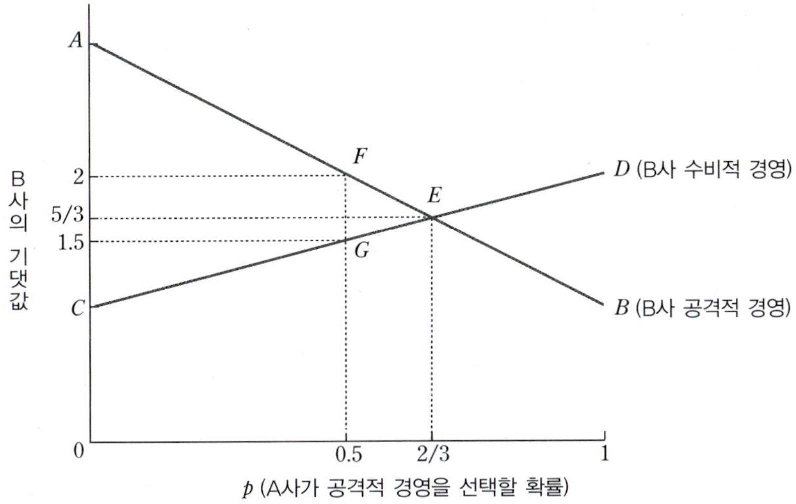

이제 예를 들어 A사가 '공격적 경영'을 50%, '수비적 경영'을 50%로 선택하는 혼합전략이 내시균형이 될 수 있는지 알아보자. 이는 $p = 0.5$인 경우이다. 이 경우 만일 B사가 '공격적 경영'을 선택한다면 B사의 기댓값은 다음과 같다.

$$0.5 + 3 \cdot 0.5 = 2 \qquad \text{(B사가 공격적 경영)}$$

이 점은 그림 11.3의 F점이다. 그리고 B사가 '수비적 경영'을 선택한다면 B사의 기댓값은 다음과 같다.

$$2 \cdot 0.5 + 0.5 = 1.5 \quad \text{(B사가 수비적 경영)}$$

이 점은 그림 11.3의 G점이다. 따라서 B사의 모든 혼합전략의 기댓값은 1.5와 2 사이가 되며 가장 최적으로 반응한 결과는 기댓값이 2인 점 F가 되므로 B사의 최적반응전략은 '공격적 경영'이다. 즉, A사가 '공격적 경영'을 50%, '수비적 경영'을 50%로 선택하는 혼합전략에 대한 B사의 최적반응전략은 순수전략인 '공격적 경영'이다.

내시균형은 상호 최적반응전략이어야 하므로 이 경우가 내시균형이 되기 위해서는 B사의 순수전략 '공격적 경영'에 대한 A사의 최적반응전략이 '공격적 경영'을 50%, '수비적 경영'을 50%로 선택하는 혼합전략이어야 한다. 그러나 보수표를 보면 B사가 '공격적 경영'을 선택할 때 A사의 최적반응전략은 순수전략인 '공격적 경영' 이다. '공격적 경영' 을 50%, '수비적 경영' 을 50%로 선택하는 혼합전략은 A사의 최적반응전략이 아니다. 따라서 이 경우는 내시균형이 될 수 없다.

이와 동일한 논리를 $p < \frac{2}{3}$인 모든 p에 적용할 수 있다. 따라서 $p < \frac{2}{3}$인 A의 모든 혼합전략은 내시균형이 될 수 없다. 유사한 이유로 $p > \frac{2}{3}$인 A의 모든 혼합전략도 내시균형이 될 수 없다.

이제 $p = \frac{2}{3}$인 경우를 생각해 보자. 이 경우 만일 B사가 '공격적 경영' 을 선택한다면 B사의 기댓값은

$$\frac{2}{3} + 3 \cdot \frac{1}{3} = \frac{5}{3} \qquad \text{(B사가 공격적 경영)}$$

이고 B사가 '수비적 경영' 을 선택한다면 B사의 기댓값은

$$2 \cdot \frac{2}{3} + \frac{1}{3} = \frac{5}{3} \qquad \text{(B사가 수비적 경영)}$$

로서 두 값은 동일하다. 이 경우가 그림 11.3의 점 E에 해당된다. 이 두 값이 동일하므로 B사의 모든 혼합전략은 동일한 기댓값 $\frac{5}{3}$을 가지게 된다. 실제로 B사가 '공격적 경영' 을 선택할 확률 q, '수비적 경영' 을 선택할 확률 $(1-q)$인 혼합전략을 사용한다고 하는 경우의 기댓값은

$$\frac{5}{3} \cdot q + \frac{5}{3} \cdot (1-q) = \frac{5}{3}$$

가 되어 q에 관계없이 항상 $\frac{5}{3}$가 된다. 즉, 이 경우에는 B사의 모든 혼합전략이 동일한 기댓값을 가진다. 최적화 이론에 의하면 기댓값이 모든 q에 대해 동일하다면 모든 q가 기댓값을 최대로 하는 값이다. (이 값은 최소로 하는 값이기도 하다.) 따라서 B사의 모든 혼합전략이 $p = \frac{2}{3}$인 A사의 혼합전략에 대한 최적반응전략이다.

이번에는 B사의 혼합전략에 대한 A사의 최적반응전략을 알아보자. B사가 '공격적 경영' 을 선택할 확률이 q, '수비적 경영' 을 선택할 확률이 $(1-q)$인 혼합전략을 사용한다고 하자. 이때 A사가 '공격적 경영' 을 선택할 경우 A사의 기댓값은 다음과 같다.

$$5q + (1-q) = 1 + 4q \qquad \text{(A사가 '공격적 경영' 선택)}$$

그리고 A사가 '수비적 경영' 을 선택할 경우 A사의 기댓값은 다음과 같다.

$$q + 2(1-q) = 2 - q \qquad \text{(A사가 '수비적 경영' 선택)}$$

그림 11.4는 이 기댓값을 보여 주고 있다.

그림 11.4 A사의 기댓값

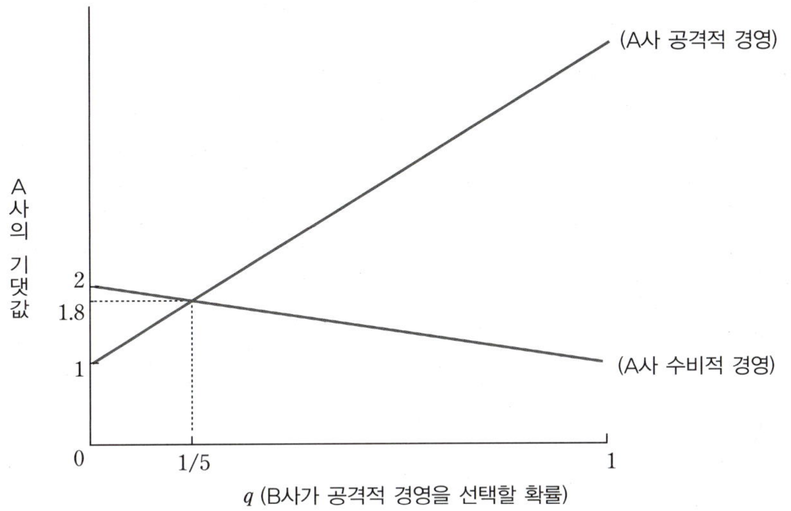

이 그림에서 두 기댓값이 같아지는 경우는

$$1 + 4q = 2 - q$$

로서 $q = \frac{1}{5}$을 얻는다. 이때 A사의 기댓값은 $\frac{9}{5}$이다. 이 경우에도 앞에서 설명한 바와 같이 $q < \frac{1}{5}$인 경우와 $q > \frac{1}{5}$인 경우는 내시균형이 될 수 없다. 그리고 $q = \frac{1}{5}$인 경우에는 A사의 모든 혼합전략이 다 최적반응전략이다.

위의 결과를 종합하면, A사가 $p = \frac{2}{3}$인 혼합전략을 선택한다고 할 때 B사의 모든 혼합전략이 최적반응전략이므로 $q = \frac{1}{5}$인 혼합전략도 B사의 최적반응전략이다. 그리고 B사가 $q = \frac{1}{5}$인 혼합전략을 선택하는 경우 A사의 모든 혼합전략이 최적반응전략이므로 $p = \frac{2}{3}$인 혼합전략도 A사의 최적반응전략이다. 그러므로 A사의 혼합전략 $p = \frac{2}{3}$과 B사의 혼합전략 $q = \frac{1}{5}$은 상호 최적반응전략이다. 따라서 이것이 내시균형이다.

내시균형에서, 강자인 A사는 3달에 2달 정도 공격적 경영을 하고 약자인 B사는 5달에 한 달 정도 공격적 경영을 한다. 이 균형에서 A사의 기댓값은 $\frac{9}{5}$이며 B사의 기댓값은 $\frac{5}{3}$이다. 이 내시균형을 어떻게 해석할 수 있을까? A사와 B사가 순수전략을 하나 선택한다고 할 때 서로 상대방이 어떤 전략으로 나올지 눈치를 보면서 자신의 전략선택을 바꾸어 나가는 과정을 여러 달 반복하게 되는데 이 동안 각 전략을 선택한 빈도가 있을 것이고 이 빈도가 내시균형 상태인 것이다.

이 문제의 경우 순수전략만 생각하면 내시균형이 존재하지 않았지만 이렇게 혼합전략으로 전략선택의 범위를 넓히게 되면 모든 2인비제로섬 게임문제에 최소한 하나의 내시균형이 존재한다는 것이 내시에 의해 증명되었다.

일반적으로 두 플레이어가 각각 전략을 두 개씩 가지고 있는 비제로섬 게임문제에서 혼합전략 내시균형을 구하는 방법을 정리하면 다음과 같다.

〈2인비제로섬 게임의 혼합전략 내시균형 해법〉

A와 B 두 플레이어가 각각 두 개의 전략을 가지고 있는 2인비제로섬 게임에서 다음과 같은 일반적인 보수표를 생각해 보자.

A \ B	전략 1	전략 2
전략 1	(a_{11}, b_{11})	(a_{12}, b_{12})
전략 2	(a_{21}, b_{21})	(a_{22}, b_{22})

A가 전략 1과 전략 2를 선택할 확률을 각각 p, $(1-p)$라고 하고 B가 전략 1과 전략 2를 선택할 확률을 각각 q, $(1-q)$라고 하자. 그러면 다음의 두 식의 해가 혼합전략 내시균형이다.

$$b_{11}p + b_{21}(1-p) = b_{12}p + b_{22}(1-p), \qquad 0 \le p \le 1$$
$$a_{11}q + a_{12}(1-q) = a_{21}q + a_{22}(1-q), \qquad 0 \le q \le 1$$

이 식들의 해가 없는 경우에는 순수전략 내시균형이 존재한다.

이 두 식은 2절에 있는 Maxmin 공식과 유사해 보이지만 전혀 다른 식들이다. A가 혼합전략 p를 선택한다고 할 때 내시균형은 이 혼합전략에 대한 B의 반응을 분석하기 위해 B의 기댓값을 고려한다. 반면에 Maxmin공식에서는 B는 적대적이어서 A에게 가장 나쁜 결과가 나오도록 전략선택을 할 것이라고 보고 이 상황에서 A 자신의 기댓값을 최적화하기 위하여 A의 기댓값을 고려한다.

만일 주어진 문제가 제로섬(일정합) 게임인 경우에는 두 플레이어는 자동적으로 서로 적대적이 되게 되며 이 경우 적대적인 두 사람의 내시균형은 Maxmin해가 된다. 따라서 이 두 공식은 같은 결과를 가져오게 된다. 그러나 문제가 비제로섬 게임인 경우에는 Maxmin 공식은 내시균형 공식과 전혀 다른 공식이 되며 Maxmin해는 별 의미가 없는 해이다. 비제로섬 게임에서는 상대방이 적대적이 될 이유가 없기 때문에 Maxmin 기준이 적용되기 어렵기 때문이다.

제로섬 게임에서 Maxmin해의 공식과 내시균형의 공식이 같은 결과를 가져온다는 것을 보이기 위해 [예제 11-1]을 다시 한 번 풀어 보자. 이 문제는 제로섬 게임이며 보수표는 다음과 같다.

공격수 \ 골키퍼	우측	좌측
우측	(40, 60)	(80, 20)
좌측	(90, 10)	(30, 70)

먼저 위의 내시균형 해법을 적용해 보면 다음의 식을 얻는다.

$$60p + 10(1-p) = 20p + 70(1-p)$$
$$40q + 80(1-q) = 90q + 30(1-q)$$

반면 여기에 Maxmin 공식을 적용해 보면 다음의 식을 얻는다. .

$$40p + 90(1-p) = 80p + 30(1-p) \quad \cdots [11\text{-}1]$$
$$60q + 20(1-q) = 10q + 70(1-q) \quad \cdots [11\text{-}2]$$

이 문제는 합이 100인 일정합 게임이므로 식 [11-1]에 있는 40, 90, 80, 30을 각각 100-60, 100-10, 100-20, 100-70으로 바꾸면 다음을 얻는다.

$$(100-60)p + (100-10)(1-p) = (100-20)p + (100-70)(1-p)$$

이를 정리하면

$$100 - 60p - 10(1-p) = 100 - 20p - 70(1-p)$$

가 되고 여기서

$$60p + 10(1-p) = 20p + 70(1-p)$$

을 얻는다. 이는 내시균형 공식의 첫 번째 식과 같다. 마찬가지로 식 [11-2]는 내시균형 공식의 두 번째 공식과 같다. 따라서 제로섬 게임의 경우 내시균형공식과 Maxmin 공식은 같은 것임을 알 수 있다.

5. 치킨게임의 혼합전략 내시균형

10장에서 다룬 여러 가지 치킨게임들과 사회적 딜레마 문제들 중에는 두 개의 순수전략 내시균형을 가진 문제들이 많이 있었다. 만일 혼합전략까지 생각한다면 이 문제들은 모두 혼합전략 내시균형을 하나 더 가지고 있다. 예를 들어, 10장에서 다룬 첫 번째 치킨게임인 [예제 10-8]을 다시 생각해 보자. 이 문제에서 A사가 현상유지 할 확률을 p, 확장할 확률을 $(1-p)$라고 하고, B사가 현상유지 할 확률을 q, 확장할 확률을 $(1-q)$라고 하자. 앞 절에 제시된 공식을 이용하여 혼합전략 내시균형을 구해 보면 다음과 같다.

$$8p+4(1-p)=16p+2(1-p), \qquad 0<p<1$$
$$8q+4(1-q)=16q+2(1-q), \qquad 0<q<1$$

이 두 식에서 $p=\frac{1}{5}$, $q=\frac{1}{5}$을 얻고 A사의 기댓값은 4.8, B사의 기댓값도 4.8을 얻는다. 두 회사는 각각 80%의 확률로 확장을 결정하는 것이 혼합전략 내시균형이다. 그 결과 확률적 우연에 의해 한 회사만 확장하게 되면 그 회사는 이득이 8(천억 원)에서 16(천억 원)으로 늘어나는 반면, 다른 회사는 8(천억 원)에서 4(천억 원)으로 줄어든다. 또 확률적 우연에 의해 두 회사가 다 확장하게 되면 두 회사의 이득은 각각 8(천억 원)에서 2(천억 원)으로 줄어든다.

두 개의 순수전략 내시균형과 하나의 혼합전략 내시균형이 있는 이 치킨 게임이 이 세 가지 내시균형 중 어느 쪽으로 진행될 것인가? 과연 이 혼합전략 내시균형으로 진행되는 수도 있을까? A사는 순수전략 내시균형 중 하나가 이루어지면 16(천억 원) 또는 4(천억 원)의 이득을 얻는다. 그런데 기댓값이 4.8(천억 원)인 이 혼합전략을 사용할까? 혼합전략 내시균형에서 두 회사가 다 확장할 확률은 $0.8 \cdot 0.8 = 0.64 = 64\%$다. 이 확률로 두 회사가 다 확장하게 되면 두 회사의 이득은 각각 8(천억 원)에서 2(천억 원)으로 줄어드는데도 말이다. 이는 B사에게도 마찬가지다.

이 경우에는 이 혼합전략 내시균형보다는 앞에서 설명한 대로 공약과 선점을 통하여 두 개의 순수전략 내시균형 중 하나가 결정되게 되는 것이 일반적일 것이다. 아마도 이 혼합전략 내시균형이 사용될 가능성은 없을 것이다. 그러나 다음의 치킨게임들에서는 혼합전략 내시균형이 사용될 가능성이 높다.

예제 11-6 소규모 확장

[예제 10–8]에서 보수표가 다음과 같다고 하자.

A \ B	현상유지	확장
현상유지	(8, 8)	(7, 10)
확장	(10, 7)	(6, 6)

이 문제에서는 다음의 해가 혼합전략 내시균형이다.

$$8p + 7(1-p) = 10p + 6(1-p), \qquad 0 < p < 1$$
$$8q + 7(1-q) = 10q + 6(1-q), \qquad 0 < q < 1$$

이 두 식에서 $p = \frac{1}{3}$, $q = \frac{1}{3}$을 얻고 A사의 기댓값은 7.33, B사의 기댓값도 7.33을 얻는다.

이 확장계획은 소규모다. 확장효과나 타격이 작은 치킨 게임이다. 이 정도의 확장은 일상적으로 이루어지고 있다. 공약을 통해 선점까지 할 확장계획은 아니다. 그러나 두 회사가 동시에 확장을 하면 이익이 어느 정도 줄어든다. 이 경우에도 두 회사가 각각 무작정 확장을 결정할 수는 없을 것이다. 두 회사는 상대방이 어떻게 할지 몰라서 각각 망설이며 확장을 할 수도 있고 안할 수도 있다. 망설인다는 것은 곧 혼합전략을 생각한다는 뜻이다. 여기서 구한 혼합전략 내시균형은 이러한 상황에서 이 게임의 해가 될 수 있다.

두 회사는 협조하여 '현상유지'를 하는 것이 혼합전략을 사용하는 것보다 좋다. 그러나 두 회사는 각각 '확장'의 유혹을 느끼고 있다. 두 회사가 협조한다는 것은 어려운 문제이므로 각자 독립적으로 확장을 고려하게 된다. 그러나 상대방도 확장을 하면 곤란하기 때문에 각자 망설인다. 이러한 상황에서 혼합전략 내시균형은 확장계획을 3번 고려한 중에서 2번 정도만 실행에 옮기라고 말해 주고 있다. 이러한 내시균형을 수십 년간 지속하여 사용하고 나서 그 동안을 뒤돌아보면 두 회사는 각자 평균 7.33의 보수를 얻게 된다고 말하고 있다. 실행하기 어려운 협조해보다는 나쁘지만, 무작정 다 같이 확장을 하는 것보다는 좋은 결과라고 말할 수 있다.

치킨게임의 혼합전략 내시균형의 의미를 좀 더 잘 이해하기 위하여 다양한 상황에서 혼합전략 내시균형이 어떻게 변하는지 알아보자. 다음의 [예제 11–7]은 '확장' 의 효과가 매우 큰 경우다.

예제 11-7 대규모 확장

[예제 10-8]에서 보수표가 다음과 같다고 하자.

A \ B	현상유지	확장
현상유지	(8, 8)	(4, 24)
확장	(24, 4)	(2, 2)

[예제 11-7]은 [예제 10-8]에 비해 단독 확장의 경우 보수가 훨씬 크다. 확장하고자 하는 유혹이 큰 상황이다. 이 문제에도 (현상유지, 확장)과 (확장, 현상유지)가 순수전략 내시균형이다. 이 문제의 혼합전략 내시균형을 구하기 위해 A사가 현상유지 할 확률을 p, 확장할 확률을 $(1-p)$라고 하고, B사가 현상유지 할 확률을 q, 확장하지 않을 확률을 $(1-q)$라고 하자. 그러면 다음의 해가 혼합전략 내시균형이다.

$$8p + 4(1-p) = 24p + 2(1-p), \qquad 0 < p < 1$$
$$8q + 4(1-q) = 24q + 2(1-q), \qquad 0 < q < 1$$

이 두 식에서 $p = \frac{1}{9}$, $q = \frac{1}{9}$을 얻고 A사의 기댓값은 4.44, B사의 기댓값도 4.44를 얻는다. 두 회사는 각각 $\frac{8}{9} = 89\%$의 확률로 확장을 결정하는 것이 혼합전략 내시균형이다. [예제 10-8]의 혼합전략 내시균형에서는 $\frac{4}{5} = 80\%$의 확률로 확장을 결정하는 데 비해 확장을 결정할 확률이 높아졌다. 이는 확장에 대한 유혹이 높아졌기 때문이다. 이 경우 $\frac{8}{9} \cdot \frac{8}{9} = 79\%$의 확률로 두 회사가 다 같이 확장을 결정하고 다 같이 망하게 된다. 기댓값은 [예제 10-8]에 비해 오히려 줄었다. 보수표의 숫자는 모두 같거나 늘었는데도 그렇다. 모두 '확장' 의 유혹에 빠져서 다 같이 망할 가능성이 높아졌기 때문이다. 아마 이 예제에서도 앞에서 설명한 대로 공약과 선점을 통하여 두 개의 순수전략 내시균형 중 하나가 결정되게 될 것이다.

다음에는 다 같이 확장을 하는 경우 페널티가 매우 큰 경우를 생각해 보자.

예제 11-8 페널티가 큰 경우

A \ B	현상유지	확장
현상유지	(8, 8)	(4, 16)
확장	(16, 4)	(−5, −5)

이 문제의 경우 단독 확장의 과실(열매)은 크지만 모두 확장을 하는 경우 그 결과는 참혹하다. 이 경우에도 두 개의 순수전략 내시균형이 있고 한 개의 혼합전략 내시균형이 있다. 혼합전략 내시균형을 구하기 위하여 A사가 현상유지 할 확률을 p, 확장할 확률을 $(1-p)$라고 하고, B사가 현상유지 할 확률을 q, 확장하지 않을 확률을 $(1-q)$라고 하자. 그러면 다음의 해가 혼합전략 내시균형이다.

$$8p+4(1-p)=16p-5(1-p), \qquad 0<p<1$$
$$8q+4(1-q)=16q-5(1-q), \qquad 0<q<1$$

이 두 식에서 $p=\frac{9}{17}$, $q=\frac{9}{17}$을 얻고 A사의 기댓값은 6.12, B사의 기댓값도 6.12를 얻는다. 두 회사는 각각 $\frac{8}{17}=47\%$의 확률로 확장을 결정하는 것이 혼합전략 내시균형이다. [예제 10–8]에 비해 확장을 결정할 확률이 훨씬 낮아졌다. 기댓값도 크게 늘어났다. 보수표의 값은 같거나 작아졌는데도 말이다. 이는 둘 다 확장하는 경우의 높은 페널티로 인해 둘 다 '현상유지'를 선택할 확률이 높아졌기 때문이다. 높은 페널티로 인해 이기적인 의사결정이 협조해로 가까이 갈 수 있게 된 것이다.

지금까지는 대칭적인 두 회사의 치킨게임에 대해 알아보았다. 중소기업과 대기업 간의 치킨게임은 비대칭적이겠지만 이러한 치킨게임은 거의 발생하지 않는다. 중소기업은 치킨게임을 벌일만한 힘이 없기 때문이다. 대기업의 일방적인 전략선택과 이에 적응하는 중소기업의 전략선택만이 있을 뿐이다. 그러나 정치 · 사회적인 이슈들에는 비대칭적인 치킨 게임들이 발생한다. 경제적인 전략선택 이외의 다른 전략을 사용하기 때문이다. 정상적인 국가와 테러집단과의 문제가 이러한 문제라고 할 수 있다. 또한 한 기업에 극한투쟁을 불사하는 노동조합이 있는 경우 경영진과 노동조합의 문제가 비대칭적 치킨게임이 될 수 있다.

6. 사회적 딜레마의 혼합전략 내시균형

10장에서 다룬 다양한 사회적 딜레마 문제들 중 순수전략 내시균형을 두 개 가진 문제들은 모두 하나의 혼합전략 내시균형을 더 가지고 있다.

먼저 [예제 10-10]에서 다룬 '무임승차 딜레마'의 혼합전략 내시균형을 구해 보자. 이를 구하기 위하여 김 군이 협조할 확률을 p, 이 군이 협조할 확률을 q라고 하면 다음의 식을 얻는다.

$$4p + 3(1-p) = 10(1-p)$$
$$4q + 3(1-q) = 10(1-q)$$

여기서 $p = \frac{3}{4}$, $q = \frac{3}{4}$를 얻는다. 이 게임과 같은 상황이 여러 번 반복된다면 김 군과 이 군은 각자 매번 $\frac{3}{4}$의 확률로 협조적으로 나가는 것이 내시균형이다. 이 내시균형에서는 16번의 모임 중에서 9번은 저녁을 반씩 나누어내고 6번은 한 사람이 다 내고 1번은 저녁 모임이 깨어질 것이다.

이 게임문제가 이 혼합전략 내시균형으로 진행할 가능성은 매우 높다. 저녁을 같이 먹으려 할 때마다 각자 상대방이 돈을 내려고 하는지 확실하지 않기 때문에 자신도 돈을 낼지 망설이게 되는데 이 망설인다는 것이 곧 혼합전략을 선택한다는 뜻이다. 두 사람이 이러한 모임을 여러 번 하다 보면 이 혼합전략 내시균형에 진입해서 그렇게 굳어버릴 것이다.

다음에는 [예제 10-11]에서 다룬 '동업의 딜레마'의 혼합전략 내시균형을 구해 보자. 이를 구하기 위하여 김 군이 협조할 확률을 p, 이 군이 협조할 확률을 q라고 하면 다음의 식을 얻는다.

$$5p + 2(1-p) = 4p + 3(1-p)$$
$$5q + 2(1-q) = 4q + 3(1-q)$$

여기서 $p = \frac{1}{2}$, $q = \frac{1}{2}$를 얻는다. 이 내시균형에서는 각자 50%의 확률로 식당일에 전념하고 50%의 확률로 아르바이트를 한다. 이 게임문제가 이 혼합전략 내시균형으로 진행할 것인가? 만일 식당일에 전념하겠다는 믿음직한 사람도 없고 또 대놓고 아르바이트를 하겠다고 나서는 사람도 없다면 서로 눈치를 보며 망설일 것이고 이럴 때에 이 게임은 이 혼합전략 내시균형으로 진행할 가능성이 매우 높다.

마지막으로 [예제 10-12]에서 다룬 '부조리에 대한 항의'의 혼합전략 내시균형을 구해 보자. 이를 위하여 김 군이 순응할 확률을 p, 이 군이 순응할 확률을 q라고 하면 다음의 식을 얻는다.

$$3p + 3(1-p) = 2p + 5(1-p)$$
$$3q + 3(1-q) = 2q + 5(1-q)$$

여기서 $p = \frac{2}{3}$, $q = \frac{2}{3}$를 얻는다. 이 내시균형에서는 각자 $\frac{2}{3}$의 확률로 순응하고 $\frac{1}{3}$의 확률로 항의한다. 이 게임문제가 이 혼합전략 내시균형으로 진행할 것인가? 만일 자신이 어떻게 할 것이라고 선언하는 사람이 없고 서로 눈치만 보고 있다면 이 게임은 이 혼합전략 내시균형으로 진행할 가능성이 매우 높다. 즉, 이러한 상황이 9번 있다고 하고 그 때마다 두 사람이 모두 망설인다면 이 중 4번의 경우에는 둘 다 현재에 순응하고 1번의 경우 같이 항의할 것이다. 그리고 2번은 김 군만 항의하고 2번은 이 군만 항의할 것이다.

7. 정리

우리가 그동안 사용한 비제로섬 게임(Non-zero sum game)이라는 용어는 수학적으로는 좀 혼동되는 단어다. 마치 이 용어는 두 플레이어의 보수의 합이 0이 되면 안 된다는 것 같이 느껴지지만 그런 뜻이 아니고 보수의 합이 0을 포함한 모든 값을 가질 수 있다는 뜻으로 이해하여야 한다. 따라서 비제로섬 게임(Non-zero sum game)이라는 용어보다는 임의합(Any sum game)이라고 부르는 것이 더 적절할 것이다. 제로섬 게임과 비제로섬 게임이 대립되는 두 가지 경우인 것이 아니라 비제로섬 게임이 일반적인 게임이며 제로섬 게임은 비제로섬 게임의 한 가지 특수한 경우일 뿐이다.

지금까지 우리는 다양한 2인 게임들을 분석해 보았다. 내시의 연구에 따르면 모든 2인 게임 문제에는 최소한 하나의 내시균형이 존재한다. 이 내시균형은 순수전략 내시균형일 수도 있고 혼합전략 내시균형일 수도 있다. 우리는 주로 두 플레이어들이 각각 2개의 전략을 가지는 문제들만 다루었다. 전략이 두 개씩인 2인 게임에서 의미 있는 게임 문제는 하나의 순수전략 내시균형을 갖거나, 하나의 혼합전략 내시균형을 갖거나, 2개의 순수전략 내시균형과 하나의 혼합전략을 갖거나, 이 세 가지 중 하나다. 만일 주어진 게임에 '이래도 좋고 저래도 좋다'는 참여자가 있는 경우에는 보수표의 두 개의 행이 같거나 두 개의 열이 같은 경우에 해당되며, 이 경우에는 무수히 많은 혼합전략 내시균형이 존재할 수 있다. 그러나 이런 게임들은 별 의미 없는 게임들이다. 이때에는 이 무관심한 플레이어를 빼고 한 사람의 의사결정 문제로 생각하면 될 것이다.

모든 2인 게임 문제에서 일반적인 해로 제시된 것이 내시균형이다. 두 플레이어들이 이 내시균형에 들어가면 그 균형에서 벗어나지 않는다는 점에서 주어진 게임 문제의 해가 될 수 있다. 그러나 두 플레이어들이 왜 이 균형으로 진입하게 되는지에 대해서는 내시균형이 설명하지 못한다. 만일 이 내시균형이 우월전략해라면 왜 이 해로 진입하게 되는지 설명이 가능하다. 그리고 만일 주어진 문제가 제로섬 게임이라면 이 내시균형은 Maxmin해로도 해석할 수 있다. 이 경우 이 해로 진입하게 될 것이라고 설명할 수 있다.

결론적으로, 하나의 2인게임 문제는 다음과 같은 과정을 따라 분석하면 된다.

- 단계 1: 다른 전략에 비해 열등한 전략이 있으면 모두 제거한다.
- 단계 2: 우월전략해가 존재하면 이것이 내시균형이다.
이 경우 이 해로의 진입과 이 해의 안정성을 설명할 수 있다.
- 단계 3: 우월전략해가 없으면 순수전략 내시균형을 구해 본다.
또 혼합전략 내시균형도 구해 본다.
언제나 한 개 이상의 내시균형을 구할 수 있다.
- 단계 4: 주어진 문제가 제로섬 게임이라면 (단계 3)에서 구한 내시균형은 Maxmin해가 된다. 이 경우 이 해로의 진입을 설명할 수 있다.
- 단계 5: 주어진 문제가 제로섬 게임이 아니고 얻어진 내시균형이 우월전략 해가 아니라면 (단계 3)에서 구한 내시균형으로의 진입은 설명하기 어렵다. 이 경우에는 여러 가지 상황에 대한 추가적인 자료를 고려해야 진입 과정도 설명할 수 있다.

우리는 두 플레이어들이 동시에 전략을 선택하는 동시게임에 대해서 깊이 있게 알아보았다. 그러나 장기, 체스, 바둑 등은 자신보다 한 단계 먼저 행동한 상대가 어떤 선택을 했는지 알고 있는 순차적인 게임들이다. 이러한 게임들을 순차게임이라고 한다. 공공사업에 입찰하는 것은 동시게임인 반면, 공개경쟁 입찰을 하는 것은 순차게임이다. 순차게임은 수많은 경우들을 고려해야 하므로 인공지능 등의 기술적 접근이 필요하다.

제11장_ 연습문제 A(상세 해답 포함)

1 다음 제로섬 게임의 보수표를 생각하자.

김 씨 \ 이 씨	전략 1	전략 2	전략 3	전략 4
전략 1	(3, −3)	(0, 0)	(2, −2)	(4, −4)
전략 2	(2, −2)	(−2, 2)	(1, −1)	(0, 0)
전략 3	(4, −4)	(2, −2)	(5, −5)	(6, −6)
전략 4	(−2, 2)	(6, −6)	(−1, 1)	(0, 0)

(가) 열등한 전략을 제거해 보시오. 제거하고 남은 문제는 무엇인가?

(나) (가)에서 구한 문제에 순수전략 내시균형 분석을 수행하시오.

(다) (가)에서 구한 문제에 순수전략 Maxmin 분석을 수행하시오.

(라) 혼합전략 Maxmin해를 구하시오.

(가)

김 씨 \ 이 씨	전략 1	전략 2
전략 3	(4, −4)	(2, −2)
전략 4	(−2, 2)	(6, −6)

(나)

김 씨 \ 이 씨	전략 1	전략 2
전략 3	(**4**, −4)	(2, **−2**)
전략 4	(−2, **2**)	(**6**, −6)

순수전략 내시균형은 없다.

(다)

김 씨 \ 이 씨	전략 1	전략 2
전략 3	(4, **−4**)	(**2**, −2)
전략 4	(**−2**, 2)	(6, **−6**)

순수전략 Maxmin해는 없다.

(라) $4p - 2(1-p) = 2p + 6(1-p)$

$-4q - 2(1-q) = 2q - 6(1-q)$

$p = 0.8,\ q = 0.4$

김 씨의 기댓값 $= 2.8$

이 씨의 기댓값 $= -2.8$

2 (시장점유율 문제)

차량의 블랙박스를 시판하는 회사는 A사와 B사뿐이다. A사는 판매가격과 광고비 지출에 관해 다음의 두 전략 중 하나를 선택하고자 한다.

A_1: 판매가격 40만 원에 광고비 10억 지출

A_2: 판매가격 35만 원에 광고비 5억 지출

B사도 다음과 같은 전략 중 택일하고자 한다.

B_1: 판매가격 42만 원에 광고비 20억 지출

B_2: 판매가격 40만 원에 광고비 10억 지출

각 전략선택에 따른 A사의 시장점유율(%)은 다음과 같다.

A사 \ B사	B_1	B_2
A_1	(70, 30)	(60, 40)
A_2	(20, 80)	(70, 30)

(가) 시장점유율을 극대화하고자 하는 각 사는 어떠한 전략을 사용하여야 하는가? 이때 각 사의 시장점유율의 기대치는 얼마인가?

(나) A사는 전략 A_1을 선택하면 60%의 시장점유율이 보장된다. 그런데도 혼합전략에서는 전략 A_2를 섞어서 쓰는 것으로 나온다. 왜 그런가?

(가) 혼합전략 Maxmin해:

A사는 $\frac{5}{6}$의 확률로 전략 A_1, $\frac{1}{6}$의 확률로 전략 A_2를 선택.

A사의 시장점유율은 $\frac{185}{3} = 61.7\%$.

B사는 $\frac{1}{6}$의 확률로 전략 B_1, $\frac{5}{6}$의 확률로 전략 B_2를 선택

B사의 시장점유율은 $\frac{115}{3} = 38.3\%$

(나) 전략 A_2를 약간 혼합함으로써 시장점유율을 기댓값기준 61.7%까지 높일 수 있다.

3 (가위/바위/보)

김 군과 이 군은 가위/바위/보를 해서 지는 사람이 이기는 사람에게 만 원을 주기로 했다.

(가) 게임표를 작성하시오.

(나) 김 군은 가위, 바위, 보를 각각 P_1, P_2, P_3의 확률로 선택하고자 한다. 이 군이 가위,

바위, 보를 내는 각각의 경우 김 군의 기댓값을 구하시오.

(다) (나)에서 구한 3개의 기댓값 중 최소값이 최대가 되도록 P_1, P_2, P_3를 구할 수 있는 선형최적화 모형을 제시하시오.

(라) K-OPT를 이용하여 (다)의 해를 구하시오.

(가)

김 군 \ 이 군	가위	바위	보
가위	(0, 0)	(−1, 1)	(1, −1)
바위	(1, −1)	(0, 0)	(−1, 1)
보	(−1, 1)	(1, −1)	(0, 0)

(나) $P_2 - P_3$, $-P_1 + P_3$, $P_1 - P_2$

(다) max V

s.t. $P_2 - P_3 \geq V$

$-P_1 + P_3 \geq V$

$P_1 - P_2 \geq V$

$P_1 + P_2 + P_3 = 1$

$P_1,\ P_2,\ P_3 \geq 0$

(라) $P_1,\ P_2,\ P_3 = \left(\frac{1}{3}, \frac{1}{3}, \frac{1}{3}\right)$, $V = 0$

4 (가위/바위/보-Ⅱ)

김 군과 이 군은 가위, 바위, 보를 하려고 한다. 가위로 이기면 만 원, 바위로 이기면 2만 원, 보로 이기면 4만 원을 진 사람에게 받기로 하였다.

(가) 게임표를 작성하시오.

(나) 김 군은 가위, 바위, 보를 각각 P_1, P_2, P_3의 확률로 선택하고자 한다. 이 군이 가위, 바위, 보를 내는 각각의 경우 김 군의 기댓값을 구하시오.

(다) (나)에서 구한 3개의 기댓값 중 최소값이 최대가 되도록 P_1, P_2, P_3를 구할 수 있는 선형최적화 모형을 제시하시오.

(라) K-OPT를 이용하여 (다)의 해를 구하시오.

(마) 만일 김 군이 가위, 바위, 보를 각각 $\frac{1}{3}$의 확률로 선택하려 하고 있고, 이 군이 이 사실을 눈치 챈다면 이 게임은 어떻게 진행될 것인가?

(바) 김 군이 (라)에서 얻은 확률로 가위, 바위, 보를 선택하려 하고 있고, 이 군이 이를 눈치챈다면 이 게임은 어떻게 진행 될 것인가?

(가)

김 군 \ 이 군	가위	바위	보
가위	(0, 0)	(−2, 2)	(1, −1)
바위	(2, −2)	(0, 0)	(−4, 4)
보	(−1, 1)	(4, −4)	(0, 0)

(나) $2P_2 - P_3$, $-2P_1 + 4P_3$, $P_1 - 4P_2$

(다) max V

$$\begin{aligned} \text{s.t.} \quad & 2P_2 - P_3 \geq V \\ & -2P_1 + 4P_3 \geq V \\ & P_1 - 4P_2 \geq V \\ & P_1 + P_2 + P_3 = 1 \\ & P_1,\ P_2,\ P_3 \geq 0 \end{aligned}$$

(라) $(P_1,\ P_2,\ P_3) = \left(\frac{4}{7},\ \frac{1}{7},\ \frac{2}{7}\right), \quad V = 0$

(마) 이 군은 보를 내서 기댓값 기준으로 만 원을 김 군에게 따갈 것이다.

(바) 기댓값을 기준으로 할 때 이 군이 무엇을 내든지 김 군에게 불리해지지 않는다.

5 다음의 비제로섬 게임을 생각해 보자.

김 군 \ 이 군	협조	배신
협조	(3, 3)	(2, 5)
배신	(5, 2)	(1, 1)

(가) 순수전략 내시균형을 구하시오.

(나) 이 게임은 어떤 게임인가?

(다) 혼합전략 내시균형을 구하시오.

(가) 2개의 순수전략 내시균형이 있다.

김 군: 협조, 이 군: 배신

김 군: 배신, 이 군: 협조

(나) 치킨게임이다.

(다) 김 군: 협조확률 $\frac{1}{3}$, 배신확률 $\frac{2}{3}$

이 군: 협조확률 $\frac{1}{3}$, 배신확률 $\frac{2}{3}$

6 다음의 비제로섬 게임을 생각해 보자.

김 군 \ 이 군	협조	배신
협조	(3, 3)	(2, 20)
배신	(20, 2)	(1, 1)

3번 문제와 비교할 때 이 게임에서는 혼자서 배신할 때에 큰 이득이 있다. 즉, 배신의 유혹이 크다.

(가) 순수전략 내시균형을 구하시오.

(나) 이 게임은 어떤 게임인가?

(다) 혼합전략 내시균형을 구하시오.

(라) 이 게임의 혼합전략균형을 해석하시오

(가) 2개의 순수전략 내시균형이 있다.

김 군: 협조, 이 군: 배신

김 군: 배신, 이 군: 협조

(나) 치킨게임이다.

(다) 김 군: 협조확률 $\frac{1}{18}$, 배신확률 $\frac{17}{18}$

이 군: 협조확률 $\frac{1}{18}$, 배신확률 $\frac{17}{18}$

(라) 이 게임상황에서는 배신의 유혹이 매우 크다. 따라서 배신할 확률이 매우 높다.

7 다음의 비제로섬 게임을 생각해 보자.

김 군 \ 이 군	협조	배신
협조	(3, 3)	(2, 5)
배신	(5, 2)	(−10, −10)

3번 문제와 비교할 때 이 게임에서는 둘 다 배신하는 경우 같이 망하는 정도로 페널티가 매우 크다.

(가) 순수전략 내시균형을 구하시오.

(나) 이 게임은 어떤 게임인가?

(다) 혼합전략 내시균형을 구하시오.

(라) 이 게임의 혼합전략 내시균형을 해석하시오

(가) 2개의 순수전략 내시균형이 있다.

김 군: 협조, 이 군: 배신

김 군: 배신, 이 군: 협조

(나) 치킨게임이다.

(다) 김 군: 협조확률 $\frac{6}{7}$, 배신확률 $\frac{1}{7}$

이 군: 협조확률 $\frac{6}{7}$, 배신확률 $\frac{1}{7}$

(라) 둘 다 배신하는 경우 둘 다 망한다. 따라서 협조할 확률을 높이게 된다.

8 다음의 비제로섬 게임을 생각해 보자.

김 군 \ 이 군	협조	배신
협조	(5, 5)	(2, 4)
배신	(4, 2)	(3, 3)

(가) 실제로 어떤 상황에서 이런 게임상황이 발생할 수 있는가?

(나) 순수전략 내시균형을 구하시오.

(다) 혼합전략 내시균형을 구하시오.

(라) 혼합전략 내시균형을 해석하시오.

(가) 둘이 공동으로 어떤 일을 추진하는 상황이 이런 게임상황이 될 수 있다. 서로 협조하여 공동작업을 열심히 하면 두 사람 모두에게 좋은 결과가 나온다. 그러나 한 사람이 공동업무를 등한시하고 개인적인 업무에 매달리면 그 사람은 그리 나쁘지 않은 보상을 얻을지 모르지만 상대방은 큰 피해를 입는다. 두 사람 모두 개인적인 업무에 매달리면 각자 약간의 보상을 얻는다.

(나) 2개의 순수전략 내시균형이 있다.

김 군: 협조, 이 군: 협조

김 군: 배신, 이 군: 배신

(다) 김 군: 협조확률 $\frac{1}{2}$, 배신확률 $\frac{1}{2}$

이 군: 협조확률 $\frac{1}{2}$, 배신확률 $\frac{1}{2}$

(라) 김 군과 이 군이 같은 조직에 일하면서 이러한 상황을 여러 번 갖게 되고 이때마다 두 사람이 망설인다면 이 중 $\frac{1}{4}$의 경우는 같이 협조해서 추진하고, $\frac{1}{4}$의 경우는 둘 다 신경을 쓰지 않으며, $\frac{1}{4}$의 경우는 김 군만 신경을 쓰고, $\frac{1}{4}$의 경우는 이 군만 신경을 쓸 것이다.

제11장_ 연습문제 B

1 다음 게임문제를 분석하시오.

김 군 \ 이 군	전략 1	전략 2
전략 1	(−10, 10)	(30, −30)
전략 2	(40, −40)	(−20, 20)

2 다음 게임문제를 분석하시오.

(가)

김 군 \ 이 군	전략 1	전략 2
전략 1	(6, 2)	(2, 3)
전략 2	(2, 4)	(3, 2)

(나)

김 군 \ 이 군	전략 1	전략 2
전략 1	(8, 8)	(−5, 5)
전략 2	(2, −3)	(0, 0)

(다)

김 군 \ 이 군	전략 1	전략 2
전략 1	(5, 8)	(3, 10)
전략 2	(10, 3)	(2, 2)

제 Ⅲ 부

경영관리시스템 분석

Ⅰ부와 Ⅱ부에서는 최적의사결정과 불확실성 하의 의사결정, 그리고 게임이론에 대해 공부하였다. Ⅲ부에서는 좀 더 구체적인 경영관리시스템을 대상으로 시스템적인 분석을 다루어 보도록 한다.

12장에서는 수식을 수립하여 해를 구하는 방법을 적용하기 어려울 때 적용해 볼 수 있는 분석방법인 시뮬레이션에 대해 논의한다. 실제적인 다양한 의사결정에 적용할 수 있다.

13장에서는 미래에 대한 예측을 실제로 수행할 수 있는 체계적인 방법에 대해 논의한다. 의사결정에 필요한 미래에 대한 자료를 이러한 방법을 통하여 얻을 수 있다.

14장에서는 건설이나 연구개발 등의 프로젝트 수행에서 나타나는 일정관리시스템을 다룬다. 수많은 작업들로 구성되어 있는 복잡한 프로젝트를 수행함에 있어서 경영과학적 방법들이 어떻게 이용될 수 있는지 알아본다.

15장에서는 물품의 재고관리시스템을 대상으로 재고의 수급을 적절히 관리할 수 있는 방법을 경영과학적 입장에서 분석하여 적절한 재고관리체계와 수요공급정책을 논한다.

16장에서는 서비스시스템에서 발생하는 체증현상에 대해 분석한다. 이를 통해 유휴시설의 적절한 규모에 대한 의사결정을 할 수 있다.

››› 제12장_ 시뮬레이션

››› 제13장_ 예측이론

››› 제14장_ 일정관리시스템 – PERT/CPM

››› 제15장_ 재고관리시스템

››› 제16장_ 대기행렬시스템

제 12 장 시뮬레이션

본 장에서는 컴퓨터를 이용하여 실제문제의 운영상황을 흉내내어 그 결과가 어떻게 되는지 알아봄으로써 적절한 운영정책을 수립할 수 있도록 하는 소위 시뮬레이션(Simulation, 모의실험)에 대하여 알아보고자 한다.

일반적으로 시뮬레이션은 컴퓨터를 이용한 수치적인 디지털 시뮬레이션(Digital Simulation)뿐만 아니라 실물의 물질적 모형을 통하여 실험하는 아날로그 시뮬레이션(Analog Simulation)도 포함한다. 예를 들면, 자동차의 안전성검사를 하기 위해 사람 대신 인형을 태우고 충돌을 시켜 본다든가, 풍동(wind tunnel) 안에 비행기의 모형을 놓고 그 움직임에 대하여 알아본다든가 하는 것은 모두 아날로그 시뮬레이션이다. 그러나 여기서는 아날로그 시뮬레이션은 다루지 않으며 수치를 통한 디지털 시뮬레이션, 즉 몬테칼로 시뮬레이션(Monte Carlo Simulation)에 대해서만 논의하고자 한다.

지금까지 다루어온 의사결정 분석방법들은 모두 수식을 풀어서 해를 구하는 해석적(Analytic) 방법들이었다. 어떤 문제를 분석하는 데 있어서 이러한 해석적 방법을 적절히 수립하여 그 해를 구해낼 수 있다면 가장 바람직하지만 실제에 나타나는 많은 문제들은 이러한 해석적 분석을 하기에는 너무 복잡한 경우가 있다. 즉, 해석적 모델을 세우기가 힘들거나 모델을 세웠다 하더라도 그 해를 구할 수 없을 때가 많이 있다. 이러한 경우에는 소위 시뮬레이션을 통하여 그 시스템이 실제로 어떻게 변해 나갈지 흉내를 내봄으로써 그 시스템에 대한 분석을 할 수 있다.

예를 들어서 지역 A에 새로운 연쇄점을 여는 가능성에 대해 생각하고 있는 한 회사를 생각해 보자. 이 연쇄점을 열 것인가를 결정하기 위해서는 이 연쇄점을 통한 이익에 대하여 분석할 필요가 있는데, 이 문제의 경우 매우 복잡한 여러 가지 요인들이 얽혀 있어서 해석적인 방법으로는 이 이익을 쉽게 구하기가 어려울 수 있다. 이 경우 회사에서 연쇄점을 일단 열어보고서 장사가 안 되면 다시 닫아버린다고 하면 많은 손실이 발생할 것이다. 이때에는 마치 이 연쇄점이 열렸다고 가정하고 이 연쇄점의 운영을 흉내 낸 과정을 컴퓨터로 묘사해 봄으로써 결과를 예측하고 이에 따라 의사결정을 하는 것이 바람직하다.

1. 난수

디지털 시뮬레이션을 수행하기 위해서는 주어진 확률분포를 가지는 변수의 값을 만들 수 있는 방안이 필요하다. 이를 위해서 널리 사용되는 것이 난수(亂數, Random Number)이다. 난수는 0과 1 사이의 값을 가지는 숫자로서 이 사이의 값들이 선택될 확률이 모두 동일하도록 만들어진 숫자이다. 따라서 난수는 그림 12.1과 같은 확률분포를 가지는 숫자들이다.

그림 12.1 난수의 확률분포

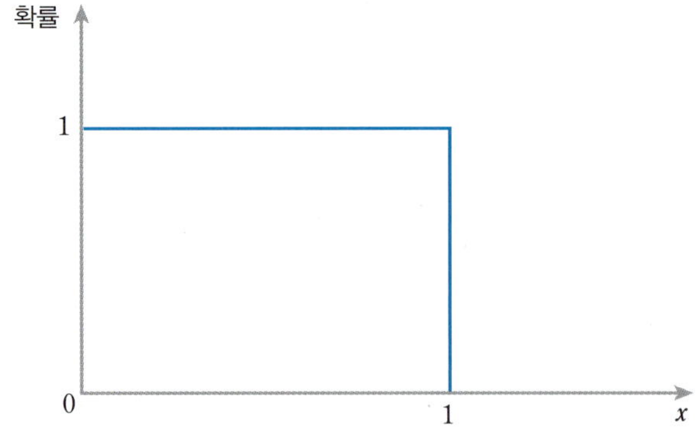

그림 12.1과 같은 분포를 일반적으로 일양분포(Uniform Distribution)라고 하며, 이 경우 어떤 특정 범위 안에 들어갈 확률은 그 범위의 폭에 비례하는 특성을 가지고 있다. 즉, 하나의 난수값이 그림 12.1에 있는 구간 [a, b] 안에 들어갈 확률은

$$P(a \le X \le b) = b - a$$

과 같아진다. 예를 들어, 하나의 난수를 만든다고 할 때 이 값이 구간 [0.1, 0.2] 안에 있는 값이 나올 확률은 10%이다. 또, 0.3보다 작은 값이 나올 확률은 30%이며 0.8보다 큰 값이 나올 확률은 20%이다.

부록의 표 2에 있는 난수표는 이러한 난수들을 발생시켜 열거한 것이다. 이 표에 있는 숫자의 첫째 자리 앞에 소수점을 찍은 것이 하나의 난수이다. 난수표는 한 가지만 있는 것이 아니고 발생시키는 방법에 따라 각기 다른 난수표들이 만들어진다. 그러나 하나의 난수표에 있는 난수들을 도수분포표로 그려보면 언제나 0과 1 사이에서 균등한 분포를 가지고 있게 된다.

컴퓨터가 보급되기 전에는 시뮬레이션은 이러한 난수표를 사용하였으나 현대의 컴퓨터들은 모두 자체적으로 난수를 생성시키는 기능들을 가지고 있다. 따라서 이 기능을 이용하면 많은 난수들을 쉽게 생성시킬 수 있다.

2. 시뮬레이션의 예

이제 디지털 시뮬레이션의 예로서 다음의 간단한 문제를 생각해 보자.

예제 12-1

K사의 사장은 다음 주 월요일 오전에 표 12.1과 같은 약속스케줄을 갖고 있다.
과거의 경험에 의하면 손님의 도착시간은 다음과 같은 확률분포를 갖고 있다고 추정된다.

약속시간보다 15분 일찍 도착할 확률은 10%
약속시간보다 5분 일찍 도착할 확률은 25%
약속시간에 정확히 도착할 확률은 40%
약속시간보다 10분 늦게 도착할 확률은 15%

| 표 12.1 | 사장의 약속계획표

약속시간	대상자	면담소요시간 추정치(분)
9 : 00	김	20
9 : 15	이	30
9 : 45	채	20
10 : 00	박	30
10 : 30	전	30
11 : 00	차	30
11 : 30	노	20
11 : 45	유	20

약속시간보다 20분 늦게 도착할 확률은 5%

약속을 어기고 나타나지 않을 확률은 5%

그리고 한 손님과 면담을 하는 데 소요되는 시간은 다음과 같은 확률분포를 갖고 있다.

추정시간의 80%가 걸릴 확률은 10%

추정시간의 90%가 걸릴 확률은 10%

추정시간의 100%가 걸릴 확률은 40%

추정시간의 110%가 걸릴 확률은 30%

추정시간의 120%가 걸릴 확률은 5%

추정시간의 130%가 걸릴 확률은 5%

사장은 중요한 점심약속에 가기 위해서 12시 15분까지는 모든 면담을 끝내야 한다. 이 8건의 면담을 특별히 취소한다거나 성급히 끝내버리고 싶지 않은 사장은 평소와 같은 진행속도를 유지할 경우 12시 15분까지 모두 끝낼 수 있는 확률을 구해보고 싶다.

이 문제에서 수식을 이용한 해석적인 방법으로 원하는 확률을 구하려 한다면 매우 복잡하고 어려운 문제라는 것을 알 수 있다. 이 문제를 시뮬레이션으로 분석해 보자. 먼저 사장은 9시 정각에 사무실에 나타나며 손님은 선착순으로 면담한다고 가정하자. 여기에는 2가지 종류의 확률변수, 즉 도착시간과 면담시간이 있으므로 난수를 이용하여 이 값들을 주어진 확률분포에 의거하여 발생시킨다. 예를 들어서 첫 번째 손님 김 씨의 도착시간을 발생시킨다고 하자. 이를 위해서는 한 개의 난수를 무작위로 선택하여 표 12.2와 같이 이 난수값에 따라 김 씨의 도착시간을 정한다. 이렇게 한다면 김 씨의 도착시간은 문제에서 주어진 확률분포를 가지게 될 것이다.

| 표 12.2 | 난수값에 따른 도착시간 결정

난수	도착시간
0.00 ~ 0.10	15분 일찍 도착
0.10 ~ 0.35	5분 일찍 도착
0.35 ~ 0.75	정확히 도착
0.75 ~ 0.90	10분 늦게 도착
0.90 ~ 0.95	20분 늦게 도착
0.95 ~ 1.00	오지 않음

마찬가지로 김 씨의 면담시간을 발생시키기 위해서는 또 하나의 새로운 난수를 무작위로 추출하여 표 12.3에 따라 김 씨의 면담시간을 정한다.

| 표 12.3 | 난수값에 따른 면담시간 결정

난수	면담시간(분)
0.00 ~ 0.10	16
0.10 ~ 0.20	18
0.20 ~ 0.60	20
0.60 ~ 0.90	22
0.90 ~ 0.95	24
0.95 ~ 1.00	26

이와 같은 과정을 다른 7명의 대상자에 대해서도 수행한다. 그러면 총 16개의 난수를 발생시킴으로써 8명의 도착시간과 면담시간이 결정되게 된다. 표 12.4는 하나의 예를 보여주고 있다. 생성된 난수가 둘째와 셋째 열에 있으며 표 12.2와 표 12.3에 의거하여 이 난수에 따라 8명의 도착시간과 면담시간을 결정한 것이 4째 및 5째 열에 있다. 이 도착시간과 면담시간에 따라 사장의 면담 과정을 구체적으로 작성하면 표 12.4의 6째 및 7째 열과 같이 되어, 이 경우 12시 24분에 모든 면담이 종결되어 점심 약속시간을 지킬 수 없음을 알 수 있다.

| 표 12.4 | 가능한 한 가지 면담계획

대상자	첫째 난수	둘째 난수	도착시간	면담시간 (분)	면담 시작시간	면담 종결시간
김	0.71	0.80	9:00	22	9:00	9:22
이	0.61	0.84	9:15	33	9:22	9:55
채	0.01	0.18	9:30	18	9:55	10:13
박	0.57	0.29	10:00	30	10:13	10:43
전	0.94	0.57	10:50	30	10:50	11:20
차	0.24	0.06	10:55	24	11:20	11:44
노	0.85	0.61	11:40	22	11:44	12:06
유	0.63	0.12	11:45	18	12:06	12:24

그러나 이것은 일어날 수 있는 여러 가능성 중의 한 가지 특별한 경우에 해당되므로 이 한 개의 결과를 가지고서는 어떠한 결론도 내리기 힘들다. 그러나 이러한 실험을 여러 번 반복하였다고 가정하자. 만약 1,000번 반복한 중에 384번이 12시 15분 이전에 면담이 종결되었다면 이 면담이 12시 15분 이전에 종결될 확률은 대략 38.4%라고 할 수 있을 것이다. 이 확률값의 정확도를 향상시키기 위해서는 반복횟수를 크게 늘리는 것이 바람직하다. 그러나 실제로는 계산에 투입되는 시간과 경비를 감안하여 적당한 횟수에 끝내게 된다.

3. 시뮬레이션을 통한 의사결정

여러 개의 대안이 있는 의사결정문제의 경우 시뮬레이션을 통해 각 대안의 결과를 추정하여 최선의 대안을 선택할 수 있다. 다음의 예제를 보자.

예제 12-2

국내 최초로 열병합발전소를 짓기로 한 한국의 전력회사는 과거의 경험부족으로 총공사비의 정확한 추정을 하기가 힘든 상태에 있다. 다만 외국의 경우와 국내 화력발전소의 건설경험에 비추어 볼 때 건설비는 대충 1억~4억 달러 규모로서 표 12.5와 같은 확률분포를 갖는 것으로 추정되고 있다.

| 표 12.5 | 열병합발전소 건설비용

건설비(억 달러)	확률(%)
1	5
2	35
3	50
4	10

건설비의 조달방안으로 채권발행과 외자도입을 고려하고 있는데, 채권은 연간 5%의 이자를 지불하여야 하고 도입외자에 대해서는 연간 6%의 이자를 지불하여야 한다. 정책상 채권발행은 도입외자의 150% 이하의 규모로 제한하여야 한다. 총건설비가 이 두 가지 방법으로 조달한 자금을 초과하는 경우에는 은행대출로 충당하여야 하는데 은행의 이자율은 국내금리시장의 변동과 회사의 신용도에 따라 크게 좌우되기 때문에 정확한 이자율을 미리 산정하기는 매우 어려운 상황이다. 그러나 과거의 경험에 비추어 볼 때 은행대출의 연간 이자율은 대충 4~9% 규모로서 표 12.6과 같은 확률분포를 갖는 것으로 추정하고 있다.

| 표 12.6 | 은행대출의 연간이자율

연간 이자율(%)	확률(%)
4	5
5	15
6	20
7	30
8	25
9	5

정책상 채권발행과 도입외자를 각각 8,000만~1억 4,000만 달러 범위 안으로 제한하고자 하는 경영진은 연간 총이자지급액의 기댓값이 최소가 되는 자금조달계획을 수립하고자 한다.

이 문제는 [예제 12-1]처럼 단순한 상황이 아니고 몇 가지 변수 간의 관계가 얽혀 있으므로 이 문제를 변수의 관계식으로 표현하는 모형을 먼저 만들어 보자. 먼저 다음과 같은 변수를 도입하자. 여기에서 금액의 단위는 모두 (억 달러)이다.

I: 연간 총이자

B: 채권발행액

F: 외자도입액

C: 발전소 건설비

L: 은행대출액

r: 은행대출 연간 이자율

먼저, 총 이자는

$$I = 0.05B + 0.06F + rL \qquad \cdots [12\text{-}1]$$

이 된다. 그리고 건설비가 채권발행액과 도입외자를 상회할 경우에만 은행대출을 받게 되므로 은행대출액 L은 다음과 같다.

$$L = \begin{cases} C - B - F, & B + F < C\text{일 때} \\ 0, & B + F \geq C\text{일 때} \end{cases} \qquad \cdots [12\text{-}2]$$

정책상 채권발행액은 도입외자의 150% 이하이어야 하므로

$$B \leq 1.5F \qquad \cdots [12\text{-}3]$$

가 되어야 하며 채권발행액과 도입외자는 각각 8,000만~1억 4,000만 달러 범위 안에 있어야 하므로

$$0.8 \leq B \leq 1.4 \qquad \cdots [12\text{-}4]$$

$$0.8 \leq F \leq 1.4 \qquad \cdots [12\text{-}5]$$

가 되어야 한다.

이 문제는 총이자를 나타내는 식 [12-1]의 기댓값이 최소가 되면서 제약식 [12-2] ~ [12-5]를 만족시키는 채권발행액 B와 외자도입액 F를 결정하는 문제이다. 다만, 이 경우에는 보통의 선형최적화 모형과 달리 은행대출이자 r과 건설비 C가 확률적 분포를 갖는 문제이다.

이제 식 [12-3] ~ [12-5]를 만족하는 B, F의 값을 한 개 선택하였다고 하자. 이 경우 이자율 r과 건설비 C의 값을 각각 난수를 통해 결정한다. 그러면 총이자액 [12-1]을 계산할 수 있다. 이러한 난수 발생 과정을 여러 번 반복한 후 그 평균값을 구하면 예상되는 총이자의 기댓값에 가까운 값이 나오게 될 것이다.

이러한 과정을 여러 개의 B, F값에 대하여 적용한 후 이자의 평균값이 제일 적어지는 B, F값을 선택하면 대체로 최적해에 가까운 해가 결정되게 될 것이다. 선택된 B, F값에 대해 총이자액의 평균값을 시뮬레이션으로 구하는 과정을 흐름표(flow chart)로 나타내면 그림 12.2와 같다.

그림 12.2 [예제 12-2] 시뮬레이션의 흐름도

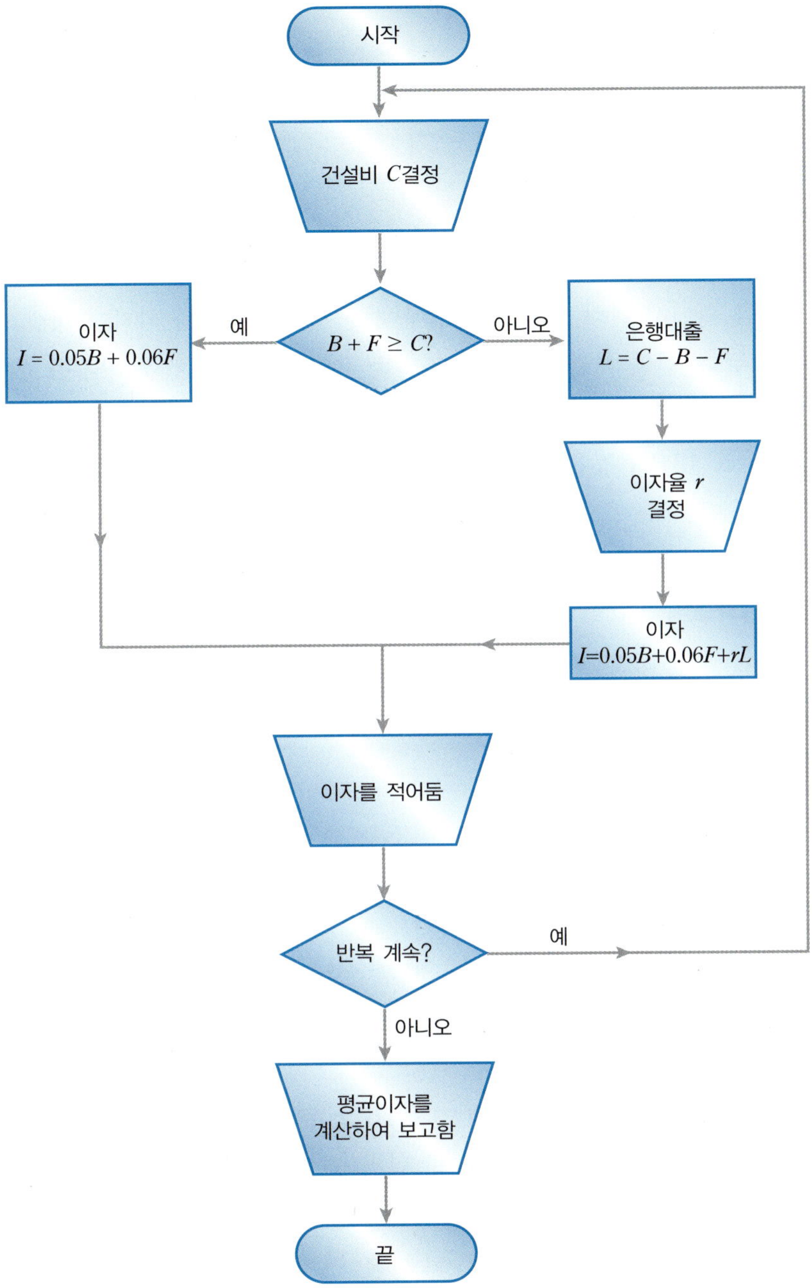

시뮬레이션이 시작되면 먼저 난수를 이용하여 건설비 C를 결정한다. 표 12.5와 같은 확률분포를 만들기 위해서 표 12.7과 같은 방법으로 건설비 C를 결정한다.

| 표 12.7 | 난수값에 따른 건설비의 결정

난수	건설비(억 달러)
0.00 ~ 0.05	1
0.05 ~ 0.40	2
0.40 ~ 0.90	3
0.90 ~ 1.00	4

이렇게 건설비가 결정되고 나면 이미 채권과 외자로 조달된 금액이 건설비 C를 상회하는가를 확인해 본다. 상회하는 경우에 총이자는 채권과 외자에 대한 이자의 합으로 결정된다. 만일 채권과 외자로 조달된 금액이 건설비를 못 미치는 경우에는 그 차이를 은행대출로 조달한다. 이때 은행대출금의 이자율 r은 표 12.6의 확률분포에 근거하여 표 12.8과 같은 방법으로 난수를 발생시켜 결정한다. 그 후 이와 같이 결정된 이자율에 따라 이자를 계산한다. 이제 계산된 이자를 메모리에 적어둔 후 이러한 시뮬레이션 과정을 다시 반복할 것인가 알아본다. 반복 과정이 끝나면 지금까지 계산된 이자들의 평균값을 계산하여 보고하고 끝낸다.

| 표 12.8 | 난수값에 따른 이자율의 결정

난수	이자율
0.00 ~ 0.05	0.04
0.05 ~ 0.20	0.05
0.20 ~ 0.40	0.06
0.40 ~ 0.70	0.07
0.70 ~ 0.95	0.08
0.95 ~ 1.00	0.09

이와 같은 시뮬레이션 과정을 여러 가지 (B, F)값에 대하여 수행한다. 예를 들어서 B, F 값을 각각 주어진 하한 8,000만 달러와 상한 1억 4,000만 달러 사이에서 1,000만 달러 간격으로 나눈 다음 각각의 경우에 대해 시뮬레이션을 하여 표 12.9와 같이 연간 총이자의 기댓값이 구해졌다고 하자. 이 결과에 의하면

$B = F =$ 1억 4,000만 달러

일 때 이자지급액의 기댓값이 약 2,040만 달러가 되어 최소가 되므로 이것이 최적 의사결정이다.

| 표 12.9 | **시뮬레이션 결과 평균이자** (1,000번씩 실험수행, 단위: 만 달러)

B \ F	8,000	9,000	10,000	11,000	12,000	13,000	14,000
8,000	3,077	3,090	3,040	3,108	2,398	2,254	2,258
9,000	3,131	3,067	3,038	2,231	2,220	2,211	2,258
10,000	3,995	3,028	2,267	2,262	2,191	2,261	2,207
11,000	2,995	2,341	2,228	2,188	2,254	2,187	2,325
12,000	2,239	2,272	2,205	2,223	2,240	2,184	2,188
13,000	–	2,122	2,109	2,143	2,144	2,211	2,184
14,000	–	–	2,251	2,213	2,143	2,275	2,040

* – 는 식 [12-3]을 만족시키지 않으므로 고려대상이 안됨.

표 12.9는 각각 1,000번씩의 실험을 수행한 결과이다. 이 평균값에는 물론 약간씩의 오차가 있을 수 있으므로 이 오차를 줄이기 위해서는 실험횟수를 증가시키면 된다. 그러나 이에 소요되는 시간 및 비용, 그리고 인력을 감안할 때 적절한 횟수에서 끝내게 된다. 실험횟수를 적게 하면서 오차를 줄이는 방법에 관한 연구는 시뮬레이션에서 중요한 연구분야다.

4. 시뮬레이션의 단계

시뮬레이션은 다른 경영과학기법들과 마찬가지로 문제의 정립, 자료의 분석, 모형수립 및 결과 분석의 과정을 따른다. 이를 좀 더 상세히 구분하여 보면 다음과 같다.

가. 문제의 정립

좋은 결과는 문제를 올바르게 파악하고 올바른 해를 구해야만 가능하다. 따라서 시뮬레이션의 첫 단계는 문제를 올바르게 정립하는 것이다. 그러나 의사결정의 위치에 있는 일반 경영진이나 정책결정자가 문제에 대하여 모호한 아이디어만 갖고 있는 경우가 많기 때문에 의사결정분석가는 모호한 아이디어를 좀 더 명시적으로 표현할 수 있어야 한다. 또한 분석을 행하는 과정에서 새로운 사실을 배우게 되는 수가 많은데, 이때에는 초기에 세워진 문제를 분석 과정에서 수정 · 보완하는 것이 바람직하다.

나. 시뮬레이션 적용 여부 판단

문제가 일단 정립되면 과연 시뮬레이션의 적용이 필요한가를 판단하여야 한다. 이를 위해서는 먼저 해석적(analytic) 방법들을 적용할 수 있는가 알아본다. 만일 해석적 방법의 적용이 가능하다면 시뮬레이션을 굳이 할 필요는 없다. 만일 해석적 모형의 수립이 불가능하거나 모형이 수립되었다 하더라도 이 모형의 해를 구하는 것이 현실적으로 거의 불가능하다면 시뮬레이션 적용을 생각해 볼 필요가 있다. 그러나 시뮬레이션은 일반적으로 비용이 많이 들기 때문에 시뮬레이션 시에 과연 추가적 비용보다 더 많은 이익을 실험의 결과를 통해 얻을 수 있을 것인가 판단하여야 한다. 이 비용보다 이익이 더 많다면 시뮬레이션을 수행하기로 판단하게 된다.

다. 자료수집 및 분석

시뮬레이션을 수행하기로 결정한 후 가장 먼저 해야 할 작업이 자료의 수집이다. 자료의 수집은 객관적으로 타당한 시뮬레이션을 수행하기 위해서는 필수적이다. 수집된 자료는 첫째로 시뮬레이션에서 필요한 여러 가지 변수들의 확률분포를 추정하는데 사용되며, 둘째로는 시뮬레이션 결과의 타당성을 평가하는 데에 이용된다.

라. 모형의 개발

실제 일어나는 현상을 수치로 흉내 내는 모형을 개발하여야 한다. 모형의 개발은 항상 현실성과 개발비용을 절충하면서 이루어지게 된다. 인력, 시간 및 컴퓨터 자원 등을 줄이기 위해서 너무 간단한 모형을 개발하여 중요한 상관관계를 생략하였다면 이 모형은 현실적 상황을 적절히 묘사하지 못한다. 반면 현실성을 완벽히 나타내기 위하여 모든 상세한 내용을 포함시킨다면 주어진 인력, 시간 및 컴퓨터 자원 등으로 처리하지 못할 정도로 모형이 커지기 쉽다. 따라서 현실성을 잃지 않으면서 가능한 한 간단한 모형을 만들어야 된다. 따라서 모형의 개발은 과학(science)이라기보다는 숙련을 요하는 기술(art)이다.

마. 시뮬레이션용 컴퓨터 프로그램 개발

개발된 모형에 따라 시뮬레이션을 수행하기 위해서는 난수를 발생시키고 유사한 계산을 여러 번 반복하므로 컴퓨터의 이용은 거의 필수적이다. 컴퓨터의 이용에 대해서는 다음 절에서 설명한다.

바. 모형의 타당성 평가

대부분의 시뮬레이션 모형은 많은 수의 계산 과정이 상호 유기적으로 수행되기 때문에 이 프로그램의 각 부분이 상당히 정확히 작성되었다 하더라도 각 부분의 약간씩의 오류(error)가 복합되어 전체 모형의 결과는 상당한 오류를 갖게 될 수 있다. 따라서 컴퓨터 프로그램의 오류검색이 끝난 후에도 시뮬레이션의 대상이 되는 시스템의 실제의 형태를 모형이 적절히 묘사하고 있는지의 타당성 평가를 해 볼 필요가 있다.

만일 현실시스템이 실제작동 중에 있다면 실제시스템의 결과를 시뮬레이션 결과와 비교함으로써 평가할 수 있다. 이를 위해서는 이 두 결과의 평균, 분산 및 확률분포의 차이가 모형의 타당성에 의문이 있을 정도인지의 여부를 통계적 기법을 통해 검정할 수 있다. 만일 통계적 분석을 위한 충분한 자료의 수집이 불가능하면 현실시스템을 잘 알고 있는 전문요원으로 하여금 두 결과를 비교하여 차이를 지적하도록 하는 방법도 사용할 수 있다.

만일 시뮬레이션의 대상시스템이 현존하지 않는 계획상의 시스템이라면 실제시스템의 결과를 얻을 수는 없다. 이때에는 대상시스템의 작은 실제 모형을 개발하여 작동해 본다든가 현존하는 다른 시스템을 계획상의 대상시스템과 같도록 잠정적으로 수정하여 작동하여 보는 소위 현장테스트(field test)를 통하여 시뮬레이션의 결과와 비교하는 것이 바람직하다. 그러나 현장테스트는 비용과 시간이 많이 소요되는 단점이 있다.

실제 데이터를 구하지 못할 때에는 대상시스템을 잘 알고 있는 전문요원으로 하여금 시뮬레이션 모형의 결과를 평가하도록 하는 것이 유일한 방법이다. 어떠한 방법을 이용하든지 간에 최종 의사결정자에게 시뮬레이션 모형이 타당함을 설득시키는 것이 매우 중요하다. 이러한 설득 없이는 의사결정자가 시뮬레이션의 결과를 의사결정 과정에 이용하기를 꺼리는 것이 당연하기 때문이다.

사. 실험설계(experimental design)

시뮬레이션 모형이 개발되고 타당성이 검증된 후에 실험 수행단계에 들어간다. 시뮬레이션은 일반적으로 의사결정을 하는 데 있어서 실제시스템이 존재하지 않거나 실제시스템을 통한 실험이 어려울 때에 수행하게 된다. 실제시스템을 통한 실험은 때로는 불가능하고 때로는 많은 비용이 소요되는 반면, 시뮬레이션은 실제시스템을 통한 실험보다 그 비용이 저렴하기 때문에 여러 가지 대안들에 대하여 시뮬레이션을 해 봄으로써 그 대안의 성과를 구하는 것이 바람직하다. 예를 들어서 항만설계를 하는데 있어서 예인선의 수, 정박장의 수 및 항만 운영정책을 결정하는 문제에 시뮬레이션을 적용한다고 생각해 보자. 그러면 예인선의 수, 정박장의 수 및 항만 운영정책의 여러 가지 구성방법에 대하여 시뮬레이션을 수행하여 그 성과를 평가한 후에 가장 성과가 좋은 구성방법을 결정하면 된다. 실제시스템을 통한 실험은 실험이 가능한 경우라고 하더라도 그 비용이 많이 들기 때문에 몇 가지 구성방법만 테스트해 볼 수 있는 반면 시뮬레이션은 훨씬 많은 구성방법을 평가할 수 있다.

시뮬레이션을 수행함에 있어서 어떠한 대안들을 선택하여 실험을 수행할 것인가, 시뮬레이션 횟수를 어떻게 정할 것인가 등의 실험설계(experimental design)에 대한 내용은 이 책의 수준을 벗어나기 때문에 여기서는 다루지 않는다.

아. 시뮬레이션 결과의 분석

시뮬레이션 모형의 타당성이 검증되고 실험계획이 수립되어 실험을 수행하고 나면 경영과학분석가는 이 결과를 적절히 해석하여 합리적인 의사결정을 위한 자료로 사용한다.

5. 컴퓨터를 이용한 시뮬레이션

구간 [0, 1]의 일양분포에서 난수를 한 개 발생시키기 위해서는 난수표를 이용하거나 컴퓨터의 난수발생함수를 이용할 수 있다. 간단한 문제에서 수작업에 의한 계산으로 끝낼 때에는 난수표를 이용하여도 무방하지만 문제의 계산이 복잡하고 반복 횟수를 크게 늘리고자 할 때에는 난수발생함수를 이용하여 컴퓨터로 처리한다. 시뮬레이션은 여러 가지 대안들을 비교하는 데에 사용되는데, 실험을 처음 시작할 때에는 실험의 진행 과정에서 어떤 대안들을 선택하여 평가하게 될지 잘 모르기 때문에 수정보완이 용이하도록 유연성 있는 컴퓨터 프로그램을 작성하는 것이 바람직하다.

최근에는 스프레드쉬트(spread sheets)를 이용한 시뮬레이션이 많이 이용되고 있다. 이에 따라 시뮬레이션 작업을 용이하게 할 수 있도록 개발된 소프트웨어들이 스프레드쉬트의 부속 프로그램으로 제공되고 있다. 가장 널리 사용되고 있는 부속 프로그램으로는 Decisioneering에서 제공하는 Crystal Ball, Palisade Corporation의 @RISK 등이 있다. 그러나 스프레드쉬트를 이용한 시뮬레이션은 상대적으로 소규모의 단순한 모형에만 이용될 수 있다.

시뮬레이션 프로그램은 복잡한 수치계산이 필요하지 않은 반면 대부분 논리적 연산이 많기 때문에 BASIC, FORTRAN, PASCAL, C, C++ 등의 범용언어보다는 1960년대 초반부터 개발된 GPSS, SIMSCRIPT, SLAM, Arena 등 소위 시뮬레이션 프로그램 언어들을 이용하는 것이 바람직하다. 이러한 언어들은 시뮬레이션 프로그램 작성 도중 동일한 형태로 항시 나타나는 부분을 한 개의 명령문으로 처리함으로써 프로그램 개발을 단순화하였다. 그리고 실험대상이 되는 시스템의 설계를 용이하게 수정할 수 있도록 함으로써 많은 수의 설계 대안을 평가할 수 있도록 하였다. 마지막으로 시뮬레이션 수행 도중 필요한 장부정리 형태의 작업을 용이하게 하기 위하여 내부에 시간조절기능이 들어가 있다.

응용사례 1 :: 공항 서비스 향상을 위한 IBM의 시뮬레이션 모형

IBM사는 캐나다 토론토공항에서 캐나다항공(Air Canada)사의 승객관리를 위한 시뮬레이션 모형을 캐나다항공과 같이 개발하였다. 이 시뮬레이션 모형은 승객이 공항에 도착하고 난 후부터 탑승까지의 흐름을 분석하기 위하여 개발되었다. 대상이 되는 고객들은 항공표 구입, 일반석 탑승, 일등석 탑승, 노약자 탑승 등의 과정을 그대로 따르게 된다.

운항 스케쥴을 이용하여 승객들의 공항 도착시간이 결정된다. 각 승객은 항공기 탑승시간 이전에 확률적인 도착 과정에 따라 공항에 도착한다. 각 카테고리에 속한 승객들에 대한 통계적 정보에 따라 한 승객의 등급이나 목적지 등이 결정된다. 이 값들은 시간대별로 그 분포가 달라질 수 있다. 도착하는 승객들이 결정되고 나면 이들이 캐나다항공의 시스템을 따라 흘러가는 과정을 좇아서 시뮬레이션 모형이 돌아가게 된다.

이 모형을 통해서 최대 대기시간, 평균 대기시간, 대기행렬의 최대 길이, 대기행렬의 평균 길이 및 캐나다항공의 자원 이용 상황 등이 예측된다. 이 결과를 통하면 항공권발급이나 탑승 과정에서 발생하는 병목현상이 어디인가를 알아낼 수 있다.

이 시뮬레이션 모형은 유연해서 여러 가지 시나리오 상황을 분석해 볼 수 있다. 예를 들면, 승객의 셀프서비스 항공권구입 창구를 하나 더 추가하는 경우 어떻게 될 것인가? 인터넷 예약이 늘어나면 어떻게 되는가? 캐나다항공사의 운항 스케쥴이 바뀌면 어떻게 되는가 등을 분석할 수 있다. 이러한 시나리오 분석을 통해 가장 좋은 전략을 찾아낼 수 있으며 이 모형은 다른 공항에서도 사용할 수 있도록 쉽게 수정이 가능하다.

응용사례 2 :: 콜센터 설계

콜센터(call center)는 고객들에게서 걸려오는 다량의 전화를 받거나 고객들에게 다량의 전화를 거는 장소다. 미국에만 약 60,000개의 콜센터가 운영되고 있다. 한 대규모 소프트웨어회사는 콜센터의 운영을 재설계하여 고객들에 대한 통화서비스 제공 혜택과 서비스 제공 비용 간의 균형을 이루기 위해 대기행렬 모형 시뮬레이션 방법을 사용하였다.

이 회사에서는 전화를 이용한 상담을 제공하고 있었는데 그 수요가 증가하게 되자 통화를 시도하는 고객의 80% 이상이 5분 이상을 대기하여야 하며, 약 40%의 고객들이 통화 시도 중 포기하게 되는 상황에 이르게 되었다. 이러한 상황을 더 이상 두고 볼 수 없게 된 경영진에서는 신속시스템 도입을 고려하게 되었다. 한 고객이 일정한 금액을 미리 지불하고 신속시스템에 가입하면 통화를 시도할 때 1분 이내에 통화가 되도록 하며, 만일 1분 안에 통화가 안 되면 서비스 상담료를 받지 않는 시스템이다. 이 시스템에 가입하지 않은 고객은 종전처럼 서비스 받을 수 있으나 얼마나 기다려야 할지는 모른다.

이러한 신속시스템 도입이 콜센터 운영에 어떠한 영향을 주게 될지를 분석하기 위하여 시뮬레이션 모형이 개발되었다. 기존의 데이터를 이용하여 통화시도의 확률적 도착과정, 통화서비스 시간의 길이, 통화포기 확률 등이 분석되었다. 이 모형에서 중요한 요소는 콜센터 직원의 수와 신속서비스 시스템에 가입한 고객의 비율 등이다. 이 모형은 Arena 패키지를 이용하여 개발되었다.

시뮬레이션 결과 이 회사에서는 신속서비스 시스템을 채택하는 것이 바람직하다는 결론을 얻었다. 대부분의 상황에서 신속서비스 시스템에 가입한 고객의 95%가 1분 이내에 통화서비스를 받게 된다고 나왔고 1분 이내에 통화를 못한 가입자에 대한 상담료 면제 총액은 그리 크지 않았다. 이 회사에서 실제로 신속시스템을 도입한지 9개월 만에 고객들 중 10%가 이 시스템에 가입하였으며 이로써 이 회사는 200만 달러의 추가 이익을 얻을 수 있었다. 이 회사에서는 이 모형을 위험을 완화시켜주는 방법으로 간주하고 있다.

제12장_ 연습문제 A(상세 해답 포함)

1 동전을 던져서 앞이 나오면 100원을 벌고 뒤가 나오면 100원을 잃는 게임을 하고 있다. 책 뒤에 있는 난수표에 있는 좌측 열의 처음 10개의 난수를 써서 10번의 게임을 시뮬레이션하고 이때의 이익을 계산하시오.

난수값이 0.5 이하이면 뒷면으로 하고 0.5 이상이면 앞면으로 하기로 한다면 시뮬레이션 결과는 다음과 같다.

난수	결과
0.04433	−100
0.60298	+100
0.67884	+100
0.89512	+100
0.32653	−100
0.95913	+100
0.55864	+100
0.35334	−100
0.57729	+100
0.86648	+100
합계	+400

따라서 400원의 이익이 되는 결과이다.

2 K전력회사에서는 새로 건설중인 Y화력발전소의 발전기를 구입하려 하고 있다. 고려대상이 되는 기종이 1년 동안 고장 나는 횟수에 관한 자료를 분석해 본 결과 다음의 표를 얻었다.

1년간 고장횟수	발생빈도
0	0.80
1	0.15
2	0.04
3	0.01

(가) 이 발전기의 수명을 25년이라고 할 때 난수표의 좌측 열을 이용하여 25년간 고장 나는 횟수를 구하시오. 연간 평균 발생횟수는 얼마인가?

(나) 이 기종이 1년 동안 고장이 발생할 횟수의 기댓값은 얼마인가? (가)의 결과와 비교하시오.

(가) 다음과 같이 정한다고 하자.

난수	고장횟수
0.00~0.80	0
0.80~0.95	1
0.95~0.99	2
0.99~1.00	3

시뮬레이션 결과:

연도	난수	고장횟수
1	0.04433	0
2	0.60293	0
3	0.67884	0
4	0.89512	1
5	0.32653	0
6	0.95913	2
7	0.55864	0
8	0.35334	0
9	0.57729	0
10	0.86648	1
11	0.30574	0
12	0.81307	1
13	0.02410	0
14	0.18969	0
15	0.87863	1
16	0.68397	0
17	0.28529	0
18	0.44285	0
19	0.86299	1
20	0.84842	1
21	0.56970	0
22	0.83125	1
23	0.55503	0
24	0.47019	0
25	0.84828	1
합계		10번

연평균 = 0.4회

(나) 기대값 $= 0.8 \cdot 0 + 0.15 \cdot 1 + 0.04 \cdot 2 + 0.01 \cdot 3 = 0.26$

(가)에서 구한 연평균과 아직 차이가 많이 있다.

3 A회사에서 보유하고 있는 기계에는 두 개의 베아링이 들어 있는데 이 베아링들이 자주 고장 나고 있다. 베아링이 한 개 고장 나면 이를 새 것으로 갈아 끼우기 위해서는 기계의 작동을 정지시켜야 한다. 기계의 작동 정지에 따른 회사의 손실은 시간당 30만 원이고 새것으로 갈아 끼우는데 드는 시간은 1시간이다. 또한 베아링의 값은 개당 5만 원이다. 이 회사에서는 현재 베아링이 고장 날 때마다 고장 난 베아링을 갈아 끼우고 있는데 베아링의 값이 기계작동 정지에 따른 손실에 비해 적다는 것을 깨달은 경영진에서는 베아링이 한 개 고장 나면 두 개의 베아링을 모두 새 것으로 갈아 끼우는 것이 더 바람직할 것이라고 제안하였다. 현재의 정책을 따르는 경우 수리와 수리 사이의 시간은 다음과 같은 확률분포를 가지고 발생한다.

수리 간 시간	20	40	60	70	80	90	100
확률	0.05	0.07	0.13	0.35	0.30	0.07	0.03

반면 새 정책을 따르는 경우 수리 간 시간은 다음과 같은 분포를 갖는다.

수리 간 시간	40	75	100	125	150	180	200
확률	0.05	0.10	0.15	0.25	0.20	0.15	0.10

난수표를 이용하여 두 정책을 한 달간 시뮬레이션 하여 어느 정책이 바람직한가 분석하시오. (이 기계는 24시간 작동하며 한 달은 30일로 한다.)

한 달은 $24 \cdot 30 = 720$시간이다.

현정책:

수리 간 시간	20	40	60	70	80	90	100
확률	0.05	0.07	0.13	0.35	0.30	0.07	0.03
누적확률	0.05	0.12	0.25	0.60	0.90	0.97	1.00

난수	시간	누적시간	비용
0.04433	20	21	35만 원
0.60298	80	102	35만 원
0.67884	80	183	35만 원
0.89512	80	264	35만 원
0.32653	70	335	35만 원
0.95913	90	426	35만 원
0.55864	70	497	35만 원
0.35334	70	568	35만 원
0.57729	70	639	35만 원
0.86648	80	720	35만 원
			총 350만 원

새로운 정책:

수리 간 시간	40	75	100	125	150	180	200
확률	0.05	0.10	0.15	0.25	0.20	0.15	0.10
누적확률	0.05	0.15	0.30	0.55	0.75	0.90	1.00

난수	시간	누적시간	비용
0.30574	125	126	40만 원
0.81307	180	307	40만 원
0.02410	40	348	40만 원
0.18969	100	449	40만 원
0.87863	180	630	40만 원
0.68397	150	781	…
			총 200만 원

따라서 이 실험결과에 의하면 새 정책이 비용이 적게 나온다는 것을 알 수 있다.

1 A전자 대리점에서 하루에 팔리는 냉장고의 댓수는 다음과 같은 확률분포를 갖고 있다.

수요	0	1	2	3
확률	0.1	0.2	0.6	0.1

난수표의 우측 열의 처음 5개의 난수를 써서 5일간의 판매량을 결정하시오.

2 K개발은 해외에서 유전탐사를 하고 있다. 유전을 발견할 확률 및 매장량은 배사구조의 존재 여부에 따라 다른데, 배사구조가 있으면 유전을 발견할 확률이 60%이며 발견된 유전의 매장량은 다음과 같은 확률분포를 갖는다.

매장량(백만 배럴)	40	80	120	160	200
확률	0.2	0.3	0.4	0.05	0.05

배사구조가 없는 경우에는 유전을 발견할 확률이 20%이며, 발견된 유전의 매장량은 다음과 같은 분포를 갖는다.

매장량(백만 배럴)	10	20	30	40	50
확률	0.1	0.3	0.4	0.15	0.05

현재 탐사대상지역의 50%는 배사구조를 갖고 50%는 갖지 않는 것으로 추정된다. K개발은 20개 지역의 탐사결과를 시뮬레이션으로 분석하고자 한다.

(가) 책 뒤의 난수표의 좌측 열부터 시작하여 20개 지역의 탐사결과를 1회 시뮬레이션 하시오. 이때 발견한 매장량은 얼마가 되는가?

(나) 정확한 확률계산으로 20개 지역에서 발견할 매장량의 기댓값을 구하시오.

(다) (가)와 (나)의 결과를 비교하고 이 차이를 줄이기 위한 방법을 제시하시오.

3 도박장에서 많이 즐기는 게임으로 크랩(craps)이 있다. 이 게임은 주사위 두 개를 동시에 던지는데 규칙은 다음과 같다.

(1) 합이 7 또는 11인 경우: 승

(2) 합이 2, 3 또는 12인 경우: 패

(3) 합이 4, 5, 6, 8, 9, 10인 경우: 이 합을 A라고 하자. 이 경우 두 개의 주사위를 계속 던진다. 만일 A가 7보다 먼저 나타나면 이기며 7이 A보다 먼저 나타나면 진다.

이 게임에서 이길 확률을 해석적으로 구하는 것이 어려우므로 시뮬레이션을 통하여 확률을 추정해 보려고 한다.

(가) 난수표의 좌측 열에 있는 난수를 따라서 이 게임을 5번 시뮬레이션해 보시오.

(나) 정확한 분석에 의하면 n번의 게임을 할 때 이기는 비율은 평균이 0.493이고 표준편차가 $\frac{0.5}{\sqrt{n}}$인 정규분포를 갖는 것으로 알려져 있다. 컴퓨터를 이용하여 1,000번 시뮬레이션 해보고 이기는 빈도를 이론적 확률값 0.493과 비교하여 보시오.

(다) 컴퓨터를 이용하여 1억 번 시뮬레이션하여 0.493보다 더 정확한 값을 구해보시오.

제 13 장 예측이론

기업을 운영하는 사람이 항상 생각하여야 하는 한 가지 업무는 미래에 대한 예측이다. 그러나 미래에 대하여 예측한다는 것은 쉬운 일이 아니다. 현재 수행되고 있는 많은 예측들은 실제 관측치와 상당히 틀리기도 한다. 그러나 경영자나 정책결정자는 미래를 보며 기업이나 국가의 투자전략 등을 수립하여야 하는데 이를 위해서는 수요나 가격 등에 대한 예측은 피할 수 없는 작업이다. 축적된 자료가 아무리 적다 하더라도, 그리고 미래에 대한 불확실성이 아무리 많다고 하더라도 어떤 형태의 예측이든지 활용할 수밖에 없는 것이다. 따라서 정확히 미래를 점치려 하는 것보다는 합리적인 논리가 바탕에 깔려 있는 예측을 수행하는 것이 바람직하다.

생산량, 판매량, 총이익, GNP, 주식가격 등 각종 변수에 대하여 시간에 따른 관측 자료를 모아 놓은 것을 시계열(Time Series) 자료라고 한다. 그리고 이러한 시계열 자료를 분석하여 미래에 대한 예측치를 제공하는 체계적인 방법을 시계열 분석(Time Series Analysis)이라고 한다. 이러한 분석이 이루어지면 미래에 대한 예측이 가능해 진다.

1. 요소의 분해

경영/경제의 시계열 자료들은 대개 추세치(Trend), 계절변동(Seasonal Variation), 순환변동(Cyclical Variation), 불규칙변동(Irregular Variation) 등 네 개의 요소로 분해하여 분석한다. 따라서 한 변수의 한 시점에서의 값은 이 네 개의 요소의 곱으로 표현된다고 본다. 예를 들어서, 한 회사의 2016년 1월 판매량은

$$T \cdot S \cdot C \cdot I \quad \cdots [13\text{-}1]$$

로 표현된다고 본다. 여기서 T는 판매량의 추세치, S는 계절적 차이에 의한 효과, C는 경기순환에 따른 차이에 의한 효과, I는 앞의 세 가지로 설명할 수 없는 불규칙적인 영향이다.

가. 추세치

추세치는 시계열 자료가 보여주는 상대적으로 장기적인 움직임을 말한다. 이 추세치의 변화는 진폭이 별로 없는 부드러운 선으로 표현된다. 예를 들어, 지난 30년간 우리나라 인구변화는 그림 13.1의 (가)와 같이 부드러운 상승곡선을 보여준다. 인구의 변화는 주로 추세치로 설명할 수 있으며, 따라서 예측하기가 용이할 것으로 보인다. 반면, 지난 2021년 6월과 7월 사이의 종합주가지수를 보여주는 (나)를 보면 많은 진폭이 있다. 이 경우에는 불규칙변동 부분이 많아서 예측이 그리 쉽지 않을 것으로 보인다.

나. 계절변동효과

어떤 특정한 달의 판매량은 계절적인 요인 때문에 추세치와 달라질 수 있다. 가장 극단적인 예로서는 에어컨 등 한 계절에만 사용하는 제품의 판매량이다. 다른 제품들도 대부분 연중 고르게 판매되지는 않고 어느 계절에는 많이, 다른 계절에는 적게 판매되는 것이 일반적이다. 이렇게 계절적인 요인으로 인하여 추세치와 달라지는

그림 13.1 시계열자료들

(가) 우리나라 인구

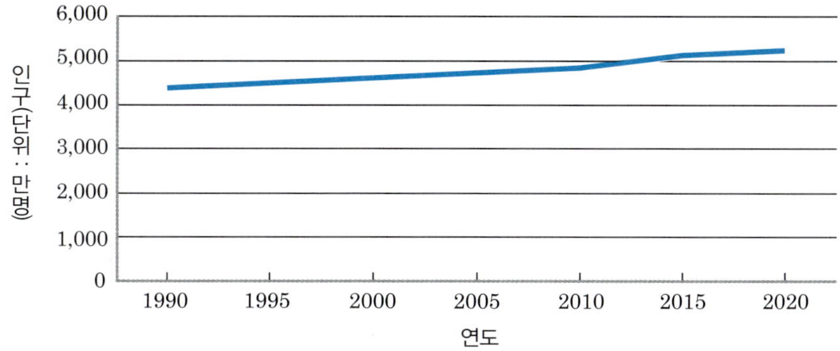

(나) 종합주가지수

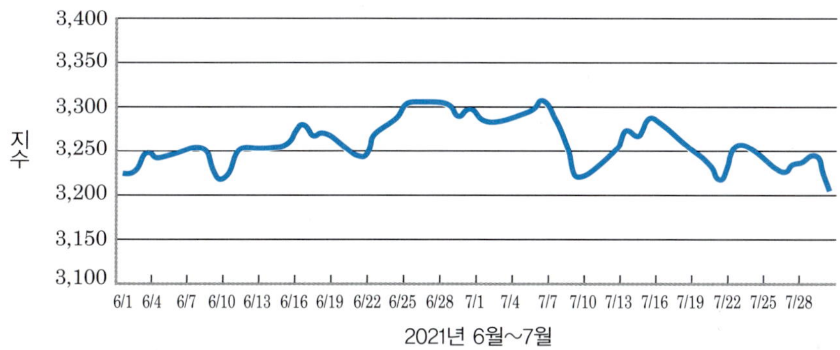

양을 측정하는 수치로서 계절지수(Seasonal Index)를 이용한다. 식 [13-1]의 S는 이 지수를 의미한다.

다. 경기순환효과

판매량 등 경영/경제분야의 변수가 추세치에서 벗어나는 또 하나의 큰 이유는 그것이 소위 경기순환(Business Cycle)에 의해 영향을 받기 때문이다. 우리가 신문의 경제난에서 많이 보는 "경기가 좋다", "경기가 없다"는 이야기들은 이 경기순환을 의미한다. 한 국가의 경제활동은 한때는 왕성한 증가를 하다가 다시 위축하고 그 후 다시 증가하는 현상을 반복한다. 우리가 과거 수 십 년간의 국민총생산의 추세를 보면 이러한 순환 과정이 있음을 쉽게 알 수 있다. 그러나 이러한 순환의 주기는 매우 불규칙하여 언제 경기가 팽창할지, 언제부터 위축될지에 대한 예측은 그리 쉬운 일이 아니다. 이러한 팽창과 위축의 순환에 의한 영향이 식 [13-1]에 있는 순환효과 C이다.

라. 불규칙적인 영향

앞에서 언급된 추세치, 계절영향, 그리고 경기순환영향 이외에도 경영/경제 변수에 미치는 영향들은 많이 있다. 파업에 의한 조업단축, 원자재의 수급불안, 노동력의 부족, 기술인력의 유출 등등 수많은 요인들이 판매량이나 생산량 등의 변수에 영향을 미친다. 이러한 영향들을 일일이 모두 식 [13-1] 에 추가할 수도 있겠지만 만일 예측에 있어서 가장 중요한 계절효과나 순환효과만을 따로 고려한다면 다른 요인들은 모두 불규칙적인 영향을 주는 요소들로 취급되고 이들을 총괄하여 식 [13-1]처럼 불규칙요소 I로 표현한다.

2. 시계열 자료의 평활화

시계열 자료는 계절변동, 순환변동, 불규칙변동 등에 의해 많은 진폭을 보이는 것이 일반적이다. 미래에 대한 적절한 예측을 하기 위해서는 이러한 자료에서부터 장기적인 추세가 무엇인지를 알아내어야 한다. 이를 위해서는 먼저 이러한 변동들이 서로 상쇄되도록 시계열 자료를 평활화 할 필요가 있다. 이렇게 하면 일시적으로 오르내리는 진동부분은 서로 상쇄되고 장기적인 평활한 관계식을 구할 수 있다. 여기서는 여러 가지 평활법 중에서 가장 간단한 방법인 이동평균법(Method of Moving Average)과 지수평활법(Exponential Smoothing)에 대하여 알아본다.

가. 이동평균법

그림 13.2의 (가) 에 있는 A회사의 주식가격 자료를 보자. 이 그림에 의하면 주식가격은 여러 번의 오르내림을 보여주고 있다. 그리고 전체적으로 전반부에는 하락하고 후반부에는 안정되어 있음을 시각적으로 알 수 있다. 이러한 추세치의 변화를 표현하는 함수를 구하기 위하여 이동평균법을 사용해 보자. 그림 13.2 (가)의 그래프를 평활하게 하기 위하여 이동평균법에서는 한 시점을 기준으로 전후반의 일정한 구간의 자료를 평균하여 그 시점에서의 추세치로 사용한다. 예를 들어서 5년-이동

그림 13.2 이동평균법에 의한 평활화

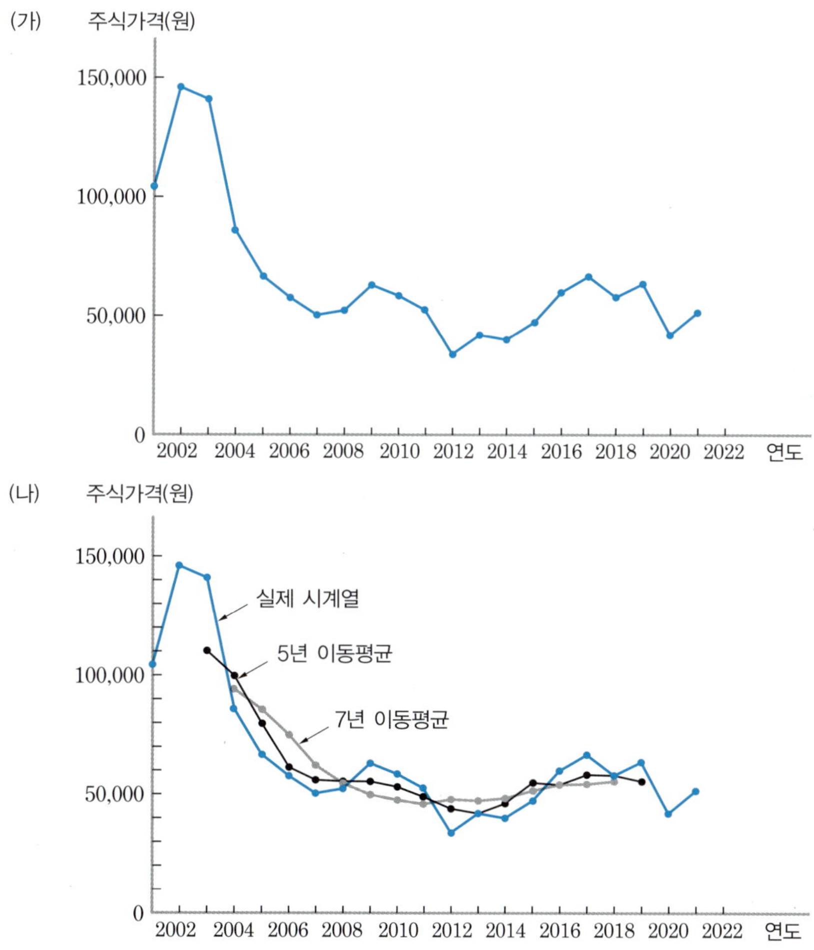

평균을 사용한다면 2001, 2002, 2003, 2004, 2005년의 값을 평균하여 2003년의 값으로 한다. 마찬가지로 2002~2006 간의 평균이 2004년의 값이 된다. 물론 7년 이동평균법을 사용할 수도 있으며, 이러한 방법으로 그림 13.2 (가)의 자료에 5년 이동평균법과 7년 이동평균법을 적용하면 그림 13.2 (나)와 같은 결과를 얻는다. 이러한 이동평균들은 실제의 시계열보다 훨씬 평활한 변화를 보여주고 있다.

이러한 이동평균법을 이용하면 불규칙한 변화나 단기적인 주기적 변화를 제거할 수 있다. 그러나 경기순환의 주기는 매우 불규칙적이기 때문에 이동평균법이 주기적 변화를 상당히 제거할 수는 있어도 완전히 제거하지는 못한다. 이동평균법은 또 나름대로의 약점을 가지고 있다. 첫째, 이동평균법으로 구한 그래프에서의 정점(peak)이나 골(trough)의 위치는 원래의 시계열 자료에서의 위치와 다른 곳에서 나타난다. 따라서 정점이나 골의 위치판단을 할 때에 조심할 필요가 있다. 둘째, 원래의 시계열 자료가 있는 시간대 중 처음의 일부와 나중의 일부에서는 이동평균을 구할 수 없다. 따라서 자료의 수가 적을 때에는 적용하기 어려워진다.

예제 13-1

다음 표는 삼영산업의 지난 1년간의 월별 매출액 자료이다.

월	매출액(억원)	월	매출액(억원)
1월	52	7월	45
2월	81	8월	60
3월	47	9월	50
4월	65	10월	79
5월	50	11월	45
6월	73	12월	62

3개월 이동평균과 5개월 이동평균을 구하시오.

이 문제에서 이동평균들을 계산해 보면 다음과 같다.

월	매출액(억원)	3개월 이동평균	5개월 이동평균
1월	52.00		
2월	81.00	60.00	
3월	47.00	64.33	59.00
4월	65.00	54.00	63.20
5월	50.00	62.67	56.00
6월	73.00	56.00	58.60
7월	45.00	59.33	55.60
8월	60.00	51.67	61.40
9월	50.00	63.00	55.80
10월	79.00	58.00	59.20
11월	45.00	62.00	
12월	62.00		

나. 지수평활법

이동평균법에서는 선택된 시간구간 동안의 자료들은 모두 같은 비중을 주어 평균을 구하였다. 이 구간 안에 있는 자료들은 시간적으로 오래된 자료나 최근의 자료나 동일한 비중으로 간주된다. 그러나 최근의 자료는 과거의 자료보다 더 정확한 정보를 가지고 있을 것이므로 최근의 자료에 좀더 비중을 많이 주어 추세치를 구하는 것이 바람직할 것이다. 또, 5개월 이동평균을 사용한다고 할 때 이 시간구간 이전의 자료는 완전히 무시하고 추세치를 구한다는 것도 적절하지 못하다고 할 수 있다.

이러한 약점을 보완하기 위한 것이 지수평활법(Exponential Smoothing)이다. 지수평활법에서는 시간 t에서의 추세치를 구하기 위하여 이 시간 이전의 자료를 모두 이용하는데, 다만 시간이 과거로 멀어짐에 따라 기하급수적으로 감소하는 가중치를 사용한다. 이제, Y_t를 시계열 자료의 시점 t에서의 값이라고 하고, S_t를 시점 t에서 지수평활법으로 평활하게 한 값이라고 하면, S_t를 구하는 방법은 다음과 같다.

$$S_t = \theta Y_t + (1-\theta) S_{t-1} \qquad \cdots [13\text{-}2]$$

여기서 θ는 0과 1 사이의 상수로서 평활계수(Smoothing Constant)라고 한다.

예를 들어서 어느 회사의 2018, 2019, 2020, 2021, 2022년의 판매고가 각각 100억, 300억, 300억, 200억, 400억으로 주어졌다고 하자. 편의상 2018년을 시점 0, 2019년을 시점 1, …, 2022년을 시점 4라고 하자. 그리고 평활계수 θ를 0.5라고 하

자. 시점 0에서는 과거의 자료가 없으므로 $S_0 = Y_0 = 100$억이다. 그 다음에서는 식 [13–2]에 의해

$$S_1 = 0.5 \cdot 3 + 0.5 \cdot 1 = 2$$
$$S_2 = 0.5 \cdot 3 + 0.5 \cdot 2 = 2.5$$
$$S_3 = 0.5 \cdot 2 + 0.5 \cdot 2.5 = 2.25$$
$$S_4 = 0.5 \cdot 4 + 0.5 \cdot 2.25 = 3.125$$

가 된다. 그림 13.3은 이 경우의 시계열 자료와 평활화 된 자료를 비교하여 보여주고 있다. 평활화 된 자료는 시계열 자료의 추세를 잘 보여주고 있다.

그림 13.3 지수평활법에 의한 평활화

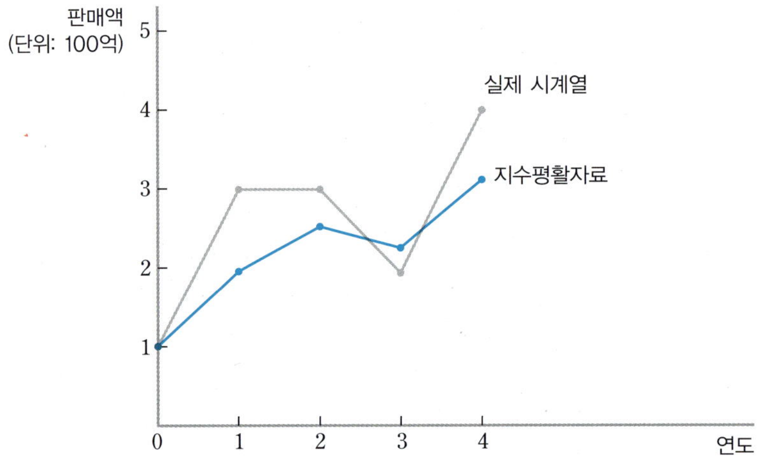

식 [13–2]에서부터 다음과 같은 결과를 유도할 수 있다.

$$\begin{aligned} S_t &= \theta Y_t + (1-\theta) S_{t-1} \\ &= \theta Y_t + (1-\theta)(\theta Y_{t-1} + (1-\theta) S_{t-2}) \\ &= \theta Y_t + \theta (1-\theta) Y_{t-1} + (1-\theta)^2 S_{t-2} \\ &= \theta Y_t + \theta (1-\theta) Y_{t-1} + \theta (1-\theta)^2 Y_{t-2} + (1-\theta)^3 S_{t-3} \end{aligned}$$

따라서 S_t를 구함에 있어서 Y_{t-1}은 Y_t보다 $(1-\theta)$배 만큼 작은 가중치를 가짐을 알 수 있다. 이러한 과정을 계속하면 식 [13–2] 는 S_t를 구함에 있어서 시간 t 이전의 자료를 모두 이용하는데, 다만 시간이 과거로 멀어짐에 따라 기하급수적으로 감소

하는 가중치를 사용한다는 것을 뜻함을 알 수 있다. 이러한 의미로 지수평활법이라고 한다.

예제 13-2

다음은 어떤 가전제품 판매단지에서 연간 판매한 냉장고 댓수에 대한 자료이다. 평활계수 0.3을 이용한 지수평활법으로 평활하게 한 시계열 자료를 작성하시오.

연도	판매량(천대)	연도	판매량(천대)
2011	3	2017	7
2012	4	2018	7.5
2013	3.5	2019	7
2014	5	2020	8
2015	6	2021	10
2016	5	2022	10.5

이 문제에서 2011년을 $t = 0$으로 잡는다. 그리고 S_0, S_1, S_2, …를 각각 2011, 2012, 2013, … 년도의 평활화 된 자료라고 하자. 그러면 식 [13-2]에서 다음을 얻는다.

$$S_0 = 3.0$$
$$S_1 = 0.3 \cdot 4 + 0.7 \cdot 3 = 3.3$$
$$S_2 = 0.3 \cdot 3.5 + 0.7 \cdot 3.3 = 3.36$$
$$S_3 = 0.3 \cdot 5 + 0.7 \cdot 3.36 = 3.852$$
$$S_4 = 0.3 \cdot 6 + 0.7 \cdot 3.852 = 4.496$$
$$S_5 = 0.3 \cdot 5 + 0.7 \cdot 4.496 = 4.647$$
$$S_6 = 0.3 \cdot 7 + 0.7 \cdot 4.647 = 5.353$$
$$S_7 = 0.3 \cdot 7.5 + 0.7 \cdot 5.353 = 5.997$$
$$S_8 = 0.3 \cdot 7 + 0.7 \cdot 5.997 = 6.298$$
$$S_9 = 0.3 \cdot 8 + 0.7 \cdot 6.298 = 6.809$$
$$S_{10} = 0.3 \cdot 10 + 0.7 \cdot 6.809 = 7.766$$
$$S_{11} = 0.3 \cdot 10.5 + 0.7 \cdot 7.766 = 8.586$$

3. 평활법에 의한 시계열예측

앞에서 논의한 방법을 이용하여 어떤 시계열 자료 $\{Y_0, Y_1, \cdots, Y_t\}$가 있을 때 다음 시간 $t+1$에서의 값에 대한 예측치 F_{t+1}을 구하는 방법을 다음과 같이 몇 가지를 제시할 수 있다.

가. 단순예측

가장 단순한 예측방법은 $t+1$에서의 값을 가장 최근의 관측값과 같다고 보는 것이다.

$$F_{t+1} = Y_t$$

나. 이동평균에 의한 예측

이 방법은 지난 몇 기간 동안의 평균치를 다음 기간의 예측치로 삼는 것이다. 만일 3기간 이동평균을 사용한다면 예측은 다음과 같다.

$$F_{t+1} = \frac{Y_{t-2} + Y_{t-1} + Y_t}{3}$$

다. 지수평활법에 의한 예측

이 방법은 지수평활법으로 얻은 값 S_t를 다음 기간의 예측치 F_{t+1}로 삼는 것이다.

$$F_{t+1} = S_t$$

예제 13-3

[예제 13-2]에서 다음을 구하시오.
(가) 단순예측법으로 예측한 2023년의 판매량
(나) 3년 이동평균법으로 예측한 2023년의 판매량
(다) 5년 이동평균법으로 예측한 2023년의 판매량
(라) 지수평활법(평활계수 0.3)으로 예측한 2023년의 판매량

이 문제를 풀어보면 다음과 같다.

(가) 10,500대

(나) $\dfrac{8+10+10.5}{3} = 9.5$ (천대) = 9,500 대

(다) $\dfrac{7.5+7+8+10+10.5}{5} = 8.6$ (천대) = 8,600 대

(라) $S_{11} = 8.586$ (천대) = 8,586 대.

그림 13.4 [예제 13-3]의 예측결과

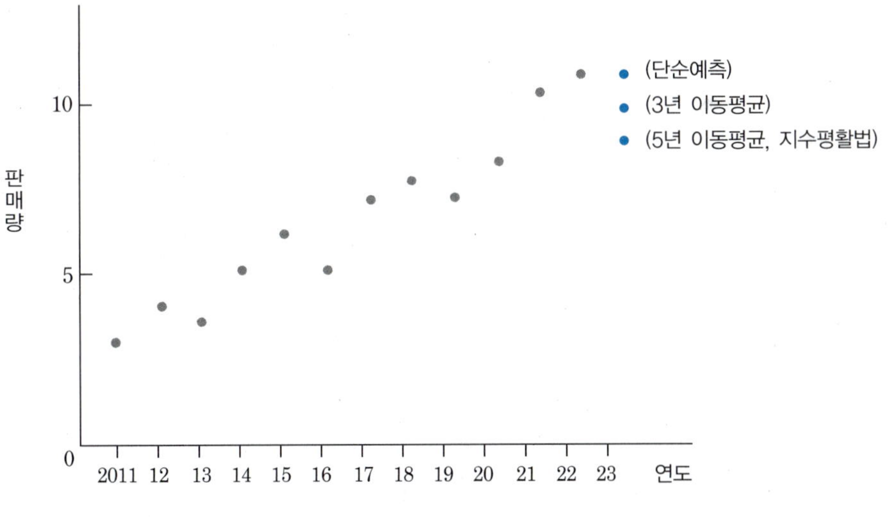

그림 13.4는 예측결과를 그래프로 보여주고 있다. 이 그래프를 보면, 시계열 자료는 미래의 상향추세가 뚜렷한데도 불구하고 이동평균법이나 지수평활법으로 구한 예측치들은 이 상향추세를 잘 반영하지 못하고 있다. 다음 절에서는 좀 더 발전된

방법으로서 추세치를 먼저 예측하는 방법에 대하여 알아본다.

4. 최소자승법에 의한 추세치의 예측

대부분의 경우 어떤 한 변수의 추세치는 시간에 따라 완만히 변화한다. 만일 추세치를 시간의 함수로 표현할 수 있으면 미래의 추세치도 예측할 수 있을 것이다. 그림 13.5를 보자. 여기서 점들은 한 변수의 관측된 시계열 자료다. 이 점들은 퍼져 있지만 뚜렷한 상향 추세를 보여 주고 있다. 이 추세를 직선으로 한번 그려 본 것이 이 그림에 있는 직선이다. 이 직선은 이 시계열 자료의 장기적인 추세를 나타내고 있다. 만일 이 직선의 식을 실제로 구할 수 있다면 미래의 추세치도 예측할 수 있을 것이다.

그림 13.5 시계열 자료와 추세직선

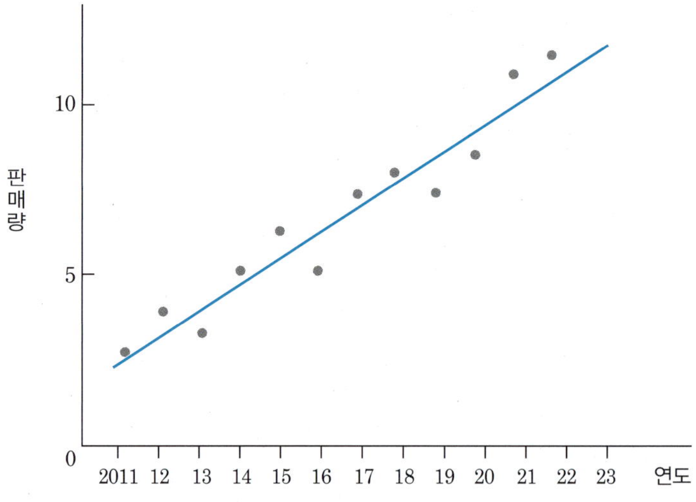

주어진 시계열 자료에 근거하여 변수의 장기적인 추세직선을 시간의 함수로 표현하는 방법으로 최소자승법(Method of Least Mean Square)이 있다. 최소자승법은 추세치를 나타내는 선을 구함에 있어서 각 시점에서의 관측치와 추세치의 차이의

제곱의 합이 최소가 되도록 선을 구하는 방법이다. 이는 그림 13.5에서 볼 때 관측된 각 점에서 직선까지의 Y-축 방향의 거리의 제곱의 합이 최소가 되도록 직선을 긋는 것을 말한다.

이러한 최소자승법이 제대로 된 추세직선을 제공할 것인가? 이에 대해 답하기 위해서는 그림 13.5의 의미를 통계학적으로 알아보아야 한다. 이 그림에서 볼 때 주어진 한 시점에서 변수 Y가 가질 수 있는 값은 불규칙적인 요인에 의해 추세직선에서 조금씩 벗어나 있다. 통계학에서는 이 벗어난 정도에 대하여 정규분포, 동일분산, 그리고 독립성을 가정함으로써 최소자승법의 타당성을 부여하고 있다. 이에 대한 상세한 설명은 여기서는 생략한다.

이러한 가정들에 기초하여 최소자승법을 이용한 추세직선 추정 공식은 다음과 같다. 주어진 시계열 자료가 n개의 시점 $t_1, t_2, \cdots, t_n$에서 관측한 변수의 값 $y_1, y_2, \cdots, y_n$으로 주어졌다고 하자. 그리고 추세직선이 다음과 같이 시간에 대한 일차식이라고 하자.

$$y(t) = \beta_0 + \beta_1 t.$$

여기서 $y(t)$는 시간 t에서의 추세치이다. 그리고 β_0와 β_1은 앞으로 추정하려는 모수들이다.

앞에서 세운 가정들 하에서 최소자승법에 의하여 β_0와 β_1에 대한 추정치 b_0와 b_1을 구하면 다음과 같다.

$$b_1 = \frac{\sum(y_i - \bar{y})(t_i - \bar{t})}{\sum(t_i - \bar{t})^2}$$

$$b_0 = \bar{y} - b_1\bar{t}$$

단, 여기서

$$\bar{y} = \frac{1}{n}\sum y_i$$

$$\bar{t} = \frac{1}{n}\sum t_i$$

이다. 손으로 실제 계산을 할 때에는 다음의 식을 이용하는 것이 간편하다.

$$b_1 = \frac{n\sum y_i t_i - \sum y_i \sum t_i}{n\sum t_i^2 - (\sum t_i)^2}$$

예제 13-4

[예제 13-2]의 추세식을 추정하고 이를 이용하여 2016년의 매출액의 예측치를 구하시오.

이 문제에서 2011년을 $t = 0$이라 두자. 그러면 다음을 얻는다.

$$\sum y_i = 3 + 4 + 3.5 + \cdots + 10 + 10.5 = 76.5$$
$$\sum t_i = 0 + 1 + 2 + \cdots + 11 = 66$$
$$\sum t_i^2 = 0^2 + 1^2 + 2^2 + \cdots + 10^2 + 11^2 = 506$$
$$\sum y_i t_i = 3 \cdot 0 + 4 \cdot 1 + 3.5 \cdot 2 + \cdots + 10 \cdot 10 + 10.5 \cdot 11 = 513$$

따라서, b_1, b_0는

$$b_1 = \frac{12 \cdot 513 - 76.5 \cdot 66}{12 \cdot 506 - 66^2} = 0.645$$

$$b_0 = \frac{76.5}{12} - 0.645 \cdot \frac{66}{12} = 2.828$$

이며 추세식은 $y(t) = 2.828 + 0.645t$이다. 2011년을 $t = 0$이라고 했으므로 2023년은 $t = 12$이다. 따라서 2023년의 예측치는 $y(12) = 10.57$(천대) = 10,570대이다. 그림 13.4에 있는 다른 예측치와 비교해 보면 최소자승법을 이용한 예측은 이동평균법이나 지수평활법을 이용한 예측보다 추세치를 좀 더 잘 반영하고 있음을 알 수 있다.

추세선은 직선이 아닌 비선형의 식을 가질 수도 있다. 대표적인 것으로는 다음과 같은 지수함수가 있다.

$$y(t) = \alpha\beta^t$$

이러한 지수함수는 일정한 성장률을 가정한 것이므로 안정된 경제성장률을 가지고 있는 국가의 거의 모든 경제변수들의 예측에 잘 들어맞는 모형이다. 비선형의 추세식을 구하는 방법에 대해서는 다른 예측 관련 전문서적들을 참고하기 바란다.

5. 계절변동효과

시계열 자료는 1년을 단위로 작성된 것도 있지만 한 달 또는 분기(3개월)별로 작성된 것도 많이 있다. 이런 경우에는 시계열 자료에 들어 있는 계절적인 변화를 고려하여야 한다. 계절변동효과는 주로 4계절의 날씨 변화에 의한 것이 대부분이지만 휴가철에 의한 효과도 있다. 추석, 구정, 크리스마스, 여름휴가 등은 날씨에 의한 것이 아니라 1 년 중 언제 휴가가 있는가에 따라 나타나는 효과들이다. 이 이외에도 입학이나 졸업기간의 효과도 있다.

계절적 영향은 식 [13−1]의 변수 S로 표현되며 이를 추정하는 방법에 대하여 알아보자. 이 변수 S는 소위 계절지수(Seasonal Index)로 표현되는데 이는 연중 특정한 달이기 때문에 나타나는 증가율 또는 감소율을 말한다. 예를 들어서 세운청량의 판매량에 대한 월별 계절지수가 표 13.1과 같다고 하자. 1월의 계절지수가 93.4 라는 것은 추세치에 경기순환효과를 감안하여 예측된 값의 93.4%가 계절적 영향도 고려한 예측치라는 것이다. 즉, 만일 계절효과를 감안하지 않고 내년 1월의 판매량을 예측한 값이 100만 병이 나왔다면 내년 1월의 판매량은 0.934(100만) = 93만 4천 병일 것으로 예측하는 것이 적절하다고 판단할 수 있다.

| 표 13.1 | 세운청량 판매량에 대한 계절지수

월	계절지수
1월	93.4
2월	89.3
3월	90.7
4월	94.9
5월	99.0
6월	105.9
7월	112.4
8월	113.4
9월	108.3
10월	103.9
11월	95.8
12월	93.0

이러한 계절변동은 미래의 예측에도 사용되지만 과거나 현재의 자료 평가에도 사용된다. 예를 들어, 2012년 4월과 5월 사이에 판매량이 4% 증가하였다고 하자. 과연 이 증가를 영업활동을 잘한 결과로 판단할 것인지 아니면 계절의 변화에 따른 자연적인 증가인지를 판단할 필요가 있다. 표 13.1에 의하면 4월과 5월의 계절지수는 각각 94.9와 99.0이므로 이 동안에는 계절의 변화에 따라 $\frac{99.0-94.9}{94.9}=4.3\%$의 자연적인 증가를 기대할 수 있다. 따라서 이 기간 동안 4%의 판매량 증가는 계절적인 효과일 뿐이라고 판단할 수 있다.

영업실적에 대한 이러한 평가를 좀더 직관적으로 하기 위하여 때로는 계절변동효과를 제거한 결과를 만들기도 한다. 이렇게 작성된 자료를 계절변동제거 자료(Deseasonalized Data)라고 한다. 이를 구하기 위해서는 판매량을 계절지수로 나누어 주면 된다. 표 13.2는 세운청량의 작년도 판매량과 표 13.1을 이용하여 계절변동제거 자료를 만든 결과이다. 이 결과는 추세치와 경기순환효과만 남아 있는 자료라고 할 수 있다. 예를 들어, 9월~12월간의 증가를 볼 때, 이 기간 중에 영업활동의 향상이나 경기의 호전이 있었다고 판단할 수 있다.

계절지수는 과거 수년간의 월별 자료를 이용하여 작성할 수 있다. 이에 대해서는 다른 예측 관련 전문서를 참고하기 바란다.

| 표 13.2 | 세운청량의 판매량 및 계절변동제거 자료

월	판매량(백만 병)	계절지수	계절변동제거 자료
1	25	93.4	26.8
2	24	89.3	26.9
3	24	90.7	26.5
4	25	94.9	26.3
5	26	99.0	26.3
6	28	105.9	26.4
7	30	112.4	26.7
8	30	113.4	26.5
9	30	108.3	27.7
10	31	103.9	29.8
11	30	95.8	31.3
12	30	93.0	32.3

6. 경기순환효과

앞에서 언급했듯이 경영/경제분야의 시계열자료들은 소위 경기순환(Business Cycle)이라는 변화요인을 가지고 있다. 여기서 순환이라는 용어 때문에 일정한 주기를 가질 것으로 생각하기 쉬우나 사실은 그렇지 않고 매우 불규칙적인 주기를 갖는다. 예를 들어서 1929년부터 최근까지의 미국의 국민총생산(GNP)을 보여주는 그림 13.6을 보자.(우리나라 자료는 기간이 짧기 때문에 오랜 기간 자료가 정리되어 있는 미국의 자료를 이용하여 설명한다.) 이 자료는 연간단위로 표현되어 있기 때문에 계절적 변동요인은 나타나지 않는다. 전체적인 추세를 보면 지속적인 증가를 보이고 있지만 약간씩의 오르내림이 있어서 1929~33, 1937~38, 1944~47, 1953~54, 1957~58, 1969~70, 1973~75, 1979~80, 1981~82, 1990~91 중에는 GNP의 하락 또는 저성장이 확연히 두드러진다. 이러한 기간 동안은 경기침체가 있는 기간이며, 따라서 물품의 수요량, 판매량, 그리고 고용인력 등에 심각한 감소가 발생한다. 반면 이러한 침체기가 지나면 다시 GNP는 좀 더 빠른 속도로 증가하다가 다시 언젠가는 경기침체를 맞게 된다. 이러한 순환이 발생하고 있는 것은 그림 13.6에서 확연히 볼 수 있다. 이러한 순환을 경기순환이라고 하고 이러한 경기순환에 따라 판매량, 고용인력 등의 경영/경제변수들은 추세치를 벗어나 오르내림을 하게 된다. 따라서 경기

그림 13.6 미국의 국민총생산의 변화

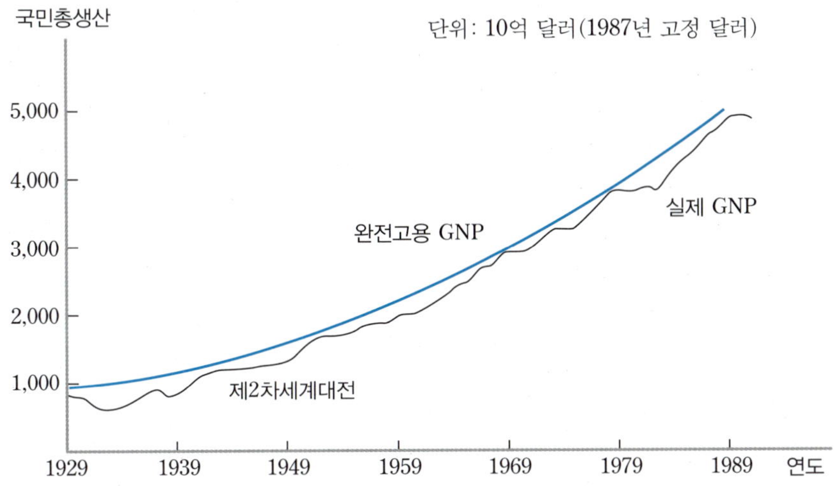

순환에 대한 판단이 적절하여야 경영/경제변수들에 대한 예측을 적절히 할 수 있다. 이를 위해서는 왜 이러한 경기순환이 발생하는지를 알아야 한다.

이를 설명하기 위하여 먼저 완전고용상태의 GNP 수준을 알아보자. 이는 모든 가용노동력이 100% 적절히 활용되고 있다고 할 때 만들어 낼 수 있는 GNP 수준을 말한다. 따라서 이 수준은 이상적인 잠재적 GNP 수준을 뜻한다. 그림 13.6은 이 잠재적 GNP를 부드러운 곡선으로 보여주고 있다. 이 곡선을 기준으로 보면 실제의 GNP 는 이 곡선에 접근했다가는 하락하고 다시 접근하고 하는 과정을 반복하고 있는 것을 알 수 있다.

이러한 경기순환은 그림 13.7과 같이 네 단계로 구분할 수 있다. GNP 생산활동이 가장 저조한 골(trough)을 지나면 급격히 성장하는 경기팽창(expansion)기간이 온다. 경기팽창이 끝날 때가 GNP 생산활동이 가장 왕성한 정점(peak)이 된다. 이 정점이 지나면 성장은 둔화되고 저성장하는 경기침체(recession)기간이 오게 된다. 경기침체가 끝날 때가 다시 골이 되고 이러한 과정이 되풀이 된다.

그림 13.7 경기순환

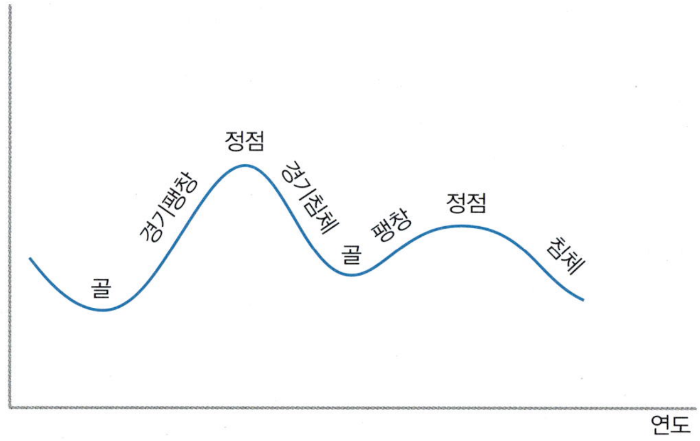

대부분의 경영/경제변수들은 경기순환에 의하여 오르내림을 가진다. 그러나 모든 변수들이 경기순환과 동일한 시간에 같이 오르내리는 것은 아니다. 어떤 변수들은 경기순환에 뒤쫓아서 따라가며, 어떤 변수들은 경기순환을 앞질러서 변화한다. 경기순환을 앞질러서 변하는 변수가 있다면 이 변수를 관측함으로써 경기순환의 시기를 예측할 수 있을 것이다. 경제학자들은 지난 수 십 년간의 경제 자료들을 분석하여 경기순환을 앞질러가는 선행시계열(leading series), 경기순환과 같이 가는 동행시계열(coincident series), 경기순환을 뒤좇아 가는 후행시계열(lagging series)들을 가려내었다. 이 연구에 의하면 선행시계열로는 기업도산율, 자본재의 수요, 건축경기, 주식가격, 화폐 공급률 등이 있다. 이들은 경기순환이 정점에 이르기 전에 이미 하강을 시작하며 경기가 골에 이르기 전에 먼저 상승을 시작한다고 알려져 있다. 동행시계열로는 고용률, 산업생산량, 기업이익 등등이 있다. 후행시계열로는 소매매출액, 재고량, 개인소득 등이 있다.

경영/경제변수의 예측을 하는 데에는 경기순환의 정점과 골이 언제인지를 예측하는 것이 무엇보다도 중요하다. 이를 위하여 선행시계열들을 관찰하는데 대부분의 선행시계열들이 하강을 시작하면 이제 곧 정점이 오고 경기침체가 올 것으로 예상하고 선행시계열들이 대부분 상승을 시작하면 곧 경기침체가 끝나고 경기팽창이 시작할 것으로 예측한다.

그러나 이러한 선행시계열들이 항상 잘 들어맞는 것은 아니다. 선행시계열의 사전변동 없이 경기침체로 진입하는 경우는 거의 없지만 선행시계열들이 하강을 하였는데도 경기침체로 이어지지 않는 경우들은 종종 발견할 수 있다. 따라서 선행시계열들은 틀린 정보를 제공하는 때가 종종 있다.

7. 정성적 예측방법

앞에서 우리는 다양한 예측방법에 대해 논의하였다. 이러한 방법들은 관심의 대상이 되는 변수에 대한 상당한 기간 동안의 과거 자료를 사용한다. 만일 이러한 자료가 축적되어 있지 않다면 이러한 방법들을 사용하기 힘들다. 또는 과거의 자료가 축적되어 있다고 하더라도 상황이 크게 바뀌었다면 시계열 자료를 통한 예측은 그 의미를 찾기 어렵게 된다. 예를 들어, 오일 쇼크가 발생한 직후의 원유 수급이나 가격에 대한 시계열예측은 그 타당성에 의문을 가지게 되기 쉽다. 정성적인 예측방법(Qualitative Forecasting Methods)들은 이러한 상황에서 사용할 수 있는 방법들이다.

가장 대표적인 정성적인 방법으로는 델파이방법(Delphi Method)이 있다. 미국의 랜드(RAND)사에서 개발된 이 기법은 그룹 여론 수렴을 통해 예측을 시도하는 방법이다. 여기서는 한 그룹의 전문가들을 선정하고 이들에게 일련의 설문을 수행한다. 이 전문가들은 서로 독립성을 유지하기 위하여 서로 개별적인 의견 교환이 가능하지 않도록 지역적으로 떨어져 있고 서로 모르는 사람들로 구성한다. 첫 번째 설문에 대한 응답을 정리한 후 이 결과를 응답자에게 전달하고 이 결과에 근거하여 두 번째 설문지를 작성한다. 각 응답자는 제공된 첫 번째 응답결과를 통하여 그룹 전체의 의견이 무엇인지를 알 수 있고 이에 근거하여 자신의 생각을 수정 · 보완한 후 두 번째 설문에 응한다. 이러한 반복적 과정은 델파이 수행자가 충분한 의견수렴이 이루어졌다고 판단할 수 있을 때까지 계속된다. 델파이는 정확한 한 가지 예측을 구하는 것보다는 전문가들의 수렴된 의견을 찾는 것을 목표로 한다.

이 외에도 전문가 평가(expert judgement), 시나리오 기법(scenario writing), 직관적 접근(intuitive approaches) 등 다양한 방법들이 사용되고 있다. 이들은 모두 과거의 상황이 미래에서도 지속된다고 보기 어려운 상황에서 사용된다.

응용사례 :: 아메리칸항공사의 부품 수요예측

아메리칸항공사에서는 RAPS(Rotables Allocation and Planning System)를 개발하여 부품 수요예측, 각 공항으로의 부품 공급, 각 부품의 확보수준 계산 등에 활용하고 있다. RAPS의 수요예측 모듈은 5,000여 개의 부품에 대한 수요예측을 월 단위로 제공하고 있다. RAPS가 커버하는 부품의 평균 가격은 약 5,000달러이다.

아메리칸항공사에서는 RAPS 이전에 부품 수요예측을 위하여 시계열방식을 사용하였다. 그런데 이 방식은 항공기 이용률의 변화나 항공기 대수의 증가와 같은 외부의 변화에 대응하는 것이 너무 느렸다. 이러한 약점을 보완하기 위하여 RAPS의 예측 모듈은 요소들 간의 연관관계를 회귀분석을 통하여 얻어서 이를 모형에 도입하였다.

RAPS는 한 시간이면 월간 수요예측을 제공한다. 아메리칸항공의 자재관리 그룹은 RAPS를 통하여 700만 달러의 절감을 얻었으며 연간 100만 달러의 절감을 가져올 것으로 추정하였다.

제13장_ 연습문제 A(상세 해답 포함)

1 어느 기업체의 2013년~2022년 기간의 매출액(단위: 억원)은 다음과 같다.

연도	매출액	연도	매출액
2013	70	2018	140
2014	80	2019	160
2015	60	2020	130
2016	100	2021	190
2017	120	2022	200

(가) 평활계수가 0.4라고 할 때 지수평활법으로 평활화된 시계열 자료를 구하시오.

(나) 평활계수가 0.2라고 할 때 지수평활법으로 평활화된 시계열 자료를 구하시오.

(가)

연도	S_t	연도	S_t
2013	70.0	2018	114.0
2014	74.0	2019	132.4
2015	68.4	2020	131.4
2016	81.0	2021	154.9
2017	96.6	2022	172.9

(나)

연도	S_t	연도	S_t
2013	70.0	2018	95.6
2014	72.0	2019	108.5
2015	69.6	2020	112.8
2016	75.7	2021	128.2
2017	84.5	2022	142.6

2 다음은 2011년부터 2022년 사이에 B나라의 자본재 이용률(%)에 대한 자료이다.

연도	자본재 이용률	연도	자본재 이용률
2011	78	2017	93
2012	81	2018	94
2013	83	2019	96
2014	86	2020	88
2015	91	2021	85
2016	96	2022	90

(가) 3년 이동평균을 구하시오.

(나) 원래의 시계열 자료와 (가)에서 구한 3년 이동평균을 같은 그래프에 그려보시오.

(가)

연도	3년 이동평균	연도	3년 이동평균
2012	80.7	2017	94.3
2013	83.3	2018	94.3
2014	86.7	2019	92.7
2015	91.0	2020	89.7
2016	93.3	2021	87.7

(나) 생략

3 어느 기업의 2015년부터 2022년까지의 매출액이 다음과 같다.

연도	매출액(억원)
2015	270
2016	290
2017	300
2018	300
2019	330
2020	390
2021	530
2022	570

(가) 2015년을 $t = 0$이라고 할 때 선형추세직선을 최소자승법으로 구하시오.

(나) 2013년을 $t = 0$이라고 할 때 추세직선을 구하시오.

(다) 시계열 자료와 (가)의 추세직선을 같은 그래프에 그려보시오.

(라) (가)의 추세직선으로 2023년의 매출을 예측하시오.

(마) 2015년과 2022년 동안의 매출액이 얼마나 증가하였는가? 이 동안의 연평균 매출 증가율은 얼마인가? 이 증가율이 내년에도 지속된다면 2023년의 매출을 예측해 보시오.

(가) $y(t) = 222.49 + 42.86t$

(나) 앞의 식에서 t 대신 $(t+2)$를 대입한다.

$y(t) = 136.77 + 42.86t.$

(다) 생략

(라) (가)의 식에서 2023년은 $t = 8$이다. (가)를 사용하면 예측은 565.4이다.

(마) $\frac{570}{270} = 2.111$. 2.1배로 증가하였다. 연 평균 매출 증가율을 r이라 하자. 그러면 $(1+r)^7 = 2.111$이다. 따라서 $1 + r = (2.111)^{1/7}$이다. 계산기를 이용하여 우변을 구하면 1.113이다. 따라서 $r = 0.113$. 이 기간 동안 매년 평균 11.3% 증가하였다. 이 증가율이 내년에도 계속된다면 2023년 매출은 $570 \cdot (1.113) = 634.4$로 예상된다.

4 다음은 2022년 A상사의 월간 매출액과 계절지수이다.

월	계절지수	월간매출액(억원)	월	계절지수	월간매출액(억원)
1월	97	25	7월	101	32
2월	96	24	8월	103	31
3월	97	27	9월	103	32
4월	98	29	10월	103	31
5월	99	30	11월	102	30
6월	100	31	12월	101	29

(가) 2022년 매출액의 계절변동제거 자료를 구하시오.

(나) 선형추세직선을 구하여 2022년 2월의 매출액을 예측하였더니 40억 원이 나왔다. 계절효과를 감안하면 2022년 2월의 매출액에 대한 예측은 얼마인가?

(가)

월	매출액	월	매출액
1월	25.8	7월	31.7
2월	25.0	8월	30.1
3월	27.8	9월	31.1
4월	29.6	10월	30.1
5월	30.3	11월	29.4
6월	31.0	12월	28.7

(나) 선형추세직선은 계절변동이 제거된 결과이다. 따라서 계절효과를 감안하여야 좀더 정확한 예측이 된다.

5 어느 회사의 1월 매출액은 40억 원, 2월 매출액은 38억 원이었다. 또, 이 회사 매출액에 대한 1월의 계절지수는 110, 2월의 계절지수는 101이다.

(가) 이 회사 사장은 1월의 매출실적은 양호하나 2월의 매출실적은 그렇지 못하다고 언급하였다. 이에 대하여 어떻게 생각하는가?

(나) 이 회사 사장은 1월의 매출실적을 근거로 금년도 총매출액은 480억이 될 것이라고 언급하였다. 숫자 480억 원이 어떻게 나온 것이라고 생각하는가? 이 주장에 대하여 어떻게 생각하는가?

(가) 1월의 계절변동제거 자료는 $\frac{40}{1.10} = 36.4$억 원이고 2월의 계절변동제거 자료는 $\frac{38}{1.01} = 37.6$억 원이다. 오히려 2월의 실적이 양호하다고 할 수 있다.

(나) 아마도 1월 매출액에 12를 곱해서 얻었을 것으로 보인다. 그러나 1월의 계절지수가 110으로 높다는 점을 감안하면 이 예측은 너무 높은 예측치라고 할 수 있다. 이 이외에도 경기순환을 고려해야만 할 것이다.

제 13 장_ 연습문제 B

1 2009년부터 2022년 기간 중에 A나라에서 국민총생산 중 연구개발에 투자된 금액의 비율은 다음과 같다.

연도	비율(%)	연도	비율(%)
2009	2.30	2016	2.58
2010	2.27	2017	2.65
2011	2.27	2018	2.59
2012	2.25	2019	2.69
2013	2.27	2020	2.72
2014	2.38	2021	2.77
2015	2.45	2022	2.61

(가) 3년 이동평균을 구하시오.

(나) 5년 이동평균을 구하시오.

(다) 원래의 시계열 자료와 (가)와 (나)의 이동평균을 같은 그래프에 그리시오.

2 연습문제 A의 1번에서 2023년의 매출액을 예측한다고 하자.

(가) 단순예측으로 예측하시오.

(나) 3년 이동평균으로 예측하시오.

(다) 5년 이동평균으로 예측하시오.

(라) 지수평활법으로 예측하시오 ($\theta = 0.4$).

(마) 최소자승법으로 선형추세식을 구하시오.

(바) 이를 이용하여 2016년의 매출액을 예측하시오.

3 2002년부터 2022년 동안의 C나라에서의 민간고용인력수(단위: 백만 명)는 다음과 같다.

연도	고용인력	연도	고용인력	연도	고용인력
2002	66	2009	76	2016	86
2003	67	2010	78	2017	89
2004	68	2011	79	2018	92
2005	69	2012	79	2019	96
2006	71	2013	82	2020	99
2007	73	2014	85	2021	99
2008	74	2015	87	2022	100

(가) 이 기간 동안 얼마나 증가하였는가? 이 기간 동안 평균연간증가율은 얼마인가?

2002년을 $t = 0$으로 할 때 컴퓨터를 이용하여 다음과 같은 추세식을 얻었다.

$y(t) = 63.9 + 1.78t.$

(나) 시계열 자료와 추세직선을 같은 그래프에 그리시오. 이 추세직선이 적절하다고 보이는가?

(다) 2034년도의 고용인력을 예측하시오.

4 기계 등 내구성 물품에 대한 주문량이나 건설사업의 계약건수 등이 경기선행지표가 되는 이유를 설명하시오.

제 14 장 | 일정관리시스템 – PERT/CPM

건설사업 등과 같은 프로젝트(project)를 수행하는 데 있어서 그 복잡도가 커질수록 이에 대한 관리의 중요함이 점점 더 큰 문제로 부각된다. 이러한 프로젝트들은 대부분 상호 관련된 수많은 작업들로 구성되어 있어서 그 구성이 복잡하여 어떠한 순서대로 작업을 진행하는 것이 바람직한 것인지 알아내기가 힘들다.

복잡한 사업의 효율적인 수행계획을 수립하고 이를 적절히 통제하기 위하여 과거에 프로젝트 매니저들은 작업개시일 및 기간을 나타낸 간트 도표(Gantt Chart), 작업순서에 따른 공정의 흐름을 보여주는 흐름공정도표(Flow Process Chart) 등의 방법을 이용하여 왔다. 그러나 이러한 기법들은 단순한 프로젝트의 계획수립 및 통제에는 유용하게 이용되었으나 복잡한 대형의 프로젝트에 적용하기에는 많은 결점들을 지니고 있었다. 이들은 현재의 진척상황을 그림을 통해 효과적으로 나타내는 데 불과했으며 여러 가지 작업 간의 상호연관관계를 나타내고 분석하는 기능은 거의 없었던 것이다. 그림 14.1은 대표적인 간트도표의 예를 보여 주고 있다.

그림 14.1 간트도표의 예

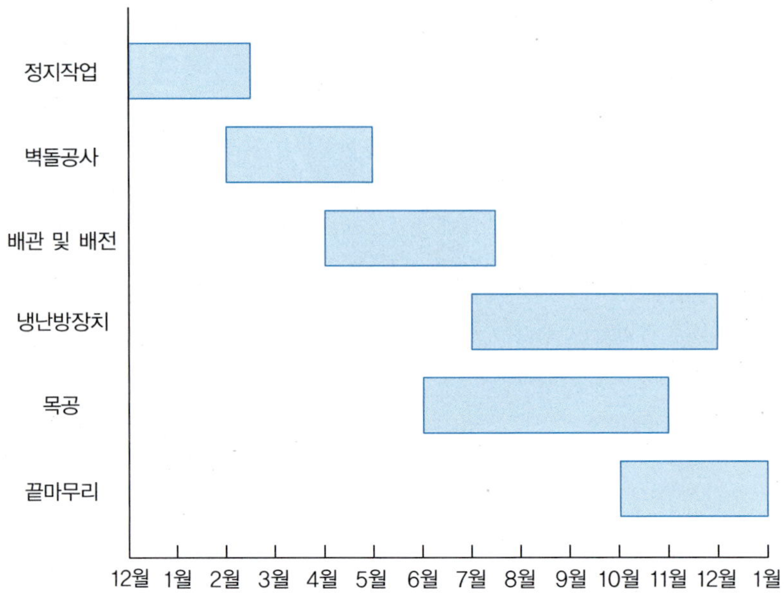

이러한 상황에서 대형의 프로젝트의 수행계획을 수립하고 통제할 수 있는 기법의 개발이 요구되었으며, 이에 따라 미국항공우주국(NASA)의 지원을 받은 Booz-Allen and Hamilton사에 의해 PERT(Program Evaluation and Review Techniques)가, 듀퐁(DuPont)사와 레밍톤사(Remington Rand Corporation)에 의해 CPM(Critical Path Method)이 각각 개발되었다. 이 두 기법은 처음에는 각기 특색이 있도록 개발되었으나 서로 다른 것의 장점을 포함시키도록 발전함에 따라 최근에는 이들의 구분이 명확하지 않을 뿐 아니라 이의 구분이 무의미하게 되어 요사이는 이러한 종류의 기법을 총칭하여 PERT/CPM 또는 그냥 PERT라고 부른다.

미국의 경우 정부에서 발주하는 거의 모든 건설공사의 입찰 시에는 PERT에 의한 분석결과의 제시가 요구되기 때문에 건설업계에서는 PERT/CPM 기법이 필수적인 관리기법으로 되어 있다. 민간기업에서도 수십만 달러 이상의 건설공사에는 PERT를 적용하고 있다. 우리나라에서는 1966년부터 최초로 PERT/CPM 기법이 소개되기 시작하였는데 그 대표적인 것들이 광주비행장 활주로공사, 조선호텔 건설공사 및 경부고속도로 건설사업 등이다. 최근에는 우리나라에서도 거의 모든 대형공사에는 PERT/CPM 분석을 필수적으로 하게 되어 있다.

1. PERT 네트워크

프로젝트관리에 있어서 PERT는 사업을 효과적으로 완성할 수 있는 수행계획 및 필요한 공기를 제시하여 주며, 사업수행 과정에서 병목(bottle neck)현상이 발생할 수 있는 작업들을 추출해 주고, 다음 절에서 논의할 확률적 PERT(Stochastic PERT)를 이용하여 공사마감일 내에 사업이 끝날 수 있는 확률계산을 제공해 줌으로써 사업수행계획수립을 위한 기법으로 이용되고 있다. 또한 전체 공기에 영향을 미칠지도 모르는 작업의 지연 등을 지적해 냄으로써 사업수행의 통제기법으로도 이용되고 있다.

PERT는 전체 사업을 구성하고 있는 작업 및 이들의 연계관계를 네트워크로 표현한다. 여기서는 각 작업(Task)을 활동(Activity)이라고 부른다. 각 활동에는 일정한 시간이 소요되며 각 활동과 활동 간에는 선후관계(Precedence Relation)가 있다. 예를 들어서 집을 지을 때 기와를 올리는 활동을 하기 위해서는 그 전에 지붕을 만드는 활동이 수행되어야 한다. 다음과 같은 예제를 생각해 보자.

예제 14-1

가옥의 보수를 주로 하고 있는 한흥인테리어는 최근 서울지역의 한 고급가옥의 보수를 청부맡았다. 이 사업에는 몇 가지 세부적인 활동이 필요한데 이 활동들은 병행할 수 있는 경우도 있지만 다른 활동들이 완성되어야만 시작할 수 있는 것들도 있었다. 과거의 경험에 기초하여 표 14.1과 같이 활동 간의 선행관계와 각 활동에 소요되는 시간을 추정하였다.

| 표 14.1 | 한흥인테리어의 보수사업 자료

활동	내용	선행활동	소요시간(日)
A	배관공사	−	3
B	벽면공사	A	4
C	마루공사	A	5
D	마무리작업	B, C, F	3
E	조경용 자재구입	−	3
F	조경공사	E	6

한홍인테리어는 작업인력 및 기자재의 적절한 수급 및 활동추진계획을 세울 수 있도록 각 활동의 착수시일을 구하려 한다. 그런데 이 사업의 경비를 줄이기 위해서는 무엇보다도 공사에 소요되는 전체시간, 즉 공기(工期)가 최소가 되도록 계획을 수립하여야 한다고 경영진은 판단하고 있다. 또한 전체 공기에 지장을 주지 않는 범위에서 각 활동의 착수시일을 지연시킬 수 있는 여유시간이 얼마나 되는지도 알아보고자 한다.

표 14.1에 의하면 활동 A(배관공사)와 E(조경용 자재구입)는 선행활동(predecessor)이 없으므로 언제든지 시작할 수 있으며, 활동 B(벽면공사)와 C(마루공사)는 활동 A(배관공사)가 끝난 후에야 시작할 수 있다.

이 문제는 네트워크로 표현함으로써 용이하게 분석할 수 있다. 이렇게 네트워크로 표현한 것을 PERT 네트워크(PERT Network)라고 부른다. 네트워크 위에 활동을 표시하는 방법에는 가지(Arc)에 표시하는 방법과 마디(Node)에 표시하는 방법 등 두 가지가 있는데 일반적으로 전자를 많이 쓰므로 여기서도 전자의 방법을 따르도록 하겠다. 활동은 하나의 화살표(또는 방향성 있는 가지)로 나타내며 화살표의 꼬리는 활동의 착수시점을, 그리고 머리는 완료시점을 나타낸다. 또 화살표 선상에는 활동의 내용을 기입한다. 예를 들어, 그림 14.2는 활동 A를 나타낸다.

그림 14.2 활동의 표시방법

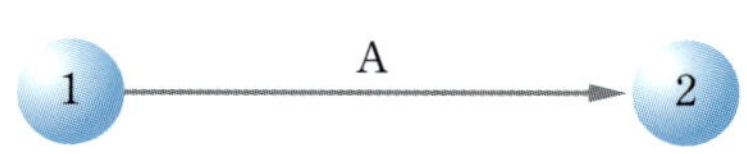

이 그림에서 마디 ①과 ②는 사건(Event)이라고 불리며 어떤 시점을 나타낸다. 사건 ①은 활동 A가 시작하는 시점이며 사건 ②는 활동 A가 완료되는 시점을 나타낸다. 사건은 어떤 한 순간을 나타내며 시간, 자금, 물자와 같은 자원을 소요하지는 않는다.

이와 같이 화살표를 이용하면 활동과 활동 간의 선후관계를 쉽게 나타낼 수 있다. 예를 들어, 표 14.1에 있는 각 선후관계들을 표시하면 그림 14.3과 같이 된다.

그림 14.3 활동 간의 선후관계 표현

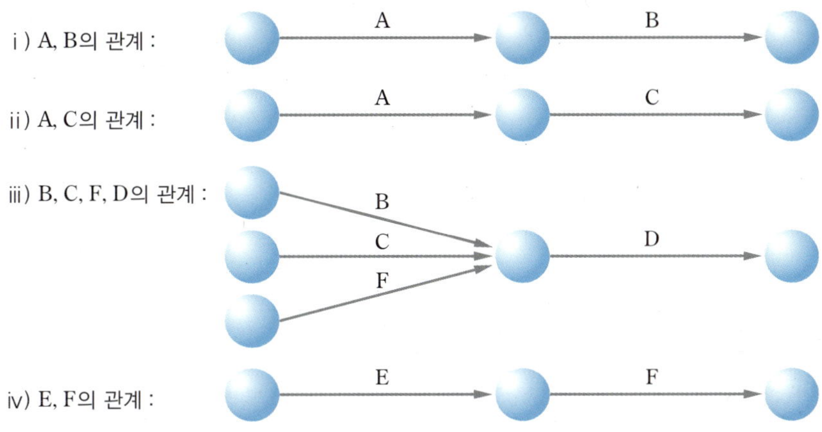

이제 이러한 선후관계를 감안하여 표 14.1에 있는 활동들을 네트워크로 그려보면 그림 14.4와 같이 된다.

그림 14.4 [그림 14.3]을 종합한 네트워크

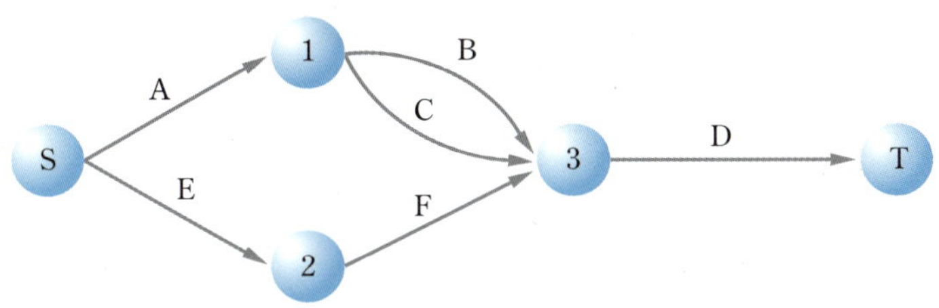

이 네트워크는 표 14.1의 선후관계를 적절히 잘 묘사하고 있으나 마디 ①과 마디 ③을 연결하는 활동이 B와 C 두 개가 있기 때문에 후에 설명하게 될 네트워크를 분석하는 과정에서 혼동이 일어날 가능성이 높다. 이러한 혼동을 피하기 위하여 PERT 네트워크에서는 한 쌍의 마디를 잇는 활동이 단 한 개가 되도록 그린다. 이렇게 하기 위해서는 그림 14.5와 같이 활동 B와 활동 C의 종료시점을 서로 다른 두 마디가 되게 하고 이 두 마디 사이에 가상적인 활동(Dummy Activity) 한 개를 도입한다.

그림 14.5 가상적인 활동

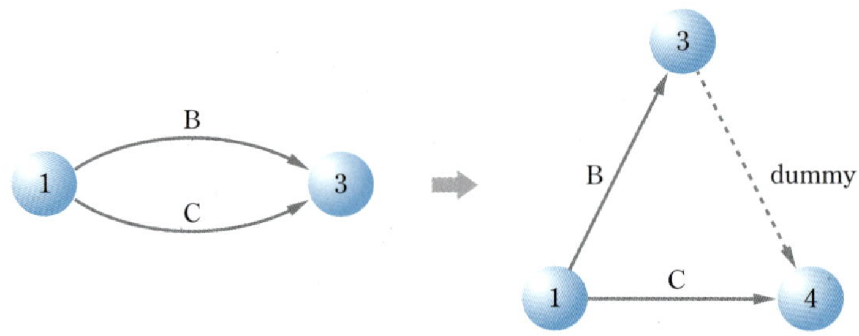

이 그림에서 사건 ③과 사건 ④사이에는 실제로는 아무런 활동이 없으나 활동 B와 C가 종료되는 시점이 사건 ④가 됨을 표시해 주고 있다. 이제 그림 14.5와 같은 기법을 그림 14.4에 도입하면 그림 14.6과 같은 완전한 PERT 네트워크를 얻는다.

그림 14.6 PERT 네트워크

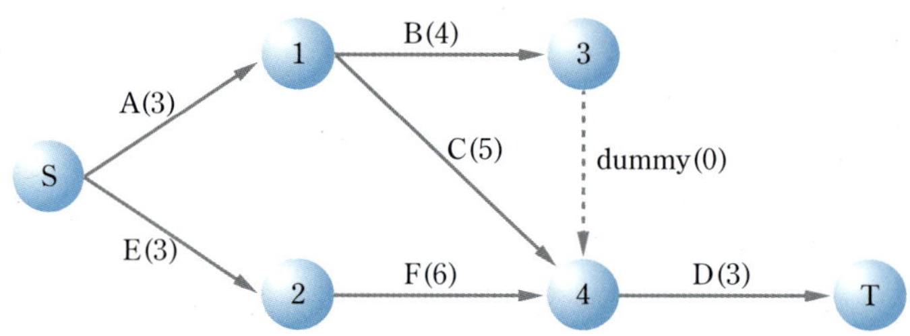

2. PERT: 확정적 분석

이제 그림 14.6을 이용하여 이 사업을 완료하는 데에 소요되는 최단시간과 각 활동의 착수시일을 구하여 보자. 이를 위해 시작하는 시점을 나타내는 마디 Ⓢ에서 완성되는 시점을 나타내는 마디 Ⓣ로 가는 경로를 생각해 보자. 이 예제에는 3가지 경로가 있으며 이에 필요한 소요시간을 구해보면 표 14.2와 같다.

표 14.2 | 각 경로의 소요시간

	경로	소요시간(日)
1)	E–F–D	3 + 6 + 3 = 12
2)	A–C–D	3 + 5 + 3 = 11
3)	A–B–dummy–D	3 + 4 + 0 + 3 = 10

전체 사업을 완수하기 위해서는 어떤 수행일정을 수립하든지 간에 활동 E, F, D는 이 순서대로 수행되어야 하므로 총 완료소요시간은 12일보다는 크거나 같다. 경로 A–C–D 및 A–B–dummy–D에 대해서도 마찬가지이므로 총완료시간은 11일 및 10일보다 크거나 같다. 그런데 소요시간이 가장 긴 E–F–D경로를 따라 E, F, D의 순서로 작업을 수행하는 동시에 다른 작업들을 병행하여 수행하면 모두 E–F–D의 소요시간 이내에 끝낼 수 있으므로 전체 공사의 최단완성시간은 12일이다. 즉, 최단완성시간은 최장경로의 소요시간과 같다.

만일 경로 E–F–D에 있는 활동의 소요시간이 예상보다 지연된다면 전체 공정도 12일보다 지연되게 될 것이다. 그러나 다른 활동들 A, B, C는 소요시간이 예상보다 약간 지연된다고 하더라도 전체공정에는 영향이 없게 할 수 있다. 이러한 이유로 경로 E–F–D를 주경로(主經路, Critical Path)라고 부르고 이 안에 있는 활동들, E, F, D를 주활동(主活動, Critical Activity)이라고 부른다.

이제, 주경로가 아닌 경로 A–C–D를 살펴보자. 끝에 있는 활동 D는 주경로 E–F–D에 들어 있어서 활동 D는 (E의 소요시간) + (F의 소요시간) = 3 + 6 = 9일 후에 정확히 시작되어야 하므로 활동 A와 C는 9일 이내에만 끝내면 된다. 그런데 A와 C는 각각 3일, 5일이 걸리므로 활동 C는 제4일부터 시작하거나 또는 제5일부터 시작을 하여도 활동 D를 지연시키지 않으므로 전체 공기에는 영향을 주지 않는다. 따라서 활동 C의 가장 빠른 착수시점(Earliest Start Time)은 제4일부터, 가장 늦은 착수시점(Latest Start Time)은 제5일부터이다. 즉, 활동 C는 1일의 여유시간(Slack Time)이 있다. 활동 C의 종료시점은 8일 또는 9일로서 가장 빠른 종료시점(Earliest Finish Time)은 8일이고 가장 늦은 종료시점(Latest Finish Time)은 9일이다.

주경로를 구하는 일반적인 방법을 알아보도록 하자. 각 활동 i에 대하여 다음과 같이 변수들을 정의한다. 여기서 t_i는 활동 i의 소요시간을 나타낸다.

ES_i: 활동 i의 모든 선행활동들이 가능한 한 빨리 시작하였다고 했을 때 활동 i의 가장 빠른 시작시점.

EF_i: 활동 i의 가장 빠른 종료시점
$= ES_i + t_i$

LS_i: 사업의 총완료시점을 늦추지 않는 범위에서 활동 i의 가장 늦은 시작시점.

LF_i: 사업의 총완료시점을 늦추지 않는 범위에서 활동 i의 가장 늦은 종료시점
$= LS_i + t_i$

ST_i: 활동 i의 여유시간
$= LS_i - ES_i$

주경로는 ES_i와 EF_i를 구하는 전진단계, LS_i와 LF_i를 구하는 후진단계 및 여유시간과 주경로를 구하는 탐색단계 등 세 단계를 통한 방법으로 구할 수 있다.

가. 전진단계 (ES_i와 EF_i의 계산)

처음에 선행활동이 없는 활동 A와 E부터 시작한다. 이들의 가장 빠른 시작시점 ES_i는 0이며 가장 빠른 종료시점 EF_i는 각각 $0+3=3$ 및 $0+3=3$이다. 다음에 선행활동의 EF_i값 계산이 끝난 활동 B, C, F에 대하여 ES_i 및 EF_i를 구한다. B와 C의 ES_i는 A의 EF_i와 같아서 3이 되며, F의 ES_i는 E의 EF_i와 같아서 3이 된다. 따라서 B, C, F의 EF_i 값은 각각 $3+4=7, 3+5=8, 3+6=9$가 된다. dummy의 선행활동 B의 EF_i가 7이므로 dummy의 ES_i는 7이고 EF_i도 7이다. 활동 D의 선행활동은 A, B, C, dummy, E, F가 있는데 이중에 직전선행활동은 dummy, C, F이며 이들의 EF_i는 각각 7, 8, 9이므로 이중에서 가장 큰 값 9가 D의 ES_i가 된다. 또한 D의 $EF_i = 9+3 = 12$가 되어 최단의 총완료시간은 12일이 됨을 알 수 있다. 이 계산결과가 표 14.3의 ES와 EF 열에 나타나 있다.

나. 후진단계 (LS_i와 LF_i의 계산)

이 과정은 전진단계와 유사하나 뒤에서부터 시작하는 것만 다르다. 뒤따르는 활동이 없는 D의 가장 늦은 종료시점 LF_i를 제1단계에서 구한 최단완료시간 12라고 둔다. 그러면 D의 가장 늦은 시작시점은 $LS_i = LF_i - t_i = 12 - 3 = 9$가 된다. 뒤따르는 활동의 LS_i값의 계산이 끝난 활동 dummy, C, F 에 대해서는 이들의 직후활동이 D이므로 이들의 LF_i값은 D의 LS_i값 9가 된다. 그리고 활동 dummy, C, F의 LS_i값은 $LS_i = LF_i - t_i$의 공식에 따라 각각 9, 4, 3이 된다. 따라서 활동 B의 LF_i은 9가 되

고 LS_i는 5가 된다. 다음에 활동 A는 이의 직후활동 B와 C의 LS_i값 계산이 끝났으므로 A의 LF_i값은 B와 C의 LS_i값 중 가장 작은 값인 4가 되며 LS_i는 $4-3=1$이 된다. 활동 E의 경우는 직후활동 F의 LS_i값이 3이므로 E의 LF_i는 3이 되고 LS_i는 $3-3=0$ 이 된다. 이 계산결과가 표 14.3의 LS, LF 열에 나타나 있다.

다. 탐색단계 (여유시간 계산 및 주경로의 발견)

각 활동에 대하여 여유시간 $LS_i - ES_i$를 구한다. 여유시간이 0이 되는 활동들로 구성되는 경로를 구하면 이것이 주경로이다. 표 14.3에서 D, E, F의 여유시간이 0이므로 이들로 구성되는 경로 E–F–D가 주경로가 되며 모든 계산은 끝난다. 그림 14.7은 이 주경로를 보여주고 있다.

이러한 방법으로 사업수행계획을 세우고 나면 사업책임자는 특히 주경로에 들어 있는 주활동들이 제시간 안에 완성되도록 면밀한 배려를 하여야 한다. 여기서의 지연은 곧 전체 공기의 지연을 뜻하기 때문이다. 반면에 주경로 이외의 활동은 약간씩의 여유시간이 있으므로 조금씩 지연된다 하더라도 전체 공기에는 영향을 미치지 않는다.

| 표 14.3 | 주경로 계산 과정

활동	직전선행활동	소요시간	ES	EF	LS	LF	여유시간
A	–	3	0	3	1	4	1
B	A	4	3	7	5	9	2
C	A	5	3	8	4	9	1
dummy	B	0	7	7	9	9	2
D	dummy, C, F	3	9	12	9	12	0
E	–	3	0	3	0	3	0
F	E	6	3	9	3	9	0

그림 14.7 주경로

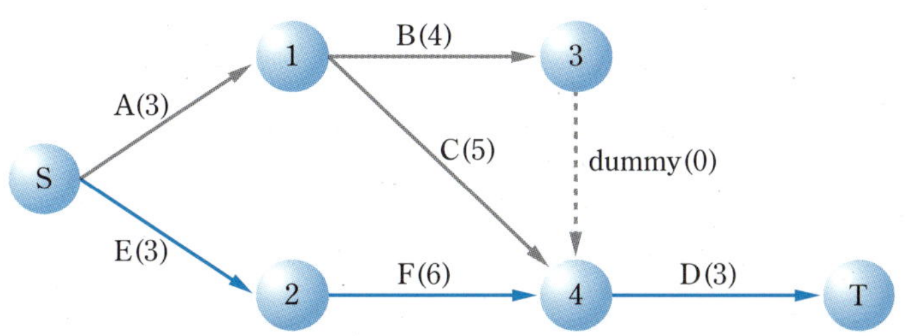

3. PERT: 확률적 분석

앞에서는 각 활동에 필요한 소요시간이 확정적으로 주어진 경우에 사업수행계획을 수립하였다. 그러나 대부분의 사업에 있어서 이 소요시간은 때로는 지연될 수도 또는 단축될 수도 있다. 따라서 이렇게 소요시간이 변할 수 있는 가능성에 대한 확률분석을 해야 할 필요가 있다.

소요시간에 대한 정확한 확률분포를 추정해서 이용하는 것이 이론적으로는 가장 바람직하나 현장에서 일하는 프로젝트 매니저들은 확률분포에 대한 이해가 부족하므로 이들에게 확률분포함수를 제시하라고 하는 것은 무리한 요구가 된다. 따라서 현장의 프로젝트 매니저가 경험에 의해 쉽사리 제공할 수 있는 몇 가지 추정치들에 근거하여 확률분석을 하는 것이 실제적으로 이용 가능한 분석방법이다.

PERT의 확률적 분석에서는 각 활동에 대하여 다음의 3가지 시간을 프로젝트 매니저의 주관적 판단에 의하여 먼저 추정한다.

- a_i: 활동 i에 소요되는 시간에 대한 낙관적 추정. 즉, 활동 i를 수행함에 있어서 모든 환경 및 상황이 가장 좋게 주어졌다고 가정할 때의 소요시간.
- m_i: 활동 i에 소요되는 시간에 대한 가장 현실적인 추정. 즉, 활동 i를 수행함에 있어서 여러 상황을 감안하여 본 결과 가장 가능성이 높다고 생각되는 소요시간.
- b_i: 활동 i에 소요되는 시간에 대한 비관적 추정. 즉, 활동 i를 수행함에 있어서 가장 나쁜 환경조건 및 상황이 주어졌다고 가정할 때의 소요시간.

즉, a_i는 소요시간의 최소값, b_i는 최대값, 그리고 m_i는 최빈치(Mode)를 나타낸다. 이 값들은 프로젝트 매니저에게 의미 있는 수치이므로 쉽게 추정이 가능하다.

이 세 가지 추정치를 이용하여 소요시간의 평균(Mean) $\bar{t}_i$와 표준편차(Standard Deviation) σ_i를 구한다. 먼저 표준편차는 다음의 공식

$$\sigma_i = \frac{b_i - a_i}{6} \quad \cdots [14\text{-}1]$$

을 이용하는데 이것은 평균에서부터 표준편차의 3배 정도 거리에 떨어져 있는 값은 대충 이 변수의 최대값 및 최소값으로 볼 수 있다는 데 근거를 두고 있다. 그리고 평균 $\bar{t}_i$는 다음의 공식을 이용하여 구한다.[1)]

$$\bar{t}_i = \frac{a_i + 4m_i + b_i}{6}$$ …

예제 14-2 예제 14-1의 계속

한홍인테리어는 각 활동의 소요시간에 불확실성이 많이 있다고 판단, 확률적인 분석을 수행할 필요를 느꼈다. 특히 14일 이후에는 다른 사업을 시작하여야 하기 때문에 13일 이내에 못 끝내는 경우 심각한 문제가 발생할 것으로 예상하고 있다. 따라서 한홍인테리어는 이 사업을 13일 이내에 끝낼 수 있는 확률을 구해보고 싶다. 이 사업을 담당할 현장 책임자는 각 활동들에 대하여 표 14.4에 있는 바와 같이 a_i, m_i, b_i값을 추정하고 있다.

| 표 14.4 | 확률적 PERT표

활동	직전선행활동	a_i	m_i	b_i	$\bar{t}_i$	σ_i
A	–	1	3	5	3.00	0.67
B	A	1	4	5	3.67	0.67
C	A	3	5	7	5.00	0.67
dummy	B	0	0	0	0	0
D	dummy,C,F	2	3	4	3.00	0.33
E	–	2	3	4	3.00	0.33
F	E	2	6	9	5.83	1.17

이 문제를 확률적 PERT로 분석하기 위해 식 [14–1]과 [14–2]를 이용하여 각 활동소요시간의 기대치 및 표준편차를 구하면 표 14.4에 있는 $\bar{t}_i$ 및 σ_i 열과 같다. 이 문제에서는 이 사업이 13일 이내에 끝날 확률을 구하고자 한다. 그림 14.6의 PERT 네트워크에서 활동 A의 소요시간은 평균이 3일, 표준편차가 0.67인 확률분포를 갖는다. 이 사업을 실제로 수행한다면 활동 A의 실제 소요시간은 3일일 수도 있고 2일일 수도 있으며 또는 4일일 수도 있다. 마찬가지로 다른 활동들도 각각의 소요시

1) 이 공식은 다음과 같은 과정을 통해 구하여졌다. 먼저 최소값 a_i, 최대값 b_i, 최빈치 m_i를 이용하여 소요시간의 확률분포를 그려본다면 대개 다음과 같은 모양을 갖게 된다.

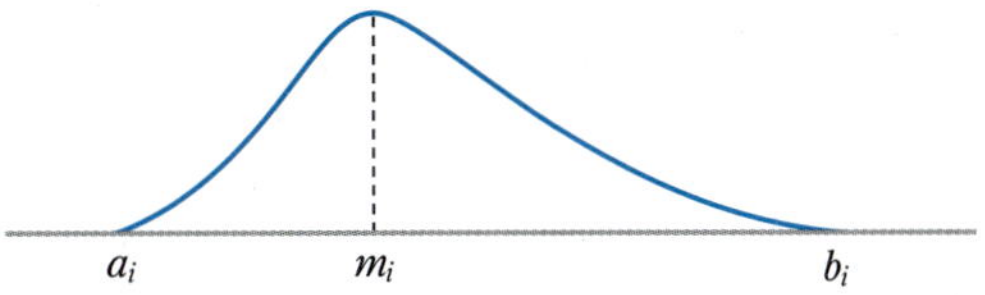

그런데 베타분포 (beta distribution)가 이와 유사한 형태를 가지므로 소요시간의 확률분포를 베타분포로 가정하고 베타분포에 있는 두 개의 모수(parameter)들을 최빈치 m_i와 표준편차 σ_i를 이용하여 결정한다. 이렇게 하여 얻은 분포함수를 사용하여 평균 $\bar{t}_i$를 구하면 이 공식을 얻을 수 있다.

간이 하나의 확률분포를 가진다. 이러한 상황에서 그림 14.6과 같은 활동 간의 선행관계를 모두 고려하여 전체 사업이 13일 이내에 끝날 확률을 구하는 것은 수식을 이용한 해석적인 방법으로는 매우 어려운 문제다.

이럴 때 사용할 수 있는 방법이 12장에서 다룬 시뮬레이션이다. 각 활동에 대해 난수를 하나씩 발생시켜서 그 활동의 소요시간을 확률분포에 따라 결정한다. 이 문제에서는 6개의 난수를 발생하게 된다. 각 활동의 소요시간이 결정되었으므로 활동 간의 선행관계를 고려하여 전체 사업의 종료시점을 구한다. 이 시점은 13일 이전일 수도 있고 13일이 지났을 수도 있다. 이러한 시뮬레이션을 1,000번 반복하였을 때 그 중 815회가 13일 이내에 끝났다면 전체 사업이 13일 이내에 끝날 확률은 약 81.5%라고 할 수 있다. 이 확률은 한홍인테리어 사장의 의사결정에 매우 중요한 정보다. 이 확률을 좀 더 정확히 추정하기 위해서는 시뮬레이션의 반복횟수를 더 늘리면 된다. 더 상세한 내용은 다른 전문 서적을 참고하기 바란다.

4. 시간비용 분석: CPM

앞에서 배운 PERT에서는 프로젝트 수행에 필요한 시간 및 이에 따른 불확실성에 관한 분석기법을 제시하였다. 그러나 때에 따라서는 활동의 소요시간은 비용을 더 투입함으로써 줄일 수도 있기 때문에 시간과 비용의 절충(trade-off)에 대한 분석이 필요하다. 소위 CPM(Critical Path Method)은 시간과 비용의 절충(trade-off)을 강조하고 있다.

PERT와 CPM이 개발된 초창기에 있어서 이들은 두 가지 점에 있어서 크게 구분되었었다. 첫째로, PERT는 확률 분석을 강조하였으나 CPM은 각 활동의 소요시간이 확정적으로 주어졌다고 가정한다. 따라서 불확실성이 많은 연구개발사업 등에는 PERT를 이용하는 것이 바람직하다. 두 번째로, PERT와 CPM은 비용에 대한 처리에 있어서 다르다. 즉, CPM은 처음부터 시간과 비용 간의 절충(trade-off)을 염두에 두고 개발되었다. 경험이 많은 건축공사 등에 있어서는 각 활동에 소요되는 시간을 거의 확실히 추정할 수 있으므로 시간과 비용 간의 절충이 더 중요하게 되며 이 경우에는 CPM을 이용하는 것이 바람직하다. 그러나 PERT와 CPM이 각기 발전함에 따라 서로 다른 쪽의 장점을 포함하게 되었고 최근에 와서는 이 두 가지를 구별

하기 힘들게 되어 이런 종류의 기법을 통틀어 PERT/CPM이라고 부른다.

본 절에서는 초창기 CPM의 특징이었던 시간비용 분석에 대하여 설명하고자 한다. 각 활동에 소요되는 시간은 일반적으로 이 활동에 투입되는 비용과 함수관계에 있다. 비용의 증가를 감수하면서 더 많은 인원을 고용하거나 또는 더 좋은 장비를 이용함으로써 소요시간을 줄일 수 있기 때문이다. 이러한 노력을 속성처리(Crashing)라고 한다.

한 활동을 정상적으로 처리할 때와 속성으로 처리할 때에 소요되는 비용 및 시간을 다음과 같이 나타내자.

C_t: 정상처리비용(normal activity cost)
C_d: 속성처리비용(crash activity cost)
t: 정상소요시간(normal activity time)
d: 속성소요시간(crash activity time)

그림 14.8은 이들 간의 관계를 보여 주고 있다. 그림에서부터 시간당 속성처리비용은

$$C = \frac{C_d - C_t}{t - d}$$

로 주어짐을 알 수 있다.

그림 14.8 시간비용절충관계

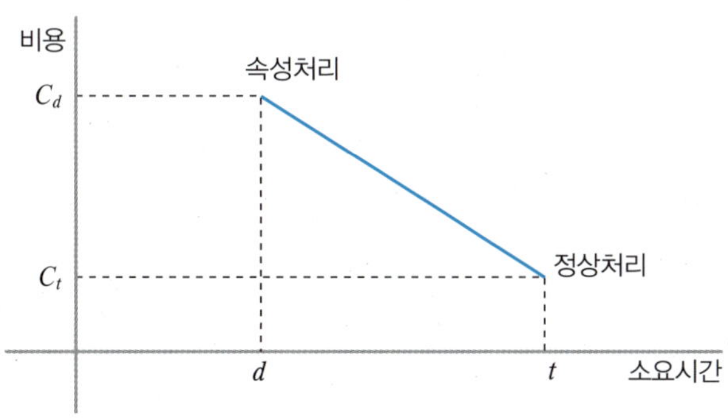

예제 14-3 예제 14-1의 계속

한홍인테리어는 새로운 대형공사를 수주 받으려 하는데 발주자는 이 공사를 가능한 한 빨리 착공하기를 요구하고 있다. 이 공사를 놓치고 싶지 않은 한홍인테리어는 비용을 더 투입하는 경우 [예제 14-1]에서 논의한 보수공사를 정상적인 계획보다 얼마나 일찍 끝낼 수 있는가 알아보고 싶다. 각 활동의 속성처리가능성 및 소요비용을 현장 책임자와 논의한 결과 표 14.5와 같은 결과를 얻었다.

| 표 14.5 | 보수사업의 정상처리와 속성처리 관련 자료

활동	시간(일)			비용(만원)		
	정상처리(t)	속성처리(d)	최대단축일수 ($t-d$)	정상처리 (C_t)	속성처리 (C_d)	1일단축비용 (만원/일)(C)
A	3	2	1	500	650	150
B	4	3.5	0.5	400	500	200
C	5	4	1	500	700	200
dummy	0	0	0	0	0	0
D	3	1	2	200	500	150
E	3	3	0	1,000	1,000	–
F	6	5	1	300	375	75

이 문제를 분석하기 위해 그림 14.6에 있는 네트워크를 살펴보면 시작에서 끝으로 가는 경로는 A–B–dummy–D, A–C–D, E–F–D 등 세 가지이며, 각각 소요되는 시간은 10, 11, 12일임을 알고 있다. 따라서 총완료시간을 줄이기 위해서는 경로 E–F–D에 있는 활동의 시간을 줄여야 한다. 이 경로에는 E, F, D의 세 활동이 있는데 표 14.5에 의하면 이 중에 F, D만이 축소 가능하며 각각 하루에 75만 원, 150만 원이 소요된다. 따라서 비용이 적게 드는 F에 75만 원을 투입하여 경로 E–F–D의 완성기일을 11일로 줄임으로써 전체 사업의 총완료시간을 하루 줄일 수 있다.

이제 총완료시간을 더 줄여 보자. 3개의 경로 A–B–dummy–D, A–C–D, E–F–D는 각각 10, 11, 11일의 소요시간이 필요하므로 총완료시간을 더 줄이기 위해서는 경로 A–C–D와 E–F–D의 소요시간을 줄여야 한다. 그런데 경로 E–F–D의 경우 활동 D만이 소요시간을 단축시킬 수 있는데 활동 D는 다른 두 경로에도 포함되어 있으므로 활동 D에 추가경비를 투입하면 3개의 경로의 소요시간이 모두 감소한다. 따라서 300만 원을 D에 추가로 투입하면 A–B–dummy–D, A–C–D, E–F–D경로의 소요시간은 각각 8, 9, 9로 줄게 되어 총완료시간은 9일로 줄게 된다. 이제 경로

E–F–D는 더 이상 줄어들 여유가 없으므로 총완료시간은 더이상 줄어들 수 없다. 따라서 이 사업은 375만 원을 추가로 투입하여 9일까지로 줄일 수 있음을 알 수 있다.

여기서 설명한 방법은 매우 탐색적인 방법으로서 비용이 최소가 되는 최적해를 제공한다는 보장은 없다. 정확한 최적해는 이 문제를 선형최적화 모형으로 정식화하여 풂음으로써 구할 수 있다. 예를 들어서 [예제 14–3]을 선형최적화 모형으로 정식화하여 보자. 먼저 각 활동을 속성처리로 단축한 시간을 각각 Y_A, Y_B, Y_C, Y_D, Y_F라고 하자. 표 14.5의 시간당 속성처리비용을 이용하면 목적식은 총단축비용 (단위: 만원)으로

$$Z = 150Y_A + 200Y_B + 200Y_C + 150Y_D + 75Y_F \quad \cdots [14\text{-}3]$$

을 최소화하는 것이다.

단축시간은 최대 단축가능시간을 초과하지 못하므로

$$Y_A \le 1, \quad Y_B \le 0.5, \quad Y_C \le 1, \quad Y_D \le 2, \quad Y_F \le 1 \quad \cdots [14\text{-}4]$$

의 제약식이 있어야 한다.

각 활동 간의 선후관계를 나타내는 제약식을 도입하기 위하여 그림 14.6에 있는 PERT 네트워크에서 한 시점을 나타내는 마디의 발생시간을 표시하는 변수 X_S, X_1, X_2, X_3, X_4, X_T를 도입한다. 먼저 활동 A를 생각해 보자. 사건 1의 발생시간은 사건 S의 발생시간에 활동 A의 소요시간 $(3 - Y_A)$를 더한 값 이후이어야 하므로

$$X_1 \ge X_S + 3 - Y_A$$

의 관계가 있다. 사업의 착수시점을 $t = 0$라고 하면 $X_S = 0$이 되므로 윗 식은

$$X_1 + Y_A \ge 3$$

의 관계식이 된다. 마찬가지 방법으로 각 활동에 대해 유사한 제약식을 도입하면 다음과 같다.

$$
\begin{aligned}
&X_1 + Y_A \ge 3 && \text{(활동 A)} \\
&X_3 - X_1 + Y_B \ge 4 && \text{(활동 B)} \\
&X_4 - X_1 + Y_C \ge 5 && \text{(활동 C)} \\
&X_4 - X_3 \ge 0 && \text{(dummy)} \\
&X_T - X_4 + Y_D \ge 3 && \text{(활동 D)} \quad \cdots [14\text{-}5] \\
&X_2 \ge 3 && \text{(활동 E)} \\
&X_4 - X_2 + Y_F \ge 6 && \text{(활동 F)}
\end{aligned}
$$

변수 X_T는 사업이 종료되는 시간을 의미하므로 예를 들어서 9일 이내에 끝내는 최적의 속성처리계획을 구하기 위해서는 제약식

$$X_T \leq 9 \qquad \cdots [14\text{-}6]$$

를 도입한다.

마지막으로, 단축시간은 음수가 될 수 없으므로

$$Y_A, Y_B, Y_C, Y_D, Y_F \geq 0 \qquad \cdots [14\text{-}7]$$

이며 $X_S = 0$으로 하였으므로

$$X_1, X_2, X_3, X_4, X_T \geq 0 \qquad \cdots [14\text{-}8]$$

가 된다.

따라서 이 문제는 목적식은 [14–3]이고 제약식은 [14–4]~[14–8]로 주어지는 선형최적화 모형을 풂으로써 해결된다. 그림 14.8은 이 선형최적화 모형을 K-OPT로 푼 결과이다. 이에 의하면 최적 속성처리계획은

$$(Y_A, Y_B, Y_C, Y_D, Y_F) = (0, 0, 0, 2, 1)$$
$$(X_1, X_2, X_3, X_4, X_T) = (3, 3, 8, 8, 9),$$

를 얻게 되어 앞에서 탐색적으로 구한 해가 실제로 최적해임을 알 수 있다.

그림 14.8 [예제 14-3]의 K-OPT 입력파일과 출력

(가) 입력파일

```
min   150YA+200YB+200YC+150YD+75YF
St    YA < 1
      YB < 0.5
      YC < 1
      YD < 2
      YF < 1
      X1 + YA > 3
      X3 - X1 + YB > 4
      X4 - X1 + YC > 5
      XT - X4 + YD > 3
      X2 > 3
      X4 - X2 + YF > 6
      X4 - X3 > 0
      XT < 9
END
```

(나) 출력

목적함수 값: 375.00000

변 수	최 적 해	수 정 비 용
YA	0.00000	150.00000
YB	0.00000	200.00000
YC	0.00000	200.00000
YD	2.00000	0.00000
YF	1.00000	0.00000
X1	3.00000	0.00000
X3	8.00000	0.00000
X4	8.00000	0.00000
XT	9.00000	0.00000
X2	3.00000	0.00000

응용사례 :: S&M사의 병원 설비세입채권 발행

미국 신시내티시에 위치한 Seasongood & Mayer사는 투자증권회사로서 지방채(municipal bond) 발행 및 판매를 위한 시장을 조성하는 업무와 다양한 투자금융서비스를 제공하고 있다. 최근에 S&M사는 오하이오주에 있는 프로비던스 병원을 위해 설비세입채권(facility revenue bond: 설비의 임대료 수입을 이자 지급의 재원으로 하는 채권) $3,100,000의 발행 업무를 맡았다. 이 업무는 법률문서 작성, 병원설비명세서 작성 및 타당성 분석 등의 활동으로 시작해서 총 23개의 활동들을 포함하는 작업이었다. 이 활동들 사이의 선행관계와 각 활동의 소요시간 등이 프로젝트 관리팀에서 분석되었다.

이 PERT 네트워크를 분석한 결과 10개의 주활동들을 포함하는 주경로가 구해졌다. 그리고 총완료시간은 29주일이 걸리는 것으로 나타났다. 이 분석결과는 각 활동의 시작시간과 종료시간, 그리고 이 과제가 제대로 진행되고 있는지 모니터 할 수 있는 정보들을 제공하였다. S&M사는 PERT/CPM 분석을 통해 계약서에 정해진 기간 안에 이 업무를 성공적으로 수행할 수 있었다.

제14장_ 연습문제 A(상세 해답 포함)

1 한 프로젝트 수행에 필요한 정보들이 아래 표와 같이 주어져 있다.

활동	직전선행활동	소요시간(일)
A	–	5
B	–	4
C	A	3
D	B	7
E	C	2
F	D,E	1

(가) 이 프로젝트에 대해 PERT 네트워크를 그리시오.

(나) 주경로를 구하시오.

(다) 최단 프로젝트 완성시간은 얼마인가?

(라) F가 1일이 아니고 5일 걸릴 경우, 주경로는 변화할 것인가? 설명하시오.

(가)

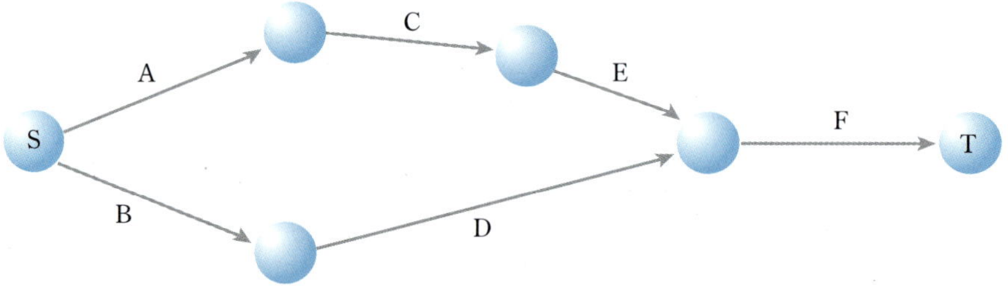

(나)

활동	선행활동	소요시간	*ES*	*EF*	*LS*	*LF*	여유시간
A	–	5	0	5	1	6	1
B	–	4	0	4	0	4	0
C	A	3	5	8	6	9	1
D	B	7	4	11	4	11	0
E	C	2	8	10	9	11	1
F	D, E	1	11	12	11	12	0

주경로: B–D–F

(다) 최단 프로젝트 완료시간: 12일

(라) F가 5일 걸린다면 활동 F의 *EF*, *LF*가 16으로 변할 뿐 나머지는 불변. 즉, 최단 프로젝트 완료시간은 16일로 변하나 주경로는 불변.

2 한 방위산업체는 신형 특수무기의 제작을 의뢰받았다. 이 프로젝트를 수행하기 위해서는 먼저 제품의 스펙을 정확히 하여 계약하여야 한다. 이 활동은 약 2주간이 소요된다. 계약이 체결되고 나면 부품주문, 인력조달, 제작설비설계 등 세 가지 활동을 동시에 시작할 수 있는데 각 활동을 완료하는 데에는 각각 3주, 14주, 12주가 소요된다. 부품의 주문이 나간 후 부품이 도달할 때까지는 20주가 소요되고 제작설비의 설계가 끝난 후 설비를 설치하는 데에는 19주가 소요된다. 부품이 도착하고 나면 품질관리요원과 생산라인요원의 훈련을 동시에 시작할 수 있는데 이 훈련에는 각각 2주와 3주가 소요된다. 모든 준비가 완료되면 무기의 조립이 시작되는데 이 작업에는 약 18주가 소요되고 그 후 5주에 걸쳐 테스트기간을 가지며 마지막으로 3주에 걸쳐 최종마무리작업을 갖게 된다.

(가) 이 프로젝트를 완성하는 데에 총 몇 주가 소요되는가?

(나) 주경로는 무엇인가?

(다) 주활동 이외의 활동에 대해 여유시간을 구하시오.

활동	내용	선행활동	소요시간(週)
A	계약	–	2
B	부품주문	A	3
C	인력조달	A	14
D	제작설비설계	A	12
E	부품인수	B	20
F	설비설치	D	19
G	품질라인요원훈련	C,E	2
H	생산라인요원훈련	C,E	3
I	무기조립	F,G,H	18
J	테스트	I	5
K	최종마무리	J	3

활동	선행활동	소요시간	*ES*	*EF*	*LS*	*LF*	여유시간
A	–	2	0	2	0	2	0
B	A	3	2	5	7	10	5
C	A	14	2	26	16	30	14
D	A	12	2	14	2	14	0
E	B	20	5	25	10	30	5
F	D	19	14	33	14	33	0
G	C,E	2	25	27	31	33	6
H	C,E	3	25	28	30	33	5
I	F,G,H	18	33	51	33	51	0
J	I	5	51	56	51	56	0
K	J	3	56	59	56	59	0

(가) 59주

(나) A–D–F–I–J–K

(다) 윗표 참조

3 첨단사업연구소는 전산시스템설치 프로젝트에 대하여 다음과 같은 자료를 수집하였다.

활동	직전선행활동	소요시간(일)		비용(만원)	
		정상처리	속성처리	정상처리	속성처리
A(계획수립)	–	10	8	3,000	7,000
B(기기주문)	A	8	6	12,000	15,000
C(기기설치)	B	10	7	10,000	16,000
D(훈련설비설치)	A	7	6	4,000	5,000
E(훈련 과정)	D	10	8	5,000	75,000
F(시스템 테스트)	C, E	3	3	6,000	–

(가) 이 프로젝트를 PERT 네트워크로 표현하시오.

(나) 정상처리 시의 주경로를 구하고 최단완성시간을 구하시오.

(다) 이 연구소는 27주 내에 이 프로젝트를 완성하고 싶다. 총비용이 최소가 되는 속성처리계획을 직관적인 방법으로 구하시오. 총비용은 얼마나 증가했는가?

(가)

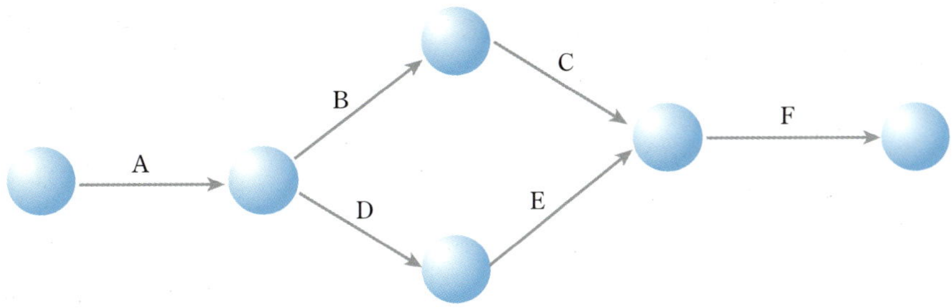

(나) 주경로 : A–B–C–F, 최단완성시간 : 31 (주일)

(다) A에 4,000만 원, B에 3,000만 원, D에 1,000만 원 투입
총비용증가는 8,000만 원

4 다음의 네트워크로 표현된 프로젝트를 생각해 보자.

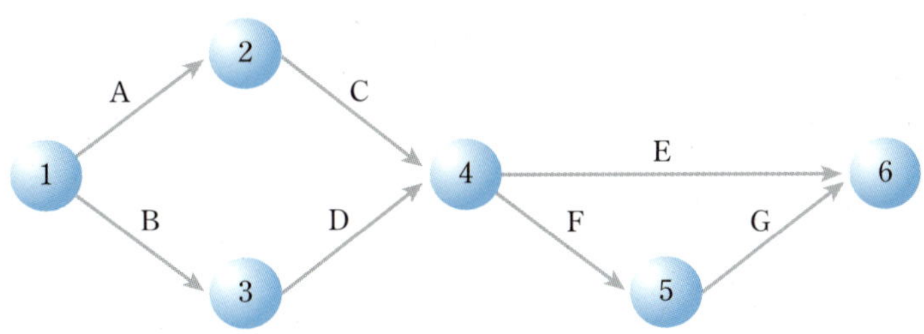

활동	소요시간(일)		비용(만원)	
	정상처리	속성처리	정상처리	속성처리
A	3	2	800	1,400
B	2	1	1,200	1,900
C	5	3	2,000	2,800
D	5	3	1,500	2,300
E	6	4	1,800	2,800
F	2	1	600	1,000
G	2	1	500	1,000

(가) 정상처리 시의 주경로와 최단완성기간을 구하시오. 이때의 비용을 구하시오.

(나) 이 프로젝트를 12일에 끝낼 수 있는 속성처리계획 중 총경비가 최소가 되는 계획을 K-OPT로 구하시오.

(가) 주경로: A–C–E　최단완성기간: 14일

총경비: 8,400만 원

(나) min　$Z = 600YA + 700YB + 400YC + 400YD + 500YE + 400YF + 500YG$

s.t.　$X_2 + Y_A \geq 3$

$X_3 + Y_B \geq 2$

$X_4 - X_2 + Y_C \geq 5$

$X_4 - X_3 + Y_D \geq 5$

$X_5 - X_4 + Y_F \geq 2$

$X_6 - X_5 + Y_G \geq 2$

$X_6 - X_4 + Y_E \geq 6$

$X_6 \leq 12$

$Y_A \leq 1,\quad Y_B \leq 1,\quad Y_C \leq 2,\quad Y_D \leq 2,\quad Y_E \leq 2,\quad Y_F \leq 1,\quad Y_G \leq 1$

$Y_A, Y_B, Y_C, Y_D, Y_E, Y_F, Y_G \geq 0$

최적계획: 활동 C와 E를 하루씩 줄인다. 이때 속성처리비용은 900만 원이다.

제14장_ 연습문제 B

1 한 프로젝트를 끝내기 위해서는 다음과 같은 활동들을 수행하여야 한다.

활동	직전선행활동	소요시간(일)
A	–	5
B	–	6
C	A	4
D	B	3
E	B	5
F	C,D	2
G	E	2
H	E	4
I	F,G	3
J	H	2
K	I,J	5

(가) 이 프로젝트에 대해 PERT 네트워크를 그리시오.

(나) 주경로를 밝히시오.

(다) 최단완성시간은 얼마인가?

2 연습문제 A의 1번을 다시 생각해 보자. 소요시간 및 비용은 아래 표와 같다.

활동	소요시간(일)		비용(만원)	
	정상처리	속성처리	정상처리	속성처리
A	5	4	300	400
B	4	3.5	300	400
C	3	2.5	500	650
D	7	5	800	1,200
E	2	2	500	–
F	1	1	500	–

(가) 과업을 10일 내에 완료하는 데 드는 최소비용 증가는 얼마인가? K-OPT로 구하시오.

(나) 10일보다 더 줄일 수 있는가?

제 15 장 재고관리시스템

재고(在庫, Inventory)는 원자재, 중간제품 및 완제품 등의 물품을 비축해 놓은 것을 말한다. 재고는 다음과 같은 여러 가지 이유로 인하여 필요하다.

가. 생산의 평활화

제품의 수요는 여러 가지 이유로 말미암아 시간 및 계절에 따라 크게 변화한다.예를 들어서 연간 생산제품의 50%가 크리스마스 전 3주일간에 판매되고 있는 완구회사에서 이들을 이 3주간에 생산해서 판매한다면 이 회사의 생산시설은 막대하게 커야만 할 것이다. 이때 좀 더 경제적인 방법은 적은 생산시설로 연중 계속 생산하여 비축하는 것이 될 수 있다. 이 경우 재고는 생산의 평활화를 위하여 발생한다.

나. 제품의 준비성

대부분의 소매제품들의 경우 고객에게 즉시 물품을 인도하기 위해 재고를 유지할 필요가 있다. 재고의 부족으로 판매를 못하는 경우가 자주 발생하게 되면 많은 고객을 잃어버리게 될 수도 있기 때문이다. 또한 연속적인 제조 공정에서 부품의 재고가 충분치 않을 때 한 공정에서 부품이 떨어지면 후속 공정들은 자동적으로 중지할 수 밖에 없다. 이러한 연속적 조업중단 현상을 방지하기 위해 재고가 필요하다.

다. 규모의 경제

대부분의 생산시설은 작동을 시작하기 위해서 준비(set-up)시간 및 준비비용이 필요하다. 이렇게 준비시간 및 비용이 큰 경우는 일단 생산을 시작하게 되면 다량의 물품을 한꺼번에 생산하는 것이 경제적이다. 또한 물품을 구매하는 경우에도 다량의 주문을 하게 되면 할인을 받을 수 있을 때가 있다. 이러한 규모의 경제(Economy of Scale)를 이용하기 위해서는 한꺼번에 다량을 구입하여 재고를 유지할 필요가 있다.

라. 불확실한 물품인도기간에 대비한 재고

발주를 하여 물품을 인수할 때까지의 시간을 물품인도기간(Lead Time)이라고 부른다. 이 기간이 불확실하거나 매우 길다면 이 기간 동안의 운영을 위하여 재고를 가져야 할 필요가 있다.

마. 사재기

제품의 가격이 상승할 것으로 예상될 때 다량을 구입하여 재고를 유지한다.

재고는 이러한 이유에서 필요하지만 재고를 유지하는 데에는 비용이 따른다. 따라서 재고유지비용을 줄이기 위해서는 가능한 한 소량의 재고만을 유지하는 것이 바람직하다. 이에 따라 적절한 재고정책, 즉 재고보충을 위한 주문을 언제 얼마큼씩 할 것인가를 결정할 필요가 있다. 이 문제에서 판단의 기준은 총비용이 될 것이며 이를 최소로 하는 재고관리정책을 갖는 것이 바람직하다.

필요한 물품을 구매 또는 생산하여 관리하는 데에는 다음의 네 가지 종류의 비용이 발생한다.

(가) 조달가격(Procurement Costs)

조달가격은 물품구입 문제에서는 단위당 구입가격을 말하며 물품생산 시에는 단위당 생산비용을 말한다. 일반적으로 물품조달에 소요되는 변동비 부분을 말한다.

(나) 주문비용(Ordering Costs)

물품구입 시에는 주문발송, 통신, 검사, 수송 및 서류처리 등에 소요되는 고정비 부분을 말하며 물품생산 시에는 생산시작에 소요되는 준비비용(set-up cost) 등을 말한다.

(다) 재고유지비용(Holding Costs 또는 Carrying Costs)

구입 또는 생산된 물품을 재고로 유지하는 데 소요되는 제비용으로서 창고이용비, 보험료, 세금, 감가상각비, 재고금액의 이자비용 등이 포함된다.

(라) 재고부족비용(Shortage Costs 또는 Stock-out Costs)

이는 수요자의 구매요구가 있음에도 불구하고 재고가 부족하여 판매하지 못함으로써 발생하는 모든 손실을 의미한다. 판매에서 발생할 이득을 놓침으로써 생긴 직접적인 손실뿐만 아니라 앞으로 고객유치에 미칠 악영향도 포함된다. 따라서 이 비용은 앞의 두 가지 비용과 달리 측정하기 매우 어려운 비용이다. 회사의 생산에 소요되는 물품의 경우에 재고부족비는 이 물품이 없음으로 인하여 회사에 발생하는 모든 악영향을 포함한다. 부품부족으로 조립라인이 완전히 가동 중지되는 수도 있으며, 이 경우 재고부족비는 1분당 수백만 원씩 될 수도 있다.

재고관리정책은 이러한 상이한 네 가지 비용의 합인 총비용을 최소화하도록 이루어져야 한다. 이에 따라 언제 얼마만큼 주문하여야 할 것인가가 결정되어야 한다.

재고관리정책을 결정하는 재고관리이론은 제품의 수요가 종속적이냐 또는 독립적이냐에 따라 달라진다. 생산관리 담당자가 그 제품의 수요를 조절할 수 있거나 알 수 있는 경우에는 이 제품의 수요는 종속적(dependent)이라고 부른다. 예를 들어, 6월 2일부터 19일까지의 자동차 생산계획이 알려졌다면 이에 필요한 타이어 수요의 정확한 계산이 가능하므로 타이어의 수요는 자동차 생산계획에 종속적이라고 말할 수 있다. 자동차, TV, 비디오 등 대부분의 조립공정에 있어서 부품들의 수요는 완제품 생산계획에 종속적이며 이러한 종속적 수요(Dependent Demand)에 대한 재고관리는 소위 자재소요계획(Material Requirement Planning: MRP)이라는 기법으로 통제된다.

반면에 자동차, TV, 비디오 등 완제품 등의 수요는 계절을 많이 타게 되어 이의 수요를 정확히 예측하는 것은 매우 힘들다. 이러한 종류의 수요를 독립적 수요(Independent Demand)라고 부른다. 이 경우에는 통계적인 예측기법을 이용하여 수요를 예측할 필요가 있다.

앞으로 3절까지는 독립적 수요를 갖는 제품에 관한 재고관리이론을 논의하고, 제4절에서는 종속적 수요를 갖는 제품에 관해 논의하도록 한다.

1. 일정한 수요: EOQ 모형

수요가 계절을 타지 않고 고르게 발생하는 경우 1915년에 제시된 경제적 주문량(Economic Order Quantity: EOQ) 모형을 이용할 수 있다. 이 모형은 과학적 재고관리방법의 시초로서 매우 간단하면서도 대부분의 중요 요소들을 모두 포함하고 있기 때문에 오랫동안 재고관리정책의 기본으로 이용되어 오고 있다.

예제 15-1

세원공업사에서는 제품에 사용되는 특수 모터를 1 년에 10,000개 연중 균등하게 소비한다. 모터의 구입가격은 개당 10만 원이며 주문 6일 후에 주문량을 일시에 받을 수 있다. 주문을 하여 물품을 인수하기까지에는 수송비 등을 합쳐 약 250만 원의 제 잡비가 소요되고 연간 평균 재고금액의 12.5%가 이자비용 및 취급비용 등으로 소요된다. 경영진에서는 모터의 확보량 부족으로 조업이 중단되는 일은 허용하지 않을 방침이다. 현재의 재고관리는 과거의 관습에 따라서 한 번에 1,000개씩 구입하고 있는데, 경영진에서는 이러한 구입계획을 재검토하여 총경비를 줄일 수 있는 최적주문량을 다시 알아보자고 한다.

한 번에 주문하는 주문량 Q를 인도 받은 시점을 $t = 0$이라고 하면 재고수준은 그림 15.1과 같이 변화할 것이다. 수요가 연중 일정하게 발생하므로 재고는 일정한 속도로 감소하게 되어 재고수준이 0이 되는 순간인 T_0가 발생하게 된다. T_0를 미리 예상한 경영진에서는 T_0보다 6일 전에 발주함으로써 시간 T_0에 다시 주문량 Q를 인도 받게 된다. 발주당시의 재고수준 R을 재주문점(ReOrder Point: ROP)이라고 부른

그림 15.1 EOQ 모형의 재고수준 변화

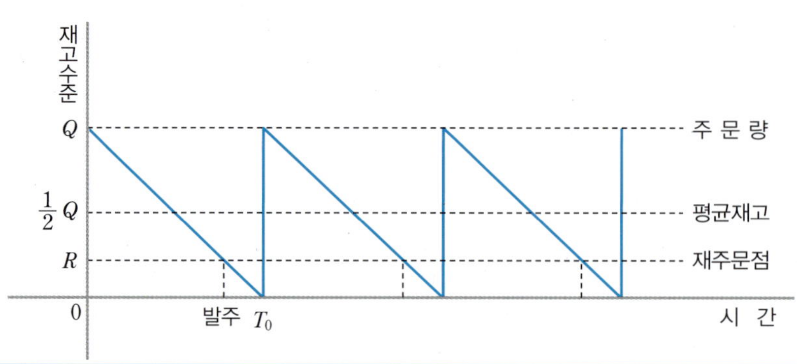

다. 이러한 주기적 패턴이 연중 반복하게 된다.

이제 1년간 모터의 공급에 소요되는 총비용을 구하여 보자. 먼저 개당 조달가격을 C, 연간 수요량을 D라고 하면 조달비용은 CD가 되어 주문량 Q에 무관한 값이 된다. 이 문제의 경우 C는 10만 원, D는 10,000개이므로 조달비용은 10(만원) · 10,000 = 10억 원이 된다.

주문을 한 번 하는 데에 필요한 주문비용을 C_0라고 하자. 그러면 1년간 소요되는 총 주문비용은 C_0에 연간 주문횟수를 곱한 값이 된다. 1년간 수요량이 D이므로 1회 주문량을 Q라고 하면 연간 주문횟수는 $\frac{D}{Q}$가 된다. 따라서 연간 주문비용은

$$\frac{C_0 D}{Q}$$

가 된다. 이 문제의 경우 C_0는 250만 원이므로 연간 주문비용은 $\frac{250 \cdot 10{,}000}{Q}$(만원) $= \frac{2{,}500{,}000}{Q}$(만원)이 된다. 이 식에서부터 주문비용은 주문량 Q에 반비례함을 알 수 있다.

연간 평균재고금액의 12.5%가 이자비용 및 취급비용으로 소요되므로 C_H를 물품 한 개를 1년간 재고로 유지할 때 발생하는 재고유지비라고 하면 이 문제의 경우 C_H는 10(만원) · 0.125 = 1.25(만원)이 된다. 그러면 총재고유지비는 C_H에 연평균재고수준을 곱한 값이 된다. 그림 15.1에서 볼 때 연평균재고수준은 $\frac{1}{2}Q$로 주어지므로 총재고유지비는

$$\frac{1}{2} C_H Q$$

가 된다. 이 문제의 경우 재고유지비는 $\frac{1}{2} \cdot 1.25 \cdot Q$(만원) $= 0.625Q$(만원)이 된다. 재고유지비는 Q에 비례하여 증가함을 알 수 있다.

앞에서 구한 비용을 모두 합하면 연간 총비용 TC를 구할 수 있다.

$$\underset{(\text{총비용})}{TC} = \underset{(\text{조달비용})}{CD} + \underset{(\text{주문비용})}{\frac{C_0 D}{Q}} + \underset{(\text{재고유지비용})}{\frac{1}{2} C_H Q}$$

여기서, 조달비용은 재고정책에 관계없이 발생하는 일정한 비용이므로 이를 제외시킨 총관리비

$$T(Q) = \frac{C_0 D}{Q} + \frac{1}{2} C_H Q$$

만을 생각해 보자. 이것은 주문 및 재고유지 등 관리에 소요되는 비용이다. 이 총관리비를 주문량 Q에 따라 그림으로 표시하면 그림 15.2와 같다.

그림 15.2 **주문량에 따른 총관리비용의 변화**

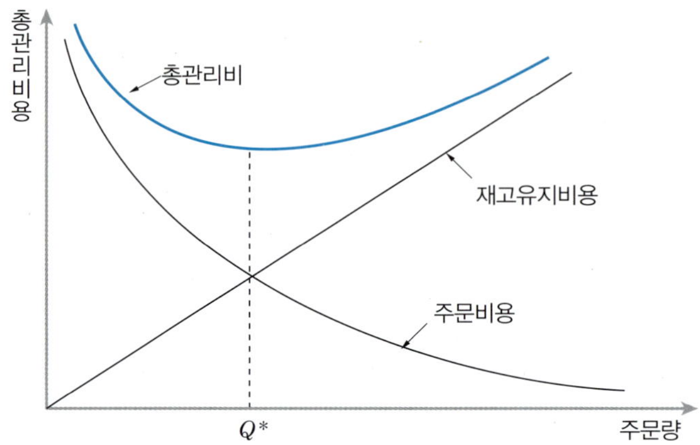

총관리비용 $T(Q)$를 최소로 하는 주문량 Q^*를 경제적 주문량(EOQ: Economic Order Quantity)이라 부르고 다음과 같다.[1]

$$Q^* = \sqrt{\frac{2C_0 D}{C_H}}$$

세원공업사의 경우 경제적 주문량은

$$Q^* = \sqrt{\frac{2 \cdot 250 \cdot 10{,}000}{1.25}} = 2{,}000\text{ 개}$$

가 되며, 총관리비는

$$\frac{C_0 D}{Q^*} + \frac{1}{2} C_H Q^* = \frac{250 \cdot 10{,}000}{2{,}000} + \frac{1.25 \cdot 2{,}000}{2} = 2{,}500\text{ (만원)}$$

이 된다.

---

1) 이 식은 $T(Q)$를 미분하여 0이라 둔 다음의 식을 풀어서 구한다.

$$\frac{dT}{dQ} = -\frac{C_0 D}{Q^2} + \frac{1}{2} C_H = 0$$

만일 세원공업사에서 과거의 관습에 따라 한 번에 1,000개씩 주문을 하고 있다면 총관리비는

$$\frac{250 \cdot 10{,}000}{1{,}000} + \frac{1.25 \cdot 1{,}000}{2} = 3{,}125 \text{ (만원)}$$

이 된다. 따라서, 주문량을 1,000개에서 2,000개로 늘림으로써 물품관리비는 625만원이 절감되어 약 20%의 경비절감효과를 가져온다.

EOQ를 적용하는 경우 1년간의 주문횟수는

$$\frac{D}{Q^*} = \frac{10{,}000}{2{,}000} = 5\text{회}$$

가 되며, 재주문 시까지의 시간은

$$T_0 = \frac{1\text{년}}{5\text{회}} = \frac{365}{5} = 73\text{일}$$

이 된다. 즉, 한 주문주기(Order Cycle)의 길이는 73일이다.

발주에서부터 인수까지 6일간의 기간이 소요되므로 재발주는 물품인수 후 73－6＝67일 후에 하면 된다. 발주할 당시의 재고수준, 즉 재주문점(ReOrder Point: ROP)은 6일간의 수요가 되므로

$$R = 6\text{일} \cdot \frac{10{,}000}{365} \fallingdotseq 164\text{개}$$

가 된다.

실제의 재고관리에 있어서는 물품의 과거 도입 시기를 기록하여 통제하는 것보다는 재고수준이 재주문점에 도달하였을 때 경제적 주문량을 발주하는 것이 관리상 용이하다. 이러한 이유에서 재주문점이 중요한 의미를 갖는다.

2. 재고부족 허용 운용 정책

기본적인 경제적 주문량 모형에서는 재고부족(Shortage)을 절대로 허용하지 않

았으나 실제에 있어서는 재고유지비용을 줄이기 위하여 재고부족을 일부 허용할 수도 있다. 이때 공급하지 못한 수요에 대하여 어떻게 가정하는가에 따라 모형이 달라진다. 이 수요를 완전히 잃어버릴 경우에는 이러한 재고부족 상태가 발생하지 않도록 운영하여야 하겠지만 이 수요를 후에 공급할 수 있다면, 즉 추후납품(Backlog)이 허용된다면 재고부족 상태를 무릅쓰고라도 재고비용을 줄일 필요가 있다. 재고부족상태에서는 일반적으로 재고부족비(Shortage Cost)가 발생하므로 재고부족비용과 재고비용을 고려하여 비용절감을 할 수 있는 주문량을 결정하여야 한다.

예제 15-2

어느 가전제품 할인판매점에서는 작년 1년간 480대의 50인치 LED TV를 판매했다. TV수요는 계절을 타지 않아서 연중 고르게 판매되었다. 다음 해의 수요도 이와 같을 것으로 예상하고 있다. 공장에서 TV를 주문해 오는 데에는 200만 원의 고정비가 소요되며 TV 한 대의 연간 재고유지비는 약 100만 원으로 추정된다. 이 판매점에서는 경영에 압박을 주고 있는 재고유지비를 줄이기 위하여 소량의 재고만을 유지하고 재고부족분에 대해서는 추후 새 물품 도착 시에 공급하는 정책을 도입하고자 하고 있다. 그러나 이러한 정책을 도입하는 경우 손님의 불만을 줄이기 위하여 한 달 공급지연당 50만 원씩의 할인을 해주기로 하였다. 이 판매점은 총비용을 최소로 하는 재고관리정책을 수립하고자 한다.

이 문제에서 새로운 주문량 Q가 도착할 때까지 누적된 재고부족량을 S라고 하자. 주문량 Q를 인도 받은 시점을 $t = 0$이라고 하면 재고수준은 그림 15.3과 같이 변하게 될 것이다.

그림 15.3 재고부족 허용의 경우 재고수준의 변화

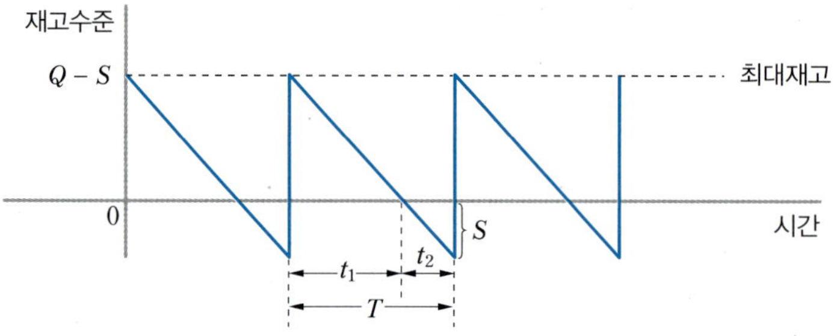

이 그림에서 시간 $t = 0$에 도착한 주문량 Q 중에서 S는 주문잔고를 만족시키기 위해 소비되고 재고수준은 $Q - S$가 된다.

편의상 연중 판매량을 D, 1일 판매량을

$$d = \frac{D}{365}$$

라고 하자. 그러면 재고가 남아있는 기간 t_1은

$$t_1 = \frac{Q - S}{d} \text{ 일}$$

이 되고 재고부족이 발생하는 기간 t_2는

$$t_2 = \frac{S}{d} \text{ 일}$$

이 된다. 또한 재주문할 때까지의 기간 T는

$$T = \frac{Q}{d} \text{ 일}$$

이 된다.

먼저 1년간의 물품조달비용은 EOQ 모형의 경우와 같이 CD가 되고 주문비용은 $\frac{C_0 D}{Q}$가 된다. 재고유지비용은 연간 재고유지비 C_H에 연평균 재고수준을 곱하여 얻어진다. 그림 15.3에서 볼 때 각 주기에 있어서 재고는 t_1기간 동안만 존재하고 t_2기간에는 0이 된다. t_1기간 동안의 평균재고는 $\frac{Q - S}{2}$가 되므로 전체 T기간 동안의 평균재고는

$$\frac{\frac{Q - S}{2} t_1 + 0 \cdot t_2}{t_1 + t_2} = \frac{\frac{Q - S}{2} \cdot \frac{Q - S}{d}}{Q/d} = \frac{(Q - S)^2}{2Q}$$

이 된다. 따라서 연간 재고유지비용은

$$C_H \cdot \frac{(Q - S)^2}{2Q} = \frac{C_H (Q - S)^2}{2Q}$$

이 된다.

재고부족이 발생하는 경우에는 발생기간에 비례하는 재고부족비용이 발생한다. 총재고부족비용은 한 단위를 1년간 재고부족상태로 유지하는 경우 발생하는 재고부족비 C_B에 연평균 재고부족수준을 곱하여 얻어진다. 그림 15.3에서 볼 때 각 주기

에 있어서 재고부족은 t_2기간 동안의 평균재고부족수준은 $\frac{S}{2}$가 되므로 전체 T기간 동안의 평균재고부족수준은

$$\frac{0 \cdot t_1 + \frac{S}{2} t_2}{t_1 + t_2} = \frac{\frac{S}{2} \cdot \frac{S}{d}}{\frac{Q}{d}} = \frac{S^2}{2Q}$$

이 된다. 따라서 연간 총재고부족비용은

$$C_B \cdot \frac{S^2}{2Q} = \frac{C_B S^2}{2Q}$$

이 된다.

지금까지 나온 비용을 모두 합친 총비용은

$$TC = CD + \frac{C_0 D}{Q} + \frac{C_H (Q - S)^2}{2Q} + \frac{C_B S^2}{2Q}$$

이 되며, 상수항인 조달비용 CD를 제외한 총관리비는

$$T(Q, S) = \frac{C_0 D}{Q} + \frac{C_H (Q - S)^2}{2Q} + \frac{C_B S^2}{2Q}$$

가 된다. 이 식이 최소가 되는 Q^*와 S^*를 구하면 다음과 같다.[2)]

$$Q^* = \sqrt{\frac{2C_0 D}{C_H} \left(\frac{C_H + C_B}{C_B} \right)}$$

$$S^* = Q^* \left(\frac{C_H}{C_H + C_B} \right)$$

[예제 15–2]의 경우 $C_0 = 200$만원, $C_H = 100$만원/년, $C_B = 50$만원/월 $= 600$만원/년, $D = 480$대/년이므로,

2) 이 식들은 두 변수를 갖는 함수 $T(Q, S)$를 Q와 S로 편미분한 것을 0으로 놓은 다음의 두 식을 풀어서 얻는다.

$$\frac{\partial T}{\partial Q} = -\frac{C_0 D}{Q^2} + \frac{C_H (Q - S)}{Q} - \frac{C_H (Q - S)^2}{2Q^2} - \frac{C_B S^2}{2Q^2} = 0$$

$$\frac{\partial T}{\partial S} = -\frac{C_H (Q - S)}{Q} + \frac{C_B S}{Q} = 0.$$

$$Q^* = \sqrt{\frac{2 \cdot 200 \cdot 480}{100} \cdot \frac{100+600}{600}} = 47.3 = \text{약 } 47(\text{대})$$

$$S^* = 47 \cdot \frac{100}{100+600} = 6.8 = \text{약 } 7(\text{대})$$

가 된다. 이때 총관리비는

$$\frac{200 \cdot 480}{47} + \frac{100 \cdot (47-7)^2}{2 \cdot 47} + \frac{600 \cdot 7^2}{2 \cdot 47} = 4{,}058\,(\text{만원})$$

이 된다.

만일 이 판매점에서 재고부족을 허용하지 않는 정책을 쓴다면

$$EOQ = \sqrt{\frac{2 \cdot 200 \cdot 480}{100}} = 43.8 = \text{약 } 44(\text{대})$$

가 되고 총관리비는

$$\frac{200 \cdot 480}{44} + \frac{100 \cdot 44}{2} = 4{,}380\,(\text{만원})$$

이 된다. 따라서 이 판매점에서는 재고부족허용정책을 도입하여 약 7.4%의 관리비 절감효과를 얻을 수 있다.

3. 불확실한 상황의 재고관리: 안전재고

앞에서 다룬 재고관리 분석은 비용 및 수요의 추정을 정확히 할 수 있다는 가정에 근거하고 있다. 그러나 이들은 어디까지나 추정치이며 때에 따라서는 불확실성이 내재할 수 있다. 이 경우 최적주문량이 비용 및 수요의 불확실성에 얼마나 민감한지 알아볼 필요가 있다.

먼저 비용의 경우 그림 15.2에서 볼 때 총관리비는 EOQ인 Q^* 근처에서 부분적으로 수평한 모양을 갖고 있기 때문에 비용추정의 부정확성에 따라 주문량이 약간 변한다 하더라도 총관리비는 크게 달라지지 않는다. 이것은 EOQ 모형의 가장 중요한 특징이면서 또는 장점이다. 비용추정에 큰 오차가 없는 한 이에 근거한 EOQ는

적절한 재고관리정책이 될 수 있다.

그러나 수요예측의 불확실성이나 리드타임(Lead Time, 물품인도기간)의 불확실성이 있는 경우에는 언제든지 품절이 발생할 수 있기 때문에 적절한 재고관리정책 수립에 어려움이 따르게 된다. 앞에서 논의한 추후납품 모형은 이 경우에 대한 한 가지 가능한 재고관리정책이 될 수 있으나 경쟁상태에 있는 회사에서 추후납품이 지속적으로 발생하는 경우 고객들을 잃어버릴 가능성이 높기 때문에 바람직한 방법은 아니다.

일반적인 재고관리는 재고수준을 실시간으로 관측하고 재고수준이 일정한 수준 이하로 떨어지면 주문을 한다. 이때 주문한 양이 도착하기 전에 재고가 바닥이 나면 품절이 발생한다. 품절이 발생하는 이유는 수요가 예상보다 높아서 재주문을 하였는데도 리드타임 때문에 시간이 걸리므로 물품이 도착하기 전에 재고가 바닥이 나는 경우와 주문한 물건의 리드타임에 불확실성이 있어서 예정보다 물건이 늦게 도착하는 경우에 발생한다. 따라서 품절은 항상 리드타임 동안에만 발생한다. 이러한 불확실성에 따른 품절에 대비하기 위해서는 수요예측보다 더 많은 양을 재고로 유지할 필요가 있다. 이 추가적인 재고량을 안전재고(safety stock)라고 한다. 안전재고정책을 쓰는 경우에는 리드타임 동안 발생할 수요예측과 안전재고의 합이 재주문점이 된다.

안전재고의 크기를 결정하는 기준은 원칙적으로 품절사태로 발생하는 모든 불이익을 포함한 총비용을 최소로 하는 것이 된다. 그러나 이것은 수리적으로 분석이 어렵고 이에 소요되는 데이터의 추정이 용이하지 않기 때문에 현실적으로는 서비스수준(Service Level)의 개념을 이용한다. 서비스수준은 주어진 한 주문주기 동안에 품절이 발생하지 않을 확률을 말한다. 불확실성이 있는 환경에서 100%의 서비스수준을 추구한다는 것은 매우 높은 재고수준과 재고관리비용을 필요로 하기 때문에 현실적으로는 불가능한 목표이다. 따라서 경영진에서는 적절한 서비스수준을 경영목표로 설정한다.

예제 15-3 **예제 15-1의 계속**

세원공업사에서 생산하는 완제품의 연중 수요의 불확실성으로 말미암아 모터 소비량은 연평균 10,000개를 유지하지만 매일 매일의 소비량은 큰 폭으로 변화하여 큰 불확실성을 가지고 있다. 또한 모터 납품업체의 자체 사정으로 모터 구입의 리드타임이 매우 불규칙적인 상황에 있다. 지난 1년간 이러한 문제에 시달려온 세원공업사는 EOQ 모형만으로는 해결할 수 없다고 판단하고 불확실성에 대비한 안전재고를 확보하기로 하였다. 과거 1년간의 자료를 재분석해 본 결과 수요와 리드타임에 대한 확률적 분석을 할 수 있었는데, 이에 의하면 리드타임 동안의 수요는 평균이 164개이고 표준편차 $\sigma = 30$개인 정규분포를 갖고 있었다. 경영진에서는 95%의 서비스수준을 유지하는 재고관리정책을 구하고자 한다.

이 문제는 [예제 15-1]과 매우 유사하여 주문비 및 재고유지비는 동일하며 수요도 연평균 10,000개를 유지하고 있다. 따라서 EOQ

$$Q^* = \sqrt{\frac{2 \cdot 2{,}500{,}000 \cdot 10{,}000}{12{,}500}} = 2{,}000\text{개}$$

는 적절한 주문량으로 사용될 수 있다. 이때 주문횟수는 평균

$$\frac{10{,}000}{2{,}000} = 5\text{회}$$

가 되며 재주문 시까지의 시간은 평균

$$\frac{365}{5} = 73\text{일}$$

이 된다.

그러나 재주문점은 안전재고 때문에 크게 달라진다. [예제 15-1]에서처럼 리드타임 6일 동안의 평균수요인

$$\frac{10{,}000}{365} \cdot 6 = 164\text{개}$$

는 불확실성을 대비한 안전재고를 감안하지 않은 재주문점이다. 리드타임 동안의 수요는 평균이 164개이고 표준편차가 $\sigma = 30$개인 정규분포를 갖기 때문에 164개를 재주문점으로 잡는 경우 50%의 확률로 재고부족이 발생한다. 즉, 서비스수준이 50%이다.

경영진에서 요구하는 95%의 서비스수준을 유지하기 위해서는 추가적인 안전재고를 확보하여야 한다. 이제 X를 리드타임 동안의 수요를 나타내는 확률변수라고 하고 R을 재주문점이라고 하자. 95%의 서비스수준을 유지하기 위해서는 리드타임 동안의 수요가 R보다 적을 확률이 0.95가 되어야 하므로

$$P(X \le R) = 0.95$$

가 되는 R값을 구하면 된다. 이 식을 다시 쓰면

$$P\left(\frac{X-164}{30} \le \frac{R-164}{30}\right) = 0.95$$

이므로 표준정규분포표에서

$$\frac{R-164}{30} = 1.645$$

가 되어

$$R = 164 + 1.645 \cdot 30 = 213$$

을 얻는다.

따라서 바람직한 재고정책은 재고수준이 213개로 떨어졌을 때 2,000개를 주문하는 것이다. 이 정책은 $213 - 164 = 49$개의 안전재고를 유지하는 정책이 된다. 이때 안전재고를 유지하기 위해 추가로 소요되는 재고유지비용은 연간

$$1.25 \cdot 49 = 61\text{만 }2{,}500(\text{원})$$

이 된다.

4. MRP와 ERP

완제품의 수요는 시장의 상황에 따라 변하며 생산자가 조절할 수 있는 변수는 아니다. 반면 완제품생산에 소요되는 원자재와 부품은 완제품의 수요에서부터 유도해 낼 수 있다. 완제품의 생산은 소요되는 부품이 확보되어야 시작할 수 있기 때문에 필요한 만큼의 원자재와 부품을 필요한 시간에 조달하는 것이 무엇보다도 중요하다. 따라서 경영진에서는 완제품생산과 투입자재 간의 불일치가 일어나지 않도록 적절한 재고통제시스템을 설계하여야 한다. 이러한 목적으로 사용되고 있는 관리방식이 MRP(Material Requirement Planning: 자재소요계획)이고 이를 기업의 모든 영역으로 확산한 것이 ERP(Enterprise Resource Planning, 전사적 자원관리시스템)이다. 먼저 MRP에 대해 알아 보자.

예제 15-4

파크볼펜에서 생산하는 고급볼펜은 샤프트 조립체와 상단 조립체로 이루어져 있다. 각 조립체에 소요되는 부품은 표 15.1과 같다. 금번 생산계획 기간은 8주일간이며 이 중 4번째 주에 5,000개, 7번째 주에 7,000개의 볼펜수요가 있다. 자체 생산하는 부품, 조립체 및 완제품 생산에는 각각 1주일간의 리드타임이 소요되며 구매하는 부품의 경우 2주일간의 리드타임이 소요된다.

생산계획기간의 첫 번째 주 초기의 재고는 볼펜이 2,000개, 각 조립체가 1,000개씩, 그리고 부품들이 각기 3,000개씩 된다. 또한 현재 진행중인 생산계획에 의하면 제1주 중에 1,600개의 볼펜과 각 조립체 250개씩이 생산될 계획에 있고 진행 중인 구매계획에 따르면 제2주중에 스프링, 잉크통, 포켓 고리가 각각 50개씩 구입될 예정이다. 파크볼펜에서는 볼펜의 수요를 만족시키는 상세한 생산계획을 수립하고자 한다. 여기에는 볼펜, 각 조립체 및 부품들의 생산 및 구입계획이 포함된다.

| 표 15.1 | 볼펜 생산에 소요되는 부품과 조립부분

자 재		조달방법
샤프트 조립체		
4인치 플라스틱커버	1개	자체생산
2인치 스프링	2개	구 입
4인치 잉크통	1개	구 입
상단 조립체		
2인치 금속커버	1개	자체생산
$1\frac{1}{2}$인치 포켓고리	2개	구 입
$2\frac{1}{2}$인치 금속대	1개	자체생산

먼저, 최종제품인 볼펜은 다음과 같이 생산되어야 한다.

주	1	2	3	4	5	6	7	8
볼펜	0	0	0	5,000	0	0	7,000	0

이와 같이 완제품이 언제 얼마나 생산되어야 하는가를 나타내는 계획을 대생산일정계획(Master Production Schedule: MPS)이라고 부른다. 이 문제의 경우 볼펜 생산요구량은 연속적이 아니고 덩어리로 몰려 있음을 알 수 있다. 이에 따라 조립체와

부품의 수요도 덩어리로 발생하게 될 것으로 추정된다. 이러한 상황에서는 연속적으로 일정한 수요를 가정하는 EOQ는 불필요한 재고나 재고부족상태를 야기하게 되어 바람직한 재고관리정책이 되지 못한다. 더욱이 EOQ는 각 부품과 조립체 및 완제품을 각기 독립적인 수요로 보기 때문에 이들 사이의 상호 연관성을 감안하지 못한다.

불필요한 재고와 재고부족상태를 피하기 위해서는 각 자재가 소요되기 직전에 조달하는 것이 바람직하다. MPS와 완제품 재고 데이터에서부터 표 15.2와 같은 방법으로 완제품 생산계획을 수립할 수 있다.

| 표 15.2 | 완제품 생산 트랜잭션

트랜잭션 부류 \ 주	1	2	3	4	5	6	7	8
총 소 요				5,000			7,000	
인수계획	1,600							
재고수준	2,000	3,600	3,600					
순소요량				1,400			7,000	
발주계획			1,400			7,000		

이 표에 의하면 완제품의 수요는 제4주에 5,000개, 제7주에 7,000개이며, 이 계획기간 동안 인수받기로 되어 있는 물량이 첫 주에 1,600개 있고 계획기간 초의 재고수준은 2,000개로서 제2주와 제3주의 총재고수준은 3,600개가 됨을 알 수 있다.

제4주의 수요가 5,000개이므로 재고량 3,600개를 제외한 1,400개가 제4주의 순소요량이 되며, 생산에는 1주일간의 리드타임이 소요되므로 제3주에 1,400개의 생산을 발주하여야 한다. 마찬가지로 제7주의 수요는 제6주에 발주함으로써 충족시킬 수 있다. 표 15.2와 같이 총소요, 인수계획, 재고수준, 발주시기, 발주량 등을 저장한 기록을 재고마스터파일(Inventory Master File: IMF)이라고 부른다.

완제품의 발주계획은 이에 소요되는 부품 및 중간제품의 수요를 결정하게 되는데 이를 정확히 구하기 위해서는 한 개의 완제품을 생산하는데 소요되는 부품의 종류와 각 중간제품의 소요량 및 제조순서를 나타내는 리스트가 필요하다. 이 리스트를 자재명세서(Bill of Materials: BOM)라고 부른다. 표 15.1은 [예제 15-4]의 자재명세서이다. 자재명세서는 생산구조도(Production Structure Tree)라고도 불리우는데, 표 15.1의 생산구조를 그림으로 나타낸 생산구조도는 그림 15.4와 같다.

이 그림에 의하면 레벨 2의 금속커버 한 개를 완성하기 위해서는 레벨 3에서 두

그림 15.4 볼펜의 생산구조도

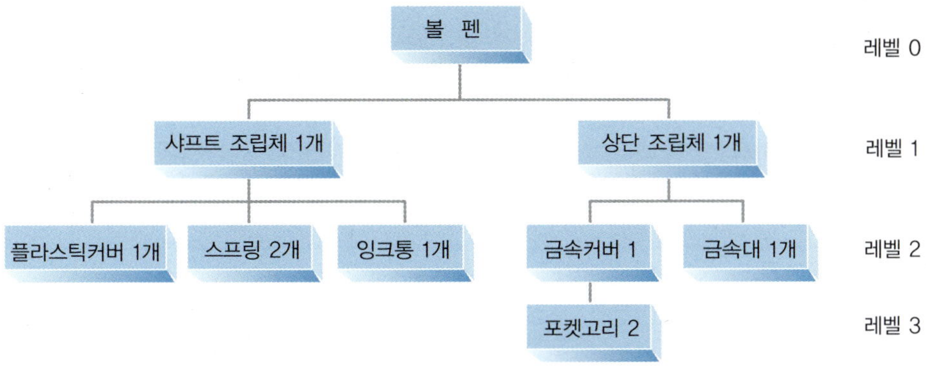

개의 포켓고리가 준비되어 있어야 함을 알 수 있다. 또한 레벨 1의 상단 조립체 한 개를 완성하기 위해서는 레벨 2에서 금속커버 1개와 금속대 1개가 준비되어 있어야 한다. 레벨 1의 샤프트 조립체 한 개를 완성하기 위해서는 플라스틱커버 1개, 스프링 2개, 잉크통 1개가 준비되어 있어야 한다. 최종적으로 레벨 0의 볼펜을 생산하기 위해서는 레벨 1에서 샤프트 조립체와 상단 조립체가 각 한 개씩 있어야 한다.

BOM과 IMF가 준비되면 각 부품의 소요계획을 수립할 수 있다. 그림 15.5는 예를 들어, 볼펜의 소요계획에서부터 상단 조립체, 금속커버, 포켓고리의 소요계획을 구하는 과정을 보여주고 있다. 레벨 0에 있는 볼펜의 발주는 레벨 1에 있는 상단 조립체의 총소요량을 결정짓는다. 상단 조립체는 첫 주에 250개를 인수할 계획이 있고 현재의 재고는 1,000개이므로 재고수준은 수요가 발생하는 제3주 전까지 1,250개를 유지한다. 제3주에서는 총소요량 1,400개 중 1,250개를 재고로 충당하므로 나머지 150개가 순소요량이 된다. 상단 조립체의 생산에는 1주일의 리드타임이 필요하므로 제2주에 150개의 생산발주를 하여야 한다. 마찬가지로 제5주에는 7,000개를 발주하여야 한다.

레벨 1에서의 발주계획에 따라 레벨 2에 있는 금속껍질의 총소요량이 결정된다. 금속커버는 인수계획은 없고 초기재고가 3,000개 있다. 제2주에 150개가 소요되므로 제2주의 재고는 2,850개가 되고 이 재고수준은 제5주에 7,000개의 소요가 발생할 때까지 유지된다. 소요량 7,000개 중 2,850개는 재고로 충당하며 나머지 4,150개만의 순소요량이 된다. 금속커버 생산에 소요되는 리드타임을 감안하면 금속커버의 발주계획은 제4주에 4,150개가 된다.

금속커버 한 개 생산에는 두 개의 포켓고리가 사용되므로 레벨 3의 포켓고리의 총소요량은 제4주에 8,300개가 된다. 제2주의 인수계획량 50개와 초기재고 3,000개를 감안하면 순소요량은 제4주에 5,250개가 된다. 포켓고리 구매에는 2주일의 리드타임이 필요하므로 제2주에 5,250개를 발주하면 된다.

그림 15.5 BOM의 전개 과정

(a) 레벨 0: 볼펜

트랜잭션 \ 주	1	2	3	4	5	6	7	8
발 주			1,400			7,000		

(b) 레벨 1: 상단 조립체

트랜잭션 \ 주	1	2	3	4	5	6	7	8
총소요량			1,400			7,000		
인수계획	250							
재고수준	1,000	1,250						
순소요량			150			7,000		
발주계획		150			7,000			

(c) 레벨 2: 금속커버

트랜잭션 \ 주	1	2	3	4	5	6	7	8
총소요량		150			7,000			
인수계획								
재고수준	3,000	2,850	2,850	2,850				
순소요량					4,150			
발주계획				4,150				

4,150×2

(d) 레벨 3: 포켓고리

트랜잭션 \ 주	1	2	3	4	5	6	7	8
총소요량				8,300				
인수계획		50						
재고수준	3,000	3,000	3,050					
순소요량				5,250				
발주계획		5,250						

이와 같은 전개 과정은 완제품생산계획을 유지할 수 있는 부품의 구입 및 생산계획을 제공한다. 이러한 분석체계를 자재소요계획(Material Requirement Planning: MRP)이라고 부른다.

MRP의 개념은 사실상 매우 단순한 것이지만 이 예제에서 보듯이 많은 계산 과정을 필요로 한다. 현실적인 문제에서는 관련된 부품의 갯수가 많기 때문에 각 생산 및 재고상태를 수작업으로 수행하는 것은 거의 불가능하다. 그러나 최근에 들어 널리 보급되고 있는 컴퓨터로 말미암아 MRP의 이용은 매우 용이해졌다.

여기서 다룬 MRP의 아이디어는 기업의 제조/구매 부분뿐만 아니라 물류, 회계, 인사, 영업 등 기업의 모든 영역으로 확산되어 기업의 전반적인 기능을 통합관리하고, 조직이나 기업 간에 상호 필요정보를 통합적으로 주고 받으며 활용하는 전사적(全社的) 정보시스템으로 전개 발전되어 오늘날 ERP(Enterprise Resource Planning, 전사적 자원관리시스템)라는 개념이 만들어졌다. ERP의 기능이 제조에서 전반적인 기업업무로 확장됨에 따라 ERP를 도입하는 기업도 제조업체에서 유통, 서비스, 금융, 공공기관 등으로 확산되었으며 현재는 전 산업분야의 기업이 ERP라는 이름으로 정보화시스템을 도입하고 있다. 세계적으로 유명한 기업용 소프트웨어 공급업체들인 SAP, 오라클 등이 국제적인 기업들의 업무 과정과 조직을 연구해 이러한 ERP의 개념을 소프트웨어에 담아 경영혁신을 이룰 수 있도록 하였다. 이에 따라 MRP는 ERP의 한 부분이 되었고 MRP라는 용어는 이제 더 이상 거의 쓰이지 않는다.

일반적으로 기업은 경영활동의 수행을 위해 여러 개의 시스템, 즉 생산, 판매, 인사, 회계, 자금, 원가, 고정자산 등의 운영시스템을 갖고 있는데, ERP는 이처럼 전 부문에 걸쳐있는 경영자원을 하나의 체계로 통합시스템을 재구축함으로써 생산성을 극대화 하려는 대표적인 기업 리엔지니어링 기법이다. 과거의 경영지원을 위한 각 서브시스템은 해당 분야의 업무를 처리하고 정보를 가공하여 의사결정을 지원하기도 하지만, 별개의 시스템으로 운영되어 정보가 타 부문에 동시에 연결되지 않아 불편과 낭비를 초래하였다. 이러한 문제점을 해결하기 위해 ERP는 어느 한 부문에서 데이터를 입력하면 회사의 전 부문이 동시에 필요에 따라서 정보로 활용할 수 있게 하는 것이다. ERP를 실현하기 위해서 공급되는 소프트웨어를 ERP패키지라고 하는데, 이 패키지는 데이터를 어느 한 시스템에서 입력을 하면 전체로 자동 연결되어 별도로 인터페이스를 처리해야 할 필요가 없는 통합운영이 가능한 시스템이다. 또한 ERP패키지는 주기적으로 새 버전이 공급되어 신기술의 도입이 쉬우며 선진 업무 프로세스의 도입에 의한 생산성 향상, 기업의 신뢰성 및 안전성 확보, 전 모듈 적용 시 데이터의 일관성 및 통합성으로 업무의 단순화와 표준화 실현, 실시간 처리로 의사결정 정보의 신속한 제공 등의 장점을 갖고 있다. 따라서 ERP 시스템을 도입함으로써 업무처리 능률을 극대화하기 위한 선진 프로세스(best practice)와 최첨단의 정보기술을 동시에 얻는 효과를 거둘 수 있고, 이는 급변하는 경영환경의 변화와 정보기술의 발전에 대응하려는 기업의 고민을 동시에 해결시켜 주는 솔루션이라고 할 수 있다.

5. 재고관리를 위한 Just-In-Time 방법

최근에 일본은 제조업에서 높은 세계시장 점유율을 확보하고 있다. 일본이 이렇게 성공한 배경에는 그들이 가지고 있는 독특한 자재관리방식이 있다. 이 중에서 많은 주목을 받은 것이 소위 Just-In-Time (JIT) 방식이다. JIT는 불필요한 재고를 줄여서 자원의 낭비를 극소화한다는 기본적인 철학에 근거하고 있다.

JIT는 필요한 시간에 필요한 만큼만 생산하는 것이다. JIT를 사용하면 부품은 필요한 순간에만 생산이 된다. 따라서 재고는 거의 없다. 이러한 JIT를 효과적으로 도입하려면 전통적인 생산시스템을 바꾸어 생산설비의 배치와 자재흐름 과정에 대한 전체적인 수정을 가해야 한다.

미국 제조업이 가지고 있는 대표적인 비효율성 중의 하나로서 설비배치의 비효율성을 들 수 있다. 대부분의 미국 조립업체의 경우 부품들은 납품업체에서부터 일단 창고로 옮겨지고 그 후에 조립공장으로 전달된다. 공장 안에서도 부서와 부서 간에 부품들이 전달되기도 한다. 조립이 끝난 후에는 최종제품은 다시 창고로 운송되고 여기서 소비자에게 전달될 때까지 저장되게 된다. 이러한 시스템에서 최적의 재고관리를 한다고 하더라도 재고 및 자재관리비는 상당한 액수가 된다. JIT 방식은 조립 과정에 투입된 부품은 중간에 조금도 지연됨이 없이 최종 제품까지 흘러가게 되는 흐름체계를 수립함으로써 재고를 줄이고 자재관리비용을 줄인다.

JIT 생산체계를 가능하게 할 수 있는 기본적인 바탕은 연속적인 생산활동들 간의 상호 유기적인 조정에 있다. 이러한 유기적인 조정을 실제로 가능하게 하는 것이 소위 간반(Kanban, 일본어로 카드를 뜻함)이라고 불리는 정보체계다. 생산 과정에서 필요한 부품의 종류와 양이 적힌 간반은 전 생산 과정을 통하여 부품의 흐름을 제어

한다. 이 간반을 통하여 전체 부품 제조 과정이 최종 조립단계에 연동되게 되며 이로써 불필요한 재고가 발생할 소지를 처음부터 차단한다.

JIT를 도입하는 과정에서는 총체적인 품질관리의 개념이 매우 중요하다. JIT에서는 부품 구입의 롯트 단위가 작고 재고수준이 매우 낮아서 불량 부품에 대비할 수 있는 안전재고를 확보하지 않고 있다. 따라서 만일 조립 과정에서 불량 부품이 발생하게 되면 조립 과정 전체의 흐름이 흔들리게 되고 급기야는 JIT 시스템 전체가 혼돈에 빠지게 된다.

또한, 조립업체와 부품납품업자 간의 상호조정은 JIT에서 또 하나의 중요한 부분이다. JIT에서는 재고수준을 줄이기 위하여 납품업자가 다량의 부품을 한 번에 납품하는 것을 허용하지 않는다. 따라서 JIT의 정상적인 운영을 위해서는 납품업자는 정시에 부품을 배달해 와야 한다. 한 번에 다량의 부품을 공급받아서 이들을 관리하고 보관하는 대신에 납품업자들은 소량을 1일단위로 또는 시간단위로 조립업체의 스케쥴에 맞추어서 배달해 와야 한다. 따라서 JIT는 조립업체와 납품업자 간에 긴밀한 협조관계가 유지되어 납품시간을 정확히 지키며 완전한 품질관리가 이루어지도록 할 수 있어야만 가능한 시스템이다. 이러한 JIT가 성공적으로 운영되면 재고비용의 절감에 따른 이익의 증대와 품질의 향상 등을 이룩할 수 있다.

응용사례 :: 휴렛-패커드사의 세계시장을 위한 제품설계

제품설계(product design)는 생산관리의 효율성에 많은 영향을 미친다. HP사(Hewlett-Packard)의 캐나다 뱅쿠버 디비젼에서도 제품설계가 세계시장을 향한 고객위주 제품의 설계 및 배분에 중요한 요소라는 점을 잘 이해하고 있었다. 세계의 서로 다른 시장은 언어, 환경, 정부규제 등이 서로 다르기 때문에 서로 다른 제품설계를 필요로 하게 된다. 과연 HP사에서는 각 시장에 맞는 각각의 제품을 다양하게 설계할 것인가 아니면 좀 더 일반적인 제품설계를 한 후 지역시장에서 지역에 맞도록 마무리하는 방식을 사용할 것인가?

HP사에서는 신제품 프린터의 경우에 대하여 각 제품설계전략에 따른 재고수준 및 비용을 분석하기 위하여 재고관리 모형을 사용하였다. 프린터의 재고수준은 P-시스템(periodic-review basis)으로 관리되고 있었다. 재고관리자는 1주일에 한 번씩 재고수준을 점검한다. 그리고 목표재고수준에 미달한 물품에 대해서는 주문을 통해 재고수준을 목표수준으로 올려놓는다. 리드타임 동안의 수요는 정규분포를 가진다고 가정하였다.

이 모형을 이용하면 각 제품설계전략을 사용하는 경우의 재고비용을 추정할 수 있다. 그 결과 HP사의 뱅쿠버 디비젼은 각 지역의 지점에서 지역 특성에 맞도록 최종적인 처리를 하는 전략을 선택하게 되었고 이를 통해 전체 재고비용의 18%를 절감하여 수백만 달러의 비용절감을 얻을 수 있었다.

제15장_ 연습문제 A(상세 해답 포함)

1 K전자제품 도매상에서는 매년 4,000개의 특수배터리를 연중 고르게 판매하고 있다. 배터리는 생산업체에서 개당 10,000원에 구입하여 판매하는데 주문을 하면 3일 후에 전 주문량을 일시에 받게 된다. 한 번 주문하는 데에는 30,000원의 제잡비가 소요되며 연간 평균재고금액의 20%가 재고유지비용으로 소요된다. 1회 주문량을 Q라고 하자.

(가) 연간 주문비용을 Q의 함수로 표현하시오.

(나) 연간 재고유지 비용을 Q의 함수로 표현하시오.

(다) 연간 조달비용은 얼마인가?

(라) 경제적 주문량은 얼마인가?

(마) 총관리비는 얼마인가?

(바) 1년에 몇 번 주문하는가?

(사) 한 주문주기의 시간은 며칠인가?

(아) 재주문점은 얼마인가?

(자) 과거의 관습에 따라 2,000개씩 주문했을 때보다 총관리비가 몇 퍼센트 절감되었는가?

수요(D) = 4,000개/연, 조달가격(C) = 10,000원, 주문비용(C_0) = 30,000원,
재고유지비(C_H) = 10,000원 × 0.2 = 2,000원/연, 리드타임 = 3일

(가) 120,000,000/Q

(나) 1,000Q

(다) 40,000,000원

(라) $Q^* = \sqrt{\dfrac{2 \cdot 30{,}000 \cdot 4{,}000}{2{,}000}} \cong 346$ 개

(마) 692,820원

(바) 평균 11.6회

(사) 약 31.5일

(아) 약 33개

(자) 2,000개 주문 시 총관리비=2,060,000원. 약 66%가 절감되었음.

2 K 자동차는 한 달에 10만 대의 소형승용차를 생산하고 있다. 이 승용차에는 두 개의 헤드라이트가 부착되는데 한 개의 단가는 10,000원씩이다. 헤드라이트의 연간 재고유지

비는 단가의 15%이다. 헤드라이트의 주문에 소요되는 고정비는 400,000원이고 주문 후 5일 후에 배달된다.

(가) EOQ는 얼마인가?

(나) 연간 주문횟수는 얼마인가?

(다) 주문주기의 시간은 얼마인가?

(라) 총관리비는 얼마인가?

(마) 재주문점은 얼마인가?

$D = 240$ 만개/연, $C = 10{,}000$ 원, $C_0 = 400{,}000$ 원, $C_H = 1{,}500$ 원/연, 리드타임 = 5일.

(가) $\sqrt{\dfrac{2 \cdot 400{,}000 \cdot 2{,}400{,}000}{1{,}500}} \cong 35{,}777$ 개

(나) 약 67회

(다) 약 5.5일

(라) 53,666,000원

(마) 32,877개

3 어떤 제품은 1주일에 600개씩 팔리고 있다. 이 제품을 주문하는 데에는 250,000원의 고정비가 발생하며 한 개당 1주일 재고유지비는 500원이다. 품절이 발생하는 경우 한 개당 한 주일에 1,000원의 비용이 발생한다.

(가) 최적주문량은 얼마인가?

(나) 최고재고수준은 얼마인가?

(다) 1주일간 총관리비는 얼마인가?

$C_0 = 250{,}000$ 원, $D = 600$ 개/주일, $C_H = 500$ 원/주일, $C_B = 1{,}000$ 원/주일.

(가) $Q^* = \sqrt{\dfrac{2 \cdot 250{,}000 \cdot 600}{500}\left(\dfrac{500 + 1{,}000}{1{,}000}\right)} \cong 949$ 개.

(나) $S^* = 949 \cdot \left(\dfrac{500}{500 + 1{,}000}\right) \cong 316$ 개. 최고재고수준 $= Q^* - S^* = 633$ 개.

(다) 약 316,000원/주일.

4 K회사 제품의 수요는 연평균 1,000개이고 $C_O = 255{,}000$ 원, $C_H = 80{,}000$ 원이다. 한편, 수요에는 불확실성이 있어서 리드타임 동안의 수요는 평균이 25, 표준편차가 5인 정규분포를 갖고 있다.

(가) 주문량은 얼마로 하는 것이 좋은가?

(나) 이 회사에서 재고부족이 발생할 확률을 2% 이하로 억제하고자 한다면 재주문점과 안전재고는 얼마로 하여야 하는가?

(다) 만일 경영진에서 재주문점을 30으로 설정해 놓았다면 한 주문주기 동안 품절이 발생할 확률은 얼마인가? 이때 1년에 몇 번 정도 품절이 발생하는가?

(가) $Q^* = \sqrt{\dfrac{2 \cdot 1,000 \cdot 255,000}{80,000}} \cong 80$개.

(나) $P(X \leq R) = 0.98$ 에서 $\dfrac{R-25}{5} = 2.05$. 따라서 $R = 35.25 \cong 35$개.

안전재고 = 35 − 25개 = 10개.

(다) $P(X \leq 30) = P\left(\dfrac{X-25}{5} \leq 1\right) = 0.8413.$.

따라서 품절발생확률 = 0.1587.

연간 주문횟수 = $1,000/80 \cong 12.5$이므로 $12.5 \times 0.1587 = 1.98 \cong 2$회.

따라서 1년에 2회 정도 품절이 발생한다.

제15장_ 연습문제 B

1 특수기계제작소인 A사는 특수제작된 지프차를 한 달에 20대씩 1년간 육군에 납품하기로 계약하였다. 이 차량의 엔진은 한 개에 200만 원씩 인근 차량부품공장에서 공급받고 있으며 주문 후 한 달 만에 배달된다. 이 엔진을 1년간 재고로 갖고 있는 경우 재고금액의 10%에 해당하는 재고유지비가 발생하고 한 번 주문해서 배달을 받기 위해서는 150만 원의 고정비가 발생한다.

(가) EOQ는 얼마인가?

(나) 연간 주문횟수는 몇 번인가?

(다) 주문주기의 시간은 얼마인가?

(라) 총관리비는 얼마인가?

(마) 재주문점은 얼마인가?

(바) 민감도 분석을 위해 (가)에서 구한 EOQ보다 10개가 많을 때와 적을 때의 총관리비를 구하시오. 이 정도 범위에서 총관리비가 크게 변하는가?

2 A판매점의 관리인은 품절의 발생은 절대로 막아야 한다고 믿고 있었다. 그러나 최근에 비용절감을 위해 추후납품정책의 도입을 고려하자는 경영주의 강력한 의지가 있자 이에 대해 재고해 보기로 하고 이 판매점에서 파는 제품에 대해 다음의 자료를 수집하였다.

연평균수요: 800개

1회 주문비용: 15만 원

연간 재고유지비: 30,000원/개

추후납품시 추가비용: 2만 원/년

(가) 품절불허 시의 EOQ를 구하시오. 총관리비는 얼마인가?

(나) 추후납품정책 시의 1회 주문량을 구하시오. 최대재고부족량은 얼마인가. 총관리비는 얼마인가?

(다) 경영주는 공급지연일수가 20일을 초과하면 안 된다는 단서를 달았다. (나)에서 구한 정책은 수정되어야 하는가?

3 차량수리를 전문으로 하는 평화공업사는 1주일에 평균 4개의 머플러를 교환해 주고 있다. 이에 따라 평화공업사는 EOQ공식에 의해 한 번에 25개씩의 머플러를 구입한다. 한

편 머플러 구입에는 3주일의 리드타임이 소요된다.

(가) 수요가 주당 4개씩 항상 일정하다면 재주문점은 얼마인가?

(나) 실제수요를 관측해 본 결과 상당한 불확실성이 있어서 리드타임 기간 동안의 수요는 평균이 12이고 표준편차가 2.5인 정규분포를 갖고 있었다. 평화공업사의 사장은 1년 동안(1년은 약 52주)의 각 주문주기 중 한 번씩 재고부족 상황이 발생하는 정도의 서비스수준을 유지하고자 한다. 새로운 재주문점은 얼마인가?

(다) (나)에서 안전재고는 얼마인가? 만일 $C_H = 5$이면 수요의 불확실성에 의한 추가비용은 얼마인가?

4 한성공업사에서는 연필 깎는 기계를 생산한다. 기계생산에 필요한 부품은 다음 표와 같다.

부품	갯수	조달방법	리드타임
칼날부분조립체	1개	자체생산	1주일
3인치 절삭판	2개	자체생산	2주일
외형조립체	1개	자체생산	1주일
$1\frac{1}{2}$ 인치 나사	4개	구 입	2주일
금속표면	1개	구 입	3주일
금속사이드	2개	자체생산	1주일

완제품 조립에는 1주일간의 리드타임이 소요된다.

한성공업사는 향후 12주일간의 생산계획을 수립하고자 한다. 이 기간 중의 완제품의 수요는 제3주 동안 8,000개, 제5주 동안 12,000개, 제9주 동안 57,000개 및 제11주 동안 3,000개로 예측되고 있다. 현재 한성공업사에는 6,000개의 완제품, 4,000개의 칼날부분조립체 및 1,500개의 외형조립체를 확보하고 있다. 한편 800개의 절삭판, 12,000개의 나사, 6,000개의 금속표면 및 900개의 금속사이드를 재고로 갖고 있다. 기존의 생산계획에 의하면 제1주 동안 5,000개의 완제품, 1,000개의 외형조립체 및 1,200개의 금속사이드가 생산되며 기존의 구입계획에 의하면 제5주에 20,000개의 나사와 제2주 동안 500개의 금속표면이 공급될 것이다. 경영진에서는 필요한 때에 맞추어 부품을 공급하려고 하며 완제품수요를 맞추기 위한 각 부품의 구매 및 생산계획을 수립하고자 한다. 이 문제를 해결하시오.

제 16 장 대기행렬시스템

여러분들은 병원, 은행, 버스정류장, 택시승차장 등 여러 장소에서 줄을 서서 기다리는 경험을 해 보았을 것이다. 길고 지루한 기다림 속에서 여러분들은 때때로 이 기다리는 시간을 줄이는 방법이 없을까 생각해 본 적도 있었을 것이다. 기다림이란 비용을 의미한다. 여러분들은 많은 사람들이 기다리는 시간을 절약하기 위해 비용을 감수하는 것을 쉽게 볼 수 있을 뿐만 아니라 대도시의 운전자를 보면 생명의 위험까지도 무릅쓰고 기다리는 시간을 절약하려 한다. 본 장에서는 이러한 체증현상에 대하여 알아보고자 한다.

일반적으로 고객에게 서비스를 제공하는 기관에서는 어느 정도의 제공능력을 갖출 것인가를 적절히 결정할 필요가 있다. 병원이라면 의사 및 간호원 수, 은행은 사무원의 수, 버스정류장은 버스의 운행횟수, 택시승차장은 택시의 숫자 등이 서비스 공급능력을 말해 준다. 그러나 서비스공급능력을 늘리는 데에는 비용이 들기 때문에 고객의 기다리는 시간과 투자비용 등 두 가지 목적을 절충(trade-off)하여야 하며, 이러한 선택을 적절히 하기 위해서는 분석을 해 볼 필요가 있다.

대기행렬(Queue)이란 서비스를 받기 위해 기다리고 있는 줄을 의미하며, 대기행렬이론(Queueing Theory)이란 대기행렬을 분석하는 학문이다. 대기행렬이론은 1909년 덴마크의 전화기사 얼랑(Erlang)이 전화시스템에서의 체증현상을 분석함으로써 시작되었다. 그 후 이 분석방법은 경영상의 문제로 적용범위가 넓어졌으며 최근에는 컴퓨터 시스템 내에서의 여러 작업들의 체증현상분석을 통하여 컴퓨터 성능을 향상시키는 데에도 많이 이용되고 있다.

대기행렬이론은 대상이 사람이 아닌 경우에도 적용될 수 있다. 고속도로 톨게이트 앞의 자동차의 행렬, 활주로를 이륙하기 위해 기다리는 비행기, 도심지 교통신호등 앞의 자동차, 컴퓨터 중앙처리장치의 처리를 받기 위해 기다리는 프로그램들, 전화교환대에 들어오는 전화, 컴퓨터 네트워크에서 송신을 위해 기다리는 정보들 등 그 예는 무수히 많이 있다.

본 장에서 다루는 대기행렬분석은 앞에서 공부한 최적화기법과는 그 성격상 차이가 있다. 대기행렬이론은 최적화에 대해 직접적으로 언급하지는 않고 그보다는 대기행렬시스템에 있어서 대기기간, 대기행렬의 길이, 서비스시설의 이용률 등 통계량의 값을 구하는 방법을 제공하여 준다.

대기행렬이론은 근본적으로 확률적 분석을 필요로 한다. 예를 들어서 A은행에서는 고객 한 명의 사무를 처리해주는데 10분이 걸리고 이 은행에 오는 고객의 수는 평균 한 시간에 5명이라고 하자. 만일 고객이 정확히 12분마다 한 명씩 도착한다면 이 은행에는 대기행렬이 발생하지 않을 것이다. 그러나 평균 한 시간에 5명이라고 하더라도 처음 한 시간 동안에는 2명, 그리고 다음 한 시간 동안 8명이 도착한다면 두 번째 시간 동안 대기행렬이 발생하게 된다. 이와 같이 서비스능력이 고객의 평균 도착률보다 크다고 하더라도 도착시간의 불확실성으로 말미암아 대기행렬이 발생하게 된다. 따라서 평균 도착률만으로 분석을 하게 되면 대기행렬에 대한 분석을 적절히 행할 수 없으며 이를 위해서는 확률분석을 실시해야 한다.

또 다른 예를 생각해 보자. 한 지방도시에서는 평균 1년에 100건의 화재가 발생한다. 이 도시에서는 한 대의 소방차를 갖고 있는데 앞으로 더 많은 소방차를 확보할 필요가 있는가에 대하여 논의하고 있다. 이 예에서도 이 100건의 화재가 정확히 3.65일 만에 한 번씩 발생한다면 한 대의 소방차로 충분히 처리할 수 있으나 실제로는 몇 개의 화재가 거의 동시에 발생할 수 있다는 점이 문제이다. 즉, 한 화재가 발생하였을 때 2시간 내에 다른 화재가 또다시 발생할 확률 등을 알아야 한다. 이의 분석을 위해서는 평균발생횟수뿐만 아니라 화재발생 간격에 대한 확률분포를 알아야 한다.

1. 대기행렬시스템의 요소

간단한 대기행렬문제의 예는 그림 16.1과 같이 표현될 수 있다. 대상이 되는 고객의 집단에서부터 고객들이 서비스 시스템에 도착한다. 도착한 고객은 대기행렬을 형성하며 서비스를 받을 때까지 기다리게 된다. 기다리는 고객들 중에서 다음에는 누구에게 서비스를 제공할 것인가는 서비스 제공정책에 따라 결정된다. 서비스 시설에서는 한 명의 고객이 서비스를 받고 있고 서비스가 끝나면 서비스 시스템을 떠나게 된다.

그림 16.1 대기행렬시스템

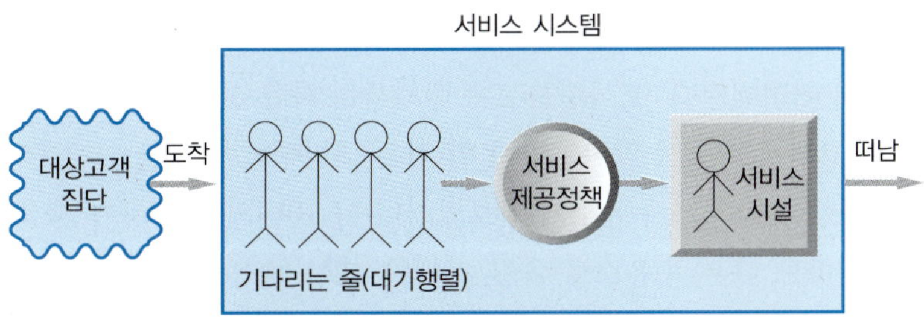

일반적으로 대기행렬시스템에서 고려해야 할 요소들은 대상고객집단, 고객의 도착 과정, 도착한 고객의 행태 등 고객에 관한 요소와 대기행렬 수용능력, 서비스 제공정책, 서비스시설의 구조, 서비스 제공 과정 등 서비스 시스템에 관한 요소로 이루어진다.

가. 고객에 관한 요소

대기행렬 모형에서는 취급하는 대상고객은 사람이거나 서비스를 기다리는 기계 또는 물건일 수 있다. 대상고객집단의 크기는 대기행렬 모형의 성격을 결정하는 중요한 요소이다. 대상고객집단의 크기가 무한대라고 가정하는 경우의 대기행렬 모형은 좀 더 쉽게 분석할 수 있는 반면에, 유한한 대상고객집단을 갖는 문제면 분석이 좀 더 복잡하다. 무한대의 대상고객집단을 갖는다고 볼 수 있는 예로는 병원에 오는 환자, 시내 교차로에 들어오는 자동차 등이 있다(엄밀하게는 대상집단이 유한하지만 실제적으로는 무한하다고 가정할 수 있다).

고객의 도착 과정은 이미 확정된 스케줄에 따르거나 또는 무작위적(random)으로 도착할 수 있다. 예를 들어, 철저히 예약제도로 운영하는 치과병원, 레스토랑 등은 확정된 스케줄에 따르므로 스케줄을 조정하여 대기행렬을 제거할 수 있어서 대기행렬 모형을 통한 분석은 별로 큰 의미가 없다. 그러나 도착 과정이 무작위적이라면 대기행렬이 필수적으로 발생하며 이 경우에는 일정한 시간 동안 도착하는 고객의 수에 대한 확률분포를 알아야 한다. 대개의 경우에는 고객의 도착은 포아송분포(Poisson Distribution)를 갖는다고 가정한다. 포아송분포는 어느 순간에 있어서 미래가 과거에 무관하다는 성질로 말미암아 분석이 매우 용이하여지며, 또한 실제로 많은 대기행렬 모형이 이러한 성질을 만족하기 때문에 대기행렬 분석에서 가장 많이 이용되는 도착 과정이다. 포아송분포 이외에 다른 확률분포도 이용되나 이때에는 분석이 좀 더 어려워진다. 포아송분포에 대해서는 다음 절에서 상세히 설명한다.

마지막으로 고객에 대해서 알아보아야 할 점은 대기행렬에 대한 고객들의 행태이다. 예를 들어, 항상 들리는 주유소에 가보았더니 약 10대의 자동차가 줄을 서 있다면 여러분은 아마도 다른 주유소로 옮길 것이다. 또는 줄을 서서 기다리던 도중 참지 못하고 대기행렬을 이탈하여 떠나버릴 수도 있다. 만일 기차표 판매소 앞에 고객들이 여러 줄을 형성하고 서있다면 기다리는 시간을 줄이려고 한 줄에서 다른 줄로 옮겨가는 고객도 볼 수 있다. 이러한 행태를 계량적으로 분석하는 것은 쉽지 않아서 대부분의 간단한 모형에서는 고객들이 무한히 참을성이 많아서 되돌아가거나 줄을 이탈하는 일이 없다고 가정하고 있다.

나. 서비스 시스템에 관한 요소

대기행렬에서 기다리는 고객을 수용할 수 있는 시설의 크기는 서비스 시스템의 성격을 결정짓는 중요한 요소이다. 유한한 대기시설이 있는 경우 대기행렬에 들어가지 못하고 돌아가야 하는 고객이 발생하는 것을 감안해야 한다.

서비스 시스템에서는 대기행렬에서 기다리고 있는 고객 중 누구에게 다음의 서비스를 제공할 것인가를 결정하는 서비스 제공정책이 결정되어야 한다. 흔히 생각할 수 있는 것이 선착순으로서 이를 FCFS(First Come, First Served)라고 부른다. 선착순은 모든 고객들이 상식적으로 수긍할 수 있는 정책이라는 점에서 고객이 사람인 대기행렬 모형에서 가장 많이 이용되는 정책이다. 그러나 이 정책이 가장 효율적인 정책은 아닐 수가 있다. 때로는 LCFS(Last Come, First Served)도 이용된다. 이는 가장 뒤늦게 도착한 고객에게 먼저 서비스를 제공하는 정책이다. 대상이 사람이 아닌 대기행렬 모형의 경우 이러한 정책을 많이 이용한다.

또 하나의 중요한 서비스 제공정책은 고객들에게 우선순위를 부여하는 방법이다. 이 경우에는 대기행렬에 기다리고 있는 고객 중에서 우선순위가 가장 높은 고객이 먼저 서비스를 받는다(만일 같은 우선순위의 고객이 여러 명 있다면 이들 사이에서는 FCFS나 LCFS를 적용한다).

그런데 한 고객이 서비스를 제공받고 있는 도중에 이 고객보다 우선순위가 높은 고객이 도착한 경우 두 가지 정책이 가능하다. 첫째는 현재 서비스를 제공받고 있는 저순위의 고객을 다시 대기행렬로 보내어 기다리게 하고 새로 도착한 고순위의 고객에게 먼저 서비스를 제공하는 정책이다. 즉, 고순위의 고객이 저순위의 고객보다 항상 먼저 서비스를 받을 선취권(Preemption)을 인정하는 정책으로서 이러한 정책을 선취우선순위정책(Preemptive Priority Discipline)이라고 부른다. 예를 들어서 한 명의 의사가 일하고 있는 응급치료실을 생각해 보자. 이 의사가 팔에 조그만 상처를 입은 환자를 치료하고 있는 도중에 생명이 경각에 달린 환자가 도착하였다면 현재 치료를 받고 있던 환자는 옆으로 밀려나야 할 것이다. 두 번째 정책은 고순위의 고객이 도착하였다 하더라도 현재 서비스를 받고 있는 고객은 서비스를 일단 끝까지 받는 정책이다. 이러한 정책을 비선취우선순위정책(Non-preemptive Priority Discipline)이라고 부른다.

서비스시설의 구조는 먼저 단일단계구조(single-phase structure)와 다단계구조(multi-phase structure)로 구분된다. 단일단계구조는 한 가지의 서비스시설로부터 서비스를 받는 구조로서 공중전화의 대기행렬체계가 하나의 예이다. 다단계구조는 고객이 몇 가지의 서로 다른 형태의 서비스시설로부터 서비스를 받아야 하는 경우이다. 예를 들어, 항구에 들어오는 화물선박을 생각해 보자. 먼저 예인선의 서비스를 받아야 하고 그 후 정박장소를 제공받아야 하며 그 후에 짐을 푼다. 마지막으로는 이 항구를 떠나기 위해 다시 예인선의 서비스를 받아야 한다. 이는 서로 다른 4가지의 서비스시설로부터 서비스를 받으므로 다단계구조라고 말할 수 있다.

또한 서비스시설의 숫자에 따라 단일경로체계(single-channel system) 또는 다중경로체계(multi-channel system)로 구분된다. 단일경로체계는 한 개의 서비스시설만 있는 경우로서 의사가 한 명 있는 개인병원이 그 예이며, 다중경로체계는 여러 명의 서비스시설이 있는 경우로서 여러 창구가 열려져 있는 고속도로 톨게이트가 그 예이다.

대기행렬체계는 단계의 수 및 서비스시설의 수에 따라 단일단계 단일경로구조, 단일단계 다중경로구조, 다단계 단일경로구조 및 다단계 다중경로구조로 구분될 수 있다. 그림 16.2는 이 여러 가지 구조를 그림으로 보여 주고 있다. 이 책에서는 단일단계구조만 다룬다.

그림 16.2 서비스시설의 구조

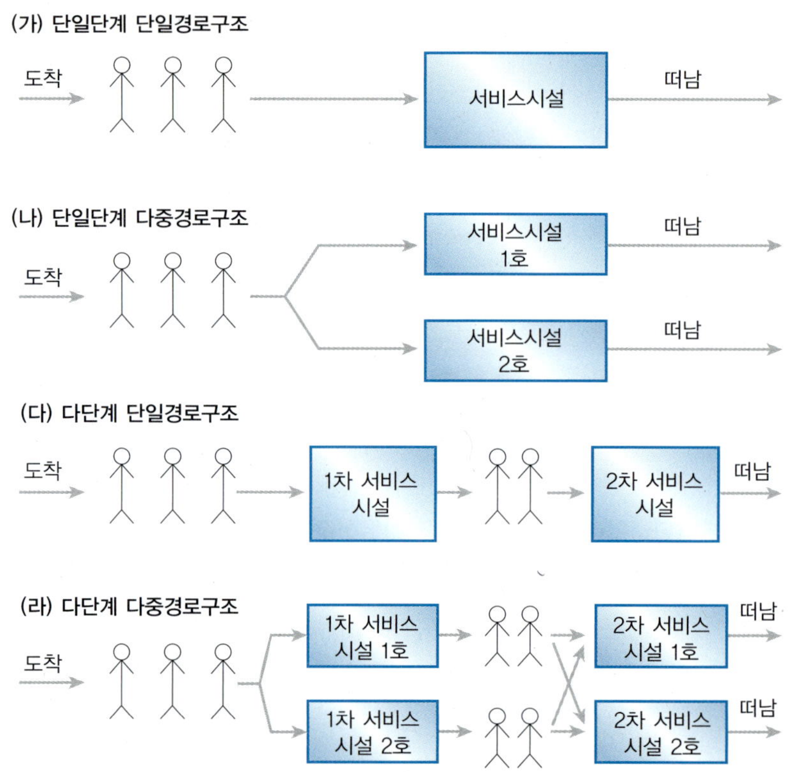

서비스를 제공하는 데에는 시간이 걸린다. 이 시간은 항상 일정한 경우도 있고 확률분포를 갖는 무작위적인 경우도 있다. 많은 대기행렬 모형에서 서비스시간은 지수분포(Exponential Distribution)를 갖는다고 가정한다. 지수분포 이외의 확률분포도 이용되나 이때에는 분석이 좀 더 어려워진다. 지수분포에 대해서는 다음 절에서 상세히 설명한다.

다. 시스템 성과지표

본 장에서 다룰 대기행렬분석은 대기행렬시스템의 성과지표(Measures of Effectiveness)들을 구하는 것을 목적으로 하고 있다. 먼저 서비스시설의 이용률(Utilization Factor)을 구할 필요가 있다. 이용률이 낮다는 것은 유용한 시설과 인력이 생산적인 활동에 적절히 이용되지 못함을 의미한다. 그러나 대기행렬문제에 있어서는 고객들이 기다리는 시간을 줄이기 위하여 어느 정도의 초과설비는 필수적이다.

다른 중요한 성과지표는 한 고객이 서비스 시스템에서 소비하는 평균 시간 W이다. 이것은 고객이 받는 불편의 측도로서 적절한 대기행렬시스템 설계를 위한 선택기준이 된다. 이와 유사한 지표로서 한 고객이 대기행렬에서 소비하는 평균시간 W_q, 서비스 시스템 내에 있는 고객 수의 평균값 L, 대기행렬에 있는 고객 수의 평균값 L_q 등이 있다.

2. 포아송분포와 지수분포

가. 포아송분포

대기행렬 모형에서 고객의 도착은 대개의 경우 포아송분포(Poisson Distribution)를 가진다고 가정한다. 이 분포는 여러 고객들의 도착은 서로 아무런 연관이 없이 독립적으로 이루어진다는 가정에 근거한 것이다. 포아송분포는 1837년 Simeon Poisson 이 유도한 분포로서 1시간 동안에 걸려오는 전화횟수, 15분 동안에 톨게이트에 도착하는 차량의 수, 하루 동안 가게에 오는 손님들의 수 등을 분석할 때에 널리 이용되고 있다.

대기행렬 모형에서 고객의 도착이 포아송분포를 따른다고 가정한다면 시간 t동안 도착한 손님의 수가 k가 될 확률 P_k는 다음의 식으로 주어진다.

$$P_k = \frac{(\lambda t)^k e^{-\lambda t}}{k!}, \qquad k = 0, 1, 2, \cdots$$

여기서 λ는 단위시간 동안의 평균 도착 고객수이다.

다음과 같은 예를 생각해 보자. 1분당 평균 1.5대의 차량이 포아송분포에 따라 톨게이트에 도착한다. 즉, $\lambda = 1.5$ 대/분이다. 이때 2분 동안 톨게이트에 도착하는 차량 대수에 대한 확률분포는 다음과 같다.

$$P_k = \frac{(1.5 \cdot 2)^k e^{-1.5 \cdot 2}}{k!} = \frac{3^k e^{-3}}{k!}, \quad k = 0, 1, 2, \cdots$$

예를 들어, 2분 동안 4대의 차가 도착하는 확률은 다음과 같이 구해진다.

$$P_4 = \frac{3^4 e^{-3}}{4!} = 0.168$$

표 16.1은 이 포아송분포를 표로 보여주고 있다. .

| 표 16.1 | $\lambda t = 3$대인 포아송분포

2분 내에 톨게이트에 도착한 숫자	확 률
0	0.0498
1	0.1494
2	0.2240
3	0.2240
4	0.1680
5	0.1008
6	0.0504
7	0.0216
8	0.0081
9	0.0027
10	0.0008
11	0.0002
12	0.0001
⋮	⋮

나. 지수분포

대기행렬 모형에서 한 고객이 서비스 받는 시간은 대개 지수분포를 가진다고 가정한다. 일반적으로 지수분포는 어떤 사건이 발생할 때까지의 시간을 나타낼 때 많이 사용된다. 예를 들어서 어느 상점에 고객이 도착할 때까지의 시간, 의사가 환자를 치료하는 데 소요되는 시간, 한 기계가 고장 날 때까지의 시간, 수리공이 고장 난 기계를 수리하는 데 소요되는 시간 등이다. 이러한 시간은 원칙적으로는 어떠한 종류의 확률분포도 가질 수 있지만 많은 의사결정 모형에서는 지수분포를 갖는다고 가정하고 있다. 이것은 지수분포가 실제의 확률분포를 근접하게 묘사하면서 동시에 수학적인 분석이 매우 용이하기 때문이다.

대기행렬 모형에서 한 고객이 서비스 받는 시간이 지수분포(Exponential Distribution)를 가진다고 하면 서비스 시간이 t보다 작거나 같을 확률 P_t는 다음과 같이 주어진다.

$$P_t = 1 - e^{-\mu t}$$

여기서 μ는 서버가 쉬지 않고 일할 때 한 시간에 처리할 수 있는 평균 고객수이다.

서비스시간이 지수분포를 가진다고 가정하면 분석이 용이하여지는 이유는 지수분포가 소위 무기억특성(memory-less property)을 갖기 때문이다. 즉, 시간 t까지 서비스가 완료되지 않은 한 고객에 대해 앞으로 더 소요될 서비스시간의 확률분포는 이 고객을 처음부터 다시 서비스를 시작한다고 할 때에 필요한 서비스시간의 확률분포와 같다는 것이다. 물론 이러한 가정이 적절하지 않은 경우도 많이 있지만 지수분포의 가정은 대기행렬시스템의 분석을 용이하게 하여 주기 때문에 많이 이용된다.

3. 기본대기행렬 모형

이제 가장 간단한 대기행렬 모형을 다음 예제를 통해 알아보자.

예제 16-1

서울시 강남구에 있는 H백화점은 최근 매출액이 급증함에 따라 트럭의 반입물량이 크게 증가하였다. 그러나 한 트럭씩 하역작업을 하도록 되어 있는 기존시설을 그대로 쓰고 있기 때문에 트럭의 하역작업이 지연되어 트럭이 오랫동안 기다려야 하는 현상이 발생하고 있다. 경영진에서는 현 시설을 보완하는 방안을 검토하고 있으며 이를 위해 먼저 현 상황에 대한 분석을 실시해 보기로 하였다.

먼저 트럭의 도착시간에 대하여 관측해 본 결과 도착시간의 정확한 예측이란 불가능해 보였고 한 트럭의 도착시간과 다른 트럭의 도착시간은 서로 아무런 연관도 없는 것으로 보였다. 어느날 3시부터 4시까지의 도착시간을 그림으로 표현해 보면 그림 16.3과 같았다.

그림 16.3 트럭 도착시간의 관측결과

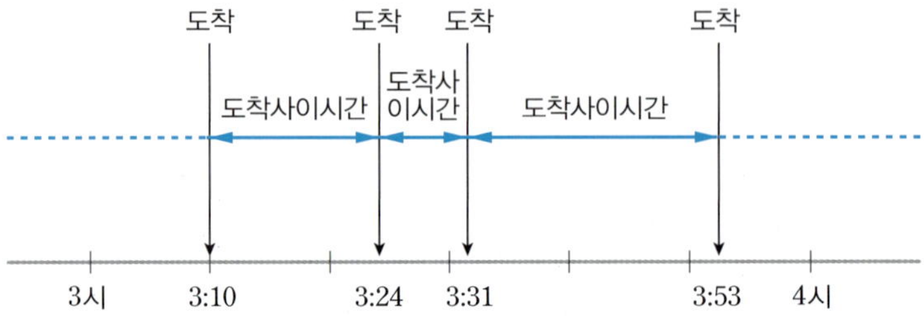

트럭의 도착 과정에 대한 확률분석을 하기 위하여 100시간 동안 각 시간대별로 도착한 트럭의 수를 측정해 본 결과 표 16.2와 같은 결과를 얻었다.

| 표 16.2 | 100시간 동안의 관측결과

시간당 도착대수	관측된 시간대의 갯수	빈 도
0	1	0.01
1	7	0.07
2	14	0.14
3	20	0.20
4	20	0.20
5	16	0.16
6	12	0.12
7	7	0.07
8	3	0.03
합계	100	1.00

트럭의 도착 과정에 대한 관측내용을 볼 때 한 트럭의 도착시간과 다른 트럭의 도착시간 간에 아무런 연관이 없다는 사실에서부터 이 도착 과정이 포아송분포를 이룰 것으로 추정할 수 있다. 이를 통계학적으로 검정하기 위하여 t시간 동안 도착한 트럭의 대수가 다음과 같은 포아송분포

$$P_k = \frac{(\lambda t)^k e^{-\lambda t}}{k!}$$

로 주어졌다고 가정하자. 이때 λ는 시간당 도착한 트럭 수의 평균이므로

$$\lambda = \frac{1}{100}(0\cdot 1 + 1\cdot 7 + 2\cdot 14 + 3\cdot 20 + 4\cdot 20 + 5\cdot 16 + 6\cdot 12 + 7\cdot 7 + 8\cdot 3)$$
$$= 4\text{대}/\text{시간}$$

이 된다. 따라서 한 시간 동안 k대가 도착할 확률 P_k는

$$P_k = \frac{4^k e^{-4}}{k!}$$

이 된다. P_k를 $k = 0, 1, 2, \cdots,$에 대해 구해 보면 표 16.3과 같다.

| 표 16.3 | 시간당 도착트럭의 확률분포추정

시간당 도착대수	확률($4^k e^{-4}/k!$)
0	0.0183
1	0.0733
2	0.1465
3	0.1954
4	0.1953
5	0.1563
6	0.1042
7	0.0596
8	0.0297
9	0.0133
10	0.0053
⋮	⋮

표 16.2에 있는 관측된 빈도와 표 16.3에 있는 이론적 가정에 근거한 확률값을 비교하여 보면 매우 가까운 것을 알 수 있다. 따라서 도착 과정은 다음과 같은 평균도착률 $\lambda = 4$(대/시간)인 포아송분포를 갖는다고 가정해도 무방하다. (엄밀하게는 이러한 결론은 통계적 가설검정법을 이용하여 얻어야 한다.)

$$P_k = \frac{(4t)^k e^{-4t}}{k!}, \quad k = 0, 1, 2, \cdots$$

다음에 트럭의 하역시간에 대해 알아보자. 트럭의 하역시간을 오랫동안 관찰하여 본 결과 하역시간은 매우 불규칙한 것으로 보였다. 예를 들어, 어느 날 1시부터 2시까지 하역 과정을 관측해 보니 그림 16.4와 같았다. 트럭 하역시간에 대한 확률분석

을 하기 위하여 하역에 소요되는 시간의 분포를 관측하여 통계적인 검정을 통해 분석해 본 결과 하역시간은 평균소요시간은 12분이었으며 다음과 같이 $\mu=5$(대/시간)인 지수분포를 가진다고 가정해도 무방하다는 결론을 얻을 수 있었다.

$$P_t = 1 - e^{-5t}$$

그림 16.4 트럭의 하역 과정

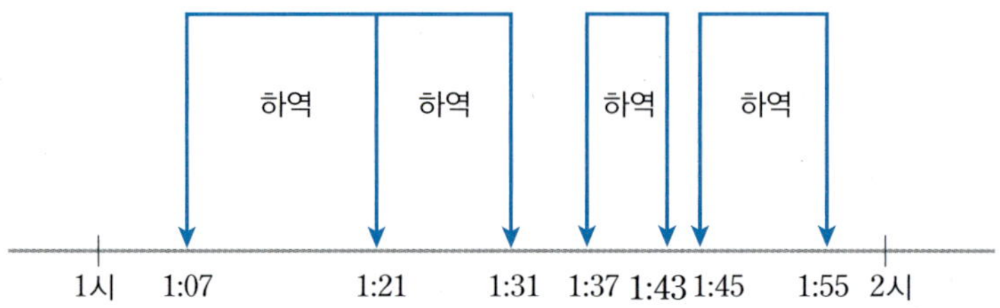

이제 이 문제에 관해 흥미 있는 효과지표들을 구해 보자. 먼저 트럭은 평균 $\frac{1}{\lambda}=15$분에 한 대씩 도착하고 하역에는 평균 12분이 걸리므로 이 시설의 이용률은

$$\rho = \frac{12}{15} = 0.8$$

이 된다. 즉, 이 백화점이 10시간 동안 영업을 한다면 이 중 8시간은 하역작업이 진행되고 2시간은 사용되지 않음을 의미한다.

한 트럭이 임의의 시간에 도착하였을 때 이 시설이 이미 사용되고 있을 확률은 ρ가 되므로 이 트럭이 기다려야 하는 확률 P_W는 이용률 ρ와 같아진다. 다른 효과지표들을 구하기 위해서는 상세한 분석이 필요하나 그 결과만 정리하여 보면 표 16.4와 같다. 이 표는 시간당 평균도착률 λ가 시간당 평균처리대수 μ보다 작을 때만 적용된다. 만일 λ가 μ보다 크거나 같으면 무한히 긴 대기행렬이 발생하게 된다.

표 16.4에 의하면 한 트럭이 도착하게 되면 실제 하역작업에 들어가기 전에 평균 $W_q=0.8$시간$=48$을 대기하여야 한다. 도착한 트럭이 곧 하역할 수 있는 확률은 20%뿐이며 80%는 일단 대기하여야 한다. 또한 평균 $L_q=3.2$대의 트럭이 대기상태에서 기다리고 있음을 알 수 있다. 분석의 결과를 보고 경영진에서는 이 문제의 심각성을 깨닫게 되었다.

| 표 16.4 | 기본적 대기행렬 모형의 효과지표들($\lambda < \mu$인 경우)

효 과 지 표	공 식	[예제 16-1]의 경우
이용률	$\rho = \frac{\lambda}{\mu}$	$\rho = 0.8$
도착한 고객이 기다려야 할 확률	$P_W = \frac{\lambda}{\mu}$	$P_W = 0.8$
서비스시설이 쉬고 있을 확률	$P_O = 1 - \frac{\lambda}{\mu}$	$P_O = 0.2$
시스템에 n명이 있을 확률 (서비스받는 사람 포함)	$P_n = \left(\frac{\lambda}{\mu}\right)^n \left(1 - \frac{\lambda}{\mu}\right)$	$P_n = 0.2\,(0.8)^n$
시스템에 있는 평균고객 수	$L = \frac{\lambda}{\mu - \lambda}$	$L = \frac{4}{5-4} = 4$ 대
한 고객이 시스템에서 보내는 평균시간	$W = \frac{1}{\mu - \lambda}$	$W = \frac{1}{5-4} = 1$시간
한 고객이 서비스 받기 전에 기다려야 하는 평균시간	$W_q = \frac{\lambda}{\mu(\mu - \lambda)}$	$W_q = \frac{4}{5(5-4)} = 0.8$ 시간
대기행렬에서 기다리고 있는 평균고객 수	$L_q = \frac{\lambda^2}{\mu(\mu - \lambda)}$	$L_q = \frac{4^2}{5(5-4)} = 3.2$대

예제 16-2

앞에서의 분석으로 문제의 심각성을 깨달은 경영진에서는 문제를 해결하기 위해 현 시설에 컨베이어를 설치하는 방안을 검토하고 있다. 두 형태의 컨베이어 시스템을 고려 중인데 약간 값이 싸게 드는 컨베이어 시스템 A는 시간당 처리대수를 현재의 5대/시간에서 8대/시간으로 늘릴 수 있으며, 컨베이어 시스템 B는 약간 비싸나 처리속도를 10대/시간으로 늘릴 수 있다. 경영진에서는 어느 컨베이어 시스템이 바람직한지 분석하고자 한다.

컨베이어 시스템 A와 B를 각기 도입하는 경우의 효과지표들을 구해보면 표 16.5와 같다.

| 표 16.5 | [예제 16-2]의 분석결과

효과지표	[예제 16-1]($\mu = 5$)	시스템 A($\mu = 8$)	시스템 B($\mu = 10$)
ρ	0.8	0.5	0.4
P_W	0.8	0.5	0.4
P_O	0.2	0.5	0.6
L	4대	1대	0.667대
W	1시간	0.25시간	0.167대
W_q	0.8시간(48분)	0.125시간(7.5분)	0.067시간(4분)
L_q	3.2대	0.5대	0.267대

이 결과에 의하면 시스템 A를 도입하면 트럭의 기다리는 시간을 현재의 48분에서 7.5분으로 줄일 수 있고 시스템 B는 4분으로 줄일 수 있다. 어느 시스템을 도입할 지에 대한 최종결정은 트럭의 대기시간 감소에 따른 이익을 금액으로 계량화하여 컨베이어 도입비용과 비교하여 결정하여야 할 것이다.

4. 다중경로 모형

앞에서는 서비스인 또는 서비스시설이 한 대만 있는 단일경로문제를 다루었다. 서비스인이 여러 명 있는 다중경로 모형의 경우 도착한 고객은 일하지 않고 있는 서비스인을 찾아가 서비스를 받을 수 있다.

예제 16-3 [예제 16-1, 16-2의 연속]

H백화점은 트럭하역의 체증현상을 해결하기 위하여 동일한 하역설비를 한 개 더 설치하는 방안도 고려하고 있다. 경영진에서는 이 경우 체증현상이 얼마나 해결되는지 분석하고자 한다.

이 문제의 대기행렬시스템의 구조는 그림 16.2의 (b)와 같다. 일반적으로 서비스시설의 갯수가 s개인 다중경로 모형에서 각 효과지표들의 값은 표 16.6과 같다. 여기서

λ: 시간당 평균 도착대수,

μ: 한 서비스시설의 시간당 처리대수

이다. 이 표는 $\lambda < s\mu$일 때만 적용되며 만일 $\lambda \geq s\mu$이면 무한히 긴 대기행렬이 발생한다.

| 표 16.6 | 다중경로 모형의 효과지표($\lambda < s\mu$인 경우)

효 과 지 표	공 식
모든 서비스시설이 쉬고 있을 확률	$P_0 = \left\{\left[\sum_{n=0}^{s-1} \frac{1}{n!}\left(\frac{\lambda}{\mu}\right)^n\right] + \frac{1}{s!}\left(\frac{\lambda}{\mu}\right)^s\left(\frac{s\mu}{s\mu-\lambda}\right)\right\}^{-1}$
도착한 고객이 일단 기다려야 할 확률	$P_W = \frac{1}{s!}\left(\frac{\lambda}{\mu}\right)^s\left(\frac{s\mu}{s\mu-\lambda}\right)P_o$
시스템에 n명의 고객이 있을 확률	$P_n = \begin{cases} \frac{(\lambda/\mu)^n}{n!}P_o, & n \le s\text{일 때} \\ \frac{(\lambda/\mu)^n}{s!s^{n-s}}P_o, & n > s\text{일 때} \end{cases}$
대기행렬에서 기다리는 평균고객 수	$L_q = \frac{\lambda\mu(\lambda/\mu)^s}{(s-1)!(s\mu-\lambda)^2}P_o$
시스템에 있는 평균고객 수	$L = L_q + \frac{\lambda}{\mu}$
한 고객이 시스템에서 보내는 평균시간	$W = \frac{L}{\lambda}$
한 고객이 대기행렬에서 보내는 평균시간	$W_q = W - \frac{1}{\mu}$

표 16.6의 공식을 이용하여 [예제 16-3]을 풀어 보자. $\lambda = 4$ (대/시간), $\mu = 5$ (대/시간), $s = 2$ (개)이므로

$$P_0 = \left\{1 + \frac{4}{5} + \frac{1}{2}\left(\frac{4}{5}\right)^2\frac{10}{10-4}\right\}^{-1} = 0.429,$$

$$P_W = \frac{1}{2}\left(\frac{4}{5}\right)^2\left(\frac{10}{10-4}\right)\cdot 0.429 = 0.229,$$

$$L_q = \frac{4\cdot 5\cdot (4/5)^2}{(10-4)^2}\cdot 0.429 = 0.153\ (\text{대})$$

$$L = 0.153 + \frac{4}{5} = 0.953\ (\text{대})$$

$$W = \frac{0.953}{4} = 0.238\ (\text{시간}) = 14.28\ (\text{분})$$

$$W_q = 0.238 - \frac{1}{5} = 0.038\ (\text{시간}) = 2.28\ (\text{분})$$

이 된다.

따라서 동일한 하역설비를 한 개 늘리는 경우 트럭의 대기시간은 48분에서 2.28

분으로 크게 줄고 도착한 트럭이 기다려야 하는 경우는 80%에서 22.9%로 크게 줄게 된다.

5. 경제성 분석

앞에서 행한 분석은 각 대안을 선택할 경우 시스템의 성과가 어떻게 되는가를 제공하고 있다. 이에 따라 대안선택에 대한 최종 결정을 내려야 한다. 이를 위해서는 비용 및 효과에 대한 경제성 분석을 수행하여야 한다.

예제 16-4 [예제 16-1~16-3의 계속]

H백화점에서는 경제성 분석을 통하여 어느 대안을 선택할지 결정하고자 한다. 이를 위해 하역시스템에 소요되는 경비를 분석하여 보았다. 먼저 H백화점에서는 트럭을 한 시간 이용하는 경우 운전기사의 임금을 포함하여 만원의 경비가 소요된다. 컨베이어 시스템 A를 설치하는 데에는 2억 원이 소요되고 시스템 B는 3억 원이 소요된다. 새로운 하역시설을 건설하는 데에는 건설비 및 부지값을 포함하여 6억 원이 소요된다. 한 개의 하역시설을 운영하는 데에는 컨베이어 시스템 도입의 여부와 무관하게 시간당 만원씩의 경비가 소요된다. 현재 H백화점의 하역시설은 1주일에 6일, 하루 10시간 운영하고 있다. H백화점은 연간 이자율을 6%라고 할 때 최적의 대안을 구하고자 한다.

하역시설은 연간

$$10(\text{시간}) \cdot 6(\text{일}) \cdot 52(\text{주}) = 3{,}120\text{시간}$$

운영하고 하역시스템에 있는 트럭의 수는 평균 L(=시스템에 있는 평균트럭 수)대이며 트럭은 한 시간당 만원이 소요되므로 트럭의 시간소모에 따른 총경비는

$$3{,}120L\text{만 원}$$

이 된다. 이 경우 총경비를 구해 보면 표 16.7과 같다.

| 표 16.7 | 각 대안의 경제성 비교 (단위: 만 원)

항 목	현상태	시스템 A 도입	시스템 B 도입	새하역시설건설
트럭사용비용 (3,120L)	12,480	3,120	2,081	2,973.4
(투 자 액) 이자비용(6%)	(0) 0	(20,000) 1,200	(30,000) 1,800	(60,000) 3,600
운 영 비 (3,120s)	3,120	3,120	3,120	6,240
합계	15,600	7,440	7,001	12,813.4

이 분석결과에 의하면 컨베이어 시스템 B를 도입하는 것이 최적의 선택인 것으로 나타난다. 이 시스템 도입으로 연간 15,600 − 7,001 = 8,599(만원)의 경비가 절감된다.

6. 일반적 상황의 대기행렬 모형

앞에서 논의한 대기행렬 모형은 다음과 같은 가정을 필요로 하고 있다.

- 대상고객의 수가 무한히 커서 고객의 도착률은 대기행렬시스템에 몇 명이 있는가에 무관하다.
- 대기시설이 무한히 커서 커다란 대기행렬도 수용할 수 있다.
- 도착 과정은 포아송분포를 이루고 서비스시간은 지수분포를 갖는다.
- 한번 도착한 고객은 되돌아가지 않는다.

이러한 가정들이 성립하지 않는 경우에 적용할 수 있는 더 복잡한 모형들이 개발되어 있다. 특히 도착 과정이 포아송분포가 아닌 경우나 서비스시간이 지수분포가 아닌 경우에는 무기억특성을 이용할 수 없기 때문에 분석이 매우 어려워진다. 또한 고객이 되돌아갈 것인지, 또는 갔다가 다시 올 것인지 등에 대한 분석은 인간의 행태적인 요소를 포함하기 때문에 분석이 용이하지 않다. 일반적으로, 복잡한 구조를 갖는 대기행렬 모형들의 경우 해석적(analytic) 분석이 용이하지 않으며, 이때에는 12장에서 다룬 시뮬레이션을 이용하는 것이 바람직하다. 이러한 내용에 대해서는 다른 OR 서적들을 참고하기 바란다.

응용사례 :: 미국 New Haven시의 소방시스템

(주: New Haven시는 미국 동북부 Connecticut주에 있는 도시이다.)

New Haven시는 화재와 긴급의료사고 모두에 적절히 대비할 수 있도록 화재진압과 의료기술 양쪽에 모두 훈련을 받은 인력을 적절히 운영하는 계획을 수립하였다. 이 계획 수립에는 대기행렬 모형이 그 기본을 이루고 있는데 이를 통해 응급의료처방 시간을 크게 줄일 수 있었으며 화재예방효과도 높일 수 있었다. 뿐만 아니라 약 140만 달러의 연간 경비절감도 얻을 수 있었다.

이 모형에서 화재사고나 긴급의료사고의 발생 과정은 포아송분포로 가정하였으며 이 사고들에 대한 처리시간은 지수분포를 갖는 것으로 가정하였다. 이 모형을 통하여 긴급구조를 요청한 사람에게 적절한 대응팀을 보내는 데까지 걸리는 시간을 추정할 수 있었다.

이 모형은 처음에 서로 독립적으로 운영하고 있던 16개 소방서와 4개 응급병원에 대해 적용되었다. 모형을 이용하여 본 결과 이 계획을 통하여 평균 이동시간을 감소시킬 수 있었으며 운영비의 절감과 공공 안전 서비스를 높일 수 있었다.

제16장_ 연습문제 A(상세 해답 포함)

1 다음의 대기행렬시스템에 관하여 고객과 서비스인이 무엇인지 설명하시오.

(가) 이발소　　(나) 은행
(다) 기계수리점　　(라) 신호등
(마) 슈퍼마켓계산대　　(바) 항구
(사) 활주로　　(아) 컴퓨터 센터
(자) 병원응급실　　(차) 주유소
(카) 세차장　　(타) 택시합승소

	고객	서비스인
(가) 이발소	고객	이발사
(나) 은행	고객	행원
(다) 기계수리점	고장기계	기계수리인
(라) 신호등	자동차	신호등
(마) 슈퍼마켓계산대	상품	계산인
(바) 항구	배	정박시설
(사) 활주로	비행기	항공로
(아) 컴퓨터 센터	고객	컴퓨터
(자) 병원응급실	환자	의사
(차) 주유소	자동차	주유시계
(카) 세차장	자동차	세차설비
(타) 택시합승소	승객	택시정류장

2 한 명이 일하는 병원에 5시 정각 입구를 닫고 나니 1명의 손님이 병원에 남아 있었다. 손님에 대한 진료시간은 평균 20분으로 지수분포를 갖는다. 의사가 5시 30분까지 병원을 떠날 수 있는 확률은 얼마인가?

$\frac{1}{\mu} = 20$ (분), $P(\text{서비스시간} \leq 30) = 1 - e^{-\frac{30}{20}} = 0.777$

3 A은행은 한 개의 무인현금인출창구를 운영하고 있는데 기다리는 사람이 많아서 이에 대한 분석을 대기행렬 모형을 써서 해보기로 했다. 과거의 자료에 의하면 고객의 도착은 평균이 5분에 1명씩인 포아송분포를 갖고 평균 창구이용시간은 4분으로서 지수분포를 갖고 있다.

(가) 이 시스템의 이용률은 얼마인가?

(나) 이 시스템에 고객이 한 명도 없는 확률은 얼마인가?

(다) 이 시스템에 3명의 고객이 있을 확률은 얼마인가?

(라) 이 시스템에 있는 고객의 수는 평균 얼마인가?

(마) 한 고객이 창구 앞에서 보내는 시간은 평균 얼마인가? 또, 기다리는 데 소요되는 평균시간은?

$\lambda = 12$명/시간, $\mu = 15$명/시간

(가) $\rho = \frac{12}{15} = \frac{4}{5} = 0.8$

(나) $P_0 = 1 - \frac{\lambda}{\mu} = 0.2$

(다) $P_3 = \left(\frac{12}{15}\right)^3\left(1 - \frac{12}{15}\right) = 0.1024$

(라) $L = \frac{12}{15-12} = 4$대

(마) $W = \frac{1}{15-12} = 20$(분), $W_q = \frac{12}{15(15-12)} = 16$(분)

4 어느 조립공장의 자재창고에 한 명의 종업원이 일하고 있다. 어느날 사장이 지나면서 보니 많은 종업원들이 창고 앞에서 기다리고 있는 것을 보게 되었다. 한 시간에 평균 25명의 종업원이 창고에 오는데 이들에게 필요한 물품을 내주는 데에는 평균 2분이 걸린다. 도착 과정은 포아송 과정, 서비스시간은 지수분포를 갖는다고 할 때 한 명의 종업원을 추가시키는 것이 바람직한가의 여부에 대하여 분석적으로 논하시오.

$\lambda = 25$명/시간, $\mu = 30$명/시간

i) $s = 1$일 때: $W_q = \frac{25}{30(30-25)} = 10$(분)

ii) $s = 2$일 때: $P_0 = 0.412$, $L_q = 0.175$, $L = 1.008$, $W = 0.04$(분), $W_q = 0.42$(분).

따라서 종업원 1인당 약 9.6분의 시간절약이 되어 1시간에 25명이 오므로 1시간에 약 240분의 노동력의 낭비를 줄일 수 있다. 따라서 자재창고 종업원 한 명의 인건비가 보통종업원 인건비의 4배를 넘지 않는다면 추가고용이 바람직하다.

5 도로공사에서는 A지역과 B지역을 잇는 신설 고속도로에 요금징수소를 몇 개 설치할 것인지 분석하고 싶다. 비용을 줄이기 위해서는 물론 징수원을 적게 쓰는 것이 바람직하지만 가장 붐비는 주말에 징수대 앞에서 기다리고 있는 평균차량의 수는 5대를 넘지 못하게 하고자 하는 경영진의 정책이 있다. 과거의 자료를 분석하여 본 결과 차량의 도착은 평균 1분에 10대로서 포아송 과정을 이루며 서비스시간은 평균 15초로서 지수분포를 갖는다. 몇 개의 요금징수소를 설치하는 것이 바람직한가?

$\lambda = 10$대/분, $\mu = 4$대/분, $s \leq \frac{\lambda}{\mu} = 2.5$ 이면 무한대의 대기행렬발생. 따라서 $s \geq 3$. 만일 $s = 3$이면 $P_0 = 0.0449$, $L_q = 3.51 \leq 5$이다. 따라서 3개가 최적이다.

제16장_ 연습문제 B

1 어느 가게에는 평균 5명의 손님이 오는데 이들의 도착 과정은 포아송 과정을 이루고 있다.

(가) 어느 날 손님이 한 명도 없을 확률은 얼마인가?

(나) 어느 날 손님이 1명일 확률은 얼마인가?

(다) 어느 날 손님이 6명일 확률은 얼마인가?

(라) 어느 날 처음 반나절 동안 손님 두 명일 확률은 얼마인가?

2 P슈퍼마켓에는 한 개의 하역시설이 있는데 트럭은 시간당 평균 4대씩 포아송 과정을 이루며, 도착한 트럭을 처리하는 데 소요되는 시간은 평균 10분인 지수분포를 갖는다.

(가) 이 하역시설의 이용률은 얼마인가?

(나) 이 하역시설에 들어와 있는 트럭은 평균 몇 대인가?

(다) 한 트럭이 이 시설에서 보내는 시간은 평균 얼마인가?

(라) 하역하기 전에 기다려야 하는 시간은 평균 얼마인가?

(마) 새로 도착한 트럭이 기다리게 될 확률은 얼마인가?

(바) 최소한 한 대의 트럭이 기다리고 있을 확률은 얼마인가?

3 소규모인 A슈퍼마켓은 현재 한 개의 계산시설을 갖고 있다. 손님은 시간당 15명의 비율로 포아송 과정을 이루며 도착하고 있고 각 손님의 계산을 끝내고 포장하여 주는 데 걸리는 시간은 평균 3분인 지수분포를 갖는다.

(가) 손님이 계산을 시작하기 전에 기다려야 하는 시간은 평균 얼마인가?

(나) (가)에서 구한 시간이 너무 길다고 생각한 슈퍼주인은 보조원을 한 명 고용하여 계산을 돕게 함으로써 한 손님을 서비스하는 시간을 2분으로 단축시킬 것을 고려중이다. 이 경우 한 손님이 기다리는 시간은 어떻게 되는가?

(다) 슈퍼주인은 (나)의 방법보다는 새로운 계산시설을 하나 증설하는 방안을 고려중이다. 이때 손님의 기다리는 시간은 어떻게 되는가?

4 두 명의 연구원이 같은 사무실에서 근무하고 있다. 각 연구원은 한 명씩의 비서를 각각

두고 있는데 이 비서들의 업무처리능력은 동일하다. 각 비서들에게는 업무가 한 시간에 평균 세 건씩 포아송 과정을 이루며 도착하고 있으며, 각 업무의 처리시간은 평균이 15분인 지수분포를 갖는다.

(가) 각 비서가 속해 있는 연구원의 업무만 처리한다면 한 업무가 처리되기까지 지연되는시간은 평균 얼마인가?

(나) 두 명의 비서를 공동으로 쓴다면 한 업무가 처리되기까지 지연되는 시간은 평균 얼마인가?

부 록

분포표

1 정규분포표

2 난수표

1. 정규분포표

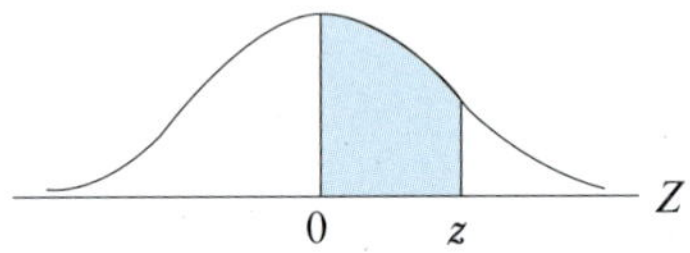

z	.00	.01	.02	.03	.04	.05	.06	.07	.08	.09
0.0	.0000	.0040	.0080	.0120	.0160	.0199	.0239	.0279	.0319	.0359
0.1	.0398	.0438	.0478	.0517	.0557	.0596	.0636	.0675	.0714	.0753
0.2	.0793	.0832	.0871	.0910	.0948	.0987	.1026	.1064	.1103	.1141
0.3	.1179	.1217	.1255	.1293	.1331	.1368	.1406	.1443	.1480	.1517
0.4	.1554	.1591	.1628	.1664	.1700	.1736	.1772	.1808	.1844	.1879
0.5	.1915	.1950	.1985	.2019	.2054	.2088	.2123	.2157	.2190	.2224
0.6	.2257	.2291	.2324	.2357	.2389	.2422	.2454	.2486	.2517	.2549
0.7	.2580	.2611	.2642	.2673	.2704	.2734	.2764	.2794	.2823	.2852
0.8	.2881	.2910	.2939	.2967	.2995	.3023	.3051	.3078	.3106	.3133
0.9	.3159	.3186	.3212	.3238	.3264	.3289	.3315	.3340	.3365	.3389
1.0	.3413	.3438	.3461	.3485	.3508	.3531	.3554	.3577	.3599	.3621
1.1	.3643	.3665	.3686	.3708	.3729	.3749	.3770	.3790	.3810	.3830
1.2	.3849	.3869	.3888	.3907	.3925	.3944	.3962	.3980	.3997	.4015
1.3	.4032	.4049	.4066	.4082	.4099	.4115	.4131	.4147	.4162	.4177
1.4	.4192	.4207	.4222	.4236	.4251	.4265	.4279	.4292	.4306	.4319
1.5	.4332	.4345	.4357	.4370	.4382	.4394	.4406	.4418	.4429	.4441
1.6	.4452	.4463	.4474	.4484	.4495	.4505	.4515	.4525	.4535	.4545
1.7	.4554	.4564	.4573	.4582	.4591	.4599	.4608	.4616	.4625	.4633
1.8	.4641	.4649	.4656	.4664	.4671	.4678	.4686	.4693	.4699	.4706
1.9	.4713	.4719	.4726	.4732	.4738	.4744	.4750	.4756	.4761	.4767
2.0	.4772	.4778	.4783	.4788	.4793	.4798	.4803	.4808	.4812	.4817
2.1	.4821	.4826	.4830	.4834	.4838	.4842	.4846	.4850	.4854	.4857
2.2	.4861	.4864	.4868	.4871	.4875	.4878	.4881	.4884	.4887	.4890
2.3	.4893	.4896	.4898	.4901	.4904	.4906	.4909	.4911	.4913	.4916
2.4	.4918	.4920	.4922	.4925	.4927	.4929	.4931	.4932	.4934	.4936
2.5	.4938	.4940	.4941	.4943	.4945	.4946	.4948	.4949	.4951	.4952
2.6	.4953	.4955	.4956	.4957	.4959	.4960	.4961	.4962	.4963	.4964
2.7	.4965	.4966	.4967	.4968	.4969	.4970	.4971	.4972	.4973	.4974
2.8	.4974	.4975	.4976	.4977	.4977	.4978	.4979	.4979	.4980	.4981
2.9	.4981	.4982	.4982	.4983	.4984	.4984	.4985	.4985	.4986	.4986
3.0	.4987	.4987	.4987	.4988	.4988	.4989	.4989	.4989	.4990	.4990

2. 난 수 표

04433	80674	24520	18222	10610	05794	37515
60298	47829	72648	37414	75755	04717	29899
67884	59651	67533	68123	17730	95862	08034
89512	32155	51906	61662	64130	16688	37275
32653	01895	12506	88535	36553	23757	34209
95913	15405	13772	76638	48423	25018	99041
55864	21694	13122	44115	01601	50541	00147
35334	49810	91601	40617	72876	33967	73830
57729	32196	76487	11622	96297	24160	09903
86648	13697	63677	70119	94739	25875	38829
30574	47609	07967	32422	76791	39725	53711
81307	43694	83580	79974	45929	85113	72268
02410	54905	79007	54939	21410	86980	91772
18969	75274	52233	62319	08598	09066	95288
87863	82384	66860	62297	80198	19347	73234
68397	71708	15438	62311	72844	60203	46412
28529	54447	58729	10854	99058	18260	38765
44285	06372	15867	70418	57012	72122	36634
86299	83430	33571	23309	57040	29285	67870
84842	68668	90894	61658	15001	94055	36308
56970	83609	52098	04184	54967	72938	56834
83125	71257	60490	44369	66130	72936	69848
55503	52423	02464	26141	68779	66388	75242
47019	76273	33203	29608	54553	25971	69573
84828	32592	79526	29554	84580	37859	28504
68921	08141	79227	05748	51276	57143	31926
36458	96045	30424	98420	72925	40729	22337
95752	59445	36847	87729	81679	59126	59437
26768	47323	58454	56958	20575	76746	49878
42613	37056	43636	58085	06766	60227	96414
95457	30566	65482	25596	02678	54592	63607
95276	17894	63564	95958	39750	64379	46059
66954	52324	64776	92345	95110	59448	77249
17457	18481	14113	62462	02798	54977	48349
03704	36872	83214	59337	01695	60666	97410
21538	86497	33210	60337	27976	70661	08250
57178	67619	98310	70348	11317	71623	55510
31048	97558	94953	55866	96283	46620	52087
69799	55380	16498	80733	96422	58078	99643
90595	61867	59231	17772	67831	33317	00520
33570	04981	98939	78784	09977	29398	93896
15340	93460	57477	13898	48431	72936	78160
64079	42483	36512	56186	99098	48850	72527
63491	05546	67118	62063	74958	20946	28147
92003	63868	41034	28260	79708	00770	88643
52360	46658	66511	04172	73085	11795	52594
74622	12142	68355	65635	21828	39539	18988
04157	50079	61343	64315	70836	82857	35335
86003	60070	66241	32836	27573	11479	94114
41268	80187	20351	09636	84668	42486	71303

사항색인

[국문색인]

ㄱ

可否간의 결정 233
가분성(可分性)의 조건 40
가산성(加算性)의 조건 40
가상적 복합 270
가상적인 활동 491
가우스-조르단 56
가장 늦은 종료시점 493
가장 늦은 착수시점 493
가장 빠른 종료시점 493
가장 빠른 착수시점 493
가중합계 목표계획 모형 286
가지 190
간반 530
간트 3
간트 도표 487
객관적 확률 312
객관주의자 313
게임이론 357
경기순환 463
경기침체 478
경기팽창 478
경로선택문제 189
경영과학 1, 4
경영정보시스템 4, 14
경유수송문제 190, 208
경제적 주문량 514, 516
계절변동 462
계절변동제거 자료 476
계절지수 463
고정비 241
고정비용 233
공장신설문제 245
규모의 경제 130, 242, 512
균형수송 모형 204
그래프 190
그래프이론 190
금융공학 38, 117
기대수익 117
기대화폐가치 314
기업재무 113
기회마디 304, 319
기회손실비용 310

ㄴ

낙관적인 사람 307
낙관주의계수 309
난수 438
내부점 해법 25
내시균형 363, 365
네트워크 189
네트워크 모형 12

ㄷ

다기간 생산스케줄링 164
다기준 의사결정 263
다단계구조 543
다단계 의사결정 317
다수최적해 73
다익스트라 해법 198

다중경로체계 543
단순게임 336
단일경로체계 543
단일단계구조 543
단찌 25
대기행렬 539
대기행렬시스템 13
대기행렬이론 539
대생산일정계획 525
대수의 법칙 121, 315, 406
대안 304
데이터 마이닝 8
데이터베이스 14
델파이방법 479
독립적 수요 513
동시게임 426
동적계획법 195
동행시계열 478
등위비용선 61
등위이익선 52
디지털 시뮬레이션 437

ㄹ

라플라스기준 311
란체스터 3
리드타임 522

ㅁ

마디 190
마케팅 127
모형 9
목적함수 24
목표계획법 264, 275, 276
몬테칼로 시뮬레이션 437
무기억특성 547
무임승차 딜레마 389
무차별 확률 323
무한최적해 71
물품인도기간 512
민감도 분석 84, 92

ㅂ

배합문제 31, 37
베이지안 분석 322, 332
변동비 241
보수 362
보수표 362
분단탐색법 235, 237
불규칙변동 462
불충분이유의 기준 312
불확실성 하의 의사결정 301
비관적인 사람 308
비례의 조건 39
비선취우선순위정책 543
비선형 최적화 모형 40
비속박적 제약식 55
비음제약식 24
비음조건 23
비제로섬 374
비제로섬 게임 361
비협조적 376
비협조해 375
빅 데이터 8

ㅅ

사건 490
사슴사냥 게임 389
사이먼 10
사전적 의사결정 323
사전적 확률 322
사후적 분석 84, 88
사후적 확률 330
상대비용 90
생산계획문제 33
생산관리 158
생산구조도 526
생산 및 분배문제 29
서비스 수준 522

선취권 543
선취우선순위정책 543
선행시계열 478
선형 21
선형계획법 24
선형이완모형 235
선형최적화 21
선형최적화 모형 24
선형함수 24
선호도 21, 304
선후관계 489
설치배치문제 189
성과 305
성과지표 545
성과표 305
속박적 제약식 55
속성처리 499
수리계획모형언어 57
수송문제 190, 202
수송 및 배분문제 38
수익관리 134, 142
수정배분법 206
수정비용 90
순수전략 373
순수전략 내시균형 373
순수전략 Maxmin 373
순차게임 426
순환변동 462
스코어링 모형 265
스프레드쉬트 451
시계열 461
시계열 분석 461
시뮬레이션 437
시스템분석 1
시스템적 접근방법 6
식단문제 27
신경망 235
실제상황 304
실행 가능 23, 51
실행가능지역 51
실행가능해 51
실행불가능문제 69
실험설계 450
심플렉스방법 25, 49, 56
쌍대변수 84, 87
쌔비지기준 310

ㅇ

아날로그 시뮬레이션 437
안전재고 522
얼랑 3
여유변수 54
여유시간 493
연합 391
열등하다 363
영향분석도 304
오버타임 161
오퍼레이션즈 리서치 3
완전정보 322
완전정보의 기대가치 326
외판사원문제 198
우선순위 목표계획 모형 286
우월전략해 363
우월하다 363
위험 117, 314
위험기피자 314
위험선호자 314
위험중립자 314
유전알고리듬 235
의사결정 1
의사결정과학 1
의사결정나무 317
의사결정마디 304, 318
의사결정변수 24
의사결정 분석 302
의사결정자 10
이동평균법 464
이용률 545

2인게임 359, 361
2인비제로섬 게임 361
2인제로섬 게임 359, 361
이지적 362
이진변수 58, 214, 233
인공지능 235
인컴 펀드 118
일양분포 439
일정합 게임 361, 400
잉여변수 62

ㅈ

자금운용계획 238
자금투자계획 117
자재명세서 526
자재소요계획 513, 529
작업 489
작업순서결정문제 233
잠재가격 84, 87
재고 511
재고마스터파일 526
재고부족 517
재고부족비 518
재주문점 514, 517
전사적 자원관리시스템 529
접어올리기 320
정보 14
정보의 효율 334
정성적인 예측방법 479
정수최적화 모형 40, 195, 214, 233
제로섬 게임 361
제약식 24
제품설계 248
조건부 확률 328
종속적 수요 513
죄수들의 딜레마 379
주경로 493
주관적 확률 312
주관주의자 313
주문주기 517
주식형 펀드 118
주활동 493
중국인 우체부문제 198
지수분포 544, 547
지수평활법 464, 467
지원자의 딜레마 390

ㅊ

최소걸침나무 194
최소비용흐름문제 202
최소자승법 472
최적 21
최적 의사결정 83
추세치 462
추후납품 518

ㅋ

카마카 25
칸토로비치 26
컨조인트 분석 248
쿠프만 26

ㅌ

테일러 3

ㅍ

파레토 최적해 264
평활계수 467
포아송분포 542, 545
포트폴리오 117
포트폴리오 선택문제 33
표본정보 322, 327
표본정보의 기대가치 334
프로젝트 487
플레이어 362

ㅎ

한계 87, 128

한계이익 87
한계효용체감의 법칙 128
할당문제 190, 212
합리적 362
해리스 3
해법 10
행태적 4
헝가리인방법 214
현금가치 337
현장테스트 449
현재가치 239
협조해 375
혼합전략 373, 399
혼합전략 내시균형 374
혼합전략 Maxmin해 374
혼합정수최적화모형 238
확률적 모형 10
확률적 PERT 489
확정적 모형 10
활동 489
효용 128, 335
효용곡선 338
효용함수 335
후르비쯔기준 309
후행시 479
흐름공정도표 487
흐름분석문제 190
흐름표 444

[영문색인]

A

@RISK 415
Activity 489
Additivity 40
AI(Artificial Intelligence) 235
Algorithm 10
Analog Simulation 437
Arc 190
Arena 451
Asset Allocation 117
Assignment Problem 190, 212

B

Backlog 518
balanced transportation model 204
Bayesian 313
Bayesian Analysis 322, 332
behavioral 4
Big Data 8
Bill of Materials(BOM) 526
binary variable 58, 214, 233
Binding Constraint 55
Blending Problem 31
Branch and Bound Method 235
Business Cycle 463

C

Capital budgeting 238
Certainty Equivalent 337
Chance Node 304, 319
Chinese Postman Problem 198
Coalition 391
Coefficient of Optimism 309
coincident series 479
Conditional Probability 328
Conjoint Analysis 248
Constant-sum Game 361, 400
Constraints 24
Cooperative Solution 375
Corporate Finance 113
CPM 488, 498
Crashing 499
Criterion of Insufficient Reason 312
Critical Activity 493
Crystal Ball 451
Critical Path 493

Cyclical Variation 462

D

Database 14
Data Envelopment Analysis 264
Data Mining 8
Decision Alternatives 304
Decision Analysis 12, 302
Decision Maker 10
Decision Making 1
Decision making Under Uncertainty 301
Decision Node 304, 318
Decision Science 1
Decision Tree 317
Decision Variable 24
Delphi Method 479
Dependent Demand 513
Deseasonalized Data 476
Deterministic Model 10
Diet Problem 27
Digital Simulation 437
Dijkstra Method 198
Divisibility 40
Dominant Strategy Solution 363
Dual Variable 84, 87
Dummy Activity 491
Dynamic Programming 195

E

Earliest Finish Time 493
Earliest Start Time 493
Economic Order Quantity(EOQ) 514
Economy of Scale 130, 242, 512
efficiency rating 334
either–or type decision 233
Erlang 3
ERP(Enterprise Resource Planning) 524, 529
Event 490
expansion 478
Expected Monetary Value(EMV) 314
Expected Return 117
Expected Value of Perfect Information (EVPI) 326
Expected Value of Sample Information (EVSI) 334
experimental design 450
Exponential Distribution 544, 547
Exponential Smoothing 464, 467

F

Facility Location Problem 189, 245
FCFS(First Come, First Served) 542
Feasible 23, 51
Feasible Region 51
feasible solution 51
field test 449
Financial Engineering 117
Fixed Cost 233, 241
flow chart 444
Flow Optimization Problem 190
Flow Process Chart 487
folding back 320
Forecasting 13
Fredrick Taylor 3

G

Game Theory 12, 357
Gantt 3
Gantt Chart 487
Genetic Algorithm 235
George Dantzig 25
Goal Programming 264, 275, 276
GPSS 451
Graph 190
Graph Theory 190
Guass–Jordan 56

H

Harris 3
Herbert Simon 10
Hungarian Method 214
Hurwicz criterion 309
hypothetical composite 270

I

Income Fund 118
Independent Demand 513
Indifference Probability 323
Infeasible Problem 69
Influence Diagram 304
Information 14
Integer Optimization Model 12, 40, 195, 214, 233
Interior-point Algorithm 25
Inventory 511
Inventory Master File(IMF) 526
Irregular Variation 462
iso-cost line 61
Iso-profit Line 52

J

Just-In-Time 530

K

K-OPT 238
Kanban 530
Kantorovich 26
Koopmans 26

L

lagging series 479
Lanchester 3
Laplace criterion 311
Latest Finish Time 493
Latest Start Time 493
law of diminishing marginal utility 128
Law of Large Numbers 121, 315, 406
LCFS(Last Come, First Served) 543
Lead Time 512, 522
leading series 478
Linear Function 24
Linear Optimization Model 12, 21, 24
Linear Programming 24
LP Relaxation 235

M

Management Information Systems 4
Management Science 1, 4
marginal 87, 128
Marginal Profit 87
Marketing 127
Master Production Schedule(MPS) 525
Material Requirement Planning(MRP) 513, 529
Mathematical Programming Modeling Language 57
Maxmin해 363
Measures of Effectiveness 545
memory-less property 547
Method of Least Mean Square 472
Method of Moving Average 464
minimal spanning tree 194
Minimum Cost Flow Problem 202
MIS(Management Information Systems) 14
Mixed Integer Optimization model 238
Mixed Strategy 373, 399
Model 9
MODI(MOdified DIstribution Method) 206
Money Market Fund(MMF) 118
Monte Carlo Simulation 437
MRP(Material Requirement Planning) 524

multi-channel system 543
Multi-criteria Decision Making 263
multi-period production scheduling 164
multi-phase structure 543
Multiple Optimal Solutions 73
Multi-stage Decision 317

N

Narendra Karmarkar 25
Nash equilibirum 363, 365
Network 189
Network Models 12
Neural Network 235
Node 190
Non-Bayesian 313
Non-binding Constraint 55
non-cooperative 376
Non-cooperative Solution 375
Nonlinear Optmization Model 40
Non-negativity Constraint 23
nonpreemptive goal programming model 286
Non-preemptive Priority Discipline 543
Non-zero-sum 374
Non-zero-sum Game 361

O

Objective Function 24
Objective Probability 312
Objectivist 313
Operations Research 3
Opportunity Loss 310
optimist 307
Optimum 21
Order Cycle 517

P

Pareto Optimal Solution 264
Payoff 362
Payoff Table 305, 362
Perfect Information 322
PERT 488
PERT Network 490
PERT/CPM 488
pessimist 308
Player 362
Poisson Distribution 542, 545
Portfolio 117
Posterior Probability 330
Post-optimal Analysis 84, 88
Precedence Relation 489
Preemption 543
preemptive goal programming model 286
Preemptive Priority Discipline 543
Preferences 21, 304
present value 239
Prior Decision 323
Prior Probability 322
Prisoners' Dilemma 379
Portfolio Selection Problem 35
Probabilistic Model 10
Product Design 248
Production and Distribution Problem 29
Production Management 158
Production Scheduling Problem 33
Production Structure Tree 526
Program Evaluation and Review Techniques 488
project 487
Proportionality 39
Pure Strategy 373

Q

Qualitative Forecasting Methods 479
Queue 539
Queueing Theory 539

R

RAND 4
Random Number 438
recession 478
Reduced Cost 90
Relative Cost 90
ReOrder Point(ROP) 514, 517
Revenue Management 134, 142
Risk 117, 314
Risk Averter 314
Risk Neutral Person 314
Risk Taker 314
Routing Problem 189

S

safety stock 522
Sample Information 322, 327
Savage' s criterion 310
Scheduling Problem 233
SCM 211
Scoring Model 264, 265
Seasonal Index 463
Seasonal Variation 462
Sensitivity Analysis 84, 92
Service Level 522
Shadow Price 84, 87
Shortage 517
Shortage Cost 518
simple game 336
Simplex Method 25, 49, 56
SIMSCRIPT 451
Simulation 13, 437
single-channel system 543
single-phase structure 543
Slack Time 493
slack variable 54
SLAM 451
Smoothing Constant 467
spread sheets 451
stag hunt game 389
State of Nature 304
Stochastic Model 10
Stochastic PERT 489
Stock Fund 118
Subjective Probability 312
Subjectivist 313
Supply Chain Management 211
surplus variable 62
Systems Analysis 1
Systems Approach 6

T

Task 489
Time Series 461
Time Series Analysis 461
Transportation Problem 190, 202
Transshipment Problem 190, 208
Traveling Salesman Problem 198
Trend 462
Two-person Game 359, 361
Two-person Non-zero-sum Game 361
Two-person Zero-sum Game 359, 361

U

Unbounded Optimal Solution 71
Uniform Distribution 439
Utility 128, 335
Utility Curve 338
Utility Function 335
Utilization Factor 545

V

variable cost 241

Z

Zero-sum Game 361